ELEMENTOS DE
Direito
Eleitoral

www.editorasaraiva.com.br/direito
Visite nossa página

CARLOS MÁRIO DA SILVA VELLOSO
WALBER DE MOURA AGRA

ELEMENTOS DE
Direito
Eleitoral

8ª edição
2023

Av. Paulista, 901, Edifício CYK, 4º andar
Bela Vista – São Paulo – SP – CEP 01310-100

SAC sac.sets@saraivaeducacao.com.br

Diretoria executiva	Flávia Alves Bravin
Diretoria editorial	Ana Paula Santos Matos
Gerência de produção e projetos	Fernando Penteado
Novos projetos	Aline Darcy Flôr de Souza
	Dalila Costa de Oliveira
Edição	Jeferson Costa da Silva (coord.)
	Marisa Amaro dos Reis
Design e Produção	Daniele Debora de Souza (coord.)
	Daniela Nogueira Secondo
	Camilla Felix Cianelli Chaves
	Claudirene de Moura Santos Silva
	Deborah Mattos
	Lais Soriano
	Tiago Dela Rosa
Planejamento e projetos	Cintia Aparecida dos Santos
	Daniela Maria Chaves Carvalho
	Emily Larissa Ferreira da Silva
	Kelli Priscila Pinto
Diagramação	Fabricando ideias
Revisão	Rita Sorrocha
Capa	Tiago Dela Rosa
Adaptação de capa	Lais Soriano
Produção gráfica	Marli Rampim
	Sergio Luiz Pereira Lopes
Impressão e acabamento	Gráfica Paym

DADOS INTERNACIONAIS DE CATALOGAÇÃO NA PUBLICAÇÃO (CIP)
VAGNER RODOLFO DA SILVA – CRB-8/9410

V441e   Velloso, Carlos Mário da Silva

Elementos de direito eleitoral / Carlos Mário da Silva Velloso, Walber de Moura Agra. – 8. ed. – São Paulo: SaraivaJur, 2023.
768 p.

ISBN 978-65-5559-880-3 (Impresso)

1. Direito. 2. Direito Eleitoral. I. Agra, Walber de Moura. II. Título.

	CDD 341.28
2022-2997	CDU 342.8

Índices para catálogo sistemático:
1. Direito Eleitoral   341.28
2. Direito Eleitoral   342.8

Data de fechamento da edição: 1-10-2022

Dúvidas? Acesse www.saraivaeducacao.com.br

Nenhuma parte desta publicação poderá ser reproduzida por qualquer meio ou forma sem a prévia autorização da Saraiva Educação. A violação dos direitos autorais é crime estabelecido na Lei n. 9.610/98 e punido pelo art. 184 do Código Penal.

COD. OBRA	14269	CL	608221	CAE	812722

ÍNDICE

APRESENTAÇÃO 17

1. DEMOCRACIA 21
   1.1. Retrospectiva do regime democrático 23
   1.2. Legitimação democrática 24
   1.3. Tipos de regime democrático 26
   1.4. Institutos da democracia participativa 28

2. ORGANIZAÇÃO JUDICIÁRIA ELEITORAL 32
   2.1. Conceito 32
   2.2. Histórico da Justiça Eleitoral 35
   2.3. Peculiaridades da Justiça Eleitoral 37
      2.3.1. Resoluções 39
      2.3.2. Consultas 41
   2.4. Tribunal Superior Eleitoral 43
   2.5. Tribunais regionais eleitorais 46
   2.6. Juízes eleitorais 49
   2.7. Juntas eleitorais 52
   2.8. Mesas receptoras 55

3. MINISTÉRIO PÚBLICO ELEITORAL 59
   3.1. Natureza do Ministério Público 60
   3.2. Princípios Constitucionais do Ministério Público 62
      a) Unidade 62
      b) Indivisibilidade 64
      c) Independência funcional 64
   3.3. Garantias 65
      a) Inamovibilidade 66
      b) Irredutibilidade de subsídios 66
   3.4. O Ministério Público Federal Eleitoral 66

4. DIREITOS POLÍTICOS 72
   4.1. Perda e suspensão dos direitos políticos 73

4.2.	Princípio da anterioridade eleitoral e impedimento de *vacatio legis*	76
4.3.	Representação política	79
4.4.	Sistemas Eleitorais	80

5. ELEGIBILIDADE 83

5.1.	Condições de elegibilidade	85
5.2.	Inelegibilidade	102
	5.2.1. Inelegibilidades constitucionais	107
	a) Inalistáveis	108
	b) Analfabetos	110
	c) Inelegibilidade por laços sanguíneos	111
	d) Reeleição	116
	e) Inabilitação para o exercício de função pública	118
	5.2.2. Inelegibilidade superveniente e delimitação temporal para sua incidência	119
	5.2.3. Inelegibilidades absolutas infraconstitucionais	124
	5.2.4. Inelegibilidades relativas infraconstitucionais	139
	Para Presidente e para Vice-Presidente da República	140
	Para Governador e para Vice-Governador	142
	Para Senadores e para Deputados	143
	Para Prefeito e para Vice-Prefeito	143
	Para a Câmara Municipal	143
5.3.	Requisitos de registrabilidade	144
	a) Cópia da ata a que se refere o art. 8º	146
	b) Autorização do candidato, por escrito	147
	c) Prova de filiação partidária	148
	d) Declaração de bens, assinada pelo candidato	149
	e) Cópia do título eleitoral ou certidão, fornecida pelo cartório eleitoral, de que o candidato é eleitor na circunscrição ou requereu sua inscrição ou transferência de domicílio no prazo previsto no art. 9º	149
	f) Certidão de quitação eleitoral	150
	g) Certidões criminais fornecidas pelos órgãos de distribuição da Justiça Eleitoral, Federal e Estadual	151
	h) Fotografia do candidato, nas dimensões estabelecidas em instrução da Justiça Eleitoral, para efeito do disposto no § 1º do art. 59	152

i) Propostas defendidas pelo candidato a Prefeito, a Governador de Estado e a Presidente da República (Incluído pela Lei n. 12.034, de 2009)..................... 152

5.3.1. Prova de alfabetização (art. 27, inciso IV, da Resolução TSE n. 23.609/2019)....................... 153

5.3.2. Prova de desincompatibilização..................... 155

6. PARTIDOS POLÍTICOS 157
6.1. Conceito de partido político............................. 157
6.2. Histórico dos partidos políticos....................... 159
6.3. Histórico dos partidos políticos no Brasil 160
6.4. Criação de partidos políticos........................... 164
6.5. Princípios partidários...................................... 169
6.6. Fidelidade partidária 171
6.6.1. Fidelidade partidária antes da Resolução n. 22.526/2007...................................... 180
6.7. Coligação partidária 181
6.8. Prestação de contas dos partidos políticos.................... 186
6.9. Fundo Partidário... 193
6.10. Do acesso gratuito ao rádio e à televisão 201
6.11. Programa e estatuto dos partidos...................... 202
6.12. Responsabilidade do órgão partidário 203
6.13. Filiação partidária.. 206
6.14. Fusão, incorporação e extinção dos partidos políticos.. 208

7. FEDERAÇÕES DE PARTIDOS POLÍTICOS 211

8. ALISTAMENTO ELEITORAL 216
8.1. Conceito 216
8.2. Extensão da obrigatoriedade de alistamento................. 217
8.3. Requisitos do alistamento eleitoral............................ 218
8.4. Prerrogativas do alistamento eleitoral 221
8.5. Segunda via do título de eleitor................................ 222
8.6. Domicílio eleitoral.. 222
8.7. Transferência eleitoral 225
8.8. Causas de cancelamento e exclusão do alistamento 227
8.9. Revisão do eleitorado.. 232

9. CONVENÇÃO E REGISTRO ELEITORAL..................... 236
9.1. Convenção partidária 236

7

9.2. Conceito de registro eleitoral 242
9.3. Exigências do registro eleitoral............................... 244
9.4. Número possível de registro de candidatos.................. 246
9.5. Procedimento do registro eleitoral 251
9.6 A situação jurídica das candidaturas coletivas............. 264

10. PROPAGANDA ELEITORAL................................... 270
10.1. Propaganda política e sua classificação..................... 270
10.2. Conceito de propaganda eleitoral 272
10.3. Tipos de propaganda eleitoral 273
10.4. Propaganda partidária................................... 275
10.5. Propaganda eleitoral antecipada ou extemporânea 276
10.6. Propaganda eleitoral lícita................................ 294
10.7. Restrições à propaganda eleitoral............................. 310
10.8. Propaganda eleitoral na imprensa escrita 313
10.9. Propaganda eleitoral no rádio e na televisão.............. 315
10.10. Propaganda eleitoral na Internet.......................... 320
10.11. Debates eleitorais 332
10.12. Pesquisas eleitorais.. 337
10.13. Horário da propaganda gratuita 343
        Presidente da República............................... 343
        Deputado Federal.. 344
        Governador de Estado e do Distrito Federal 344
        Deputado Estadual e Deputado Distrital.................. 344
        Senador.. 344
        Prefeito e Vereador 345
        10.13.1. Distribuição da propaganda gratuita............ 345
10.14. Do direito de resposta na propaganda impressa, no rádio, na televisão e na internet.................................349
        a) Em propaganda eleitoral na internet...................... 350
        b) Em órgão de imprensa escrita 351
        c) Em programação normal das emissoras de rádio e de televisão... 352
        d) No horário eleitoral gratuito 352
10.15. Das medidas contra propaganda irregular e ilícita 354

11. FISCALIZAÇÃO DAS ELEIÇÕES 360
11.1. Competência da fiscalização............................... 360

11.2. Fiscais e delegados... 361
11.3. Fiscalização.. 362
11.4. Tipificação penal contra o sistema eletrônico de votação e apuração 365

12. SISTEMA ELETRÔNICO DE VOTAÇÃO....................... 366
12.1. Processamento eletrônico de dados............................. 366
12.2. Identificação biométrica.. 367
12.3. Votação 368
     12.3.1. Votação manual 374
     12.3.2. Voto em trânsito 376
     12.3.3. Voto impresso.. 377
12.4. Apuração.. 378
12.5. Impugnação e recursos da contagem manual de votos 378
12.6. Recontagem 379
12.7. Conceituação de voto.. 381
12.8. Natureza do voto... 384
12.9. Voto nulo e voto em branco 386

13. ABUSO DE PODER. CONDUTAS VEDADAS A GESTORES PÚBLICOS. IMPROBIDADE ADMINISTRATIVA ... 387
13.1. Formas de abuso de poder... 391
     a) Abuso de poder econômico..................................... 392
     b) Abuso de poder por uso indevido dos meios de comunicação... 397
     c) Abuso de poder político... 398
     d) Fraude à cota de gênero de candidaturas femininas (art. 10, § 3º, da Lei n. 9.504/97)............................. 401
     e) Captação ilícita de sufrágio..................................... 408
     f) Ilicitude de gastos e arrecadação de recursos........... 413
     g) Corrupção e caixa dois 414
13.2. Condutas vedadas a gestores públicos......................... 416
13.3. Tipos de condutas vedadas de forma genérica............. 416
     a) Proibição de cessão de móveis e imóveis públicos.... 417
     b) Proibição de utilização de materiais ou serviços custeados pelo erário... 420
     c) Proibição de cessão de servidor para propaganda eleitoral 422
     d) Proibição de distribuição gratuita de bens e serviços 424

13.4. Tipos de condutas vedadas em período eleitoral 427
    a) Proibição de contratação ou demissão 427
    b) Proibição de transferência voluntária 431
    c) Proibição de propaganda institucional e de entes da Administração Indireta 433
    d) Proibição de pronunciamento.............................. 434
    e) Proibição de *showmício* 435
    f) Proibição de inauguração de obras públicas 436
    g) Proibição em aumento dos gastos com publicidade (novo tópico) 438
    h) proibição de revisão geral das remunerações (novo tópico). 438
13.5. Desvio de finalidade de propaganda institucional 439
13.6. Sanções passíveis de serem aplicadas.......................... 441
13.7. Improbidade administrativa...................................... 448

14. FINANCIAMENTO DE CAMPANHA E PRESTAÇÃO DE CONTAS.. 456
    14.1. Financiamento de campanha.................................... 456
        14.1.1. Doações e contribuições à campanha eleitoral. 457
        14.1.2 Fundo Especial de Financiamento de Campanha (FEFC) 472
        14.1.3 *Crowdfunding* 476
    14.2. Prestação de contas dos candidatos 477
        14.2.1. Informações imprescindíveis de prestação de contas 478
        14.2.2. Exame da prestação de contas pela Justiça Eleitoral 480

15. PROCLAMAÇÃO 487
    15.1. Quociente eleitoral.. 489
    15.2. Quociente partidário 489

16. DIPLOMAÇÃO.. 492
    16.1. Natureza da diplomação.. 492
    16.2. Conceito e procedimento... 493
    16.3. Recursos contrários à diplomação 497

17. POSSE.. 499

18. PROCESSO ELEITORAL 504
    18.1. Conceito 504
    18.2. Condições da ação e pressupostos processuais.............. 507
    18.3. Princípios do processo eleitoral 509
        a) Devido Processo Legal, Contraditório e Ampla Defesa 511
        b) Princípio da inércia 513
        c) Princípio do livre convencimento motivado............ 516
        d) Princípio da celeridade 518
    18.4. Espécies de ações eleitorais 521
        18.4.1. Representação e reclamação 522
        18.4.2. Pedido de resposta................................. 530
        18.4.3. Ação de impugnação de Demonstrativo de Regularidade de Atos Partidários (DRAP)............ 533
        18.4.4. Ação de impugnação de registro de candidato.. 538
            18.4.4.1. Causas................................. 538
            18.4.4.2. Procedimento 541
        18.4.5. Ação de Investigação Judicial Eleitoral (AIJE).. 555
            18.4.5.1. Causas 557
            a) Abuso de poder econômico e abuso de poder político..................................... 557
            b) Abuso de poder por utilização indevida dos veículos e dos meios de comunicação......... 558
            c) Captação ilícita de sufrágio (art. 41-A da Lei n. 9.504/97) 560
            d) Ilicitude de gastos e arrecadação de recursos 562
            e) Conduta vedada (LE, arts. 73 e s.) 564
            18.4.5.2. Procedimento 564
        18.4.6. Ação de Impugnação de Mandato Eletivo (AIME)... 573
            18.4.6.1. Causas................................. 575
            18.4.6.2. Procedimento 581
        18.4.7. Ação de perda do cargo eletivo por desfiliação ou infidelidade partidária 589
        18.4.8. Ação rescisória................................. 595
        18.4.9. Tutelas provisórias no direito eleitoral.............. 600

11

18.4.10. Mandado de segurança, *Habeas data* e Mandado de injunção 607

18.4.11. *Habeas corpus* 619

19. RECURSOS ELEITORAIS 626

19.1. Teoria Geral dos Recursos 626

19.1.1. Conceito 626

19.1.2. Natureza jurídica 630

19.1.3. Espécies 631

19.1.4. Pressupostos de admissibilidade dos recursos 632

a) Cabimento 634

b) Legitimidade 635

c) Interesse de recursal 637

d) Tempestividade 639

e) Preparo 640

19.1.5. Motivação e forma dos recursos 641

19.1.6. Efeitos dos recursos 642

19.1.7. Desistência e renúncia dos recursos eleitorais... 645

19.2. Especificidades dos Recursos Eleitorais 647

19.2.1. Considerações gerais 647

19.2.2. Da restrição da possibilidade recursal 647

19.2.3. Da ausência de juízo de admissibilidade 648

19.2.4. Juízo de retratação 649

19.2.5. Efeito recursal 650

19.2.6. Prazos 653

19.3. Tipos de recursos previstos no Direito Eleitoral 654

19.3.1. Recurso inominado 654

19.3.1.1. *Procedimento do recurso inominado* 658

19.3.2. Recurso contra a expedição de diploma (RCED) 661

19.3.2.1. *Natureza do recurso contra expedição de diploma* 662

19.3.2.2. *Causas* 665

19.3.2.3. *Procedimento do recurso contra expedição de diploma* 668

19.3.3. Recurso ordinário 672

19.3.4. Agravos 678

a) Agravo de instrumento 678

b) Agravo contra denegação de Resp e RE ou agravo... 679

c) Agravo interno 681

12

19.3.5. Embargos de declaração 683
19.3.6. Recurso extraordinário 686
19.3.7. Recurso especial 690

20. CRIMES ELEITORAIS 697
20.1. Conceito 697
20.2. Classificação dos Crimes Eleitorais 700
20.3. Disposições Gerais 701
20.4. Dos Crimes Eleitorais Previstos no Código Eleitoral ... 705
i) Inscrição fraudulenta de eleitor 705
ii) Indução de inscrição fraudulenta de eleitor 706
iii) Inscrição fraudulenta por parte do juiz 708
iv) Negar ou retardar inscrição 708
v) Perturbar ou impedir o alistamento 709
vi) Retenção de título 710
vii) Promover desordem 710
viii) Impedir ou embaraçar sufrágio 711
ix) Prender ou deter eleitor 712
x) Ilicitude na obtenção de voto ou corrupção eleitoral   713
xi) Coação de servidor público 714
xii) Violência como coação eleitoral 715
xiii) Concentração de eleitores 715
xiv) Majoração de preços 716
xv) Prejuízo ao fornecimento 717
xvi) Intervenção de autoridade estranha 717
xvii) Fura-fila de votação 718
xviii) Fornecimento de cédula marcada 719
xix) Fornecimento antecipado de cédula 719
xx) Votar mais de uma vez 719
xxi) Prática de irregularidade 720
xxii) Votação em seção eleitoral distinta 720
xxiii) Violação ou tentativa de violação de sigilo de voto 721
xxiv) Deixar de expedir boletim de urna 722
xxv) Deixar de fechar ou lacrar a urna 722
xxvi) Crime de mapismo 723
xxvii) Omissão de protestos 724
xxviii) Violação ou tentativa de violação de urna 724

xxix) Contagem de voto impugnado 725
xxx) Subscrição de registro de mais de um partido 725
xxxi) Inscrição simultânea em mais de um partido 726
xxxii) Coletar assinatura de eleitor 726
xxxiii) Divulgação de propaganda eleitoral inverídica .. 727
xxxiv) Caluniar na propaganda eleitoral...................... 728
xxxv) Difamação na propaganda eleitoral 729
xxxvi) Injúria na propaganda eleitoral 730
xxxvii) Denunciação caluniosa com finalidade eleitoral 732
xxxviii) Violência política contra a mulher 733
xxxix) Inutilização, alteração ou perturbação de propaganda eleitoral... 734
xl) Impedimento ao exercício de propaganda eleitoral. 735
xli) Utilização de organização comercial em propa-
ganda eleitoral.. 735
xlii) Fazer propaganda em língua estrangeira 736
xliii) Participação eleitoral de quem não está no gozo
de seus direitos políticos.................................... 736
xliv) Ausência de prioridade postal............................. 737
xlv) Destruição, supressão ou ocultação de urna 738
xlvi) Manuseio de material exclusivo da Justiça Eleitoral 738
xlvii) Retardar ou não publicar notificações da Justiça
Eleitoral.. 739
xlviii) Inércia do Ministério Público 740
xlix) Descumprimento de obrigação legal por juiz
eleitoral.. 740
l) Recusa ou abandono do serviço eleitoral.................. 741
li) Não cumprimento dos prazos legais........................ 741
lii) Utilização de instalações públicas......................... 742
liii) Desobediência à Justiça Eleitoral 742
liv) Falsificação ou alteração de documento público ... 743
lv) Falsificação ou alteração de documento particular . 744
lvi) Omissão de declaração e caixa dois 744
lvii) Reconhecimento falso... 746
lviii) Utilização de documento falso ou alterado 746
lix) Utilização de documento material ou ideologica-
mente falso.. 747
lx) Apropriar-se de recursos financeiros...................... 747

20.5. dos crimes eleitorais previstos na lei eleitoral (Lei n. 9.504/97)...... 748
i) Divulgação de pesquisa fraudulenta...... 748
ii) Obstáculo à fiscalização de pesquisa eleitoral...... 748
iii) Extensão da responsabilidade penal de divulgação de pesquisa fraudulenta...... 749
iv) Boca de urna...... 749
v) Crime de uso de símbolos governamentais...... 750
vi) Contratação para produzir mensagem na internet.. 751
vii) Negativa de expedição de cópia do boletim de urna aos partidos e às coligações...... 752
viii) Lesar equipamentos eleitorais...... 752
ix) Impedir a fiscalização...... 753
x) Reter título ou comprovante de alistamento...... 753

REFERÊNCIAS...... 755

APRESENTAÇÃO

A democracia pode não ser um regime político perfeito, mas desde a Grécia antiga o homem ainda não conseguiu estabelecer uma forma de organização social mais eficiente. O Direito Eleitoral é um requisito insofismável para que a participação popular possa fluir de forma livre e libertária, sem que amarras impeditivas possam macular a sacrossanta vontade popular.

Esta época atual, tanto em nível nacional como internacional, é marcada pela modificação de paradigmas e pela revolução dos sistemas políticos estabelecidos. A quebra dos vetores que arrimavam a modernidade, como nos fala Derrida, provocou um abalo sísmico de grandes proporções em todos os setores da sociedade humana e o Direito Eleitoral não poderia se constituir como exceção. Com essa mudança do elemento factual, o aspecto da normalidade, novos desafios são colocados para a sociedade política organizada em todos os órgãos componentes do aparato estatal, o que obriga, do mesmo modo, a uma mudança na substância teorética que pulula nas searas que se apoiam na soberania popular.

A importância da matéria abordada é a necessidade de superar alguns entraves da estrutura política brasileira, como a falta de partidos que adotem programas de governos consistentes e factíveis, o baixo nível de cidadania da maioria da população, o abuso do poder econômico e político etc. Somos cientes de que não adianta postular que o voluntarismo jurídico possa resolver nossos problemas, mas não podemos fechar os olhos para essas questões que se multiplicam na nossa sociedade.

A obra que temos o prazer de ora apresentar aos leitores adota um novo prisma que permite um reencontro com novas e velhas aporias que permeiam a matéria principal desta obra, possibilitando a construção de marcos teóricos mais factíveis de concretização. Se a feitura de um trabalho intelectual não se configura uma tarefa tão fácil, o que se pode dizer de um livro realizado a quatro mãos e de uma matéria como Direito Eleitoral, que sofre constantes mutações e reformas? Não obstante essas dificuldades, decidimos assumi-las.

No início um pouco estupefatos com o trabalho que se vislumbrava... ao final, satisfeitos com o resultado produzido.

O objeto de estudo, Direito Eleitoral, é emblemático para uma análise científica, em que os cortes epistemológicos almejados sejam previamente especificados, pelo fato de que grande parte de sua regulamentação ocorre por meio de resoluções do Tribunal Superior Eleitoral e porque sua jurisprudência é deveras cambiante. Principalmente em períodos pré-eleitorais, abunda o número de decisões e resoluções que modificam toda a normatização que anteriormente fora estabelecida. Outrossim, essas incursões dogmáticas são tópicas, o que dificulta uma sistematização dos institutos.

A intenção proposta foi elaborar um livro de forma escorreita, sem rebuscamentos vernaculares que estorvem a leitura, mas que ao mesmo tempo agasalhasse uma sólida doutrina, incorporando os luminares do passado com as contribuições produzidas no presente. Não foi esquecida a influência que a jurisprudência exerce no Direito Eleitoral, selecionando aquelas consideradas como predominantes para corroborar os posicionamentos adotados. Importante plantear que não se considerou o fenômeno da jurisprudencialização do Direito de forma absoluta, ou seja, as decisões judiciais a respeito de determinado conteúdo não se configuram como a fonte de normogenética exclusiva. Ela desempenha um papel importante desde que submissa aos ditames da Constituição e das estruturas normativas vigentes.

Preferimos denominá-lo Elementos de Direito Eleitoral, em vez de Curso de Direito Eleitoral, porque esperamos que Deus e os leitores possam nos aquinhoar com outras oportunidades para que revisitemos nossos posicionamentos, aprofundemos as análises realizadas, abrangendo novos assuntos e talhando melhor nosso pensamento.

Como é curial em toda obra coletiva, há alguns posicionamentos que são divergentes entre os autores. Exclusivamente em razão de critérios didáticos, preferimos não os exprimir de forma explícita. O critério de escolha baseou-se em standards que puderam forcejar um todo sistêmico e orgânico à evolução doutrinária adotada, de forma a evitar, na medida do possível, antinomias ontológicas ou lógicas.

Não temos a pretensão de realizar um projeto intelectual perfeito e averso a críticas. As contribuições serão muito bem-vindas e servirão para o aprimoramento do conteúdo exposto. Roguemos que o futuro possa premiar-nos com a oportunidade de continuarmos os aprimoramentos para poder transformar este livro – Elementos de direito eleitoral – em um Curso de Direito Eleitoral, mais vasto e abrangente e minudente em sua abordagem.

Carlos Mário da Silva Velloso
Walber de Moura Agra

1 DEMOCRACIA

O étimo da palavra democracia provém dos vocábulos gregos *demos*, povo, e *cracia*, governo, consubstanciando o sentido de governo do povo. Por causa da participação popular, as decisões governamentais alcançam grau muito maior de legitimidade, permitindo, teoricamente, fiscalização dos entes governamentais e seara maior de discussão para a tomada de decisões[1].

A democracia é o governo do povo, o governo em que o povo manda, em que o povo decide. No regime democrático é ele quem comanda os destinos da organização política, o supremo juiz das coisas do Estado. O pressuposto metajurídico para seu desenvolvimento é certo grau de desenvolvimento cultural e econômico da população, para que ela possa bem escolher seus representantes[2].

Interessante para fazer uma relação com a exigência de preparação dos cidadãos para o exercício da democracia é a concepção sempre atual de Oliveira Vianna com relação à democracia no Brasil, para quem o nosso problema de organização política não está na democracia universal, em que obstinadamente insistimos há mais de um século, ao afirmar que, em boa verdade, neste tempo todo, o povo brasileiro não chegou a formar uma tradição democrática, sendo as eleições periódicas e os comícios apenas comodidades. Continua o mencionado professor que essa aspiração pela democracia não vem do povo-massa, é pura criação das elites políticas. O povo-massa não se inquieta com a

---

[1] Não há democracia sem participação. De sorte que a participação aponta para as forças sociais que vitalizam a democracia e lhe assinam o grau de eficácia e a legitimidade no quadro social das relações de poder, bem como a extensão e a abrangência desse fenômeno político em uma sociedade repartida em classes ou em distintas esferas e categorias de interesses (BONAVIDES, Paulo. *Teoria constitucional da democracia participativa*. São Paulo: Malheiros, 2001, p. 51).

[2] VELLOSO, Carlos Mário da Silva. A reforma eleitoral e os rumos da democracia no Brasil. In: *Direito eleitoral*. Belo Horizonte: Del Rey, 1996, p. 12-13.

democracia, de que nunca teve mesmo uma noção clara[3]. Felizmente, para a ampla maioria da população, a democracia passou a ser um valor indelével para a sociedade.

O regime democrático exprime a ideia de que as diretrizes políticas da sociedade são tomadas pela própria população. O maior âmbito de participação nas decisões, realizadas de forma livre, propicia que a escolha recaia naquela que apresente maior retorno à sociedade. Dworkin assevera que uma democracia ideal seria aquela em que cada cidadão, de forma geral, tivesse influência igual na legislação produzida em seu país[4].

Carlos Fayt ensina que ela pode ser conjugada em três planos: no material, da estrutura social e econômica; no moral, das representações e das crenças; e no formal, da instrumentação institucional e da técnica jurídica, demonstrando o funcionamento de suas estruturas[5].

Esse regime político possibilita uma zona de interação entre os órgãos de poder e a sociedade. O relacionamento formado por apenas duas vias foi superado, o comportamento do cidadão não mais se resume a apenas aceitar as ordens estatais ou refutá-las[6]. Há um espaço para a construção conjunta entre os cidadãos e o Estado, que se desenvolve de acordo com a intensidade da evolução do regime democrático.

Uma das características prementes da democracia, afora a participação popular nas mais variadas decisões políticas, é o respeito pelos direitos fundamentais dos cidadãos. Quanto mais arraigados forem os princípios democráticos no imaginário coletivo da sociedade, maior será o papel dos direitos fundamentais no ordenamento jurídico e maior será seu respeito. Defende Müller: "Não somente as liberdades

---

[3] VIANNA, Oliveira. *Instituições políticas brasileiras*. Brasília: Conselho Editorial do Senado Federal, 1999, p. 491-492.

[4] DWORKIN, Ronald. *O império do direito*. São Paulo: Martins Fontes, 1999, p. 436.

[5] FAYT, Carlos S. *Derecho político*. Buenos Aires: Depalma, 1988, t. I, p. 365.

[6] LIMA, Martônio Mont'Alverne Barreto. Justiça constitucional e democracia: perspectivas para o papel do Poder Judiciário. *Revista da Procuradoria Geral da República*, São Paulo: Revista dos Tribunais, janeiro/junho de 1996, n. 8, p. 89-101.

civis, mas também os direitos humanos enquanto realizados são imprescindíveis para uma democracia legítima"[7].

Os direitos fundamentais e a democracia se encontram em um condicionamento recíproco, formando uma simbiose, em que um se constitui pré-requisito do outro[8]. A democracia pressupõe respeito aos direitos fundamentais, tanto no concernente aos de primeira dimensão quanto aos demais, principalmente no pertinente aos de segunda dimensão. Os direitos fundamentais são importante vetor para a interpretação do regime democrático.

1.1. RETROSPECTIVA DO REGIME DEMOCRÁTICO

O nascimento da democracia pode ser creditado a Atenas, apesar de a maior parte da população não ter participado do processo democrático. Ela surge depois da tirania de Pisístrato e seu filho, por meio da legislação produzida por Clístenes. O órgão principal era o Conselho dos Quinhentos, que tinha as funções administrativas, financeiras, militares e redigia as propostas que seriam votadas em assembleia geral pela população, denominada Ekklesia. O terceiro órgão mais importante do regime democrático grego era a Eliea (Heliáia), que tinha a incumbência de exercer as funções judiciais[9].

Na fase republicana de Roma, sem medo de cometer erros históricos, pode-se falar na existência de uma democracia restrita à aristocracia. O Senado Romano era a gênese de poder de onde emanavam as principais decisões políticas tomadas pelo voto dos senadores. Quando César transformou a República em Império, outorgando-se o título de ditador perpétuo de Roma, ele foi assassinado por um de seus protegidos, Brutos, em razão de ter maculado o poder do Senado Romano.

---

[7] MÜLLER, Friedrich. *Quem é o povo*: a questão fundamental da democracia. São Paulo: Max Limonad, 1998, p. 76.

[8] KRIELE, Martin. *Introducción a la teoría del Estado*: fundamentos históricos de la legitimidad del Estado Constitucional Democrático. Buenos Aires: Depalma, 1980, p. 470.

[9] Tal como são elemento constitutivo do Estado de Direito, os direitos fundamentais são um elemento básico para a realização do princípio democrático (CANOTILHO, J. J. Gomes. *Direito constitucional e teoria da Constituição*. 6. ed. Coimbra: Almedina, 2002, p. 280).

Nas cidades italianas de Florença, Veneza, Gênova, Lucca e Siena, entre o século XIV e o início do XVI, igualmente houve florescimento do regime democrático, inspirado nos ideais clássicos da República Romana. Com isso, não se quer dizer que esses regimes permitiam que os cidadãos fossem verdadeiramente livres. Eles estavam sob o domínio das famílias mais ricas e importantes que dominavam a política e indicavam o representante de assuntos externos. A participação da maioria da população era passiva, enquanto as decisões eram tomadas por uma minoria[10].

Doutrina que muito contribuiu para o desenvolvimento do regime democrático foi o contratualismo, quando afirmou que a origem do poder constituído foi uma decisão livre e soberana da população, que, reunida em um grande pacto social, de forma coletiva, estabeleceu as regras vivenciais da sociedade, escolhendo quais seriam os centros de poder[11].

Para os norte-americanos, o ideal democrático sempre esteve presente, inclusive foi imprescindível para a decretação da independência, em 1776[12]. A defesa desse objetivo transformou os líderes dos sediciosos colonos em *Founding Fathers*. Seus valores constituíram-se instrumento de luta contra o Império Britânico, considerado até então potência imbatível, hauridos do horror ao poder arbitrário e do medo da corrupção. Significou, à época da conflagração, o novo em antagonismo ao velho, que o regime monárquico representava tão bem.

Atualmente, em maior ou menor intensidade, é o regime praticado na maior parte das nações ditas desenvolvidas, englobando países dos cinco continentes.

1.2. LEGITIMAÇÃO DEMOCRÁTICA

Democracia é o regime de governo no qual a legitimação, justificação do poder, encontra-se alicerçada pelo povo e no qual o cidadão é que toma as decisões políticas. Legitimação é a aquiescência que os

---

[10] VIROLI, Maurizio. *Repubblicanesimo*. Bari: Laterza, 1999, p. 4-5.

[11] ROUSSEAU, Jean-Jacques. *Du contrat social*. Paris: Gallimard, 1964, p. 111.

[12] APPLEBY, Joyce. *Liberalism and Republicanism in the historical imagination*. Cambridge: Harvard University Press, 1992, p. 189-191.

cidadãos outorgam a seus representantes e ao sistema político, o que contribui para a harmonia social e evita conflitos com segmentos da população que não compartilham em igualdade na distribuição dos bens produzidos. A justificação democrática é a melhor forma hodierna de estruturação coletiva, porque permite que uma sociedade extremamente dividida em estratificações sociais possa chegar a consensos para proferir suas decisões mais importantes.

Três princípios são essenciais para o desenvolvimento da legitimidade do regime político democrático: igualdade, liberdade e dignidade da pessoa humana (não necessariamente nessa ordem). Igualdade, vislumbrada não em seu sentido material, em que todos devem ter o mesmo direito ao acesso a bens materiais, mas em sua definição de que todos os cidadãos devem ter as mesmas oportunidades para influenciar as decisões políticas tomadas pelos órgãos estatais e também para ocupar qualquer cargo público. Liberdade no sentido de que os homens são livres para escolher suas opções, com capacidade de decidir sobre seus destinos, sem que sofram interferências de outrem. Dignidade da pessoa humana, porque a democracia não pode desrespeitar os valores inerentes aos homens, sob pena de se transformar em simulacros de participação do povo, como ocorreu com a ascensão do nazismo na Alemanha, em 1933.

A democracia pode ser dividida em formal e material, defluindo dessa classificação significativo influxo no nível de legitimação auferido. Formalmente, significa as regras que permitem que a população escolha seus representantes e como estes emitem as decisões políticas, sem analisar o conteúdo desses posicionamentos nem a real participação da população. Materialmente, tem seu significado mais abrangente, garantindo que os cidadãos disponham de condições mínimas para que possam realizar suas escolhas, como educação, emprego, renda, liberdade de locomoção etc. No primeiro caso, serve de instrumento de justificação do *status quo* dominante, detendo baixa legitimação na sociedade, porque os cidadãos não se envolvem com as questões governamentais; no segundo, a consolidação do *Welfare State* ajuda a consolidar sua legitimidade, fazendo com que a população se sinta partícipe das decisões e responsável pelo trato da coisa pública.

Habermas defende a tese de que a tolerância religiosa formulada nos séculos XVI e XVII contribuiu para o surgimento da democracia e sua legitimação nas sociedades ocidentais. A necessidade de convivência de vários credos religiosos ressaltou a importância da tolerância, seja por imperiosidade mercantilista, seja para garantir a lei e a ordem, seja por questões morais e éticas. A tolerância religiosa reforça o sentimento da legitimação democrática porque permite a convivência dentro de uma mesma sociedade de ideias diferentes, possibilitando o respeito entre culturas diversas[13].

Quanto maior for a percepção da legitimação democrática, maior será a coesão da coletividade e mais desenvolto o nível de suas estruturas governamentais. Ao contrário, um regime democrático que tenha baixos níveis de legitimidade apresenta fissuras sociais muito graves, insatisfatório nível de bem-estar da população e altas taxas de violência.

1.3. TIPOS DE REGIME DEMOCRÁTICO

A democracia pode ser classificada em direta e indireta. A primeira, vivenciada em Atenas e em alguns cantões suíços, é o regime em que toda norma deve ser votada pelo povo de forma contínua e permanente. A segunda, denominada ainda de parlamentar, é a que vigora na maioria dos países ocidentais, em que os cidadãos elegem seus representantes e estes têm a função de representar o povo no Congresso Nacional.

Nossa forma de democracia é a indireta, haja vista que vivemos em um país de proporções continentais, com uma densidade populacional razoável. Essa forma de democracia tem como característica o fato de o povo não tomar as decisões políticas do cotidiano; elas são tomadas por representantes eleitos pela sociedade, para, em seu nome e em "seu interesse", escolherem os caminhos tomados[14].

Em uma democracia representativa ou indireta, existe necessidade de haver eleições para escolher os mandatários que representarão a sociedade[15]. As eleições podem ser diretas – quando o povo escolhe sem intermediação seus representantes – ou indiretas – quando a população escolhe representantes e estes escolhem os mandatários populares[16]. As-

---

[13] HABERMAS, Jurgen. Mais!. *Folha de S.Paulo*, p. 10, domingo, 5-1-2003.

[14] MARTINES, Temístocles. *Diritto costituzionale*. 10 ed., Milano: Giuffrè, 2000, p. 191.

[15] SILVA, Luís Virgílio Afonso da. *Sistemas eleitorais*: tipos, efeitos jurídico-políticos e aplicação ao caso brasileiro. São Paulo: Malheiros, 1999, p. 30.

[16] MILL, Stuart. *O governo representativo*. São Paulo: Escala, 2006, p. 48.

sim aconteceu com Tancredo Neves e José Sarney, que foram escolhidos em uma eleição indireta, realizada pelo Congresso Nacional.

A democracia semidireta ou participativa se caracteriza por ser representativa, mas dotada de institutos jurídicos, que permitem ao povo demonstrar seu posicionamento nos assuntos governamentais. No Brasil, há instrumentos de democracia semidireta, por meio de institutos como o plebiscito, o referendo e a iniciativa popular, podendo ser utilizados pela União, pelos Estados-membros, pelos Municípios e pelo Distrito Federal. As leis continuam a ser feitas pelos representantes, deputados e senadores, mas o povo é chamado a se posicionar acerca de seu apoio a determinada norma, pressionando o Legislativo a acatar sua decisão.

Todavia, houve até agora um único plebiscito, sobre as escolhas da forma e do sistema de governo, no ano de 1993, e assim mesmo porque há um mandamento expresso na Constituição, no art. 2º dos Atos das Disposições Constitucionais Transitórias. Em 2005, houve um referendo sobre a possibilidade de proibição ou não do porte de armas, precedido apenas pelo realizado em 1963 acerca da continuidade ou do fim do sistema parlamentarista. Esses fatos caracterizam nosso regime democrático como essencialmente representativo, sem tradição na prática de institutos da democracia participativa. No que tange à iniciativa popular, registre-se a existência de apenas quatro projetos de lei elaborados pelo povo, sendo o último a Lei de Ficha Limpa, formalizada na Lei Complementar n. 135/2010.

Democracia direta é aquele regime político em que cada cidadão vota, pessoalmente, nas leis que vão reger sua vida, como em Atenas, onde os cidadãos livres votavam na ágora. Nessa forma de regime democrático não há necessidade de representantes, porque o povo é quem toma, de forma direta, as decisões. Mostra-se difícil tal tipo de democracia atualmente nos países periféricos, porque inexistem meios materiais que possam catalisar a vontade de toda a população[17]. Com a evolução

---

[17] Rodrigo Borja é bastante descrente acerca da possibilidade de concretização de uma democracia direta: "O governo do povo pelo povo, da maneira como concebeu Lincoln, é definitivamente uma ficção, carente de conteúdo real e de possibilidade prática, haja vista que é impossível que a multidão exerça por si

dos processos tecnológicos e a possibilidade de sua extensão aos mais carentes, a realização de uma democracia direta se torna mais palpável[18].

Portanto, nosso sistema político é preponderantemente uma democracia indireta, com eleições diretas, composto de alguns instrumentos da democracia participativa que são pouco utilizados.

1.4. INSTITUTOS DA DEMOCRACIA PARTICIPATIVA

Como institutos da democracia participativa, temos o plebiscito, o referendo e a iniciativa popular, chamados práticas diretas de governo (art. 14, I a III, da CF). Esses institutos têm a finalidade de dar maior legitimidade às normas, e, infelizmente, no Brasil, não são usados de forma frequente[19]. No fundo, visam à combinação entre a democracia direta e a indireta.

Os Estados-membros têm amplas oportunidades para decidir, com relação às matérias adstritas à sua esfera de competência, o momento de implementar os institutos supramencionados.

O plebiscito (do latim *plebis* – plebe – e *scitum* – decreto) é um instituto político conexo com o referendo, e ambos visam consultar o povo a respeito de determinadas leis. Quando houver necessidade de

---

mesma as funções diretivas do Estado" (BORJA, Rodrigo. *Derecho político y constitucional*. 2. ed. México: Fondo de Cultura Económica, 1991, p. 126).

[18] "A sobrevivência da democracia liga-se ao êxito que eventualmente possa alcançar uma teoria política que afirme e reconcilie a ideia dos direitos sociais, que faz lícita uma maior intervenção do poder estatal na esfera econômica e cultural, com a ideia não menos justa do individualismo, que pede a segurança e o reconhecimento de certos direitos fundamentais da personalidade, sem os quais esta se deformaria e definharia, como fonte que se deve sempre conservar de iniciativas úteis, livres e fecundas" (BONAVIDES, Paulo. *Do Estado liberal ao Estado social*. 6. ed. São Paulo: Malheiros, 1996, p. 139-140).

[19] Explica Paulo Bonavides: "A democracia participativa combate a conspiração desagregadora do neoliberalismo e forma a nova corrente de ideias que se empenham em organizar o povo para pôr um dique à penetração da ideologia colonialista; ideologia de submissão e fatalismo, de autores que professam a tese derrotista da impossibilidade de manter de pé o conceito de soberania. A obsolescência deste é proclamada a cada passo como verdade inconcussa" (BONAVIDES, Paulo. *Teoria constitucional da democracia participativa*. São Paulo: Malheiros, 2001, p. 34).

convocar o povo para que se posicione acerca de uma propositura normativa antes de sua promulgação, será isso um plebiscito; após sua promulgação, será um referendo[20]. Exemplo: se fôssemos chamar a população para se posicionar a respeito de norma que dispõe sobre a reeleição do Presidente da República, tratar-se-ia de um referendo, porque a disposição normativa já faz parte do ordenamento; por outro lado, se fôssemos convocar a população acerca de uma lei para instituir a moratória da dívida interna, estaríamos diante de um plebiscito, porque ainda não existe estrutura normativa com esse teor em nosso ordenamento[21].

No ordenamento jurídico brasileiro, os limites oferecidos tanto para o plebiscito como para o referendo referem-se aos mandamentos constitucionais, principalmente às cláusulas pétreas. Nenhuma delas pode ser alterada mediante uma legitimação por parte dos instrumentos da democracia participativa, de modo que as normas emanadas do plebiscito sofrem controle de constitucionalidade.

Tanto o plebiscito quanto o referendo têm efeito mandamental, e não poderia ser diferente, já que representam a própria soberania popular. Ou seja, uma vez aprovada, no caso do plebiscito, a norma obrigatoriamente deve ser homologada pelo Poder Legislativo e promulgada, e, no caso do referendo, a norma obrigatoriamente deverá ser revogada pelo mencionado Poder. Se a decisão do plebiscito não tivesse natureza mandamental em relação ao Poder Legislativo, seria mais um instrumento jurídico que teria sua eficácia esvaída, transformando-se em alegoria retórica.

Uma vez definida a data do plebiscito e do referendo, compete à Justiça Eleitoral a realização e a fiscalização desses institutos. O *quorum* necessário para sua aprovação é o apoio de maioria simples da população. Compete ao Congresso Nacional autorizar referendo e convocar plebiscito (art. 49, XV, da CF).

A iniciativa popular é a permissão ao povo para que proponha iniciativa de lei para o Congresso Nacional. O cidadão individualmen-

---

[20] Tanto o plebiscito como o referendo foram regulamentados pela Lei n. 9.709/98.

[21] Na Constituição francesa, há diferença entre plebiscito e referendo. Plebiscito é para decisões que são pertinentes à organização e ao funcionamento do Estado, mas que também envolvem a responsabilidade dos governantes. O referendo é utilizado para decisões adstritas apenas aos problemas jurídico-políticos.

te não tem iniciativa de propositura normativa, apenas de forma coletiva é que adquire tal prerrogativa. Para tanto, é necessário um por cento do eleitorado nacional, distribuído em, no mínimo, cinco Estados-membros, com a consecução do apoio de, no mínimo, três décimos por cento de eleitores em cada um deles (art. 61, § 2º, da CF).

A assinatura de cada eleitor deve ser acompanhada de seu nome completo e legível, seu endereço e seus dados que possibilitem identificar seu título de eleitor. A iniciativa popular pode ser patrocinada por partidos políticos ou por entidades da sociedade civil e somente deve se limitar a um assunto. Ela deve ser protocolada na Secretaria Geral da Mesa Diretora da Câmara dos Deputados.

A Constituição de 1988 poderia ter ampliado o rol dos institutos da democracia participativa, não se restringindo aos citados acima. Quanto mais eficazes forem os mecanismos que possibilitem o acesso da população às decisões políticas, maior legitimidade terá o regime democrático, e as crises constitucionais serão mais difíceis de ocorrer. Deveria, assim, ter introduzido a possibilidade de o cidadão impetrar a ação direta de inconstitucionalidade (ADIn), o *recall* e o veto popular[22].

Na Constituição anterior, a de 1967/1969, apenas o Procurador-Geral da República podia impetrar a ação direta de inconstitucionalidade. A atual ampliou os legitimados (art. 103, da CF), como forma de democratizar o uso da referida medida jurídica, retirando-a do arbítrio exclusivo do chefe do Ministério Público.

Maior evolução seria se tivesse permitido que todo cidadão lesado em seus direitos pudesse recorrer ao controle direto de constitucionalidade, outorgando o direito de ação a *quisquis de populo*, como o recurso constitucional alemão, o *Verfassungsbschwerde*. Não haveria exacerbação de causas para o Supremo, porque o juízo de admissibilidade seria mais rígido e, uma vez declarada a inconstitucionalidade, o efeito

---

[22] Em sentido contrário: "É pelas eleições que a democracia se realiza, permitindo ao eleitorado participar do governo. É o eleitorado que manifesta a soberania popular, optando por seus representantes, por isso diz-se que, no Brasil, há democracia participativa semidireta, pois não há consulta direta ao eleitorado sobre as decisões, exceto aquelas exercidas por meio de plebiscito e referendo, quando há participação direta do eleitorado" (MOREIRA, Eduardo Ribeiro. Democracia. In: *Dicionário brasileiro de direito constitucional*. São Paulo: Saraiva, 2007, p. 138).

seria *erga omnes*, retirando a norma do ordenamento jurídico. A jurisdição constitucional ganharia maior eficiência, ressaltando a cidadania, que teria mais um instrumento para proteger suas prerrogativas de modo mais célere e eficiente.

Outro instituto da democracia semidireta, mas que não foi implantado entre nós, é o *recall*, instituto que originariamente nasceu nos Estados Unidos. Significa o término do mandato do parlamentar antes da data prevista, porque não houve o cumprimento dos programas firmados na campanha eleitoral. O Ministro Walter Costa Porto afirma que o *recall* é baseado na teoria de que o povo deve manter controle mais direto e elástico sobre os ocupantes de cargos públicos e, parafraseando uma expressão familiar do Oregon, "deve ser capaz de despedir esses representantes como o fazendeiro dispensa seus empregados"[23].

O veto popular assemelha-se ao veto presidencial. Ele se caracteriza como um instrumento posto à disposição da população, que poderia arquivar projetos de leis que ofendessem seus interesses. Os cidadãos seriam chamados para se posicionar acerca da propositura da lei, podendo arquivá-la, independentemente do posicionamento do Congresso ou do Presidente da República.

A diferença entre o veto popular e o plebiscito é que, naquele, seu uso se restringiria a projetos de leis que estivessem tramitando no Congresso Nacional, manifestando-se a população contra a sua aprovação, e este se refere a qualquer propositura que a população tenha interesse, que passe a integrar o ordenamento jurídico, independentemente de sua tramitação no Congresso Nacional.

Importa acentuar, à derradeira, que a Emenda Constitucional n. 111/2021 acrescentou dois parágrafos ao art. 14 da Constituição Federal de 1988 para dispor sobre as consultas populares. De acordo com os §§ 12 e 13 do art. 14 da CF, essas consultas, se envolverem questões locais, deverão ser realizadas no mesmo dia das eleições, e sua convocação deverá ser feita até 90 dias antes da data do pleito, não sendo permitida a utilização de propaganda gratuita no rádio e na TV para divulgação dos argumentos favoráveis ou contrários ao assunto que está sendo consultado.

---

[23] PORTO, Walter Costa. *Dicionário do voto*. São Paulo: Giordano, 1995, p. 275.

2 ORGANIZAÇÃO JUDICIÁRIA ELEITORAL

2.1. CONCEITO

A Justiça Eleitoral tem a função de possibilitar a expressão da vontade dos eleitores, operacionalizando todos os procedimentos eleitorais para que se desenvolvam em harmonia e transparência, sem que estorvos possam desviar a soberania popular. Como pontua o Ministro Carlos Mário Velloso, ela tem como principal escopo realizar a "verdade eleitoral", como forma de efetivar a democracia[1].

A Justiça Eleitoral é composta pelo Tribunal Superior Eleitoral, pelos Tribunais Regionais Eleitorais, pelos Juízes Eleitorais e pelas Juntas Eleitorais (art. 118, I a IV, da CF). Sua estrutura se reparte em três instâncias, em que a segunda aprecia os recursos da primeira e a terceira aprecia os recursos da segunda. A composição de seus órgãos é híbrida, integrando seus quadros juízes de outras searas da Justiça, advogados e pessoas, até mesmo sem formação jurídica, como os membros das Juntas Eleitorais.

Como ramificação especializada do Poder Judiciário, ela não está submissa nem ao Poder Legislativo nem ao Executivo. Como membro do Judiciário, possui autonomia para a realização de todos os procedimentos necessários para que as eleições ocorram com lisura, podendo a população expressar suas opiniões de forma livre e autônoma.

A Justiça Eleitoral desenvolve, no exercício de suas atividades, funções típicas e atípicas. Funções típicas são as inerentes à atuação do *jurisdictio*, ou seja, de dizer o direito em cada caso concreto, sendo protegidas suas decisões pelo manto da coisa julgada depois de certo tempo. Funções atípicas são as que não ostentam cunho jurisdicional

---

[1] VELLOSO, Carlos Mário da Silva. A reforma eleitoral e os rumos da democracia no Brasil. In: *Direito eleitoral*. Belo Horizonte: Del Rey, 1996, p. 9.

contencioso, apresentando natureza administrativa, como os atos preparatórios para a realização das eleições, exemplificados nas tarefas necessárias para o alistamento e o registro eleitoral.

O conceito de jurisdição provém da soberania estatal, traduzindo-se na prerrogativa de concretizar o direito substantivo[2]. A função da jurisdição é robustecer o princípio da soberania, que indiscutivelmente se configura como um apanágio inerente ao Estado. Para Chiovenda, a jurisdição é uma função do Estado que tem o escopo de concretizar a vontade da lei por meio da substituição, pela atuação de órgãos públicos, das atividades de particulares ou de outros órgãos públicos[3]. Apesar de os órgãos eleitorais realizarem muitas atividades, que não se enquadram nesse conceito de jurisdição *stricto sensu*, como, por exemplo, os procedimentos realizados no alistamento eleitoral, esse fato não retira em nada a taxonomia jurisdicional de suas decisões.

A Constituição Federal optou por não definir, de maneira aprofundada, o que seja matéria eleitoral, remetendo à lei complementar essa tarefa (art. 121 da CF)[4].

A Justiça Eleitoral é organizada por circunscrições, zonas eleitorais e seções eleitorais, em que cada uma delas ocupa uma função específica. As circunscrições denotam determinado espaço geográfico em que os eleitores podem escolher seus representantes. Nas eleições presidenciais, a circunscrição é o país; nas eleições federais e estaduais, o Estado; e nas municipais, o Município (art. 86 do CE). As zonas eleitorais restringem a competência dos magistrados, limitando sua es-

---

[2]   Ensina Pontes de Miranda: "Anteriormente, nos comentários ao início do Código de Processo Civil, ao tratarmos do princípio da pretensão processual dirigida ao Estado, frisamos que a expressão 'jurisdição', no sentido de todo o poder público, seja legislativa, seja judiciária, seja executiva, revela conteúdo medieval. O sentido exato é o de poder dizer o direito (*dicere jus*), razão por que se há de exigir o pressuposto conceptual de julgamento, de 'dizer' (*dictio*) qual a regra jurídica, o *ius*, que incidiu" (PONTES DE MIRANDA, F. C. *Comentários ao Código de Processo Civil*. 5. ed. Atualização legislativa de Sérgio Bermudes, Rio de Janeiro: Forense, 1997, t. I, p. 78).

[3]   CHIOVENDA, Giuseppe. *Instituição de direito processual civil*. Trad. Paolo Capitanio. Campinas: Bookseller, 1998, v. II, p. 8.

[4]   AGRA, Walber de Moura. Exemplo de judicialização na atuação do tribunal judicial eleitoral. In: *Primas do Direito Eleitoral. 80 anos do Tribunal Eleitoral de Pernambuco*. Belo Horizonte: Fórum, 2012, p. 191.

fera de jurisdição. Seções eleitorais são os locais de votações em que os eleitores votam.

As circunscrições dividem-se pelas dimensões dos Estados-membros e do Distrito Federal. As zonas eleitorais são utilizadas para a definição da competência dos juízes eleitorais, nem sempre coincidindo com as dimensões de um município – existem municípios que possuem várias zonas, e zonas que abrangem mais de um desses entes federativos. As seções eleitorais são os menores núcleos de organização da Justiça Eleitoral, correspondendo a um determinado número de eleitores votantes junto a uma mesa receptora de votos. A divisão das zonas eleitorais é realizada pelos Tribunais Regionais Eleitorais respectivos, sendo necessária sua aprovação pelo Tribunal Superior Eleitoral.

Lei complementar disporá sobre a organização e a competência dos tribunais, dos juízes e das juntas eleitorais (art. 121 da CF). A espécie normativa escolhida foi lei complementar, para garantir maior estabilidade normativa a essas disposições, dificultando um pouco mais sua modificação, haja vista a necessidade da obtenção de maior *quorum* – maioria absoluta.

Como ainda não foi editada essa lei complementar, a regulamentação é feita pelo Código Eleitoral, que foi recepcionado como lei material complementar na parte que disciplina a organização e a competência da Justiça Eleitoral[5].

De acordo com Djalma Pinto, as competências da Justiça Eleitoral são: realização do alistamento eleitoral, registro de candidaturas para a disputa de mandato eletivo, controle da propaganda eleitoral, organização e realização dos pleitos eleitorais, disponibilidade de transporte e alimentação aos eleitores das áreas rurais, proclamação dos resultados, diplomação dos eleitos, julgamento dos crimes eleitorais, das ações impugnatórias e da investigação para a apuração da prática de abuso de poder no curso da campanha eleitoral[6].

A Lei n. 13.165/2015, em alteração ao art. 34 da Lei n. 9.096/95, acentua a importância da Justiça Eleitoral também na fiscalização da

---

[5] STF. MS 26.604, Rel. Min. Cármen Lúcia, j. 4-10-2007, Plenário, *DJe* 3-10-2008.

[6] PINTO, Djalma. *Direito eleitoral. Improbidade administrativa e responsabilidade fiscal*: noções gerais. 4. ed. São Paulo: Atlas, 2008, p. 51.

prestação de contas do partido e das despesas de campanha, estando incumbida de atestar se as prestações refletem a real movimentação financeira, os dispêndios e recursos aplicados nas campanhas eleitorais, tendo o escopo de identificar a origem das receitas e a destinação das despesas com as atividades partidárias e eleitorais mediante o exame formal dos documentos fiscais apresentados pelos partidos políticos e candidatos, estando vedada a análise das atividades político-partidárias ou qualquer interferência em sua autonomia, conforme *caput* e § 1º do dispositivo referido. Afinal, tal qual se aduz do § 6º do art. 37 da Lei n. 9.096/95, o exame da prestação de contas dos órgãos partidários tem caráter jurisdicional.

Ademais, as inovações introduzidas pela Lei n. 13.165/2015 também impuseram que as decisões dos Tribunais Regionais sobre quaisquer ações que importem cassação do registro, anulação geral de eleições ou perda de diplomas somente poderão ser tomadas com a presença de todos os membros. Impedido um juiz/desembargador, convoca-se o suplente da mesma classe, conforme §§ 4º e 5º do art. 28 do CE.

2.2. HISTÓRICO DA JUSTIÇA ELEITORAL

Eleições no Brasil são coisa corriqueira, que começou bem antes de nossa Independência. No período colonial, havia pleito para a escolha dos componentes das Câmaras Municipais, que era indireta; primeiro se elegia os representantes para depois se eleger os membros dessa Câmara. Em 1821, D. João VI convocou os brasileiros para escolher representantes para compor as "Cortes Gerais de Lisboa", com o intuito de redigirem a Carta Constitucional da Monarquia Portuguesa. Foi a primeira vez que houve uma votação para cargos gerais, já que antes as eleições se restringiam à escolha dos membros do Legislativo local.

No Império, o voto era censitário, permitindo-se aos eleitores a escolha de deputados, senadores e membros das Assembleias Legislativas Provinciais e Câmaras Municipais. Ressalte-se, nesse período, a elaboração da Lei Saraiva, que introduziu o voto direto no Brasil.

A Justiça Eleitoral foi fruto da Revolução de Trinta, que teve como um dos seus objetivos a moralização do procedimento eleitoral (na Primeira República era normal candidatos serem eleitos e terem sua diplomação negada pelo Poder Legislativo). Sua criação ocorreu em 1932, no governo de Getúlio Vargas, sob inspiração do Tribunal

Eleitoral tcheco, de 1920, idealizado por Kelsen, que unificou a legislação eleitoral e concedeu autonomia para que o Poder Judiciário realizasse as eleições.

O primeiro Código Eleitoral brasileiro foi criado em 1932, consolidando a legislação eleitoral existente, concedendo o voto às mulheres e estabelecendo o sufrágio universal e secreto.

A estruturação dos órgãos da Justiça brasileira começa a ser disciplinada em nível constitucional no Texto de 1934, que incluiu a Justiça Eleitoral como órgão do Poder Judiciário[7], com o intuito de garantir a efetiva prática do sistema representativo[8]. Contudo, no ano seguinte, o Congresso foi dissolvido juntamente com a suspensão da liberdade política, sendo a Justiça Eleitoral considerada inativa[9]. Em 1946, a Justiça Eleitoral volta a ser regulamentada definitivamente nos mandamentos constitucionais.

Em 1950, foi criado o quarto Código Eleitoral Brasileiro, sistematizando toda a legislação eleitoral esparsa. A nova ordem eleitoral criou matérias desconhecidas até então, garantindo o livre exercício da propaganda partidária, estabelecendo o sistema eleitoral misto – até hoje vigente –, assegurando a representação política das minorias e concedendo direito ao voto aos analfabetos e aos relativamente incapazes.

Posteriormente, em 1964, os militares deram um Golpe de Estado, destituindo o Presidente João Goulart e suspendendo as eleições diretas para os cargos de chefes do Poder Executivo. Foi nessa quadra da história que houve a edição do quinto Código Eleitoral Brasileiro, em 1965.

Não obstante o clima de oscilações políticas e sociais, o Código Eleitoral de 1965 inovou ao criar uma Corregedoria Eleitoral própria, com o escopo de tutelar a lisura e a legitimidade das eleições. Foi adotada uma única cédula oficial para as eleições em todo o território nacional.

---

[7] BENTO DE FARIA, Antônio. *Repertório da Constituição nacional*: Lei de Segurança Nacional. Rio de Janeiro: F. Briguiet, 1935, p. 151.

[8] ROCHA, Cármen Lúcia Antunes. Justiça Eleitoral e representação democrática. In: *Direito eleitoral*. Belo Horizonte: Del Rey, 1996, p. 387.

[9] PACHECO, Marília. A Justiça Eleitoral brasileira: cronologia histórica. In: *Direito eleitoral contemporâneo*: doutrina e jurisprudência. Belo Horizonte: Del Rey, 2003, p. 257.

Com a redemocratização do país e o advento da Constituição Cidadã, promulgada em 1988, o Código de 1965 passou por diversas mudanças propulsionadas pelas diferentes legislações eleitorais esparsas supervenientes, sendo um reflexo do restabelecimento dos direitos políticos e da liberdade pela sociedade. Exemplo disso foi a criação, na década de 1990, da Lei Complementar n. 64/90 (Lei de Inelegibilidade), da Lei n. 9.096/95 (Lei dos Partidos Políticos) e da Lei n. 9.504/97 (Lei das Eleições). Em 2010, foi editada a Lei Complementar n. 135 (Lei da Ficha Limpa), oriunda de iniciativa popular, acrescentando novos casos de inelegibilidade infraconstitucionais e aumentando o seu lapso temporal, angariando o escopo de trazer maior probidade e moralidade administrativa ao cenário político brasileiro. Além do que, em regra, a cada nova eleição é criada uma minirreforma eleitoral que modifica a legislação eleitoral.

2.3. PECULIARIDADES DA JUSTIÇA ELEITORAL

A Justiça Eleitoral, pela própria especificidade de sua seara de atuação, qual seja a captação da vontade da população, possui alguns *standards* que lhe são peculiares, destoando das demais searas do Direito. Dentre essas peculiaridades, podem ser mencionadas a premência de suas decisões, já que as datas eleitorais são previamente marcadas; a capacidade interpretativa, mediante resoluções; a existência de procedimentos específicos; e não possuir um quadro de juízes próprio.

Salienta Olivar Coneglian algumas diferenças em relação aos outros ramos do Judiciário:

a) é constituída por membros emprestados;

b) seus membros não são vitalícios, ou seja, são renovados periodicamente. Essa renovação tem trazido benefícios bastantes para a Justiça, visto que seus novos membros sempre agregam novos valores político-sociais;

c) é uma forma de justiça executiva, no sentido de que, além de julgar os recursos eleitorais, tem o dever de executar as eleições[10];

---

[10] "Embora montada em modelo tipicamente judiciário – estrutura, forma, pessoal, vestes talares e jargão judiciário – sua tarefa é essencialmente administrativa, e só eventualmente jurisdicional. Processo eleitoral é um processo adminis-

d) sua jurisdição ocorre em bloco e em tempo único[11].

Concorda-se, de forma integral, com Fávila Ribeiro, quando planteia que, no Direito Eleitoral, apesar de seus dispositivos serem direcionados pelos dogmas do Direito Positivo, ele contém peculiaridades que não podem ser deixadas de lado, oriundas do passionalismo e da emotividade, que são apanágios constantes do debate eleitoral. Os traços sociológicos brasileiros afloram de forma intensa, e o Direito Eleitoral não pode se fechar a essas interferências[12].

Os prazos do Direito Eleitoral são dos mais exíguos da Ciência Jurídica, haja vista que a data das eleições não pode ser postergada. Sendo o processo eleitoral relativamente curto e tendo as decisões eleitorais grande repercussão na eleição, elas devem ser tomadas de forma imediata, pois sua demora significa sua não concretização. A insegurança jurídica provocada pela ausência de certeza no resultado da eleição contribui para diminuir a legitimidade do mandatário público, não estimulando o desenvolvimento do regime democrático.

Em regra, o Poder Judiciário somente aprecia os casos concretos que são postos à sua apreciação, sem poder exarar opiniões de casos abstratos. De forma excepcional, com o objetivo de esclarecer as normatizações acerca do pleito, a Justiça Eleitoral pode emitir opiniões, por intermédio de consultas, o que garante a segurança jurídica, porque todos os interessados tomam conhecimento da interpretação dominante em seus órgãos. Ao se anteceder às demandas, o Judiciário dissipa as dúvidas existentes acerca de determinados procedimentos.

Os procedimentos específicos existem em decorrência das peculiaridades do Direito Eleitoral, que tem a missão de transmitir de forma mais fiel possível a vontade dos eleitores. A necessidade de prazos exíguos e a prerrogativa de emitir consultas, por si só, impõem também a elaboração de procedimentos específicos.

---

trativo, e o que o singulariza é a unicidade do órgão administrativo executor e do órgão judiciário incumbido do seu controle judicial" (JARDIM, Torquato. *Direito eleitoral positivo*. 2. ed. Brasília: Brasília Jurídica, 1998, p. 40).

[11] CONEGLIAN, Olivar. A Justiça Eleitoral: o Poder Executivo das eleições, uma justiça diferente. In: *Direito eleitoral contemporâneo*: doutrina e jurisprudência. Belo Horizonte: Del Rey, 2003, p. 57-74.

[12] RIBEIRO, Fávila. *Direito eleitoral positivo*. 4. ed. Rio de Janeiro: Forense, 1996, p. 145.

Os juízes da Justiça Eleitoral são cedidos dos demais órgãos do Poder Judiciário, não possuindo um quadro próprio de magistrados – a despeito de possuir funcionários próprios. Esses magistrados são nomeados por tempo determinado, sendo a duração do exercício de suas funções de dois anos, prorrogável por mais um biênio consecutivo – princípio da temporalidade –, recebendo por essa função uma gratificação eleitoral.

A finalidade da adoção do princípio da temporalidade no exercício das atividades eleitorais configura-se na oxigenação de suas decisões, pois a renovação constante de seus quadros possibilita maior desenvolvimento doutrinário e abertura a novas ideias. A desvantagem é que essa rotatividade não contribui para a consolidação de uma teorética eleitoralista densa e segura.

Por fim, a função normativa da Justiça Eleitoral também caracteriza-se como um fator de diferenciação dos demais ramos do direito, conforme vê-se a seguir.

2.3.1. Resoluções

Resoluções são normatizações expedidas pela Justiça Eleitoral para regulamentar o procedimento das eleições. Elas não significam uma exceção ao princípio da legalidade, muito pelo contrário, representam atos administrativos que têm a função de regulamentar dispositivos legais, deixando claro o conteúdo exposto nos mandamentos jurídicos.

A reforma da lei eleitoral trouxe determinação explícita no sentido de que até o dia 5 de março do ano da eleição, o Tribunal Superior Eleitoral, atendendo a sua prerrogativa de regulamentação e sem restringir direitos ou estabelecer sanções distintas das previstas nessa lei, poderá expedir todas as instruções necessárias para a sua fiel execução, ouvidos, previamente, em audiência pública, os delegados ou representantes dos partidos políticos (art. 105, *caput*, da Lei n. 9.504/97). Antes, determinava-se apenas que "o Tribunal Superior Eleitoral expedirá todas as instruções necessárias à execução desta Lei", sem a imposição de nenhum prazo fatal para o exercício dessa prerrogativa.

Depois dessa imposição normativa, o Tribunal Superior Eleitoral teve sua prerrogativa de normatização limitada em termos temporais, sem poder exercê-la após o prazo estabelecido. O legislador igualmente se preocupou, de forma explícita, em colocar limites ao poder regulamentar do Tribunal Superior Eleitoral, impedindo que ele agisse como um verdadeiro legislador, ao mitigar a possibilidade da edição de resoluções que restrinjam direitos ou estabeleçam sanções distintas das previstas na Lei Eleitoral.

Para que haja, então, a superação desse problema, deve-se admitir que o poder regulamentar do Tribunal Superior Eleitoral só pode ser realizado dentro do programa normativo das leis (*secundum legem*) ou para suprir eventual omissão ou insuficiência das mesmas (*praeter legem*), visto que, limitados pelos dispositivos jurídicos, não podem, de forma alguma, ostentar conteúdo *contra legem*, haja vista que sua função é possibilitar a fiel execução da legislação vigente. Ao expedir resoluções e instruções para conformar a realização das eleições fora dos limites legais, estará o Tribunal Superior Eleitoral se contrapondo ao princípio constitucional da legalidade (art. 5º, II, da CF), apanágio indelével ao Estado Democrático de Direito.

Assim, quando o Tribunal Superior Eleitoral atuar *contra legem*, afirma-se ser possível o controle de supralegalidade, principalmente pelos partidos políticos e pelo Ministério Público, analisando se os atos regulamentares se coadunam com os *standards* legais e constitucionais estabelecidos. Outrossim, quando estes atos regulamentares causarem efeitos concretos, também será cabível mandado de segurança.

Cite-se, nesse ponto, que a Lei n. 14.211/2021 incluiu o art. 23-A no Código Eleitoral para acentuar que a competência regulamentar do TSE se restringe a matérias especificamente autorizadas em lei, sendo vedado ao Tribunal tratar de matéria relativa à organização dos partidos políticos.

No caso de omissão do Tribunal Superior Eleitoral em proceder à regulamentação do processo das eleições, é curial que se permita a interposição de mandado de injunção, com a finalidade de suprir lacuna regulamentadora sobre matéria eleitoral, da mesma maneira como é cabível a possibilidade de impetração de mandado de segurança se determinada resolução chegar a produzir algum efeito concreto.

Serão aplicáveis ao pleito eleitoral imediatamente seguinte apenas as resoluções publicadas até a data referida, qual seja 5 de março do ano do pleito (art. 105, § 3º, da Lei n. 9.504/97). De toda sorte, esse parágrafo, que era antes ausente, manteve o termo *ad quem* para a expedição das instruções regulamentadoras.

É de se ressaltar que o Tribunal Superior Eleitoral pode, e até se recomenda, baixar as resoluções que tiver de editar o mais rápido possível, sem prejuízo da boa edição dos textos e da correção do processo eleitoral. Mas a nova lei eleitoral agora determina expressamente que só serão aplicáveis ao pleito eleitoral imediatamente seguinte as resoluções publicadas até a data referida. Desse modo, por expressa disposição legal, não poderão ser aplicadas ao pleito eleitoral seguinte aquelas resoluções que, mesmo sendo editadas no dia 5 de março do ano das eleições, não foram publicadas em órgão oficial nesse mesmo dia.

Ainda nesse sentido, em nada se alterou a obrigatoriedade de serem ouvidos, previamente, em audiência pública, os delegados ou representantes dos partidos políticos, antes da edição dessas resoluções.

2.3.2. Consultas

As consultas, peculiaridade inerente ao Direito Eleitoral, surgiram com a finalidade de garantir a celeridade do processo eleitoral, reduzindo os conflitos e os litígios em razão de a matéria ter sido previamente decidida pelo Tribunal Superior Eleitoral ou pelo Tribunal Regional Eleitoral em sua esfera de competência, respondendo a perguntas que lhes são dirigidas (arts. 23, XII, e 30, VIII, do CE). Se a consulta não tiver caráter geral, mas específico e determinado a certas realidades, ela não será conhecida.

Ensina Fávila Ribeiro que consultar é descrever situação, estado ou circunstância de forma bastante genérica para permitir sua utilização posterior de maneira sucessiva e despersonalizada, com o propósito de revelar dúvida razoável e genérica, em face de lacuna ou obscuridade legislativa ou jurisprudencial, desde que não se configure antecipação de julgamento judicial[13]. Nesse sentido, o Tribunal Superior Eleitoral não conhece consultas cuja matéria já esteja regulamentada mediante Resolução[14].

---

[13] RIBEIRO, Fávila. *Direito eleitoral positivo*. 4. ed. Rio de Janeiro: Forense, 1996, p. 183.

[14] "CONSULTA. ADORNOS EM FOTOGRAFIA PARA FINS DE REGISTRO DE CANDIDATURA. REGULAMENTADO PELA RESOLUÇÃO-TSE N. 22.156 E PELA LEI N. 9.504/97. NÃO CONHECIMENTO. O Tribunal Superior Eleitoral não conhece consultas, cuja matéria já esteja re-

A função consultiva da Justiça Eleitoral está relacionada ao seu pronunciamento quanto a situações hipotéticas apresentadas, como dispõe o art. 23, XII, do CE. Por meio do exercício dessa função consultiva, é possível saber o posicionamento a respeito de determinada situação, evitando práticas contrárias ao entendimento. As respostas a determinadas consultas devem estar devidamente fundamentadas e, mesmo que não detenham caráter vinculante, norteiam os demais órgãos da Justiça Eleitoral. A consulta, entretanto, não poderá tratar sobre caso concreto, sob pena de o Tribunal precipitar resolução de conflito já estabelecido. Vale salientar que, ainda que tenha se iniciado o processo eleitoral, caberá à Justiça responder às consultas[15].

A consulta nada mais é, portanto, que uma espécie de procedimento por meio do qual o Tribunal Superior Eleitoral ou um determinado Tribunal Regional Eleitoral responde a questionamentos formulados, em tese, por pessoas legitimadas sobre matéria eleitoral[16]. Para que sejam devidamente respondidas pelo Colendo Tribunal Superior Eleitoral, têm de ser formuladas por autoridade com jurisdição federal ou órgão nacional de partido político (art. 23, XII, do CE). Assim, cabe ao Tribunal Superior Eleitoral responder às consultas apenas realizadas por órgãos nacionais, feitas pelo presidente ou pelos delegados credenciados junto ao mencionado Tribunal ou pelo diretório nacional; ou, ainda, deputado federal. Convém também explicitar que ministro de Estado possui legitimidade para formular consulta perante o TSE[17], assim como os Tribunais Regionais Eleitorais, sobre matéria eleitoral de sua competência, segundo o art. 30, VIII, do Código Eleitoral[18].

Aos Tribunais Regionais Eleitorais cabe responder às perguntas realizadas por órgãos estaduais, como o presidente estadual de partido, diretório estadual e delegados credenciados na mencionada instância judiciária[19].

---

gulamentada mediante Resolução" (TSE, CTA n. 1.516-DF, Rel. Min. José Augusto Delgado).

[15] CTA n. 796/DF, Rel. Min. Marco Aurélio.

[16] TSE, *Glossário Eleitoral Brasileiro*. Disponível em: http://www.tse.jus.br/internet/institucional/glossario-eleitoral/index.html. Acesso em: 25 abr. 2016.

[17] Res. n. 21.908, de 31-8-2004, Rel. Min. Peçanha Martins.

[18] Res. n. 22.314, de 1º-8-2006, Rel. Min. Cezar Peluso.

[19] "PROCESSO ADMINISTRATIVO. TRE-AC. CONSULTA. PROCURA-

O Supremo Tribunal Federal entende que a consulta não apresenta natureza jurisdicional[20], constituindo-se ato genérico e abstrato, sem produzir efeitos concretos, por se tratar de uma orientação sem força executiva[21].

As respostas às consultas têm a natureza de uma recomendação, um entendimento prévio diante de um caso abstrato, despersonalizado e sem marcos espaciais. Como não ostentam força mandamental, teoricamente sem acarretar prejuízo às partes, apesar de necessitar ser motivada, seu procedimento não comporta o contraditório ou a ampla defesa. Assim, em decorrência dessas peculiaridades, não se admite recurso contra elas nem tampouco fazem coisa julgada.

2.4. TRIBUNAL SUPERIOR ELEITORAL

O Tribunal Superior Eleitoral é formado por, no mínimo, sete membros. Interessante notar que não foram denominados explicitamente Ministros; entretanto, como cinco de seus componentes são Ministros, do Supremo Tribunal Federal e do Superior Tribunal de Justiça, não há sentido de apenas discriminar os membros oriundos da classe dos advogados, devendo todos serem denominados Ministros.

Sua composição é realizada mediante o seguinte processo: pelo voto secreto, o Supremo Tribunal Federal escolhe três de seus membros para a composição do Tribunal, dentre os quais são indicados seu Presidente e o Vice-Presidente. Da mesma maneira, o Superior Tribunal de Justiça escolhe dois de seus membros, dentre os quais é indicado

---

DOR REGIONAL ELEITORAL AUXILIAR. FORMA DE REMUNERAÇÃO. PRECEDENTES DO TSE. EQUIPARAÇÃO. MATÉRIA ADMINISTRATIVA. NÃO CONHECIMENTO. 1. O TSE não conhece de consulta em matéria administrativa de competência das Cortes Regionais" (TSE, PA 19632-AC, Rel. Min. Ayres Britto).

[20] "Resposta a consulta não gera efeitos concretos, pois não pode servir de título a ato de execução, daí o descabimento – firmado por remansosa jurisprudência – de mandado de segurança ou recurso especial 'contra simples resposta dos tribunais regionais eleitorais a consultas que lhes são formuladas'. Precedentes" (MS-1263/MS, Rel. Min. Célio de Oliveira Borja).

[21] RMS 21.185-7, Rel. Min. Moreira Alves.

seu Corregedor Eleitoral[22]. E, por nomeação do Presidente da República, são escolhidos dois advogados, cada qual dentre uma lista tríplice composta de membros de notável saber jurídico e idoneidade moral, designados pelo Supremo Tribunal Federal (art. 119 da CF). Para cada membro titular componente do TSE, será indicado um suplente, pelo mesmo procedimento, oriundo da mesma classe a que pertencer o componente primevo. Vale frisar que esse Tribunal não poderá ser composto por pessoas que tenham parentesco entre si até o quarto grau, mesmo que seja apenas por afinidade[23].

Os advogados, tanto os que exercem funções jurisdicionais no Tribunal Superior Eleitoral quanto os que as exercem junto aos Tribunais Regionais Eleitorais, são impedidos de advogar perante a Justiça Eleitoral, podendo fazê-lo nas demais jurisdições[24].

Os juízes do Tribunal Superior Eleitoral são os únicos membros de tribunais superiores que não precisam de aprovação pelo Senado Federal. O motivo reside em sua composição, em que cinco de seus

---

[22] "As corregedorias não se ocupam apenas de fiscalizar, sancionar e inibir, mas que confere ao Órgão uma visão cultural mais ampla, a contribuir para a almejada evolução da sociedade brasileira, diante de uma realidade social ávida por reformas que privilegiem a ética e a seriedade na gestão pública, de modo a assegurar, juntamente com os demais órgãos da justiça eleitoral, a lisura do pleito, a ordem dos trabalhos e a eficiência do processo eleitoral" (TEIXEIRA, Sálvio de Figueiredo. Reflexões, em dois tempos, sobre a Justiça Eleitoral brasileira. In: *Direito eleitoral contemporâneo*: doutrina e jurisprudência. Belo Horizonte: Del Rey, 2003, p. 54).

[23] LUCON, Paulo Henrique dos Santos; VIGLIAR, José Marcelo Menezes. *Código eleitoral interpretado*: normas eleitorais complementares (Constituição). 2. ed. São Paulo: Atlas, 2011, p. 26.

[24] "A grande diferença entre esses dois advogados e eventuais advogados recrutados para a composição de qualquer outro Tribunal é que no momento em que passa a integrar um Tribunal, um advogado se torna magistrado, com todas as garantias, principalmente a vitaliciedade, limitações, enquanto os dois advogados que compõem a categoria de juristas nos Tribunais Eleitorais gozam de algumas garantias da magistratura apenas durante seus mandatos, mas não passam a integrar a magistratura de forma definitiva, não possuem vitaliciedade e não sofrem restrição para o exercício da advocacia, a não ser em relação à matéria eleitoral" (CONEGLIAN, Olivar. A Justiça Eleitoral: o Poder Executivo das eleições, uma justiça diferente. In: *Direito eleitoral contemporâneo*: doutrina e jurisprudência. Belo Horizonte: Del Rey, 2003, p. 61).

sete membros já foram aprovados pelo Senado quando de sua indicação para o Supremo Tribunal Federal e o Superior Tribunal de Justiça, respectivamente, e não faria sentido exigir aprovação pelo Senado apenas para os dois membros da advocacia; poder-se-ia criar uma hierarquização dentro do Tribunal.

A partir da escolha em convenção partidária até a diplomação, não podem atuar como juízes nos Tribunais Eleitorais ou como juiz eleitoral o cônjuge, parente consanguíneo legítimo, ilegítimo ou afim, até o segundo grau, de candidato a cargo eletivo registrado na circunscrição. Esse impedimento abrange todas as instâncias da jurisdição eleitoral, estendendo-se o impedimento aos feitos decorrentes do processo eleitoral (art. 14, § 3º, do CE, com redação conferida pela Lei n. 13.165/2015). Outrossim, nenhum candidato a qualquer cargo eletivo pode ter parente, até o segundo grau, como juiz ou membro do Tribunal com atuação na circunscrição em que estiver disputando o mandato. Escolhido o candidato em convenção com algum desses parentescos, o magistrado deve afastar-se de suas funções.

As decisões do Tribunal Superior Eleitoral são irrecorríveis, exceptuadas as que contrariarem a Constituição, para as quais o remédio cabível é o recurso extraordinário, e as decisões denegatórias de *habeas corpus* ou mandado de segurança (art. 121, § 3º, da CF). A jurisdição da Justiça Eleitoral é também penal, englobando todos os crimes eleitorais e os que lhes forem conexos.

O Código Eleitoral, em seu art. 22, dispõe sobre a competência do Tribunal Superior Eleitoral:

a) o registro e a cassação de registro de partidos políticos, de seus diretórios nacionais e de candidatos à Presidência e à Vice-Presidência da República;

b) os conflitos de jurisdição entre Tribunais Regionais e juízes eleitorais de Estados diferentes;

c) a suspeição ou o impedimento aos seus membros, ao Procurador-Geral e aos funcionários de sua Secretaria;

d) os crimes eleitorais e os comuns que lhes forem conexos cometidos por seus próprios juízes e pelos juízes dos Tribunais Regionais;

e) o *habeas corpus* ou mandado de segurança, em matéria eleitoral, relativos a atos do Presidente da República, dos Ministros de Estado e dos Tribunais Regionais; ou, ainda, o *habeas corpus*, quando houver perigo de se consumar a violência antes que o juiz competente possa prover sobre a impetração;

f) as reclamações relativas a obrigações impostas por lei aos partidos políticos, quanto à sua contabilidade e à apuração da origem de seus recursos;

g) as impugnações à apuração do resultado geral, proclamação dos eleitos e expedição de diploma na eleição de Presidente e Vice-Presidente da República;

h) os pedidos de desaforamento dos feitos não decididos nos Tribunais Regionais dentro de trinta dias da conclusão ao relator, formulados por partido, candidato, Ministério Público ou parte legitimamente interessada;

i) as reclamações contra seus próprios juízes que, no prazo de trinta, dias a contar da conclusão, não houverem julgado os feitos a eles distribuídos;

j) a ação rescisória, nos casos de inelegibilidade, desde que intentada dentro de cento e vinte dias de decisão irrecorrível, possibilitando-se o exercício do mandato eletivo até o seu trânsito em julgado.

Cabe ainda ao TSE julgar os recursos interpostos em face das decisões dos Tribunais Regionais. Será cabível o recurso especial quando as decisões regionais forem proferidas contrariando disposições legais e quando houver divergências na interpretação de lei entre Tribunais Eleitorais. Já o recurso ordinário que será interposto contra decisão proferida por Juiz Eleitoral ou Tribunal Regional Eleitoral que resulte em cassação de registro, afastamento do titular ou perda de mandato eletivo, será recebido pelo Tribunal competente com efeito suspensivo.

2.5. TRIBUNAIS REGIONAIS ELEITORAIS

Os Tribunais Regionais Eleitorais são formados por sete membros, havendo um tribunal sediado na capital de cada Estado e no Distrito Federal, com a incumbência de coordenar as eleições na respectiva unidade federativa e de atuar como segunda instância jurisdicional.

Sua composição é realizada por voto secreto: o Tribunal de Justiça escolherá dois juízes dentre seus desembargadores, dos quais são indicados o Presidente e o Vice-Presidente do Tribunal; da mesma maneira, o Tribunal de Justiça escolherá dois juízes de direito; o Tribunal Regional Federal, com sede na Capital do Estado, escolherá um juiz dentre seus desembargadores federais, ou, não havendo um juiz federal, escolhido, em qualquer caso, pelo Tribunal Regional Federal respectivo; e, por nomeação do Presidente da República, haverá dois advogados, dentre uma lista sêxtupla oferecida pelo Tribunal de Justiça (art. 120 da CF). Para cada membro titular será indicado um suplente[25].

Como forma de garantir a celeridade dos atos processuais, as decisões dos Tribunais Regionais Eleitorais somente serão passíveis de recurso ao Tribunal Superior Eleitoral quando: a) forem proferidas contra disposição expressa da Constituição; b) ocorrer divergência na interpretação de lei entre dois ou mais tribunais eleitorais; c) versarem sobre inelegibilidade ou expedição de diplomas nas eleições federais ou estaduais; d) anularem diplomas ou decretarem a perda de mandatos eletivos federais ou estaduais; e) denegarem *habeas corpus*, mandado de segurança, habeas data ou mandado de injunção (art. 121, § 4º, da CF).

Quando importam em cassação do registro, anulação geral de eleições ou perda de diplomas, as decisões dos Tribunais Regionais devem ser tomadas com a presença de todos os membros. Impedido um juiz/desembargador, convoca-se o suplente da mesma classe, conforme §§ 4º e 5º do art. 28 do Código Eleitoral, incluídos pela Lei n. 13.165/2015.

As competências dos Tribunais Regionais Eleitorais estão previstas no art. 29 do Código Eleitoral. Colacionem-se:

a) o registro e o cancelamento do registro dos diretórios estaduais e municipais de partidos políticos, bem como de candidatos a Governador, Vice-Governador e membro do Congresso Nacional e das Assembleias Legislativas;

b) os conflitos de jurisdição entre juízes eleitorais do respectivo Estado;

---

[25] "Os Tribunais Regionais têm competência para designarem juízes auxiliares para a apreciação de reclamações ou representações que lhes forem dirigidas no período eleitoral (Lei n. 9.504/97, art. 96). Os juízes auxiliares exercem competência que é de Tribunal Eleitoral e possuem atribuições específicas que não se confundem com as de juiz auxiliar da Corregedoria Eleitoral, eventualmente designados" (PA-19837/RN, Rel. Min. José Gerardo Grossi).

c) a suspeição ou os impedimentos aos seus membros ao Procurador Regional e aos funcionários da sua Secretaria, assim como aos juízes e escrivães eleitorais;

d) os crimes eleitorais cometidos pelos juízes eleitorais;

e) o *habeas corpus* ou mandado de segurança, em matéria eleitoral, contra ato de autoridades que respondam perante os Tribunais de Justiça por crime de responsabilidade e, em grau de recurso, os denegados ou concedidos pelos juízes eleitorais; ou, ainda, o *habeas corpus* quando houver perigo de se consumar a violência antes que o juiz competente possa prover sobre a impetração;

f) as reclamações relativas a obrigações impostas por lei aos partidos políticos, quanto à sua contabilidade e à apuração da origem dos seus recursos;

g) os pedidos de desaforamento dos feitos não decididos pelos juízes eleitorais em trinta dias de sua conclusão para julgamento, formulados por partido, candidato, Ministério Público ou parte legitimamente interessada sem prejuízo das sanções decorrentes do excesso de prazo.

Os Tribunais Regionais Eleitorais também são responsáveis pelo controle das contas das campanhas políticas, exceto para o cargo de Presidente da República[26]. Eles igualmente deliberam sobre a possibilidade de ocorrer a revisão do eleitorado, desde que haja denúncia fundamentada (art. 71, § 4º, do CE)[27]. Privativamente, ainda cabe aos Tribunais Regionais o rol de competências dispostas pelo art. 30 do CE.

Quanto aos crimes eleitorais, caberá ao TRE julgar todos os cometidos por pessoas com direito a foro por prerrogativa de função, como no caso dos prefeitos, o que não abrange os vereadores, haja vista que a Constituição Federal não estabelece foro privilegiado para vereadores, como o faz para os prefeitos, conforme art. 29, X. Por essa razão, não é aplicável o princípio do paralelismo constitucional para se concluir pela competência originária da Corte Regional para o julgamento de crimes eleitorais supostamente praticados contra detentores do cargo de vereador[28].

---

[26] AG-8909/SP, Rel. José Augusto Delgado.

[27] Ver Resolução TSE n. 20.132/98, arts. 57 e s.

[28] Agravo Regimental no Respe n. 41-42/RJ, Rel. Min. Henrique Neves da Silva.

2.6. JUÍZES ELEITORAIS

Os juízes eleitorais são escolhidos pelos respectivos Tribunais Regionais Eleitorais, dentre os componentes da magistratura comum, estadual, para o exercício da função por um período de dois anos (art. 121, § 2º, da CF)[29]. A Lei Orgânica da Magistratura Nacional – LOMAN (LC n. 35/79) aplica-se em sua inteireza aos juízes eleitorais.

Esses magistrados exercem, de modo cumulativo com a jurisdição eleitoral, a jurisdição comum. Em ano microeleitoral, em que não há eleições, as atividades eleitorais não exigem tanto dos magistrados. Mas em ano macroeleitoral, em que há eleições, indubitavelmente, exige-se dos juízes maior denodo laboral, haja vista que os feitos eleitorais exigem primazia.

O juiz de direito que se encontre em efetivo exercício será o responsável pela jurisdição da zona eleitoral onde exerça suas atividades; na falta desse juiz, exercerá suas funções seu substituto legal. Em locais onde exista mais de uma vara, o Tribunal Regional Eleitoral competente indicará a vara ou as varas que serão responsáveis pela jurisdição eleitoral. Os despachos serão proferidos na sede da respectiva zona eleitoral[30].

Os juízes eleitorais possuem garantias referentes ao exercício da magistratura, como a inamovibilidade, irredutibilidade salarial, formando uma proteção para o exercício independente de sua função[31],

---

[29] "O sistema de rodízio para indicação dos juízes eleitorais tem o propósito de promover a todos os magistrados a vivência de tal cargo. O magistrado de primeira instância que completa período em Tribunal Regional Eleitoral deve ser incluído no final da fila de antiguidade para designação de novas funções eleitorais" (MS-3139/AP, Rel. Min. Fernando Neves da Silva).

[30] Estabelece o art. 33 do CE: "Nas zonas eleitorais onde houver mais de uma serventia de justiça, o juiz indicará ao Tribunal Regional a que deve ter o anexo da escrivania eleitoral pelo prazo de dois anos. § 1º Não poderá servir como escrivão eleitoral, sob pena de demissão, o membro de diretório de partido político, nem o candidato a cargo eletivo, seu cônjuge e parente consanguíneo ou afim até o segundo grau. § 2º O escrivão eleitoral, em suas faltas e impedimentos, será substituído na forma prevista pela lei de organização judiciária local".

[31] "A independência do juiz, ao revés, é a que importa à garantia de que o magistrado não estará submetido às pressões de poderes externos à própria magistratura, mas também implica a segurança de que o juiz não sofrerá as pressões dos órgãos colegiados da própria judicatura" (ZAFFARONI, Eugenio Raúl. *Poder*

representando a proteção dos juízes às injunções do poder político, como defende Giuseppe de Vergottini[32]. A independência do Poder Judiciário somente é possível se for garantida a independência de seus membros[33].

A inamovibilidade é a garantia de que o juiz somente poderá ser transferido de sua comarca por sua própria vontade, impedindo que interferências políticas possam direcionar suas decisões. Essa garantia foi criada na Grã-Bretanha, no século XVIII, transplantada para os Estados Unidos e depois para o Brasil[34]. Por motivo de interesse público, pode o Tribunal respectivo, com um *quorum* de dois terços, transferi-lo para outra comarca, assegurando-lhe ampla defesa. Jamais o magistrado poderá ser removido pelo Poder Executivo ou pelo Poder Legislativo. Na seara eleitoral, ela é concebida pelo período que durar o exercício de suas funções nessa justiça especializada.

Os juízes gozam também de irredutibilidade de vencimentos, garantia assegurada a todos os funcionários públicos. Essa garantia tem o óbvio motivo de impossibilitar flutuações econômicas no padrão de vida dos magistrados, tornando-os menos suscetíveis a pressões externas. A única exceção à mencionada garantia é a possibilidade de aumento no imposto de renda. Pontes de Miranda explica a regra constitucional: "A vitaliciedade sem irredutibilidade de vencimentos seria garantia falha. Aqui se tiraria parte do que ali se assegurou: a independência econômica, elemento de relevo, que muitos reputam o maior da independência funcional. O exemplo de tornar irredutíveis os vencimentos dos juízes tivemo-lo na Constituição norte-americana (art. 3º, seção 1ª)"[35].

Judiciário: Crise, acertos e desacertos. Trad. Juarez Tavares. São Paulo: Revista dos Tribunais, 1955, p. 88).

[32] VERGOTTINI, Giuseppe de. *Diritto costituzionale comparato*. 5. ed. Padova: CEDAM, 1999, p. 355-368.

[33] CONDE, Enrique Alvarez. *Curso de derecho constitucional*. 2. ed. Madrid: Tecnos, 1993, v. II, p. 255.

[34] MAGALHÃES, Roberto Barcellos de. *A Constituição Federal de 1967*. Rio de Janeiro: José Konfino, 1967, t. II, p. 293.

[35] PONTES DE MIRANDA, Francisco Cavalcanti. *Comentários à Constituição de 1967*. 2 ed. São Paulo: Revista dos Tribunais, 1967, p. 547.

Os juízes eleitorais apresentam as seguintes competências (art. 35 do CE):

a) cumprir e fazer cumprir as decisões e determinações do Tribunal Superior e do Regional;

b) processar e julgar os crimes eleitorais e os comuns que lhes forem conexos, ressalvada a competência originária do Tribunal Superior e dos Tribunais Regionais;

c) decidir *habeas corpus* e mandado de segurança, em matéria eleitoral, desde que essa competência não esteja atribuída privativamente à instância superior;

d) fazer as diligências que julgar necessárias à ordem e à presteza do serviço eleitoral;

e) tomar conhecimento das reclamações que lhes forem feitas verbalmente ou por escrito, reduzindo-as a termo, e determinando as providências que cada caso exigir;

f) indicar, para a aprovação do Tribunal Regional, a serventia de justiça que deve ter o anexo da escrivania eleitoral;

g) dirigir os processos eleitorais e determinar a inscrição e a exclusão de eleitores;

h) expedir títulos eleitorais e conceder transferência de eleitor;

i) dividir a zona em seções eleitorais;

j) mandar organizar, em ordem alfabética, relação dos eleitores de cada seção, para remessa à mesa receptora, juntamente com a pasta das folhas individuais de votação;

k) ordenar o registro e a cassação do registro dos candidatos aos cargos eletivos municipais e comunicá-los ao Tribunal Regional;

l) designar, até sessenta dias antes das eleições, os locais das seções;

m) nomear, sessenta dias antes da eleição, em audiência pública anunciada, com pelo menos cinco dias de antecedência, os membros das mesas receptoras;

n) instruir os membros das mesas receptoras sobre as suas funções;

o) providenciar para a solução das ocorrências que se verificarem nas mesas receptoras;

p) tomar todas as providências a seu alcance para evitar os atos viciosos das eleições;

q) fornecer aos que não votaram, por motivo justificado, e aos não alistados, por dispensados do alistamento, um certificado que os isente das sanções legais;

r) comunicar, até às 12 horas do dia seguinte à realização da eleição, ao Tribunal Regional e aos delegados de partidos credenciados, o número de eleitores que votarem em cada uma das seções da zona sob sua jurisdição, bem como o total de votantes da zona.

Como se frisou antes, houve alteração substancial no art. 14, § 3º, do Código Eleitoral, que trouxe a ampliação da duração do impedimento imposto para juízes dos Tribunais Eleitorais e Juízes Eleitorais, de modo que, da homologação da respectiva convenção partidária até a diplomação e nos feitos decorrentes do processo eleitoral, não poderão servir como juízes nos Tribunais Eleitorais, ou como Juiz Eleitoral, o cônjuge ou o parente consanguíneo ou afim, até o segundo grau, de candidato a cargo eletivo registrado na circunscrição.

2.7. JUNTAS ELEITORAIS

As Juntas Eleitorais têm a função de auxiliar os juízes eleitorais no período macroeleitoral, isto é, nos anos em que há a realização de eleições[36]. Nos anos em que não há eleições, não há sua atuação.

São compostas por dois a quatro cidadãos, escolhidos pelo Presidente do Tribunal Regional Eleitoral, após aprovação do respectivo Tribunal. Seu presidente sempre é um magistrado, formando um total de, no máximo, cinco membros. Seus componentes possuem as mesmas garantias que os magistrados togados, desde que inerentes ao exercício de suas funções, como a inamovibilidade no prazo de exercício de suas funções. Os membros não togados das Juntas podem ter outras formações diversas da especialização jurídica[37].

---

[36] "As juntas eleitorais devem, de ofício, resolver os incidentes ocorridos na votação e registrados na ata da eleição" (Respe n. 21.227/PI, Rel. Min. Fernando Neves da Silva).

[37] O TSE já decidiu que os integrantes das Juntas Eleitorais "têm direito ao gozo em dobro pelos dias trabalhados, nos termos do art. 98 da Lei n. 9.504/97, o mesmo se aplicando aos que tenham atendido a convocações desta Justiça especializada para a realização dos atos preparatórios do processo eleitoral, como

A função primordial das Juntas Eleitorais é realizar a apuração das eleições, sendo os trabalhos dirigidos pelo juiz eleitoral. Elas apuram as eleições realizadas nas zonas eleitorais que dependem de sua jurisdição e realizam a diplomação dos candidatos que foram eleitos[38]. Com a implementação do sistema eletrônico de votação, apuração e totalização, sua função foi arrefecida, o que, todavia, não retira sua importância na seara eleitoral. A designação da Junta Eleitoral deve ser feita, no máximo, sessenta dias antes das eleições, por meio de publicação no Diário Oficial do Estado (art. 36, § 1º, do CE). Posteriormente à sua nomeação, o Presidente do Tribunal Regional Eleitoral deve indicar à Junta Eleitoral uma zona à qual ela ficará adstrita. A competência de cada Junta Eleitoral é uma zona eleitoral. Portanto, sua esfera de competência é a abrangência de toda uma zona eleitoral, mesmo que ela abranja mais de um Município.

A partir da data da publicação dos membros designados para a composição das Juntas Eleitorais, conta-se o prazo de três dias para que os partidos políticos, as coligações, os candidatos ou o representante do Ministério Público interponham a respectiva impugnação, que deve ser fundamentada, indicando os motivos para a refutação da indicação.

A lei permite a organização de quantas Juntas forem necessárias, de acordo com o número de juízes de direito existentes, mesmo que esses juízes não exerçam funções eleitorais, bastando que gozem das garantias fornecidas pelo art. 95 da CF[39].

---

nas hipóteses de treinamentos e de preparação ou montagem de locais de votação" (PA-19498/DF, Rel. Min. Francisco César Asfor Rocha).

[38] PINTO FERREIRA, Luiz Alfredo Moraes. *Código Eleitoral comentado*. 4. ed. São Paulo: Saraiva, 1997, p. 80.

[39] Art. 95 da CF: "Os juízes gozam das seguintes garantias: I – vitaliciedade, que, no primeiro grau, só será adquirida após dois anos de exercício, dependendo a perda do cargo, nesse período, de deliberação do tribunal a que o juiz estiver vinculado, e, nos demais casos, de sentença judicial transitada em julgado; II – inamovibilidade, salvo por motivo de interesse público, na forma do art. 93, VIII; III – irredutibilidade de subsídio, ressalvado o disposto nos arts. 37, X e XI, 39, § 4º, 150, II, 153, III, e 153, § 2º, I".

Parágrafo único do art. 37 do CEl: "Nas zonas em que houver de ser organizada mais de uma Junta, ou quando estiver vago o cargo de juiz eleitoral ou estiver este impedido, o presidente do Tribunal Regional, com a aprovação deste, de-

As Juntas Eleitorais podem desmembrar-se em três a cinco turmas, de acordo com o número de componentes que exercerão sua presidência.

Nas matérias afeitas à sua competência, as decisões das Juntas Eleitorais não podem ser implementadas de forma individual pelo juiz de direito, precisando ser tomadas de forma colegiada, por maioria dos votos, em que cada membro se manifesta, expondo suas opiniões.

Nos Municípios com mais de uma Junta Eleitoral, a expedição dos diplomas será de competência do juiz eleitoral mais antigo (art. 40, parágrafo único, do CE).

Não podem ser nomeados membros das Juntas, escrutinadores ou auxiliares que possuam o seguinte vínculo de parentesco (art. 36, § 3º, do CE):

a) os candidatos e seus parentes, ainda que por afinidade, até o segundo grau, inclusive, e bem assim o cônjuge;

b) os membros de diretorias de partidos políticos devidamente registrados e cujos nomes tenham sido oficialmente publicados;

c) as autoridades e os agentes policiais, bem como os funcionários no desempenho de cargos de confiança do Executivo;

d) os que pertencerem ao serviço eleitoral.

A competência das Juntas Eleitorais foi delineada no art. 40 do Código Eleitoral:

a) apurar, no prazo de dez dias, as eleições realizadas nas Zonas Eleitorais sob a sua jurisdição;

b) resolver as impugnações e os demais incidentes verificados durantes os trabalhos da contagem e da apuração;

c) expedir os boletins de apuração, que deverão mencionar o número de votantes da respectiva zona eleitoral, a votação dos candidatos, os votos das legendas partidárias, os votos nulos e em branco, bem como os recursos, se houver;

d) expedir o diploma aos eleitos para os cargos municipais.

---

signará juízes de direito da mesma ou de outras comarcas, para presidirem as juntas eleitorais".

Todas as vezes que órgãos colegiados da Justiça Eleitoral forem apreciar a constitucionalidade de determinadas matérias, ou seja, nas vezes em que o Tribunal Superior Eleitoral e os Tribunais Regionais Eleitorais precisarem declarar a inconstitucionalidade de determinada matéria, é necessário o cumprimento do *quorum* qualificado de maioria absoluta de votos, obedecendo à exigência do art. 97 da CF, que institui o princípio da reserva de plenário[40]. A única exceção são os órgãos singulares, que não necessitam obedecer a essa exigência.

2.8. MESAS RECEPTORAS

As Mesas Receptoras, que existem em cada seção eleitoral, são formadas por escrutinadores e auxiliares designados pelo magistrado para prestarem serviços gratuitos à Justiça Eleitoral, que tem a função de treiná-los. São os órgãos responsáveis por possibilitar aos eleitores seu exercício de voto, realizando todas as atividades pertinentes para permitir sua concretização. Os escrutinadores, sob a supervisão da Junta Eleitoral, têm a missão de auxiliar o processo de votação. Os auxiliares desempenham atividades administrativas, como guardar urnas e fornecer o material necessário para o pleito (art. 38 do CE).

Elas são compostas por um Presidente, um primeiro e um segundo mesários, dois secretários e um suplente, nomeados pelo juiz eleitoral, sessenta dias antes da eleição, por meio de audiência pública, comunicada com pelo menos cinco dias de antecedência.

As nomeações dos integrantes das mesas receptoras devem recair preferencialmente em eleitores da própria seção, publicadas no Diário Oficial ou no cartório quando esse inexistir (art. 120, § 3º, do CE). Os componentes das mesas receptoras serão nomeados, de preferência, entre os eleitores do mesmo local de votação, com prioridade para os voluntários, os diplomados em escola superior, os professores e os serventuários da Justiça (art. 10, *caput*, da Resolução n. 23.669/2021 c/c art. 120, § 2º, do CE).

Dessa nomeação, cabe reclamação ao juiz eleitoral no prazo de cinco dias da nomeação, devendo ser julgada em 48 horas. Da decisão

---

[40] Art. 97 da Constituição Federal: "Somente pelo voto da maioria absoluta de seus membros ou dos membros do respectivo órgão especial poderão os tribunais declarar a inconstitucionalidade de lei ou ato normativo do Poder Público".

do juiz, cabe recurso inominado para o Tribunal Regional Eleitoral em três dias, devendo ser julgado em igual prazo (art. 63 da Lei n. 9.504/97 – Lei Eleitoral). Essas reclamações ocorrem quando há nomeação de pessoas proibidas pela legislação eleitoral ou cidadãos que possuam estreitos laços com candidatos que disputem a eleição. Se os partidos não reclamarem no prazo mencionado, não poderão fazê-lo posteriormente nem mesmo alegar, por esse motivo, a anulação da votação na mesa receptora impugnada extemporaneamente.

Não podem ser nomeados para a mesa receptora nem para atuar no apoio logístico:

a) os candidatos e candidatas e seus parentes, ainda que por afinidade, até o segundo grau inclusive, inclusive o cônjuge;

b) integrantes de diretórios de partidos políticos, desde que exerçam função executiva;

c) autoridades e agentes policiais, bem como os funcionários e funcionárias no desempenho de cargos de confiança no Executivo;

d) pertencentes ao serviço eleitoral;

e) os eleitores ou eleitoras menores de 18 anos (art. 9º da Resolução n. 23.669/2021).

Veda-se, da mesma forma, a participação de parentes em qualquer grau ou de servidores da mesma repartição pública ou empresa privada na mesma mesa, turma ou Junta Eleitoral. Excluem-se desse impedimento servidores de dependências diversas do mesmo órgão público, sociedades de economia mista, empresa pública e os servidores de cartórios judiciais e extrajudiciais diferentes (art. 64 da LE c/c art. 9º da Resolução n. 23.669/2021).

Da mesma forma, impede-se a participação de juízes que tenham sido parte, em qualquer fase processual, na mesma circunscrição, de ações judiciais que envolvam candidatos às eleições[41]. A atuação dos magistrados no pleito eleitoral necessita ser o mais isenta possível; caso alguma mácula paire sobre essa imparcialidade, ela precisa ser expurgada o mais rápido possível, caso contrário, a legitimidade eleitoral fica chamuscada.

---

[41] Art. 95 da Lei n. 9.504/97: "Ao Juiz Eleitoral que seja parte em ações judiciais que envolvam determinado candidato é defeso exercer suas funções em processo eleitoral no qual o mesmo candidato seja interessado".

O juiz deverá orientar os mesários sobre o processo de eleição em reuniões marcadas com antecedência. O presidente da Mesa deverá estar presente na abertura e no encerramento do certame, salvo por motivo de força maior, que deverá ser comunicado aos mesários e aos secretários. Caso o presidente não compareça, assumirá a presidência o primeiro mesário – em sua falta ou impedimento o segundo mesário, um dos secretários ou o suplente. Poderá também o presidente ou o membro da mesa que assumir a presidência nomear – entre os eleitores presentes – os que forem necessários para completar a Mesa (art. 123 do CE)[42].

Os membros da Mesa Receptora que não se apresentarem no local da realização das eleições terão como sanção multa de 50% a um salário mínimo vigente na época. Caso o faltoso seja servidor público, a pena será de suspensão de até quinze dias. E, se em virtude da falta, a Mesa Receptora deixar de funcionar, as penas serão aplicadas em dobro, como também no caso de o membro da Mesa abandonar os trabalhos no decurso da votação (art. 124 do CE). Os faltosos terão o prazo de trinta dias após as eleições para apresentar sua justificativa para seu não comparecimento.

O eleitor convocado para compor a Junta Eleitoral ou Mesa Receptora de votos é dispensado do trabalho, sem prejuízo da remuneração, mediante certidão expedida pela Justiça Eleitoral, pelo dobro dos dias da convocação (art. 98 da LE)[43].

Caso a Mesa Receptora não se reúna, os eleitores pertencentes à respectiva seção votarão na seção mais próxima sob a jurisdição do mesmo juiz (art. 125 do CE). Se, porventura, no dia do pleito, deixarem de

---

[42] "A nomeação de eleitores na hora da votação só é admitida no caso de faltar algum mesário já nomeado, não sendo possível nem recomendável que a complementação da mesa seja feita no dia da eleição, pelo respectivo presidente, pois isso afastaria a possibilidade de análise dos nomes pelos interessados" (INST-79/DF, Rel. Min. Fernando Neves da Silva).

[43] "O mesmo se aplicando aos que tenham atendido a convocações desta Justiça especializada para a realização dos atos preparatórios do processo eleitoral, como nas hipóteses de treinamentos e de preparação ou montagem de locais de votação" (PA-19498/DF, Rel. Min. Francisco César Asfor Rocha).

Os integrantes de mesas receptoras, de juntas eleitorais e os auxiliares dos trabalhos eleitorais têm direito ao gozo em dobro pelos dias trabalhados, nos termos do art. 98 da Lei n. 9.504/97 (PA-19498/DF, Rel. Min. Francisco César Asfor Rocha).

se reunir todas as mesas de um município, o presidente do Tribunal Regional marcará um dia para a realização do certame e instaurará inquérito para apurar as causas e punir os responsáveis (art. 126 do CE).

As mesas receptoras de justificativas também funcionam para o recebimento de justificativas. Durante o horário de votação, o eleitor deve comparecer com o formulário de justificação devidamente preenchido, munido de seu título eleitoral ou outro documento de identificação. A mesa receptora de justificativas funciona das 8 horas até as 17 horas do dia da eleição (art. 143 da Resolução n. 23.669/2021). O eleitor deve comparecer aos locais determinados munido do número do seu título de eleitor e de documento de identificação, com o formulário Requerimento de Justificativa devidamente preenchido (art. 144 da Resolução n. 23.669/2021).

Verificando-se a correção desses requisitos, o mesário efetuará a justificação. O comparecimento do eleitor em mesa receptora instalada fora do seu domicílio eleitoral, no dia da eleição, para justificar a sua ausência dispensa a apresentação de qualquer outra justificação (art. 142, parágrafo único, da Resolução n. 23.669/2021). Aponta-se inovação recente do sistema eleitoral através da inclusão da possibilidade de justificativa de falta por meio do aplicativo para dispositivos móveis e-Título, facilitando o procedimento disposto no art. 142 da Resolução TSE n. 23.669/2021.

Em virtude da adoção do sistema eletrônico de votação, apuração e totalização eletrônica de votos, impossibilitou-se a tomada em separado de votos, em que eleitores que não estavam inscritos na seção ou quando houvesse dúvidas em relação à sua identidade, nela poderiam votar. A Lei Eleitoral (Lei n. 9.504/97) deixa bem claro que nas seções que utilizam o voto eletrônico, somente podem votar os eleitores que estiverem inscritos nas respectivas folhas de votação, revogando-se as disposições do Código Eleitoral que permitiam o voto em separado (art. 62 da LE).

Com a adoção do novo sistema, apenas os eleitores inscritos na seção nela poderão votar. Havendo dúvida com relação à identidade de eleitor, deve o presidente da Mesa resolver a questão, requerendo que ele prove sua identidade[44].

---

[44] ROLLO, Alberto; BRAGA, Enir. *Comentários à Lei Eleitoral n. 9.504/1997*: atualizado à luz da recente jurisprudência, estudo comparativo com as leis anteriores. São Paulo: Fiuza Ed., 1998, p. 156.

3 MINISTÉRIO PÚBLICO ELEITORAL

A origem do Ministério Público remonta a alguns séculos antes da Era Cristã, mas suas funções não eram as mesmas delineadas hodiernamente. No Egito Antigo havia os *Magiai*, que eram funcionários do faraó, com a função de reprimir os rebeldes e proteger os cidadãos; em Esparta havia os *Esforos*, que exerciam o *jus accusationis*; na Grécia Antiga, os *Thesmotetis*; e, entre o povo germânico, os *Saions*. Em Roma, a expressão Ministério Público designava todos aqueles que exerciam funções públicas[1].

Contudo, o antecedente mais similar às atuais funções do Ministério Público está radicado na *Ordonnance*, de 1302, de Felipe, rei da França, criando a figura dos procuradores da Coroa. A Revolução Francesa, que mitigou o poder dos juízes, fortaleceu esses servidores públicos, dotando-os de maior autonomia. A codificação napoleônica também reforçou as prerrogativas da categoria.

No Brasil, a instituição foi criada em 1609, na figura do Procurador dos Feitos da Coroa e do Promotor de Justiça, pelo Tribunal de Relação da Bahia. Houve referência ao "promotor da ação penal", no Código de Processo Criminal do Império, em 1832, instituição regulamentada pelo Decreto n. 120, de 1843, que definia o critério de nomeação dos promotores.

Contudo, foi com a Constituição de 1988 que o *Parquet* atingiu o apogeu de sua relevância. Posicionado no capítulo atinente às funções essenciais à justiça, foi dotado de uma gama de prerrogativas que o torna autônomo, com condições de realizar as funções dispostas na Constituição. Nenhuma Carta Magna anterior tinha elencado suas obrigações, e assim fragilizava sua importância, ao deixar sua definição para as normas infraconstitucionais.

---

[1] MAZZILLI, Hugo Nigro. *Manual do promotor de justiça*. 2. ed. São Paulo: Saraiva, 1991, p. 2.

O Ministério Público é uma instituição permanente e essencial para a prestação jurisdicional, tendo a função de proteger a ordem jurídica, o regime democrático e os interesses sociais e individuais indisponíveis (art. 127, *caput*, da CF).

Na proteção do ordenamento jurídico, o Ministério Público atua como *custos legis*, fiscalizando o andamento dos processos para verificar se as normas jurídicas são cumpridas. Funciona de forma imparcial, não com a obrigação de velar pelo interesse estatal, mas de resguardar os interesses amparados pelos dispositivos legais.

A garantia do regime democrático é uma das funções do *Parquet*. A fiscalização da coisa pública é uma de suas prerrogativas mais importantes, que somente pode frutificar em regimes democráticos, em que há liberdade de expressão, para que atue aliado com a opinião pública. Assim, o Ministério Público fiscaliza a relação dos mandatários com a coisa pública, assumindo primordial importância nas ações civis públicas, nas impugnações de mandatos eletivos etc. Nas eleições, em qualquer nível, o Ministério Público atua para que a vontade popular não seja maculada, fiscalizando a lisura do procedimento eleitoral.

Interesses sociais e individuais indisponíveis são aqueles que não pertencem à esfera de deliberação dos particulares, isto é, aqueles de que os cidadãos não podem abdicar, que não podem ser negociados ou ser objeto de transação. Interesse social é o que pertence a uma coletividade determinada ou indeterminada de pessoas, e que está fora da área de decisão de apenas um cidadão, que não pode dele dispor da maneira como quiser. Interesse individual indisponível é o que foge da deliberação do particular, como os direitos inerentes à personalidade: o nome, o estado civil, a paternidade etc.

3.1. NATUREZA DO MINISTÉRIO PÚBLICO

O Ministério Público não pode ser classificado como um quarto poder, desvinculado dos Poderes Executivo, Judiciário e Legislativo, apesar do extenso rol de garantias que a Carta Magna outorgou ao exercício de suas funções. Ele está adstrito ao Poder Executivo, e não apenas pelo fato de o Procurador-Geral da República ser escolhido pelo Presidente, haja vista que o Chefe do Executivo também escolhe os Ministros do Supremo e nem por isso deixa o Supremo de ser o órgão de cúpula do Poder Judiciário.

O principal empecilho a que o Ministério Público seja considerado um quarto poder é que, quando a Constituição explicitou os poderes existentes na Federação, apenas mencionou três (Legislativo, Judiciário e Executivo – art. 2º da CF), sem elencá-lo, em nenhum momento, como um poder independente. Outro obstáculo é a determinação de que a organização do Ministério Público é de iniciativa concorrente do Presidente da República e do Procurador-Geral da República (art. 61, § 1º, II, d, c/c o art. 128, § 5º, da CF), enquanto a iniciativa para a organização do Poder Legislativo (arts. 51, IV, e 52, XIII, da CF) e do Poder Judiciário (art. 93, I a III, da CF) pertence exclusivamente a cada um desses poderes, respectivamente. Além do que, no Título IV da Constituição, que disciplina a regulamentação dos poderes federativos, há capítulo específico para o Judiciário, para o Legislativo e para o Executivo, e o Ministério Público não é regulamentado como um poder específico, mas foi estruturado dentro das funções essenciais à justiça, juntamente com a Advocacia Pública, a Advocacia e a Defensoria Pública.

É claro que a ideia de o considerar como um quarto poder propicia melhores condições para o desempenho de suas atividades. Inclusive, essa é a tendência do constitucionalismo moderno, criando um quarto poder, formado pelo Ministério Público e pelo Tribunal de Contas, com a finalidade de fiscalizar a coisa pública e zelar pela aplicação da lei. A Constituição venezuelana de 1999, em seu art. 273, criou um quarto poder, o Poder Cidadão, formado pela Defensoria do Povo, o Tribunal de Contas e o Ministério Público.

O Professor José Afonso da Silva não aceita a tese que postula que o Ministério Público forma um quarto poder, por entender que, mesmo com a ampliação das competências estabelecidas pelo Texto Constitucional de 1988, a essência de suas atividades ainda é executiva, sendo uma instituição vinculada ao Poder Executivo. Explica ainda que seus membros são agentes políticos, com ampla liberdade funcional, desempenhando suas atribuições com prerrogativas e responsabilidades estabelecidas na Constituição e em leis especiais. Em suma, seria um órgão vinculado ao Poder Executivo, mas dotado de autonomia administrativa para o fiel cumprimento de suas obrigações[2].

---

[2] SILVA, José Afonso da. *Curso de direito constitucional positivo*. 16. ed. São Paulo: Malheiros, 1999, p. 583.

A opção do legislador constituinte brasileiro de 1988 foi a de enquadrá-lo como órgão do Poder Executivo, dotando-o de significativa autonomia para a realização de suas prementes tarefas. Aqueles que classificam o Ministério Público como um quarto poder partem de uma construção teórica, baseando-se no que deveria ter sido estipulado no intento de resguardo das prerrogativas da cidadania. Contudo, conceber o *Parquet* como órgão autônomo para cumprir desideratos voluntaristas ao arrepio das garantias constitucionais se mostra uma concepção destituída da intenção de solidificar um eficiente Estado de Direito no Brasil.

3.2. PRINCÍPIOS CONSTITUCIONAIS DO MINISTÉRIO PÚBLICO

O *Parquet* brasileiro é regido por três princípios constitucionais: unidade, indivisibilidade e independência funcional.

a) Unidade

O princípio da unidade significa que todos os membros do Ministério Público, seja federal ou estadual, possuem a mesma natureza, partilhando das mesmas prerrogativas funcionais. Todavia, inexiste unidade entre Ministérios Públicos diversos, como entre os representantes de Ministérios Públicos estaduais dos vários Estados federativos ou entre os membros do Ministério Público federal e do estadual[3].

O Ministério Público está estruturado em níveis federal e estadual, com suas competências previstas no Texto Constitucional. Fazem parte de sua estrutura na esfera federal (art. 128, I, da CF): o Ministério Público Federal, o Ministério Público do Trabalho, o Ministério Público Militar, o Ministério Público do Distrito Federal e Territórios e o Ministério Público que atua junto ao Tribunal de Contas da União. Fazem parte de sua estrutura na esfera estadual (art. 128, II, da CF): o Ministério Público dos Estados e o Ministério Público que atua junto ao Tribunal de Contas dos Estados-membros. O Ministério Público Eleitoral não existe de forma autônoma, como carreira

---

[3] MAZZILLI, Hugo Nigro. *Manual do promotor de justiça.* 2. ed. São Paulo: Saraiva, 1991, p. 53.

específica: suas atribuições são realizadas pelo Ministério Público Federal e pelo Ministério Público Estadual.

Houve omissão do constituinte no art. 128 da Constituição, por não haver incluído o Ministério Público que atua junto ao Tribunal de Contas da União e aos Tribunais de Contas dos Estados. Porém, o art. 73, § 2º, I, da Lei Maior dispõe acerca da existência de um órgão do Ministério Público que atua junto ao Tribunal de Contas da União, devendo essa estipulação, por força dos princípios constitucionais estabelecidos, vigorar também para os Estados-membros.

O chefe do Ministério Público da União é o Procurador-Geral da República, nomeado pelo Presidente da República dentre os integrantes da carreira, maiores de 35 anos, após a aprovação pela maioria absoluta do Senado Federal, em votação secreta, para um mandato de dois anos, permitindo que ele seja reconduzido ao cargo indefinidas vezes, pois não há limitação para o número de reconduções (art. 128, § 1º, da CF).

O Procurador-Geral da República pode ser escolhido dentre os representantes dos vários ramos do Ministério Público da União, seja o Ministério Público Federal, seja o Ministério Público do Trabalho, seja o Ministério Público da Justiça Militar e o Ministério Público do Distrito Federal e Territórios.

O Procurador-Geral da República não pode ser destituído livremente pelo Presidente. Para sua destituição, por iniciativa exclusiva do Chefe do Executivo, o Senado deve consentir com o *quorum* de maioria absoluta, em votação secreta, o que garante ao chefe do Ministério Público certa liberdade para o exercício de suas prerrogativas constitucionais (art. 128, § 2º, da CF).

No Ministério Público dos Estados, Distrito Federal e Territórios, o Procurador-Geral de Justiça será escolhido, dentre uma lista tríplice formada por integrantes da carreira, pelo chefe do Poder Executivo, para um mandato de dois anos, permitida uma recondução. Para os Estados-membros, a recondução apenas pode ser realizada uma vez (art. 128, § 3º, da CF).

Os representantes do Ministério Público do Distrito Federal e dos Territórios fazem parte do *Parquet* pertencente à União.

b) Indivisibilidade

O princípio da indivisibilidade significa que um membro do Ministério Público pode substituir o outro sem nenhuma interrupção no processo, ou modificação em sua natureza. A indivisibilidade deflui do princípio da unidade, sinalizando que todos os seus membros formam um único corpo, exercendo as mesmas prerrogativas, sem estar vinculados a um processo determinado. Processualmente, a modificação do membro do Ministério Público não acarreta nenhum efeito: os atos praticados anteriormente continuam a ter a mesma natureza de quando foram realizados.

Assim, se um promotor que estava atuando em um caso, por qualquer motivo, tiver de se afastar, a Procuradoria de Justiça pode indicar outro para substituí-lo, continuando o trabalho de seu antecessor, sem que o princípio da indivisibilidade seja fragilizado.

c) Independência funcional

Os membros do Ministério Público são livres para atuar no processo segundo suas convicções jurídicas, tendo plena liberdade para agir de acordo com sua consciência, por não estarem adstritos a imposições de seus superiores no modo de atuação processual. Todas as suas decisões devem ser motivadas, explicitando os fundamentos que os levaram a adotar determinada posição.

Não há controle hierárquico dos atos processuais praticados pelos membros do Ministério Público. Seguindo os parâmetros legais, eles têm total liberdade de atuação. Administrativamente, sua conduta está sujeita ao controle de órgãos superiores e diretivos da instituição, como a Procuradoria-Geral de Justiça, o Colégio de Procuradores, o Conselho Superior do Ministério Público e a Corregedoria-Geral do Ministério Público.

A independência funcional do Ministério Público reside no fato de que não há uma estrutura hierarquizada entre seus membros – todos têm liberdade funcional de atuação, obedecendo aos mandamentos legais. A direção do trabalho fica a cargo do Procurador-Geral, indicado pelo Chefe do Executivo. Não há ligação entre o Ministério Público Estadual e o da União: cada um tem um Procurador-Geral específico, cumprindo as mesmas atribuições em esferas federativas diferentes, um nos Estados-membros e o outro em nível federal.

A independência funcional não representa contradição com os princípios da unidade e da indivisibilidade porque ambos se complementam. A independência funcional garante a liberdade necessária para a atuação do membro do Ministério Público dentro de uma estrutura uniforme e indivisível, possibilitando que as decisões não sejam tomadas pela cúpula e que sejam respeitados os diversos posicionamentos existentes na categoria. Segundo Gerald Furkel, a independência funcional somente pode ser realizada com a conscientização paulatina das forças sociais, firmando o império da lei em detrimento do interesse privado, alçando o membro do Ministério Público ao papel de guardião dos interesses indisponíveis[4].

Esclarece Otacílio Paula Silva que não é relevante a qual capítulo da Constituição está vinculado o Poder de República, haja vista que a independência do Ministério Público é de caráter funcional. Em razão do princípio da unidade, o membro, no exercício de suas funções, age em nome do Ministério Público, não prestando obediência ao superior hierárquico, qual seja o Procurador-Geral, ou ao chefe do poder ao qual está formalmente vinculada sua consciência de verdadeiro órgão do Estado, não do governo, tendo como missão mediata a realização da justiça em todos os seus espectros[5].

3.3. GARANTIAS

A finalidade dessas prerrogativas é fortalecer a autonomia funcional da categoria, para que sua atuação, atendendo a relevantes interesses sociais, seja livre de qualquer pressão (art. 128, § 5º, I, da CF). O objetivo das garantias é permitir o melhor desempenho das atribuições contidas no mandamento constitucional. Esclareça-se que o Ministério Público Eleitoral não dispõe da prerrogativa da vitaliciedade, haja vista que exerce suas funções por tempo determinado em virtude do princípio da rotatividade.

---

[4] FURKEL, Gerald. *Law and society*: critical approaches. Boston: Allyn & Bacon, 1996, p. 143.

[5] PAULA SILVA, Otacílio. *Ministério Público*. São Paulo: Sugestões Literárias, 1981, p. 13.

a) Inamovibilidade

Os membros do Ministério Público não podem ser removidos da jurisdição onde atuam, a não ser pelo voto da maioria absoluta dos membros do órgão colegiado competente por motivo de interesse público, sendo-lhes assegurada ampla defesa. Esse impedimento evita a ingerência do Poder Público no sentido de pressionar os promotores para o atendimento de interesses políticos, funcionando como uma garantia que impede a chantagem para o atendimento de pleitos quase sempre ilícitos (art. 128, § 5º, I, b, da CF). Na seara eleitoral, a inamovibilidade deve ser entendida pelo tempo que durar o exercício de suas funções nessa justiça especializada.

b) Irredutibilidade de subsídios

Os subsídios recebidos pelos membros do Ministério Público não podem ser reduzidos, a não ser no caso do imposto de renda. A estabilidade financeira constitui o calcanhar de aquiles de qualquer servidor público, e a garantia de sua irredutibilidade representa a proteção de sua liberdade de atuação, sem o temor de nenhum tipo de pressão no desempenho das atividades funcionais.

3.4. O MINISTÉRIO PÚBLICO FEDERAL ELEITORAL

A Lei Complementar n. 75, de 20-5-1993, que trata das atribuições e organizações do Ministério Público Federal, determina que ele desempenhe as funções típicas do *Parquet* junto aos órgãos da Justiça Eleitoral (art. 37, I). Dentre essas funções, uma das primordiais do Ministério Público Federal Eleitoral é a proteção da normalidade e da legitimidade das eleições contra a influência do poder econômico ou o abuso do poder político ou administrativo (art. 72). Sendo assim, no âmbito do Direito Eleitoral, o Ministério Público atua nas eleições para que a vontade popular não seja maculada, fiscalizando a lisura do procedimento eleitoral[6].

Joel Cândido atribui dois princípios ao Ministério Público Federal Eleitoral: federalização e delegação. O primeiro significa que per-

---

[6] AGRA, Walber de Moura. *Curso de direito constitucional*. 9. ed. Belo Horizonte: Fórum, 2018, p. 720.

tence ao Ministério Público Federal, em tese, a atribuição de oficiar junto à Justiça Eleitoral, em todas as fases do processo eleitoral (previsto nos arts. 37, I, e 72 da LC n. 75/93). O segundo se configura na prerrogativa de ser delegada ao Ministério Público dos Estados e do Distrito Federal a atribuição de oficiar perante os juízes eleitorais, primeira instância da Justiça Eleitoral, o que é uma exceção ao princípio anterior (art. 78 da LC n. 75/93)[7].

O Procurador-Geral da República é o Procurador-Geral Eleitoral e atuará perante o Tribunal Superior Eleitoral (art. 74 da LC n. 75/93). Em caso de necessidade de auxílio, ele poderá nomear componentes do Ministério Público da União, que exerçam seu cargo em Brasília, para auxiliá-lo[8]. O Procurador-Geral Eleitoral escolherá entre os Subprocuradores-Gerais da República o Vice-Procurador-Geral Eleitoral, que o substituirá nos casos de impedimentos e exercerá o cargo no caso de vacância, até o provimento do novo Procurador-Geral da República[9]. Nos Tribunais Regionais Eleitorais atuarão os Procuradores Regionais Eleitorais, juntamente com seu substituto, sendo ambos designados pelo Procurador-Geral para um mandato de dois anos. Permite-se ao Procurador Regional Eleitoral uma única recondução. Perante os juízes e as Juntas Eleitorais atuará o Promotor Eleitoral, que será um membro do Ministério Público local que oficie junto ao juízo eleitoral de cada zona[10].

O Procurador-Geral Eleitoral deverá participar de toda e qualquer sessão do Tribunal Superior Eleitoral e tomar parte nas discussões, apresentando seu posicionamento. O modo como ele participará

---

[7] CÂNDIDO, Joel J. *Direito Eleitoral brasileiro*. 10. ed. São Paulo: Edipro, 2002, p. 54.

[8] CERQUEIRA, Thales Tácito Pontes Luz de Pádua. *Preleções de Direito Eleitoral*: direito material. Rio de Janeiro: Lumen Juris, 2006, t. I, p. 536.

[9] Art. 74, parágrafo único da LC n. 75/93: "O Procurador-Geral Eleitoral designará, dentre os Subprocuradores-Gerais da República, o Vice-Procurador-Geral Eleitoral, que o substituirá em seus impedimentos e exercerá o cargo em caso de vacância, até o provimento definitivo".

[10] Art. 79, parágrafo único, da LC n. 75/93: "Na inexistência de Promotor que oficie perante a Zona Eleitoral, ou havendo impedimento ou recusa justificada, o Chefe do Ministério Público local indicará ao Procurador Regional Eleitoral o substituto a ser designado".

dessas discussões é disciplinado pelas regras internas de funcionamento do Tribunal Superior Eleitoral[11].

Compete ao Procurador-Geral, como Chefe do Ministério Público Eleitoral: a) assistir às sessões do Tribunal Superior e tomar parte nas discussões; b) exercer a ação pública e promovê-la até o final, em todos os feitos de competência originária do Tribunal; c) oficiar em todos os recursos encaminhados ao Tribunal; d) manifestar-se, por escrito ou oralmente, em todos os assuntos submetidos à deliberação do Tribunal, quando solicitada sua audiência por qualquer dos juízes, ou por iniciativa sua, se entender necessário; e) defender a jurisdição do Tribunal; f) representar o Tribunal sobre a fiel observância das leis eleitorais, especialmente quanto à sua aplicação uniforme em todo o País; g) requisitar diligências, certidões e esclarecimentos necessários ao desempenho de suas atribuições; h) expedir instruções aos órgãos do Ministério Público junto aos Tribunais Regionais; i) acompanhar, quando solicitado, o Corregedor-Geral, pessoalmente ou por intermédio de Procurador que designe, nas diligências a serem realizadas (art. 24 do CE).

Os Procuradores Regionais Eleitorais exercem, perante os Tribunais Regionais, as mesmas competências pertinentes ao Procurador-Geral Eleitoral, dentro de sua esfera de competência.

Os Promotores Eleitorais são indicados – entre os membros da Promotoria de Justiça – pelo Procurador Regional Eleitoral e pelo Procurador-Geral de Justiça, para atuar em conjunto com os Juízes Eleitorais nas respectivas zonas eleitorais ou junto com o Procurador Regional Eleitoral quando este solicitar. A Lei Complementar n. 75, em seu art. 78, delega aos membros do Ministério Público local as funções do Ministério Público Federal. Como membro do Ministério Público, tem as mesmas atribuições do Procurador Regional Eleitoral, contudo limitadas ao respectivo juízo eleitoral, além das outras estabelecidas pelas legislações eleitoral ou partidária. Esses membros do Ministério Público que atuam na seara eleitoral têm direito a verbas indenizatórias pagas pela União.

Determinou o Tribunal Superior Eleitoral que os Tribunais Regionais Eleitorais deverão realizar o sistema de rodízio, obedecendo à ordem de antiguidade dos juízes da comarca. Dessa forma, doutrina-

---

[11] Acórdão do TSE n. 11.658, de 9-10-1990.

dores como, por exemplo, Thales Cerqueira, entendem que o rodízio implantado para os juízes eleitorais se estende aos membros do Ministério Público que exercem funções eleitorais[12].

Dentre as funções do *Parquet*, que atua em todas as instâncias da Justiça Eleitoral, podem ser elencadas: fiscalizar a aplicação da lei eleitoral[13]; quando for solicitado por algum dos magistrados eleitorais ou por iniciativa própria, poderá manifestar-se sobre os assuntos deliberados no Tribunal[14]; defender a jurisdição das instâncias eleitorais; poderá requisitar esclarecimentos necessários para o desempenho de suas atribuições[15]; expedir instruções para os órgãos do Ministério Público

---

[12] CERQUEIRA, Thales Tácito Pontes Luz de Pádua. *Preleções de Direito Eleitoral*: direito material. Rio de Janeiro: Lumen Juris, 2006, p. 543.

[13] "Tendo o Ministério Público a função de fiscal da lei, é ele legitimado a intervir a qualquer tempo no processo eleitoral, podendo requerer a apreciação de recurso que verse matéria eminentemente pública, a despeito de desistência manifestada pela parte que o interpôs" (Respe n. 15.085/MG, Rel. Min. Eduardo Alckmin).

[14] "É facultado ao juiz ou relator ouvir o MPE nas representações pertinentes ao exercício do direito de resposta (Lei n. 9.504/97, art. 58), desde que a providência não leve a exceder o prazo máximo para decisão, que é fixado em 72 horas da formulação do pedido (Lei n. 9.504/97, art. 58, § 2º, *in fine*)" (Rp 385/SP, Rel. Min. Carlos Eduardo Caputo Bastos).

"O parecer do Ministério Público é meramente opinativo, não vinculando a decisão do relator" (Respe n. 26.454/MG, Rel. Min. José Gerardo Grossi).

[15] "A decisão regional, ao desatender às diversas diligências pleiteadas no curso da investigação e arquivar prematuramente o inquérito (sem requerimento ministerial público), obstou o procedimento inquisitorial e a própria função institucional do Ministério Público para promover, com privatividade, a ação penal pública. Revelando-se como imprescindível para o Ministério Público escolher as providências mais adequadas para a apuração da materialidade e autoria do delito (incisos I e VIII do art. 129 da Constituição Federal). Sem falar que incorreu em manifesta contradição, pois, sem qualquer manifestação do Ministério Público Eleitoral e sem nenhuma manifestação dos interessados no suposto trancamento da investigação, arquivou o inquérito policial, mediante a concessão de *habeas corpus* de ofício, justamente sob o fundamento de ausência de elementos que autorizem o prosseguimento da investigação criminal. Compete exclusivamente ao Órgão Ministerial Público avaliar se os elementos de informação de que dispõe são ou não suficientes para a apresentação da denúncia, entendida esta como ato-condição de uma bem caracterizada ação penal. Pelo

que atuem junto aos Tribunais Regionais; quando for solicitado, acompanhará o Corregedor-Geral nas diligências, promovendo investigação judicial para apurar abuso do poder econômico ou de autoridade, bem como propaganda ilícita ou irregular[16]; acompanhar os pedidos de alistamento de eleitores e os de transferência de títulos; acompanhar a fiscalização da escrituração contábil e na prestação de contas dos partidos políticos e das campanhas eleitorais; impugnar pedido de registro de candidatura[17]; fiscalizar pleitos eleitorais; e ajuizar ação de impugnação de mandato eletivo.

Os membros do Ministério Público Eleitoral igualmente participam de todos os feitos na seara penal, notadamente naqueles de sua competência, como o de promover a ação penal pública por crimes praticados contra a legislação eleitoral, dentre os quais a ação de invalidade de registro ou cancelamento do diploma de candidato[18]. Como

---

que nenhum inquérito policial é de ser arquivado sem o expresso requerimento dele, Ministério Público" (Respe n. 28.369/SP, Rel. Min. Carlos Augusto Ayres de Freitas Britto).

[16] "O Ministério Público Eleitoral é parte legítima para propor reclamações ou representações contra propaganda eleitoral ilícita. A distribuição de calendários, contendo fotografia de parlamentar e mensagem de felicitações pelo advento do ano-novo – semelhante aos que enviara, em anos anteriores, a destinatários de seu relacionamento pessoal –, não configura propaganda subliminar. Recurso conhecido e provido" (Respe n. 15.273/AP, Rel. Min. José Néri da Silveira).

[17] "Ação de impugnação de mandato eletivo. Rito da Lei n. 64, de 1990. Alegações finais: termo inicial do prazo. O rito sumário disciplinado na Lei Complementar n. 64, de 1990, prevê alegações finais pelas partes e pelo Ministério Público, no prazo comum de cinco dias, depois de 'encerrado o prazo para a dilação probatória' (art. 6º). A iniciativa para esse feito é das partes e do Ministério Público, fluindo o prazo independentemente de intimação ou vista" (Respe n. 26.100/BA, Rel. Min. Ari Pargendler).

[18] "Inúmeras outras modalidades de ação pública constam das pautas do Direito Eleitoral, dentre as quais adquire exponencial ressonância a que objetiva a aplicação da sanção de invalidade do registro ou cancelamento do diploma a candidato, se já expedido, desde que fique provada a interferência do poder econômico e o abuso do poder de autoridade durante o pleito eleitoral. Essa exigência da instauração da ação ao decurso do correspondente processo eleitoral é de suma importância, uma vez que esse tipo de sanção deve atingir os implicados na própria concorrência eleitoral que contribuíram para desvirtuá-la, diversamente da sanção de natureza penal que não tem um exíguo lapso de tempo

não poderia deixar de ser, o *Parquet* atua em todos os recursos, de forma imparcial, pugnando pela defesa da ordem jurídica, dos interesses indisponíveis e do regime democrático[19].

---

para que se possa concretizar" (RIBEIRO, Fávila. *Direito eleitoral positivo*, 4. ed. Rio de Janeiro: Forense, 1996, p. 178).

[19] "O Ministério Público tem legitimidade para recorrer, no processo eleitoral, assim nos feitos em que é parte como nos demais, em que oficie como fiscal da lei (aplicação subsidiária do art. 499, § 2º, do CPC); e a legitimação processual do procurador-geral para o recurso do MP dimana, não só do fundamento genérico da unidade e indivisibilidade da instituição, mas, também, no caso, de atribuições legais específicas do seu cargo (CE, art. 24, V e VI, cf. n. 1, *supra*)" (Respe n. 9.349/SP, Rel. Min. José Paulo Sepúlveda Pertence).

4 DIREITOS POLÍTICOS

Direitos políticos são prerrogativas ligadas à cidadania, no sentido de outorgar à população o direito de participar da escolha das decisões tomadas pelos órgãos governamentais. Ele é um direito-dever de atuação do povo na determinação das políticas públicas, expressando, por meio dessa prerrogativa, livremente suas opiniões[1].

Para Kelsen, os direitos políticos devem ser entendidos como a possibilidade de o cidadão participar do governo, ajudando na criação da ordem jurídica[2]. Apenas quem pode exercer os direitos políticos são os cidadãos brasileiros, porque são nacionais e possuem vínculo de direitos e obrigações com o país, o que exclui os estrangeiros desse conceito, com exceção do português equiparado. Conforme a lição de Canotilho, os direitos políticos só são atribuídos aos cidadãos ativos[3].

Os direitos políticos podem ser divididos em ativos e passivos. Ativos são aqueles que consistem no direito-dever de o cidadão escolher livremente seus candidatos nos pleitos eleitorais, participar de plebiscitos e referendos e emitir sua opinião em todas as possibilidades propiciadas pelo espaço público. Passivos são aqueles que se configuram no direito de o candidato poder receber o voto de seus concidadãos. Para que essa prerrogativa possa ocorrer, ele deve preencher todos os requisitos inexoráveis ao *jus bonorum*, demonstrando possuir as condições necessárias de elegibilidade.

A capacidade política ativa começa com o alistamento eleitoral e se concretiza com o voto. A capacidade política passiva acontece com o cumprimento das condições de elegibilidade, da ausência de causas

---

[1] CONDE, Enrique Alvarez. *Curso de derecho constitucional*. 3. ed. Madrid: Tecnos, 1999, v. 1, p. 416.

[2] KELSEN, Hans. *Teoria geral do direito e do Estado*. Trad. Luís Carlos Borges. 3. ed., São Paulo: Martins Fontes, 1998, p. 125.

[3] CANOTILHO, J. J. Gomes. *Direito constitucional e Teoria da Constituição*. 6. ed. Coimbra: Almedina, 2002, p. 394.

de inelegibilidade e do cumprimento dos requisitos de registrabilidade, possibilitando ao cidadão ser eleito a um cargo público.

Quando se mencionou que a prerrogativa política é um direito-dever, é pela obrigatoriedade de voto positivada no Brasil. De um lado, configura-se em um direito porque os cidadãos podem escolher os candidatos que melhor lhes convier, com ampla liberdade e sem temer reprimenda motivada por sua opção; de outro, representa obrigação porque, caso não vote nem se justifique nas eleições, incorrerá na sanção de multa.

Os direitos políticos se diferenciam das demais prerrogativas esculpidas na Constituição em vários aspectos. Não são de livre disposição, no que se afastam dos direitos individuais; podem ser utilizados de per si, por todos os componentes da organização política, em que diferem dos direitos coletivos; não se direcionam principalmente aos hipossuficientes sociais, no que destoam dos direitos sociais; inexiste sua determinação pelo nascimento, apartando-se de simetrias com o direito de nacionalidade, não obstante a existência de uma zona de interseção entre essas duas prerrogativas.

4.1. PERDA E SUSPENSÃO DOS DIREITOS POLÍTICOS

Antes de tudo, cabe ressaltar que não pode haver a cassação de direito político, porque esse tipo de ato sempre será arbitrário, incompatível com o Estado Democrático de Direito que vigora no Brasil. Cassação é o remédio empregado pelas ditaduras militares para retirar os direitos políticos de seus adversários, sem lhes permitir devido processo legal, contraditório e ampla defesa. Mesmo tendo a Constituição, textualmente, proibido a cassação de direitos políticos, no *caput* do art. 15, José Afonso da Silva[4] e Hely Lopes Meirelles defendem o uso da mencionada expressão[5].

---

[4] SILVA, José Afonso da. *Curso de direito constitucional.* 16. ed. São Paulo: Malheiros, 1999, p. 540.

[5] Hely Lopes Meirelles conceitua dessa forma o instituto da cassação: "A cassação, como ato punitivo, pode advir da própria Câmara, nos casos de conduta incompatível do edil com o exercício da investidura política, ou de falta ético-parlamentar que autorize a sua exclusão da Câmara, ou pode provir da Justiça Penal, nos casos de condenação por crime funcional que acarrete a aplicação

A diferença entre a perda e a suspensão dos direitos políticos é que aquela significa que esses direitos não mais poderão ser readquiridos, e esta que poderão sê-lo, desde que a cláusula suspensiva tenha sido extinta. A primeira, assim, é permanente, e a segunda, provisória[6].

São casos de perda de direito políticos:

a) cancelamento da naturalização por sentença transitada em julgado. Esse caso mencionado apenas atinge brasileiro naturalizado, devendo ele, após o decreto presidencial atestando a perda dos vínculos pátrios, ser expulso. Para que ela ocorra, o naturalizado tem que praticar condutas nocivas aos interesses nacionais e ser condenado por intermédio de sentença judicial transitada em julgado, declarando a perda de sua nacionalidade;

b) recusa em cumprir prestação alternativa estipulada na escusa de consciência. Se a obrigação for cumprida posteriormente, deixa de ser um caso de perda para ser de suspensão de direitos. A escusa de consciência é uma prerrogativa que o cidadão pode utilizar para se eximir de uma obrigação a todos imposta, alegando motivos políticos, filosóficos ou religiosos, cumprindo, em contrapartida, prestação alternativa. Caso não a cumpra, perde seus direitos políticos. Os motivos alegados têm de ser exclusivamente de cunho filosófico, político ou religioso, não podendo outras razões serem invocadas, ainda que em caso de guerra declarada, estado de defesa e estado de sítio.

São casos de suspensão dos direitos políticos:

a) incapacidade civil absoluta. A Lei n. 13.146/2015 reduziu o rol de absolutamente incapazes do CC, restringindo-o aos menores de 16 anos. A *Lex Mater* funda a privação de direitos políticos na ausência de condições intelectuais de compreender o processo eleitoral e de se posicionar para definir sua escolha. A alteração realizada foi norteada

---

da pena acessória de perda ou inabilitação para qualquer função pública" (MEIRELLES, Hely Lopes. *Direito municipal brasileiro*. 10. ed. São Paulo: Malheiros, 1999, p. 473).

[6] Saliente-se que, terminologicamente, aquilo que está perdido pressupõe um estado anterior de achado. Apesar de aprioristicamente tratar-se de situação permanente, como via excepcional, o que fora perdido é passível de recuperação. Exemplifique-se com a possibilidade de procedência de ação rescisória em face da decisão que cancela a naturalização.

pela constatação de que a deficiência e a enfermidade não afetam a capacidade civil da pessoa, e, sendo assim, também não afetam a capacidade eleitoral, já que a Constituinte estabeleceu os termos da legislação cível como parâmetro. Nesse sentido, a alteração compactua com a preocupação da *Lex Mater* de impedir os direitos políticos dos cidadãos apenas em situação excepcional e razoável.

Com relação aos relativamente incapazes, maiores de 16 anos, cumpre salientar que, embora alistáveis, não podem ser candidatos a nenhum cargo, a não ser quando atinjam a idade de 18 anos, podendo – dessa forma – candidatar-se ao cargo de vereador. Em resumo, pode-se dizer que, embora os relativamente incapazes maiores de 16 anos tenham o direito de se alistar e votar (exercer a cidadania ativa), não podem – em virtude da idade – exercer a cidadania passiva;

b) condenação criminal, enquanto durarem seus efeitos. Os cidadãos que se encontrem presos, aguardando julgamento, não têm cerceados seus direitos políticos. Exige-se a condenação criminal transitada em julgado, que cerceia os direitos políticos em razão de que não é justo que um cidadão que cometeu acinte tão grave ao ordenamento estatal possa participar da escolha dos membros que vão gerir essa mesma estrutura governamental que desrespeitou.

Saliente-se o voto do Min. Ricardo Lewandowski na AP 470/MG, oportunidade em que o Supremo Tribunal Federal entendeu que a suspensão dos direitos políticos, no caso de condenação criminal transitada em julgado de Prefeito, Vereador, Governador e Presidente da República, resguardada a complexidade da demanda em face deste, tem aplicabilidade imediata. Ou seja, sendo esses mandatários condenados, em sentença penal transitada em julgado, não há necessidade de homologação por parte de Casa Legislativa. Não obstante, considera a egrégia Corte que tal não ocorre com os membros do Congresso Nacional, Deputados e Senadores, que necessitam que a sentença penal transitada em julgado tenha eficácia de sua homologação por parte da Casa à qual pertencer o parlamentar, após votação secreta, obtendo o *quorum* de maioria absoluta;

c) improbidade administrativa. Esta, por sua vez, acarretará a perda da função pública, a indisponibilidade dos bens, o ressarcimento do erário e a suspensão dos direitos políticos, sem prejuízo das ações penais cabíveis. A improbidade administrativa é um subprincípio da moralidade, impondo que os agentes públicos tratem da coisa pública com o máximo de cuidado, de modo a respeitar o ordenamento legal e impedir dano à coletividade. A Lei n. 8.429/92, que regulamentou o instituto, definiu que constitui ato de improbidade administrativa, importando enriquecimento ilícito, auferir qualquer tipo de vantagem patrimonial indevida em razão do exercício do cargo, do mandato, da função, do emprego ou da atividade pública ou de natureza pública, através da prática de ato doloso. Também configura ato de improbidade a ação ou omissão dolosa, que causa lesão ao erário, ensejando perda patrimonial, desvio, apropriação, malbaratamento ou dilapidação dos bens ou haveres públicos, assim como a ação que atenta contra os princípios da administração pública, em violação aos deveres de honestidade, imparcialidade, legalidade e lealdade às instituições, conforme *caput* dos arts. 9º ao 11 do diploma referido.

Suas sanções apenas poderão ser impostas depois do devido processo legal, assegurando ao acusado todas as oportunidades de defesa. Alerte-se que devido processo legal não significa estorvo à razoável duração do processo.

4.2. PRINCÍPIO DA ANTERIORIDADE ELEITORAL E IMPEDIMENTO DE *VACATIO LEGIS*

Ab initio, importa esclarecer que *vacatio legis* é o período que vai da publicação até a possibilidade de produção dos efeitos de determinada lei. Quando houver omissão, no diploma legal, da data para a produção de efeitos, nos limites do território nacional, o art. 1º, *caput*, da Lei de Introdução às Normas do Direito Brasileiro fala em um prazo de 45 dias. Para a lei eleitoral não existe *vacatio legis*, entrando em vigor na data em que foi publicada. É o único caso expresso na Constituição Federal de lei que começa a vigorar imediatamente, na data de sua publicação.

Com efeito, para impedir o casuísmo na legislação, procurando direcionar as normas que regem o pleito no sentido de atender aos interesses de grupos dominantes, a Constituição de 1988, com o advento da Emenda Constitucional n. 4/93, apesar de impor a vigência de lei que altera o processo eleitoral desde a data de sua publicação, salvaguardou que a mesma não será aplicada à eleição que ocorra até um ano da data de sua vigência.

A finalidade do princípio da anterioridade eleitoral é evitar que o Poder Legislativo possa introduzir modificações casuísticas na lei eleitoral para desequilibrar a participação dos partidos e dos respectivos candidatos, influenciando, portanto, no resultado da eleição.

Para o Ministro Gilmar Mendes, o postulado da anterioridade eleitoral consubstancia uma garantia fundamental do cidadão eleitor, do cidadão candidato e dos partidos políticos ao devido processo legal eleitoral. Enfatiza que o princípio da anterioridade eleitoral carrega a tônica de proteção das minorias, uma vez que a inclusão de novas causas de inelegibilidade diversas das originariamente previstas na legislação, além de afetar a segurança jurídica e a isonomia inerente ao devido processo eleitoral, influenciaria a possibilidade de que as minorias partidárias exercessem suas estratégias de articulação política em conformidade com as balizas inicialmente instituídas do jogo democrático[7].

A expressão "lei que alterar o processo eleitoral" deve ser compreendida como norma em sentido formal, abrangendo todas as espécies possíveis contidas no art. 59 da CF/88, como lei ordinária, emenda à Constituição ou lei complementar. Não se considera que o impedimento se restringe apenas às normas que incidem no processo eleitoral, conceituadas como aquelas que modificam o *modus operandi* da prestação jurisdicional. A dicotomia de Betham entre mandamentos adjetivos e mandamentos materiais não pode ser transposta para o delineamento do princípio da anterioridade porque seu escopo é justamente impedir que a modificação nas regras eleitorais se transforme em arma política. Assim, impede-se a mutação das regras eleitorais, seja essa modificação material ou procedimental, para evitar surpresas e debelar a insegurança jurídica.

A questão fora trazida novamente à ribalta em razão da discussão se a Lei Complementar n. 135/2010 afronta ou não o princípio da anterioridade eleitoral, pelo fato de ter sido promulgada e publicada no mês de junho de ano eleitoral.

Depois de muitas discussões, o Supremo Tribunal Federal, em decisão bastante apertada, por maioria dos votos – indicou a reformulação do posicionamento, inicialmente, adotado no Recurso Extraordinário n. 633.703 – decidindo que a Lei da Ficha Limpa poderia ter efeitos

---

[7] STF, RE 633.703/MG, Rel. Min. Gilmar Mendes.

sobre fatos pretéritos. A tese adotada pela Suprema Corte causou grande alvoroço no meio jurídico, tendo a referida celeuma processual tomado destaque no julgamento do Recurso Extraordinário n. 929.670[8].

Contextualiza-se que no caso jurídico em destaque, o autor do recurso (RE 929.670) foi um vereador de Nova Soure (BA), que foi condenado por abuso de poder econômico e compra de votos, por fato ocorrido em 2004, sendo determinado a inelegibilidade por 4 anos. Nas eleições de 2008, concorreu e foi eleito para mais um mandato na Câmara de Vereadores. Todavia, nas eleições de 2012, seu registro foi indeferido, porque a Lei de Ficha Limpa aumentou o prazo de inelegibilidade previsto no art. 1º, inciso I, alínea *d*, da LC n. 64/90 de três para oito anos. Assim, o embate jurídico sob o qual se fundava a ação era identificar se houve violação de garantias constitucionais da coisa julgada e da irretroatividade da lei mais grave (art. 5º, XXXVI, CF).

De forma surpreendente, o recurso extraordinário teve o seu provimento negado e dentre as razões da negativa, importa a ponderação da ministra Cármen Lúcia, de que a matéria foi expressamente analisada pelo Supremo no julgamento das Ações Declaratórias de Constitucionalidade (ADC) 29 e 30, bem como na Ação Direta de Inconstitucionalidade (ADI) 4578. "Na minha compreensão, a matéria foi tratada e sequer foram opostos embargos declaratórios", disse, ao acrescentar que o tema também foi "exaustivamente analisado no TSE". Assim, a ministra considerou aplicável a norma em questão.

Rememora-se que a verificação da constitucionalidade e a aplicação da Lei Complementar nas eleições de 2010 foram objetos das Ações Declaratórias de Constitucionalidade n. 29 e n. 30 e da Ação Direta de Inconstitucionalidade n. 4578. Naquela ocasião, o STF discorreu sobre a denominada "retroactividade da norma", segundo a qual os efeitos jurídicos de uma norma poderão incidir sobre fatos anteriores à sua vigência. Alega-se que não se trata, portanto, de "retroatividade autêntica", uma vez que esta é rechaçada pela Constituição Federal. Logo, não sendo retroatividade autêntica, não há o que se falar em violação do princípio da anterioridade eleitoral, em virtude de que tal princípio eleitoral não poderia ser modificado nem mesmo por

---

[8] ATA n. 34, de 28-9-2017. *DJe* 229, divulgado em 5-10-2017.

emenda constitucional, por vedação do inciso IV do § 4º do art. 60 da Constituição da República.

De outra ponta, compondo os argumentos contrários à aplicação da referida lei sobre fatos pretéritos, importa registrar o voto do Ministro Celso de Mello, o qual aduz que permitir uma interpretação que possibilite ofensa à coisa julgada e ao ato jurídico perfeito constitui uma violação gravíssima dos Direitos Fundamentais, representando um "desrespeito à inviolabilidade do passado". Desta feita, por maior que seja o conteúdo moral de uma lei, ela não pode descurar das salvaguardas de um Estado Democrático de Direito, principalmente naquilo que se refere à proteção da segurança jurídica.

4.3. REPRESENTAÇÃO POLÍTICA

Em virtude da impossibilidade de que cada membro da organização política participe de forma direta da administração estatal, foi construída a teoria da representação, em que cidadãos são eleitos pelo voto direto para exercerem um mandato em nome do povo. Etimologicamente, a palavra representação significa ligação, delegação, reprodução, contrato em que uma pessoa age em nome de outra. Como salienta Celso Ribeiro Bastos, devido ao fato de a teoria da representação requerer duplicidade de sujeitos, há dificuldade consistente justamente em precisar quais relações existem entre ambos, se a liberdade do representante diante do representado sofre limitações ou se é abrangente[9]. As duas principais teorias a respeito da representatividade são a vinculante e a discricionária.

A teoria do mandato vinculante, que tem como um de seus corifeus Rousseau, defende que o mandatário não é livre para tomar as decisões a seu alvedrio, haja vista ser a soberania popular irrevogável e indelegável. As opções políticas escolhidas devem estar de acordo com o sentimento da população, inclusive, em muitos casos, se ele não se mantiver fiel às propostas elaboradas quando da campanha eleitoral, podem os cidadãos revogar seu mandato.

---

[9] BASTOS, Celso Ribeiro; MARTINS, Ives Gandra. *Comentários à Constituição do Brasil*. São Paulo: Saraiva, 1995, v. 4, t. I, p. 15.

Já a teoria do mandato discricionário, que tem como um de seus divulgadores Edmund Burke, defende que quem exerce um cargo político é livre para tomar as decisões a seu alvedrio. A interferência maior da população ocorre nos momentos eleitorais, em que ela pode escolher seus representantes livremente. Depois da escolha efetuada, aqueles que exercem cargos políticos devem reger seu comportamento consonante com os interesses da coletividade, sem ligações imperativas com a vontade de seu eleitorado. Antes de pensar em interesses locais, devem os parlamentares pensar no interesse coletivo, que pode estar em oposição aos anseios de seus eleitores.

A teoria da representação política adotada no Brasil é a do mandato discricionário, ou seja, os parlamentares são os detentores de seus mandatos e podem exercer suas funções políticas sem nenhum tipo de restrição que possa mitigar sua liberdade de apreciar a realidade social. O mandato é auferido pela população, mas, durante o exercício de suas prerrogativas, os representantes são livres para tomar as decisões políticas de acordo com suas próprias consciências.

4.4. SISTEMAS ELEITORAIS

O sistema eleitoral é uma especificidade da reforma política porque enfoca todos os procedimentos voltados para a normatização das eleições, modelando as estruturas de poder para que elas expressem a vontade popular. O sistema eleitoral abrange os procedimentos inerentes às eleições e à formação dos representantes populares. Já a reforma política se configura muito mais ampla porque regulamenta, além das eleições e da composição parlamentar, a estruturação do próprio poder.

A definição de sistema eleitoral se configura muito complexa, em decorrência de sua extensão conceitual, pois institui as maneiras em que a cidadania intervém no poder político, delineando os mecanismos que conduzirão as diretrizes da soberania popular. Ele se configura como o sistema pelo qual a manifestação de vontade dos eleitores será expressada e como os mandatários populares serão escolhidos.

Os sistemas eleitorais previstos na legislação brasileira são: majoritário, para as eleições de chefes do Executivo e senadores, e proporcional, para vereadores, deputados estaduais e deputados federais. A nitidez que o sistema eleitoral reveste propicia um maior ou menor incentivo às decisões democráticas, podendo, inclusive, servir como instrumento de uma democracia simbólica, em que os "donos" do poder utilizam as eleições como apanágios para manutenção de seu poder real na sociedade. Sua utilização tergiversada pode propiciar o *gerrymandering*, em que se distribuem as circunscrições eleitorais com a finalidade exclusiva de atender a alguns interesses políticos, sem delimitá-las de forma técnica e imparcial[10]. Sua estruturação também pode acarretar o *malapportionment*, que significa a desproporcionalidade de peso entre as diversas circunscrições eleitorais.

No sistema majoritário, apenas o candidato que recebeu o maior número de votos consegue se eleger – os demais, mesmo que tenham recebido grandes votações, não terão assegurado um mandato. Nota-se, claramente, que, nesse sistema eleitoral, apenas a maioria tem representatividade, ficando a minoria excluída da representação eleitoral. No sistema proporcional é assegurada representação tanto às forças políticas que ganharam as eleições como às que perderam, desde que haja a concretização do quociente eleitoral. Esse sistema permite, assim, a representação tanto da maioria quanto da minoria.

Como forma de aprimoramento do sistema representativo, muitos doutrinadores têm defendido a substituição do sistema eleitoral proporcional pelo distrital majoritário misto. Pelo sistema eleitoral distrital majoritário misto, os Estados-membros e os Municípios seriam divididos em distritos; parte dos candidatos seria eleita pelos distritos (aqueles que obtivessem a maior votação), outra parte seria eleita por todo o Estado-membro ou por toda a cidade.

Não existe mágica jurídica para melhorar a qualidade da representação política. As imperfeições decorrentes do sistema político brasileiro vão persistir tanto em um sistema eleitoral quanto em outro. Enquanto prevalecer o predomínio do poder econômico e a falta de consciência política da população, não existirá sistema político que possa aperfeiçoar nossa democracia.

Até 1932 prevaleceu o sistema distrital majoritário, vigorando por quase setenta anos, sem alcançar os objetivos pretendidos. Ele foi criado pelo Decreto Legislativo n. 842, conhecido como Lei dos Círculos, dividindo as províncias em distritos, estabelecendo a eleição de um

---

[10] *Redistricting.* Disponível em: http://www.fairvote.org/redistricting. Acesso em: 1º maio 2011.

membro por distrito[11]. O sistema proporcional só foi criado após a Revolução de Trinta.

Nosso sistema proporcional possui algumas características que o tornam singular. Ele é uma mistura de escrutínio uninominal, em que se escolhe um candidato, e de representação proporcional.

A eleição dos candidatos a cargos proporcionais se dá através da obtenção de votos em número igual ou superior a dez por cento do quociente eleitoral, tantos quanto o quociente partidário indicar, na ordem de votação que tenham recebido (art. 108 da Lei n. 4.737/65, com redação dada pela Lei n. 14.211/2021 – Código Eleitoral). O candidato eleito por um partido poderia não o ser, se postulasse em outra agremiação política.

Portanto, o processo é estabelecido em duas etapas. Na primeira, em que há definição do número específico do quociente eleitoral e o número do quociente partidário, que determina o número de vagas de cada agremiação. Na segunda, com a função de indicar os candidatos que preencherão as vagas obtidas pelo partido, utiliza-se o critério de obtenção de votos em número igual ou maior a dez por cento, na ordem nominal de votação, elegendo-se aqueles que obtiverem maior número de votos pelo partido.

O sistema majoritário visa à formação de maiorias, enquanto o proporcional tem a finalidade de distribuir o poder de acordo com a força de cada partido.

---

[11] ROCHA, Cármen Lúcia Antunes. Observações sobre o sistema eleitoral brasileiro. In: *Estudos Eleitorais n. 3*, Brasília, TSE, set./dez. 1997, p. 110.

5 ELEGIBILIDADE

O Direito Eleitoral ostenta a missão de solidificar o alicerce no qual a cidadania reverbera seu apogeu, normatizando todo o processo eleitoral que não pode ser resumido apenas às eleições. Ele contribui para o desenvolvimento da responsabilidade do cidadão com a coisa pública, intensificando o grau da democracia participativa, e densifica a legitimação do governo em virtude de possibilitar vários instrumentos de controle de políticas públicas.

Nesse diapasão, a práxis do Direito Eleitoral carrega imediata ligação com a "formação da composição dos órgãos do Estado", o que, por consequência, vincula tal direito aos "acontecimentos políticos" do país. A participação nas decisões políticas, por si só, deve ser considerada como um prazer e um privilégio ao cidadão, sem carecer de conotações pecuniárias ou proximidade com o poder. A finalidade de cada componente da sociedade é servir aos interesses coletivos, mesmo que para isso seja imperioso o sacrifício de seus próprios interesses pessoais. Este é o cerne do republicanismo.

A regra geral é que, qualquer pessoa, a princípio, possa escolher seus representantes, seja nas casas legislativas, seja para a administração da coisa pública, assim como se candidatar a cargo eletivo. Isso advém do princípio de que a todos os residentes no território de uma circunscrição eleitoral (seja o Município, a unidade da Federação ou a União), por certo, interessam-se pela gestão da coisa pública, pois, tal gestão é que, futuramente, influenciará diretamente no modo de vida da comunidade.

Diante disso, cumpre salientar que a simples condição de residente em determinada circunscrição Municipal onde haverá eleições e a motivação do seu possível interesse acerca dos negócios públicos não bastam à configuração do direito de votar e ser votado. Para que isso se configure ativamente é necessário que haja um conjunto de normas que regulamentem esses direitos, notadamente no que tange à candidatura a cargos eletivos, pois o que está em jogo é o interesse público e, portanto, é necessário que haja um filtro, a fim de que os pretendentes reúnam as condições mínimas, para que somente pessoas idôneas e com um mínimo de qualificação possam ocupar cargos tão relevantes para o interesse da coletividade.

Para que todos possam ter as mesmas possibilidades no processo democrático, as leis eleitorais precisam propiciar o maior nível de isonomia possível, ofertando mecanismos que possam coibir abusos. Nesse diapasão, não se pode agasalhar preceitos casuísticos, mesmo embasados de conotações morais, pois se deve buscar o invariável apego às regras do jogo, sem se desviar das finalidades almejadas em um regime democrático.

A obrigatoriedade de os atores políticos se manterem fiéis às regras do "jogo" eleitoral é condição *sine qua non* para o funcionamento das engrenagens democráticas. Dos participantes ativos e passivos desse processo exige-se o fiel apego às normas eleitorais estabelecidas, porque estas têm o condão de garantir uma maior lisura nas eleições, estabelecendo uma aura de legalidade durante o percurso eleitoral.

Nessa senda, tem-se a elegibilidade como uma situação jurídica, positiva e negativa, que diz respeito à possibilidade de o cidadão concorrer a mandato eletivo, desde que atenda ao que foi preceituado por lei. Para sua concretização, necessita-se de atos jurídicos positivos, preenchimento das condições de elegibilidade e dos requisitos de registrabilidade, e de atos jurídicos negativos, não se inserir em nenhum tipo de causa de inelegibilidade. Nesse contexto, examina-se que a elegibilidade é um ato complexo, que começa com o atendimento das condições mínimas estipuladas na Constituição para a participação no processo político.

Logo, elegível é o cidadão que atende a todas essas condições. Essa possibilidade de pleitear determinados cargos políticos é denominada capacidade passiva (*ius honorum*), ou seja, a capacidade de ser candidato e, consequentemente, receber votos. Na mesma linha de pensamento, Edson Resende defende que são requisitos a serem aferidos pelos cidadãos para que possam exercer a cidadania passiva.

No dizeres de Adriano Soares, conceitua-se elegibilidade como sendo "um direito subjetivo público afetado a alguém pelo ordenamento jurídico". Para a Suprema Corte, "a elegibilidade é a adequação do indivíduo ao regime jurídico – constitucional e legal complementar – do processo eleitoral". Nesse mesmo sentido é o entendimento do Tribunal Superior Eleitoral.

Perlustrando a linha de raciocínio alhures trilhada, vislumbra-se que é primordial ao indivíduo que pretende se candidatar a um cargo eletivo previsto na Constituição, que coexistam em sua vida, de modo harmonioso, os seguintes requisitos: o cumprimento de todas as condições de elegibilidade esculpidos na Carta Magna, a ausência de causas de inelegibilidade e do cumprimento dos requisitos de registrabilidade.

5.1. CONDIÇÕES DE ELEGIBILIDADE

A Carta Magna elencou algumas condições que precisam ser atendidas para permitir que o cidadão possa exercer um mandato político (art. 14, § 3º). Essas condições são taxativas, não podendo mandamento infraconstitucional acrescer outros em virtude de sua discriminação encontrar arrimo na Constituição Federal, agasalhado pela força normativa da supralegalidade. Como os direitos políticos são prerrogativas essenciais à cidadania, deixar sua regulamentação ao talante de mandamentos infraconstitucionais serviria para reduzir a amplitude desse direito, quando sua finalidade é justamente o contrário, ampliar com maior intensidade possível a inserção da população nas decisões do sistema democrático.

Sua regulamentação se cingiu à seara normativa, ou seja, suas condições podem ser verificadas por elementos fáticos facilmente subsumidos pelo tipo legal. Preferiu o legislador constituinte fugir de elementos subjetivos devido a ser um conceito de difícil delimitação, o que facilitaria interpretações que cerceassem a elegibilidade dos cidadãos, prerrogativa essencial para o desenvolvimento dos direitos políticos.

São condições de elegibilidade:

a) Nacionalidade brasileira. Nacionalidade é o vínculo que une os cidadãos a um Estado, acarretando uma relação de obrigações e prerrogativas, configurando-se como direito fundamental[1]. Os critérios para se adquirir a nacionalidade são o *jus sanguinis* e o *jus soli*, de modo que cada país escolhe o critério que melhor lhe convier, defluindo essa opção de sua soberania. Geralmente, os países que realizaram grandes emigrações optam pelo *jus sanguinis*, como forma de manter

---

[1] HORTA, Raul Machado. *Direito constitucional*. 2. ed. Belo Horizonte: Del Rey, 1999, p. 211.

o vínculo com seus cidadãos e descendentes que residem no exterior; e os que foram colonizados, recebendo correntes de imigrantes, optam pelo *jus soli*, como modo de nacionalizar as pessoas que convivem em seu território. O Brasil optou pelo critério do *jus soli* pelo fato de ter recebido grande contingente de imigrantes.

b) Pleno exercício dos direitos políticos. O exercício dos direitos políticos em sua modalidade passiva exige maior comprometimento com a coisa pública do que sua modalidade ativa, em virtude de sua relação intrínseca com as decisões governamentais. Pela relevância de suas atribuições, um postulante a mandato que esteja privado, de algum modo, de seus direitos políticos não pode, de forma alguma, submeter-se ao pleito eleitoral. Ele apresenta redução do seu *jus bonorum* e, como ilação inexorável, não preenche as condições necessárias de elegibilidade. Como se explanou anteriormente, as causas de mitigação das prerrogativas políticas são as expressamente constantes na Constituição (art. 15), não podendo outras ser acrescentadas por interpretação *praeter legem*[2].

b.1) Perda da naturalização por sentença transitada em julgado. Como a primeira exigência constitucional de condição de elegibilidade é a necessidade de ser brasileiro nato ou naturalizado e a segunda o pleno gozo dos direitos políticos, a perda da nacionalidade por sentença transitada em julgado tem como consequência a desobediência dessas duas condições, em virtude de que sem a nacionalidade brasileira não se pode exercer os direitos políticos respectivos. A perda da nacionalidade brasileira, nos casos dos brasileiros naturalizados, poderá ocorrer por sentença judicial transitada em julgado pela prática de atividades nocivas aos interesses nacionais e se houver aquisição de outra nacionalidade, no que atinge os natos e os naturalizados. No primeiro caso tem que haver um processo judicial, com todas as suas garantias, com sentença transitada em julgado, caracterizando atividades nocivas aos interesses nacionais. Trata-se de ação de cancelamento de naturalização a ser proposta pelo Ministério Público Federal perante a Justiça Federal, conforme competência prevista no art. 109, X, da CF. No se-

---

[2] "Entre os requisitos necessários à elegibilidade, encontra-se o pleno exercício dos direitos políticos; assim, restringidos estes, não há como se dar guarida a pedido de registro" (Resp n. 16.684/SP, Rel. Min. Waldemar Zveiter).

gundo, deve haver opção por outra nacionalidade, sem que haja concessão por parte de um país estrangeiro em virtude de laços sanguíneos. O processo pode ser instaurado de ofício, tramitando no Ministério da Justiça, com a perda da naturalização sendo decretada pelo Presidente da República.

b.2) Incapacidade civil absoluta. Com o advento da Lei n. 13.146/2015, que instituiu o Estatuto da Pessoa com Deficiência, em seu art. 114, determinou-se a nova redação do art. 3º do Código Civil, afirmando que são absolutamente incapazes de exercer pessoalmente os atos da vida civil os menores de 16 (dezesseis) anos. Assim, todas as demais hipóteses de incapacidade absoluta foram revogadas do Código Civil. Isto ensejou no fato de que qualquer pessoa a partir de 16 anos se tornou, em tese, capaz para o Direito Civil[3].

Com a nova lei, adota-se a premissa de que o fato de ser pessoa com deficiência não acarreta, automaticamente, limitações à capacidade civil, afastando, assim, a sua condição de absolutamente incapaz. Isto ocorre porque a regra, agora, é a garantia do exercício da capacidade legal por parte da pessoa com deficiência grave, inclusive de transtorno mental. Logo, a curatela é, nos dias atuais, "medida protetiva extraordinária, proporcional às necessidades e às circunstâncias de cada caso, e durará o menor tempo possível" (art. 84, § 3º do Estatuto da Pessoa com Deficiência). Ademais, "a curatela afetará tão somente os atos relacionado aos direitos de natureza patrimonial e negocial"[4], mantendo com a pessoa com deficiência grave o controle sobre os aspectos existenciais da sua vida, sem lhe impor restrições indevidas[5].

---

[3] O revogado art. 3º do Código Civil preceituava que eram absolutamente incapazes: os menores de 16 anos, os que por enfermidade ou deficiência mental não tivessem o necessário discernimento para a prática desses atos e os que não tivessem capacidade de exprimir seu desejo, ainda que transitoriamente.

[4] Art. 85, EPD.

[5] Importa registrar que em paralelo ao instituto da curatela, inseriu-se um modelo alternativo, chamado de tomada de decisão apoiada que – segundo dispõe o art. 1.783-A do Código Civil, introduzido pelo EPD – é "o processo pelo qual a pessoa com deficiência elege pelo menos duas pessoas idôneas, com as quais mantenha vínculos e que gozem de sua confiança, para prestar-lhe apoio na tomada de decisão sobre atos da vida civil, fornecendo-lhes os elementos e informações necessários para que possa exercer sua capacidade". Dessa forma,

Extrai-se, com isso, que a curatela não interfere no direito ao voto, consoante reza o art. 76, § 1º, inciso IV do Estatuto.

Nessa senda, na hodiernidade é possível uma pessoa interditada, mesmo que o motivo seja por deficiência mental severa, exercer seus direitos políticos, ainda que, para isso, precise da ajuda de uma pessoa da sua confiança no momento da votação, conforme dispõe o art. 76, § 1º, IV da Lei n. 13.146/2015 e o art. 118 da Resolução TSE n. 23.669/2021.

Em outras palavras, uma pessoa submetida ao regime de curatela, em face de uma deficiência mental de natureza grave, pode se candidatar para concorrer a um mandato eletivo ou votar. Assim, preserva-se o direito ao exercício do voto das pessoas com deficiência grave, mas, em contrapartida, estas não poderão se esquivar de cumprir as obrigações eleitorais intrínsecas a todos os indivíduos considerados capazes.

Importa registrar que "não estará sujeita a sanção a pessoa portadora de deficiência que torne impossível ou demasiadamente oneroso o cumprimento das obrigações eleitorais, relativas ao alistamento e ao exercício do voto". Nesses casos, juiz eleitoral "poderá expedir, em favor do interessado, certidão de quitação eleitoral, com prazo de validade indeterminado", nos termos dos arts. 1º e 2º da Resolução TSE 21.920/2004[6].

A orientação do TSE, em razão da alteração legislativa em comento, é no sentido de que se faz necessário rever as inscrições eleitorais em que houve suspensão dos direitos políticos, por incapacidade civil absoluta pela redação anterior do Código Civil[7].

---

diante da incapacidade relativa, a pessoa com deficiência, que possua alguma dificuldade prática na administração de sua vida civil, poderá escolher pela curatela ou pelo procedimento de tomada de decisão apoiada.

[6] Ac. TSE n. 3.203/2005: "A Res.-TSE n. 21920/2004 não impede o portador de deficiência de exercer o direito de votar, antes, faculta-lhe o de requerer, motivadamente, a dispensa da obrigação, dadas as peculiaridades de sua situação".

[7] "PROCESSO ADMINISTRATIVO. QUESTIONAMENTOS. APLICABILIDADE. VIGÊNCIA. LEI N. 13.146, de 2015. ALTERAÇÃO. ART. 3º. CÓDIGO CIVIL. INCAPACIDADE CIVIL ABSOLUTA. SUSPENSÃO. DIREITOS POLÍTICOS. ART. 15, II, DA CONSTITUIÇÃO. ANOTAÇÃO. CADASTRO ELEITORAL. ANTERIORIDADE. 1. O Estatuto da Pessoa com

Ainda cumpre apontar a faculdade de transferência temporária de seção eleitoral para votação de eleitores com deficiência ou mobilidade reduzida, disposta pela Resolução TSE n. 23.669/2021.

É válido ressaltar a possibilidade de o indivíduo com idade inferior aos dezesseis anos alistar-se. No caso citado, o voto ficaria sob condição suspensiva, devendo o menor completar a idade mínima até a data determinada para o primeiro turno das eleições.

b.3) Condenação criminal transitada em julgado, enquanto durarem seus efeitos.

Já os indivíduos que tiverem a intenção de concorrer a cargo eletivo não poderão fazê-lo enquanto perdurarem os efeitos de sentença criminal transitada em julgado. Essa proibição existe graças à suspensão dos direitos políticos pelo tempo que perdurarem os efeitos da sentença. No ato do registro dos candidatos, caberá a eles apresentar certidões criminais negativas, atestando que não possuem pendências

---

Deficiência – Lei n. 13.146, de 2015 – modificou o art. 3º do Código Civil, com a alteração do rol daqueles considerados absolutamente incapazes, circunstância que trouxe impactos no âmbito desta Justiça especializada, particularmente no funcionamento do cadastro eleitoral, cujos gerenciamento, fiscalização e regulamentação estão confiados à Corregedoria-Geral. 2. Alcançado o período de vigência do mencionado diploma legal, a incapacidade absoluta se restringiu unicamente aos menores de 16 (dezesseis) anos, os quais não detêm legitimidade para se alistar eleitores – exceção feita àqueles que completem a idade mínima no ano em que se realizarem eleições até a data do pleito (Res.-TSE n. 21.538, de 2003, art. 14). 3. Esta Justiça especializada, na via administrativa, deve se abster de promover anotações de suspensão de direitos políticos por incapacidade civil absoluta, ainda que decretada anteriormente à entrada em vigor da norma legal em referência, nos históricos dos respectivos eleitores no cadastro, de forma a se adequar aos novos parâmetros fixados. 4. Para regularização das inscrições em que o registro de suspensão de direitos políticos por incapacidade civil absoluta tenha sido feito antes da entrada em vigor da Lei de Inclusão da Pessoa com Deficiência, o eleitor deverá cumprir as formalidades previstas nos arts. 52 e 53, II, *a*, da Res.-TSE n. 21.538, de 2003. 5. Expedição das orientações necessárias às corregedorias regionais eleitorais, objetivando idêntica comunicação às Corregedorias-Gerais de Justiça dos Estados e do Distrito Federal e aos juízos eleitorais de todo o País" (TSE, PA: 00001147120166000000, Salvador/BA, Rel. Min. Maria Thereza Rocha de Assis Moura, j. 7-4-2016, *DJe*, Volume, Tomo 80, 27-4-2016, p. 99-100).

criminais. Vale salientar que, mesmo que o indivíduo já tenha obtido o benefício do livramento condicional, como a sentença ainda está por produzir efeitos, seus direitos políticos ainda se encontrarão suspensos.

Registre-se que em sessão realizada no dia 7 de novembro de 2019, por ocasião do julgamento conjunto das Ações Declaratórias de Constitucionalidade (ADC) n. 43, 44 e 54, o Supremo Tribunal Federal, por maioria, julgou procedente as referidas ações para assentar a constitucionalidade do art. 283 do Código de Processo Penal, na redação dada pela Lei n. 12.043/2011, com a consequente proibição da execução da pena antes do trânsito em julgado da sentença penal condenatória[8]. Sustentou-se, na esteira do voto do Relator, o Ministro Marco Aurélio, que o art. 5º, inciso LVII, da Constituição Federal de 1988, não abre campo a controvérsias semânticas, de modo que a harmonia com a Constituição, do artigo 283 do Código de Processo Penal, é completa, considerando o alcance do princípio da não culpabilidade[9]. Para o Ministro Celso de Mello, a tese da execução provisória de condenações penais ainda recorríveis transgride, de modo frontal, o princípio constitucional da presunção de inocência, que só deixa de subsistir ante o trânsito em julgado da decisão condenatória. Antes desse momento, o Estado não pode tratar ou os indiciados ou os réus como se culpados fossem.

b.4) Recusa de cumprir obrigação a todos imposta ou prestação alternativa. Outra causa de perda dos direitos políticos é quando determinado dever for imposto a todos por lei e a recusa não estiver amparada no instituto da escusa de consciência. Assim, mesmo sendo caso de escusa, mas não havendo a realização de prestação alternativa, também legalmente autorizada, os direitos políticos igualmente são perdidos. Um bom exemplo a ser comentado é o serviço militar obrigatório imposto a todos os homens. Se o cidadão resolver cumprir a prestação alternativa, deixa de ser caso de perda e se torna suspensão.

b.5) Improbidade administrativa, nos termos do art. 37, § 4º.

---

[8] "Art. 283. Ninguém poderá ser preso senão em flagrante delito ou por ordem escrita e fundamentada da autoridade judiciária competente, em decorrência de prisão cautelar ou em virtude de condenação criminal transitada em julgado."

[9] "LVII – ninguém será considerado culpado até o trânsito em julgado de sentença penal condenatória."

Os condenados por improbidade administrativa terão seus direitos políticos suspensos como sanção. Tem-se em vista que improbidade administrativa é o ato contrário aos princípios basilares da Administração, cometido principalmente por agente público, durante o exercício de sua função. A improbidade, como ato ilícito, vem sendo prevista e repreendida no nosso direito positivo há muito tempo em se tratando de agentes políticos, enquadrando-se como crime de responsabilidade. Na dicção do § 4º do art. 37 da Lei Excelsa, "os atos de improbidade administrativa importarão a suspensão dos direitos políticos, a perda da função pública, a indisponibilidade dos bens e o ressarcimento ao erário, na forma e gradação previstas em lei, sem prejuízo da ação penal cabível". Deste dispositivo podem ser auferidas as características dos atos de improbidade administrativa: são atos de natureza civil e de prévia tipificação em lei federal.

A Constituição de 1988 inovou ao introduzir o conceito de improbidade administrativa. Nas Constituições anteriores havia apenas menção a sanções contra atos que importassem prejuízo para a Fazenda Pública e locupletamento ilícito para o indiciado. A inovação da Constituição Cidadã iniciou-se com a acolhida do princípio da moralidade como um dos princípios norteadores da Administração Pública.

Teorizado primordialmente por Maurice Hauriou, o princípio da moralidade administrativa adveio da jurisprudência sedimentada pelo Conselho de Estado Francês, segundo a qual a legalidade dos atos jurídicos administrativos é fiscalizada com base no princípio da legalidade. Outrossim, a conformidade desses atos aos princípios basilares da boa administração, determinante necessária de qualquer decisão administrativa, é fiscalizada para evitar qualquer desvio de poder, cuja zona de policiamento é a zona da moralidade administrativa[10].

Salvaguardar a probidade administrativa é proteger os princípios democráticos, republicanos e da isonomia. O significado republicano das instituições democráticas é o valor necessário à construção da igualdade. Para que se alcance esta finalidade, de uma verdadeira iso-

---

[10] HAURIOU, Maurice. *Précis de droit administratif et de droit public general*: à l'usage des étudiants en licence et en doctorat ès-sciences politiques. 4. ed. Paris: Larose, 1900. p. 349.

nomia, de uma igualdade substancial, faz-se necessária a imposição de vedações a condutas de agentes públicos, para que estes não utilizem indevidamente da *res* pública em proveito próprio ou de terceiros[11].

Os atos de improbidade administrativa estão tipificados nos arts. 9º, 10 e 11 da Lei n. 8.429/92. O art. 9º da Lei n. 8.429/92 tipificou o ato ímprobo de enriquecimento ilícito. Mediante uma tipificação exemplificativa, mas que precisa necessariamente de enquadramento legal, trata-se de ação que, mediante dolo, implica auferimento de vantagem patrimonial indevida através do exercício de cargo, mandato, função, emprego ou de atividade na Administração direta, indireta ou fundacional, de qualquer dos Poderes dos entes federativos, bem como nas entidades que possuam patrimônio público.

O *caput* do art. 10 da Lei n. 8.429/92, com redação conferida pela Lei n. 14.230/2021, delimita o conceito de ato ímprobo que cause prejuízo ao erário. Seguido de rol exemplificativo de atos lesivos ao patrimônio público, resta tipificada a ação ou omissão que, dolosamente, enseje a perda patrimonial, o desvio, a apropriação, o malbaratamento ou a dilapidação dos bens e haveres públicos, condutas cumuladas com, ao menos, uma das hipóteses previstas no rol de incisos que elenca. Já o art. 11 da Lei n. 8.429/92 exige, à constituição de ato de improbidade administrativa em espécie, a concomitância de ação ou omissão dolosa que viole os deveres de honestidade, imparcialidade, legalidade e lealdade às instituições, enquadrando-se em ao menos uma das hipóteses dos seus incisos.

Alerte-se, no ponto, que existência de um fato punível reclama a exegese restrita quanto aos lindes das hipóteses permissivas, até mesmo como forma de promover efetivo prestígio ao princípio da tipicidade, uma das garantias contra o arbítrio punitivo, e afastar eventuais inconstitucionalidades, através da comprovação efetiva e clara acerca do caráter doloso e voltado para fim ilícito da conduta dos agentes.

O art. 20 da Lei n. 8.492/92 determina que a perda da função pública e a suspensão dos direitos políticos só se efetivam com o trânsito em julgado da sentença condenatória. Deste modo, o agente público que esteja sendo processado por improbidade administrativa não

---

[11] AGRA, Walber de Moura. *Curso de direito constitucional.* 9. ed. Belo Horizonte: Fórum, 2018. p. 447.

poderá perder seu cargo, ou ter seus direitos políticos suspensos por decisão de autoridade administrativa.

No que importa especificamente ao Direito Eleitoral, a denominada Lei da Ficha Limpa (LC n. 135/2010), ao inserir no art. 1º, inciso I, da Lei Complementar n. 64/90 a alínea *l*, dispôs que são inelegíveis os que forem condenados à suspensão dos direitos políticos, em decisão transitada em julgado ou proferida por órgão judicial colegiado, por ato doloso de improbidade administrativa que importe lesão ao patrimônio público e enriquecimento ilícito.

Para o TSE, a configuração da inelegibilidade prevista no art. 1º, I, *l*, da LC n. 64/90 exige a presença simultânea dos seguintes requisitos: a) condenação à suspensão dos direitos políticos; b) decisão transitada em julgado ou proferida por órgão judicial colegiado; e c) ato doloso de improbidade administrativa que tenha causado, concomitantemente, lesão ao patrimônio público e enriquecimento ilícito[12]. Sublinhe-se que o reconhecimento do dolo na conduta do agente é requisito necessário à incidência da inelegibilidade por ato de improbidade administrativa, no que se exige concomitantemente, para além disso, lesão ao erário e enriquecimento ilícito[13]. Entende o TSE que o ato doloso de improbidade administrativa pode implicar o enriquecimento ilícito tanto do próprio agente, mediante proveito pessoal, quanto de terceiros por ele beneficiados[14].

Como se vê, a inelegibilidade prevista na art. 1º, I, *l*, da LC n. 64/90 exige uma prévia condenação por ato de improbidade administrativa. À Justiça Eleitoral compete somente verificar se estão presentes as condições de elegibilidade e se incide alguma cláusula de inelegibi-

---

[12] Respe n. 2838, Acórdão, Rel. Min. Tarcisio Vieira de Carvalho Neto, *DJe*, Tomo 32, 14-2-2019, p. 70-71.

[13] RO n. 060221198, Acórdão, Rel. Min. Luís Roberto Barroso, PSESS, 23-10-2018.

[14] "Embora não conste menção à condenação no art. 9º da Lei n. 8.429/92 (Lei de Improbidade Administrativa) no dispositivo do acórdão condenatório do TJ/SP, o TRE/SP, autorizado pela jurisprudência deste Tribunal, reconheceu a existência de enriquecimento ilícito de terceiros na contratação de prestação de serviços advocatícios em que reconhecida a desnecessidade da avença e o superfaturamento do preço acordado" (Respe n. 060013513, Acórdão, Rel. Min. Mauro Campbell Marques, *DJe*, Tomo 145, 6-8-2021).

lidade. Tal exame deve ser feito de acordo com os limites estabelecidos na Súmula n. 41/TSE, segundo a qual "não cabe à Justiça Eleitoral decidir sobre o acerto ou desacerto das decisões proferidas por outros órgãos do Judiciário ou dos Tribunais de Contas que configurem causa de inelegibilidade".

No entanto, o próprio TSE perfilhou entendimento no sentido de ser possível extrair a presença simultânea da lesão ao erário e do enriquecimento ilícito a partir da fundamentação do acórdão da Justiça Comum, ainda que, na parte dispositiva, não haja condenação com base nos arts. 9º (enriquecimento ilícito) e 10 (lesão ao erário) da Lei n. 8.429/92[15].

Defluência mínima do princípio da legalidade, o enriquecimento ilícito ou o dano ao erário não podem ser presumidos, isto é, não se pode atestá-los através de meros indícios ou presunções jurisprudenciais[16]. Apesar das ressalvas em relação a este entendimento, defende-se que a Justiça Eleitoral não pode adentrar nos meandros da condenação para tentar extrair a verificação do elemento subjetivo do dolo do agente ímprobo na fundamentação do *decisum* da ação de improbidade administrativa.

A duração dessa sanção, após a promulgação da Lei Complementar n. 135, a Lei da Ficha Limpa, em regra, é de oito anos. Contudo, saliente-se que a suspensão dos direitos políticos apenas acontece se essa sanção estiver prevista no dispositivo da sentença e depois do trânsito em julgado, sem que ele opere feitos apenas com a decisão de segunda instância.

c) Alistamento eleitoral. É requisito muito importante no processo político, pois se configura na inscrição do eleitor à Justiça Eleitoral, outor-

---

[15] "Este Tribunal Superior tem entendimento pacífico no sentido de que, para fins de incidência da causa de inelegibilidade descrita no art. 1º, I, *l*, da LC n. 64/90, a verificação, no caso concreto, da lesão ao Erário e do enriquecimento ilícito próprio ou de terceiro pode ser realizada por esta Justiça Especializada a partir do exame da fundamentação do acórdão condenatório proferido pela Justiça Comum, ainda que tal reconhecimento não tenha constado expressamente do dispositivo daquele pronunciamento judicial. Precedentes" (Respe n. 060037514, Acórdão, Rel. Min. Edson Fachin, *DJe*, Tomo 150, 16-8-2021).

[16] AGRA, Walber de Moura. *Comentários sobre a Lei de Improbidade Administrativa.* 2. ed. Belo Horizonte: Fórum, 2019. p. 35.

gando-lhe a prerrogativa de pertencer ao corpo de eleitores e se habilitar para o voto, desde que disponha dos elementos exigidos. Sua taxonomia é de obrigação, haja vista que sua não realização acarreta imposição de sanção e impossibilita o eleitor de votar na disputa eleitoral[17].

O alistamento eleitoral é a capacitação para o exercício do voto e se torna obrigatório para os maiores de 18 anos, porém, é facultativo aos analfabetos, aos maiores de 70 anos e aos maiores de 16 e menores de 18 anos. Sendo assim, no instante em que o indivíduo se alista, ele ganha o *status* de cidadão para o Direito Eleitoral.

Para alistar-se, o indivíduo deverá comparecer ao Cartório Eleitoral com os documentos pessoais como carteira de identidade, certificado de quitação de serviço militar (se for do sexo masculino) documento que certifique sua idade e os demais elementos que atestem sua qualificação.

Deverá, então, preencher um formulário (RAE – requerimento de alistamento eleitoral) já predeterminado pelo TSE, que será assinado por um servidor asseverando que foi feito em sua presença. Em se tratando de indivíduo analfabeto, será feita a impressão digital do polegar direito. Após essa etapa, caberá ao Juiz Eleitoral, sob fiscalização do Ministério Público Eleitoral e dos partidos políticos, analisar todos os documentos e o próprio requerimento, deferindo ou não o alistamento. Do despacho que indeferir o requerimento, caberá recurso pelo alistando no prazo de cinco dias, contados da publicação da listagem do pedido indeferido. Já se o despacho for no sentido de deferimento, caberá ao delegado de partido recorrer no prazo de dez dias da decisão, consoante dispõe o § 1º do art. 17 da Resolução TSE n. 21.538/2003.

Os pedidos de alistamento, transferência e revisão ficarão suspensos pela Justiça Eleitoral nos 150 (cento e cinquenta) dias que antecedem as eleições (art. 91 da LE). É possível, ainda, requerer a 2ª via do título de eleitor até dez dias antes das eleições (art. 52 do CE). Verifica-se que o legislador utiliza o termo inscrição como sinônimo de alistamento.

d) Domicílio eleitoral na circunscrição. Domicílio eleitoral é o lugar em que a pessoa se estabelece ou pretende exercer suas atividades

---

[17] *Vide* Capítulo 8.

políticas[18]. Ele é importante no Direito Eleitoral para determinar em que município o eleitor vota e sua respectiva seção[19]. Almeja-se, com essa exigência, que o cidadão tenha uma relação com seu domicílio que lhe permita participar dos debates políticos para atender às suas necessidades. Considera o Tribunal Superior Eleitoral que o domicílio eleitoral é o lugar de residência ou moradia do requerente, não havendo necessidade de demonstrar o *animus* definitivo[20]. Por sua vez, o Código Eleitoral considera como domicílio do cidadão qualquer residência ou moradia, havendo mais de uma (parágrafo único do art. 42 do CE)[21].

De acordo com o entendimento do TSE, o conceito de domicílio pode ser demonstrado não só pela residência local com ânimo definitivo, mas também pela constituição de vínculos políticos, econômicos, sociais ou familiares[22]. É importante salientar que o TSE já pacificou o entendimento de que o domicílio eleitoral não se confunde com o domicílio civil[23]. Nesse norte, o art. 23 da Resolução TSE n. 23.659/2021

---

[18] Em sentido contrário ver Pinto Ferreira: "Entendo que muito bem andou o Código Eleitoral obrigando o cidadão a alistar-se no lugar onde tem o seu domicílio civil. Sendo o eleitorado um só para as eleições federais, estaduais e municipais, se for permitido a cidadãos domiciliados em um município alistar-se como eleitores em município diverso, ou ainda situado em região diferente, quando se tratar da escolha de representantes estaduais e municipais, esses eleitores vão influir em eleições que não lhes tocam de perto, que lhes podem ser até indiferentes" (FERREIRA. Pinto. *Código Eleitoral Comentado*, 4. ed. São Paulo: Saraiva, 1997 p. 78).

[19] *Vide* o conceito de domicílio eleitoral no item 8.6.

[20] HC 210. *JTSE* n. 6, p. 11; Ac. TSE, de 8-4-2014, no Respe n. 8551; de 5-2-2013, no AgR-AI n. 7286; e, de 16-11-2000, no AgRgRespe n. 18124: conceito de domicílio eleitoral em que basta a demonstração de vínculos políticos, sociais, afetivos, patrimoniais ou de negócios.

[21] "Art. 42. (...) Parágrafo único. Para o efeito da inscrição, é domicílio eleitoral o lugar de residência ou moradia do requerente, e, verificado ter o alistando mais de uma, considerar-se-á domicílio qualquer delas."

[22] RO n. 060238825, Acórdão, Rel. Min. Luís Roberto Barroso, PSESS, 4-10-2018.

[23] "Domicílio eleitoral. O domicílio eleitoral não se confunde, necessariamente, com o domicílio civil. A circunstância de o eleitor residir em determinado município não constitui obstáculo a que se candidate em outra localidade onde é inscrito e com a qual mantém vínculos (negócios, propriedades, ativi-

estabelece que, para fins de fixação do domicílio eleitoral no alistamento e na transferência, deverá ser comprovada a existência de vínculo residencial, afetivo, familiar, profissional, comunitário ou de outra natureza que justifique a escolha do município.

O candidato, para concorrer às eleições, deverá ter domicílio eleitoral, na respectiva circunscrição, pelo prazo mínimo de seis meses antes do pleito, iniciando a contagem a partir do requerimento, (art. 9º da Lei Eleitoral, com redação conferida pela Lei n. 13.488, de 2017). Importante mencionar que, de acordo com o art. 23, § 1º, da Resolução TSE n. 23.659/2021, a fixação do domicílio, inclusive para fins de candidatura, retroagirá à data em que requerida a operação de alistamento ou transferência que tenha sido devidamente concluída, independentemente da data em que seja processado o lote do RAE ou venham a ser consideradas satisfeitas eventuais diligências.

e) Filiação partidária. Para que o registro da candidatura seja considerado válido, exige-se do cidadão que possua, no mínimo, seis meses de filiação a um partido político, por força das alterações introduzidas pela Lei n. 13.165/2015. Como os partidos políticos apresentam a função de catalisar a vontade dos cidadãos, não se permite no Brasil candidaturas avulsas, conforme dispõe o § 14 do art. 11 da Lei Eleitoral (introduzido pela Lei n. 13.488, de 2017)[24], o que, teoricamente, impossibilitaria o eleitor de identificar o matiz ideológica do candidato e, consequentemente, sua concepção de poder[25]. De acordo com a Sú-

---

dades políticas)" (Ac. n. 18.124, de 16-11-2000, Rel. Min. Garcia Vieira, red. designado Min. Fernando Neves).

[24] "Art. 11 (...) § 14. É vedado o registro de candidatura avulsa, ainda que o requerente tenha filiação partidária."

[25] Interessante tecer algumas considerações em relação ao julgamento, em 5 de outubro de 2017, do ARE 1.054.490, no qual o Plenário do Supremo Tribunal Federal reconheceu a aplicação de repercussão geral na discussão acerca da possibilidade de registro de candidatura de candidatos sem filiação partidária. A votação foi bastante acirrada em virtude de a minoria dos ministros compreender que o referido recurso estava prejudicado em razão de o pleito eleitoral, que ocasionou a ação em debate, já ter acontecido. Na votação, prevaleceu-se o entendimento do Ministro Relator Roberto Barroso de que a mencionada prejudicialidade deveria ser superada, pois o tema é de relevância constitucional e, portanto, se sobressai ao aspecto formal, pois, no judiciário brasileiro, é impossível tal recurso chegar em tempo hábil para votação na Suprema Corte, devido

mula 2 do Tribunal Superior Eleitoral, assinada e recebida a ficha de filiação partidária até o termo final do prazo fixado em lei, considera-se satisfeita a condição de elegibilidade.

O enunciado da súmula em referência encontra amparo na doutrina, haja vista que a filiação passou a ser matéria íntima da agremiação[26]. Nesse sentido, a remessa aos juízes eleitorais da relação dos nomes de todos os filiados objetiva tão somente o arquivamento, a publicação e o favorecimento do cumprimento dos prazos de filiação. A função jurisdicional será ativada caso não seja observado o dever de remessa nos termos proclamados, conforme § 2º do art. 19 da LPP[27].

O estatuto de cada partido pode fixar prazo superior a seis meses, nunca em menor tempo, devido a mandamento constitucional, para que o cidadão esteja filiado ao partido e possa disputar uma eleição. Ou seja, pode determinado partido fixar a exigência de um mínimo de dois anos de filiação para que o cidadão possa concorrer a cargos públicos pelo partido, que, no entanto, não pode ser aumentado no ano da eleição (art. 20, *caput* e parágrafo único, da Lei dos Partidos Políticos)[28].

---

ao período entre o registro da candidatura e o dia da eleição ser muito curto. O Relator propôs que, em decorrência da complexidade temática, neste momento processual, apenas seria votada a questão da repercussão geral do assunto da candidatura avulsa, e assim houve a votação. Dessa forma, a questão de mérito do recurso ainda será analisada, mas ainda sem previsão de data.

[26] COSTA, Adriano Soares da. *Instituições de Direito Eleitoral*. 9. ed. Belo Horizonte: Fórum, 2013, p. 111.

[27] Oportuno observar: Súmula TSE n. 20/2016: A prova de filiação partidária daquele cujo nome não constou da lista de filiados de que trata o art. 19 da Lei n. 9.096/95, pode ser realizada por outros elementos de convicção, salvo quando se tratar de documentos produzidos unilateralmente, destituídos de fé pública; Ac. TSE, de 3-11-2016, no Respe n. 25.163: atas partidárias não submetidas a controle ou verificação externa não comprovam a filiação partidária; as essenciais aos registros públicos da vida e da organização do partido político a comprovam apenas quando forem apresentadas aos órgãos competentes antes do prazo mínimo de filiação partidária; Ac. TSE, de 21-8-2008, no Respe n. 28.988: "A ficha de filiação partidária não substitui a relação de filiados encaminhada pelo partido político ao juízo eleitoral".

[28] Ac. TSE, de 22-9-2016, no Respe n. 5.650 e, de 8-9-2016, na Pet n. 40304: possibilidade de alteração estatutária, no ano da eleição, para reduzir o prazo mínimo de filiação até o limite fixado no art. 20 da LPP.

f) Idade mínima, a depender do cargo a ser postulado[29]. Partiu o legislador constituinte do princípio de que o passar dos anos assegura a seu detentor maturidade para enfrentar com maior sapiência os problemas e angústias do cotidiano. De acordo com a complexidade dos cargos, foi arbitrada uma idade mínima exigida, sendo sua determinação advinda de vontade legislativa, sem a existência de critérios científicos que a respaldem.

Ela significa que existe presunção de o candidato apenas estar preparado para ocupar função pública quando atingir determinado marco cronológico, sem que possa haver outro modo de suprir essa presunção. São idades mínimas para o exercício de cargos públicos (art. 14, § 3º, VI, da CF): a) 35 anos: Presidente da República, Vice-Presidente e Senador; b) 30: Governador, Vice-Governador, Governador do Distrito Federal e Vice-Governador do Distrito Federal; c) 21: Deputado Federal, Deputado Estadual ou Deputado Distrital, Prefeito, Vice-Prefeito, juiz da paz e Ministro do Estado; d) 18: Vereador.

Para pôr fim a qualquer discussão a respeito da matéria, o art. 11, § 2º, da Lei Eleitoral expressa, claramente, que a idade mínima exigida como condição de elegibilidade somente será verificada na data da posse, com exceção do cargo de vereador, que, após a mudança fomentada pela Lei n. 13.165/2015, deve ser auferido na data limite para o pedido de registro de candidatura[30]. Tem-se na hipótese, portanto, ultrapassado o antigo entendimento do Tribunal Superior Eleitoral que verberava, em consulta a ele submetida, a reafirmação de que a idade mínima para concorrer a cargo de vereador, que é 18 anos, deveria ser atingida até a data da posse, não se aplicando mais após a minirreforma

---

[29] "Indefere-se pedido de registro de candidato que não possui, na data da posse, a idade mínima para o cargo que pretende disputar, por ausência da condição de elegibilidade prevista no art. 14, § 3º, VI, da Constituição Federal" (RO 911/ PB, Rel. Marcelo Henriques Ribeiro de Oliveira).

[30] "Art. 11. Os partidos e coligações solicitarão à Justiça Eleitoral o registro de seus candidatos até as 19 horas do dia 15 de agosto do ano em que se realizarem as eleições.

(...)

§ 2º A idade mínima constitucionalmente estabelecida como condição de elegibilidade é verificada tendo por referência a data da posse, salvo quando fixada em dezoito anos, hipótese em que será aferida na data-limite para o pedido de registro."

eleitoral[31]. Todos esses requisitos inerentes à condição de elegibilidade devem ser demonstrados quando do registro da candidatura[32], e em cada eleição[33]. Contudo, a idade mínima, uma das condições de elegibilidade, configura-se exceção, apenas precisando ser aferida na data da posse por ser o marco inicial em que o cidadão começa a exercer sua função pública, sendo a situação do candidato a vereador a exceção dentro da exceção.

As condições de elegibilidade, os requisitos de registrabilidade e as causas de inelegibilidade, inclusive as decorrentes de legislação complementar, aplicam-se imediatamente aos Estados-membros, independentemente de sua previsão em norma estadual[34]. São denominadas normas de princípio institutivo ou normas simétricas porque de repetição obrigatória por todos os entes federativos, mesmo na ausência de indicação de norma estadual ou municipal. Como representam conteúdos essenciais da Constituição, o Poder Constituinte lhes assegura essa abrangência.

---

[31] "EMENTA RECURSO ELEITORAL. REGISTRO DE CANDIDATURA. ELEIÇÕES 2020. VEREADOR. SENTENÇA DE INDEFERIMENTO. PRELIMINARES. CERCEAMENTO DEFESA. PERDA SUPERVENIENTE DO INTERESSE RECURSAL. AFASTADAS. MÉRITO. AUSÊNCIA DE CONDIÇÃO DE ELEGIBILIDADE. IDADE MÍNIMA NÃO ATINGIDA NA DATA–LIMITE PARA O PEDIDO DE REGISTRO DE CANDIDATURA. ART. 14, § 3º, VI, 'D', DA CF, E ART. 11, § 2º, DA LEI N. 9.504/97. RECURSO ELEITORAL DESPROVIDO" (Respe n. 060022995, Acórdão, Rel. Des. Manuel Pacheco Dias Marcelino, PSESS, 17-12-2020).

[32] A jurisprudência do TSE se posiciona no sentido de que as inelegibilidades e as condições de elegibilidade devem ser aferidas ao tempo do registro (RO-1256/RO, Rel. José Gerardo Grossi). No mesmo sentido, Ac. de 18-12-2012 no AgR-RO n. 18522, Rel. Min. Dias Toffoli, no mesmo sentido o Ac de 4-10-2012 no AgR-Respe n. 37.696, Rel. Min. Arnaldo Versiani e o Ac. de 4-10-2012 no Respe n. 10.676, Rel. Min. Laurita Vaz.

[33] "3. As condições de elegibilidade e as causas de inelegibilidade devem ser aferidas a cada eleição. O reconhecimento ou não de determinada hipótese de inelegibilidade para uma eleição não configura coisa julgada para as próximas eleições. Precedentes" (AgR-Respe n. 2.553, Rel. Min. Dias Toffoli, *DJe* 25-3-2013). 4 (Respe n. 10403, Acórdão, Rel. Min. Luciana Christina Guimarães Lóssio, Publicação: *DJe*, Tomo 86, 4-5-2017, p. 41-42).

[34] ADIMC 1057-BA, Rel. Min. Celso de Mello.

As condições de elegibilidade não podem ser confundidas com as causas de inelegibilidade, haja vista que estas apenas ocorrem quando as primeiras forem atestadas. As segundas atestam uma desvaloração em relação à determinada situação jurídica, que pode ensejar abuso de poder econômico ou político; já as condições de elegibilidade são requisitos mínimos, que devem ser exigidos a todos os cidadãos para se candidatarem e participarem ativamente do processo político.

Como dito, o momento para atestar o preenchimento de todas as determinações legais, no que tange à elegibilidade, se configura no ato do pedido de registro da candidatura, não podendo ser aditado posteriormente, no momento das eleições ou da posse. Havendo a ausência de uma das condições de elegibilidade, a Justiça Eleitoral não poderá conceder o registro da candidatura, impedindo o surgimento da elegibilidade, da condição de o cidadão ser elegível[35]. Com efeito, uma vez preenchidas todas as condições de elegibilidade e concedido o registro da candidatura, nasce, portanto, a elegibilidade, configurando-se um direito subjetivo do cidadão com eficácia *erga omnes*, oponível contra todos.

Importa consignar, todavia, que se houver decisão judicial posterior ao registro de candidatura, anulando o motivo da perda dos direitos políticos ou garantindo a aquisição da nacionalidade, configurar-se-á o caso de uma condição superveniente de elegibilidade, tornando o cidadão plenamente elegível[36]. Muito cuidado, porque essa condição superveniente de elegibilidade não pode ocorrer sem marco temporal final, sob pena de acarretar grande insegurança jurídica. O Tribunal Superior Eleitoral demarca como prazo-limite até o dia da diplomação para supressão do estorvo que impedia a concretização das condições de elegibilidade[37].

---

[35] "Consoante o art. 11, § 10, da Lei 9.504/97, 'as condições de elegibilidade e as causas de inelegibilidade devem ser aferidas no momento da formalização do pedido de registro da candidatura, ressalvadas as alterações, fáticas ou jurídicas, supervenientes ao registro que afastem a inelegibilidade'. Nos termos da jurisprudência desta Corte Superior reafirmada para as Eleições 2020, os fatos supervenientes que repercutam na elegibilidade podem ser apreciados inclusive em sede extraordinária, desde que antes da diplomação" (Respe n. 060020987, Acórdão, Rel. Min. Luis Felipe Salomão, *DJe*, Tomo 198, 26-10-2021).

[36] Inf. TSE n. 13. Respe n. 809-82, Manaus/AM, Rel. Min. Henrique Neves, 26-8-2014.

[37] Súmula 43/TSE: "As alterações fáticas ou jurídicas supervenientes ao registro

Por fim, registra-se que qualquer tentativa de impedir o registro de determinada candidatura, exigindo-se condições de elegibilidade não previstas na Constituição, representa uma inconstitucionalidade crassa[38], passível de ser combatida pelos instrumentos do controle concentrado ou difuso de constitucionalidade, bem como pela ação concessiva de registro de candidatura.

5.2. INELEGIBILIDADE

Inelegibilidade é a impossibilidade de o cidadão ser eleito para cargo público, em razão de não poder ser votado, impedindo-o de exercer seus direitos políticos de forma passiva. Em decorrência, fica vedado até mesmo o registro de sua candidatura; não obstante, sua cidadania ativa, o direito de votar nas eleições, permanece intacto.

Portanto, como dito no início do capítulo, além de exigir do cidadão o preenchimento das condições de elegibilidade e dos requisitos de registrabilidade, a legislação eleitoral obriga que ele não seja enquadrado em nenhuma das causas de inelegibilidade. Os primeiros seriam conceituados como uma condição jurídica positiva, em que os cidadãos teriam de ostentar para poder participar dos pleitos; Já as causas de inelegibilidade seriam definidos como uma situação jurídica negativa, em que os candidatos não poderiam incidir para não ficar inelegíveis. Por analogia, os dois institutos apresentam a mesma consequência, que é retirar do cidadão sua possibilidade de disputar eleições, aquelas em razão da presença, estas ante a ausência[39].

Defende-se que as inelegibilidades são descritas como uma situação jurídica, representando pressupostos e requisitos que demostram um quadro fático ou jurídico. Situação em razão de ser a descrição de uma determinada realidade fática, em dado lapso temporal, podendo

---

que beneficiem o candidato, nos termos da parte final do art. 11, § 10, da Lei n. 9.504/97, também devem ser admitidas para as condições de elegibilidade".

[38] A fixação por lei estadual de condições de elegibilidade em relação aos candidatos a juiz de paz, além das constitucionalmente previstas no art. 14, § 3º, invade a competência da União para legislar sobre direito eleitoral, definida no art. 22, I, da CB (ADI 2.938, Rel. Min. Eros Grau, j. 9-6-2005, P, *DJ* 9-12-2005).

[39] AGRA, Walber de Moura. *A taxinomia das inelegibilidades*. Estudos Eleitorais/ Tribunal Superior Eleitoral. v. 1, n. 2, p. 29-52, 2011.

privilegiar vários enfoques da análise, como sua perspectiva econômica, social, jurídica etc. Jurídica porque é valorada por intermédio de cominações normativas que delineiam as mais variadas condutas humanas e tenta realizar o esboço das estruturas de poder social.

Sua função se configura em retratar a posição de um sujeito com relação a certo objeto, ou de um sujeito com relação a uma norma jurídica, no que advém consequências em razão da posição assumida. Ou seja, ele atesta as consequências jurídicas em decorrência do posicionamento assumido. Toda situação jurídica será determinada diante do posicionamento do sujeito perante o objeto protegido, da norma incidente ou do interesse jurídico em questão.

Toda situação jurídica é transitória, haja vista que o transcurso das relações vitais, inexoravelmente, é finita. Outrossim, em um regime democrático, em que a altercação dos mandatários públicos se baliza como um de seus alicerces, não se pode mencionar uma *fattispecie* em que o sujeito mantenha uma relação constante e inalterada com órgãos da representação popular. Caso a inelegibilidade seja cominada, advindo o seu caráter de sanção, reforça-se ainda mais sua perenidade porque inexistem penas de caráter perpétuo.

Diante do que fora exposto, postula-se que a taxionomia das inelegibilidades é a de uma situação jurídica que descreve o posicionamento do cidadão diante do bem jurídico protegido pelo ordenamento, que é o *jus honorum*, a prerrogativa de exercício da cidadania passiva. As inelegibilidades não podem ser conceituadas como relação jurídica, porque não exprimem relações sinalagmáticas com outros sujeitos em seu aspecto volitivo de ordenamento da vida privada[40]. Elas exprimem o posicionamento dos cidadãos com relação a um interesse jurídico imprescindível para o desenvolvimento das democracias: a possibilidade de disputar mandatos populares. De acordo com a situação jurídica que incide sobre o sujeito, pode-se aferir de forma segura se ele pode disputar ou não os pleitos eleitorais.

O motivo da imposição dessa vedação reside em determinadas condições ou circunstâncias que impedem que o cidadão possa exercer um mandato público, representando a coletividade. Os casos de inele-

---

[40] MIRANDA, Pontes de. *Comentários ao Código de Processo Civil*. 2. ed. Rio de Janeiro: Forense, 1979, t. I, p. XXV.

gibilidade estão contidos na Constituição Federal e nas Leis Complementares n. 64/90 e 135/2010 – portanto, podem ser classificados, quanto à sua origem, em constitucionais e infraconstitucionais. Esses dois casos se diferenciam pela força normativa que os cerca e pela imutabilidade relativa que garante que os primeiros sejam menos modificados que os segundos.

As Leis Complementares de n. 64/90 e 135/2010 expõem outros casos de inelegibilidade, afora os contidos na Constituição, com seus respectivos prazos de impedimento de exercício da cidadania passiva, com a finalidade de proteger a probidade administrativa, a moralidade no exercício do mandato, considerando a vida pregressa do candidato e a normalidade das eleições contra a influência do poder econômico ou o abuso do exercício de função ou emprego na administração direta ou indireta (art. 14, § 9º, da CF)[41].

O fato de que as inelegibilidades, em regra, são promulgadas por intermédio de leis complementares não lhes dá um *status* jurídico

---

[41] "Na ausência de lei complementar estabelecendo os casos em que a vida pregressa do candidato implicará inelegibilidade, não pode o julgador, sem se substituir ao legislador, defini-los" (Respe n. 26.395/RO, Rel. Marcelo Henriques Ribeiro de Oliveira).

"A simples condenação em ação popular não gera inelegibilidade por vida pregressa, por não ser autoaplicável o § 9º, art. 14, da Constituição Federal, com a redação da Emenda Constitucional de Revisão n. 4/94, nos termos da Súmula-TSE n. 13. Objeto da ação popular é a anulação ou a declaração de nulidade de atos lesivos ao patrimônio público, bem como a condenação do responsável pelo ato ao pagamento de perdas e danos (arts. 1º e 11 da Lei n. 4.717/65). Dessa maneira, não se inclui, entre as finalidades da ação popular, a cominação de sanção de suspensão de direitos políticos, por ato de improbidade administrativa. Por conseguinte, condenação a ressarcimento do erário em ação popular não conduz, por si só, à inelegibilidade. A sanção de suspensão dos direitos políticos, por meio de ação de improbidade administrativa, não possui natureza penal e depende de aplicação expressa e motivada por parte do juízo competente, estando condicionada a sua efetividade ao trânsito em julgado da sentença condenatória, consoante expressa previsão legal do art. 20 da Lei n. 8.429/92. Para estar caracterizada a inelegibilidade do art. 1º, inciso I, *h*, é imprescindível a finalidade eleitoral. A ação popular não é pressuposto da inelegibilidade descrita no art. 1º, inciso I, *g*, da LC n. 64/90" (Respe n. 23.347/PR, Rel. Min. Carlos Eduardo Caputo Bastos).

maior que as leis ordinárias ou as medidas provisórias, por exemplo. Cada espécie normativa apresenta espaço específico de atuação, variando de acordo com a matéria a ser disciplinada. Em regra, uma lei complementar que disponha sobre inelegibilidade somente pode ser revogada por outra lei complementar, a não ser que essa norma exorbite sua esfera de atuação e também trate de procedimentos eleitorais. Ensinam Djalma Pinto e Elke Braid Petersen que a inelegibilidade se configura como um instrumento de enorme utilidade para a proteção da sociedade, porque impede que pessoas, notoriamente ameaçadoras da probidade na Administração Pública, possam chegar ao comando do poder político estatal[42].

As inelegibilidades também podem ser classificadas em absolutas ou relativas, com relação à incidência de sua atuação. As primeiras consistem em impedimento eleitoral para o exercício de qualquer cargo eletivo, independente de qual seja o ente federativo ou de sua relevância para a estrutura de poder estabelecida, portanto, atingem todos os cargos eletivos enquanto perdurarem determinados impedimentos. Devido à intensidade de seu teor, a desincompatibilização não se configura como meio idôneo para suprimir esse impedimento. As segundas são um obstáculo ao exercício de certos cargos eletivos, em decorrência de condições especiais do cidadão, o que faz com que esses impedimentos tenham de ser suprimidos para a recuperação de sua cidadania passiva.

Em suma, pode-se dizer que as primeiras são amplas, enquanto as segundas são restritas, limitando o exercício de específicos mandatos eleitorais ou pleitos determinados. Ademais, as inelegibilidades absolutas estão determinadas na Constituição, nos casos dos inalistáveis ou analfabetos e da inabilitação para exercício da função pública, decorrente de crime de responsabilidade; ou contidas em sede de mandamento infraconstitucional, como as advindas da prática de ato antijurídico, comissivo ou omissivo, nos termos do inciso I, do art. 1º da LC n. 64/90 (com alterações da LC n. 135/2010). Elas ainda podem se subdividir em inatas, quando adstritas a uma subsunção normativa, e sancionatória, advinda de uma reprimenda por descumprimento de mandamento jurídico.

---

[42] PINTO, Djalma; PETERSEN, Elke Braid. *Comentários à Lei da Ficha Limpa*. São Paulo: Atlas, 2014, p. 9.

As inelegibilidades relativas igualmente estão determinadas na Constituição, nas hipóteses referente à reeleição para cargo do Executivo e as oriundas de laços de parentesco; ou contidas em sede de mandamento infraconstitucional, como a dos ocupantes de cargos no serviço público, consoante previsão dos incisos II ao VII, do art. 1º da LC n. 64/90. Ao contrário das inelegibilidades absolutas, essas sempre serão inatas, porque a situação jurídica de restrição pode ser ilidida pelo afastamento da conduta tipificada ou pela escolha de outro cargo em disputa. Já uma sanção, uma vez aplicada, abrange todos os cargos, independentemente de sua especificação.

Última classificação interessante para objetivos pragmáticos é dividi-los em cominados ou inatos, diferenciando-os em razão de sua taxionomia. As primeiras têm seu conteúdo delineado, em razão de uma sanção em virtude de descumprimento de mandamento legal, enquanto as segundas nascem de uma subsunção normativa, sem a exigência de um juízo de desvalor da conduta praticada.

Importante consignar que o Plenário do Tribunal Superior Eleitoral afirmou categoricamente, por unanimidade, que o reconhecimento ou não de determinada causa de inelegibilidade para uma eleição não consiste em coisa julgada para as próximas eleições. Na oportunidade também fora afirmado que, para efeito da aferição do término da inelegibilidade prevista, o cumprimento da sanção deve ser compreendido não apenas a partir do exaurimento da suspensão dos direitos políticos e do ressarcimento ao Erário, mas a partir do instante em que todas as cominações impostas tenham sido cumpridas, inclusive no concernente à multa civil ou à suspensão do direito de contratar com o poder público[43].

---

[43] Consulta n. 336-73, Brasília/DF, Rel. Min. Luciana Lóssio, em 3-11-2015.
"ELEIÇÕES 2016 (SUPLEMENTAR). AGRAVO REGIMENTAL. RECURSO ESPECIAL. REGISTRO DE CANDIDATURA. INELEGIBILIDADE. REJEIÇÃO DE CONTAS PÚBLICAS. 1. De acordo com o art. 926 do Código de Processo Civil, os tribunais formarão a sua jurisprudência com observância dos deveres de coerência e integridade. 2. O Tribunal de origem, ao analisar impugnação ao registro de candidatura do candidato nas eleições suplementares, assentou a não incidência da inelegibilidade, tendo em vista que o Tribunal Superior Eleitoral, no âmbito dos processos referentes ao pleito principal, já

5.2.1. Inelegibilidades constitucionais

As inelegibilidades constitucionais são as que estão contidas na Lei Maior, podendo ser classificadas em absolutas e relativas. Elas abrangem os seguintes casos: inalistáveis; analfabetos; reeleição a cargos do Executivo; o cônjuge e os parentes do Presidente da República, governadores, prefeitos e de seus sucessores e substitutos; inabilitação para o exercício de função pública.

Uma diferença processual entre as inelegibilidades constitucionais e as infraconstitucionais é que nas segundas se opera a preclusão, ou seja, se não forem arguidas no prazo devido, serão convalidadas e reputar-se-ão válidas. As constitucionais não acarretam a preclusão, podendo ser arguidas a qualquer momento, devido ao art. 259 do Código Eleitoral, que expõe que são preclusivos os prazos para interposição de recurso, à exceção quando se discutir matéria constitucional[44].

Passa-se a elencar cada uma das inelegibilidades constitucionais.

---

havia se manifestado no sentido da inexistência de demonstração do dolo em face de fatos idênticos, ou seja, da mesma rejeição de contas atribuída ao gestor público e pretenso candidato. 3. Conquanto as causas de inelegibilidade e as condições de inelegibilidade devam ser aferidas a cada eleição, sem que se possa falar em coisa julgada e direito adquirido, o Tribunal deve manter a coerência em seus pronunciamentos, aplicando os mesmos preceitos normativos e critérios a situações idênticas ou semelhantes, notadamente quando se refiram aos mesmos fatos, ao candidato, ao município e às eleições. 4. Assentada a ausência de dolo por esta Corte Superior, em processo que examinou os fatos no contexto do pleito principal, tal posicionamento deve, em regra, prevalecer em relação à eleição suplementar. 5. É inviável a análise dos requisitos da inelegibilidade da alínea g do inciso I do art. 1º da Lei Complementar 64/90 quando não constam do acórdão recorrido dados suficientes para tal juízo, omissão essa que não foi deduzida como fundamento de eventual ofensa ao art. 275 do Código Eleitoral. Agravos regimentais aos quais se nega provimento" (TSE, Respe n. 3.359 Carmópolis/SE, Rel. Min. Admar Gonzaga, j. 31-10-2017, *DJe* 1º-12-2017, p. 69).

[44] Em sentido contrário: "Registre-se, ainda, que, se a inelegibilidade surgir pela ocorrência de fato superveniente ao registro do candidato, mesmo não se cuidando de matéria constitucional, não há que se falar em preclusão da referida inelegibilidade quando invocada no recurso contra a diplomação" (RAMAYANA, Marcos. *Direito eleitoral.* 4. ed. Niterói: Impetus, 2005, p. 107).

a) Inalistáveis

A Constituição Cidadã assevera que são inelegíveis os cidadãos considerados inalistáveis e os analfabetos (art. 14, § 4º)[45]. São considerados inalistáveis os estrangeiros e, durante o período militar obrigatório, os conscritos, bem como os brasileiros menores de dezesseis anos os quais são considerados absolutamente incapazes.

Os estrangeiros são cidadãos que não possuem nacionalidade brasileira, não podendo votar ou se alistar como candidato. Por não terem nacionalidade pátria, não preenchem os requisitos de condição de elegibilidade e da mesma maneira são inalistáveis. Esses cidadãos estão de forma transitória no Brasil ou não cumprem os requisitos necessários à aquisição da nacionalidade, ou não querem se naturalizar – em qualquer desses casos, faltam-lhes elementos para aqui participar das questões inerentes à coisa pública. A partir do momento que houver o cumprimento dos requisitos necessários à naturalização, com sua obtenção, eles adquirem todos os predicativos inerentes aos direitos políticos, ultrapassando esse estorvo ao exercício da cidadania passiva.

Os conscritos, denominação dada aos militares durante o serviço militar obrigatório, são considerados inalistáveis[46]. Essa restrição se configura provisória, pois atinge apenas o período obrigatório nas Forças Armadas, depois, continuando sua carreira, pode o militar efetuar vinculação ao corpo eleitoral normalmente[47]. O fato de o militar ser

---

[45] Ac. TSE, de 27-9-2016, no Respe n. 8.941: o exame da causa de inelegibilidade referida neste parágrafo deve ocorrer em conjunto com os valores constitucionais da cidadania, da dignidade da pessoa humana e da isonomia, levando a concluir que analfabetismo de natureza educacional não pode nem deve significar analfabetismo na vida política.

[46] Res. TSE n. 15850/89: a palavra "conscritos" constante deste dispositivo alcança também aqueles matriculados nos órgãos de formação de reserva, bem como médicos, dentistas, farmacêuticos e veterinários que prestam serviço militar inicial obrigatório.

[47] "Policial militar afastado de suas funções para exercer cargo de direção de administração na Prefeitura Municipal desde o ano anterior à eleição até o primeiro semestre do ano eleitoral. Capacidade de influência no pleito. Necessidade de desincompatibilização de seis meses, prevista no art. 1º, II, *a*, 16, c/c o III, *b*, 3 e 4, c/c o IV, *a*, c/c o VII, *b*, da Lei Complementar n. 64/90" (Respe n. 22.714, Rel. Min. Gilmar Ferreira Mendes).

inalistável não tem a prerrogativa de anular alistamento anterior já realizado, mas vai suspender seus efeitos até o término desse serviço obrigatório. A legislação eleitoral exige que tanto o início quanto o término desse período sejam comunicados à Justiça Eleitoral para os registros devidos[48].

A Constituição Federal permite que o militar se candidate a cargos públicos, diferenciando-se a solução encontrada, de acordo com o tempo de serviço na atividade militar: a) se contar menos de dez anos de serviço, deverá afastar-se da atividade, deixando de integrar os quadros efetivos das Forças Armadas; b) se contar mais de dez anos de serviço, será agregado pela autoridade superior e, se eleito, passará automaticamente, no ato da diplomação, para a inatividade[49]. O instituto da agregação ocorre quando o militar da ativa deixa de ocupar vaga na escala hierárquica de seu corpo, quadro, arma ou serviço, nela permanecendo sem número. Passado o período eleitoral, se conseguiu se eleger, passa para a reserva; se não obteve êxito, retorna às atividades como agregado. Tanto o afastamento da atividade quanto o ato da agregação serão contados da data do registro da candidatura do militar (art. 14, § 8º, da CF)[50].

---

[48] NIESS, Pedro Henrique Távora. *Direitos políticos*: condições de elegibilidade e inelegibilidade. São Paulo: Saraiva, 1994, p. 40.

[49] "SERVIDOR PÚBLICO. Militar alistável. Elegibilidade. Policial da Brigada Militar do Rio Grande do Sul, com menos de 10 (dez) anos de serviço. Candidatura a mandato eletivo. Demissão oficial por conveniência do serviço. Necessidade de afastamento definitivo, ou exclusão do serviço ativo. Pretensão de reintegração no posto de que foi exonerado. Inadmissibilidade. Situação diversa daquela ostentada por militar com mais de 10 (dez) anos de efetivo exercício. Mandado de segurança indeferido. Recurso extraordinário provido para esse fim. Interpretação das disposições do art. 14, § 8º, incisos I e II, da CF. Voto vencido. Diversamente do que sucede ao militar com mais de dez anos de serviço, deve afastar-se definitivamente da atividade, o servidor militar que, contando menos de dez anos de serviço, pretenda candidatar-se a cargo eletivo" (STF, Pleno, RE 279469/RS, Rel. Orig. Min. Maurício Corrêa, red. p/o acórdão Min. Cezar Peluso, *DJ* 16-3-2011).

[50] "A transferência para a inatividade do militar que conta menos de dez anos de serviço é definitiva, mas só exigível após deferido o registro da candidatura. A filiação partidária a um ano da eleição não é condição de elegibilidade do militar, donde ser irrelevante a indagação sobre a nulidade da filiação do militar ainda na ativa, arguida com base no art. 142, § 3º, V, da Constituição" (Respe n. 20.318, Rel. Min. José Paulo Sepúlveda Pertence).

Por fim, importa consignar que, mesmo não estando explícito na Carta Magna, verifica-se que os apátridas também não podem se alistar.

b) Analfabetos

A inelegibilidade dos analfabetos tem a função de impedir que pessoas desprovidas de capacidade intelectual possam exercer mandato público. Baseia-se na presunção de que, se o cidadão não sabe ler e escrever, não possui condições mínimas de enfrentar e solucionar os problemas que pululam na sociedade.

Como não há um critério para determinar o que seja um analfabeto, assim se considera aquele que não sabe assinar seu nome. O cidadão que sabe assinar sua denominação, mesmo sem saber ler e escrever perfeitamente, é considerado apto para o exercício do voto[51]. Para critérios eleitorais, quem tem pouca instrução não pode ser considerado analfabeto, afastando-se eventual ideal de "um modelo eleitoral aristocrático e discriminatório". Alguns juízes fazem ditados para aferir se os candidatos são ou não alfabetizados, mas mencionado critério não tem respaldo jurídico por falta de previsão legal[52]. Outrossim, e o que é mais grave, esses testes para aferir se o candidato é alfabetizado não podem violar o princípio da dignidade da pessoa humana, acarretando um constrangimento desmesurado e incabível[53].

"O militar alistável é elegível, atendidas as seguintes condições: I – se contar menos de dez anos de serviço, deverá afastar-se da atividade, que ocorre por demissão ou licenciamento *ex officio*, na forma da legislação que trata do serviço militar e dos regulamentos específicos de cada força armada" (CTA n. 571, Rel. Min. Walter Ramos da Costa Porto).

[51] "Consoante jurisprudência desta Corte Superior, 'é imprescindível que o candidato firme a declaração de próprio punho na presença do juiz ou de serventuário da justiça para que esse ato tenha o condão de comprovar sua condição de alfabetizado' (AgR-Respe 81-53/PE, Rel. Min. Dias Toffoli, publicado em sessão de 23-10-2012)" (Respe n. 060051298, Acórdão, Rel. Min. Luis Felipe Salomão, *DJe*, Tomo 41, 8-3-2021).

[52] "O TRE aprovou a candidata no teste de escolaridade realizado em seu processo de registro ao cargo de vereador. Portanto, não pode vir a ser considerada analfabeta em procedimento diverso de substituição a candidata ao cargo de prefeito relativo ao mesmo pleito" (Respe n. 25.202/AL, Rel. Min. Gilmar Ferreira Mendes).

[53] "A Constituição Federal não admite que o candidato a cargo eletivo seja exposto a teste que lhe agrida a dignidade. Submeter o suposto analfabeto a

A comprovação de que o cidadão é alfabetizado faz-se pelo comprovante de escolaridade[54]. Ausente essa comprovação e pairando dúvidas sobre sua capacitação, pode o juiz eleitoral chamar o candidato para firmar declaração do próprio punho, desde que não exponha o candidato ao ridículo, ferindo sua dignidade.

Ressalte-se que o impedimento dos analfabetos é apenas para disputar mandatos eletivos e não para votarem, pois a Constituição Federal consagrou de forma explícita o sufrágio universal, consubstanciando o direito de alistamento e voto, consoante os termos do art. 14, § 1º, II, *a*. Portanto, qualquer obstáculo formulado por legislação infraconstitucional ou ato normativo que impeça o analfabeto de votar ou de se alistar, configura-se uma crassa inconstitucionalidade, sendo perfeitamente cabível o manejo dos instrumentos de controle concentrado de constitucionalidade pelas entidades legitimadas.

c) Inelegibilidade por laços sanguíneos

Igualmente chamada de inelegibilidade reflexa, porque não é resultante de condição pessoal do candidato, mas de laços de parentesco, tem a finalidade de evitar que o uso do poder político do governo possa ajudar candidatos que possuam ligação de sangue com gestores da máquina pública. Destarte, a Constituição tornou inelegíveis o cônjuge e os parentes consanguíneos ou afins, até o segundo grau, ou por adoção,

---

teste público e solene para apurar-lhe o trato com as letras é agredir a dignidade humana (CF, art. 1º, III)" (Respe n. 21.707/PB, Rel. Min. Humberto Gomes de Barros).

"Quando o teste de alfabetização, apesar de não ser coletivo, traz constrangimento ao candidato, não pode ser considerado legítimo" (Respe n. 24.343/BA, Rel. Min. Gilmar Ferreira Mendes).

"Teste de alfabetização, aplicado pela Justiça Eleitoral, visa à verificação da não incidência da inelegibilidade, a que se refere o art. 14, § 4º, da Carta Magna, constituindo-se em instrumento legítimo. Vedada, entretanto, a submissão de candidatos a exames coletivos para comprovação da aludida condição de elegibilidade, uma vez que tal metodologia lhes impõe constrangimento, agredindo-lhes a dignidade humana" (Respe n. 21.920/MG, Rel. Min. Carlos Eduardo Caputo Bastos).

[54] *Vide* Súmula 55/2016: "A Carteira Nacional de Habilitação gera a presunção da escolaridade necessária ao deferimento do registro de candidatura".

do Presidente da República, dos governadores, dos prefeitos e de seus sucessores e substitutos[55].

Verifica-se que o dispositivo não elenca as hipóteses de uniões estáveis, entretanto, percebe-se, com a atual conceituação de estrutura familiar, e com o posicionamento unânime da doutrina que, para efeitos eleitorais, a inelegibilidade também se aplica a companheiros na hipótese de união estável, tanto de casais homossexuais ou heterossexuais[56], asseverando-as como entidade familiar, pois se equipara ao casamento[57].

Ademais, ressalte-se que, em situações de concubinato, em razão de sua similitude com o casamento, a união estável e, sobretudo, a sociedade conjugal de fato por ele engendrada, tem-se entendido a existência de inelegibilidade nesse tipo de relacionamento[58].

---

[55] "Iniciado o julgamento de recurso extraordinário interposto contra acórdão do TSE que, interpretando o disposto nos §§ 5º e 7º do art. 14 da CF, concluíra pela elegibilidade de cunhada e de irmão de prefeito, falecido antes de 6 meses que antecederam o pleito, aos cargos de prefeito e vice-prefeito, sob a fundamentação de que, subsistindo a possibilidade, em tese, de reeleição do próprio titular para o período subsequente, seria também legítima a candidatura de seus parentes para os citados cargos eletivos, porquanto ocorrido o falecimento do titular dentro do prazo previsto na Constituição. Alega-se na espécie que os parentes até o segundo grau são inelegíveis para o mesmo cargo e na mesma base territorial, para a eleição subsequente, a teor do que dispõe o § 7º do art. 14 da Carta Magna, cujo conteúdo não se alterou pela superveniência da EC 16/97, o tratamento dispensado ao titular do cargo deve ser o mesmo adotado relativamente aos parentes – ou seja, sendo reelegível o titular, e renunciando 6 meses antes do pleito, permite-se a candidatura de seus parentes ao mesmo cargo" (RE 344.882/BA, Rel. Min. Sepúlveda Pertence).

[56] "Os sujeitos de uma relação estável homossexual, à semelhança do que ocorre com os de relação estável, de concubinato e de casamento, submetem-se à regra de inelegibilidade prevista no art. 14, § 7º, da Constituição Federal" (Respe n. 24.564/PA, Rel. Gilmar Ferreira Mendes).

[57] "Consoante a jurisprudência desta Corte Superior, '(a) união estável atrai a incidência da inelegibilidade prevista no art. 14, § 7º, da CF/88' (AgR-Respe 201-43/PE, Rel. Min. Rosa Weber, publicado em sessão de 10-11-2016)". (Respe n. 060071941, Acórdão, Rel. Min. Luis Felipe Salomão, *DJe*, Tomo 43, 10-3-2021)

[58] Ac. TSE, de 1º-10-2004, no Respe n. 24.564: os sujeitos de uma relação estável homossexual, à semelhança do que ocorre com os de relação estável, de concu-

A inelegibilidade em tela atinge somente a área adstrita ao exercício da função pública de Chefe do Executivo; se a pretensão de candidatura ocorre em outras searas diversas da de seu titular, o impedimento deixa de existir, por exemplo, se a candidatura ocorrer em cidade diversa da administrada pelo seu parente[59]. Ela não atinge os suplentes[60], já que esses não exercem mandato popular, tendo apenas uma expectativa de um dia exercê-lo[61].

Sublinhe-se que após o julgamento do RE n. 843.455/DF, sob a relatoria do Ministro Teori Zavascki, restou consignado que as hipóteses de inelegibilidades previstas no art. 14, § 7º, da Constituição Fede-

---

binato e de casamento, submetem-se à regra de inelegibilidade prevista neste parágrafo.

[59] "AGRAVO REGIMENTAL. RECURSO ESPECIAL. ELEIÇÕES 2016. VEREADOR. REGISTRO DE CANDIDATURA. INELEGIBILIDADE POR PARENTESCO. ART. 14, § 7º, CF/88. NATUREZA DO CARGO EM DISPUTA. INDIFERENÇA. DESPROVIMENTO. 1. Autos recebidos no gabinete em 23-3-2017. 2. A teor do art. 14, § 7º, da CF/88, 'são inelegíveis, no território de jurisdição do titular, o cônjuge e os parentes consanguíneos ou afins, até o segundo grau ou por adoção, do presidente da República, de governador de estado ou território, do Distrito Federal, de prefeito ou de quem os haja substituído dentro dos seis meses anteriores ao pleito, salvo se já titular de mandato eletivo e candidato à reeleição'. 3. Independentemente do cargo em disputa, a norma constitucional proíbe candidatura de familiares de chefe do Poder Executivo que visem ocupar qualquer outro mandato na mesma circunscrição do titular. Precedentes. 4. Na espécie, malgrado o agravante pretenda disputar cargo de vereador de Santana de Parnaíba/SP, o parentesco consanguíneo em primeiro grau (irmão) com o prefeito, candidato a reeleger-se no mesmo escrutínio, atrai a inelegibilidade de ordem constitucional. 5. Agravo regimental desprovido" (AgR-Respe n. 302-47/SP, Rel. Min. Herman Benjamin, DJe 17-5-2017).

[60] Res. TSE n. 22775/2008; Ac. TSE, de 23-8-2001, no Respe n. 19.422 e Ac. STF, de 20-4-2004, no RE n. 409.459: a ressalva tem aplicação apenas aos titulares de cargo eletivo e candidatos à reeleição, não se estendendo aos respectivos suplentes.

[61] "A 2ª Turma do STF decidiu que pelo fato do § 7º do art. 14 ser uma exceção, a elegibilidade deve ser interpretada de uma forma restrita, não podendo ser aplicada a suplentes, mas apenas aos titulares que conquistaram os seus mandatos, mesmo que se trate de laço de parentesco entre pai e filho" (RE 409.459/BA, Rel. Min. Gilmar Ferreira Mendes).

ral de 1988, inclusive quanto ao prazo de seis meses, são aplicáveis às eleições suplementares.

De acordo com a Súmula 12 do Tribunal Superior Eleitoral, são inelegíveis no Município desmembrado, e ainda não instalado, o cônjuge e os parentes consanguíneos e afins, até o segundo grau ou por adoção, do prefeito do Município desmembrado, ou de quem o tenha substituído, dentro dos seis meses anteriores ao pleito, salvo se já for titular de mandado eletivo.

Se sucessores ou substitutos em cargos do Executivo não se desincompatibilizarem em até seis meses antes do pleito, a inelegibilidade por intermédio de laços sanguíneos persistirá[62]. Ela não permanece se os familiares já vinham exercendo um mandato anteriormente na mesma circunscrição eleitoral[63]. Sucessores são os cidadãos que suprem a ausência do titular do cargo eletivo e cumprem o mandato até seu término. Substitutos são os que assumem determinado cargo eletivo provisoriamente.

---

[62] "O Governador de Estado, se quiser concorrer a outro cargo eletivo, deve renunciar a seu mandato até seis meses antes do pleito (CF, art. 14, § 6º). Presidente da Câmara Municipal que exerce provisoriamente o cargo de Prefeito não necessita desincompatibilizar-se para se candidatar a este cargo, para um único período subsequente" (CTA n. 1.187, Rel. Min. Humberto Gomes de Barros).

"Prefeito de um município, reeleito ou não, é elegível em Estado diverso, ao mesmo cargo, observada a exigência de desincompatibilização seis meses antes do pleito" (Respe n. 24367, Rel. Min. Luiz Carlos Lopes Madeira).

"Secretário de Estado do Distrito Federal não está sujeito a desincompatibilização para se candidatar ao cargo de Vice-Prefeito de Goiânia" (Respe n. 22.642/ GO, Rel. Min. Humberto Gomes de Barros).

"Governador de um Estado, reeleito ou não, é elegível em Estado diverso, ao mesmo cargo, observadas as seguintes exigências: a) desincompatibilizar-se até seis meses antes do pleito (art. 14, § 6º, da CF); b) possuir domicílio e título eleitoral na circunscrição que pretenda candidatar-se pelo menos um ano antes do pleito" (CTA n. 1.043/DF, Rel. Min. Luiz Carlos Lopes Madeira).

"Em se tratando de prefeito reeleito, é vedada a candidatura ao mesmo cargo, em período subsequente, em município desmembrado, incorporado ou resultante de fusão" (CTA n. 1.016, Rel. Min. Carlos Mário da Silva Velloso).

[63] "A causa de inelegibilidade prevista no art. 14, § 7º, da Constituição alcança a cunhada de governador quando concorre a cargo eletivo de município situado no mesmo Estado" (RE 171.061/PA, STF/Pleno, *RTJ* 157/349).

Permanece a inelegibilidade ainda que o Chefe do Executivo reeleito renuncie seis meses antes do pleito para que o parente impedido possa concorrer a cargo público[64], em virtude do cumprimento de dois mandatos consecutivos[65]. Contudo, se ele estiver no exercício de um primeiro mandato, pode renunciar seis meses antes sem que a inelegibilidade persista[66]. Esse posicionamento jurisprudencial é bastante interessante porque, como o ordenamento permite a reeleição, havendo desincompatibilização, permite-se a candidatura de parentes sem restrição a laços sanguíneos. Em caso de reeleição, como houve dois mandatos consecutivos, mesmo com a desincompatibilização, impede-se a candidatura dos parentes mencionados, como forma de impedir o continuísmo familiar[67]. Cite-se, ainda, a súmula vinculante 18[68], em

---

[64] Ac. TSE, de 24-5-2016, na CTA n. 14.409: impossibilidade de, antes dos seis meses que antecedem a eleição seguinte, parente até segundo grau de prefeito falecido no curso do segundo mandato concorrer a sua sucessão.

Súmula TSE n. 6/2016: "São inelegíveis para o cargo de chefe do Executivo o cônjuge e os parentes, indicados no § 7º do art. 14 da Constituição Federal, do titular do mandato, salvo se este, reelegível, tenha falecido, renunciado ou se afastado definitivamente do cargo até seis meses antes do pleito".

[65] "A renúncia de prefeito, reeleito, feita nos últimos seis meses anteriores ao pleito, torna elegível o parente outrora inelegível, desde que para cargo diverso da chefia do Poder Executivo Municipal, bem como do cargo de Vice-Prefeito, à inteligência do art. 14, §§ 5º e 7º, da Constituição Federal" (Respe n. 25.275/SP, Rel. Min. José Delgado, DJ 9-6-2006; CTA n. 965, Rel. Min. Luiz Carlos Lopes Madeira, DJ 10-2-2004; CTA n. 1.139, Rel. Min. Humberto Gomes de Barros, DJ 26-4-2005).

[66] "O objetivo do § 7º do art. 14 da CF é impedir o continuísmo familiar na chefia do Poder Executivo, em benefício da garantia da lisura e higidez do processo eleitoral. É certo que, na jurisdição do chefe do Executivo, a elegibilidade de parente para o mesmo cargo depende da renúncia daquele, nos seis meses que antecedem o pleito, e de que o mandato atual não seja fruto de reeleição" (Respe n. 25275/SP, Rel. José Augusto Delgado).

[67] Ac. TSE, de 24-11-2016, no Respe n. 11.130: impedimento de candidato concorrer a um terceiro mandato a ser exercido pelo mesmo grupo familiar.

Ac. TSE, de 31-3-2016, na CTA n. 8.351: impossibilidade de alternância de cônjuges no exercício do mesmo cargo por três mandatos consecutivos.

[68] Súmula Vinculante -STF n. 18/2009: "A dissolução da sociedade ou do vínculo conjugal, no curso do mandato, não afasta a inelegibilidade prevista no § 7º do art. 14 da Constituição Federal".

preceito de que a dissolução da sociedade ou do vínculo conjugal, no curso do mandato, não afasta a inelegibilidade prevista no § 7º do artigo 14 da Constituição Federal, entendimento cogente não aplicável à hipótese de extinção do vínculo conjugal pela morte de um dos cônjuges[69]. Assim, mesmo se houver separação no curso do mandato, seja de uma relação decorrente de casamento ou de união estável, para que a inelegibilidade desapareça é necessária a desincompatibilização[70]. Por fim, ressalte-se que em situações de concubinato, em razão de sua similitude com o casamento, a união estável e, sobretudo, a sociedade conjugal de fato por ele engendrada, atrai a incidência de causa de inelegibilidade reflexa[71].

d) Reeleição

A instituição da reeleição no Brasil causou grande impacto em nossa democracia pela tradição de evitá-la como forma de impedir a perpetuação de mandatários no poder. Pelo impacto que a reeleição causou no Brasil, foi preferível analisá-la de forma separada. Ela sempre existiu em nosso país, restrita apenas aos cargos do Poder Legislativo. Em relação ao Executivo, foi impedida como forma de evitar o uso da máquina do governo em prol de interesses eleitoreiros. Tanto assim que, se membros do Executivo quisessem disputar outros cargos ime-

---

[69] STF. RE 758.461/PB. Rel. Min. Teori Zavascki. Plenário. j. 22-5-2014.

[70] "Se a separação ocorreu no curso do mandato, mesmo que neste mesmo período tenha o ex-cônjuge passado a manter união estável com terceira pessoa, este somente será elegível caso o titular se desincompatibilize do cargo seis meses antes do pleito" (Respe n. 22.169/GO, Rel. Min. Carlos Mário da Silva Velloso).

"Se a separação ocorrer no curso do mandato eletivo, o vínculo de parentesco persiste para fins de inelegibilidade até o fim do mandato, inviabilizando a candidatura do ex-cônjuge ao pleito subsequente, na mesma circunscrição, a não ser que o titular se afaste do cargo seis meses antes da eleição" (Respe n. 26.033, Rel. Min. José Gerardo Grossi).

"Não é possível cunhado de prefeito ser candidato a prefeito na eleição subsequente" (CTA n. 1.427/DF, Rel. Min. Antonio Cezar Peluso).

[71] A convivência marital, seja união estável ou concubinato, gera inelegibilidade reflexa em função de parentesco por afinidade (Precedentes: RO n. 1.101, Rel. Min. Carlos Ayres Britto, *DJ* 2-5-2007; Respe n. 23.487, Rel. Min. Caputo Bastos, sessão de 21-10-2004; Respe n. 24.417, Rel. Min. Gilmar Mendes, *DJ* 13-10-2004; Consulta n. 845, Rel. Min. Luiz Carlos Madeira, *DJ* 8-5-2003).

diatamente depois do término de seus mandatos, teriam de se desincompatibilizar, ou seja, renunciar a suas funções até seis meses antes do pleito eleitoral.

Em suas andanças pelos Estados Unidos da América, Alexis de Tocqueville se posicionou contrário ao instituto da reeleição, inclusive alertando o povo norte-americano contra esse instituto, que poderia desvirtuar a democracia: "A intriga e a corrupção constituem vícios naturais dos governos eletivos. Mas quando o chefe do Estado pode ser reeleito, esses vícios se estendem indefinidamente e comprometem a própria existência do país. O princípio da reeleição tornaria, pois, a influência corruptora dos governos eletivos mais vasta e mais perigosa. Ele tende a degradar a moral política do povo e a substituir pela habilidade o patriotismo"[72].

O problema da reeleição ganha contornos graves em um sistema de governo presidencialista. Em um sistema parlamentarista, isso não ocorre porque o Poder Executivo não é preponderante, funcionando de forma mais eficaz o sistema de *checks and balances*, devido à fiscalização e à influência do Legislativo nos atos do Executivo. O chefe de governo é oriundo do Parlamento, representando o partido ou a coligação vencedora das eleições, podendo o parlamentar se apresentar para sucessivos mandatos eletivos. O cargo presidencial no sistema parlamentarista, por ocupar importância diminuta, exercendo apenas a chefia de governo (na prática, sem reais poderes administrativos), permite reeleições, como é o caso da Hungria, da Grécia, da Áustria, da Alemanha, da Índia, da Romênia etc.

Dentre os semipresidencialistas (aqueles em que o Chefe de Estado tem algumas prerrogativas administrativas, compartilhando o poder com o Chefe de Governo), temos a Finlândia, que aceita uma única reeleição, com mandato de seis anos, Portugal, que permite uma reeleição, com mandato de cinco anos, e a França, cujo mandato foi reduzido para cinco anos.

Com a Emenda Constitucional n. 16, os membros do Executivo podem concorrer a mais um mandato, para o mesmo cargo, sem necessitar se ausentar do exercício de suas funções seis meses antes, o que

---

[72] TOCQUEVILLE, Alexis de. *A democracia na América*: leis e costumes. Trad. Eduardo Brandão. São Paulo: Martins Fontes, 1998, p. 154-155.

gerou teratologia, mantido o instituto da desincompatibilização como fora regulamentado. Se o Presidente da República quiser disputar o mandato novamente, não precisará se desincompatibilizar. Contudo, se quiser disputar o cargo de deputado estadual, deverá renunciar ao mandato seis meses antes. Ele pode o mais, mas não o menos[73].

A reeleição é para um único período subsequente, e nada obsta que, após quatro anos no exercício de outro cargo ou mesmo sem exercer mandato eletivo, o cidadão possa se candidatar novamente para o cargo (art. 14, § 5º, da CF)[74].

e) Inabilitação para o exercício de função pública

Nos casos de crime de responsabilidade praticados pelo Presidente e pelo Vice-Presidente da República, por Ministro de Estado, por Ministros do Supremo Tribunal Federal, pelo Procurador-Geral da República e por Advogado-Geral da União, em decisão proferida pelo Senado Federal, haverá perda dos respectivos cargos e consequente inabilitação para o exercício de função pública por oito anos.

---

[73] Eis a opinião do Professor Manoel Gonçalves Ferreira Filho: "O princípio da inelegibilidade do Presidente da República está em todas as Constituições republicanas brasileiras (salvo a de 1967). Basta isto para sublinhar a sua importância. Será imoral, ou antiético, suprimi-lo com efeito imediato, beneficiando o atual Presidente (ainda mais, logo após haver sido – de fato – recusado a chefes de Executivo – os prefeitos – que a norma constitucional põe na mesma situação do Chefe do Executivo da União)" (retirado do parecer do Professor Manoel Gonçalves Ferreira Filho, apresentado à Comissão Especial da Proposta de Emenda à Constituição n. 1/95, pelo Dr. Paulo Maluf).

[74] "De outra parte, nos termos do art. 1º, IV, § 2º, da LC 64/90, '(o) Vice-Presidente, o Vice-Governador e o Vice-Prefeito poderão candidatar–se a outros cargos, preservando os seus mandatos respectivos, desde que, nos últimos 6 (seis) meses anteriores ao pleito, não tenham sucedido ou substituído o titular'. Conforme consignou esta Corte Superior ao apreciar a Consulta 689/DF, é viável ao vice se candidatar ao cargo do titular, mesmo quando o substitui nos seis meses anteriores ao pleito, por se tratar de hipótese de reeleição, e não de disputa para mandato diverso (Rel. Min. Fernando Neves, *DJ* 14-12-2001). (...) Entendimento que decorre diretamente do que decidiu o Supremo Tribunal Federal na ADI 1.805/DF sobre a possibilidade de os Chefes dos Poderes Executivos se reelegerem para o mesmo cargo para um pe-ríodo subsequente sem se desincompatibilizarem, por força do disposto no art. 14, § 5º, da CF/88" (Respe n. 060022490, Acórdão, Rel. Min. Luis Felipe Salomão, PSESS, 14-12-2020).

Crime de responsabilidade são aquelas condutas que atentam contra a Constituição Federal, cuja normatização foi realizada pelo art. 85 da *Lex Mater* e pela Lei n. 1.079/50. De acordo com o Ministro Paulo Brossard, os crimes de responsabilidade, enquanto relacionados a ilícitos políticos, deveriam ter a denominação de infrações políticas para não serem confundidos com os crimes comuns[75]. Eles têm uma tipificação aberta, polissêmica, possuindo vários significados, necessitando para sua tipificação das condicionantes do momento sociopolítico. Para seu enquadramento é imprescindível vontade política.

Assim, no período mencionado, oito anos, esses detentores de cargos públicos tornam-se inelegíveis, devendo a decisão do Senado ser proferida com o *quorum* de dois terços de votos. Depois de proferida essa decisão, havendo a regular obediência ao devido processo legal, impede-se a possibilidade de reapreciação do posicionamento adotado pelo Poder Judiciário, que não tem a prerrogativa de desfazer um pronunciamento de caráter eminentemente político.

5.2.2. Inelegibilidade superveniente e delimitação temporal para sua incidência

De sabença geral que as condições de elegibilidade, os requisitos de registrabilidade e as causas de inelegibilidade necessitam ser aferidas no momento que o candidato postula perante a Justiça Eleitoral o registro de candidatura, ou seja, no momento em que formaliza a pretensão de se tornar candidato para determinado cargo eletivo. A esse respeito, dispõe o § 10 do art. 11 da Lei n. 9.504/97 (acrescentado pela Lei n. 12.034/2009): "as condições de elegibilidade e as causas de inelegibilidade devem ser aferidas no momento da formalização do pedido de registro de candidatura, ressalvadas as alterações, fática ou jurídica, supervenientes ao registro que afastem a inelegibilidade"[76].

O registro de candidatura é o fato jurídico do qual reflete a ausência de máculas a elegibilidade do aspirante ao cargo público eletivo.

---

[75] BROSSARD, Paulo. *O impeachment*. 3. ed. São Paulo: Saraiva, 1992, p. 126.

[76] Súmula 70/TSE: "O encerramento do prazo de inelegibilidade antes do dia da eleição constitui fato superveniente que afasta a inelegibilidade, nos termos do art. 11, § 10, da Lei n. 9.504/97".

Assim sendo, do atual contexto do art. 11, § 10, da Lei n. 9.504/97[77], pode-se concluir que a ausência de condição de elegibilidade e dos requisitos de registrabilidade, bem como a incidência de causa de inelegibilidade enseja o indeferimento do pedido de registro de candidatura pelo órgão judicial competente[78]. Todavia, essa regra é excepcionada pela doutrina em dois casos nos quais poderá haver arguição posterior ao pedido de registro de causa de inelegibilidade, a saber: a) tratando-se de condição de elegibilidade ou inelegibilidade agasalhada no texto constitucional não apreciada na fase de registro de candidatura; b) tratando-se de inelegibilidade infraconstitucional superveniente ou causa supressiva de inelegibilidade[79].

---

[77] Por conseguinte, deve ser alertado que a Reforma Eleitoral de 2009 apenas acompanhou a evolução da jurisprudência, que antes de sua implementação já possuía entendimento jurisprudencial consagrado, no sentido de que as condições de elegibilidade e as causas de inelegibilidade deveriam ser aferidas no momento da formalização do pedido de registro de candidatura.

[78] Fato superveniente ao registro de candidatura e inelegibilidade. O Plenário do Tribunal Superior Eleitoral, por unanimidade, afirmou que a data a ser fixada como termo final para a consideração de fato superveniente apto a afastar a inelegibilidade do candidato, conforme o previsto no § 10 do art. 11 da Lei n. 9.504/97, deverá ser o último dia do prazo para a diplomação dos eleitos (Embargos de Declaração no Respe n. 166-29, Senhora dos Remédios/MG, Rel. Min. Henrique Neves, j. 7-3-2017).

[79] "ELEIÇÕES 2016. REGISTRO DE CANDIDATO. PREFEITO. INELEGIBILIDADE. FATO SUPERVENIENTE. 1. De acordo com a compreensão da douta maioria firmada no RO n. 96-71, de relatoria da Ministra Luciana Lóssio, 'as circunstâncias fáticas e jurídicas supervenientes ao registro de candidatura que afastem a inelegibilidade, com fundamento no que preceitua o art. 11, § 10, da Lei n. 9.504/97, podem ser conhecidas em qualquer grau de jurisdição, inclusive nas instâncias extraordinárias, até a data da diplomação, última fase do processo eleitoral, já que em algum momento as relações jurídicas devem se estabilizar, sob pena de eterna litigância ao longo do mandato'. Ressalva do entendimento do relator. 2. Na liminar deferida pelo STJ em 13-12-2016, antes da diplomação dos eleitos, foi concedido efeito suspensivo ao recurso especial manejado em sede de condenação criminal, provimento que suspende, ainda que provisoriamente, o suporte fático da inelegibilidade descrita no art. 1º, I, *e*, item 1, da Lei Complementar n. 64/90. 3. O registro do candidato foi indeferido por duplo fundamento. Assim, ainda que seja afastada a inelegibilidade decorrente da condenação criminal suspensa, subsiste o óbice à candidatura com base no art. 1º, I, *g*, da Lei Complementar n. 64/90, diante da rejeição, pelo

No que tange ao primeiro caso, trata-se da regra concernente às condições de elegibilidade ou inelegibilidade diretamente criadas pelo Legislador Constituinte e topografada no Texto Constitucional, ou seja, de matéria diretamente constitucional, na qual inexiste espaço para preclusão, conforme normatizado pelo art. 259 do Código Eleitoral. A matéria constitucional não é passível de preclusão em razão de sua densidade normativa, cuja supralegalidade impede que efeitos temporais possam macular a execução de atos jurídicos.

No que se refere à segunda hipótese, ventilam a doutrina e a jurisprudência que se trataria da denominada elegibilidade ou inelegibilidade superveniente, figura que fora criada pela jurisprudência do Tribunal Superior Eleitoral, materializando-se como uma causa que incide contra o direito subjetivo da cidadania ou contra o *jus honorum*, surgindo em razão de motivação fática ou jurídica após o registro de candidatura.

Não é equivocado afirmar que fatos supervenientes ao registro de candidatura possibilitam a modificação da situação jurídica das causas de elegibilidades e das condições de inelegibilidades, as quais podem ser suprimidas ou caracterizadas. A diferença se direciona em suas consequências, que nas inelegibilidades e nas condições de elegibilidade podem suprimi-las ou caracterizá-las.

O entendimento sedimentado pelo Tribunal Superior Eleitoral é no sentido de que a inelegibilidade superveniente e a causa supressiva de inelegibilidade devem ser compreendidas como aquelas que surgem após o registro e que, portanto, não poderiam ter sido naquele momento trazidas, devendo ser arguidas até a eleição[80].

Em relação à sua definição, inexiste contestação ou tergiversação ao que fora dito. No entanto, o que a minirreforma eleitoral agasalhou,

---

TCU, de contas de convênio celebrado pela prefeitura com órgão federal. 4. No julgamento do Respe n. 46-82, Rel. Min. Herman Benjamin, PSESS em 29-9-2016, este Tribunal reafirmou que o TCU é competente para o julgamento de contas de convênio celebrado pelo município mediante o repasse de recursos da União. Agravo regimental a que se nega provimento, com determinação de comunicação ao TRE e ao juiz local para adoção das providências necessárias" (TSE, Agravo Regimental no Respe n. 752-09/MG, Rel. Min. Henrique Neves, *DJe* 9-3-2017).

[80] Recurso contra Expedição de Diploma n. 10461, Acórdão, Rel. Min. Maria Thereza de Assis Moura, *DJe*, Tomo 116, 17-6-2016, p. 56-57.

contudo, não foi a *fattispecie* da inelegibilidade superveniente que fora descrita normativamente, muito pelo contrário, impediu a sua concretização fática, já que as alterações fáticas e jurídicas não mais podem ser arguidas depois do pedido de registro. Após anos de intensificação de debates sobre a temática versada, tanto na senda doutrinária quanto na jurisprudencial, o legislador extirpou a figura da inelegibilidade superveniente do ordenamento jurídico, com a edição da Lei n. 13.877/2019, que dentre tantas outras alterações incluiu alguns parágrafos no art. 262 do Código Eleitoral, que trata do Recurso Contra a Expedição de Diploma (RCED).

De acordo com a dicção do § 2º, do art. 262 do Código Eleitoral, incluído pela Lei n. 13.877/2019, a inelegibilidade superveniente apta a viabilizar o recurso contra a expedição de diploma, decorrente de alterações fáticas ou jurídicas, deverá ocorrer até a data fixada para que os partidos políticos e as coligações apresentem seus requerimentos de registros de candidatos[81].

Rememore-se, conforme fora delineado alhures, que é no momento de registro de candidatura que são aferidas as condições de elegibilidade, os requisitos de registrabilidade e a não incidência em alguma das causas de inelegibilidade. As causas de inelegibilidade aferidas no momento do pedido de registro são as de natureza infraconstitucional, passíveis de sofrer preclusão temporal se não forem arguidas em momento oportuno. Tanto é assim que o TSE sedimentou entendimento no sentido de que as inelegibilidades infraconstitucionais constituídas antes do pedido de registro não podem ser suscitadas posteriormente, no âmbito de RCED, em razão da preclusão[82].

---

[81] Ac. TSE, de 24-8-2021, no RCED n. 060200947: "(...) para fins de Recurso Contra Expedição de Diploma (RCED), considera-se como data de surgimento da inelegibilidade aquela em que proferida a decisão geradora do óbice à candidatura pelo órgão competente (...)".

[82] ˝ELEIÇÕES 2016. AGRAVO REGIMENTAL. AGRAVO. RECURSO CONTRA EXPEDIÇÃO DE DIPLOMA. DESCABIMENTO. PRECLUSÃO. 1. O agravante limitou-se a reprisar os argumentos deduzidos no apelo especial, o que atrai a incidência do disposto no enunciado do verbete sumular 26 deste Tribunal Superior. 2. 'As inelegibilidades infraconstitucionais constituídas antes do pedido de registro não podem ser suscitadas em RCED, porquanto a sede própria é a Ação de Impugnação de Registro de Candidatura (AIRC), sob pena

O conteúdo semântico de "superveniente" anuncia ser algo que sobrevém, que acontece ou surge depois. Ou seja, a situação jurídica aparelhada para fins de obstar o exercício da cidadania passiva deve surgir após o momento de formulação do pedido de registro de candidatura. Ao limitar o marco temporal para a análise de eventual ocorrência de inelegibilidade superveniente à data fixada para que os partidos políticos e coligações apresentem os seus requerimentos de registro de candidatos, o legislador acabou por extingui-la.

A atecnia legislativa é solar. Note-se que conquanto o legislador tenha negado a possibilidade de existência da inelegibilidade superveniente, ainda continuou a veiculá-la no preceptivo legal do art. 262 do Código Eleitoral, ainda que destituída de capacidade de incidência normativa. É dizer, a própria técnica redacional legislativa anula o conceito de inelegibilidade superveniente.

A teleologia do dispositivo legal em comento não foi outra senão a de evitar grandes desassossegos no pleito, máxime os que decorrem da cassação de mandatos pela Justiça Eleitoral. Vê-se, no ponto, que a alteração legislativa em apreço buscou conferir efetivo prestígio ao princípio da autenticidade eleitoral e à estabilidade dos mandatos. No entanto, ao passo que tentou dissipar inseguranças, trouxe um amplo espectro de incertezas, no que embaralhou toda teorética soerguida pela doutrina e pela jurisprudência do Tribunal Superior Eleitoral. Na prática, a alteração promovida pela Lei n. 13.877/2019 irá imunizar candidatos inelegíveis de todos os fatos supervenientes que porventura possam obstaculizar o exercício da cidadania passiva, o que fatalmente abrirá caminhos para o vilipêndio deliberado dos cânones do § 9º do art. 14 da Constituição Federal.

---

de preclusão' (AI 30-37, Rel. Min. Luiz Fux, *DJe* 6-4-2017). 3. Consoante assentou a Corte de origem, o acórdão que julgou procedente representação por doação acima do limite legal foi publicado em 1º-8-2016, ou seja, antes do prazo para os registros das candidaturas referentes ao pleito de 2016. Desse modo, não tendo o ora agravante ajuizado ação de impugnação ao registro de candidatura para suscitar a inelegibilidade infraconstitucional (art. 1º, I, *p*, da LC n. 64/90) a matéria não pode ser alegada em sede de recurso contra expedição de diploma, diante da ocorrência de preclusão. Agravo regimental a que se nega provimento" (AgIn n. 6193, Acórdão, Rel. Min. Admar Gonzaga, *DJe*, Tomo 59, 26-3-2018, p. 6-7).

5.2.3. Inelegibilidades absolutas infraconstitucionais

A inelegibilidade absoluta é assim denominada porque atinge todos os cargos eletivos enquanto perdurarem determinados impedimentos. Devido à intensidade de seu teor, a desincompatibilização não se configura como meio idôneo para suprimir esse impedimento. Foram previstas em decorrência do art. 14, § 9º, da CF, cuja finalidade é garantir a probidade administrativa, a moralidade para o exercício do mandato, a normalidade e a legitimidade das eleições, contra a influência do poder econômico ou o abuso no exercício de função, cargo ou candidatura.

Nesses casos previstos, o candidato não poderá registrar sua candidatura e, obviamente, não poderá eleger-se. Denomina-se inelegibilidade infraconstitucional porque fora previsto por intermédio de disposição que não está contida na Lei Maior, sendo sua regulamentação realizada por meio de lei complementar. Para efeitos didáticos, preferiu-se elencá-las em hipóteses específicas, contidas no art. 1º, I, da Lei Complementar n. 64/90, alterado com o advento da Lei Complementar n. 135/2010[83]:

a) Os membros do Congresso Nacional, das Assembleias Legislativas, da Câmara Legislativa e das Câmaras Municipais, que hajam perdido os respectivos mandatos por infringência do disposto nos incisos I e II do art. 55 da Constituição Federal, dos dispostos equivalentes sobre perda de mandato das Constituições Estaduais e Leis Orgânicas dos Municípios e do Distrito Federal, para as eleições que se realizarem durante o período remanescente do mandato para o qual foram eleitos e nos oito anos subsequentes ao término da legislatura. Refere-se essa inelegibilidade à perda de mandato dos parlamentares que descumpriram os impedimentos que têm como prazo inicial a expedição do diploma ou a posse (art. 54, I e II, da CF). Inserem-se nessa hipótese as condutas consideradas incompatíveis com o decoro parlamentar, em que comportamentos maculam a respeitabilidade que se exige dos

---

[83] O STF, no julgamento das ADCs n. 29 e 30 e da ADI n. 4.578, entendeu que as hipóteses de inelegibilidade descritas na LC n. 64/90, com as alterações da LC n. 135/2010, não violam a Constituição e reconheceu a possibilidade de sua incidência a fatos pretéritos.

parlamentares, praticando uma conduta que destoa do mínimo ético esperado dos representantes populares (art. 55, II, da CF).

b) Governador e Vice-Governador de Estado e do Distrito Federal, Prefeito e Vice-Prefeito que perderem seus cargos em virtude de infringirem os dispositivos da Constituição Estadual ou da Lei Orgânica do Município ou Distrito Federal, para as eleições que se realizarem durante o período remanescente e nos oito anos subsequentes ao término do mandato para o qual tenham sido eleitos. Tomou-se aqui o mesmo parâmetro adotado para o *impeachment* do Presidente da República, em que a conduta do Chefe do Executivo que descumprir a Lei Maior o sujeita à sanção de perda de mandato. Difere da letra anterior porque submete o infrator a qualquer normatização da Constituição Estadual ou lei orgânica municipal ou distrital que possa resultar em crime político, enquanto a hipótese anterior era de descumprimento de dispositivo tópico.

Respeitou-se o princípio de autonomia das unidades federativas, possibilitando que estabeleçam impedimentos aos respectivos Chefes do Executivo, o que fortalece a supremacia de seus textos com a punição da conduta delituosa. Precise-se que a sanção de inelegibilidade vale para as eleições que se realizarem durante o período remanescente do exercício da função e nos oito anos subsequentes ao término do mandato para o qual tenham sido eleitos.

c) Os que tenham contra sua pessoa representação julgada procedente pela Justiça Eleitoral, em decisão transitada em julgado ou proferida por órgão colegiado, em processo de apuração de abuso de poder econômico ou político, para a eleição na qual concorrem ou tenham sido diplomados, bem como para as que se realizarem nos oito anos seguintes.

A constatação de abuso de poder econômico ou político pode ocorrer por meio de vários instrumentos processuais, como ação de impugnação de mandato eletivo, ação de investigação judicial eleitoral, ação de captação ilícita de votos ou ação de arrecadação e gastos ilícitos de campanha, de acordo com a fase eleitoral em que essa verificação foi realizada ou com as provas disponíveis. Com o advento da Lei Complementar n. 135/2010, afastou-se a exigência do trânsito em julgado da condenação pela prática de abuso de poder econômico ou político.

Nesse sentido, a decisão condenatória por órgão judicial colegiado já é, por si só, suficiente para configuração da inelegibilidade em apreço[84].

Saliente-se que o Tribunal Superior Eleitoral já assinalou que, sendo a elegibilidade a adequação do indivíduo ao regime jurídico – constitucional e legal complementar – do processo eleitoral, a aplicação do aumento de prazo das causas restritivas ao *ius honorum* (de 3 para 8 anos) na hipótese em comento, alargamento conferido pela Lei Complementar n. 135/2010, com a consideração de fatos anteriores, não pode ser capitulada na retroatividade vedada pelo art. 5º, XXXVI, da CF/88, e, em consequência, não fulmina a coisa julgada (que opera sob o pálio da cláusula *rebus sic stantibus*) anteriormente ao pleito, em oposição ao diploma legal retromencionado. Nesse sentido, subjaz a mera adequação ao sistema normativo pretérito (expectativa de direito)[85].

d) Os que forem condenados, em decisão transitada em julgado ou proferida por órgão judicial colegiado, desde a condenação até o transcurso do prazo de oito anos após o cumprimento da pena, pelos crimes[86]: i) contra a economia popular, a fé pública, a administração

---

[84] Ac. TSE, de 19-12-2016, no Respe n. 28.341: as causas de inelegibilidade dispostas nesta alínea e na h não se aplicam somente a quem praticou o abuso de poder na eleição à qual concorreu, mas também a quem cometeu o ilícito na eleição na qual não se lançou candidato, no afã de favorecer a candidatura de terceiro.

Ac. TSE, de 3-3-2016, no RO n. 29659: são enquadráveis nesta alínea os condenados por abuso tanto em ação de investigação judicial eleitoral quanto em ação de impugnação de mandato eletivo.

Ac. TSE, de 2-10-2014, no RO n. 97.150: a condenação por abuso ou uso indevido dos veículos ou meios de comunicação atrai a incidência da inelegibilidade prevista nesta alínea.

Ac. TSE, de 19-3-2013, no AgR-Respe n. 21.204: a inelegibilidade prevista nesta alínea não incide sem a ocorrência de condenação pela prática de abuso do poder econômico ou político em decisão transitada em julgado ou proferida por órgão colegiado.

Ac. TSE, de 4-9-2012, no Respe n. 18.984: incidência da norma prevista nesta alínea ainda que se trate de condenação transitada em julgado referente à eleição anterior à vigência da LC n. 135/2010.

[85] Recurso Ordinário 528-12/RJ. Redator para o acórdão: Min. Luiz Fux.

[86] Nesse sentido: "Ao julgar o AgR–RO 471–53/SC, Rel. Min. Luiz Fux, o TSE

pública e ao patrimônio público; ii) contra o patrimônio privado, o sistema financeiro, o mercado de capitais e os previstos na lei que regula a falência; iii) contra o meio ambiente e a saúde pública; iv) eleitorais, para os quais a lei comine pena privativa de liberdade; v) de abuso de autoridade nos casos em que houver condenação à perda do cargo ou à inabilitação para o exercício de função pública; vi) de lavagem ou ocultação de bens, direitos e valores; vii) de tráfico de entorpecentes e drogas afins, racismo, tortura, terrorismo e hediondos; viii) de redução à condição análoga à de escravo; ix) contra a vida e a dignidade sexual; e x) crimes praticados por organização criminosa, quadrilha ou bando[87].

Os condenados por decisão judicial transitada em julgado ou proferida por órgão colegiado pela prática de crimes dolosos, de ação penal pública, serão considerados inelegíveis pelo prazo de oito anos, após o cumprimento da pena. Aqui, o legislador agravou a punição para os autores dos crimes de maior potencial ofensivo, como também acrescentou novos tipos penais como forma de concretização do *jus honorum*.

Atenção que a inelegibilidade de oito anos após o cumprimento da reprimenda penal não se aplica aos crimes culposos e àqueles definidos em lei como de menor potencial ofensivo nem aos crimes de ação penal privada. Dessa forma, houve a opção de se estabelecer a

---

firmou o entendimento de que as hipóteses de inelegibilidade no ordenamento jurídico pátrio são fixadas de acordo com os parâmetros constitucionais de probidade, moralidade e de ética, veiculadas por meio de reserva de lei formal (Lei Complementar), nos termos do art. 14, § 9º da Constituição da República, razão por que, prevalecendo a tese segundo a qual a restrição ao direito de ser votado se submete às normas convencionais, haveria a subversão da hierarquia das fontes, de maneira a outorgar o *status* supraconstitucional à Convenção Americana, o que, como se sabe, não encontra esteio na jurisprudência remansosa do STF, que atribui o caráter supralegal a tratados internacionais que versem sobre direitos humanos (ver por todos RE 466.343/SP, Rel. Min. Cezar Peluso, *DJe*, 5-6-2009) (AgR-Respe 52-17, Rel. Min. Napoleão Nunes Maia Filho, *DJe*, 16-6-2017)." (Respe n. 060023410, Acórdão, Rel. Min. Sergio Silveira Banhos, *DJe*, Tomo 49, 18-3-2021).

[87] "Condenação pela prática de crime previsto na Lei de Ação Civil Pública e inaplicabilidade do art. 1º, inciso I, *e*, item 1, da Lei Complementar n. 64/90. O Plenário do Tribunal Superior Eleitoral, por maioria, entendeu que o crime tipificado no art. 10 da Lei n. 7.347/85 não enseja a inelegibilidade prevista no art. 1º, inciso I, *e*, item 1, da Lei Complementar n. 64/90 (Respe n. 207-35, Criciúma/SC, Rel. Min. Luciana Lóssio, j. 9-2-2017)".

inelegibilidade apenas aos crimes considerados mais graves pelo ordenamento jurídico.

Entende-se cumprida a sanção apenas com o término ou extinção da pena.

Paira sobre essa causa de inelegibilidade a discussão se ela é inconstitucional porque estaria em contradição com o conteúdo disposto no art. 15, II, da Constituição Federal, que determina haver suspensão dos direitos políticos em caso de condenação criminal apenas enquanto durarem seus efeitos; e, no caso ora analisado, a extensão da inelegibilidade se estende pelo prazo de oito anos após o cumprimento da pena[88].

Outra questão a suscitar controvérsias é se em altas penas, por exemplo, de trinta anos, acrescido da inelegibilidade de oito anos, não haveria a consubstancialização de uma pena de caráter perpétuo? Esse

---

[88] "Oposição de embargos infringentes e de nulidade de condenação criminal por órgão colegiado e suspensão da inelegibilidade. O Plenário do Tribunal Superior Eleitoral, por unanimidade, afirmou que a inelegibilidade decorrente de condenação criminal proferida por órgão colegiado prevista no art. 1º, inciso I, alínea *e*, da Lei Complementar n. 64/90, suspende-se de igual modo à execução penal, nos casos de oposição de embargos infringentes e de nulidade da referida decisão criminal. (...) Para fins de esclarecimentos, ressaltou-se haverem dois tipos de efeito suspensivo, o *ope judicis* – que depende da análise e deliberação judicial, desde que preenchidos requisitos necessários à sua concessão – e o *ope legis* – que não resulta de ato volitivo do juízo nem decorre da análise dos pressupostos necessários à sua outorga, mas opera seus efeitos tão somente por força da lei, sendo sua interposição suficiente para obstar os efeitos da decisão anterior proferida. Enfatizou-se, ainda, que os embargos infringentes e de nulidade podem ser opostos a decisões criminais desfavoráveis ao réu, por maioria, perante os tribunais, estando a matéria disciplinada no parágrafo único do art. 609 do Código de Processo Penal. Por outro giro, asseverou-se que o fato de o condenado estar elegível por ocasião das eleições, devido à suspensão de sua inelegibilidade pela oposição dos embargos infringentes e de nulidade, permite o deferimento do registro da candidatura, mesmo que após o pleito o recurso criminal não seja provido. Rememorou-se, nesse sentido, a jurisprudência deste Tribunal no sentido de que fato superveniente ao registro de candidatura e posterior à data do pleito que venha a atrair inelegibilidade não pode ser conhecido nesta seara, sob pena de eternização do processo eleitoral. (Respe n. 484-66, Araújos/MG, Rel. Min. Napoleão Nunes Maia Filho, j. 13-6-2017)".

lapso temporal se alonga ainda mais se a sanção for contada da decisão colegiada e o trânsito em julgado levar vários anos a ser concretizado.

e) Os que forem declarados indignos do oficialato, ou com ele incompatíveis, pelo prazo de oito anos. A narrada causa de inelegibilidade tem a finalidade de reforçar a moralidade exigida dos oficiais e assegurar a hierarquia militar, principalmente em sua cúpula.

f) Os que tiverem suas contas relativas ao exercício de cargos ou funções públicas rejeitadas por irregularidade insanável que configure ato doloso de improbidade administrativa, e por decisão irrecorrível do órgão competente, salvo se esta houver sido suspensa ou anulada pelo Poder Judiciário, para as eleições que se realizarem nos oito anos seguintes, contados a partir da data da decisão, aplicando-se o disposto no inciso II do art. 71 da Constituição Federal, a todos os ordenadores de despesa, sem exclusão de mandatários que houverem agido nessa condição. Como lembra o dispositivo legal, a inelegibilidade perdura nos oito anos seguintes da decisão definitiva, ou seja, quando não mais pairarem controvérsias quanto à licitude da rejeição de contas no órgão específico de apreciar a gestão[89].

À configuração da inelegibilidade referida são necessários os seguintes requisitos: a) existência de prestação de contas relativas ao exercício de cargos ou funções públicas[90]; b) que os gestores tenham

---

[89] Respe n. 060034387, Acórdão, Rel. Min. Edson Fachin, Rel. designado Min. Luis Felipe Salomão, *DJe*, Tomo 199, 27-10-2021.

[90] "1. O art. 1º, inciso I, *g*, do Estatuto das Inelegibilidades reclama, para a sua caracterização, o preenchimento, cumulativo, dos seguintes pressupostos fático-jurídicos: (i) o exercício de cargos ou funções públicas; (ii) a rejeição das contas pelo órgão competente; (iii) a insanabilidade da irregularidade apurada, (iv) o ato doloso de improbidade administrativa; (v) a irrecorribilidade do pronunciamento que desaprovara; e (vi) a inexistência de suspensão ou anulação judicial do aresto que rejeitara as contas. 2. A aludida inelegibilidade se aperfeiçoa não apenas com o dolo específico, mas também com o dolo genérico, que se caracteriza quando o administrador assume os riscos de não atender os comandos constitucionais e legais, que vinculam a Administração Pública. (...)" (AgR-Respe n. 468-90/SP, Rel. Min. Luiz Fux, *DJe* 30-6-2017).

Tribunal Superior Eleitoral decidiu que a competência para julgar as contas que envolvem a aplicação de recursos repassados pela União ou pelo estado aos municípios é do Tribunal de Contas competente, e não da Câmara de Vereadores (Respe n. 726-21/SP, Rel. Min. Rosa Weber, *DJe* 11-4-2017).

agido enquanto ordenadores de despesa; c) irregularidade insanável; d) que haja decisão irrecorrível, de órgão competente, rejeitando as contas prestadas; e) tipificação de ato doloso de improbidade administrativa; f) que o parecer do Tribunal de Contas não tenha sido afastado pelo voto de dois terços da Câmara de Vereadores respectiva; g) inexistência de provimento suspensivo provindo de instância competente do Poder Judiciário.

No que tange à irregularidade insanável há um dissenso conceitual, haja vista tratar-se de conceito indeterminado, cabendo aos Tribunais e aos doutrinadores limitarem seu significado. O Tribunal Superior Eleitoral, órgão máximo para dirimir eventuais conflitos, tem entendido que os atos dolosos de improbidade administrativa são os primeiros a fazer parte do conceito de irregularidade insanável, desde que haja cumulativamente dano ao erário e enriquecimento ilícito[91]. Assim sendo, a Egrégia Corte Eleitoral já decidiu que a prática de ato doloso de improbidade administrativa constitui irregularidade insanável, evidenciando que a simples prática de tal conduta consistiria no vício mencionado[92].

A decisão irrecorrível de rejeição de contas, por sua vez, é de competência dos respectivos Tribunais de Contas, pois, segundo a Constituição, compete ao Tribunal de Contas da União o julgamento das contas dos administradores e dos demais responsáveis por dinheiro, bens e valores públicos, da administração direta e da indireta, incluídas as fundações e sociedades instituídas e mantidas pelo Poder Público federal, e as contas dos que derem causa a perda, extravio ou outra irregularidade de que resulte prejuízo ao erário público (art. 71, II, da CF). Em se tratando de verba estadual, a competência será do órgão de

---

[91] "Para fins de análise do requisito 'irregularidade insanável que configure ato doloso de improbidade administrativa' contido no referido dispositivo, compete à Justiça Eleitoral aferir elementos mínimos que revelem má-fé, desvio de recursos públicos em benefício próprio ou de terceiros, dano ao erário, improbidade ou grave afronta aos princípios que regem a Administração Pública. Precedentes" (Respe n. 060008225, Acórdão, Rel. Min. Luis Felipe Salomão, *DJe*, Tomo 171, 16-9-2021).

[92] Respe n. 060031962, Acórdão, Rel. Min. Mauro Campbell Marques, *DJe*, Tomo 145, 6-8-2021.

Contas dos Estados; e do Tribunal de Contas dos Municípios, quando houver, em se tratando de verbas municipais.

O Tribunal Superior Eleitoral possuía o entendimento de que a inelegibilidade baseada no dispositivo em referência era concretizada apenas com a decisão do tribunal que rejeita as contas do prefeito como ordenador de despesas, sem precisar da análise da Câmara de Vereadores.

Atualmente, o STF entende que a referida inelegibilidade apenas se concretiza se a Câmara de Vereadores não rejeitar o parecer do Tribunal de Contas, com o *quorum* de dois terços de votos. Isto foi extraído dos verbetes dos julgamentos dos RE 848.826 e 729.744. O primeiro: "Para fins do artigo 1º, inciso I, g, da Lei Complementar n. 64/90, alterado pela Lei Complementar n. 135/2010, a apreciação de contas dos prefeitos, tanto as de governo quanto as de gestão, será exercida pelas câmaras legislativas com auxílio dos tribunais de contas, cujo parecer só deixará de prevalecer por decisão de dois terços dos vereadores". O segundo verbete: "Parecer técnico elaborado pelo tribunal de contas tem natureza meramente opinativa, competindo exclusivamente à câmara de vereadores o julgamento das contas anuais do chefe do poder executivo local, sendo incabível o julgamento ficto das contas por decurso de prazo".

Com isso, verifica-se que o hodierno posicionamento jurisprudencial está em conformidade com o art. 31, §§ 1º e 2º da Constituição Federal. Mencionados parágrafos expõem que o controle externo da Câmara Municipal será exercido com o auxílio dos tribunais de contas dos Estados, sendo que o parecer prévio, emitido pelo órgão competente sobre as contas que o prefeito deve anualmente prestar, apenas deixará de prevalecer por decisão de dois terços dos membros da Câmara Municipal.

O Egrégio Tribunal Superior Eleitoral já verberou algumas hipóteses que se consagram como irregularidades insanáveis, entre elas destacam-se: a) o descumprimento da Lei de Licitações (AgR-Respe n. 127092/RO, 15-9-2010); b) o recolhimento de contribuições previdenciárias sem o indispensável repasse à Previdência Social (TSE, Respe n. 25986/SP, 11-10-2012); c) o descumprimento da Lei de Responsabilidade Fiscal (AgR-RO n. 0600769–92, Rel. Min. Edson Fachin, PSESS em 19-12-2018); d) o não cumprimento pelo gestor público do dever de prestar contas, o que acarreta a sua rejeição (TSE, Respe n.

2437/AM, 29-11-2012); e) insuficiência de aplicação do percentual de 25% da receita resultante dos impostos na manutenção ou desenvolvimento do ensino (TSE, Respe n. 24659/SP, 27-11-2012; Respe n. 32574/MG, 18-12-2012); f) a concessão de aumento automático aos vereadores, a burla ao concurso público e o dano ao erário por despesas que não atendem ao interesse público (Respe n. 0600146-68, Rel. Min. Luís Felipe Salomão, *DJe* de 3-5-2021); e g) o pagamento indevido de diárias (AgR-Respe n. 140-75, Rel. Min. Henrique Neves, *DJe* de 27-3-2017). No mesmo sentido: AgR-RespEl n. 63-30, Rel. Min. Sérgio Banhos, *DJe* de 2-8-2019).

No que tange à possível suspensão da inelegibilidade, o Tribunal Superior Eleitoral, que anteriormente aceitava que a mera propositura de ação anulatória da decisão de rejeição de contas suspenderia a inelegibilidade, modificou seu posicionamento há muito tempo para adotar que a simples propositura da ação anulatória, sem a obtenção de provimento liminar ou tutela antecipada, não suspende a inelegibilidade[93]. Dessa forma, não basta a intenção de continuar a discussão judicial para impedir essa causa de inelegibilidade, é preciso que haja o deferimento de liminar ou cautelar, o que assegura que o pedido pleiteado pode apresentar razoabilidade jurídica. O posicionamento anterior praticamente inutilizava esse tipo de decisão dos Tribunais de Contas porque bastava a simples interposição de medida judicial para postergar os efeitos da rejeição de contas. Posteriormente, protelava-se o andamento processual que permitia ao impetrante terminar seu mandato sem ser alcançado por essa inelegibilidade.

Saliente-se que essa causa de inelegibilidade apenas pode ser evocada se houver a tipificação de um ato doloso de improbidade administrativa, não podendo ela incidir em qualquer caso de rejeição de contas. Exige-se, de forma inexorável, a configuração de um ato doloso, revelando uma vontade livre e intencional para alcançar determinado resultado, e um ato de improbidade administrativa, que apenas pode ser atestado se houver enriquecimento ilícito ou dano ao erário. Não tipifica essa *fattispecie* de improbidade a improbidade administrativa por quebra de princípios da Administração Pública.

---

[93] Ac. do TSE, de 24-8-2006, no RO 912; de 13-9-2006, no RO 963; de 29-9-2006, no RO 965 e no Respe n. 26.942; e de 16-11-2006, no AgRgRO 1.067.

g) Os detentores de cargo na administração pública direta, indireta ou fundacional, que beneficiarem a si ou a terceiros, pelo abuso do poder econômico ou político, que forem condenados em decisão transitada em julgado ou proferida por órgão judicial colegiado, para a eleição na qual concorrem ou tenham sido diplomados, bem como para as que se realizarem nos oito anos seguintes.

O benefício poderá ser auferido pelo próprio ocupante do cargo ou para beneficiar terceiros. O legislador objetivou punir os detentores de cargo público que, além de infringirem o princípio da moralidade, tenham infringido os princípios da impessoalidade e o republicano[94], em razão de que os recursos públicos devem ser empregados para o favorecimento do bem comum, sem a possibilidade de patrimonialismo dos ativos estatais. Essa inelegibilidade dirige-se àqueles gestores públicos que se utilizam de suas prerrogativas para enriquecimento ilícito ou para a utilização de recursos públicos em campanhas eleitorais.

h) Os que, em estabelecimentos de crédito, financiamento ou seguro, que tenham sido ou estejam sendo objeto de processo de liquidação judicial ou extrajudicial, hajam exercido, nos doze meses anteriores à respectiva decretação, cargo ou função de direção, administração ou representação, enquanto não forem exonerados de qualquer responsabilidade. O período da inelegibilidade é de oito anos contados da respectiva decretação da liquidação judicial ou extrajudicial.

A norma analisada alargou a inelegibilidade para aqueles que tenham exercido cargo ou função de direção nesses estabelecimentos, a não ser que nos autos não existam provas que os responsabilizem por má gestão ou ocorra qualquer pronunciamento judicial negando sua participação. Possui essa tipificação a finalidade de punir de forma mais severa gestões fraudulentas em sociedades de crédito, financiamento ou seguro por causa de seus danos à economia popular.

i) Os que forem condenados, em decisão transitada em julgado ou proferida por órgão colegiado da Justiça Eleitoral, por corrupção eleitoral, pelo ilícito de captação ilícita de sufrágio, por doação, captação ou gastos ilícitos de recursos de campanha ou por conduta vedada

---

[94] AGRA, Walber de Moura. *Republicanismo*. Porto Alegre: Livraria do Advogado, 2005, p. 109.

aos agentes públicos em campanhas eleitorais que impliquem cassação do registro ou do diploma, pelo prazo de oito anos a contar da eleição[95].

Anteriormente, havia incerteza se determinadas condutas, como conduta vedada ou captação ilícita de recursos e gastos de campanha, poderiam acarretar inelegibilidade, uma vez que não eram previstas por lei complementar, consoante exige o art. 14, § 9º, da Constituição. Agora, é perfeitamente possível a imputação da inelegibilidade por oito anos, por meio de decisão judicial transitada em julgado ou proferida por órgão colegiado na Justiça Eleitoral nos casos acima tipificados. Não obstante, cumpre advertir que só há imputação da inelegibilidade se houver efetiva cassação de registro ou do diploma. A imputação exclusivamente de pena de multa não acarreta a aplicação da inelegibilidade, em virtude do princípio da proporcionalidade e da preponderância do princípio da soberania popular que é o alicerce do Estado Democrático Social de Direito.

j) O Presidente da República, o Governador do Estado e do Distrito Federal, o Prefeito, os membros do Congresso Nacional, das Assembleias Legislativas, da Câmara Legislativa, das Câmaras Municipais, que renunciarem a seus mandatos desde o oferecimento de representação ou petição capaz de autorizar a abertura de processo por infringência a dispositivo da Constituição Federal, da Constituição Estadual, da Lei Orgânica do Distrito Federal ou da Lei Orgânica do Município, para as eleições que se realizarem durante o período rema-

---

[95] "ELEIÇÕES 2016. AGRAVO REGIMENTAL. RECURSO ESPECIAL. REGISTRO DE CANDIDATURA. PREFEITO. DEFERIMENTO. INELEGIBILIDADE. ART. 1º, I, J, DA LC N. 64/90. REQUISITOS. REPRESENTAÇÃO. GASTOS ILÍCITOS (ART. 30-A DA LEI N. 9.504/97). CASSAÇÃO DE DIPLOMA. INEXISTÊNCIA. DESPROVIMENTO. 1. A causa de inelegibilidade referida no art. 1º, inciso I, j, da LC n. 64/90 – decorrente da prática de conduta vedada a agente público – exige o pronunciamento judicial de cassação do registro ou do diploma do representado. 2. Na espécie, embora ao candidato ora eleito tenha sido reconhecida a conduta de captação ou gastos ilícitos de recursos, com fundamento no art. 30-A da Lei n. 9.504/97, o prefeito não foi condenado em nenhuma instância à cassação do registro ou do diploma. 3. Agravo regimental desprovido" (TSE, AgR-Respe n. 79-22/PA, Rel. Min. Luciana Lóssio, *DJe* 19-4-2017).

134

nescente do mandato para o qual foram eleitos e nos oito anos subsequentes ao término da legislatura.

A inelegibilidade em apreço carrega o escopo de tentar inibir a renúncia do parlamentar ao mandato eletivo após o oferecimento ao órgão competente de representação ou petição apta a ensejar a instauração de processo na respectiva Casa Legislativa pertencente a tal parlamentar, como forma de garantia de impunidade. Assim, o ato de renúncia parlamentar por si só acarreta inelegibilidade por oito anos subsequentes ao término da legislatura. Atente-se que o § 5º do art. 1º excepciona a regra nos casos em que a renúncia tiver a finalidade de atender à desincompatibilização com vistas à candidatura a cargo eletivo ou para assunção de mandato. Neste caso específico, a finalidade da renúncia não é evitar a sanção de inelegibilidade por oito anos, mas apenas afastar um impedimento de disputar o pleito eleitoral.

k) Os que forem condenados à suspensão dos direitos políticos, em decisão transitada em julgado ou proferida por órgão judicial colegiado, por ato doloso de improbidade administrativa que importe lesão ao patrimônio público e enriquecimento ilícito, desde a condenação ou o trânsito em julgado até o transcurso do prazo de oito anos após o cumprimento da pena[96].

Nem sempre a condenação por ato de improbidade administrativa acarreta a suspensão dos direitos políticos do condenado. A suspensão dos direitos fundamentais políticos não é consequência automática da condenação por improbidade administrativa. Para que esta ocorra, torna-se inexorável sua expressa previsão no bojo da decisão judicial, como forma de inibir a judicialização acintosa aos direitos fundamentais.

Insta ressaltar que é imprescindível o reconhecimento da prática de ato doloso de improbidade administrativa que importe em lesão ao

---

[96] "A nova redação da Lei de Inelegibilidade, introduzida pela LC n. 135/2010, à luz da compreensão jurisprudencial desta Corte, exige a presença de ato de improbidade administrativa praticado na modalidade dolosa e que demonstre, minimamente, a intenção de dilapidar a coisa pública – o que difere de mera má gestão ou de imperícia contábil (ED-Respe n. 92-29/PE, Rel. Min. Gilmar Mendes, julgados em 18-12-2017, *DJe*, 20-2-2018)" (Respe n. 060019044, Acórdão, Rel. Min. Sergio Silveira Banhos, Rel. designado(a) Min. Mauro Campbell Marques, *DJe*, Tomo 20, 11-2-2022).

patrimônio público e enriquecimento ilícito, estando excluído de sua incidência o ato de improbidade administrativa que importar violação aos princípios da administração pública. Tem-se que, à caracterização dessa hipótese de inelegibilidade, é essencial a presença concomitante do dano ao patrimônio público e do enriquecimento ilícito[97].

l) Os que forem excluídos do exercício da profissão, por decisão sancionatória do órgão profissional competente, em decorrência de infração ético-profissional, pelo prazo de oito anos, salvo se o ato houver sido anulado ou suspenso pelo Poder Judiciário.

A exclusão do exercício de determinada profissão configura-se uma verdadeira sanção imputada após a instauração de processo administrativo disciplinar, em que tenham sido asseguradas todas as garantias constitucionais processuais disponíveis ao acusado. De acordo com a inelegibilidade em tela, além da exclusão do exercício da profissão, o ato sancionatório também imputará em inelegibilidade por oito anos. A inelegibilidade, nesse caso, somente se configura se a infração ético-profissional se mostrar grave para ensejar a reprimenda, impedindo sua aplicação para condutas insignificantes ou destituídas de valor social.

m) Os que forem condenados, em decisão transitada em julgado ou proferida por órgão judicial colegiado, em razão de terem desfeito ou simulado desfazer vínculo conjugal ou de união estável para evitar caracterização de inelegibilidade, pelo prazo de oito anos após a decisão que reconhecer a fraude.

A inelegibilidade exposta tenciona inibir a fraude para ultrajar a inelegibilidade prevista no § 7º, viabilizando a candidatura do cônjuge do titular do mandato eletivo, por meio do desfazimento do vínculo conjugal pelo divórcio ou pela separação judicial. Procura-se evitar a perpetuação no poder por determinadas famílias, principalmente em pequenos municípios.

O reconhecimento da fraude só pode ser declarado pelo Poder Judiciário sob vício de ilegalidade. A ação declaratória de fraude deve ser intentada na Justiça Comum e não na Justiça Eleitoral, uma vez que o objeto da demanda envolve o estado das pessoas.

---

[97] AgR-RO 2604-09/RJ, Rel. Min. Henrique Neves.

n) Os que forem demitidos do serviço público em decorrência de processo administrativo ou judicial, pelo prazo de oito anos, contado da decisão, salvo se o ato houver sido suspenso ou anulado pelo Poder Judiciário.

Igualmente, a demissão constitui penalidade disciplinar imposta a servidor público em razão da prática de grave ilícito, através da instauração de processo administrativo, no qual sejam asseguradas ao acusado todas as garantias constitucionais disponíveis. Ora, se o servidor público praticou ato de tamanha gravidade, que não possa mais exercer a sua função pública, de igual sorte não ostenta o *jus honorum* para exercer nenhum cargo público eletivo.

o) A pessoa física responsável por doações eleitorais tidas por ilegais por decisão transitada em julgado ou proferida por órgão colegiado da Justiça Eleitoral, pelo prazo de oito anos após a decisão, observando-se o procedimento previsto no art. 22[98].

Com o a procedência parcial da ADI n. 4650, sob a relatoria do Ministro Luiz Fux, bem como com a revogação do art. 81 pela Lei n. 13.165/2015, o financiamento privado está restrito às pessoas físicas. A fim de garantir a isonomia no processo eleitoral, a Lei n. 9.504/97 impõe limites para o financiamento privado da campanha eleitoral, tendo sido restrita a contribuição da pessoa física à monta de até 10% dos rendimentos auferidos no ano anterior ao da eleição, conforme art. 23, § 1º, da Lei n. 9.504/97. Tal limite percentual será apurado pelo Tribunal Superior Eleitoral anualmente, conforme art. 24-C, não sendo aplicável tal limite nas hipóteses de doação estimável em dinheiro relativas à utilização de bens móveis e imóveis do doador,

---

[98] "Todavia, ao contrário do aduzido, consta do acórdão, de modo expresso e fundamentado, que esta Corte Superior reafirmou, para as Eleições 2020, o entendimento de que a condenação por doação acima do limite legal atrairá a inelegibilidade da alínea p quando se demonstrar que o valor doado em excesso teve potencial de comprometer o equilíbrio e a disputa do pleito (REspEl 0600087–82/RJ, redator designado Min. Alexandre de Moraes, publicado na sessão de 3-12-2020). (...) Nesse contexto, o expressivo valor absoluto e percentual do excesso na doação possui efetivamente o condão de interferir na normalidade e na legitimidade do pleito, bens jurídicos tutelados no art. 14, § 9º, da CF/88, o que acarreta a incidência da inelegibilidade em comento" (Respe n. 060012479, Acórdão, Rel. Min. Luis Felipe Salomão, *DJe*, Tomo 92, 21-5-2021).

que não ultrapassem o valor estimado de R$ 80.000,00, conforme § 7º do art. 23 do citado diploma[99].

Assim, qualquer doação acima dos limites exigidos pela legislação eleitoral sujeita o respectivo doador a multa no valor de até 100% da quantia em excesso do valor doado irregularmente, bem como acarretará na inelegibilidade do doador por oito anos[100].

A decisão judicial que reconhece a irregularidade da doação e aplica pena de multa ao doador não tem como efeito automático a inelegibilidade. Este só advém com a propositura de ação específica em processo jurisdicional que tenha atendido aos ditames do art. 22 da Lei Complementar n. 64/90, no que possibilita o atendimento ao *due process of law*.

p) Os magistrados e os membros do Ministério Público, que forem aposentados compulsoriamente por decisão sancionatória, que tenham perdido o cargo por sentença ou que tenham pedido exoneração ou aposentadoria voluntária na pendência de processo administrativo disciplinar, pelo prazo de oito anos.

A inelegibilidade em apreço consubstancia as sanções impostas a membros do Judiciário e do Ministério Público em razão de condutas ilícitas praticadas. Cumpre assegurar que, mesmo nos casos de exoneração voluntária na pendência de processo administrativo disciplinar,

---

[99] Inelegibilidade prevista na alínea *p* do inciso I do art. 1º da Lei Complementar n. 64/90. O Plenário do Tribunal Superior Eleitoral, por unanimidade, reafirmou entendimento de que a inelegibilidade prevista no art. 1º, inciso I, *p*, da Lei Complementar n. 64/90, decorrente de condenação por doação acima do limite legal, não tem natureza de sanção, mas sim de efeito secundário da condenação, a ser verificado em eventual requerimento de registro de candidatura (AgR-Respe n. 25-49, Recife/PE, Rel. Min. Tarcisio Vieira de Carvalho Neto, j. 14-9-2017).

[100] "Doação acima do limite legal e retificação de declaração de rendimentos. O Plenário do Tribunal Superior Eleitoral, por unanimidade, assentou que o ato de retificação da declaração de rendimentos após a notificação de representação por doação acima do limite legal não pode ser presumido como má-fé para o fim da incidência da sanção prevista no art. 23, § 3º, da Lei das Eleições. (...) Acrescentou que não compete à Justiça Eleitoral averiguar eventuais fraudes nas informações apresentadas à autoridade fazendária, devendo o órgão competente apurá-las" (Respe n. 475-69, Brasília/DF, Rel. Min. Luiz Fux, j. 8-3-2016).

este não o livrará da inelegibilidade por oito anos, contados da decisão sancionatória ou do ato exoneratório. Outra sanção que não seja a perda do cargo não importa na sanção de inelegibilidade.

5.2.4. Inelegibilidades relativas infraconstitucionais

Os casos doravante analisados são considerados como inelegibilidades relativas infraconstitucionais. São relativas porque os impedimentos podem ser suprimidos e, caso não sejam, barram apenas o acesso a alguns mandatos eletivos, não inviabilizando os demais sobre os quais não paira nenhuma inelegibilidade[101].

A forma de se superar a inelegibilidade é por meio da desincompatibilização, configurando-se na saída de cargo ou função do servidor público que causava a incompatibilidade. Caso ela não se realize, ou se realize fora do prazo, a inelegibilidade permanece e, por se tratar de inelegibilidade infraconstitucional preexistente, a jurisprudência pátria tem sido construída no sentido de que deve ser arguida na fase de impugnação do registro, sob pena de preclusão[102].

A desincompatibilização pode ser definitiva ou provisória. A primeira ocorre quando o vínculo que detinha o servidor público, decorrente de cargo, função ou mandato público, não mais se restabelece. A segunda acontece quando há afastamento de servidor que, não eleito, ou após o exercício do mandato, tem assegurado o retorno a seu cargo ou função anterior[103].

Em regra, o prazo da desincompatibilização é de seis meses, existindo também prazo de desincompatibilização de três e quatro meses, contados de forma sequencial, sem interrupção[104].

---

[101] SANTANA, Jair Eduardo; GUIMARÃES, Fábio Luís. *Direito eleitoral*: para compreender a dinâmica do poder político. Belo Horizonte: Fórum, 2006, p. 71.

[102] "As inelegibilidades descritas na LC n. 64/90, quando preexistentes à formalização do pedido de registro de candidatura, deverão ser arguidas na fase de sua impugnação, sob pena de preclusão. Precedentes" (Respe n. 060026170, Acórdão, Rel. Min. Alexandre de Moraes, *DJe*, Tomo 193, 20-10-2021).

[103] NIESS, Pedro Henrique Távora. *Direitos políticos*: condições de elegibilidade e inelegibilidade. São Paulo: Saraiva, 1994, p. 84.

[104] A inelegibilidade prevista no art. 1º, inciso II, *d*, da Lei Complementar n. 64/90

Passa-se a elencar os casos de inelegibilidade relativa em determinadas situações. Atente-se que em todas essas hipóteses o objetivo almejado é impedir o uso de cargo ou função, ou seja, da máquina pública, em favor de interesses eleitorais, o que se configura em uma atitude pouco republicana, para dizer o mínimo. Dessa forma, elas são configuradas como inelegibilidades inatas, apresentando a natureza de impedimentos, sem poder ser classificadas como sanções.

Para Presidente e para Vice-Presidente da República:

a) no prazo de até seis meses os Ministros de Estado; os chefes dos órgãos de assessoramento direto, civil e militar, da Presidência da República; o chefe do órgão de assessoramento de informações da Presidência da República; o chefe do Estado-maior das Forças Armadas; o Advogado-Geral da União e o Consultor-Geral da República; os chefes do Estado-maior da Marinha, do Exército e da Aeronáutica; os Comandantes do Exército, da Marinha e da Aeronáutica; os Magistrados; os Presidentes, Diretores e Superintendentes de autarquias, empresas públicas, sociedades de economia mista e fundações públicas e as mantidas pelo Poder Público; os Governadores de Estado, do Distrito Federal e de Territórios; os Interventores Federais; os Secretários de Estado; os Prefeitos Municipais; os membros do Tribunal de Contas da União, dos Estados e do Distrito Federal; o Diretor-Geral do Departamento de Polícia Federal; os Secretários-Gerais, os Secretários-Executivos, os Secretários Nacionais, os Secretários Federais dos Ministérios e; as pessoas que ocupem cargos equivalentes;

b) no prazo de até seis meses, os detentores de cargos ou funções, nomeados pelo Presidente da República, após prévia aprovação do Senado Federal. O Chefe do Executivo nacional tem a competência de nomear, após aprovação do Senado Federal, os ministros do Supremo Tribunal Federal, os ministros dos Tribunais Superiores, os governadores de Territórios, o Procurador-Geral da República, o presidente e os

---

somente é aplicada aos agentes fiscais de tributos. O Plenário do Tribunal Superior Eleitoral, por unanimidade, reafirmou o entendimento de que a norma de desincompatibilização dos servidores públicos atuantes na esfera fiscal que desejem concorrer a cargo eletivo deve ser observada apenas pelos ocupantes do cargo de agente fiscal de tributos (Respe n. 126-67, Ponto Belo/ES, Rel. Min. Herman Benjamin, j. 18-4-2017).

diretores do Banco Central, os ministros do Tribunal de Contas da União e outros servidores determinados por lei;

c) no prazo de até seis meses, aqueles que tenham interesse direto, indireto ou eventual, no lançamento, na arrecadação ou na fiscalização de impostos, taxas e contribuições de melhorias de caráter obrigatório, inclusive parafiscais, ou para aplicar multas relacionadas com essas atividades;

d) no prazo de até seis meses, os que tenham exercido cargo ou função de direção, administração ou representação de empresas que exerçam atividades em cunho monopolístico que possam influir na economia nacional (arts. 3º e 5º da Lei n. 4.137/62)[105];

e) no prazo de seis meses antes do pleito, os que, detendo o controle de empresas ou grupo de empresas que atuem no Brasil, em condições monopolísticas, previstas no parágrafo único do art. 5º da Lei n. 4.137/62[106], não apresentarem à Justiça Eleitoral a prova de que fizeram cessar o abuso apurado, do poder econômico, ou de que transferiram, por força regular, o controle de referidas empresas ou grupo de empresas;

f) no prazo de até seis meses, os que tenham exercido cargo de Presidente, Diretor ou Superintendente de sociedades com objetivos exclusivos de operações financeiras e façam publicamente apelo à poupança e ao crédito;

g) no prazo de até seis meses, os que hajam exercido cargo ou função de direção, administração ou representação de pessoa jurídica que mantenha contrato de execução de obras, de prestação de serviços ou de fornecimento de bens com órgão do Poder Público ou sob seu controle, salvo se o contrato obedecer a cláusulas uniformes;

h) no prazo de até quatro meses, aqueles que antes das eleições tenham ocupado cargo ou função de direção, administração ou representação de entidades representativas de classe que recebam contribuições do Poder Público ou recursos da Previdência Social;

---

[105] A lei citada foi revogada pelo art. 92 da Lei n. 8.884/94, que foi revogado pelo art. 127 da Lei n. 12.529/2011.

[106] A lei citada foi revogada pelo art. 92 da Lei n. 8.884/94, que foi revogado pelo art. 127 da Lei n. 12.529/2011.

i) no prazo de até três meses antes das eleições, são inelegíveis os servidores públicos, estatutários ou não, de órgãos ou entidades da administração direta ou indireta, da União, dos Estados, do Distrito Federal e dos Territórios, inclusive fundações, recebendo, nesse caso, para sua manutenção, seus proventos de forma integral;

j) no prazo de até seis meses antes do pleito, membros do Ministério Público, que desejam concorrer, devem se afastar de suas funções no prazo legal.

Para Governador e para Vice-Governador:

a) os cidadãos especificados na letra *a* das inelegibilidades do Presidente e do Vice-Presidente da República anteriormente descrita e, nas demais hipóteses, quando se tratar de repartição pública, associação ou empresas que operem no território do Estado ou do Distrito Federal[107]. Atente-se que se deve obedecer sempre aos mesmos prazos, que é de até seis meses antes das eleições;

b) no prazo de até seis meses antes do pleito para os chefes dos Gabinetes Civil e Militar do Governador do Estado ou do Distrito Federal, os comandantes do Distrito Naval, Região Militar e Zona Aérea, os diretores de órgãos estaduais ou sociedades de assistência aos Municípios, os secretários da administração municipal ou membros de órgãos congêneres.

---

[107] No prazo de até seis meses, os Ministros de Estado; os chefes dos órgãos de assessoramento direto, civil e militar, da Presidência da República; o chefe do órgão de assessoramento de informações da Presidência da República; o chefe do Estado-maior das Forças Armadas; o Advogado-Geral da União e o Consultor-Geral da República; os chefes do Estado-maior da Marinha, do Exército e da Aeronáutica; os Comandantes do Exército, da Marinha e da Aeronáutica; os Magistrados; os Presidentes, os Diretores e os Superintendentes de autarquias, empresas públicas, sociedades de economia mista e fundações públicas e as mantidas pelo Poder Público; os Governadores de Estado, do Distrito Federal e de Territórios; os Interventores Federais; os Secretários de Estado; os Prefeitos Municipais; os membros do Tribunal de Contas da União, dos Estados e do Distrito Federal; o Diretor-Geral do Departamento de Polícia Federal; os Secretários-Gerais, os Secretários-Executivos, os Secretários Nacionais, os Secretários Federais dos Ministérios e as pessoas que ocupem cargos equivalentes.

Para Senadores e para Deputados:

a) os cidadãos especificados na letra *a* das inelegibilidades do Presidente e do Vice-Presidente da República anteriormente descrita e, nas demais hipóteses, quando se tratar de repartição pública, associação ou empresa que opere no território do Estado, observados os mesmos prazos;

b) em cada Estado e no Distrito Federal, os inelegíveis para os cargos de Governador e de Vice-Governador, nas mesmas condições estabelecidas, observados os mesmos prazos;

c) para a Câmara dos Deputados, Assembleia Legislativa e Câmara Legislativa, no que lhes for aplicável, por identidade de situações, os inelegíveis para o Senado Federal, nas condições estabelecidas, observados os mesmos prazos.

Para Prefeito e para Vice-Prefeito:

a) os cidadãos, por identidade de situações, que forem inelegíveis para os cargos de Presidente e de Vice-Presidente da República, de Governador e de Vice-Governador de Estado e do Distrito Federal, exigindo-se o prazo de quatro meses para a desincompatibilização. Note-se que o prazo para a desincompatibilização não é de seis, mas de quatro meses;

b) os membros da Defensoria Pública e do Ministério Público em exercício na Comarca, nos quatro meses anteriores ao pleito, sem prejuízo dos vencimentos integrais;

c) as autoridades policiais, civis ou militares, com exercício no Município, nos quatro meses anteriores ao pleito.

Para a Câmara Municipal:

a) no que lhes for aplicável, por identidade de situações, os inelegíveis para o Senado Federal e para a Câmara dos Deputados, observado o prazo de seis meses para a desincompatibilização;

b) em cada Município, os inelegíveis para os cargos de Prefeito e de Vice-Prefeito, observado o prazo de seis meses para a desincompatibilização.

O Presidente da República, os Governadores de Estado e do Distrito Federal e os Prefeitos, para concorrência a outros cargos, devem renunciar aos respectivos mandatos até seis meses antes do pleito.

O Vice-Presidente, o Vice-Governador e o Vice-Prefeito poderão candidatar-se a outros cargos, preservando seus mandatos respectivos, desde que, nos últimos seis meses anteriores ao pleito, não tenham sucedido ou substituído o titular[108].

5.3. REQUISITOS DE REGISTRABILIDADE

Vislumbra-se que é primordial ao indivíduo que pretende se candidatar a um cargo eletivo previsto na Constituição, que coexistam em sua vida, de modo harmonioso, os seguintes requisitos: o cumprimento de todos os pressupostos de elegibilidade esculpidos na Carta Magna, a ausência de causas de inelegibilidade e do cumprimento dos requisitos de registrabilidade. Este último requisito, embora tratado superficialmente pela teorética eleitoral, é de salutar importância para o exercício dos direitos políticos, principalmente no tocante ao exercício de cidadania passiva, posto que trata, em sua essência, do processo de habilitação à candidatura. Desse modo, conceitua-se os requisitos de registrabilidade como meros requisitos instrumentais que visam à implementação dos procedimentos burocráticos à efetivação do registro de candidatura.

Ao ponderar as disposições constitucionais e legais a respeito da viabilidade jurídica de um cidadão ingressar em disputa por mandatos populares, pensa-se, de imediato, que apenas é necessário cumprir as condições de elegibilidade e não se encaixar nas causas de inelegibilidade. Engana-se quem raciocina por esse viés, haja vista que os requisitos de registrabilidade são imprescindíveis para o registro de candidatura, que é o fato jurídico do qual reflete a elegibilidade do aspirante ao cargo público eletivo.

Adequada é, neste momento, a observação de que se discorda do posicionamento traçado por Adriano Soares da Costa, para quem o registro de candidatura não deve ser visto como um pressuposto lógico-

---

[108] Ac. TSE, de 1º-10-2014, no RO n. 26465: não há falar em ausência de desincompatibilização se inexistentes nos autos provas cabais e incontestes de que a vice-prefeita, por força da assunção dita automática da chefia do Poder Executivo, praticou atos de governo ou de gestão no período de afastamento do titular.

-legal para incidência da candidatura, mas como o instrumento que faz emergir a situação de elegibilidade do cidadão[109].

Na verdade, o registro atesta a existência das condições de elegibilidade e a ausência das causas de inelegibilidade, constituindo-se em uma declaração jurídica de que o cidadão se encontra apto à disputa das eleições. É, sim, um pressuposto lógico-formal, que garante a condição de candidato ao cidadão, tornando-o elegível.

O efeito da decisão é declaratório-constitutivo, pois se atesta que ele é elegível, preenchendo as exigências legais, e lhe se outorga a prerrogativa de participar do processo eleitoral, com todos os direitos e deveres. Declaratório no sentido de atestar seus predicativos, e constitutivo no sentido de participar de todos os atos eleitorais em sua inteireza.

Nesse contexto, percebe-se que o momento propício para se atestar a existência das condições de registrabilidade é no registro. Oportuno, então, é alinhavar quais são as referidas condições, questões burocráticas, mas que precisam ser respeitadas a fim de que a candidatura seja efetivada. Se essas hipóteses não forem realizadas, a candidatura deve ser indeferida, mesmo apresentadas as condições de elegibilidade e a inexistência de inelegibilidades. Assim, além do não registro pela materialidade, é possível haver a sua negação também pelo não cumprimento da formalidade.

Todavia, ainda que haja essas consequências no plano fático é necessário atentar que o não cumprimento do processo formal não torna o pré-candidato inelegível, mas sua candidatura tão somente não é registrada, tornando-o não elegível. São duas questões diversas, na incidência da causa de inelegibilidade o pré-candidato não pode exercer seu direito de sufrágio passivo por faltar-lhe o *jus honorum*; na ausência dos requisitos de registrabilidade, por não ter produzido os documentos necessários, não há acinte algum à sua honorabilidade. Não obstante, a configuração da inelegibilidade e o não preenchimento dos requisitos de registrabilidade afetam a elegibilidade do pré-candidato.

As hipóteses das condições de registrabilidade estão esculpidas, principalmente, na Lei n. 9.504/97, em seu art. 11, § 1º e incisos. Impor-

---

[109] DA COSTA, Adriano Soares. *Instituições de Direito Eleitoral*: teoria da inelegibilidade: Direito Processual Eleitoral. 9. ed. Belo Horizonte: Fórum. 2013, p. 43.

145

ta consignar antes de adentrar na análise de cada pressuposto a distinção entre os tipos de registrabilidade, quais sejam: material e formal.

A formal está relacionada à "operacionalidade do registro de candidatura", as quais são previstas em legislação ordinária, bem como por Resoluções do TSE com o intuito de organizar a fase processual do registro[110]. Cita-se, como exemplo, a entrega de fotografia. Por outro lado, o aspecto material ou substancial são exigências destinadas a auferir se o candidato, ao apresentar sua intenção de ingressar em disputa eleitoral, respeita e possui os requisitos para o cargo que almeja concorrer. São casos de condições substanciais: obrigatoriedade da apresentação tanto da proposta de governo pelos candidatos a Prefeito, Governador e Presidente e a certidão de quitação eleitoral.

Feitas as devidas distinções, passa-se à análise das hipóteses dos requisitos de registrabilidade, as quais estão esculpidas, principalmente, nos incisos do § 1º do art. 11 da Lei n. 9.054/97[111].

a) Cópia da ata a que se refere o art. 8º;

Verifica-se, inicialmente, que o inciso I do referido artigo exige a cópia da ata a que se refere o art. 8º da mesma lei[112]. Tal ata prevê que "a escolha dos candidatos pelos partidos e a deliberação sobre as coligações deverão ser feitas no período de 20 de julho a 5 de agosto". Segundo o mesmo dispositivo, a ata deve ser lavrada "em livro aberto,

---

[110] PEREIRA, Rodolfo Viana. *Condições de registrabilidade e condições implícitas de elegibilidade*: esses obscuros objetos de desejo. In: SANTIAGO, Ana Cláudia; SALGADO, Eneida Desirre (orgs.) *Direito Eleitoral*: debates íbero-americanos. Curitiba: Ithala, 2014, p. 275-286.

[111] "§ 1º O pedido de registro deve ser instruído com os seguintes documentos: I – cópia da ata a que se refere o art. 8º; II – autorização do candidato, por escrito; III – prova de filiação partidária; IV – declaração de bens, assinada pelo candidato; V – cópia do título eleitoral ou da certidão, fornecida pelo cartório eleitoral, de que o candidato é eleitor na circunscrição ou requereu sua inscrição ou transferência de domicílio no prazo previsto no art. 9º; VI – certidão de quitação eleitoral; VII – certidões criminais fornecidas pelos órgãos de distribuição da Justiça Eleitoral, Federal e Estadual; VIII – fotografia do candidato, nas dimensões estabelecidas em instrução da Justiça Eleitoral, para efeito do disposto no § 1º do art. 59; IX – propostas defendidas pelo candidato a Prefeito, a Governador de Estado e a Presidente da República."

[112] Art. 11. § 1º. "I – cópia da ata a que se refere o art. 8º".

rubricado pela Justiça Eleitoral, publicada em vinte e quatro horas em qualquer meio de comunicação"[113].

Ademais, conforme disposto no art. 6º, § 4º, da Resolução n. 23.609/2019 sobre registro de candidatos, vigente para as Eleições de 2022, a ata da convenção e a lista dos presentes serão digitadas no Módulo Externo do Sistema de Candidaturas (CANDex), desenvolvido pelo TSE, devendo a mídia ser entregue no Tribunal Eleitoral ou transmitida via internet pelo próprio CANDex até o dia seguinte ao da realização da convenção, para integrar os autos de registro de candidatura e publicar na página de internet do Tribunal Eleitoral[114]. Ressalta-se que não será recebida, em qualquer hipótese, ata em nome isolado de partido político que integre federação, conforme inclusão da Resolução n. 23.675/2021, que altera a Resolução n. 23.609/2019.

b) Autorização do candidato, por escrito;

Já o inciso II revela ser imprescindível a autorização do candidato por escrito. Isto é uma espécie de confirmação individual ao conteúdo coletivo da ata, para que o candidato não alegue desconhecimento da própria candidatura[115].

Pode ser confirmação por meio de formulário (o RCC – Requerimento de Registro de Candidatura ou RRCI – Requerimento de Registro de Candidatura Individual, segundo art. 20 da Resolução TSE n. 23.609/2019, vigente para as Eleições 2022) ou qualquer ferramenta

---

[113] "Art. 8º A escolha dos candidatos pelos partidos e a deliberação sobre coligações deverão ser feitas no período de 20 de julho a 5 de agosto do ano em que se realizarem as eleições, lavrando-se a respectiva ata em livro aberto, rubricado pela Justiça Eleitoral, publicada em 24 horas em qualquer meio de comunicação" (Redação dada pela Lei n. 13.165, de 2015).

[114] Resolução sobre Registro de Candidato vigente para as Eleições de 2022. Art. 6º, § 4º "A ata da convenção e a lista dos presentes serão digitadas no Módulo Externo do Sistema de Candidaturas (CANDex), para: I – serem publicadas no sítio do Tribunal Superior Eleitoral, na página de Divulgação de Candidaturas e de Prestação de Contas Eleitorais (DivulgaCandContas) (Lei n. 9.504/97, art. 8º); e II – integrar os autos de registro de candidatura. §5º Até o dia seguinte ao da realização da convenção, o arquivo da ata gerado pelo CANDex deverá ser transmitido via internet ou, na impossibilidade, ser gravado em mídia a ser entregue na Justiça Eleitoral" (Lei n. 9.504/97, art. 8º).

[115] Art. 11, § 1º. "II – autorização do candidato, por escrito".

idônea, mas tem que ser explícita (art. 24, inciso VI, da Resolução TSE n. 23.609/2019).

c) Prova de filiação partidária;

A prova de filiação partidária, prevista no inciso III, alerta para a necessidade de comprovar a determinação da Constituição Federal, em seu art. 14, § 3º, V, cujo conteúdo aponta para a filiação partidária como condição absoluta para um candidato se tornar elegível. Entretanto, se o nome do candidato não constar da relação de filiação partidária, é possível que ele prove, por outro meio idôneo, dotados de fé pública, que, de fato, é filiado ao partido pelo tempo mínimo previsto em lei, requerendo que seu respectivo nome seja incluso no rol de filiados[116].

Salienta-se que a filiação deve ser requerida aos próprios partidos políticos, que, por meio de seus estatutos, estabelecem os requisitos necessários para o seu deferimento. Na segunda semana dos meses de abril e outubro de cada ano, como preceitua o art. 19, parágrafo primeiro da Lei dos Partidos Políticos, deverá cada partido apresentar a lista de seus filiados ao Juiz Eleitoral. No entanto, no caso de essa lista não ser apresentada, será considerada a do ano anterior.

Ademais, para que o registro de candidatura seja considerado válido, exigia-se do cidadão que possuísse no mínimo um ano de filiação a um partido político. Entretanto, a Lei n. 13.165/2015, mudança mantida pela Lei n. 13.488/2017, alterou o art. 9º da Lei n. 9.504/97, estipulando que o candidato deve estar com a filiação deferida pelo partido pelo prazo de seis meses antes da data da eleição. Assim, para o preenchimento dos requisitos de registrabilidade, o candidato deve estar filiado à legenda pela qual pretende concorrer há pelo menos seis meses antes do pleito eleitoral.

No caso de o candidato ser militar, ao qual não é permitido filiar-se partidariamente, é possível que o regramento do presente inciso seja posto de lado. Assim, bastaria apenas apresentar a ata em que o partido escolheu o militar para ser candidato[117].

---

[116] Súmula 20 do TSE.

[117] A jurisprudência tem flexibilizado apenas a questão alusiva à filiação partidária do militar, para fins do pedido de registro de candidatura, considerada a proibição contida no art. 142, V, da Constituição Federal. A esse respeito, cita-se o seguinte julgado: "Consulta. Militar da ativa. Concorrência. Cargo eletivo. Fi-

d) Declaração de bens, assinada pelo candidato;

A declaração de bens, exigida tanto no inciso IV do § 1º do art. 11 da Lei das Eleições, quanto no art. 27, I, da Resolução sobre Registro de Candidato para as Eleições 2022, tem por finalidade a comprovação atualizada do patrimônio do candidato até a data do registro de candidatura, devendo ser assinada para o seu deferimento, mesmo que inexista bens a serem declarados. Ainda, diante da redação conferida pela Resolução n. 23.675/2021, a declaração de bens deve conter a indicação do bem e seu valor declarado à Receita Federal, estando dispensada a inclusão de endereços de imóveis, placas de veículos ou qualquer outro dado pormenorizado.

Registra-se que a inserção de informações que não condizem com a realidade fática ou a omissão dolosa pode ser imputada como crime eleitoral de falsidade ideológica, consoante dispõe o art. 350 do Código Eleitoral. Outrossim, nota-se que a Resolução TSE n. 23.609/2019, no § 1º do art. 27, permite que a declaração de bens possa ser subscrita por procurador constituído por instrumento particular, com poder específico para o ato[118].

e) Cópia do título eleitoral ou certidão, fornecida pelo cartório eleitoral, de que o candidato é eleitor na circunscrição ou requereu sua inscrição ou transferência de domicílio no prazo previsto no art. 9º;

A imposição descrita no inciso V do § 1º do art. 11 da Lei das Eleições possibilita o fornecimento de informações básicas e essências do candidato diretamente do banco de dados da Justiça Eleitoral, haja vista que foi entregue a cópia do título eleitoral ou certidão, fornecida pelo cartório eleitoral, de que o candidato é eleitor na circunscrição ou requereu sua inscrição ou transferência de domicílio no prazo de seis meses antes do pleito eleitoral.

---

liação partidária. Inexigibilidade. Res. TSE n. 21.608/2004, art. 14, § 1º. 1. A filiação partidária contida no art. 14, § 3º, V, da Constituição Federal não é exigível ao militar da ativa que pretenda concorrer a cargo eletivo, bastando o pedido de registro de candidatura após prévia escolha em convenção partidária (Res. TSE n. 21.608/2004, art. 14, § 1º)". Res. n. 21.787, de 1-6-2004 (CTA n. 1.014/DF), Rel. Min. Humberto Gomes de Barros.

[118] Acórdão do Respe n. 2765-24.2014.6.26.0000.

f) Certidão de quitação eleitoral;

A certidão de quitação eleitoral exigida pelo inciso VI do artigo em testilha tem como conceito, segundo solidificado entendimento jurisprudencial do TSE e disposto no § 2º, do art. 28 da Resolução TSE n. 23.609/2019, a reunião concomitante, pelo candidato, do gozo de todos os seus direitos políticos, da regularidade do exercício do voto – salvo quando facultativo –, do atendimento a eventuais convocações da Justiça Eleitoral, da inexistência de multas aplicadas pela Justiça Eleitoral e da regular prestação de contas de sua campanha eleitoral[119]. Tal certidão pode ser obtida no sítio do Tribunal Superior Eleitoral. Ocorrendo algum problema ao emiti-la, o candidato deve comparecer ao Cartório Eleitoral[120].

Infere observar que não impede a emissão de certidão de quitação o fato de o candidato ter suas contas rejeitadas em razão de eleição anterior[121], afinal, a apresentação das contas de campanha é suficiente para sua obtenção[122], regra incluída pela Lei n. 13.165/2015 no art. 32 da Lei n. 9.096/95 mediante o § 5º, verberando que a desaprovação da prestação de contas do partido não ensejará sanção que impeça o candidato de participar do pleito eleitoral, a não ser que venha a ser condenado, em razão desse fato, por qualquer ação eleitoral cabível, a sanção de inelegibilidade de oito anos.

Nessa mesma linha de raciocínio se encontra o fato de que a quitação eleitoral não poder ser obstacularizada em decorrência de prestação de contas que foi apresentada extemporaneamente, mas em tempo hábil a que a Justiça Eleitoral possa analisá-las e julgá-las[123].

---

[119] "(...) O conceito de quitação eleitoral reúne a plenitude do gozo dos direitos políticos, o regular exercício do voto, salvo quando facultativo; o atendimento à convocações da Justiça Eleitoral para auxiliar os trabalhos relativos ao pleito; a inexistência de multas aplicadas, em caráter definitivo, pela Justiça Eleitoral e não remitidas, excetuadas as anistias legais; e a regular prestação de contas de campanha eleitoral, quando se tratar de candidatos" (TSE, Respe n. 29.445/TO, Rel. Min. Felix Fischer, j. 10-9-2008, PSESS, 10-9-2008).

[120] Petição Cível n. 060017292, Acórdão, Rel. Des. Mauricio Cesar Breda Filho, *DJe*, Tomo 234, 14-12-2021.

[121] Ac. de 6-12-2012 no AgR-Respe n. 12.255, Rel. Min. Henrique Neves.

[122] Ac. de 16-10-2012 no AgR-Respe n. 23.211, Rel. Min. Dias Toffoli.

[123] Ac. de 12-11-2008 no AgR-Resp n. 34.286, Rel. Min. Fernando Gonçalves.

g) Certidões criminais fornecidas pelos órgãos de distribuição da Justiça Eleitoral, Federal e Estadual;

Insta comentar que, segundo a Constituição Federal, o postulante a mandato eletivo deve estar em gozo pleno de seus direitos políticos. Para tanto, necessita-se examinar, no momento do registro da candidatura, o cumprimento de tal requisito para que a elegibilidade não seja ferida nem enseje em suspensão de direitos políticos ocasionada pelo trânsito em julgado de decisão criminal, ingressando, desse modo, na seara da inelegibilidade. Assim, o candidato deve fornecer à Justiça Eleitoral as certidões criminais emitidas pelos órgãos de distribuição do mencionado órgão jurisdicional, bem como da Justiça Federal e Estadual (art. 11, § 1º, VII da Lei n. 9.504/97 c/c art. 27, III, *a*, *b* e *c*, da Resolução TSE n. 23.609/2019).

Caso haja alguma condenação criminal nas certidões apresentadas, o candidato pode requerer certidão de pé e objeto dos processos em que foi condenado, no intuito de comprovar o cumprimento ou extinção de sua pena, independentemente de reparação ou efetiva reparação de eventuais danos, para que seu registro não seja indeferido[124].

Observa-se que o § 11 do art. 27 da Resolução TSE n. 23.609/2019 possibilita a realização, pelos Tribunais Eleitorais, de convênios para o fornecimento de certidões criminais.

Cumpre destacar, ainda, que existem peculiaridades, extraídas da Carta Maior, para o requerimento de certidões, quando o candidato já tenha, a qualquer tempo, ocupado cargo com foro privilegiado[125]. É o caso, por exemplo, do Presidente da República e do seu vice, os quais deverão juntar certidão criminal emitida pelo Supremo Tribunal Fede-

---

[124] Súmula 9 do TSE: "A suspensão de direitos políticos decorrente de condenação criminal transitada em julgado cessa com o cumprimento ou a extinção da pena, independendo de reabilitação ou de prova de reparação dos danos".

[125] "Observe-se que, 'a exigência da certidão de 2º grau somente se aplica aos candidatos com prerrogativa de foro' (TSE, AgR-Respe n. 27609/RJ – PSS 27-9-2012). Por óbvio, se o candidato jamais ocupou cargo ou exerceu função que lhe assegurasse foro privilegiado, não há razão jurídica para juntar certidão criminal de tribunal" (GOMES, José Jairo. *Direito Eleitoral*.12. ed. São Paulo: Atlas, 2016, p. 431).

ral. Por outro lado, o Governador do Estado ou do Distrito Federal deverão anexar certidão do STJ e assim por diante[126].

h) Fotografia do candidato, nas dimensões estabelecidas em instrução da Justiça Eleitoral, para efeito do disposto no § 1º do art. 59;

No que tange à questão disposta no inciso VIII do § 1º do art. 11 em tela c/c art. 27, II, da Resolução TSE n. 23.609/2019, nota-se que o postulante deve apresentar fotografia nos parâmetros solicitados pela legislação eleitoral, para que seja permitida a identificação do candidato pelo eleitor no momento da votação.

Para tanto, foram estabelecidas as seguintes exigências: (i) dimensões: 161 x 225 pixels (L x A), sem moldura; (ii) profundidade de cor: 24bpp; (iii) cor de fundo uniforme, colorida; (iv) características: frontal (busto), trajes adequados para fotografia oficial, assegurada a utilização de indumentária e pintura corporal étnicas ou religiosas, bem como de assessórios necessários à pessoa com deficiência; vedada a utilização de elementos cênicos e de outros adornos, especialmente os que tenham conotação de propaganda eleitoral ou que induzam ou dificultem o reconhecimento do candidato pelo eleitor. Ressalta-se a alteração trazida pela Resolução n. 23.675/2021, restando removida a faculdade ou preferência da escolha da cor da fotografia do candidato, ao que antes era disposto que a fotografia devia ser "preferencialmente colorida", passando a ser obrigatória a utilização deste padrão.

Havendo indícios de que, por seu grau de desconformidade com as exigências delineadas acima, a fotografia foi obtida por partido, coligação ou federação a partir de imagem disponível na internet, sua divulgação ficará suspensa, devendo a questão ser submetida de imediato ao juiz ou relator, o qual poderá intimar o partido ou a coligação para que, no prazo de três dias, apresente o formulário do registro de candidatura assinado pelo candidato e, ainda, declaração deste de que autorizou o partido ou a coligação a utilizar a foto (art. 27, § 9º, da Resolução TSE n. 23.609/2019).

i) Propostas defendidas pelo candidato a Prefeito, a Governador de Estado e a Presidente da República (Incluído pela Lei n. 12.034, de 2009).

---

[126] GOMES, José Jairo. *Direito Eleitoral*. 12. ed. São Paulo: Atlas, 2016, p. 430.

A apresentação das propostas defendidas pelo candidato a Prefeito, Governador de Estado e a Presidente da República também é, como dito anteriormente, condição de registrabilidade (art. 27, VII, da Resolução TSE n. 23.609/2019). Tal requisito tem o intuito de demonstrar aos cidadãos, ainda que de forma ínfima, os projetos incutidos na mente do postulante e permite o acompanhamento por parte do eleitor, caso a candidato seja eleito, do cumprimento das promessas eleitorais do mandatário eleito. Existe, todavia, inviabilidade de controle efetivo da realização das propostas, posto que o documento em tela não possui forma normativa de vinculação entre o candidato e o *paper* e, também, pelo fato de a própria população brasileira desacreditar dos políticos nacionais e não buscarem acompanhar o delinear do percurso do mandatário em seu cargo.

Essa realidade foi agravada recentemente com a difusão das *fake news* nas redes sociais, que formam uma espécie de "bolha de informações", que alienam ainda mais setores consideráveis da população.

A Resolução sobre Registro de Candidatura para as Eleições 2022 no art. 27, incisos IV e V acrescenta, ainda, duas condições de registrabilidade: a prova de alfabetização e a prova de desincompatibilização.

5.3.1. Prova de alfabetização (art. 27, inciso IV, da Resolução TSE n. 23.609/2019)

A prova de alfabetização está intimamente relacionada à inelegibilidade. O escopo da inelegibilidade dos analfabetos é o de não permitir que cidadãos que não possuam o mínimo de capacidade intelectual possam conduzir a coisa pública, posto que aquele cidadão que não apresenta conhecimentos mínimos de escrita e leitura não teria as condições necessárias para gerir a coisa pública com a eficiência exigida.

Não se pretende que apenas cidadãos capazes e letrados é que possam se candidatar a mandato público, mas sim que candidatos que tenham ao menos conhecimento básico da língua portuguesa também possam exercer com altivez a sua cidadania passiva e, se for votado, o mandato público.

Erros de grafia *per si* não são hábeis a concluir se uma pessoa é ou não analfabeta. Indignações estéticas e ideológicas revestem-se nitidamente de cariz preconceituoso, no que não se pode deixar o campo de incidência do conceito de "analfabetismo" ao talante da discricionariedade do intérprete, vez que as restrições que geram as inelegibilidades são de legalidade estrita, sendo vedada a interpretação extensiva[127]. Não há premência de satisfação de outros requisitos acessórios, tal como o indivíduo ter que ter cursado até determinado grau escolar. A exigência fulcral é saber ler e escrever, ainda que precariamente.

Tolher sumariamente o direito de ser votado de um cidadão, com esteio em uma hermenêutica restritiva, somente retirará a opção constitucional pelo Estado Democrático da seara fática para a lírica, de modo a incorrer em riscos fatais de se sofisticar as exigências em relação ao grau de alfabetização e de se criar um modelo eleitoral aristocrático e de elevado grau de discriminação.

A prova de alfabetização pode ser satisfeita com a juntada de um registro de escolaridade ou, na ausência, declaração de próprio punho preenchida pelo interessado, em ambiente individual e reservado, na presença de servidor da Justiça Eleitoral (art. 27, § 5º, da Resolução TSE n. 23.609/2019). Não sendo suficiente o documento apresentado pelo candidato para demonstrar sua alfabetização, deve-se permitir que o candidato participe de teste individual e reservado para afastar a dúvida sobre a sua alfabetização[128].

---

[127] "As causas de inelegibilidade, dentre as quais se inclui o analfabetismo previsto no art. 14, § 4º, da CF/88, devem ser interpretadas restritivamente. (...) A interpretação do art. 14, § 4º, da CF/88 não pode ignorar a realidade social brasileira, de precariedade do ensino e de elevada taxa de analfabetismo, que alcança, ainda, cerca de 7% da população brasileira. Interpretação rigorosa desse dispositivo, além de violar o direito fundamental à elegibilidade e os princípios democrático e da igualdade, dificultaria a ascensão política de minorias e excluiria importantes lideranças do acesso a cargos eletivos. (...) A aferição da alfabetização deve ser feita com o menor rigor possível. Sempre que o candidato possuir capacidade mínima de escrita e leitura, ainda que de forma rudimentar, não poderá ser considerado analfabeto para fins de incidência da inelegibilidade em questão (...). Além disso, deve-se admitir a comprovação dessa capacidade por qualquer meio hábil. O teste de alfabetização, contudo, somente pode ser aplicado: (i) sem qualquer constrangimento; e (ii) de forma a beneficiar o candidato, suprindo a falta de documento comprobatório, vedada a sua utilização para desconstituir as provas de alfabetização apresentadas" (RO n. 060247518, Acórdão, Rel. Min. Luís Roberto Barroso, PSESS, 18-9-2018).

[128] "RECURSO ESPECIAL. IMPUGNAÇÃO AO REGISTRO DE CANDIDATURA. AUSÊNCIA. COMPROVANTE DE ESCOLARIDADE. INDE-

5.3.2. Prova de desincompatibilização

No que tange à desincompatibilização, menciona-se que esta se faz necessária para que não exista causa de inelegibilidade. Desse modo, o cidadão tem que sair do cargo ou da função de servidor público que causava a específica incompatibilidade, sendo o afastamento de fato das atividades laborais[129], além do procedimento formal, imprescindível para caracterizar a desincompatibilização[130]. Caso ele não realize a desincompatibilização, a inelegibilidade permanece, e, por se tratar de inelegibilidade infraconstitucional preexistente, a jurisprudência pátria tem sido construída no sentido de que deve ser arguida

---

FERIMENTO. 1. O recurso que versa sobre requisito para configuração de inelegibilidade deve ser recebido como ordinário. Precedentes. 2. A participação de candidato em eleições anteriores não o exime de comprovar a sua alfabetização, pois até mesmo 'o exercício de cargo eletivo não é circunstância suficiente para, em recurso especial, determinar-se a reforma de decisão mediante a qual o candidato foi considerado analfabeto (Súmula 15/TSE)'. 3. Não sendo suficiente o único documento apresentado pelo candidato para demonstrar sua alfabetização, deve-se proceder de acordo com a forma prevista na parte final do § 4º do art. 26 da Res.-TSE n. 23.405, a fim de permitir que o candidato – se assim desejar – participe de teste individual e reservado para afastar a dúvida sobre a sua alfabetização. 4. O teste de alfabetização não pode ser feito em condições que exponham o candidato à situação vexatória e, na sua aplicação, não deve ser exigida a demonstração de grande erudição ou completo domínio das normas técnicas da língua portuguesa, bastando que se verifique, minimamente, a capacidade de leitura e de expressão do pensamento por escrito. 5. Não cabe impor o comparecimento coercitivo do candidato ao teste, uma vez que a parte não pode ser obrigada a produzir prova que eventualmente lhe seja desfavorável. Entretanto, a oportunidade lhe deve ser assegurada, sem prejuízo de sua eventual ausência ser interpretada no momento oportuno. Recurso especial recebido como ordinário e provido, em parte, para o fim de determinar o retorno dos autos à origem para que o candidato seja convidado a participar de teste de alfabetização" (Respe n. 234956, Acórdão, Rel. Min. Henrique Neves da Silva, PSESS, 23-9-2014).

[129] "O fenômeno da desincompatibilização de fato tem como premissa o efetivo afastamento do candidato de suas funções regulares, para além do desligamento operado exclusivamente no plano formal" (Respe n. 060038135, Acórdão, Rel. Min. Edson Fachin, *DJe*, Tomo 183, 5-10-2021).

[130] Súmula 54 do TSE.

na fase de impugnação do registro, sob pena de preclusão[131].

Ademais, o afastamento de determinado cargo ou função pública dar-se-á sempre no interesse da coletividade, que tem o direito à lisura do pleito, não em benefício da campanha do servidor-candidato, porque a Lei Complementar n. 64/90 trata de inelegibilidades com o escopo de preservar a normalidade das eleições contra o abuso do exercício de cargo, função ou emprego na Administração Pública[132].

Em regra, o prazo de desincompatibilização é de seis meses, existindo também prazo de desincompatibilização de três e quatro meses, contados de forma sequencial, sem interrupção.

Por fim, verifica-se que os documentos descritos nos incisos do § 1º, do art. 11, da Lei Eleitoral são definidos como requisitos do registro e, caso não sejam apresentados, o seu pedido deve ser indeferido, após ser concedido prazo para suprir a omissão, com exceção dos documentos produzidos a partir de informações detidas pela Justiça Eleitoral, entre eles a prova de filiação partidária, a cópia do título eleitoral ou da certidão e a certidão de quitação eleitoral, que não precisam ser apresentados (art. 11, § 13, da Lei n. 9.504/97).

---

[131] Respe n. 060029211, Acórdão, Rel. Min. Edson Fachin, *DJe*, Tomo 113, 21-6-2021, p. 0.

[132] Ac. n. 14.036, Rel. Min. José Eduardo Alckmin, 1º-10-1996.

6 PARTIDOS POLÍTICOS

6.1. CONCEITO DE PARTIDO POLÍTICO

Os partidos políticos ocupam relevante papel na democracia brasileira, no sentido de que se configuram como condição inafastável de elegibilidade. Eles são um dos instrumentos que propiciam à população a condição de se expressar nos acontecimentos políticos, um dos canais que possibilitam à sociedade uma participação mais efetiva nas decisões governamentais (art. 17 da CF).

A cidadania, no sentido político, tem, primordialmente, exercício dentro dos partidos. Mas, além dessa forma, os cidadãos podem exercê-la nos mais variados aspectos do cotidiano, como quando se posicionam acerca das decisões políticas, realizam o direito de voto, apoiam iniciativa popular para projeto de lei, por exemplo. Extrai-se, com isso, que os cidadãos podem exercer os direitos políticos sem os partidos; contudo, para a obtenção de um mandato popular, os partidos são considerados imprescindíveis, pois refletem a participação social nas decisões do Estado.

Outrossim, eles respondem ao problema de mediar entre o pluralismo ideológico existente na sociedade e o interesse estatal de produzir uma unidade de decisão e ação governamental[1]. Logo, são conceituados como organismos sociais estruturados, com a finalidade de organizar as forças em torno de um ideário político para disputar o poder na sociedade. Difundem sua ideologia política para conseguir adeptos e tentam contribuir para o direcionamento das políticas públicas.

Não se confundem com facções políticas ou grupos de pressão. As primeiras carecem de organização e programas abrangentes, atendendo a interesses tópicos limitados no tempo. Já os grupos de pressão

---

[1] BENDA et al. *Manual de derecho constitucional*. 2. ed. Madrid: Marcial Pons, 2001, p. 389.

têm como aspiração obter decisões dos entes governamentais a seus interesses setoriais, sem almejar conquistar o poder[2].

Com precisão, elucida o Professor Palhares Moreira Reis que o partido político pode ser definido como uma associação de pessoas, organizadas de modo permanente, com o escopo de participar do funcionamento das instituições e buscar o acesso ao poder ou ao menos influenciar em seu exercício para fazer prevalecer suas ideias e seus interesses[3].

Gregório Bandeni assevera que os partidos políticos cumprem uma série de funções, tais como: detectar os problemas que apresentam a sociedade e o Estado, propondo remédios para solucioná-los; educar politicamente os cidadãos; atuar como intermediários entre a cidadania e os grupos de opiniões, por uma parte, e o governo, por outra, transmitindo os anseios sociais; obter o controle de decisões do governo, dentro de sua concepção de mundo; formar dirigentes políticos; e propor candidatos para ocupar os diversos cargos eleitorais[4].

Os partidos deixam de ser concebidos como um mero agrupamento humano para determinado fim, para se integrar ao próprio nascedouro da vontade estatal, sendo a luta partidária na defesa de distintos interesses um valor constitutivo do Estado[5]. Para Vânia Aieta e Leandro Frota, foi somente com a Constituição de 1988, sob os eflúvios do constitucionalismo contemporâneo, que os partidos políticos passaram a ser analisados como instrumentos de concretização do direito fundamental de participação política, no que passaram a contar com um *status* diferenciado em relação às outras associações de caráter privado, devido à função precípua de impulsionar a formação da vontade popular, mediando politicamente a organização e expressão da vontade dos cidadãos[6].

---

[2] BANDENI, Gregório. *Tratado de derecho constitucional*. Buenos Aires: La Ley, t. I, p. 753.

[3] MOREIRA REIS, Palhares. *Cinco estudos sobre partidos políticos*. Recife: UFPE, 1999, p. 19.

[4] BANDENI, Gregório. *Tratado de derecho constitucional*. Buenos Aires: La Ley, t. I, p. 757.

[5] LENK, Kurt; NEUMANN, Sigmund. *Teoría y sociología crítica de los partidos políticos*. Barcelona: Anagrama, 1980, p. 29.

[6] AIETA, Vânia Siciliano; FROTA, Leandro Mello. Partidos políticos. In: ÁVA-

6.2. HISTÓRICO DOS PARTIDOS POLÍTICOS

Os partidos políticos surgiram na história do direito político-constitucional, no final do século XIX e início do século XX. Sua finalidade seria servir como elo entre o exercício de poder e a população, aumentando a participação dos cidadãos nas decisões políticas.

Pode-se dizer que quem mais contribuiu para seu aparecimento foram Lenin e Max Weber[7]. O primeiro concebeu o partido como uma forma de a classe trabalhadora se organizar e tomar o poder; e, depois, seria o partido político o instrumento fundamental para que se chegasse a uma sociedade sem classes sociais. O segundo dividiu os partidos em dois tipos: os de patronagem, compostos de elementos que tinham como única finalidade chegar ao poder e usufruir de suas benesses; e os ideológicos, que têm determinada percepção de mundo, com uma carga valorativa, sendo sua missão lutar por essa implementação.

A ideia de criação de partidos políticos também foi muito criticada. Impingiam a eles a nefanda função de dividir a sociedade, gerando antagonismos e animosidades. Ainda maculavam sua função com a ideia de que serviria como um corpo intermediário entre o cidadão e o governo, impedindo a participação direta do cidadão nos negócios governamentais. Compartilhavam dessa opinião Rousseau e Hobbes.

Na Inglaterra, os partidos políticos foram considerados essenciais desde o século XVII, em que os Tories e os Whigs se digladiavam nas eleições para a Câmara dos Comuns, o parlamento britânico. Os Tories eram proprietários rurais, anglicanos e partidários do Rei Carlos II. Já os Whigs, contavam em suas fileiras com grande número de mercadores e fiéis de grupos protestantes dissidentes da Igreja Anglicana. Os

---

LO, Alexandre (Coord.). *O novo direito eleitoral brasileiro*: manual de direito eleitoral. 2. ed. Belo Horizonte: Fórum, 2014, p. 130.

[7] Sobre a importância do partido comunista, doutrina Lenin: "Negar a necessidade do partido e a disciplina de partido, aí está o resultado a que chegou a oposição. E isto equivale a desarmar por completo o proletariado em proveito da burguesia... Para fazer frente a isso, para permitir que o proletariado exerça acertada, eficaz e vitoriosamente o seu papel organizador (e este é o seu papel principal), são necessárias uma centralização e uma disciplina severíssima dentro do partido político do proletariado" (LENIN, V. I. A doença infantil do esquerdismo no comunismo. In: *Obras escolhidas*. Lisboa: Avante, 1986, p. 106-107).

primeiros originaram o Partido Conservador, e os segundos o partido liberal, ambos governando até o início do século XX[8].

6.3. HISTÓRICO DOS PARTIDOS POLÍTICOS NO BRASIL

Sob o domínio de Portugal, a luta política envolvia aqueles que tencionavam a declaração de nossa independência, composta de brasileiros, e aqueles que almejavam a continuação do status de colônia, composta por estrangeiros[9]. No Império, especificamente no governo de D. Pedro II, o cenário político fora dominado pelo partido conservador e pelo partido liberal, que se revezaram no poder até os albores do regime republicano, em 1889[10]. Igualmente, foram esses dois polos políticos que deram origem à Constituinte de 1823, que acabou sendo rejeitada pelo Imperador em razão de seus pendores liberalistas[11]. No fim do regime monárquico, surgiu o Partido Republicano, contudo, sem apresentar consistência relevante em termos de estrutura partidária.

Com a Proclamação da República e a descentralização inerente à forma de Estado federativa, houve a criação de partidos republicanos locais, em que cada Estado-membro contaria com suas próprias estruturas, com até mesmo diversos vieses ideológicos[12]. Em março de 1922, foi criado o Partido Comunista Brasileiro (PCB), fruto das ideias comu-

---

[8] CAETANO, Marcello. *Manual de ciência política e direito constitucional.* Coimbra: Almedina, 1996, t. I, p. 57-58.

[9] SILVA SOARES, Carlos Dalmiro da. *Evolução histórico-sociológica dos partidos políticos no Brasil imperial.* Disponível em: http://jus2.uol.com.br/doutrina/texto.asp?id=1503. Acesso em: 13 dez. 2007.

[10] "A faculdade de escolher os ministros permitia ao chefe de estado promover o rodízio de partidos, impedindo que um deles se perpetuasse no poder pela manipulação das eleições" (CARVALHO, José Murilo de. *D. Pedro II.* São Paulo: Companhia das Letras, 2007, p. 46).

[11] PINTO FERREIRA, Luiz Alfredo Moraes. *Partidos políticos:* do império a 1990. Recife: SOPECE, 1999, p. 11.

[12] "A república inaugurou um novo período da nossa legislação eleitoral, inspirando-se diretamente nos figurinos norte-americanos" (FERREIRA, Manoel Rodrigues. *A evolução do sistema eleitoral brasileiro.* Brasília: Conselho Editorial do Senado Federal, 2001, p. 356).

nistas e da influência provocada pela Revolução Bolchevista de 1917[13]; posteriormente, criou-se a Ação Integralista Brasileira (AIB), em 1932, comandada por Plínio Salgado; também no ano de 1932, surgiu a Aliança Nacional Libertadora (ANL), um movimento político, comandada por Luís Carlos Prestes, em uma tentativa de englobar as forças progressistas do país.

Com o acirramento político, o Presidente Getúlio Vargas, sob pretexto de que os principais partidos tencionavam perturbar a ordem pública e implantar uma ditadura, promoveu um golpe de Estado e mitigou a liberdade política[14]. Com isso, houve a dissolução dos partidos existentes e o exílio de seus líderes, o fechamento do Congresso Nacional e a censura da imprensa.

Em decorrência da derrota das potências do modelo nazifascista do Eixo – Alemanha, Itália e Japão –, as bases de sustentação de Getúlio Vargas foram solapadas, já que ele implantou um modelo de natureza fascista com a Constituição de 1937. Um golpe de Estado o retirou, momentaneamente, do cenário político. Todavia, ele retomou, em 1951, a Presidência, apoiado pelo movimento denominado queremismo.

No período pós-getulismo, vários partidos descortinaram no cenário político, como o Partido Social Progressista (PSP); o Partido Republicano (PR); o Partido Libertador (PL); o Partido Socialista Brasileiro (PSB); o Partido de Representação Popular (PRP); o Partido Comunista do Brasil (PC do B); o Partido Democrático Cristão (PDC); o Partido Rural Trabalhista (PRT); o Partido do Movimento Trabalhista (PMT) e o Movimento Trabalhista Renovador[15]; tendo alcançado maior desenvoltura a União Democrática Nacional (UDN), que era formada pela alta burguesia urbana e também por uma "esquerda democrática", que mais tarde fundaria o Partido Socialista; o Partido Social Democrático (PSD), contendo a burguesia

---

[13] FRANCO, Afonso Arinos de Melo. *História e teoria dos partidos políticos no Brasil*. 3. ed. São Paulo: Alfa-Omega, 1980, p. 97-98.

[14] CHACON, Vamireh. *História dos partidos brasileiros*: discurso e práxis dos seus programas. Brasília: Ed. Universidade de Brasília, 1981, p. 329.

[15] PINTO FERREIRA, Luiz Alfredo Moraes. *Partidos políticos*: do império a 1990. Recife: SOPECE, 1999, p. 15.

rural; e o Partido Trabalhista Brasileiro (PTB), apoiado pelos seguidores de Getúlio[16].

Advindo o golpe militar de 1964, o novo governo estabelecido
editou o Ato Institucional n. 2, com o escopo de dissolver os partidos
políticos existentes. Para não se caracterizar como um governo autori-
tário, fora editado o Ato Complementar n. 4, permitindo a criação de
dois novos partidos: a Aliança Renovadora Nacional (ARENA) e o Movimento Democrático Brasileiro (MDB). Ressalve-se que durante a
ditadura militar ocorreu o sufocamento das liberdades e garantias democráticas, refletindo-se no cerceamento da vida partidária.

Aproximando-se o fim do regime militar, em 1979 foi editada a
Lei n. 6.676, que extinguiu a ARENA e o MDB e permitiu a criação de
novos partidos; e fora modificada a Lei n. 5.682/71 (antiga Lei Orgânica dos Partidos Políticos), que exigiu a expressão "partido" na sigla
identificadora das novas agremiações partidárias. Dessa forma, a antiga
ARENA transformou-se em Partido Democrático Social (PDS) e o
MDB em Partido do Movimento Democrático Brasileiro (PMDB),
também foram criados o Partido Popular (PP), o Partido Trabalhista
Brasileiro (PTB), o Partido Democrático Trabalhista (PDT) e o Partido
dos Trabalhadores (PT). Com a Emenda Constitucional n. 25/85, houve ampliação no quadro partidário brasileiro, somando-se aos partidos
supracitados outros que até então não existiam[17].

---

[16] SALDANHA, Nelson Nogueira. *História das ideias políticas no Brasil*. Brasília:
Conselho Editorial do Senado Federal, 2001, p. 311.

[17] Foram os seguintes os partidos criados após a Emenda Constitucional n. 25/85:
Partido da Frente Liberal (PFL), Partido Comunista Brasileiro (PCB), Partido Comunista do Brasil (PC do B), Partido Humanista (PH), Partido Democrata Cristão
(PDC), Partido Social Cristão (PSC), Partido Tancredista Nacional (PTN), Parti-
do Liberal (PL), Partido Municipalista Comunitário (PMC), Partido do Povo Bra-
sileiro (PPB), Partido da Mobilização Nacional (PMN), Partido Socialista Brasilei-
ro (PSB), Partido Social Trabalhista (PST), Partido Democrático Independente
(PDI), Partido Nacional Democrático (PND), Partido Socialista (PS), Partido
Nacionalista (PN), Partido da Juventude (PJ), Partido Liberal Brasileiro (PLB),
Partido Municipalista Brasileiro (PMB), Partido Renovador Progressista (PRP),
Partido Reformador Trabalhista (PRT), Partido Socialista Agrário e Renovador
Trabalhista (PASART), Partido Nacional Comunitário (PNC), Partido da Nova
República (PNR) e Partido Trabalhista Renovador (PTR) (MOREIRA REIS, Pa-
lhares. *Cinco estudos sobre partidos políticos*. Recife: UFPE, 1999, p. 42).

Em razão das sequelas deixadas pela ditadura militar, que, pelo Ato Institucional n. 2, impôs o bipartidarismo, como forma de fortalecer a democracia, a Constituição Federal hodierna garante o pluripartidarismo, possibilitando a todas as correntes políticas sua representação no panorama político, desde que consigam um mínimo de apoio popular[18].

Entretanto, importa consignar o aspecto negativo da pluralidade retro mencionada, uma vez que ela acarreta certa distorção pela facilidade de criação de novos partidos no Brasil, fazendo com que eles, infelizmente, não representem aspirações ideológicas, e sim sirvam como siglas de aluguel para os candidatos inescrupulosos. Por isso, defende-se a ideia da implantação da cláusula de barreira, em que apenas os partidos que conseguissem um número mínimo de votos no Congresso Nacional poderiam assegurar aos seus candidatos mandatos no parlamento. Com as inovações legislativas ocorridas no ano de 2017, conforme será visto ao longo deste capítulo, demonstra-se que a mencionada cláusula está sendo, aos poucos, incorporada no ordenamento jurídico pátrio.

Atualmente, existem no Brasil os seguintes partidos: Movimento Democrático Brasileiro (MDB); Partido Trabalhista Brasileiro (PTB); Partido Democrático Trabalhista (PDT); Partido dos Trabalhadores (PT); Partido Comunista do Brasil (PC do B); Partido Socialista Brasileiro (PSB); Partido da Social Democracia Brasileira (PSDB); AGIR (AGIR); Partido Social Cristão (PSC); Partido da Mobilização Nacional (PMN); CIDADANIA; Partido Verde (PV); AVANTE; Partido Progressista (PP); Partido Socialista dos Trabalhadores Unificado (PSTU); Partido Comunista Brasileiro (PCB); Partido Renovador Trabalhista Brasileiro (PRTB); Democracia Cristã (DC); Partido da Causa Operária (PCO); Pode (PODEMOS); REPUBLICANOS; Partido Socialis-

---

[18] "A nova Carta não só restaurava as bases federativas, democráticas e representativas do sistema republicano, destroçadas em nosso país pelo unitarismo da ditadura, como colocava a matéria partidária no capítulo dos direitos e das garantias individuais, fazendo uma inovação de extraordinário alcance político, em perfeita consonância com o adiantamento institucional da democracia que se renovara após o triunfo sobre os regimes totalitários de extrema direita" (BONAVIDES, Paulo. A decadência dos partidos políticos e o caminho para a democracia direta, in *Direito eleitoral*. Belo Horizonte: Del Rey, 1996, p. 31).

mo e Liberdade (PSOL); Partido Liberal (PL); Partido Social Democrático (PSD); PATRIOTA; Partido Republicano da Ordem Social (PROS); SOLIDARIEDADE; Partido Novo (NOVO); Rede Sustentabilidade (REDE); Partido da Mulher Brasileira (PMB); Unidade Popular (UP) e União Brasil (UNIÃO)[19].

6.4. CRIAÇÃO DE PARTIDOS POLÍTICOS

Em 1995, o Ministro Carlos Mário da Silva Velloso, então presidente do Tribunal Superior Eleitoral, convocou especialistas em Direito Eleitoral e em Informática para integrarem uma comissão para o estudo dos problemas eleitorais brasileiros. A comissão foi dividida em cinco subcomissões, sob a presidência dos Ministros do Tribunal Superior Eleitoral: sistemas políticos, processo eleitoral, partidos políticos, financiamento das eleições e informatização do processo eleitoral. O teor desse estudo foi encaminhado aos dirigentes dos Três Poderes com o intuito de atualizar a legislação eleitoral nacional. O Congresso Nacional já vinha examinando a matéria e aprovando diversos projetos de leis relativos ao tema. Em 19 de setembro de 1995, o referido projeto foi convertido na Lei n. 9.096[20]. Essa é a lei que regulamenta os partidos políticos, disciplinando os procedimentos para sua criação.

A Lei dos Partidos Políticos permite sua livre criação, bem como sua fusão e extinção. Isso é uma decorrência natural do regime democrático e do pluripartidarismo. Sendo assim, para criá-los, deve-se observar as especificações legislativas quanto ao tema. Registra-se que atualmente existem 67 partidos em formação[21].

Os partidos políticos têm natureza de direito privado e, depois de adquirirem personalidade jurídica na forma da lei civil, devem registrar seu estatuto no Tribunal Superior Eleitoral, ficando a ati-

---

[19] Totalizando 32 partidos registrados no TSE. Lista extraída do *site*: https://www.tse.jus.br/partidos/partidos-registrados-no-tse/registrados-no-tse. Acesso em: 20-4-2022.

[20] MOREIRA REIS, Palhares. *Cinco estudos sobre partidos políticos*. Recife: UFPE, 1999, p. 96.

[21] Disponível em: https://www.tse.jus.br/partidos/criacao-de-partido/partidos-em-formacao. Acesso em: 20-4-2022.

vidade desenvolvida supervisionada pela Justiça Eleitoral (art. 17, § 2º, da CF)[22].

O requerimento do registro dos partidos, na forma da lei civil, deverá ser feito no cartório de Registro Civil das Pessoas Jurídicas do local da sua sede, e o pedido deverá ter sido subscrito por seus fundadores, com um número não inferior a cento e um, com domicílio eleitoral em, no mínimo, um terço dos Estados-membros (art. 8º, da Lei n. 9.096/95, com redação dada pela Lei n. 13.877/2019)[23]. Os documentos que deverão ser apresentados no ato em tela são: cópia autêntica da ata da reunião de fundação do partido; exemplares do *Diário Oficial* que publicou, no seu inteiro teor, o programa e o estatuto; relação de todos os fundadores com o nome completo, naturalidade, número do título eleitoral com a Zona, Seção, Município e Estado, profissão e endereço da residência (art. 8º, *caput* e incisos I, II e III da Lei n. 9.096/95).

No requerimento do registro serão indicados o nome e a função dos dirigentes provisórios do partido, bem como o endereço da sede do partido em Brasília (art. 8º, § 1º, da Lei n. 9.096/95). Com isso, o partido adquire personalidade jurídica, firmando sua criação de forma provisória. Para sua consolidação definitiva, *urge obter*, no período de dois anos, apoio de, no mínimo, cinco décimos por cento dos votos dados na última eleição geral para a Câmara dos Deputados; para isso, não serão computados os votos brancos e nulos, devendo ser distribuídos por um terço, ou mais, dos Estados, com um mínimo de um décimo por cento do eleitorado que tenha votado em cada um deles. Essas exigências têm como objetivo só permitir o registro do estatuto partidário de agremia-

---

[22] "No sistema constitucional-partidário brasileiro, são três os estágios em que se pode situar o partido político: a infância (partido com registro na forma da lei civil), a maioridade (partido com registro na Justiça Eleitoral) e a maturidade (partido com representantes eleitos e funcionamento parlamentar)" (CUNHA, Sérgio Sérvulo da. A Lei dos partidos políticos (Lei n. 9.096, de 19 de setembro de 1995). In: *Direito eleitoral*. Belo Horizonte: Del Rey, 1996, p. 142).

[23] "A qualificação jurídica que se lhe adiciona com o registro fá-lo transpor do estágio temporário, para tornar-se permanente, institucionalizando-se na ordem política e, mais precisamente, no sistema partidário inerente ao regime democrático" (RIBEIRO, Fávila. *Pressupostos constitucionais do direito eleitoral*: no caminho da sociedade participativa. Porto Alegre: Sérgio Antônio Fabris Editor, 1990, p. 59).

ções que tenham caráter nacional (art. 7º, § 1º, da Lei n. 9.096/95). Saliente-se que o apoiamento de que trata o dispositivo em comento deve ser de eleitores não filiados a partido político e que o TSE não aceita como válidas assinaturas de apoio angariadas pela internet.

No entanto, no julgamento da Consulta n. 0601966-13, formulada pelo Deputado Federal Jerônimo Pizzolotto Goergen, o TSE entendeu ser possível aceitar a utilização de assinatura eletrônica legalmente válida dos eleitores que apoiem a criação de partidos políticos nas listas ou fichas expedidas pela Justiça Eleitoral, desde que haja prévia regulamentação pelo Tribunal e desenvolvimento de ferramenta tecnológica para aferir a autenticidade das assinaturas. Conquanto o TSE tenha respondido a consulta afirmativamente, não deliberou pela regulamentação da matéria, nem tampouco determinou o desenvolvimento de tecnologia hábil a cumprir a finalidade de aferir a autenticidade das assinaturas.

Cumpridos os requisitos referidos acima, os dirigentes nacionais promoverão o registro do estatuto do partido junto ao Tribunal Superior Eleitoral. Nessa ocasião, o requerimento de registro será acompanhado de: a) exemplar autenticado do inteiro teor do programa e do estatuto partidários, inscritos no Registro Civil; b) certidão do registro civil da pessoa jurídica; c) certidões dos cartórios eleitorais que comprovem obtenção do apoio mínimo de eleitores a que se refere o § 1º do art. 7º da Lei dos Partidos Políticos (art. 9º da Lei n. 9.096/95).

A prova do apoio do mínimo de eleitores exigido será por meio de suas assinaturas e com a indicação do número do título de eleitor. As assinaturas serão organizadas em listas, de acordo com a zona eleitoral. As assinaturas, juntamente com os números dos títulos, serão verificadas pelo escrivão eleitoral, que dará imediato recibo de cada lista que lhe for apresentado e, no prazo de quinze dias, lavrará o atestado (art. 9º, §§ 1º e 2º, da Lei n. 9.096/95).

Protocolado o pedido de registro no TSE, o processo será distribuído, no prazo de 48 horas, a um Relator que ouvirá a Procuradoria-Geral e, em caso de falhas no processo, determinará diligências a fim de saná-las. Se não houver diligências ou as falhas já houverem sido supridas, o Tribunal Superior Eleitoral registrará o estatuto no prazo de trinta dias (art. 9º, §§ 3º e 4º, da Lei n. 9.096/95).

Registrando seu estatuto no Tribunal Superior Eleitoral, o partido poderá participar das eleições, dispor do fundo partidário, ter uso exclusivo de sua sigla e obter acesso gratuito no rádio e na televisão, de acordo com a determinação legal (art. 17, § 3º, da CF). Somente com isso é assegurada a exclusividade da sua denominação, sigla e símbolos, vedada a utilização, por outros partidos, de variações que venham a induzir a erro ou confusão (§ 3º, do art. 7º, da Lei n. 9.096/95).

Uma vez criado e registrado o partido, passa-se as devidas anotações dos órgãos partidários nos respectivos Tribunais Regionais Eleitorais. Em disciplina à criação, organização, fusão, incorporação e extinção de partidos políticos, o Tribunal Superior Eleitoral expediu a Resolução n. 23.571/2018, instruindo que o órgão de direção nacional ou regional deve comunicar ao respectivo tribunal eleitoral, no prazo de trinta dias contados da deliberação, por meio de sistema específico da Justiça Eleitoral, a constituição de seus órgãos de direção partidária regional e municipais, seu início e fim de vigência, os nomes, os números de inscrição no Cadastro de Pessoas Físicas (CPF) e do título de eleitor dos respectivos integrantes, bem como as alterações que forem promovidas para anotação (art. 35, *caput*)[24].

Por fim, cumpre destacar que, para evitar o número excessivo de siglas, quando muitas delas têm a finalidade exclusiva de defender interesses pessoais, a solução seria a formulação de requisitos mais rígidos para sua criação, funcionando tais requisitos como cláusulas de barreira. Um partido político apenas deveria ser criado quando tivesse amplo apoio na sociedade e representasse determinada corrente política. Infelizmente, a cláusula de barreira estabelecida no art. 13 da Lei n. 9.096/95 foi declarada inconstitucional pelo Supremo Tribunal Federal[25], alegando que a exigência de um piso de 5% de votos que teria de ser obtido por cada partido feriria o princípio do pluripartidarismo[26].

---

[24] Este assunto será abordado, de modo mais profundo no item 6.14. deste capítulo.

[25] Em 7-12-2006, no julgamento das ADINs n. 1.351-3 e n. 1.354-8, ajuizadas, respectivamente, pelo PCdoB e pelo PSC, a Corte Suprema, por unanimidade, declarou a inconstitucionalidade do art. 13 da Lei dos Partidos Políticos.

[26] "Art. 13. Tem direito a funcionamento parlamentar, em todas as Casas Legislativas para as quais tenha elegido representante, o partido que, em cada eleição

Com a minirreforma de 2017, todavia, o assunto em testilha foi reavivado, pois se criou nova cláusula de desempenho eleitoral para os partidos a partir das eleições de 2018. Contudo, observa-se, a sua implementação será de modo gradual, apenas se consolidando em 2030.

A cláusula de desempenho em questão foi implementada no ordenamento jurídico brasileiro por meio da Emenda Constitucional n. 97, a qual incluiu o § 3º do art. 17 da Carta Magna. Agora, somente terão direito a recursos do fundo partidário e acesso gratuito ao rádio e à televisão, na forma da lei, os partidos políticos que alternativamente: (i) obtiverem, nas eleições para a Câmara dos Deputados, no mínimo, 3% (três por cento) dos votos válidos, distribuídos em pelo menos um terço das unidades da Federação, com um mínimo de 2% (dois por cento) dos votos válidos em cada uma delas; (ii) tiverem elegido, pelo menos, quinze Deputados Federais distribuídos em, pelo menos, um terço das unidades da Federação.

Dessa forma, de acordo com o art. 3º da EC n. 97/2017, os partidos necessitam dos seguintes requisitos para ultrapassarem a cláusula de barreira: I – na legislatura seguinte às eleições de 2018: a) obtiverem, nas eleições para a Câmara dos Deputados, no mínimo, 1,5% (um e meio por cento) dos votos válidos, distribuídos em, pelo menos, um terço das unidades da Federação, com um mínimo de 1% (um por cento) dos votos válidos em cada uma delas; ou b) tiverem elegido pelo menos nove Deputados Federais distribuídos em, pelo menos, um terço das unidades da Federação; II – na legislatura seguinte às eleições de 2022: a) obtiverem, nas eleições para a Câmara dos Deputados, no mínimo, 2% (dois por cento) dos votos válidos, distribuídos em, pelo menos, um terço das unidades da Federação, com um mínimo de 1% (um por cento) dos votos válidos em cada uma delas; ou b) tiverem elegido, pelo menos, onze Deputados Federais distribuídos em, pelo menos, um terço das unidades da Federação; III – na legislatura seguinte às eleições de 2026: a) obtiverem, nas eleições para a Câmara dos Deputados, no mínimo, 2,5% (dois e meio por cento) dos votos válidos, distribuídos

---

para a Câmara dos Deputados, obtenha o apoio de, no mínimo, cinco por cento dos votos apurados, não computados os brancos e os nulos, distribuídos em, pelo menos, um terço dos Estados, com um mínimo de dois por cento do total de cada um deles". Seu conteúdo fora deixado sem eficácia devido as ADIns n. 1.351-3 e 1.354-8.

em, pelo menos, um terço das unidades da Federação, com um mínimo de 1,5% (um e meio por cento) dos votos válidos em cada uma delas; ou b) tiverem elegido, pelo menos, treze Deputados Federais distribuídos em, pelo menos, um terço das unidades da Federação.

6.5. PRINCÍPIOS PARTIDÁRIOS

Os partidos políticos têm autonomia para determinar sua estrutura interna, sua organização e seu funcionamento por intermédio de seu estatuto da sigla, que é a lei que rege a engrenagem dos entes partidários[27]. O funcionamento dos partidos se realiza de acordo com essas disposições internas. Cada partido tem um estatuto com o qual regula o funcionamento dos órgãos internos, estipula o modo de prolação das decisões, as obrigações dos filiados etc. A restrição às disposições dos partidos são os preceitos constitucionais.

Com a queda da verticalização, que contraria o caráter nacional dos partidos, os estatutos ostentam maior relevo, já que eles são os órgãos que adotam os critérios de escolha e o regime de suas coligações eleitorais, sem obrigatoriedade de vinculação entre as candidaturas em níveis nacional, estadual, distrital ou municipal, deixando que as regras internas estabeleçam normas de disciplina.

Dentro do pluralismo político e da liberdade de expressão de pensamento, que são características do Estado Democrático de Direito, os partidos têm liberdade ideológica; contudo, alguns princípios constitucionais precisam ser obedecidos, devendo, obrigatoriamente, constar dos programas partidários a soberania nacional, o regime democrático, o pluralismo político e os direitos fundamentais da pessoa humana[28].

---

[27] Dentre as limitações geradas pela Constituição Federal e pela Lei dos Partidos Políticos, esses são livres para fixar: "a) no programa, os seus objetivos políticos.

Neste ponto, as restrições são as de respeito aos princípios maiores norteadores da vida partidária: soberania nacional, regime democrático, pluripartidarismo e direitos fundamentais da pessoa humana; b) no estatuto, a estrutura interna, organização e funcionamento, que deverá se refletir, entre outras, nas normas exigidas pela lei" (Moreira REIS, Palhares. O partido político e a Lei de 1995. In: *Direito eleitoral*. Belo Horizonte: Del Rey, 1996, p. 180).

[28] O vocábulo ideologia vem da raiz grega *eidos* (ideia) com *logos* (conhecimen-

É expressamente vedado aos partidos políticos (art. 17, I a IV, da CF):

a) a criação de agremiações regionais, que defendam interesses locais: elas têm que apresentar caráter nacional, devendo estar representados na maioria dos Estados da Federação, e suas propostas têm de englobar o interesse de toda a nação. O surgimento de partidos regionais seria uma afronta à Federação, que é formada pela união indissolúvel dos Estados, dos Municípios e do Distrito Federal, e representaria um estímulo para a secessão, o que é terminantemente proibido pela nossa Constituição (art. 17, I da CF);

b) a utilização dos partidos políticos como estruturas paramilitares: um dos fundamentos da democracia é a convivência pacífica dos vários grupos políticos existentes, e os partidos estruturados com caráter paramilitar estimulariam a violência e impediriam o livre debate de ideias. Essa maneira de estruturação dos partidos políticos é o pórtico das ditaduras – foi assim que Hitler e Mussolini tomaram o poder (art. 17, IV e § 4º da CF);

c) a omissão de prestação de contas à Justiça Eleitoral, com o fim de se evitar o abuso do poder econômico. O processo eleitoral brasileiro é comandado pelo Poder Judiciário, que tem a função de fiscalizar a lisura das eleições, de forma que seja evitada a preponderância do poder econômico, que representa as elites, em detrimento de uma representação calcada no interesse popular, que não dispõe de recursos para financiar uma eleição (art. 17, III da CF);

d) recebimento de recursos financeiros de entidades ou governos estrangeiros ou subordinação a interesses alienígenas: O primeiro dos fundamentos da República Federativa do Brasil é a soberania, que restaria maculada se fosse permitido que os partidos políticos se submetessem a interesses estrangeiros ou recebessem recursos financeiros do exterior (art. 17, II da CF). É vedado ao partido receber, direta ou indi-

---

to). W. Elliot credita a David Hume a primazia de tê-lo empregado em fins do século XVIII, em seu *Tratado do conhecimento*. A maioria dos autores se inclina por ver sua gênese na criação de Destutt de Tracy, no ano de 1976, em seu livro *Mémoire sur la faculté de penser* e em seu *Projet d'éléments d'ideologie*, significando a ciência que tem por objeto o estudo das ideias, dos seus caracteres, dos seus sinais, das suas representações e das suas origens (CAVALCANTI, Themístocles. Reflexões sobre o problema ideológico. *Revista de Direito Público e Ciência Política*, n. 3, Rio de Janeiro, set.-dez. 1965, v. VIII, p. 84).

retamente, sob qualquer forma ou pretexto, contribuição ou auxílio pecuniário ou estimável em dinheiro, inclusive através de publicidade de qualquer espécie, procedente de entes públicos e pessoas jurídicas de qualquer natureza, ressalvadas as dotações referidas no art. 38 da Lei dos Partidos Políticos, Fundo Partidário, e as proveniente do Fundo Especial de Financiamento de Campanha, bem como pessoas físicas que exerçam função ou cargo público de livre nomeação e exoneração, ou cargo ou emprego público temporário, ressalvados os filiados ao partido político (art. 31, incisos II e V).

6.6. FIDELIDADE PARTIDÁRIA

A temática da fidelidade partidária de há muito vem provocando acalorados debates no cenário político. Seus defensores sustentam que ela fortalece a ligação entre a vontade do eleitor e o exercício do mandato por parte de seu representante[29]. Seus opositores alegam que ela enseja uma ditadura dos partidos, na qual burocracias não eleitas prevalecem em detrimento de parlamentares ungidos pela vontade popular.

O assunto ficou decidido na Resolução n. 22.526/2007, em seguida na Resolução n. 22.610/2007, alterada pela Resolução n. 22.733/2008, cujo relator foi o Ministro Cesar Asfor Rocha, respondendo à Consulta n. 1.398 do Partido da Frente Liberal, atual Democratas (DEM). Nessa decisão se firmou o posicionamento de que, nas eleições proporcionais, o parlamentar eleito que se desfiliar ou transferir-se de partido, sem justa causa, perde sua vaga para a agremiação pela qual se elegeu. A resolução supracitada adveio do entendimento sedimentado no julgamento da Consulta (CTA) n. 1.398, formulada pelo então Partido da Frente Liberal (PFL), hoje conhecido como DEM. A partir daí as demais decisões do Tribunal Superior Eleitoral foram no mesmo sentido[30].

---

[29] "Como o parlamentar somente tem o seu mandato em qualquer Casa Legislativa, em decorrência de uma eleição na qual teve possibilidade de concorrer por uma legenda partidária, quando este deixar o partido sob cuja legenda foi eleito, perde automaticamente a função ou cargo que exerça em virtude da proporção partidária" (Moreira REIS, Palhares. O partido político e a Lei de 1995. In: *Direito eleitoral*. Belo Horizonte: Del Rey, 1996, p. 188).

[30] O mandato é do partido e, em tese, o parlamentar, eleito pelo sistema proporcional, poderá perdê-lo ao ingressar em novo partido. Consulta n. 22.563 do TSE, Rel. Min. José Augusto Delgado.

O cerne da questão que dominou o debate acerca da fidelidade partidária é a indagação se o mandato eletivo pertence à agremiação política ou se configura como um direito subjetivo do representante, independentemente se ele foi eleito em razão da contribuição dos votos de legenda ou do aproveitamento das sobras partidárias.

Inexistem controvérsias acerca da importância dos partidos políticos para a consolidação e o desenvolvimento do regime democrático, já que funcionam como um "corpo intermediário", direcionando a opção dos eleitores pelo vínculo estabelecido entre o candidato e o partido pelo qual ele disputa a eleição. Esse liame representa um referencial, uma identidade, facilitando o trabalho dos eleitores na hora da escolha de seus representantes. Não é pelas facilidades materiais que os partidos proporcionam aos seus candidatos, como fundo partidário e horário gratuito na TV, que reside sua importância no processo democrático; mas, sobretudo, por constituir-se em instrumento que transmite, ao menos em nível teórico, segurança à população de que o candidato cumprirá as diretrizes programáticas do partido.

As argumentações que alicerçaram a aceitação da fidelidade partidária – como bem afirmou o Ministro José Delgado, não se trata de fidelidade partidária, mas de fidelidade ao eleitor[31] – foram: a soberania popular não pode ser concebida de uma maneira privatística; a Constituição apresenta abrangência sistêmica; a filiação partidária é condição de elegibilidade; resguarda a vontade do eleitor; e fortalece a democracia.

O mandato eletivo não pertence ao candidato eleito porque ele não é detentor de parcela da soberania popular, podendo transformá-la em propriedade sua. O poder que advém do povo não pode ser apropriado, como dito acima, de forma privatística. O candidato foi eleito para honrar determinado programa partidário, perdendo esse múnus quando se afasta do compromisso assumido[32].

---

[31] Voto do Min. José Delgado. In: Resolução n. 22.526/2007, Rel. Min. César Asfor Rocha.

[32] Na opinião de Clèmerson Clève, "a fidelidade partidária não pode chegar ao ponto de transformar mandato representativo em mandato imperativo, e o parlamentar em autômato guiado pelas cúpulas partidárias. Não pode, também, chegar a ponto, observados a doutrina o programa partidário, de violentar a cons-

Mesmo não havendo norma, explicitamente, prevendo a fidelidade partidária na Constituição, essa obrigação pode ser construída por sua interpretação sistêmica, em que vários princípios correlatos e outros implícitos lhe conferem suporte. Além do que, há muitos dispositivos infraconstitucionais impondo a ilação de que os mandatos pertencem aos partidos políticos[33].

A Lei Maior fala de fidelidade partidária, no § 1º do art. 17[34], ao expor que é assegurada aos partidos políticos autonomia para definir sua estrutura interna, estabelecer regras sobre escolha, formação e duração de seus órgãos permanentes e provisórios e sobre sua organização e seu funcionamento, para adotar os critérios de escolha e o regime de suas coligações nas eleições sem obrigatoriedade de vinculação entre as candidaturas em âmbito nacional, estadual, distrital ou municipal, devendo seus estatutos estabelecer normas de disciplina e fidelidade partidária.

A Lei n. 9.096/95 (Lei dos Partidos Políticos), em seu art. 24, afirma que o integrante da bancada de partido deve subordinar sua ação parlamentar aos princípios doutrinários e programáticos, às diretrizes estabelecidas pelos órgãos de direção partidários, na forma do estatuto.

No art. 25 da mesma lei ficou disposto que, além das medidas disciplinares básicas de caráter partidário, o estatuto do partido poderá estabelecer normas sobre penalidades, inclusive com desligamento temporário da bancada, suspensão do direito de voto nas reuniões internas ou perda de todas as prerrogativas, os cargos e as funções que exerça em decorrência da representação e da proporção partidária, na respectiva Casa Legislativa, ao parlamentar que se opuser, pela atitude ou pelo voto, às diretrizes legitimamente estabelecidas pelos órgãos partidários.

Assim definiu suas razões o Ministro Cezar Peluso:

a) em regra, o parlamentar que se desfiliar ou mudar de partido perderá seu mandato em favor do partido que o elegeu. Todas as vezes

---

ciência e a liberdade de convicção e de pensamento do parlamentar. Ocorrente situação de conflito, e desde que não sejam maculados o programa e a doutrina partidária, está o parlamentar autorizado a abster-se de votar sempre que a diretriz partidária venha à sua esfera de intimidade e de convicção" (CLÈVE, Clèmerson Merlin. *Fidelidade partidária*, Curitiba: Juruá, 1998, p. 78-79).

[33] Resolução n. 22.526/2007, Rel. Min. César Asfor Rocha.

[34] Com a redação dada pela EC 97/2017.

que a transferência ou desfiliação não tenha por fundamento a preservação da vontade política emitida pelo eleitor no momento do voto, deve o mandato permanecer com o partido que elegeu o representante. Não se trata de sanção pela mudança de partido, não se configurando como ato ilícito, contudo, trata-se de reconhecimento da inexistência de direito subjetivo autônomo ou de expectativa de direito autônomo à manutenção pessoal do cargo. Não houve incidência nas hipóteses narradas no art. 55 da Constituição da República, disciplinando a reação do ordenamento a atos ilícitos;

b) algumas exceções devem ser asseguradas em homenagem ao resguardo da relação eleitor-representante e dos princípios constitucionais da liberdade de associação e de pensamento. São os casos de mudança significativa de orientação programática do partido e na hipótese de comprovada perseguição política dentro do partido que abandonou[35].

O Ministro Carlos Ayres Britto aponta três argumentos para defender a tese da fidelidade partidária:

a) não há candidaturas avulsas no Brasil, pois a filiação partidária se configura como condição de elegibilidade;

b) que a soberania popular, exercida mediante sufrágio universal e pelo voto direto e secreto, pertence ao eleitor, não podendo o mandatário se apropriar dela e dispor do mandato sem cumprir com a vontade do eleitorado;

c) em decorrência do inciso V do art. 1º da Constituição, homenageando o pluralismo político, em que os cidadãos têm o direito de professar uma ideologia, precisando, por força dessa disposição constitucional, das siglas existentes para efetivar essa proteção cominada na *Lex Mater*[36].

As proposições utilizadas para denegar a fidelidade partidária no Brasil residem na ausência de dispositivo expresso, permitindo essa prerrogativa por parte dos partidos políticos. Segundo o Ministro Mar-

---

[35] Voto do Min. Cezar Peluso. In: Resolução n. 22.526/2007, Rel. Min. Cesar Asfor Rocha.

[36] Voto do Min. Carlos Ayres Britto. In: Resolução n. 22.526/2007, Rel. Min. Cesar Asfor Rocha.

celo Ribeiro, o único ministro que votou de forma contrária à fidelidade, não há dispositivo normativo expresso na Constituição de 1988 autorizando a perda de mandato ao parlamentar que se transferiu de um partido para outro. Uma homenagem ao princípio da legalidade.

Continuando o pensamento produzido em seu voto, afirma basear-se na indelével missão exercida pelos componentes do Poder Legislativo, cominando que as possibilidades de perda de mandato apenas podem ser delineadas no Texto Constitucional, dotando essas normas com sua supralegalidade. Assim, outros casos de perda de mandato não podem ter validade, seja por intermédio de normas infraconstitucionais, seja por interpretações *praeter legem*. As únicas possibilidades de perda de mandato parlamentar, ostentando natureza sancionatória, foram firmadas no art. 55 da Constituição, e em nenhuma delas existe menção à fidelidade partidária.

A perda de mandato do representante não pode ser classificada como sanção pela prática de um ato ilícito, ou seja, há liberdade de escolha do mandatário para o exercício de suas convicções ideológicas, agora não pode ele continuar com o mandato porque foi rompido o vínculo estabelecido entre ele e a vontade do cidadão, que o elegeu para pertencer a determinada agremiação. A consequência ensejada apenas é que, rompido o vínculo que o levou a vencer as eleições, também se rompe a vinculação com o mandato exercido, de acordo com a tese esposada pelos Ministros Carlos Ayres e Cezar Peluso.

Foram as seguintes razões as manejadas pelo Ministro Marcelo Ribeiro para rejeitar a fidelidade partidária:

a) o tema de análise foi tratado na Constituição de 1967/1969 por meio de norma expressa. Com a modificação do Texto Constitucional, não há mais regra que determine a perda do mandato na hipótese em questão;

b) somente o art. 55 da vigente Constituição elenca, em *numerus clausus*, os casos de perda de mandato e não há hipótese de mudança de partido por parte de parlamentar eleito[37].

A temática também aportou no Supremo Tribunal Federal por meio do Mandado de Segurança n. 26.603 impetrado pelo Partido da

---

[37] Voto do Min. Marcelo Ribeiro. In: Resolução n. 22.526/2007, Rel. Min. Cesar Asfor Rocha.

Social Democracia Brasileira (PSDB), de relatoria do Ministro Celso de Mello. No julgamento do *mandamus*, o STF decidiu que o mandato eletivo pertence ao partido político e que o parlamentar que se elege por uma sigla e, após a posse, troca de partido ou cancela a sua filiação, perde o mandato, devendo assumir em seu lugar o primeiro suplente do partido[38]. Sustentou o Ministro Celso de Mello, por ocasião do julgamento do MS n. 26.603/DF, que "o mandato representativo não constitui projeção de um direito pessoal titularizado pelo parlamentar eleito, mas representa, ao contrário, expressão que deriva da indispensável vinculação do candidato ao partido político, cuja titularidade sobre as vagas conquistadas no processo eleitoral resulta de "fundamento constitucional autônomo"[39].

Atualmente, a única possibilidade do mandatário se desfiliar ou trocar de legenda e não perder o mandato é se houver atestação de justa causa. A Lei n. 13.165/2015 trouxe uma inovação em relação à matéria de desfiliação ou mudança de partido, que antes era regulamentada apenas pela Resolução TSE n. 22.610/2007, no que recebia fortes influxos da jurisprudência. Mediante a inclusão do art. 22-A na Lei n. 9.096/95, o legislador considerou como justa causa a mudança substancial ou desvio reiterado do programa partidário; a grave discriminação política pessoal; a mudança de partido efetuada durante o período de 30 dias que antecede o prazo de filiação exigido em lei para concorrer à eleição, proporcional ao término do mandato vigente.

Denota-se, à vista disso, que a finalidade do legislador não foi outra senão a de trazer um rol restrito e taxativo às hipóteses de desfiliação ou mudança de partido com justa causa, especialmente para tentar amainar a proliferação de interpretações fugidias e cambiantes. Nesse sentido, o TSE estruturou algumas outras hipóteses de justa causa, como a aceitação da carta de anuência subscrita por partido político, autorizando a saída do detentor do cargo eletivo[40]. Quanto a essa

---

[38] No mesmo sentido: MS n. 26.602, Rel. Min. Eros Grau, j. 4-10-2007 e ADI n. 3.999, Rel. Min. Joaquim Barbosa, j. 12-11-2008.

[39] Em igual sentido: MS n. 26.604/DF, Rel. Min. Cármen Lúcia, MS n. 26.602, Rel. Min. Eros Grau, j. 4-10-2007 e ADI n. 3.999, Rel. Min. Joaquim Barbosa, j. 12-11-2008.

[40] Respe n. 060014426, Acórdão, Rel. Min. Luis Felipe Salomão, *DJe*, 22-9-2020.

hipótese em específico, o TSE promoveu uma virada na jurisprudência para afastar a configuração de justa causa em relação à carta de anuência oferecida pelos partidos aos representantes individuais, eleitos pela legenda[41].

Contudo, a Emenda Constitucional n. 111/2021 inseriu o § 6º no art. 17 da CF/88, para fins de afastar a hipótese de perda de mandato dos mandatários que se desligarem da grei pela qual tenham sido eleitos nos casos de anuência do partido.

De bom alvitre acentuar que a aplicação imediata do comando vertido do § 6º do art. 17 da CF/88 não revela acinte ao princípio da anualidade eleitoral previsto no art. 16 da *Lex Mater*, pois, de acordo com o entendimento alicerçado pelo Tribunal Superior Eleitoral, a ação de desfiliação por justa causa e a ação de perda de mandato por infidelidade partidária não têm caráter eleitoral, no que estão circunscritas na seara do direito partidário com reflexos parlamentares, não estando restritas à disciplina do processo eleitoral[42].

O requisito da mudança substancial ou desvio reiterado do programa partidário se consubstancia na possiblidade de o filiado migrar de partido quando há inobservância por parte das direções partidárias do respeito aos princípios, diretrizes, objetivos e razão de ser da agremiação. Ou seja, quando há mudança na ideologia e, consequentemente, no estatuto do partido, a ponto de os filiados não mais se identificarem com a legenda. Para sua caracterização, é necessário demonstrar de forma inexorável o desvio substancial da postura que o partido historicamente tenha adotado sobre temas sensíveis e relevantes na sociedade.

No entanto, a alegada mudança substancial de programa partidário apenas justifica a desfiliação por justa causa pelo mandatário quando ocorre dentro de prazo razoável[43]. É de bom alvitre realçar que a

---

[41] Petição n. 060048226, Acórdão, Rel. Min. Edson Fachin, *DJe*, Tomo 235, 17-12-2021.

[42] Ação de Justificação de Desfiliação Partidária n. 0600770-03.2021.6.00.0000. Rel. Min. Edson Fachin.

[43] ¨EMBARGOS DE DECLARAÇÃO. CONVERSÃO EM AGRAVO REGIMENTAL. RECURSO ESPECIAL. AÇÃO DE PERDA DE CARGO ELETIVO POR DESFILIAÇÃO PARTIDÁRIA. MUDANÇA DE ESTATUTO. TRANSCURSO DE DOIS ANOS E QUATRO MESES ENTRE JUSTA CAUSA E SAÍDA DA LEGENDA. IRRAZOABILIDADE DO PRAZO. SÚ-

mudança substancial ou desvio reiterado do programa partidário deve ter caráter nacional, no que eventuais discordâncias locais sobre alinhamento político com partido de oposição não têm magnitude para atrair essa hipótese de justa causa[44]. De igual modo, a alteração de posicionamento do partido em relação a matéria polêmica *interna corporis* também não evidencia mudança substancial do programa partidário[45].

De igual modo, escândalos de corrupção que envolvam a legenda no plano nacional, considerados de forma objetiva, não asseguram a imediata desfiliação do mandatário na hipótese aventada de mudança substancial do programa partidário[46].

A grave discriminação política pessoal ocorre quando há tratamento injusto e desigual atribuído pela legenda e seus órgãos diretivos a um filiado. Tal hipótese apresenta uma possibilidade ampla e de subjetiva caracterização, diante da dificuldade de se estabelecer um critério que defina sua ocorrência, mormente em virtude da complexidade das relações constituídas dentro do contexto político-partidário. Por ser um conceito fluido e cambiante, deve ser atestado com base em um conjunto probatório robusto, que possa afastar as subjetividades do alegado. A própria locução já traz o adjetivo "grave", de modo a indicar que meros dissabores em solo partidário não são aptos a satisfazer o requisito[47].

MULA 24/TSE. DESPROVIMENTO. No caso, a inércia do agravante, durante dois anos e quatro meses, denota sua concordância com novo posicionamento da legenda, além de consolidar efeitos jurídicos pelo transcurso do tempo, inexistindo justa causa" (Respe n. 42525, Acórdão, Rel. Min. Herman Benjamin, *DJe*, Tomo 237, 15-12-2016, p. 22).

[44] "O mero rumor ou discussão sobre a possibilidade futura de alinhamento político com partido de oposição não constitui mudança substancial de diretriz partidária. 9. Eventuais discordâncias locais sobre o posicionamento da agremiação diante da administração de um único município não caracteriza desvirtuamento do programa ou da diretriz partidária, os quais, dada a natureza e circunscrição do cargo em questão, deveriam ter, no mínimo, caráter estadual. Recursos ordinários desprovidos. Ação cautelar improcedente, com revogação da liminar concedida, e respectivo agravo regimental julgado prejudicado" (TSE, AC 18578/PR, Rel. Min. Henrique Neves, j. 13-3-2014, *DJe* 31-3-2014, p. 94-95).

[45] Pet. n. 3019, Acórdão, Rel. Min. Aldir Passarinho Junior, *DJe* 13-9-2010, p. 62.

[46] AgIn n. 060353212, Acórdão, Rel. Min. Sergio Silveira Banhos, *DJe*, Tomo 155, 5-8-2020.

[47] "Discussões sobre o alinhamento político do Partido, disputas internas que não

Vê-se que estas duas últimas hipóteses de justa causa para a desfiliação partidária demandam uma análise subjetiva da Justiça Eleitoral, no que devem ser demonstradas mediante a identificação de fato específico, de forma tópica e fundamentada, para a correta subsunção[48]. Importa mencionar que, para o TSE, não há atestação de grave discriminação nos seguintes casos: mera instauração de procedimento administrativo para averiguar eventual descumprimento de normas partidárias; e[49] ausência de reunião do órgão partidário municipal, inativação de Comissão Provisória Municipal e a não inclusão do mandatário como membro da Comissão[50].

---

interfiram no programa e nos ideais partidários nem gerem grave discriminação pessoal não são aptas a configurar a justa causa para a desfiliação. 8. Agravo Interno desprovido" (Petição n. 060008904, Acórdão, Rel. Min. Alexandre de Moraes, *DJe*, Tomo 89, 18-5-2021, p. 0).

[48] "ELEIÇÕES 2014. AGRAVO REGIMENTAL. RECURSO ORDINÁRIO. AÇÃO DE DECRETAÇÃO DE PERDA DE CARGO ELETIVO POR DESFILIAÇÃO PARTIDÁRIA SEM JUSTA CAUSA. DEPUTADO ESTADUAL. IMPROCEDÊNCIA. JUSTA CAUSA EVIDENCIADA. GRAVE DISCRIMINAÇÃO PESSOAL. DESPRESTÍGIO REPENTINO. DESTITUIÇÃO IMOTIVADA DA PRESIDÊNCIA DO PARTIDO. DIVULGAÇÃO ANTECIPADA NA MÍDIA. AUSÊNCIA DE CONVITE PARA REUNIÃO. MANUTENÇÃO DO MANDATO ELETIVO. DESPROVIMENTO. 1. A hipótese de discriminação pessoal que caracteriza justa causa para a desfiliação exige a demonstração de fatos certos e determinados que tenham o condão de afastar o mandatário do convívio da agremiação ou revelem situações claras de desprestígio ou perseguição. 2. No caso dos autos está presente a hipótese de justa causa de grave discriminação invocada pelo agravado ao demonstrar que experimentara um quadro de súbito desprestígio na legenda, o qual ultrapassa as alegações contrárias de eventual resistência de sua parte em verem frustradas as expectativas de se lançar a cargo majoritário no próximo pleito ou de divergência interna e disputas próprias do âmbito partidário. 3. Agravo regimental desprovido" (RO n. 14826, Acórdão, Rel. Min. Tarcisio Vieira de Carvalho Neto, *DJe* 20-11-2017).

[49] Pet. n. 3019, Rel. Min. Aldir Passarinho Jr., j. em 25-8-2010.

[50] "Meras desavenças políticas entre filiados são insuficientes para configurar a grave discriminação política pessoal, tampouco constitui motivo legítimo para desfiliação a insatisfação do agravante em relação à ausência de reunião do órgão partidário municipal, à inativação da Comissão Provisória Municipal do partido e à sua não inclusão como membro nessa Comissão, visto que essas circunstâncias constituem acontecimentos afetos à vida política partidária. Hipótese de grave discriminação política pessoal não configurada. 12. Agravo regi-

Já a hipótese de mudança de partido efetuada durante o período de 30 dias que antecede o prazo de filiação para concorrer à eleição, proporcional ao término do mandato, consubstancia a denominada "janela de transferências" ou "janela da infidelidade", que traz a possibilidade de os detentores de mandatos já eleitos se recandidatarem em agremiação diversa da que se elegeram sem comprometer o fim do mandato que conquistaram na eleição anterior.

6.6.1. Fidelidade partidária antes da Resolução n. 22.526/2007

Antes desse ato normativo do Tribunal Superior Eleitoral, não havia nenhum tipo de sanção para o parlamentar que mudasse de partido, excetuando-se no restrito âmbito das comissões internas parlamentares, em razão de que esses têm sua origem na proporção numérica dos membros dos partidos e a eles foram conferidos. Em todas as comissões do Congresso Nacional, a participação dos parlamentares é proporcional à expressão numérica dos partidos.

Ao contrário da Constituição Cidadã de 1988, a Constituição anterior, de 1967/1969, com a Emenda n. 1/69, em seu art. 152, parágrafo único (que, com alteração de redação, passou a ser o § 5º desse mesmo dispositivo por força da EC n. 11/78), exigia que os partidos reclamassem disciplina de seus membros e estipulava a perda do mandato do parlamentar que deixasse o partido pelo qual fora eleito ou descumprisse as diretrizes legitimamente estabelecidas pela direção partidária (a matéria encontrou regulamentação com a Lei n. 5.682/71). Para decretar a perda do mandato, era necessário posicionamento da Justiça Eleitoral, cujo procedimento deveria obedecer ao devido processo legal, ao contraditório e à ampla defesa. Em seguida, deveria ser declarada a perda do mandato pela respectiva Mesa do Congresso Nacional.

Essa penalidade apenas foi suprimida pela Emenda Constitucional n. 25, de 15 de maio de 1985.

---

mental desprovido" (AgIn n. 060057160, Acórdão, Rel. Min. Edson Fachin, *DJe*, Tomo 156, 6-8-2020).

6.7. COLIGAÇÃO PARTIDÁRIA

As coligações são fruto da união de dois ou mais partidos políticos para concorrer a determinado pleito eleitoral. Para o Ministro Luiz Carlos Lopes Madeira, a coligação partidária é uma pessoa jurídica *pro tempore*, não se confundindo com as pessoas individuais dos partidos políticos que a integram.

Do mesmo entendimento compartilha Olivar Coneglian, ao afirmar que a coligação não é exatamente um partido político, pois se forma pela junção de mais de uma agremiação, e levando em conta que ela só existe durante o processo eleitoral, pode-se admitir que a coligação é uma pessoa jurídica formal, de direito privado, nascida da união de partidos, com o objetivo de participar das eleições, tendo duração finita (perdura até a diplomação), durante o processo eleitoral.

Frise-se que a coligação é apenas referente aos períodos eleitorais. Após as eleições, havendo vitória de seus candidatos, ela pode ou não ser mantida para efeitos de atuação administrativa, parlamentar e judicial. Posteriormente, nada impede que, em razão de proximidades ideológicas ou questões pragmáticas, as coligações sejam desfeitas, ou que haja fusão ou incorporação dos partidos coligados.

Segundo a doutrina consolidada, eis as características básicas das coligações: sua formação é de mera faculdade dos partidos políticos; elas devem ser feitas na mesma circunscrição eleitoral; podem se formar para eleições majoritárias, mas não para as proporcionais; possuem denominação própria.

Oportuno registrar que, com o advento da Emenda Constitucional n. 97/2017[51], foram vedadas as coligações para as eleições proporcionais a partir das eleições de 2020. Sendo assim, no retro referido ano eleitoral, os partidos políticos não poderão formar chapas para as eleições referentes à Câmara dos Vereadores, bem como, em 2022, para as assembleias legislativas, Câmara Distrital e dos Deputados. Desta forma, o art. 6º da Lei n. 9.504/97 não foi recepcionado pela Emenda em questão no que se refere às eleições proporcionais.

Com isso, importante esclarecer o conceito de circunscrição, que limita a extensão da coligação, constante do art. 86 do Código Eleito-

---

[51] O § 1º do art. 17 da CF/88 foi alterado pela EC 97/2017 e passou a prever que é vedada a celebração de coligações nas eleições proporcionais.

ral. A circunscrição será o País, para as eleições presidenciais; o Estado-
-membro, nas eleições federais e estaduais; o respectivo Município, nas
eleições municipais. Principalmente para as eleições municipais, adverte Joel J. Cândido, que é necessária a atenção a esta premissa, para
que não se confundam as noções de Município e Zona Eleitoral, que
são conceitos diferentes. Portanto, faculta-se às coligações sua realização nos três níveis federativos, dentro de uma mesma circunscrição,
podendo ela ocorrer para eleições majoritárias, mas não para as proporcionais. O conceito de circunscrição para as eleições municipais não
significa zona eleitoral, mas a área municipal inteira. Nos pleitos estaduais engloba os respectivos Estados e, no nacional, a totalidade do
território nacional.

É da essência da coligação que ela funcione como uma única
agremiação. Desde quando coligados, os partidos políticos abdicam da
sua própria individualidade para a formação de um só ente, não podendo haver diferenciação que forneça tratamento privilegiado a qualquer
das agremiações que dela fazem parte. A coligação não é um simples
amontoado de partidos políticos, mas a junção de dois ou mais que fazem um só, ainda que provisoriamente. Lourival Serejo afirma que a
temporalidade é a característica maior das coligações[52]. Paralelamente
à temporalidade, deve-se, também, afirmar que a unicidade jurídica da
coligação é outra de suas características.

Esse fator de unicidade da coligação é determinado, expressamente, pela lei, ao afirmar que deve funcionar como um só partido no
relacionamento com a Justiça Eleitoral e no trato dos interesses inter-
partidários. Esta ideia se corrobora na representação da coligação. Ela
é suprapartidária, não sendo de um partido específico que a compõe,
mas um militante que representa todas as agremiações componentes.
Necessariamente, e como requisito lógico, este militante deve ser filiado a um dos partidos da coligação. O representante terá atribuições
equivalentes às de presidente de partido político, no trato dos interesses
da coligação no processo eleitoral.

Como atua fazendo as vezes de único partido político e representante legítimo das agremiações que a compõem, a coligação deve ter

---

[52] SEREJO, Lourival. *Programa de Direito Eleitoral*. Belo Horizonte: Del Rey,
2006, p. 128.

denominação própria, que poderá ser a junção de todas as siglas dos partidos que a integram, ou qualquer outra denominação que represente sua ideologia política (art. 6º, § 1º, LE). Ademais, a denominação da coligação não poderá coincidir, incluir ou fazer referência a nome ou número de candidato nem conter pedido de voto para partido político (art. 6º, § 1º-A, da Lei n. 9.504/97)[53], competindo à justiça eleitoral decidir acerca das denominações idênticas de coligações, conforme instrui o § 2º do art. 6º da Resolução n. 23.548/2018, observando-se as regras relativas à homonímia de candidatos, previstas no art. 12, § 1º, incisos I a V da Lei n. 9.504/97.

Esses dispositivos têm como função corroborar mais ainda o caráter de unicidade da coligação, impedindo que sua denominação seja utilizada para a promoção pessoal de um determinado candidato em prejuízo dos demais componentes, bem como oferecer privilégios específicos a determinada agremiação. Na verdade, essa proibição já podia ser auferida da própria essência da coligação, mas agora foi explicitado para evitar eventuais dúvidas.

Com relação à propaganda política da coligação, nas eleições majoritárias, ela deve usar sob sua denominação as legendas de todos os partidos que a integram; nas eleições proporcionais, em 2022, cada partido deve usar apenas sua legenda sob o nome da coligação.

Os horários da propaganda eleitoral gratuita são distribuídos a todos os partidos e a todas as coligações que tenham candidato, observando-se os critérios: a) 90% (noventa por cento) distribuídos proporcionalmente ao número de representantes na Câmara dos Deputados, considerados, no caso da coligação para eleições majoritárias, o resultado da soma do número de representantes dos seis maiores partidos que a integrem e, nos casos de coligações para eleições proporcionais, o resultado da soma do número de representantes de todos os partidos que a integrem; b) 10% (dez por cento), distribuídos igualitariamente. A aplicação destes critérios deve desconsiderar as mudanças de filiação partidária (art. 47, § 2º, I e II, § 7º da LE).

---

[53] "(...) a denominação da coligação não poderá coincidir, incluir ou fazer referência a nome ou número de candidato, nem conter pedido de voto para partido político" (Res. 21.697, de 30-3-2004, Rel. Min. Fernando Neves).

A democratização do acesso aos candidatos ao horário eleitoral gratuito é garantida pela Lei n. 9.504/97, de modo a homenagear o princípio da isonomia, propiciando equânime tratamento. Em eventual hipótese de fixação de multa decorrente de propaganda eleitoral, o § 5º do art. 6º da Lei n. 9.504/97 fixa a responsabilidade solidária entre os candidatos e os respectivos partidos, não abrangendo as outras agremiações, ainda quando integrantes da mesma coligação. Nestes termos, a coligação foi excluída da responsabilidade solidária para o pagamento de multas decorrentes da propaganda eleitoral, fazendo com que o vínculo obrigacional seja esposado apenas pelos candidatos e respectivos partidos[54]. Saliente-se que as agremiações respectivas dos

---

[54] "Recurso Eleitoral. Eleições (2004). Agravo de Instrumento. Execução Fiscal. Exceção de Pré-Executividade. Dívida ativa da União. Cobrança de débito inscrito. Multa fixada em razão de propaganda eleitoral irregular. Responsabilidade solidária dos Partidos Políticos. Representante legal de Coligação. Inocorrência de condenação. Ilegitimidade passiva do Agravante. Multa eleitoral. Aplicação da Lei Civil. Prescrição quinquenal. Inocorrência. Honorários advocatícios. Processo eleitoral. Impossibilidade. Lide cível. Cabimento. 1. A cobrança de débito inscrito na dívida ativa da União, decorrente de multa fixada em razão de propaganda eleitoral irregular, em sentença que condenou a Coligação ao pagamento de multa pecuniária, inexistindo condenação pessoal do Representante da Coligação, impossibilita responsabilidade pessoal do Representante quanto à condenação imposta à Coligação; 2. A formação de Coligação durante o período eleitoral, dissolvida posteriormente ao pleito, acarretará aos partidos políticos que a compunha responsabilidade solidária pelo pagamento de multa imposta àquele ente pela divulgação de propaganda eleitoral irregular. A responsabilidade solidária das agremiações não alcança o Representante legal da Coligação; 3. A multa eleitoral constitui dívida ativa não tributária, para efeito de cobrança judicial, regendo-se pela legislação civil, inaplicando-se as normas referentes à cobrança dos créditos fiscais, inocorrendo a prescrição do débito, conforme entendimento do TSE e desta Corte; 4. Ilegitimidade do Agravante que se reconhece para figurar no polo passivo da Execução Fiscal, que tramita na Zona Eleitoral da lide em questão, extinguindo-se sem resolução de mérito a demanda executiva (art. 267, VI, do CPC); 5. A condenação em honorários advocatícios no âmbito dos processos eleitorais é incabível, conforme entendimento do TSE. Tratando-se a lide de natureza não eleitoral, processo de natureza cível, aplicam-se as regras próprias do procedimento de cobrança judicial da Dívida Ativa da Fazenda Pública, possibilitando a fixação de honorários advocatícios contra a Fazenda Pública" (TRE-PE – RE: 11036/PE, Rel. Ademar Rigueira Neto, j. 25-10-2011, *DJe*, Tomo 206, 7-11-2011, p. 7-8).

vices e dos suplentes de senadores também não assumem o ônus, a menos que tenham participação na propaganda eleitoral.

Como a coligação representa grupo de partidos, constituídos em um só, cabe a ela velar pelos interesses das agremiações componentes. Ademais, pela própria formação da coligação, perdem os partidos políticos individualmente a legitimidade para propor ações eleitorais típicas. Como consequência, o partido político coligado somente possui legitimidade para atuar de forma isolada no processo eleitoral quando questionar a validade da própria coligação, durante o período compreendido entre a data da convenção e o termo final do prazo para a impugnação do registro de candidatos, que é de cinco dias depois da publicação do edital (art. 6º, § 4º, da Lei n. 9.504/97).

O impedimento dos partidos coligados impetrarem ações de *per si*, afora o questionamento da validade da própria coligação, não retira a legitimidade dos candidatos de entrarem com ações eleitorais específicas, haja vista que sua legitimidade de forma alguma é cerceada pela nova legislação eleitoral.

A mencionada regulamentação restringiu a legitimidade dos partidos políticos para atuarem isoladamente. Essa restrição é corolário da própria razão de ser das coligações. Se elas são formadas por agremiações, que se unem na busca pela conquista do poder no jogo político, é de toda forma razoável que devem representar os interesses dos partidos políticos que as formam. Como salientado, a coligação, após ser celebrada, funcionará apenas como se fosse um partido político, numa integração de forças para obtenção do mesmo objetivo: a vitória nas urnas e a hegemonia no poder.

Então, a lei eleitoral inova, afirmando que o partido político só é legitimado para atuar individualmente no que concerne à contestação da validade da própria coligação, durante o período compreendido entre a data da convenção e o termo final do prazo para a impugnação do registro de candidatos. Para todos os demais casos, é a própria coligação que detém a legitimidade ativa ordinária.

Para o Supremo Tribunal Federal, a vaga decorrente de licenciamento, morte ou perda do mandato dos titulares de mandato parlamentar deve ser ocupada pelos suplentes das coligações, e não dos partidos. Dessa forma, decidiu o STF, contrariando posicionamento firmado pelo TSE, para quem a vaga parlamentar em caso de vacância seria das agremiações políticas e não da coligação[55]. Argumentou-se que, consoante o § 1º do art. 6º da Lei n. 9.504/97, a coligação regularmente constituída substitui os partidos políticos, merecendo, portanto, reconhecimento de suas prerrogativas jurídicas, haja vista representar os partidos políticos que a compõem durante o processo eleitoral.

6.8. PRESTAÇÃO DE CONTAS DOS PARTIDOS POLÍTICOS

A Justiça Eleitoral exercerá a fiscalização sobre as prestações de contas partidárias e as despesas na campanha eleitoral, podendo – inclusive – requisitar técnicos do Tribunal de Contas da União ou dos Estados para que auxiliem na referida fiscalização. Essa obrigação abrange seus órgãos nacionais, regionais e municipais, devendo manter escrituração contábil para permitir o conhecimento da origem de suas receitas e a destinação de suas despesas. Esse item se diferencia da prestação de contas das eleições porque se refere à prestação de contas das agremiações, independentemente de que seja ou não ano eleitoral, tendo sido a prestação de contas das eleições de 2022 regulamentada pela Resolução n. 23.607/2019, alterada pela Resolução n. 23.665/2021.

A Justiça Eleitoral deve atestar se a prestação de contas do partido e das despesas de campanha eleitoral refletem, adequadamente, a real movimentação financeira, os dispêndios e os recursos aplicados nas campanhas eleitorais. Para isso, exige que os partidos políticos estejam de acordo com as seguintes normas determinadas (art. 34 da LPP): a) obrigatoriedade de designação de dirigentes partidários específicos para movimentar recursos financeiros nas campanhas eleitorais; b) relatório financeiro, com documentação que comprove a entrada e a saída de dinheiro ou de bens recebidos e aplicados; c) obrigatoriedade de ser conservada pelo partido, por prazo não inferior a cinco anos, a documentação comprobatória de suas prestações de contas; d) obrigatoriedade de prestação de contas pelo partido político e por seus candidatos no encerramento da campanha eleitoral, com o recolhimento imediato à tesouraria do partido dos saldos financeiros eventualmente apurados.

---

[55] MS 30260/DF, Rel. Min. Cármen Lúcia, MS 30272/MG.

A fiscalização mencionada tem por escopo identificar a origem das receitas e a destinação das despesas com as atividades partidárias e eleitorais, mediante o exame formal dos documentos fiscais apresentados pelos partidos políticos e candidatos, sendo vedada a análise das atividades político-partidárias ou qualquer interferência em sua autonomia (art. 34, § 1º, da LPP).

Dispôs a Lei n. 13.811/2019 que os relatórios emitidos pelas áreas técnicas dos tribunais eleitorais devem ser fundamentados estritamente com base na legislação eleitoral e nas normas de contabilidade, sendo vedado opinar sobre sanções aplicadas aos partidos políticos, cabendo aos magistrados emitir juízo do valor ao final do *iter* processual (art. 34, § 5º, da Lei n. 9.096/95).

Qualquer filiado ou delegado de partido, Procurador-Geral ou Regional eleitoral ou o Corregedor pode denunciar ao Tribunal Superior Eleitoral ou ao Tribunal Regional Eleitoral as irregularidades financeiras dos partidos, sendo permitida a quebra do sigilo bancário das contas partidárias para a apuração da denúncia (art. 35 da LPP).

Caso seja constatada alguma irregularidade que seja relevante, o partido poderá sofrer as seguintes sanções (art. 36 da LPP): a) no caso de recursos de origem não mencionada ou esclarecida, fica suspenso o recebimento das quotas do fundo partidário até que o esclarecimento seja aceito pela Justiça Eleitoral; b) no caso de recebimento de recursos expressamente proibidos, fica suspensa a participação no fundo partidário por um ano; c) no caso de recebimento de doações cujo valor ultrapasse os limites previstos em lei, fica suspensa por dois anos a participação no fundo partidário e é aplicada ao partido multa correspondente ao valor que exceder os limites fixados.

Qualquer partido pode examinar as prestações de contas mensais ou anuais das demais agremiações na Justiça Eleitoral, quinze dias após a publicação dos balanços financeiros. Encontrada alguma irregularidade, abre-se o prazo de cinco dias para impugná-las, podendo, ainda, relatar fatos, indicar provas e pedir abertura de investigação para apurar qualquer ato que viole as prescrições legais ou estatutárias a que, em matéria financeira, os partidos e seus filiados estejam sujeitos (parágrafo único, art. 35, LPP).

A Lei n. 9.096/95 com o intento de impedir que a soberania popular seja vilipendiada, veda a percepção, direta ou indiretamente, sob qualquer forma ou pretexto, de qualquer contribuição pecuniária, inclusive estimável em dinheiro ou em publicidade, provinda de entidades ou governos estrangeiros; entes públicos e pessoas jurídicas de qualquer natureza, ressalvadas as dotações oriundas do Fundo Partidário e as proveniente do Fundo Especial de Financiamento de Campanha; entidade de classe ou sindical; pessoas físicas que exerçam função ou cargo público de livre nomeação e exoneração, ou cargo ou emprego público temporário, ressalvados os filiados ao partido político (art. 31 da LPP).

A Lei das Eleições não mais permite que sejam feitas doações por pessoas jurídicas para as campanhas eleitorais. Tal mudança foi introduzida pela Lei n. 13.165/2015, que ratificou a decisão do Supremo Tribunal Federal, na análise da ADI 4650, sob relatoria do Ministro Luiz Fux, declarando inconstitucionais os dispositivos legais que autorizavam esse tipo de contribuição. Convém observar que, apesar da referida ADI dirigir-se tão somente às campanhas eleitorais, é inegável a impossibilidade de o partido político ser financiado por pessoa jurídica, pelo mesmo fundamento que fez parcialmente procedente a ação direta de controle referida: a normalidade e legitimidade das eleições contra influência do poder econômico[56]. Assim, faz-se irretorquível a consideração de que também é vedada a percepção de contribuição pecuniária por pessoa jurídica para as agremiações partidárias.

As doações de que trata o dispositivo 39 da LPP podem ser feitas diretamente aos órgãos de direção nacional, estadual e municipal, que remeterão, à Justiça Eleitoral e aos órgãos hierarquicamente superiores do partido, o demonstrativo de seu recebimento e a respectiva destinação, juntamente com o balanço contábil. Outras doações, quaisquer que sejam, devem ser lançadas na contabilidade do partido, definidos seus valores em moeda corrente. As doações de recursos financeiros deverão ser efetuadas na conta do partido político por meio de cheques cruzados e nominais ou transferência eletrônica de depósitos; depósi-

---

[56] "O Tribunal, por maioria e nos termos do voto do Ministro Relator, julgou procedente em parte o pedido formulado na ação direta para declarar a inconstitucionalidade dos dispositivos legais que autorizavam as contribuições de pessoas jurídicas às campanhas eleitorais, (...)" Presidiu o julgamento o Ministro Ricardo Lewandowski. Plenário, 17-9-2015.

tos em espécie devidamente identificados; ou mecanismo disponível em sítio do partido na internet que permita, inclusive, o uso de cartão de crédito ou de débito, identificando-se o doador e emitindo-se recibo eleitoral para cada doação perpetrada, conforme regulamentam os §§ 1º ao 3º do art. 39 da Lei n. 9.096/95.

Todo partido político deve ter escrituração contábil atualizada, como forma de permitir a análise das receitas e das despesas partidárias. Até o dia 30 de junho do ano seguinte, toda agremiação precisa enviar à Justiça Eleitoral o balanço contábil do ano anterior, cuja publicação se realiza na imprensa oficial e, onde não exista, será fixado no cartório eleitoral da região (art. 32 da LPP). Por força de inclusão normativa realizada pela Lei n. 13.381/2019, os órgãos partidários municipais que não hajam movimentado recursos financeiros ou arrecadado bens estimáveis em dinheiro ficam desobrigados de prestar contas à Justiça Eleitoral e de enviar declarações de isenção, declarações de débitos e créditos tributários federais ou demonstrativos contábeis à Receita Federal do Brasil, bem como ficam dispensados da certificação digital. Mas, para fazerem jus a tal benesse, o responsável partidário terá, até 30 de junho do ano seguinte, o dever de apresentar declaração da ausência de movimentação de recursos nesse período, conforme prevê a redação do § 4º do art. 32 da Lei n. 9.096/95.

Antes, nos anos macroeleitorais, quando ocorrem eleições, os partidos necessitavam enviar balancetes mensais à Justiça Eleitoral durante os quatro meses anteriores e os dois meses posteriores ao pleito (art. 32, § 3º, da LPP). Com a vigência da Lei n. 13.165/2015, a norma em comento foi revogada, não havendo mais a exigência referida.

Como ato formal, urge constar dos balancetes os requisitos: a) discriminação dos valores e destinação dos recursos oriundos do fundo partidário; b) origem e valor das contribuições e doações; c) especificação discriminada da despesa de caráter eleitoral realizada, juntamente com sua comprovação; d) discriminação detalhada das receitas e despesas (art. 33 da LPP).

Cite-se que a desaprovação da prestação de contas do partido não ensejará sanção alguma que o impeça de participar do pleito eleitoral, conforme § 5º do art. 32 da Lei n. 9.096/95, incluído pela Lei n. 13.165/2015.

Antes da referida inclusão, os partidos que tivessem suas contas rejeitadas, parcial ou totalmente, ou que não as prestassem no devido tempo, teriam seus valores pertinentes ao fundo partidário suspensos, o que também implicaria as penalidades legais aos responsáveis. A mudança de juízo trouxe a alteração do art. 37 da Lei n. 9.096/95, de modo que a desaprovação das contas implica tão somente na devolução do valor considerado irregular com um acréscimo de multa de até 20% (vinte por cento)[57], enquanto a falta de prestação de contas implicará a suspensão de novas cotas do Fundo Partidário, enquanto perdurar a inadimplência e sujeitará os responsáveis às penas da lei (art. 37-A, LPP).

Em caso de desaprovação, a sanção deverá ser proporcional e razoável, aplicada por um período de um a doze meses, realizando-se o pagamento por meio de desconto nos futuros repasses de cotas do Fundo Partidário a, no máximo 50% (cinquenta por cento) do valor mensal, desde que a prestação de contas seja julgada, pelo juízo ou tribunal competente, em até cinco anos de sua apresentação, vedada a acumulação de sanções (art. 37, § 3º, da Lei n. 9.096/95, com redação dada pela Lei n. 13.877/2019). O cumprimento da sanção aplicada a órgão estadual, distrital ou municipal somente será efetivado a partir da data de juntada aos autos do processo de prestação de contas do aviso de recebimento da citação ou intimação, encaminhada, por via postal, pelo Tribunal Regional Eleitoral ou Juízo Eleitoral ao órgão partidário hierarquicamente superior (art. 37, § 3º-A, da Lei n. 9.096/95, incluído pela Lei n. 13.877/2019).

Limitada à esfera partidária responsável pela irregularidade, a sanção pela desaprovação de contas não suspende o registro ou a anotação de seus órgãos de direção partidária nem torna os respectivos responsáveis partidários devedores ou inadimplentes (art. 37, § 2º, da Lei n. 9.096/95).

É de bom alvitre registrar que se afastou, após o julgamento da ADI n. 6032, sob a relatoria do Ministro Gilmar Mendes, qualquer

---

[57] "O Plenário do TSE, por unanimidade, assentou que a penalidade a ser cominada em razão da desaprovação de contas é a prevista na legislação vigente à época da prestação de contas, em atenção ao princípio do *tempus regit actum*." (Prestação de contas n. 901-76, Brasília/DF, Rel. Min. Luciana Lóssio, *DJ* 26-4-2016.)

interpretação que permita que a sanção de suspensão do registro ou anotação do órgão partidário regional ou municipal seja aplicada de forma automática, como consequência da decisão que julga as contas não prestadas. A referida sanção somente pode ser aplicada após decisão transitada com trânsito em julgado, decorrente de procedimento específico de suspensão de registro, conforme o art. 28 da Lei dos Partidos Políticos.

As prestações de contas desaprovadas pelos Tribunais Regionais e pelo Tribunal Superior Eleitoral poderão ser revistas para fins de aplicação proporcional da sanção aplicada, mediante requerimento ofertado nos autos da prestação de contas. A decisão que desaprovar total ou parcialmente a prestação de contas dos órgãos partidários é suscetível a recurso a ser dirigido para o Tribunal Regional Eleitoral ou para o Tribunal Superior Eleitoral, conforme o caso, sendo recebido com efeito suspensivo, tal qual se aduz dos §§ 2º, 3º, 4º e 5º do art. 37 da Lei n. 9.096/95. De acordo com a alteração proposta pela Lei n. 13.831/2019, as decisões da Justiça Eleitoral nos processos de prestação de contas não ensejam, ainda que desaprovadas as contas, a inscrição dos dirigentes partidários no Cadastro Informativo dos Créditos não Quitados do Setor Público Federal (art. 32, § 8º, da Lei n. 9.096/95).

A responsabilização pessoal civil e criminal dos dirigentes partidários decorrente da desaprovação das contas partidárias e de atos ilícitos atribuídos ao partido político, por sua vez, somente ocorrerá se verificada irregularidade grave e insanável, resultante de conduta dolosa que importe enriquecimento ilícito e lesão ao patrimônio do partido, conforme § 13 do art. 37 da Lei n. 9.504/97.Ressalte-se que as responsabilidades civil e criminal são subjetivas e, assim como eventuais dívidas já apuradas, devem recair somente sobre o dirigente partidário responsável pelo órgão partidário à época do fato e não impedem que respectivo órgão receba recurso do fundo partidário (art. 37, § 15, da Lei n. 9.096/95, incluído pela Lei n. 13.381/2019).

O legislador também optou por deixar consignado de forma expressa que os gastos com passagens aéreas serão comprovados mediante apresentação de fatura ou duplicata emitida por agência de viagem, quando for o caso, e os beneficiários deverão atender ao interesse da respectiva agremiação e, nos casos de congressos, reuniões, convenções, palestras, poderão ser emitidas independentemente de filiação partidária segundo critérios *interna corporis*, vedada a exigência de apresentação de qualquer outro documento para esse fim. No mesmo sentido, reverbera-se que os órgãos partidários poderão apresentar documentos hábeis para esclarecer questionamentos da Justiça Eleitoral ou para sanear irregularidades a qualquer tempo, enquanto não transitada em julgado a decisão que julgar a prestação de contas, tal qual se extrai dos §§ 10 e 11, incluídos ao art. 37 da Lei n. 9.096/95.

Importante pontuar que a Lei n. 13.381/2019 criou uma verdadeira anistia aos partidos políticos que não observaram a aplicação de recursos oriundos do Fundo Partidário na criação e manutenção de programas de promoção e difusão da participação política das mulheres nos exercícios anteriores a 2019, e que tenham utilizado esses recursos no financiamento das candidaturas femininas até as eleições de 2018 (arts. 55-A e 55-C da Lei n. 9.096/95). Não andou bem o legislador ao editar esse preceptivo legal, haja vista que as práticas de fomento às ações afirmativas que orbitam a esfera da participação da mulher na política não devem ser uma criação *ex nihilo*. Ao revés, devem estar enraizadas em solo partidário para fins de consagrar o princípio da isonomia no seu aspecto material[58].

De igual modo, a Lei n. 13.381/2019 determinou que ficam anistiadas as devoluções, as cobranças ou as transferências ao Tesouro Nacional que tenham como causas as doações ou contribuições feitas em anos anteriores por servidores públicos que exerçam função ou cargo público de livre nomeação e exoneração, desde que filiados a partido político (art. 55-D da Lei n. 9.096/95).

Com o advento da Lei n. 13.165/2015, a figura do comitê financeiro eleitoral deixou de existir. O controle dos recursos e gastos nas eleições ficará na incumbência dos candidatos, seja diretamente ou intermediado por terceiro designado, após repasse de recursos a ser realizado pelo partido, inclusive os relativos à cota do Fundo Partidário, aos recursos próprios ou às doações de pessoas físicas, na forma estabelecida pela Lei Eleitoral (art. 20 da Lei n. 9.504/97), e não mais pelo comitê. Por força do art. 21 da Lei n. 9.504/97, a responsabilidade pela veracidade das informações financeiras e contábeis da campanha é solidária entre o candidato e a pessoa designada à administração financeira.

---

[58] ROCHA, Cármen Lúcia Antunes. *O princípio constitucional da igualdade.* Belo Horizonte: Jurídicos Lê, 1991, p. 118.

6.9. FUNDO PARTIDÁRIO

O Fundo Partidário, como o próprio nome indica, é constituído por recursos públicos destinados aos partidos políticos para que possam realizar suas atividades, tanto em anos eleitorais, macroeleitorais, como em anos em que não há eleições, microeleitorais. Ele surgiu em virtude de uma intensa discussão sobre se as campanhas deveriam ser financiadas com dinheiro público ou não. Os que são contrários ao financiamento público de campanha afirmam que o dinheiro estatal deveria ser gasto em atividades mais essenciais, como saúde e educação. Os que são favoráveis defendem que apenas o financiamento público pode evitar o abuso do poder econômico e tornar as eleições limpas e iguais para todos.

O Fundo Partidário não significa um completo financiamento público de campanha, haja vista que seu montante fica muito aquém das reais exigências de manutenção da vida partidária e financiamento eleitoral, mas se constitui de verba provinda do Estado para ajudar na manutenção das agremiações. Tanto é que a Lei dos Partidos Políticos declara que os recursos oriundos do Fundo Partidário serão aplicados para especial assistência financeira, e como ilação direta, que não se configura como completo e exclusivo financiamento público de campanha.

O Fundo Partidário é composto das verbas: a) multas e penalidades pecuniárias aplicadas nos termos do Código Eleitoral e leis conexas; b) recursos financeiros que lhe forem destinados por lei, em caráter permanente ou eventual; c) doações de pessoa física[59], efetuadas por intermédio de depósitos bancários diretamente na conta do Fundo Partidário; d) dotações orçamentárias da União em valor nunca inferior, cada ano, ao número de eleitores inscritos em 31 de dezembro do ano anterior ao da proposta orçamentária, multiplicados por trinta e cinco centavos de real, em valores de agosto de 1995 (art. 38, LPP).

---

[59] O STF julgou parcialmente procedente a ADI 4650, consequentemente adotou o posicionamento de que os dispositivos legais que autorizam as contribuições de pessoas jurídicas para campanhas eleitorais e partidos políticos são inconstitucionais. No entanto, as contribuições de pessoas físicas são válidas e podem continuar sendo feitas, de acordo com a legislação em vigor. Dessa forma, o art. 38, III da LPP foi declarado inconstitucional no tocante à permissão de pessoas jurídicas poderem realizar doações para o fundo partidário (STF. Plenário. ADI 4650/DF, Rel. Min. Luiz Fux, j. 16 e 17-9-2015).

No caso de incorporação, o partido incorporador só passa a ter acesso à quota do partido incorporado quando houver a averbação da incorporação ao Tribunal Superior Eleitoral[60].

Os partidos políticos poderão ter seus fundos formados por doações de pessoas físicas, excetuando as que são expressamente proibidas por lei. Essas doações poderão ser feitas a qualquer órgão partidário, contudo o órgão recebedor deverá enviar o demonstrativo de recebimento e a destinação da doação à Justiça Eleitoral e aos órgãos superiores do partido. O partido poderá receber doações não monetárias que deverão ser lançadas na contabilidade partidária por meio do valor real do bem (art. 39, § 2º, da LPP).

É importante observar que as doações financeiras deverão ser feitas na conta do partido e por meio de cheque cruzado em nome do partido político ou transferência eletrônica de depósitos, ou ainda por meio de depósito em espécie devidamente identificado, ou por mecanismo disponível em sítio do partido na internet que permita, inclusive, o uso de cartão de crédito ou de débito e que identifique o doador e emita recibo eleitoral para cada doação (art. 39, § 3º, da LPP). Ainda de acordo com a Lei n. 13.877/2019, os partidos políticos poderão receber doações pelo seu *site* na internet, por meio de plataforma que permita o uso de cartão de crédito, cartão de débito, emissão *on-line* de boleto bancário ou, ainda, convênios de débitos em conta (art. 39, § 3º, inciso III, da Lei n. 9.096/95).

Consigne-se que o Plenário do Tribunal Superior Eleitoral, por unanimidade, respondendo à consulta, confirmou que os estatutos partidários não podem conter regra de doação obrigatória em razão do exercício de cargo público[61].

Em anos eleitorais, denominados de macroeleitorais, os partidos políticos podem aplicar ou distribuir os recursos financeiros auferidos da melhor forma que lhes aprouver, desde que respeitando os limites impostos pela legislação eleitoral (art. 39, § 5º, da Lei n. 9.096/95). Os limites de gastos de campanha serão definidos em lei e divulgados pelo Tribunal Superior Eleitoral, conforme o *caput* do art. 18 da Lei Eleitoral. Serão contabilizadas nos limites de gastos de cada campanha as

---

[60] Pet. 2623/DF, Rel. Min. José Augusto Delgado.
[61] Consulta n. 356-64, Brasília/DF, Rel. Min. Henrique Neves, em 5-11-2015.

despesas efetuadas pelos candidatos e pelos partidos que puderem ser individualizadas. Saliente-se que o descumprimento dos limites de gastos fixados para cada campanha acarretará o pagamento de multa em valor equivalente a 100% (cem por cento) da quantia que ultrapassar o limite estabelecido, sem prejuízo da apuração da ocorrência de abuso do poder econômico (arts. 18-A e 18-B da Lei n. 9.504/97).

A previsão orçamentária do Fundo Partidário deve ser consignada ao Tribunal Superior Eleitoral. O Tesouro Nacional depositará mensalmente o valor correspondente a cada duodécimo em uma conta no Banco do Brasil à disposição do Tribunal Superior Eleitoral. Nessa mesma conta serão depositados os valores decorrentes das multas ou outras penalidades pecuniárias estabelecidas pela legislação eleitoral (art. 40 da LPP).

A distribuição do Fundo Partidário segue critérios estabelecidos por lei, o que evita litígios quanto à sua distribuição, seguindo as disposições adiante expostas: a) 5% do total do Fundo Partidário serão destacados para entrega, em partes iguais, a todos os partidos que atendam aos requisitos constitucionais de acesso aos recursos do Fundo Partidário; b) 95% do total do Fundo Partidário serão distribuídos na proporção dos votos obtidos na última eleição geral para a Câmara dos Deputados, hipótese em que serão desconsideradas as mudanças de filiação partidária (art. 41-A da LPP). Não obstante ser discricionária a aplicação dos recursos do Fundo Partidário, existem imperativos legais que direcionam essa aplicação, com o objetivo de consolidar searas consideradas essenciais pelo legislador.

O partido político pode destinar, livremente, os recursos do Fundo Partidário, restringida tal discricionariedade ante a fixação de alguns limites à aplicação, como no caso do pagamento de sedes e serviços partidários, o pagamento de pessoal, a qualquer título, limitada à direção do total recebido em cinquenta por cento para o órgão nacional e em sessenta por cento para cada órgão estadual e municipal. Os recursos também devem ser destinados à propaganda doutrinária e política, ao alistamento e às campanhas eleitorais, à criação e manutenção de instituto ou fundação de pesquisa e de doutrinação e educação política, sendo esta aplicação de, no mínimo, vinte por cento do total recebido.

A Lei n. 13.877/2019 autorizou a utilização de recursos provenientes do Fundo Partidário para contratação de serviços de consultoria contábil e advocatícia e de serviços para atuação jurisdicional em ações de controle de constitucionalidade e em demais processos judiciais e administrativos de interesse partidário, bem como nos litígios que envolvam candidatos do partido, eleitos ou não, relacionados exclusivamente ao processo eleitoral (art. 44, inciso VIII, da Lei n. 9.096/95).

Permitiu-se, de igual modo, a utilização dos aludidos recursos para fins de compra ou locação de bens móveis e imóveis, bem como na edificação de sedes e afins, e na realização de reformas e outras adaptações nesses bens (art. 44, inciso X, da Lei n. 9.096/95); e no custeio de impulsionamento, para conteúdos contratados diretamente com provedor de aplicação de internet com sede e foro no País, incluída a priorização paga de conteúdos resultantes de aplicações de busca na internet, inclusive plataforma de compartilhamento de vídeos e redes sociais, mediante o pagamento por meio de boleto bancário, de depósito identificado ou de transferência eletrônica diretamente para conta do provedor, o qual deve manter conta bancária específica para receber recursos dessa natureza, sendo proibido, em anos macroeleitorais, no período compreendido entre o início do prazo das convenções partidárias até a data do pleito (art. 44, inciso XI, da Lei n. 9.096/95, com redação dada pela Lei n. 14.291/2022).

A Lei n. 13.165/2015 incluiu o dever de que os recursos também sejam destinados ao pagamento de mensalidades, anuidades e congêneres devidos a organismos partidários internacionais que se destinem ao apoio à pesquisa, ao estudo e à doutrinação política, aos quais seja o partido político regularmente filiado; ao pagamento de despesas com alimentação, incluindo restaurantes e lanchonetes (art. 44 da Lei n. 9.096/95). Todavia, não se inclui nos gastos de manutenção das sedes e serviços o percentual despendido com encargos e tributos de qualquer natureza, como o pagamento de FGTS e INSS (art. 44, § 4º, da Lei n. 9.096/95).

A intenção do estabelecimento desse limite se destina a impedir que os partidos gastem a maior parte de suas receitas criando empregos que aumentam o fisiologismo político e em nada contribuem para o incremento da consciência política e dos debates fulcrais da sociedade. Outrossim, o custo com gastos de pessoal pode encobrir a intenção de desviar recursos para finalidades outras, em razão de que se pode pagar a menor os trabalhadores contratados e desviar o restante.

Outra imposição legal determinada é a de que os partidos políticos têm a obrigação de direcionar, no mínimo, 5% do total recebido pelo Fundo Partidário na criação e manutenção de programas de promoção e difusão da participação política das mulheres, criados e executados pela Secretaria da Mulher ou, a critério da agremiação, por instituto com personalidade jurídica própria presidido pela Secretaria da Mulher, em nível nacional, conforme percentual que será fixado pelo órgão nacional de direção partidária (art. 44, V, da Lei n. 9.096/95, com redação dada pela Lei n. 13.877/2019).

O partido que não cumprir essa cominação é obrigado a transferir o saldo para conta específica, sendo vedada sua aplicação para finalidade diversa, de modo que o saldo remanescente deverá ser aplicado dentro do exercício financeiro subsequente, sob pena de acréscimo de 12,5% (doze inteiros e cinco décimos por cento) do valor fixado à manutenção do programa, a ser aplicado na mesma finalidade (art. 44, § 5º, da Lei n. 9.096/95).

Ademais, por construção jurisprudencial, o Tribunal Superior Eleitoral tem entendido que os partidos políticos não podem destinar recursos do fundo partidário para o pagamento de multas eleitorais[62]. Considerando que o partido tem responsabilidade solidária com o candidato pelo pagamento de multas decorrentes de propaganda eleitoral (§ 5º do art. 6º da Lei n. 9.504/97), tem-se que a sanção deve ser adimplida com os recursos advindo das doações ou de recursos próprios.

Ao final da campanha, os recursos oriundos de sobras financeiras, isto é, que não foram totalmente gastos em atividades partidárias, devem ser declarados na prestação de contas e, após julgados todos os recursos, têm de ser transferidos ao partido, de modo que, no caso de candidato a Prefeito, Vice-Prefeito e Vereador, esses recursos deverão ser transferidos para o órgão diretivo municipal do partido na cidade onde ocorreu a eleição, o qual será responsável exclusivo pela identificação desses recursos, sua utilização, contabilização e respectiva prestação de contas perante o juízo eleitoral correspondente; no caso de candidato a Governador, Vice-Governador, Senador, Deputado Federal e Deputado Estadual ou Distrital, esses recursos deverão ser transferidos para o órgão diretivo regional do partido no Estado onde ocor-

---

[62] Consulta n. 1396-23/DF. Redatora para o acórdão: Min. Luciana Lóssio.

reu a eleição ou no Distrito Federal, se for o caso, o qual será responsável exclusivo pela identificação desses recursos, sua utilização, contabilização e respectiva prestação de contas perante o Tribunal Regional Eleitoral correspondente; no caso de candidato a Presidente e Vice-Presidente da República, esses recursos deverão ser transferidos para o órgão diretivo nacional do partido, o qual será responsável exclusivo pela identificação desses recursos, sua utilização, contabilização e respectiva prestação de contas perante o Tribunal Superior Eleitoral (art. 31, I a III, da Lei n. 9.504/97).

O órgão diretivo nacional do partido não poderá ser responsabilizado nem penalizado pelo descumprimento das regras referidas por parte dos órgãos diretivos municipais e regionais, conforme inciso IV do art. 31 da Lei n. 9.504/97. Tem-se que as sobras de recursos financeiros de campanha serão utilizadas pelos partidos políticos, devendo tais valores ser declarados em suas prestações de contas perante a Justiça Eleitoral, com a identificação dos candidatos (§ único do art. 31 da Lei n. 9.504/97).

À primeira vista, percebe-se que houve uma maior explicitação em relação a qual entidade deve ser repassada eventual sobra de recursos, com o notório acréscimo do termo específico (órgão na circunscrição do pleito) em detrimento do genérico anterior (partido).

Os depósitos e as movimentações oriundas do Fundo Partidário serão feitos em bancos controlados pelo Poder Público federal ou estadual; não existindo esses estabelecimentos, o órgão partidário de direção escolherá um banco para sua movimentação (art. 43 da LPP). Caso seja revogado o registro do partido, a quota pertencente a este será revertida para o Fundo Partidário (art. 42 da LPP). A exigência de conta bancária exclusiva para movimentação das cotas do Fundo Partidário visa permitir controle efetivo da real destinação dada aos recursos públicos transferidos pelo Tribunal Superior Eleitoral às agremiações políticas[63].

As despesas realizadas com verba do Fundo Partidário devem ser discriminadas na prestação de contas partidária, em qualquer de seus níveis, para facilitar o controle da Justiça Eleitoral, que, inclusive, tem

---

[63] Pet. 1449/SP, Rel. Min. José Augusto Delgado.

a missão de a qualquer tempo investigar a destinação de tais recursos[64].

O Fundo Partidário, infelizmente, não supre todas as necessidades políticas e eleitorais dos partidos políticos, haja vista seu montante ficar muito aquém das reais exigências (sobretudo econômicas) de manutenção da vida partidária e financiamento eleitoral. Entretanto, a conservação desse fundo assistencial público aos partidos políticos, que vem aumentando substancialmente nos últimos anos, constitui-se em recursos financeiros mínimos para o financiamento do cotidiano das agremiações políticas. Conforme já dispendido, a desaprovação total ou parcial implica tão somente na sanção de devolução da importância apontada como irregular, acrescida de multa de até 20% (vinte por cento). A falta de prestação de contas, por sua vez, implica na suspensão de novas cotas do fundo partidário enquanto perdurar a inadimplência e sujeitará os responsáveis às penas da lei (arts. 37, *caput*, e 37-A, da Lei n. 9.096/95). A falta de prestação de contas, como sua própria denominação sugere, reside no não oferecimento da escrituração contábil dos gastos da campanha[65]. Já a desaprovação, total ou parcial, ocorre quando, prestadas as contas, elas ainda se mostram com vícios de irregularidade, em desarmonia com os "princípios fundamentais da contabilidade na escrituração contábil", o que compromete o controle realizado pela Justiça Eleitoral.

A sanção decorrente da desaprovação total ou parcial da prestação de contas do partido deve ser aplicada de forma proporcional e razoável, pelo período de um a doze meses, e o pagamento deve ser feito por meio do desconto nos futuros repasses de cotas do Fundo Partidá-

---

[64] CTA n. 1.445/DF, Rel. Min. Arnaldo Versiani.

[65] "PROCESSO ADMINISTRATIVO. PARTIDO DA CAUSA OPERÁRIA. PRESTAÇÃO DE CONTAS ANUAIS NÃO PRESTADAS. EXERCÍCIO FINANCEIRO DE 2006. ENCAMINHAMENTO AO MINISTÉRIO PÚBLICO ELEITORAL. Não apresentadas à Justiça Eleitoral as contas anuais pelo órgão partidário nacional, devem ser declaradas não prestadas (arts. 28, III, e 37 da Lei n. 9.096/95 e Resolução-TSE n. 21.841/2004). No caso, o Partido da Causa Operária (PCO) não apresentou sua prestação de contas referente ao exercício financeiro de 2006. Contas julgadas não prestadas. Determinado o encaminhamento dos autos ao Ministério Público Eleitoral para fins do disposto nos arts. 28, III, e 37 da Lei n. 9.096/95" (TSE, PA 19810/DF, Rel. Min. Félix Fischer, *DJe* 26-2-2010).

rio, desde que a prestação de contas seja julgada, pelo juízo ou tribunal competente, em até cinco anos contados da apresentação (art. 37, § 3º, da Lei n. 9.096/95). Dessa forma, a legislação eleitoral subtrai da vontade do magistrado a possibilidade de decidir sobre a devolução da importância de forma arbitrária ou de um modo que limite a eficácia da sanção, descontando-se o pagamento diretamente dos futuros repasses, condicionando esta atuação ao julgamento da prestação no prazo estipulado. Não sendo julgada a prestação de contas no prazo de cinco anos de sua apresentação, qualquer tipo de sanção se torna inexequível devido ao demasiado lapso temporal.

Limitada à esfera partidária responsável pela irregularidade, a sanção pela desaprovação de contas não suspende o registro ou a anotação de seus órgãos de direção partidária nem torna os respectivos responsáveis partidários devedores ou inadimplentes (§ 2º do art. 37 da Lei n. 9.096/95).

A prestação de contas desaprovada pelos Tribunais Regionais e pelo Tribunal Superior, com a consequente imputação da sanção cabível, pode ser revista mediante pedido de reconsideração para que se adeque aos parâmetros da proporcionalidade exigidos (art. 37, § 5º, da Lei n. 9.096/95). Anteriormente, em nível legal, não existia a possibilidade de reconsideração. Inexoravelmente, a sanção de retenção da verba do Fundo Partidário deve ser compatível com o valor imputado como irregular e parcelada em um período razoável. Não sendo a punição realizada dessa forma, a parte prejudicada pode formular o pedido de reconsideração ou interpor recurso (art. 37, §§ 4º e 5º, da Lei n. 9.096/95).

Mesmo tendo havido menção expressa apenas às contas desaprovadas pelos Tribunais Regionais Eleitorais e pelo Tribunal Superior Eleitoral, entende-se que a possibilidade de se interpor pedido de reconsideração também abrange as decisões do Juiz Eleitoral, como forma de garantir uniformidade de procedimento e celeridade aos feitos. Não há plausibilidade para se pensar ao contrário.

A decisão que desaprovar total ou parcialmente a prestação de contas dos órgãos partidários encontra-se passível de ser impugnada por meio de recurso para os Tribunais Regionais Eleitorais ou para o Tribunal Superior Eleitoral (art. 37, § 4º, da Lei n. 9.096/95)[66]. As ins-

---

[66] "Petição. Suspensão dos repasses do fundo partidário até decisão final de ação

tâncias cabíveis serão os Tribunais Regionais Eleitorais das decisões proferidas pelo Juiz Eleitoral e o Tribunal Superior Eleitoral das decisões emanadas dos Tribunais Regionais Eleitorais.

Outra exceção à aplicação imediata das decisões judiciais, que não pode mais ser concebida como regra diante das inúmeras exceções, como se verá mais adiante, foi o estabelecimento de que o recurso acerca da prestação de contas dos órgãos partidários tem efeito suspensivo (art. 37, § 4º, da Lei n. 9.096/95). Esse efeito tem o poder de impedir a imediata execução da sentença. Na verdade, o termo "suspensivo" não é utilizado adequadamente como deflui do étimo, uma vez que não faz suspender, mas sim postergar a produção de efeitos da sentença. Afirma Flávio Cheim Jorge que não é o recurso que cria o estado de ineficácia do *decisum*, posto que, uma vez publicada, a sentença já não produzirá efeitos, por força de uma concepção pautada na segurança. A interposição do recurso apenas mantém esse estado, obstando a produção de efeitos[67].

Adotando-se o efeito suspensivo, aliado ao prazo fatal de cinco anos para o julgamento das prestações de contas, a nova legislação eleitoral esvaiu qualquer exequibilidade imediata de sanção na hipótese analisada.

Pondo fim à controvérsia para saber se as decisões decorrentes da prestação de contas possuem ou não caráter jurisdicional, assevera a Lei dos Partidos Políticos em tom peremptório que elas possuem caráter jurisdicional (art. 37, § 6º, da Lei n. 9.096/95). Dessa forma, essas decisões perfazem coisa julgada, em tonos material e formal, sem possibilidade de rediscussões futuras.

6.10. DO ACESSO GRATUITO AO RÁDIO E À TELEVISÃO

A difusão dos ideários partidários se configura como uma das tarefas mais importantes dos partidos políticos, com o intento de buscar

---

ordinária ajuizada perante a Justiça Comum do Distrito Federal, visando à destituição da Comissão Executiva Nacional e do Diretório Nacional. Impossibilidade. Falta de amparo legal. Pedido indeferido" (TSE, Pet. 2763/DF, Rel. Min. Joaquim Barbosa, *DJe* 4-8-2009).

[67] JORGE, Flávio Cheim. *Teoria Geral dos Recursos Cíveis*. 5. ed. São Paulo: Revista dos Tribunais, 2012, p. 332.

cidadãos que possam compartilhar dos ideais agasalhados pelas respectivas agremiações. Como é bastante custosa, o que poderia propiciar maior vantagem aos partidos com maior poder econômico, a Lei n. 9.096/95 determinou que a propaganda partidária, realizada para a obtenção de novos filiados, seja gratuita, sendo realizada entre as 19 horas e 30 minutos e as 22 horas e trinta minutos com a finalidade de: a) difundir os programas partidários; b) transmitir mensagens aos filiados sobre a execução do programa partidário, os eventos com este relacionados e das atividades congressuais do partido; c) divulgar a posição do partido em relação a temas políticos e da sociedade civil; d) incentivar a filiação partidária e esclarecer o papel dos partidos na democracia brasileira; e e) promover e difundir a participação política feminina, jovem e da população negra (art. 50-A da LPP, incluído pela Lei n. 14.291/2022).

Ressalta-se que, diante das alterações promovidas pela Lei n. 14.291/22, fica vedada nas inserções a utilização de matérias que possam ser comprovadas como falsas, em uma expressa tentativa de combater as *fake news*.

6.11. PROGRAMA E ESTATUTO DOS PARTIDOS

Os partidos políticos têm liberdade plena para dispor sobre o programa e os estatutos partidários. Uma limitação nessa discricionariedade se configuraria como um ato arbitrário, típico de ditaduras, não se coadunando com as liberdades públicas, apanágio do regime democrático.

Obviamente, nenhuma liberdade é absoluta, no sentido de que os pilares que arrimam o Estado Democrático de Direito devem ser obedecidos. Nesse diapasão os partidos não podem apresentar estruturas paramilitares, praticando agressões contra seus opositores, nem ser contrários à democracia, pregando o retorno de ditaduras, seja de direita ou de esquerda, que tanto mal causaram à humanidade. Com relação à sua estrutura interna, os partidos não podem desrespeitar as prerrogativas do contraditório, da ampla defesa e do devido processo legal a seus filiados ou a seus representantes eleitos.

A Lei n. 9.096/95 não trouxe nenhuma restrição à liberdade programática dos partidos políticos. Muito pelo contrário, reafirma a liberdade para que eles possam fixar seu programa, seus objetivos políticos e para estabelecer em seus estatutos sua estrutura interna, sua organização e seu funcionamento.

Com relação a seu estatuto, regras que disciplinam o funcionamento interno dos partidos políticos, a Lei n. 9.096/95 exigiu alguns requisitos: a) nome, denominação abreviada e o estabelecimento da sede na Capital Federal; b) filiação e desligamento de seus membros; c) direitos e deveres dos filiados; d) modo como se organiza e administra, com a definição de sua estrutura geral e identificação, composição e competências dos órgãos partidários nos níveis municipal, estadual e nacional, duração dos mandatos e processo de eleição de seus membros; e) fidelidade e disciplina partidárias, processo para apuração das infrações e aplicação das penalidades, assegurado amplo direito de defesa; f) condições e forma de escolha de seus candidatos a cargos e funções eletivas; g) finanças e contabilidade, estabelecendo, inclusive, normas que os habilitem a apurar as quantias que seus candidatos possam despender com a própria eleição, que fixem os limites das contribuições dos filiados e definam as diversas fontes de receita do partido, além das previstas nessa lei; h) critérios de distribuição dos recursos do Fundo Partidário entre os órgãos de nível municipal, estadual e nacional que compõem o partido; i) procedimento de reforma do programa e do estatuto; j) normas sobre prevenção, repressão e combate à violência política contra a mulher (art. 15 da LPP).

6.12. RESPONSABILIDADE DO ÓRGÃO PARTIDÁRIO

A responsabilidade, inclusive civil e trabalhista, cabe exclusivamente ao órgão partidário municipal, estadual ou nacional que tiver dado causa ao não cumprimento da obrigação, à violação de direito, ao dano a outrem ou a qualquer ato ilícito, excluída a solidariedade de outros órgãos de direção partidária. O órgão nacional do partido político, quando responsável, somente poderá ser demandado judicialmente na circunscrição especial judiciária da sua sede, inclusive nas ações de natureza cível ou trabalhista (art. 15-A da LPP).

Responsabilidade civil é o liame que obriga uma pessoa a reparar dano moral ou patrimonial causado a terceiros, em razão de ato próprio, de terceiro, de pessoa sujeita a fiscalização ou de simples imposição legal. Essa noção deriva da agressão a um bem particular, sujeitando o infrator ao pagamento de uma infração pecuniária à vítima, caso não possa repor *in natura* o estado anterior de coisas.

Importa observar, a respeito, que o dispositivo supramencionado apresenta em sua nova redação uma novidade em relação à norma anterior: o acréscimo da responsabilização trabalhista à agremiação partidária, quando do descumprimento de obrigação laboral ou cometimento de qualquer outro ato ilícito na seara trabalhista – como, por exemplo, no caso de não haver recolhimento das contribuições previdenciárias daqueles que trabalharam para o partido.

Em razão do texto legal mencionado, as obrigações, tanto civil quanto trabalhista, não podem ser imputadas a órgão partidário que não tenha dado causa ao vínculo obrigacional. Impediu-se que ações de cobrança possam ser ajuizadas ao mesmo tempo contra o diretório municipal e o diretório estadual, quando o ônus vinculante tenha nascido de ato ilícito do diretório municipal.

Assim, destoando-se de uma vinculação obrigacional mais ampla, determinou-se a vigência do princípio da exclusividade de responsabilidade da instância partidária específica, não podendo outro órgão partidário ter responsabilidade que não tenha dado origem ao gravame.

É de bom alvitre ressaltar que, em 22 de setembro de 2021, o Supremo Tribunal Federal concluiu o julgamento da ADC 31, que foi ajuizada com o cerne de declarar a constitucionalidade do art. 15-A da Lei dos Partidos Políticos. Declarou-se, por maioria, a plena validade constitucional do dispositivo em comento.

Para o Relator, o Ministro Dias Toffoli, "a intenção do legislador foi a de que, em caso de atribuição de responsabilidade interna entre os órgãos de um partido (municipal, estadual ou nacional), não fosse alcançado o patrimônio dos demais, pois cada um é remunerado mediante repartições do fundo partidário"[68].

---

[68] "Ação declaratória de constitucionalidade. Artigo 15-A da Lei n. 9.096/95, com redação dada pela Lei n. 12.034/2009. Controvérsia judicial relevante caraterizada pela existência de decisões judiciais contraditórias e pelo estado de insegurança jurídica. Regra legal que prevê a responsabilidade exclusiva do órgão partidário nacional, estadual ou municipal que, individualmente, der causa a descumprimento de obrigação, a violação de direito, ou a dano a outrem. Caráter nacional dos partidos políticos. Princípio da autonomia político-partidária.

Em concordância com o princípio da exclusividade de responsabilidade da instância partidária específica, as despesas realizadas por órgãos partidários municipais ou estaduais ou por candidatos majoritários nas respectivas circunscrições devem ser assumidas e pagas exclusivamente pela esfera partidária correspondente, salvo acordo expresso com órgão de outra esfera partidária (art. 28, § 4º, da Lei n. 9.096/95). Com a introdução deste parágrafo, a responsabilidade partidária será direcionada ao órgão que deu causa à vinculação, seja em âmbito nacional, estadual ou municipal, sendo excluída a solidariedade de outros órgãos da direção do partido.

Buscou-se proteger os órgãos nacionais das agremiações políticas justamente para evitar que estas possam ser prejudicadas por irregularidades dos órgãos partidários em âmbito estadual e municipal. Vale a pena aclarar que tal inovação enfraquece o conceito unitário de partido político, entendido como um ente de caráter nacional e de condutas homogêneas em toda a Federação. Direcionando-se a responsabilidade apenas ao ente local, em âmbito nacional pode ocorrer diferenciações de conduta entre instâncias partidárias regionais, o que não contribui para fortalecer o seu caráter nacional.

A exceção aberta pela legislação eleitoral é se houver acordo expresso, que pode ser instrumentalizado por intermédio de contrato ou outra forma jurídica de expressão de vontade do ente político, para que as despesas sejam pagas ou divididas por outra instância. Para essa hipótese ser concretizada, necessita-se que a instância partidária superior ateste seu interesse em saldar o débito ou tenha, anteriormente, exposto essa vontade por meio jurídico idôneo.

Havendo inadimplemento, as despesas não podem ser cobradas judicialmente dos órgãos superiores dos partidos políticos, incidindo qualquer ato de constrição patrimonial, como penhora ou arresto, exclusivamente sobre o órgão partidário que contraiu a dívida executada (art. 28, § 5º, da Lei n. 9.096/95). A não prestação de contas à Justiça Eleitoral,

---

Autonomias administrativa, financeira, funcional e operacional. Capacidade jurídica e judiciária. Incompatibilidade entre o texto constitucional e o dispositivo objeto da ação não verificada. Natureza peculiar e regime jurídico especial e diferenciado das agremiações partidárias. Organizações de padrão multinível. Vício de inconstitucionalidade inexistente. Opção válida do legislador. Autocontenção judicial. Pedido procedente."

nos termos devidos, acarreta o cancelamento do registro civil e do estatuto partidário apenas das agremiações políticas que deixarem de prestar contas ao Tribunal Superior Eleitoral, não ocorrendo o cancelamento do registro civil e do estatuto do partido quando a omissão for dos órgãos partidários regionais ou municipais (art. 28, § 6º, da Lei n. 9.096/95).

A não prestação de contas de diretórios estaduais, sejam eles quais forem, ou mesmo de municípios importantes, não pode ensejar o cancelamento do registro civil do partido, não sendo relevante o montante financeiro que deixou de ser contabilizado. A única não prestação de contas à Justiça Eleitoral que pode acarretar o cancelamento do registro civil e do estatuto partidário refere-se aos órgãos nacionais, atingindo, aí sim, todas as instâncias partidárias (art. 28, III e § 6º, da Lei n. 9.096/95).

Após o trânsito em julgado de decisão, o Tribunal Superior Eleitoral deve cominar o cancelamento do registro civil e do estatuto do partido que tenha recebido recursos financeiros de origem exterior, que esteja subordinado a governos ou entidades estrangeiras, não ter prestado as devidas contas à Justiça Eleitoral ou que mantenha organização paramilitar (art. 28, *caput* e incisos I, II, III e IV, da Lei n. 9.096/95).

6.13. FILIAÇÃO PARTIDÁRIA

A principal exigência para a filiação em partido político é o pleno gozo dos direitos políticos, não podendo integrar-se a partido, por exemplo, aqueles que não dispõem de idade para exercer seus direitos políticos, aqueles que os tenham perdido ou estejam suspensos, ou os estrangeiros. Portanto, a prerrogativa de se filiar é bastante ampla, o que abrange a maioria esmagadora da população (art. 16 da LPP). O segundo requisito é que o candidato atenda a todas as exigências contidas no estatuto partidário. Não teria sentido lógico a filiação de um cidadão que não concorde com o estatuto do partido escolhido (art. 17 da LPP).

Todos os filiados gozam de iguais direitos e deveres, não sendo permitida a existência de qualquer tipo de discriminação por meio de regras genéricas e abstratas, obedecendo aos direitos e às garantias fundamentais esculpidos na Constituição de 1988.

O cidadão que queira concorrer a um cargo eletivo deve estar filiado seis meses antes da data fixada para o pleito, conforme o art. 9º da LE, sendo essa também uma das condições de elegibilidade contida na

Constituição de 1988[69]. Contudo, facultou-se aos partidos a fixação de prazos de filiação para a candidatura a cargos eletivos superiores aos previstos legalmente (art. 20 da Lei n. 9.096/95), sendo vedada a alteração que aumente estes prazos no ano eleitoral[70].

Os partidos têm, por obrigação, na segunda semana dos meses de abril e outubro de cada ano, enviar aos juízes eleitorais a relação nominal de todos os seus filiados, juntamente com a data de filiação, o número do título eleitoral e a seção em que estejam inscritos. Caso não ocorra o envio, será tida como válida a relação enviada anteriormente (art. 19, *caput* e § 1º, da LPP).

Para facilitar o acesso de dados de seus filiados, os partidos políticos têm amplo acesso às informações de seus correligionários constantes do cadastro eleitoral. Dessa forma, havendo qualquer dúvida em relação à informação de qualquer filiado, o partido pode requerer à Justiça Eleitoral que forneça o conteúdo constante em seus cadastros (art. 19, § 3º, da Lei n. 9.096/95).

A *ratio* desse dispositivo é municiar as agremiações de todos os subsídios possíveis para que ele possa analisar seus filiados. Essa prerrogativa tem, inclusive, a intenção de ser utilizada de forma preventiva para evitar problemas relacionados à impugnação de registro ou outros decorrentes.

O ato de desfiliação é unilateral, constituindo-se um direito do filiado, que poderá exercê-lo a qualquer momento e por qualquer motivo. O partido político não mais precisa ser notificado previamente, sendo suficiente notificar o juiz eleitoral acerca da desfiliação. No entanto, ainda que não haja a notificação do magistrado da zona eleitoral, a filiação partidária posterior anula a anterior. Trata-se de verdadeira medida desburocratizante acerca da desfiliação partidária e a entrada em outra agremiação, evitando o cerceamento das condições de elegibilidade por desconhecimento jurídico.

---

[69] "As condições de elegibilidade, das quais a filiação é uma delas, são aferidas no momento do registro da candidatura. Precedentes" (Respe n. 26.865/SP, Rel. Min. Carlos Augusto Ayres de Freitas Britto).

[70] Ac. TSE, de 22-9-2016, no Respe n. 5.650 e, de 8-9-2016, na Pet n. 40304: possibilidade de alteração estatutária, no ano da eleição, para reduzir o prazo mínimo de filiação até o limite fixado no art. 20 da LPP.

Caso não ocorra a comunicação do pedido de desligamento ou o então filiado não o faça no dia imediato ao da nova filiação em outro partido, prevalecerá a mais recente, devendo a Justiça Eleitoral determinar o cancelamento das demais, não sendo mais consideradas nulas ambas as filiações[71], por força da redação conferida ao art. 22, parágrafo único, da LPP. É dever do novo filiado e não do partido comunicar à Justiça Eleitoral a nova filiação[72].

Saliente-se que, em caso de cidadão eleito, a desfiliação do partido que contribuiu à sua elegibilidade, acarreta a perda do mandato, exceptuadas as hipóteses de justa causa, conforme art. 22-A da Lei n. 9.096/95.

Haverá o cancelamento da filiação partidária nos casos de: a) morte; b) perda dos direitos políticos; c) expulsão; d) outras formas previstas no estatuto, com comunicação obrigatória ao atingido no prazo de 48 horas da decisão; e) filiação a outro partido, desde que a pessoa comunique o fato ao juiz da respectiva Zona Eleitoral (art. 22 da LPP).

6.14. FUSÃO, INCORPORAÇÃO E EXTINÇÃO DOS PARTIDOS POLÍTICOS

Tanto é livre a criação como a extinção, a incorporação e a fusão de partidos políticos, desde que obedecidos os regramentos legais. As agremiações que se dissolvam, incorporem-se ou que recorram à fusão terão seu registro cancelado no Tribunal Superior Eleitoral e no Ofício Civil (art. 27 da LPP).

Igualmente são cancelados o estatuto e o registro civil, mediante decisão do Tribunal Superior Eleitoral transitada em julgado, na qual seja assegurada a ampla defesa e o contraditório, a agremiação à qual restem comprovadas as imputações: a) ter recebido ou estar recebendo recursos financeiros de procedência externa; b) estar subordinado a entidade ou governo estrangeiros; c) não ter prestado, nos termos legais, as devidas contas à Justiça Eleitoral; d) que mantém organização paramilitar (art. 28 da LPP).

O processo será iniciado pelo Tribunal Superior Eleitoral por intermédio de denúncia feita por eleitor, representante de partido ou

---

[71] Respe n. 26.998/MT, Rel. Min. Carlos Eduardo Caputo Bastos.
[72] Respe n. 26.507/GO, Rel. Min. Carlos Eduardo Caputo Bastos.

pelo Procurador-Geral. Caso ocorra punição a órgãos regionais ou municipais, o partido em nível nacional não sofrerá a suspensão das cotas do fundo partidário, ou qualquer outra punição.

Dois ou mais partidos podem se fundir ou se incorporar em virtude de deliberação em sentido positivo de seus órgãos nacionais, sendo vedada essa decisão em esfera estadual ou municipal. Fusão é a criação de um novo partido a partir da dissolução de dois ou mais já existentes; a incorporação se configura quando há a dissolução de um partido em virtude de sua absorção por outro. Os dois casos não são motivos que acarretem o cancelamento das filiações efetivadas anteriormente[73].

A Lei n. 9.096/95 previu exigências diversas para a fusão e a incorporação. Para que ocorra a fusão, são necessárias estas condições: a) os órgãos de direção dos partidos elaborarão projetos comuns de estatuto e programa; b) os órgãos nacionais de deliberação dos partidos em processo de fusão votarão em reunião conjunta, por maioria absoluta, os projetos, e elegerão o órgão de direção nacional que promoverá o registro do novo partido (art. 29, § 1º, da LPP).

No caso da incorporação, obedecendo à lei civil, cabe ao partido incorporando deliberar por maioria absoluta de votos, por meio de seu órgão nacional, se aceita a adoção do estatuto e do programa da agremiação que o irá absolver (§ 2º do art. 29 da LPP). Depois dessa etapa, realizar-se-á reunião conjunta dos órgãos nacionais de deliberação para a eleição do novo órgão de direção nacional (§ 3º do art. 29 da LPP). O partido político só passa a ter acesso à cota do Fundo Partidário, referente ao partido incorporando, após a averbação da incorporação pelo Tribunal Superior Eleitoral, atendidos os requisitos legais e regulamentares (arts. 7º, § 2º, e 29, § 8º, da LPP)[74].

No caso de fusão, o novo partido terá existência a partir do registro de seu estatuto e de seu programa no registro civil competente de Brasília. No caso de incorporação, o respectivo instrumento de incorporação deve ser levado a registro e averbado no Ofício Civil competente, que deve proceder também o cancelamento do registro do partido incorporado (§§ 4º e 5º do art. 29 da LPP). O novo estatuto ou instrumento de incorporação deve ser levado a registro e averbado,

---

[73]   Respe n. 18.849/MG, Rel. Min. Nelson Jobim.
[74]   Pet. 2623/DF, Rel. Min. José Augusto Delgado.

respectivamente, no Ofício Civil e no Tribunal Superior Eleitoral (§ 8º do art. 29 da LPP).

Saliente-se que somente será admitida a fusão ou incorporação de partidos políticos que hajam obtido o registro definitivo do Tribunal Superior Eleitoral há, pelo menos, cinco anos (§ 9º do art. 29 da LPP).

Ocorrendo fusão de legendas a menos de seis meses do pleito, o detentor de mandato, filiado a partido estranho à fusão, que decida filiar-se a essa nova legenda, não poderá concorrer à reeleição ou a um dos cargos disputados no pleito, em virtude da não observância do prazo mínimo de filiação partidária, que será considerada a data de filiação do candidato ao novo partido e não ao seu de origem[75]. Para efeito da distribuição dos recursos do Fundo Partidário e do acesso gratuito ao rádio e à televisão, tanto no caso da fusão quanto na incorporação, devem ser somados os votos dos partidos obtidos na última eleição para a Câmara dos Deputados (§ 7º do art. 29 da LPP).

---

[75] CTA n. 1.197/DF, Rel. Min. Francisco César Asfor Rocha.

7 FEDERAÇÕES DE PARTIDOS POLÍTICOS

A Lei n. 14.208/2021 alterou a Lei n. 9.096/95 para criar as federações partidárias. De acordo com o *caput* do art. 11-A da LPP, dois ou mais partidos políticos poderão reunir-se em federação, que, após constituição e respectivo registro perante o Tribunal Superior Eleitoral, atuará como se fosse uma agremiação partidária. Dessa leitura, intui-se que a federação se constitui como um ente autônomo, dotado de personalidade jurídica. Apesar de atuar como se fosse um partido político, assegura-se a preservação da identidade e da autonomia dos partidos integrantes da federação (art. 11-A, § 2º, da Lei n. 9.096/95).

Com efeito, os partidos conservarão nome, sigla e números próprios, inexistindo atribuição de número à federação; seu quadro de filiados; o direito ao recebimento direto dos repasses do Fundo Partidário e do Fundo Especial de Financiamento de Campanhas e o direito de acesso gratuito ao rádio e à televisão para veiculação de propaganda partidária; o dever de prestar contas; e a responsabilidade pelos recolhimentos e sanções que lhes sejam imputados por decisão judicial (art. 5º, da Resolução TSE n. 23.6170/2021).

A federação deverá ser previamente constituída sob a forma de associação, devidamente registrada no cartório competente do Registro Civil das Pessoas Jurídicas do local da sua sede (art. 1º, § 1º, da Resolução TSE n. 23.670/2021). Adquirida a personalidade jurídica, a federação deverá apresentar pedido de registro ao TSE, instruído com a respectiva certidão do Registro Civil de Pessoas Jurídicas; o número de inscrição no Cadastro Nacional de Pessoas Jurídicas (CNPJ); cópia da resolução tomada pela maioria absoluta dos votos dos órgãos de deliberação nacional de cada um dos partidos integrantes da federação; exemplar autenticado do inteiro teor do programa e do estatuto comuns da federação constituída, inscritos no cartório competente do Registro Civil das Pessoas Jurídicas; ata de eleição do órgão de direção nacional da federação; e endereço de sua sede e de seus dirigentes nacionais, bem como endereço eletrônico para recebimento de comunicações (art. 2º da Resolução TSE n. 23.670/2021).

Importante mencionar que o estatuto comum da federação deverá conter regras para a composição de lista para as eleições proporcionais, que vinculará a escolha de candidatos da federação em todos os níveis (art. 11-A, § 7º, da Lei n. 9.096/95). A Resolução TSE n. 23.670/2021 prevê que somente participarão das eleições as federações que tenham registro deferido até 6 (seis) meses antes do pleito. A regra advém do entendimento perfilhado pelo Ministro Luís Roberto Barroso, relator da ADI n. 7.021, que conferiu interpretação conforme a Constituição ao *caput* do art. 11-A da LPP, de modo a exigir que "para participar das eleições, as federações estejam constituídas como pessoa jurídica e obtenham o registro de seu estatuto perante o TSE no mesmo prazo aplicável aos partidos políticos".

Em julgamento realizado no dia 9 de fevereiro de 2022, o Supremo Tribunal Federal, por maioria, referendou a cautelar deferida parcialmente pelo Ministro Luís Roberto Barroso, apenas para adequar o prazo para constituição e registro das federações partidárias, que deverá ser de até 6 (seis) meses antes do pleito, ressalvadas as federações constituídas para as eleições de 2022, as quais deverão preencher tais condições até 31 de maio de 2022.

À vista dos impactos que tal decisão acarretou ao Calendário Eleitoral, o TSE, por meio da Resolução n. 23.674/2021, marcou o dia 31 de maio de 2022 como a data limite para que todas as federações que pretendam participar das eleições de 2022 tenham obtido registro de seus estatutos no TSE.

A federação somente poderá ser integrada por partidos políticos com registro definitivo no TSE (art. 11-A, § 3º, inciso I, da LPP), no que os partidos reunidos na ambiência da federação deverão permanecer a ela filiados por, no mínimo, 4 (quatro) anos, contados da data do seu ingresso (art. 6º, da Resolução TSE n. 23.670/2021). No entanto, o partido que se desligar da federação antes dos 4 (quatro) anos ficará sujeito à vedação de ingressar em federação, de celebrar coligação nas 2 (duas) eleições seguintes e, até completar o prazo mínimo remanescente, de utilizar o Fundo Partidário (art. 7º da Resolução TSE n. 23.670/2021). Nos estados, no Distrito Federal e nos municípios, o funcionamento da federação não dependerá de constituição de órgãos próprios, bastando que exista, na localidade, órgão partidário de algum dos partidos que a compõem (art. 9º da Resolução TSE n. 23.670/2021).

O partido político que se desligar da federação até 6 (seis) meses antes da eleição poderá dela participar de forma isolada, sem prejuízo das sanções descritas em linhas anteriores (art. 7º, § 2º, da Resolução TSE n. 23.670/2021). As referidas sanções também não serão aplicadas aos partidos em caso de a extinção da federação ser motivada pela fusão ou incorporação entre eles (art. 7º, § 3º, da Resolução TSE n. 23.670/2021). Impende ressaltar que, na hipótese de desligamento de 1 (um) ou mais partidos, a federação continuará em funcionamento, desde que nela permaneçam 2 (dois) ou mais partidos (art. 11-A, § 5º, da LPP).

Inegável, no ponto, que as federações partidárias foram estruturadas para que os partidos fugissem dos efeitos da cláusula de desempenho, especificamente os menores. Tanto é assim que o § 2º do art. 4º, da Resolução TSE n. 23.670/2021, determina que, para fins de aferição da cláusula de desempenho previsto no § 3º do art. 17 da Constituição Federal de 1988, será considerada a soma da votação e da representação dos partidos que integram a federação. Vislumbra-se como benfazeja a instituição da federação de partidos, pois a tendência é que haja adensamento das greis que comunguem dos mesmos ideários políticos, o que pode garantir uniformidade de posicionamento, consistência ideológica e mínima autenticidade na representação popular; sobretudo porque a federação vigorará pelo elastério temporal de 4 (quatro) anos.

A federação vem à lume para amainar o efeito da proliferação de partidos, que estabilizou uma atmosfera de descrença na população e de ausência de consistência ideológica. Outrossim, pode-se entrever uma homogeneidade de posicionamento entre os partidos integrantes da federação, sobretudo porque ela atuará em todo território nacional (art. 11-A, § 3º, II e IV), de modo a evitar, como ocorria no cerne das coligações proporcionais, alianças casuísticas e muitas vezes fugidias aos desígnios das agremiações partidárias coligadas. Com a federação, permite-se que haja um direcionamento partidário voltado à unidade de ação, sem que cada partido perca sua essência estruturante e seja tolhido de receber os influxos do princípio da autonomia partidária.

Esse prenúncio de conjugação de desígnios partidários, além de evitar conflitos ideológicos, como ocorria no caso das coligações proporcionais, pode servir de esteio para que os partidos futuramente possam gerar uma nova grei, a partir da fusão (art. 17, *caput*, da CF/88). Deveras, discorda-se do posicionamento no sentido de que as federações ostentam natureza jurídica de coligações partidárias. É que as coligações, além de serem marcadas pela transitoriedade, no que eram estritamente voltadas para fins eleitorais, não tinham o escopo de firmar alinhamento programático entre os partidos coligados; e não funcionavam no período posterior às eleições. Conforme acentuou o Ministro Luís Roberto Barroso, a federação partidária guarda certo grau de similitude com as coligações, na medida em que permite que partidos políticos se agrupem e sejam tratados como um partido único para fins de cômputo de votos e de cálculo do quociente partidário[76]. Contudo, esclarece o Ministro Barroso que as previsões delineadas para o funcionamento das federações tornam impròvável a sua utilização apenas para fins eleitorais, "ou seja, apenas para viabilizar a transferência de votos, sem qualquer identidade ideológica entre partidos".

A manutenção e o funcionamento da federação serão custeados pelos partidos que a compõem, cabendo ao estatuto dispor a respeito, também sendo lícito aos partidos realizar gastos em prol da federação com recursos oriundos do Fundo Partidário na manutenção e no funcionamento da federação, desde que não integrem parcela cuja aplicação seja vinculada por lei (art. 10, *caput*, e § 1º, da Resolução TSE n. 23.670/2021). Nesse passo, a prestação de contas da federação corresponderá àquela apresentada à Justiça Eleitoral pelos partidos que a integram e em todos os níveis de direção partidária. Para tanto, a regularidade dos gastos em benefício da federação será verificada na respectiva prestação de contas do partido político que realizou o gasto (art. 10, §§ 2º e 3º, da Resolução TSE n. 23.670/2021).

Dispõe o art. 12 da Resolução TSE n. 23.670/2021 que se aplicam à federação as instruções do TSE que regem as atividades dos partidos políticos no que diz respeito às eleições, inclusive no que se refere à escolha e registro de candidatos para as eleições majoritárias e proporcionais, à arrecadação e aplicação de recursos em campanhas eleitorais, à propaganda eleitoral, à contagem de votos, à obtenção de cadeiras, à prestação de contas e à convocação de suplentes.

---

[76] ADI n. 7021- MC/DF.

Pontue-se que a Resolução TSE n. 23.670/2021 se preocupou em deixar assente, no tocante às federações de partidos políticos, a necessidade de atendimento à cota de gênero nas candidaturas proporcionais, que deve ser respeitada tanto pela lista da federação, globalmente, quando por cada partido, evitando-se que as candidaturas femininas sejam concentradas nos partidos que recebem menos recursos (art. 12, parágrafo único, I). Outrossim, o referido ato normativo também estabelece que, em havendo transferência de recursos oriundos do FEFC ou do Fundo Partidário entre os partidos que integram a federação, a desaprovação das contas do partido beneficiado, quando decorrente de irregularidades na aplicação daqueles recursos na campanha, acarretará a desaprovação das contas do doador (art. 12, parágrafo único, II).

Por fim, ressalte-se que perderá o mandato o detentor do cargo eletivo que se desfiliar, sem justa causa, de partido que integra federação (art. 11-A, § 9º, da Lei n. 9.096/95). Isso porque, de acordo com o § 1º do art. 11-A da LPP, aplicam-se à federação de partidos todas as normas que regem o funcionamento parlamentar e a fidelidade partidária.

8 ALISTAMENTO ELEITORAL

8.1. CONCEITO

O alistamento eleitoral se configura como um requisito imperioso para o exercício do voto, sendo por meio desse procedimento que o cidadão, munido de documentação básica, qualifica-se perante a Justiça Eleitoral e se insere como membro do eleitorado nacional.

Classifica-se o procedimento de alistamento como de jurisdição voluntária, ou seja, não sendo contenciosa, ela não faz coisa julgada material nem há partes litigando sobre um bem jurídico. Ela não é propriamente jurisdição em sentido estrito, consistindo em um pedido que é deferido ou não para que se obtenha uma declaração do Poder Judiciário. Nasce com a missão de executar atividades não litigiosas, que não podem ser enquadradas tipicamente com o exercício de prestação jurisdicional.

Portanto, não é meritório tentar enquadrar o alistamento como uma simples sequência de atos de procedimentos administrativos, haja vista que sua realização acarreta circunstâncias relevantes, a exemplo da impugnação do alistamento ou de sua revisão. Contudo, sua significância maior reside em representar o primeiro passo não para a cidadania, já que ela não foi concebida sob um prisma restrito, mas requisito inexorável para o voto, um dos referenciais para a inserção do cidadão com o trato da coisa pública. Um dever cívico, antes de ser concebido como um direito.

A concepção de cidadania aqui empregada é muito mais ampla. Não permitindo que ela esteja concentrada exclusivamente no voto, nem mesmo que seja considerado seu momento mais importante. O voto se configura imprescindível para a formação do corpo de representantes populares, mas a soberania continua a pertencer ao povo, que a deve exercer constantemente, de forma plena, sem restrições. Está presente em todos os momentos do cotidiano, sendo integrada pelo senso republicano, em que a coisa pública pertence à coletividade, e é obrigação de todos seu resguardo. Dentro dessa amplitude, o direito ao voto não basta para materializá-la, sendo necessários requisitos mais complexos, como educação, cultura, emprego, moradia, segurança etc.

Os procedimentos exigidos são necessários porque se configuram como imperativos de segurança para que a soberania popular não venha a ser maculada por fraudes eleitorais. A finalidade da existência de ritos complexos se configura como procedimental, no intento de assegurar a transparência do alistamento, o que garante o devido processo legal, o contraditório e a ampla defesa.

Com a implementação do sistema eletrônico de votação, apuração e totalização, o alistamento ocorre mediante processamento eletrônico de dados, com a obrigação de os Tribunais Regionais Eleitorais adotarem o sistema de alistamento agasalhado pelo Tribunal Superior Eleitoral.

8.2. EXTENSÃO DA OBRIGATORIEDADE DE ALISTAMENTO

O alistamento é obrigatório para todos os cidadãos maiores de 18 anos, natos ou naturalizados, e menores de 70. Excepcionalmente é considerado facultativo para os seguintes cidadãos: a) aos analfabetos; b) maiores de 70 anos; c) maiores de 16 e menores de 18 anos.

Não podem se alistar os estrangeiros, com exceção do português equiparado, os conscritos, que são aqueles que estão prestando o serviço militar obrigatório (art. 14, §§ 1º, I, e 2º, da CF), e os que estejam privados de seus direitos políticos (art. 15 da CF).

Os presos que não cumpram pena por sentença transitada em julgado – que por determinação constitucional sofrem privação de seus direitos políticos – podem se alistar e votar, desde que haja a montagem de uma estrutura eleitoral no sistema carcerário e não ocasione transtornos à segurança prisional[1]. Sua restrição é somente de natureza fática, não podendo se deslocar e, consequentemente, não podendo realizar seu alistamento ou votar.

Em relação aos policiais militares, o Tribunal Superior Eleitoral respondeu à Consulta n. 9.923/90, entendendo que esses são alistáveis

---

[1] Art. 15, III, da Constituição Federal: "É vedada a cassação de direitos políticos, cuja perda ou suspensão só se dará nos casos de condenação criminal transitada em julgado, enquanto durarem seus efeitos".

em todos os níveis de carreira em virtude de não haver nenhuma vedação legal[2].

É importante salientar que a Constituição veda, expressamente, o alistamento dos estrangeiros. Contudo, em virtude do Decreto n. 3.927/2001, que aprovou o Tratado da Amizade, os portugueses que residam no Brasil há mais de três anos podem, no caso de reciprocidade – mesmo sem naturalização –, alistar-se, votar e ser votados, a exceção para esse último ponto é para cargo privativo de brasileiro[3]. No momento do alistamento eleitoral, o português deverá comprovar sua condição de igualdade, sendo possível o questionamento, a qualquer tempo, se verificado vício ou irregularidade na condição de igualdade de português[4].

Não existe alistamento sem que o cidadão se dirija a um posto da Justiça Eleitoral. O cidadão, ao completar a idade indicada, deve procurar o cartório dessa justiça especializada para sua efetuação. Isso não impede que o Estado promova campanhas públicas incentivando o alistamento, haja vista sua importância para o regime democrático.

O requerimento de inscrição eleitoral e a transferência somente poderão ser realizados até o período de cento e cinquenta dias antes da realização do pleito (art. 91 da LE).

Caso o juiz realize inscrição, transferência ou emissão de segunda via após o prazo legal, estará sujeito às penalidades do art. 291 do Código Eleitoral. Ao término dos trabalhos da Junta Eleitoral, a lei prevê a reabertura do alistamento (art. 70 do CE).

8.3. REQUISITOS DO ALISTAMENTO ELEITORAL

O Código Eleitoral expõe que o alistamento se realiza mediante a qualificação e inscrição do eleitor (art. 42 do CE). Qualificação é o ato

---

[2] Resolução n. 15.099, de 9-3-1989, Rel. Min. Villas Boas.

[3] Art. 12, § 3º da Constituição Federal: "São privativos de brasileiro nato os cargos: I – de Presidente e Vice-Presidente da República; II – de Presidente da Câmara dos Deputados; III – de Presidente do Senado Federal; IV – de Ministro do Supremo Tribunal Federal; V – da carreira diplomática; VI – de oficial das Forças Armadas; VII – de Ministro de Estado da Defesa".

[4] RO-1122/SP, Rel. Min. Carlos Augusto Ayres de Freitas Britto.

de se identificar perante o órgão cartorário, e a inscrição configura-se no preenchimento dos requisitos para pertencer ao quadro de eleitores. Tem-se concluído o alistamento quando há a realização da qualificação, da inscrição e da aprovação da solicitação pelo juiz eleitoral, sem que sofra nenhuma impugnação que lhe ateste algum tipo de irregularidade.

A Justiça Eleitoral não permite o alistamento *ex officio*, por impulso próprio de órgão estatal, ou por procuração; o cidadão deve procurar um cartório eleitoral e preencher os formulários padronizados pelo Tribunal Superior Eleitoral, denominado Requerimento de Alistamento Eleitoral (RAE), de acordo com determinação da Resolução TSE n. 23.659/2021.

No cartório eleitoral ou posto de alistamento, o atendente da Justiça Eleitoral irá preencher o Requerimento de Alistamento Eleitoral ou digitará as informações no sistema de acordo com os dados constantes no documento apresentado pelo eleitor, complementados com suas informações pessoais, de conformidade com as exigências do processamento de dados, consoante orientações específicas da legislação eleitoral. O RAE deverá ser preenchido ou digitado e impresso na presença do eleitor, manifestando este sua preferência sobre o local de votação entre aqueles estabelecidos pela zona eleitoral. Os locais estarão dispostos no cartório ou no posto de alistamento. O eleitor deverá assinar ou – no caso dos analfabetos – pôr a impressão digital de seu polegar na presença do atendente da Justiça Eleitoral, que deverá atestar, de imediato, a satisfação dessa exigência (art. 49, § 3º, *b*, da Resolução TSE n. 23.659/2021).

O requerimento deve ser instruído com um dos seguintes documentos: a) carteira de identidade pelo órgão competente do Distrito Federal ou dos estados; b) certificado de quitação do serviço militar (obrigatória apenas para maiores de 18 anos do sexo masculino); c) certidão de nascimento ou casamento extraída de registro civil; d) instrumento público do qual se ateste ter o requerente idade superior a 16 anos e do qual constem, também, os demais elementos necessários à sua qualificação (art. 44 do Código Eleitoral) ou e) carteira emitida pelos órgãos criados por lei federal, controladores do exercício profissional; f) documento congênere ao registro civil, expedido pela Fundação Nacional do Índio (FUNAI); g) documento do qual se infira a nacionalidade brasileira, originária ou adquirida, da pessoa requerente; h) publicação oficial da Portaria do Ministro da Justiça e o documento de identidade, para as pessoas portuguesas que tenham obtido o gozo dos direitos políticos no Brasil (art. 34 da Resolução TSE n. 23.659/2021). A introdução do sistema eletrônico simplifica em muito os procedimentos de alistamento.

Não é mais necessária uma pilha de documentação, bastando um desses documentos arrolados. Havendo dúvida quanto à identificação, o servidor cartorário buscará dissipá-la, solicitando outros documentos que possam atestar a identidade do alistando.

Caso a emissão do título não seja imediata, o servidor, atribuído número de inscrição, assinará o formulário, destacará o protocolo de solicitação e o entregará ao remetente.

Nas hipóteses de alistamento, transferência, revisão e segunda via, a data da emissão do título será a do requerimento da última operação eleitoral efetivada (art. 74 da Resolução TSE n. 23.659/2021).

Da decisão que indeferir o requerimento de alistamento ou transferência, cabe recurso interposto pelo alistando e pelo Ministério Público Eleitoral no prazo de cinco dias. Da decisão que deferir alistamento ou transferência cabe recurso por parte de qualquer partido político e pelo MPE. O prazo para o eleitor ou eleitora começa a ser contado a partir da data em que for realizada a notificação, preferencialmente realizada por meio eletrônico. Já o prazo para partidos políticos e para o Ministério Público Eleitoral começa a ser contado da disponibilização de ofício com listagem das inscrições em sistema específico, que deve ser fixada nos dias 1º e 15 de cada mês ou no primeiro dia útil seguinte (arts. 54 a 62 da Resolução TSE n. 23.659/2021).

Consta no título o número da seção eleitoral que se localizará o mais próximo de sua residência, podendo ele escolhê-la mediante sua melhor conveniência. A qualquer tempo, o eleitor poderá requerer ao juiz eleitoral a retificação de seu título quando houver erro evidente ou indicar seção diferente daquela correspondente à residência indicada (art. 46, § 4º, do CE).

Em regra, o eleitor fica vinculado à seção eleitoral indicada em seu título, à exceção de dois casos: a) se houver transferência de zona ou de município; b) se até cento e cinquenta dias antes da eleição provar ao juiz eleitoral que mudou de residência dentro do mesmo município, distrito ou para outro lugar muito distante da seção em que estava inscrito (art. 46, § 3º, do CE).

Os partidos políticos podem manter até quatro delegados ou delegadas atuando no Tribunal Regional Eleitoral, que têm competência em todo o Estado, e três em cada zona eleitoral respectiva. São esses delegados partidários que possuem a missão de também fiscalizar o alistamento eleitoral para garantir o interesse de suas agremiações (art. 76 da Resolução TSE n. 23.659/2021).

Despachado o requerimento de inscrição pelo juiz eleitoral e processado pelo cartório, a remessa ao Tribunal Regional Eleitoral da realização do alistamento se configura obrigatória (art. 45, § 12, do CE).

8.4. PRERROGATIVAS DO ALISTAMENTO ELEITORAL

Reconhecendo a importância do alistamento eleitoral, já que se configura requisito inexorável ao voto, uma das manifestações do exercício da cidadania, o Código Eleitoral brasileiro dispôs de algumas prerrogativas para incentivá-lo, mormente destinadas à população mais carente que historicamente tem sido relegada do exercício da participação política.

As certidões de nascimento ou casamento, quando destinadas especificamente ao alistamento eleitoral, são fornecidas gratuitamente pelos cartórios, podendo ser pedidas pelo próprio alistando ou pelos delegados partidários. O escrivão do cartório solicitado tem o prazo de quinze dias para conceder a certidão ou justificar ao juiz eleitoral por que deixou de fazê-lo (art. 47 do CE).

O trabalhador, por meio de comunicação com 48 horas de antecedência, tem o direito de deixar de comparecer ao serviço por, no máximo, dois dias, sem prejuízo de salário, a fim de realizar seu alistamento (art. 48 do CE).

Os cidadãos com deficiência visual, que forem alfabetizados pelo sistema Braille, apresentando as condições necessárias de alistamento, possuem o direito de se qualificar mediante o preenchimento de formulários, bem como de colocar seu nome com letras desse alfabeto (art. 49 do CE). O juiz eleitoral providenciará que se proceda ao alistamento nas próprias sedes de estabelecimento de proteção aos cidadãos com deficiência visual (art. 50 do CE).

8.5. SEGUNDA VIA DO TÍTULO DE ELEITOR

No caso de perda ou extravio de seu título, o cidadão pode requerer ao juiz de seu domicílio eleitoral uma segunda via, dentro do prazo estipulado pela Justiça Eleitoral. O pedido de segunda via é feito no cartório eleitoral, pessoalmente, instruindo, no caso de inutilização ou dilaceração, o requerimento com a primeira via (art. 52 do CE).

Com o recebimento da solicitação, o juiz mandará publicar na imprensa ou em editais a notícia do extravio ou perda e da solicitação da segunda via. O pedido deve ser deferido desde que não haja impugnação (art. 52, § 2º, do CE e art. 40 da Resolução TSE n. 23.659/2021).

Se o eleitor estiver fora de seu domicílio eleitoral, pode solicitar a segunda via na localidade em que se encontrar, esclarecendo que a receberá em sua zona ou naquela em que a requereu (art. 53 do CE). Nesse caso específico, em que o eleitor se encontra distante de seu domicílio eleitoral, o pedido de segunda via apenas poderá ser recebido dentro do prazo de sessenta dias antes do pleito (§ 4º do art. 53 do CE).

Para a realização da segunda via, necessita-se do pagamento de taxa. Mesmo assim, ela somente será expedida ao eleitor que estiver sem nenhum débito para com a Justiça Eleitoral, o que exige daqueles que sofreram multa que a paguem (art. 54 do CE).

Conforme já foi mencionado, o prazo máximo para o alistamento ou para a transferência do título eleitoral é de cento e cinquenta dias antes da data do pleito. O prazo novamente será aberto depois da conclusão dos trabalhos da Junta Eleitoral.

8.6. DOMICÍLIO ELEITORAL

O Código Eleitoral conceituou domicílio eleitoral como o lugar de residência ou de moradia do requerente, facultando-lhe a prerrogativa de escolher uma delas se houver mais de uma (art. 42, parágrafo único). A densidade substancial de seu termo expressa o lugar a que o eleitor tenha vínculos – políticos, sociais, profissionais, afetivos, patrimoniais –, na circunscrição em que exerça seu direito de voto.

Pinto Ferreira diferencia domicílio, residência e habitação por seu grau de importância. De acordo com o professor, uma pessoa pode habitar um local sem nele residir propriamente, estando apenas de passagem; pode ainda ter a residência em um local, sem ter o seu domicílio, pois este legalmente necessita do aspecto volitivo de permanência. Quem tem o domicílio em um local, por presunção legal terá sua residência, embora nem sempre isso aconteça[5]. Ou seja, habitação teria um sentido mais efêmero, de local de passagem; residência, um sentido mais estável, todavia sem a intenção de permanência; domicílio apresentaria maior estabilidade, haja vista o *animus* de permanecer.

O domicílio civil não pode ser confundido com o eleitoral. Ambos apresentam conceituações díspares, não impedindo que uma pessoa tenha um domicílio eleitoral e outro civil.

Para o Código Civil, o domicílio do cidadão é o lugar onde ele estabelece sua residência com ânimo definitivo, afastando seu caráter de transitoriedade[6]. Se possuir diversas residências, onde, alternadamente, viva, pode optar por qualquer uma delas. Com relação às suas relações profissionais, seu domicílio é o lugar onde exerce seu labor (arts. 70 a 72 do CC). Para que se possa caracterizar o domicílio civil, é *mister* a averiguação de dois elementos: um objetivo, o estabelecimento do indivíduo em certo lugar, e outro subjetivo, a vontade de nele fixar-se[7].

Destarte, para o Código Civil domicílio é o lugar em que o cidadão se estabelece com ânimo definitivo; enquanto, para o Código Eleitoral, ele se configura no lugar de sua residência ou moradia, sem necessitar demonstrar o ânimo definitivo. Na jurisprudência do Tribunal Superior Eleitoral, domicílio eleitoral é o lugar onde o cidadão mantém vínculos políticos, sociais e econômicos, sendo a residência a materialização desses atributos[8].

A falta de precisão conceitual do Código Eleitoral, sem diferenciar os conceitos de domicílio e residência, tem gerado bastante discussão para a definição de domicílio eleitoral. No sentir de Joel Cândido,

---

[5]   PINTO FERREIRA, Luiz. *Código Eleitoral comentado*. 4. ed. São Paulo: Saraiva, 1997, p. 88.

[6]   "Residência é o lugar de morada normal, o local em que a pessoa estabelece habitação, é a morada de quem chega e fica" (PEREIRA, Caio Mário da Silva. *Instituições de direito civil*. Rio de Janeiro: Forense, 2005, v. 1, p. 370-371).

[7]   MONTEIRO, Washington de Barros. *Curso de direito civil*. São Paulo: Saraiva, 1997, v. 1, p. 132-133.

[8]   RO n. 060238825, Acórdão, Rel. Min. Luís Roberto Barroso, PSESS, 4-10-2018.

o ideal seria que o ânimo de permanecer fosse o alicerce da determinação, como acontece com a precisão de domicílio civil. Para ele não haveria necessidade de modificação legislativa, podendo ser implementado por mutação constitucional por meio de decisões judiciais, fixando o sentido e o alcance da disposição[9].

De acordo com o entendimento do TSE, o conceito de domicílio pode ser demonstrado não só pela residência local com ânimo definitivo, mas também pela constituição de vínculos políticos, econômicos, sociais ou familiares[10]. É importante salientar que o TSE já pacificou o entendimento de que o domicílio eleitoral não se confunde com o domicílio civil[11]. Nesse norte, o art. 23 da Resolução TSE n. 23.659/2021 estabelece que, para fins de fixação do domicílio eleitoral no alistamento e na transferência, deverá ser comprovada a existência de vínculo residencial, afetivo, familiar, profissional, comunitário ou de outra natureza que justifique a escolha do município.

Para o TSE, o reconhecimento dos laços com o município tem como termo inicial o dia em que o eleitor requereu a transferência de domicílio, mesmo que o deferimento ocorra posteriormente[12]. Importante mencionar que, de acordo com o art. 23, § 1º, da Resolução TSE n. 23.659/2021, a fixação do domicílio, inclusive para fins de candidatura, retroagirá à data em que requerida a operação de alistamento ou transferência que tenha sido devidamente concluída, independente-

---

[9] CÂNDIDO, José Joel. *Direito eleitoral brasileiro*. 10. ed. São Paulo: Edipro, 2002, p. 85.

[10] RO n. 060238825, Acórdão, Rel. Min. Luís Roberto Barroso, PSESS, 4-10-2018.

[11] "Domicílio eleitoral. O domicílio eleitoral não se confunde, necessariamente, com o domicílio civil. A circunstância de o eleitor residir em determinado município não constitui obstáculo a que se candidate em outra localidade onde é inscrito e com a qual mantém vínculos (negócios, propriedades, atividades políticas)" (Ac. n. 18.124, de 16-11-2000, Rel. Min. Garcia Vieira, red. designado Min. Fernando Neves).

[12] Ac. de 11.10-2016 no AgR-Respe n. 26340, Rel. Min. Henrique Neves. Também nesse sentido: "Registro. Domicílio eleitoral. – O prazo conta-se do requerimento da transferência, mesmo que o deferimento ocorra posteriormente. Agravo regimental a que se nega provimento" (Respe n. 34800, Acórdão, Rel. Min. Arnaldo Versiani, PSESS, 27-11-2008).

mente da data em que seja processado o lote do RAE ou venham a ser consideradas satisfeitas eventuais diligências.

8.7. TRANSFERÊNCIA ELEITORAL

A transferência eleitoral ocorre quando o eleitor se muda de município ou de zona eleitoral. Alerte-se, todavia, que toda as vezes em que há uma transferência de município, necessariamente não acontece modificação de zona eleitoral. Alguns municípios podem participar de uma mesma circunscrição eleitoral. Se o eleitor mudar de residência dentro de uma mesma zona, pertencente a um mesmo município, não se realiza transferência em seu sentido estrito, devendo o eleitor procurar o cartório para a modificação cadastral de seu endereço. A transferência eleitoral se configura apenas quando há deslocamento de zona eleitoral ou de município.

Ela é fonte de sérios problemas à Justiça Eleitoral porque, frequentemente, constitui-se em instrumento de fraude. Infelizmente, encontram-se muitos municípios em que o número de eleitores é maior que o número da população em razão de transferências eleitorais ilícitas, no que constitui o crime previsto no art. 350 do Código Eleitoral. Corriqueiro em nossa realidade política o fato de candidatos transferirem seu domicílio para disputarem eleições em outros municípios que não possuem vínculos com a população, apenas por conveniências eleitorais.

Estes são os requisitos para a realização da transferência eleitoral, que ocorre no cartório eleitoral do Município para onde o eleitor quer se transferir:

a) apresentação do requerimento perante a unidade de atendimento da Justiça Eleitoral do novo domicílio até cento e cinquenta dias da data da eleição (inciso I do § 1º do art. 55 do CE c/c art. 91 da Lei n. 9.504/97);

b) transcorrência de, pelo menos, um ano do alistamento ou da última transferência (art. 38, inciso II, da Resolução TSE n. 23.659/2021);

c) tempo mínimo de três meses de vínculo com o município, dentre aqueles aptos a configurar domicílio eleitoral, declarado pelo próprio eleitor, sob as penas da lei (art. 38, inciso III, da Resolução TSE n.23.659/2021);

d) estar com o regular cumprimento das obrigações de compareci-mento às urnas e de atendimento a convocações para auxiliar nos trabalhos eleitorais (art. 38 da Resolução TSE n. 23.659/2021).

Essa regulamentação efetuada pela mencionada Resolução foi muito permissiva no deferimento da transferência eleitoral, o que pode facilitar que cidadãos que não possuam nenhum tipo de vínculo com o município possam realizá-la sem qualquer tipo de empecilho.

Ademais, a exigência de lapso temporal de três meses se mostra bastante irrisória, não se podendo aferir nesse período se há reais vínculos do eleitor com seu Município, ou se a transferência é somente uma questão política, o que enseja que vários candidatos nem possuam residência nas circunscrições em que exercem o mandato.

A exceção dos requisitos mencionados acima ocorre quando se tratar de transferência de título de servidor público civil e militar, autárquico ou membro de sua família em razão de remoção, ou transferência ou posse de seu trabalho – obedecendo ao prazo legal mínimo de cento e cinquenta dias para protocolar o pedido de transferência e estando em dia com suas obrigações eleitorais (art. 38, inciso IV, *a*, da Resolução TSE n. 21.538/2021 (§ 1º do art. 18 da Resolução n. 21.538/2003). A referida exceção também pode ocorrer quando se tratar de indígenas, quilombolas, pessoas com deficiência, trabalhadoras e trabalhadores rurais safristas e pessoas que tenham sido forçadas, em razão de tragédia ambiental, a mudar de residência (art. 38, inciso IV, *b*, da Resolução TSE n. 23.659/2021).

Caso não seja possível a comprovação da regularidade das obrigações eleitorais, não sendo caso de isenção, será cobrada do eleitor ou da eleitora multa no valor arbitrado pelo juízo da zona eleitoral de sua inscrição (§ 2º do art. 38 da Resolução TSE n. 23.659/2021).

Como dito, no caso de perda ou extravio do título anterior, quando for declarado esse fato na solicitação de transferência, a pessoa poderá requerer ao juízo do seu domicílio eleitoral a expedição da segunda via. A intimação do cidadão ou da cidadã da decisão de indeferimento do seu alistamento ou da sua transferência eleitoral será pessoal, realizada preferencialmente por meio eletrônico. À exceção da pessoa indígena ou quilombola que não tenha consignado número pessoal ou de telefone no ato do requerimento de transferência, que será intimada por meio de carta com aviso de recebimento ou por oficial de justiça, contando o prazo recursal da data em que for recebida a intimação (art. 55, *caput*, § 1º, da Resolução TSE n. 23.659/2021).

No caso de seu indeferimento, o eleitor poderá recorrer em um prazo de cinco dias. Havendo seu deferimento, qualquer delegado poderá recorrer no prazo de dez dias (o prazo para o eleitor recorrer na hipótese de indeferimento é de cinco dias em virtude do art. 58, da Resolução TSE n. 23.659/2021).

De forma alternativa à segunda via, poderá ser emitida a via digital do título através do aplicativo para dispositivos móveis da justiça eleitoral ou reimpresso o documento a partir do sítio eletrônico do tribunal eleitoral (art. 40 da Resolução TSE n. 23.659/2021).

Para garantir a publicidade, a solicitação de transferência é publicada na imprensa, na capital, e nas demais cidades, fixada no cartório eleitoral, contando-se o prazo dessa publicação. Abre-se possibilidade de impugnação quando os requisitos exigidos não foram preenchidos (art. 57 do CE). O juiz quando receber a impugnação deve decidi-la de imediato.

Configurando-se a decisão judicial relativa à transferência como de jurisdição voluntária, em que não existe preclusão material, o eleitor, mesmo perdendo o prazo de cinco dias para impugnar o pronunciamento que lhe denegou a transferência, pode impetrar mandado de segurança para contestar a decisão, demonstrando o direito líquido e certo de sua pretensão[13].

Expedido novo título, o juiz comunicará a transferência ao Tribunal Regional Eleitoral competente no prazo de dez dias. *Pari passu*, deve comunicar ao juiz da zona de origem a concessão da transferência.

De forma bastante clara e enfática, declara o Código Eleitoral (art. 61) que a transferência eleitoral apenas será concedida àqueles cidadãos que não tiverem pendências financeiras com a Justiça Eleitoral.

8.8. CAUSAS DE CANCELAMENTO E EXCLUSÃO DO ALISTAMENTO

Cancelamento é a suspensão provisória ou definitiva da prerrogativa de votar, com isso estão extintos seus efeitos na seara jurídica, ten-

---

[13] Respe n. 24.844/MA, Rel. Min. Humberto Gomes de Barros.

do efeitos *ex nunc*. Como ilação inexorável do cancelamento do título, tem-se sua exclusão do quadro eleitoral. Comprovando-se a existência de uma causa de cancelamento, a segunda etapa é sua exclusão do registro eleitoral, ficando impedido de votar e ser votado.

Como direito subjetivo dos cidadãos, as causas de cancelamento são *numerus clausus*, isto é, são apenas as tipificadas no art. 71 do Código Eleitoral.

São causas de cancelamento:

a) os conscritos;

b) os que não saibam se exprimir na língua nacional;

c) os que não se inscreveram ou não se qualificaram;

d) a suspensão ou a perda dos direitos políticos;

e) a pluralidade de inscrição;

f) o falecimento do eleitor;

g) a abstenção em três eleições consecutivas.

A exclusão também se concretiza quando o eleitor se inscrever em jurisdição eleitoral diversa da que abrange seu domicílio eleitoral ou nos casos de revisão eleitoral, quando o eleitor não comparece ao cartório para seu recadastramento. Neste último caso, pode o eleitor, posteriormente, preenchidos os requisitos necessários, solicitar a expedição de novo título[14].

São tidos como os que não sabem se exprimir em língua portuguesa os estrangeiros e os índios. Os estrangeiros – que não têm a nacionalidade brasileira – não podem votar por impedimento constitucional. Aqueles que se naturalizaram devem fazê-lo, sendo obrigatório o alistamento (art. 14, § 2º, da CF). Os indígenas podem votar, independentemente de categorização ou de apresentarem filiação à FUNAI[15].

---

[14] "Se o eleitor teve seu título cancelado por não haver comparecido ao cartório eleitoral, por ocasião da revisão do eleitorado, mas em seguida outro lhe foi deferido, por ter sido provado que seu vínculo com o município permanecia, atendida está a exigência legal" (Respe n. 16.529/PI, Rel. Min. Fernando Neves da Silva).

[15] "Os indígenas têm assegurado o direito de se alistar como eleitores e de votar, independentemente de categorização prevista em legislação especial infraconstitucional, a partir dos dezesseis anos, desde que atendidos os preceitos legais

A suspensão ou perda dos direitos acarreta o cancelamento e sua posterior exclusão do alistamento nos casos descritos no art. 15 da Constituição Federal[16]. Ora, se o eleitor tem seus direitos políticos suspensos ou perdidos, não faz sentido que continue alistado se não pode ser candidato, votar ou mesmo participar de campanhas eleitorais.

A pluralidade de inscrições se configura quando o eleitor possui mais de um alistamento em circunscrições diferentes. Com a implementação do sistema eletrônico, essa hipótese é facilmente detectada, providenciando-se sua exclusão através do batimento. Constatado que houve inscrição de um eleitor em mais de uma zona sob sua jurisdição, o juiz eleitoral deve comunicar o fato ao Tribunal Regional para o cancelamento de uma. O critério utilizado para a escolha do título

---

regulamentadores da matéria, conforme orientação firmada por esta Corte Superior. (...)'Tendo em conta a desinfluência da classificação conferida ao indígena para esta Justiça especializada e a garantia constitucional relativamente a sua organização social, costumes, línguas, crenças e tradições (Constituição, art. 231), será solicitado, na hipótese de requerer alistamento eleitoral, documento hábil obtido na unidade do serviço militar do qual se infira sua regularidade com as obrigações correspondentes, seja pela prestação, dispensa, isenção ou quaisquer outros motivos admitidos pela legislação de regência da matéria, em conjunto ou não com o do órgão competente de assistência que comprove a condição de indígena, ambos estranhos à órbita de atuação da Justiça Eleitoral". (Processo Administrativo n. 191930, Acórdão, Rel. Min. João Otávio De Noronha, *DJe*, 10-2-2015)

[16] O art. 15 da Constituição Federal determina que só haverá cassação dos direitos políticos nos casos de: I – cancelamento da naturalização por sentença transitada em julgado. Com isso o cidadão retorna à sua condição de estrangeiro, e como a Constituição Federal veda o alistamento dos estrangeiros, o cidadão terá seus direitos políticos perdidos. II – Incapacidade civil absoluta. O art. 3º do Código Civil determina que são absolutamente incapazes de exercer pessoalmente os atos da vida civil os menores de dezesseis anos; os que, por enfermidade ou deficiência mental, não tiverem o necessário discernimento para a prática desses atos; e os que, mesmo por causa transitória, não puderem exprimir sua vontade. Então, o eleitor que vier a se enquadrar em qualquer desses casos terá o cancelamento do seu registro. III – Condenação criminal irrecorrível, os direitos políticos serão suspensos enquanto durarem os seus efeitos, acarretando a impossibilidade de votar. IV – Pela recusa de cumprir obrigação imposta a todos. V – E, por último, nos casos de improbidade administrativa (art. 37, § 4º, da CF). O § 4º do art. 37 encontra-se regulado pela Lei n. 8.429/92.

cancelado é a inscrição que não corresponda ao domicílio eleitoral; naquela que o título ainda não foi entregue; naquela cujo título não tenha sido utilizado na última eleição; na mais antiga (art. 75 do CE e arts. 77 e 78 da Resolução TSE n. 23.659/2021).

Não é considerado como duplicidade de inscrição eleitoral, havendo permissão da legislação estrangeira, quando o brasileiro portador de visto permanente se inscreve como eleitor e vota em outro país. Esse caso, o Superior Tribunal Eleitoral não reconhece como hipótese de pluralidade de inscrições, não ocasionando a exclusão da inscrição eleitoral nacional. A duplicidade de inscrições se tipifica quando elas forem realizadas em território nacional, independentemente de serem em Estados diversos[17].

O falecimento, por motivo fático óbvio, impede o exercício dos direitos políticos. A necessidade de seu cancelamento e de sua exclusão consiste em evitar que se possa votar em nome do *de cujus*. Os oficiais de registro civil enviam periodicamente aos juízes eleitorais da respectiva zona uma relação com todos os óbitos registrados de cidadãos alistáveis.

A depuração dos cadastros eleitorais, com a finalidade de excluir inscrições atribuídas a pessoas falecidas, é promovida em procedimentos específicos a partir das comunicações mensais de óbitos aos quais estão obrigados os cartórios de registro civil ou pela atuação da Corregedoria-Geral, observada nesses casos a ampla defesa[18].

Efetivar-se-á o cancelamento da inscrição do eleitor que se abstiver de votar em três eleições consecutivas, salvo se houver apresentado justificativa para a falta ou efetuado o pagamento de multa, ficando excluídos do cancelamento os eleitores que, por prerrogativa constitucional, não estejam obrigados ao exercício do voto.

A Constituição Federal indica duas formas de cancelamento da inscrição eleitoral (art. 12, § 4º, I e II). A primeira é em virtude da perda da nacionalidade, que poderá ocorrer pelo cancelamento da naturalização, por sentença judicial, pelo exercício de atividade nociva ao interesse nacional. A segunda, por adquirir outra nacionalidade, com exceção do reconhecimento da nacionalidade originária, pela lei es-

---

[17] Respe n. 15.862/MS, Rel. Min. Maurício Corrêa.

[18] RP-649/RS, Rel. Min. Francisco Peçanha Martins.

trangeira ou pela imposição da lei estrangeira para naturalização a brasileiro residente no Estado estrangeiro. O cancelamento da inscrição ocorre, pois, perdida a nacionalidade, os direitos políticos também são suprimidos.

São obrigatórios o alistamento e o voto das pessoas com deficiência; contudo, se a deficiência tornar impossível ou extremamente oneroso o exercício do alistamento e do voto, essas pessoas não estarão sujeitas a sanções (art. 15 da Resolução TSE n. 23.659/2021). Neste caso, mediante requerimento da pessoa com deficiência ou de seu curador ou procurador, o juiz poderá expedir – ao interessado – certificado de quitação eleitoral com prazo indeterminado, ao que será analisado, junto com a onerosidade para o exercício das obrigações eleitorais, a situação socioeconômica da pessoa requerente e as barreiras de qualquer natureza que dificultam ou impedem o alistamento ou direito ao voto (art. 15 da Resolução TSE n. 23.659/2021)

Apresentam legitimidade para demandar o cancelamento nos casos supradescritos o delegado de partido, qualquer eleitor ou *ex officio*. Quando um cidadão for privado de seus direitos políticos, a autoridade que impuser a pena, de forma incontinente, providenciará para que seja comunicado o fato ao juiz eleitoral ou ao Tribunal Regional Eleitoral.

O procedimento de exclusão foi regulamentado pelo Código Eleitoral da maneira mais simples possível. O juiz manda autuar a petição com os documentos que a instruírem, publicando, posteriormente, um edital com o prazo de dez dias para ciência dos interessados. O prazo de contestação é de cinco dias. Caso seja necessário para a verificação dos fatos, pode-se autorizar uma dilação probatória de cinco a dez dias. Findo o procedimento, tem o magistrado o prazo de cinco dias para decidir (art. 77 do CE)[19]. Com o término da causa de cancelamento, o interessado pode novamente solicitar seu novo alistamento.

Durante o processo de cancelamento e até a sua consequente exclusão do corpo eleitoral, o cidadão pode votar normalmente. A ex-

---

[19] "Não afasta a competência do juiz eleitoral para processar e julgar requerimento de cancelamento de inscrição eleitoral o fato de, no curso da ação, ser requerida a transferência da inscrição para outra circunscrição" (AG-7179/SP, Rel. Min. Carlos Eduardo Caputo Bastos).

ceção é na hipótese concernente ao requerimento de alistamento contra o qual haja sido interposto recurso das decisões que as deferiram, tendo sido os recursos providos pelos Tribunais Regionais Eleitorais e pelo Tribunal Superior Eleitoral. Nesse caso, serão nulos os votos se seu número for suficiente para alterar qualquer representação partidária ou classificação de candidato a cargo majoritário (art. 72, parágrafo único, do CE).

Durante o processo de cancelamento, necessita-se do oferecimento ao eleitor da ampla defesa, do contraditório, e que haja a consecução do devido processo legal. A natureza dos efeitos da sentença de cancelamento é desconstitutiva, operando-se a extinção da inscrição anteriormente realizada. A extensão temporal de seus efeitos é *ex nunc*, produzindo efeitos a partir da decisão prolatada, com mitigação de sua potencialidade retro-operante[20].

Acontecendo a exclusão por equívoco da inscrição eleitoral do cidadão, seu restabelecimento pode ser feito a pedido ou *ex officio*, da forma mais rápida possível para evitar qualquer acinte ao direito de voto.

A autoridade judiciária, tomando conhecimento de fato ensejador de inelegibilidade ou de suspensão de inscrição por motivo de suspensão direitos políticos ou de impedimento ao exercício de voto, determinará o imediato registro da situação no Cadastro Eleitoral. A regularização de situação eleitoral de pessoa com restrição de direitos políticos somente será possível mediante comprovação de haver cessado o impedimento (arts. 18 e 19 da Resolução TSE n. 23.659/2021).

8.9. REVISÃO DO ELEITORADO

Se ocorrer denúncia fundamentada em fraude no alistamento de uma zona ou um município, o Tribunal Regional Eleitoral competente poderá determinar a realização de correição para verificar a veracidade das acusações[21]. Comprovada a fraude, sendo ela relevante, pode

---

[20] COSTA, Adriano Soares da. *Da elegibilidade e suas condições*. 6. ed. Belo Horizonte: Del Rey, 2006, p. 136.

[21] "Nos termos do § 4º do art. 71 do Código Eleitoral, é da competência do Tribunal Regional Eleitoral determinar a revisão do eleitorado com base em denúncia fundamentada em fraude no alistamento eleitoral" (RVE-530/SP, Rel. Min. Carlos Augusto Ayres de Freitas Britto).

a mencionada instância judicial ordenar a revisão do eleitorado, cancelando os títulos irregulares (art. 71, § 4º, do CE).

Não obstante, pode o Tribunal Superior Eleitoral determinar de ofício a revisão ou correição, nos casos discriminados abaixo, em razão de indícios de fraude eleitoral[22]:

a) nas zonas eleitorais, quando o total de transferências de eleitores ocorridas no ano em curso seja 10% superior ao do ano anterior;

b) quando o eleitorado do Município for superior ao dobro da população entre 10 e 15 anos, somada à de idade superior a 70 anos;

c) quando o eleitorado for superior a 80% da população projetada para aquele ano pelo Instituto Brasileiro de Geografia e Estatística – IBGE (art. 105, da Resolução TSE n. 23.659/2021).

A revisão de eleitorado não poderá ser realizada em ano eleitoral, salvo se iniciado o procedimento revisional no ano anterior ou se, verificada situação excepcional, o TSE autorizar que a ele se dê início; e que abranja apenas parcialmente o território do município, ainda que seja este dividido em mais de uma zona eleitoral (art. 107 da Resolução TSE n. 23.659/2021).

A regra geral é que a decisão de revisão do eleitorado pertence ao Tribunal Regional Eleitoral, sendo essa prerrogativa competência do Tribunal Superior Eleitoral apenas nessas três hipóteses designadas acima (art. 71, § 4º, do CE)[23]. Apurando-se que houve fraude no alista-

---

"Art. 104. Se na correição do eleitorado for comprovada a fraude em proporção que comprometa a higidez do Cadastro Eleitoral, o tribunal regional eleitoral, comunicando a decisão ao Tribunal Superior Eleitoral, ordenará a revisão do eleitorado, obedecidas as instruções contidas nesta Resolução e as recomendações que subsidiariamente baixar. (...) § 2º Compete ao tribunal regional eleitoral autorizar a alteração do período e/ou da área abrangidos pela revisão a que se refere este artigo, comunicando a decisão ao Tribunal Superior Eleitoral". (Resolução TSE n. 23.659/2021)

[22] "O TSE decidiu que em caso de irregularidades no alistamento eleitoral não tem competência para determinar a revisão do eleitorado" (RVE-565/PI, Rel. Min. Carlos Eduardo Caputo Bastos).

[23] Art. 71, § 4º, do Código Eleitoral: "Quando houver denúncia fundamentada de fraude no alistamento de uma zona ou um município, o Tribunal Regional poderá determinar a realização de correição e, provada a fraude em proporção comprometedora, ordenará a revisão do eleitorado, obedecidas as Instruções do

mento, com base em denúncia fundamentada especificando os casos, a competência de decidir sobre a revisão pertence ao Tribunal Regional Eleitoral[24].

Na tipificação de desproporcionalidade entre o número de eleitores e a quantidade de habitantes, tal atestação, por si só, não serve para caracterizar fraude no alistamento eleitoral. São necessários outros elementos para se formar a presunção de fraude[25].

Por causa das muitas atividades imprescindíveis a serem implementadas, em ano eleitoral não será realizada revisão de eleitorado, salvo em situações excepcionais autorizadas pelo Tribunal Superior Eleitoral[26].

A revisão do eleitorado é presidida pelo juiz eleitoral da zona submetida à revisão, dando início aos procedimentos revisionais no prazo máximo de trinta dias, contados da aprovação da revisão pelo tribunal competente.

Ela deve ser precedida de ampla divulgação, orientando o eleitor quanto aos locais e os horários em que se deve apresentar. O período estipulado não pode ser menor do que trinta dias. O Tribunal Regional Eleitoral pode decidir pela prorrogação do prazo, se houver necessidade. Concluídos os trabalhos de revisão, ouvido o Ministério Público, o juiz eleitoral deve determinar o cancelamento das inscrições irregulares e daquelas a que os eleitores não tenham comparecido. A efetivação do cancelamento somente se realiza após a homologação pelo Tribunal Regional Eleitoral. A sentença de cancelamento deve ser específica para cada Município abrangido pela revisão, com o prazo de dez dias contados do retorno dos autos do Ministério Público, podendo o Tribu-

---

Tribunal Superior e as recomendações que, subsidiariamente, baixar, com o cancelamento de ofício das inscrições correspondentes aos títulos que não forem apresentados à revisão".

[24] RVE-530/SP, Rel. Min. Carlos Augusto Ayres de Freitas Britto.

[25] RVE-525/MA, Rel. Min. José Augusto Delgado.

[26] "Art. 107. Não será realizada revisão de eleitorado: I – em ano eleitoral, salvo se iniciado o procedimento revisional no ano anterior ou se, verificada situação excepcional, o Tribunal Superior Eleitoral autorizar que a ele se dê início;" (Resolução TSE n. 23.659/2021).

nal Regional Eleitoral fixar prazo inferior (art. 123 da Resolução TSE n. 23.659/2021).

Para garantir a eficácia dos procedimentos revisionais, a Justiça Eleitoral exige dos Municípios submetidos à revisão, para regularização do alistamento eleitoral, comprovação documental do domicílio com a finalidade de garantir lisura na formação do corpo de eleitores[27].

---

[27] PA-19846/DF, Rel. Min. José Augusto Delgado.

9 CONVENÇÃO E REGISTRO ELEITORAL

9.1. CONVENÇÃO PARTIDÁRIA

A convenção é ato político-partidário, cuja finalidade essencial é a escolha dos candidatos a cargos eletivos, bem como acordar sobre a possibilidade de integrar uma eventual coligação partidária. Ela representa um momento ímpar para uma organização da agremiação, pois importantes decisões políticas são tomadas nessas ocasiões. Ela acontece no lapso temporal de 20 de julho a 5 de agosto do ano em que se realizarem as eleições, lavrando-se a respectiva ata em livro aberto, rubricado pela Justiça Eleitoral, a ser publicada em 24 horas em qualquer meio de comunicação (art. 8º da Lei n. 9.504/97, com redação conferida pela Lei n. 13.165/2015).

A liberdade conferida no tocante ao meio de comunicação a ser utilizado induz que, inclusive, faculta-se empregar seja qual for o meio impresso ou eletrônico, não estando adstrito ao nível de circulação, desde que a Justiça Eleitoral seja comunicada (*caput* do art. 8º da Lei n. 9.504/97 c/c o art. 6º, § 4º, I, da Resolução n. 23.609/2019). O objetivo é dar publicidade do resultado da convenção, a fim de que as partes interessadas possam impetrar as ações cabíveis. Sem a publicação, a convenção não se torna um ato jurídico perfeito.

Ela é o ato formal em que os partidos homologam os candidatos que vão participar das eleições[1]. É o procedimento livremente estipulado pelas agremiações para que seus filiados, legalmente habilitados, possam escolher os militantes que vão disputar as eleições pelo partido

---

[1] No entanto, o TSE já decidiu: "É admissível que a convenção delegue à Comissão Executiva ou a outro órgão partidário a efetiva formação de coligação ou a escolha de candidatos, o que pode ocorrer até o prazo previsto no art. 11 da Lei n. 9.504/97 para se pedir o registro das candidaturas. Precedentes" (RO-1329/PA, Rel. Min. José Gerardo Grossi).

ou em coligação[2]. A coligação é permitida aos partidos políticos, dentro de sua circunscrição, para eleição majoritária. Registra-se que, com o advento da Emenda Constitucional n. 97/2017[3], foram vedadas as coligações para as eleições proporcionais a partir das eleições de 2020. Sendo assim, a partir do ano referido, os partidos políticos não poderão formar chapas para as eleições referentes à Câmara dos Vereadores, bem como, em 2022, para as assembleias legislativas, Câmara Distrital e dos Deputados. Desta forma, o art. 6º da Lei n. 9.504/97 não foi recepcionado pela Emenda em questão no que se refere às eleições proporcionais.

Basicamente, há três tipos de convenção partidária: a convenção municipal, destinada à escolha dos candidatos para todos os cargos e à formação de eventual coligação partidária, para os cargos de prefeito e vice-prefeito; a convenção estadual, para a escolha dos candidatos a governador, vice-governador, senador e deputados (federais, estaduais e distritais), e dispor de eventual coligação partidária; e a convenção nacional, destinada a escolher candidatos a Presidente da República, e respectivo vice, bem como sobre a viabilidade de eventual coligação.

Como salientado por Joel Cândido, dependendo da espécie de convenção, distribui-se a competência dos órgãos da Justiça Eleitoral para o registro de candidatos: Juízes Eleitorais, para candidatos a prefeitos e vice-prefeitos; Tribunais Regionais Eleitorais, para candidatos a governador, vice-governador, senador, deputados federais, distritais e estaduais; Tribunal Superior Eleitoral, para candidatos a Presidente da República e respectivo Vice.

Nas convenções municipais, todos os filiados podem participar da escolha, exigindo a maioria das agremiações que os militantes estejam

---

[2] "Não existe, no sistema eleitoral brasileiro, a chamada candidatura avulsa, daí por que somente os candidatos indicados por partidos ou coligações podem concorrer às eleições" (CTA n. 1.425/DF, Rel. Min. Carlos Eduardo Caputo Bastos).

"Para o registro de qualquer candidatura é absolutamente necessário que o candidato tenha sido escolhido em convenção ou indicado pela Comissão Executiva do Partido pelo qual pretende concorrer" (RCPR-112/PR, Rel. Min. Fernando Neves da Silva).

[3] O § 1º do art. 17 da CF/88 foi alterado pela EC 97/2017 e passou a prever que é vedada a celebração de coligações nas eleições proporcionais.

em dia com suas obrigações partidárias. Nas convenções estaduais e na nacional, quem participa com direito de voto são apenas os delegados partidários – esses são escolhidos nas convenções municipais, o que não impede que os militantes sem direito a voto também participem para apoiar seus candidatos.

A convocação dos filiados se realiza por meio de edital ou notificação pessoal. Normalmente, ocorre por intermédio de edital publicado na imprensa ou no cartório eleitoral competente, com o prazo mínimo de oito dias antes da realização da convenção. Para evitar impugnações judiciais e mesmo propiciar maior participação da militância, melhor serventia é a publicação ter maior tempo de antecedência. Como se necessita alcançar determinado *quorum* para validade das deliberações na convenção, quanto maior o lapso temporal, melhor para se alcançar o número de votos estipulados.

São os próprios estatutos dos partidos políticos que devem estabelecer as normas para a escolha dos candidatos a cargos eletivos, bem como para a formação de eventual coligação partidária, conforme *caput* do art. 7º da Lei n. 9.504/97. Estatutos são normas *interna corporis*, que dispõem sobre a estruturação e as atribuições dos órgãos de administração, bem como sobre direitos e deveres dos filiados. Esta incumbência advém do fato de que os partidos políticos possuem ampla liberdade em sua estruturação interna.

Assim, os partidos políticos gozam de ampla liberdade para disciplinar, em seus estatutos, as normas e os procedimentos que levam um postulante à condição de candidato, obtida com o requerimento do registro. Se o estatuto for omisso em relação à disciplina dessas normas, o órgão de direção nacional do partido político deve estabelecê-las, em até cento e oitenta dias antes das eleições, publicando-as no *Diário Oficial da União* e as encaminhando ao TSE antes da realização das convenções (§ 1º do art. 7º c/c art. 10, ambos da Lei n. 9.504/97).

Vale salientar que, mesmo essa regulamentação sendo ato *interna corporis*, caso ela extrapole os limites estabelecidos nos mandamentos constitucionais, ferindo direitos fundamentais dos cidadãos, deve-se, com toda certeza, admitir o controle jurisdicional de constitucionalidade. Lembra Adriano Soares da Costa que, nesse caso, se não houver a manifestação oportuna do órgão de direção nacional do partido político, como não há alguma previsão legal, os diretórios regionais poderiam dispor internamente, vinculando apenas seus filiados.

A instalação da convenção pode dar-se com qualquer *quorum*. A exigência de um número mínimo de votos é restrita às suas deliberações[4]. Inexiste um *quorum* padronizado para que as agremiações possam deliberar nas convenções. Tal prerrogativa fica a cargo do estatuto. O número de votos exigidos pode variar muito, podendo ser, por exemplo, de maioria simples ou absoluta, o que garante o princípio majoritário. Se o *quorum* estipulado não for alcançado, a convenção não terá nenhuma validade.

Caso a convenção partidária de nível inferior se opuser, na deliberação sobre coligações, às diretrizes legitimamente estabelecidas pelo órgão de direção nacional, nos termos do respectivo estatuto, poderá esse órgão anular a deliberação e os atos dela decorrentes (art. 7º, § 2º, da Lei n. 9.504/97). A redação anterior deste parágrafo falava que as diretrizes eram estabelecidas pela convenção nacional. Agora, a Lei Eleitoral incumbiu ao órgão de direção nacional estabelecer essas diretrizes. Marcos Ramayana afirma que essa prerrogativa visa manter a coerência interna, respeitando o caráter nacional dos partidos políticos.

A anulação de deliberações de atos decorrentes de convenção partidária, na condição acima estabelecida, deverá ser comunicada à Justiça Eleitoral no prazo de trinta dias, após a data-limite para o registro de candidatos (art. 7º, § 3º, da Lei n. 9.504/97). De maneira semelhante, na hipótese de omissão estatutária, se houver desrespeito às diretrizes fixadas pelo órgão de direção nacional do partido político, e este anular as deliberações das convenções inferiores, deve-se comunicar essas anulações à Justiça Eleitoral, também no prazo de trinta dias.

Apesar de o dispositivo em comento não definir, expressamente, quem deve proceder a essa comunicação, considere-se que esse mister cabe ao representante do próprio órgão da direção nacional. Com a alteração realizada, a nova Lei Eleitoral fixou prazo único de trinta dias após a data-limite para o registro de candidatos, em virtude da anulação de deliberação contrária ao que fora estipulado pela direção partidária nacional.

Não sendo o caso de substituição de candidato motivada por anulação da convenção em virtude de desrespeito às diretrizes nacionais do partido político, o prazo para a substituição de candidato em virtude

---

[4] CÂNDIDO, José Joel. *Direito eleitoral brasileiro*. 10. ed. São Paulo: Edipro, 2002, p. 102.

de renúncia, inelegibilidade ou falecimento é de até dez dias contados do fato ou da decisão judicial que deu origem à substituição (art. 7º, § 4º, da Lei n. 9.504/97). No caso de eleições proporcionais, a substituição apenas será realizada se o novo pedido for apresentado até sessenta dias antes do pleito.

A escolha dos candidatos pelos partidos e federações, bem como a deliberação sobre coligações, deverão ser feitas no período de 20 de julho a 5 de agosto de 2022, obedecidas as normas estabelecidas no estatuto partidário, lavrando-se a respectiva ata e a lista de presença em livro aberto, rubricado pela Justiça Eleitoral, devendo a ata ser digitada e assinada, sendo encaminhada ao juízo eleitoral, em até 24 horas, por meio de qualquer meio de comunicação, conforme *caput* do art. 8º da Lei n. 9.504/97 c/c o art. 6º, *caput*, da Resolução TSE n. 23.609/2019, com redação dada pela Resolução TSE n. 23.675/2021. A ata da convenção e a lista dos presentes, sempre em forma digital, devem ser entregues no Tribunal Eleitoral ou transmitida via internet pelo próprio CANDex, no prazo devido, devem ser publicadas na página de internet do Tribunal Eleitoral correspondente, bem como integrarem os autos de registro de candidatura, conforme § 3º do art. 6º da Resolução n. 23.609/2019.

Rememora-se que, diante das recomendações de distanciamento social durante a pandemia do novo coronavírus, o Tribunal Superior Eleitoral permitiu a realização das convenções partidárias por meio virtual para a escolha de candidatos nas eleições de 2020 (Resolução n. 23.623/2020), ainda que as regras não estivessem previstas nos estatutos partidários e nas diretrizes publicadas pelo Diretório Nacional até 7 de abril de 2020. Nesse sentido, foi assegurada aos partidos políticos a autonomia para a utilização das ferramentas tecnológicas que entenderem mais adequadas para a realização das convenções por meio virtual.

Devido à ambiência de recrudescimento da pandemia da Covid-19, bem como também por medida de cautela, a realização de convenção pode ocorrer por meio virtual ou híbrido, e independe de previsão no estatuto ou nas diretrizes publicadas pelo partido ou federação até 180 (cento e oitenta) dias antes do dia da eleição, ficando assegurada a partidos políticos e federações a autonomia para utilização das ferramentas tecnológicas que entenderem mais adequadas à prática do ato (art. 6º, § 2º-B, da Resolução TSE n. 23.609/2019, incluído pela Resolução TSE n. 23.675/2021).

Independentemente da modalidade da convenção, o livro-ata físico poderá ser substituído pelo Módulo Externo do Sistema de Candidaturas (CANDex), registrando-se diretamente no sistema as informações relativas à ata e à lista de pessoas presentes (art. 6º, 3º-A, da Resolução TSE n. 23.609/2019, incluído pela Resolução TSE n. 23.675/2021). Saliente-se que a cadeia de verificações de segurança do Sistema CAND, que o torna capaz de reconhecer a autenticidade de quaisquer dados digitados no seu módulo externo e o usuário que os transmitiu, supre a rubrica do livro-ata pela Justiça Eleitoral (art. 6º, § 3º-B, da Resolução n. 23.609/2019).

Para tanto, a lista de presença de quem participa poderá ser registrada da seguinte forma: a) assinatura eletrônica, nas modalidades simples, avançada ou qualificada, na forma da Lei n. 14.063/2020; b) registro de áudio e vídeo, a partir de ferramenta tecnológica gratuita, adquirida, adaptada ou desenvolvida pelo partido ou pela federação, que permita comprovar a ciência dos convencionais e das convencionais acerca das deliberações; c) qualquer outro mecanismo ou aplicação que permita de forma inequívoca a efetiva identificação das pessoas presentes e sua anuência com o conteúdo da ata; d) coleta presencial de assinaturas, por representante designado pelo partido ou pela federação (art. 6º, § 3º-C, da Resolução TSE n. 23.609/2019). Faz-se necessário realçar que o registro de presença formalizado por meio de ferramenta tecnológica de registro de áudio e vídeo supre a assinatura dos presentes na convenção partidária (art. 6º, § 3º-D, da Resolução TSE n. 23.609/2019).

Como ato formal que é, o resultado das escolhas partidárias precisa ser lavrado e rubricado pela Justiça Eleitoral. Todos os atos da convenção precisam ser minuciosamente descritos, assumindo maior importância a lista de presença, imprescindível para a verificação do *quorum*, e a ata da convenção, designando os candidatos que foram por ela homologados.

Na realização das convenções, os partidos políticos e as federações partidárias poderão usar gratuitamente prédios públicos, responsabilizando-se pelos danos causados com a realização do evento (art. 8º, § 2º, da Lei n. 9.504/97). Para que isso aconteça devidamente, os respectivos partidos políticos e federações devem comunicar por escrito ao responsável pelo local, com antecedência mínima de uma semana, a intenção de ali realizar o evento. No entanto, na hipótese de coincidência de datas, prevalecerá a comunicação protocolada primeiro (art. 6º, §§ 1º e 2º, da Resolução TSE n. 23.609/2019).

Exige-se dos candidatos homologados na convenção e que venham a ser registrados que apresentem domicílio eleitoral na respectiva circunscrição e estejam com a filiação deferida pelo partido pelo prazo de seis meses antes da data da eleição. No caso de fusão ou incorporação, o prazo citado será contado da data de filiação do candidato no partido de origem (art. 9º da LE).

9.2. CONCEITO DE REGISTRO ELEITORAL

O registro eleitoral é o procedimento em que os candidatos a cargos públicos nas eleições são analisados para verificar se ostentam as condições necessárias para participar das eleições. Tipifica-se como um exame para verificar a presença das condições de elegibilidade do candidato, ao mesmo tempo em que se analisa a ausência de qualquer causa de inelegibilidade, bem como se atesta se todos os documentos exigidos foram entregues, no que se denomina de requisitos de registrabilidade. Constatando-se a existência de qualquer causa de inelegibilidade, o registro não será deferido. É a partir do registro que propriamente pode-se falar na existência de candidato, com todas as suas prerrogativas e seus ônus.

É na decisão judicial que a Justiça Eleitoral verifica se o cidadão preenche as exigências constitucionais que lhe outorgam as condições de elegibilidade, o *jus honorum* para disputar o pleito eleitoral, e se obteve os documentos imprescindíveis ao registro. Esse conceito advém de determinados predicativos que a legislação pertinente achou por bem exigir dos candidatos. *En passant*, registre-se que esses critérios foram poucos e não adentram, ou não deveriam, em elementos subjetivos. Preferiu-se a determinação de predicativos mínimos para deixar que a população pudesse dar a última decisão.

O deferimento do registro de candidatura ostenta a natureza de uma decisão judicial, de jurisdição voluntária, produzindo efeitos declaratórios, no que atesta a existência de requisitos exigidos legalmente. É, portanto, uma decisão judicial de natureza voluntária, em que o Poder Judiciário vela pela proteção de uma relação considerada imprescindível ao ordenamento jurídico, perfazendo coisa julgada formal.

Esse ato marca a transição da condição de pré-candidato para a condição de candidato, operando outras consequências jurídicas. Ela produz direito subjetivo ao candidato, outorgando-lhe a prerrogativa de disputar a eleição, a não ser que, por ato voluntário, desista de disputar o pleito. Não obstante, a homologação de candidatura apresenta a exigência de seguir as obrigações e respeitar as limitações dispostas na legislação eleitoral.

De forma contrária, a decisão que denegar registro de candidatura pela ausência da (s) condição(ões) de elegibilidade, constatação de uma causa de inelegibilidade ou ausência dos requisitos de registrabilidade tem a natureza de uma decisão judicial com efeito declaratório negativo, atestando que determinada prerrogativa não pode ser consubstanciada pela ausência de elegibilidade. Dessa decisão começa a contar prazo para impugnação, sob pena de se operar a coisa julgada.

O registro apresenta a natureza de uma decisão judicial que corrobora a existência das condições de elegibilidade, ausência de inelegibilidade e preenchimento dos requisitos de registrabilidade, permitindo o direito de candidatura. O registro eleitoral se configura como uma condição intransponível para a possibilidade de disputa eleitoral[5]. Sem sua realização se impede, de forma peremptória, sem possibilidade de alternativa, a disputa eleitoral (art. 87 do CE). Os votos dados a um cidadão que tenha seu registro negado não serão considerados válidos, classificando-se como nulos.

Doutrinadores pátrios como Djalma Pinto e Pedro Niess explicitam as diferenças entre requisitos de registro, condições de elegibilidade e causas de inelegibilidade. Afirmam que com o registro nasce a candidatura, confirmando que o candidato possui as condições de elegibilidade e não lhe paira nenhuma causa de inelegibilidade. Se após o registro houver modificação em suas condições de elegibilidade, com a suspensão de seus direitos políticos, o cidadão deverá ter o seu registro denegado. Todavia, as condições de elegibilidade por si só não são suficientes para tornar alguém candidato, apesar de se configurar como condição imprescindível, é necessário, ainda, obter os requisitos

---

[5] Respe n. 26.598/MG, Rel. Min. Carlos Augusto Ayres de Freitas Britto, e Respe n. 26.772/SP, Rel. Min. Marcelo Henriques Ribeiro de Oliveira.

de registro e que não lhe incida nenhuma inelegibilidade. As condições de elegibilidade são anteriores ao registro e ao aparecimento de qualquer causa de inelegibilidade. Por sua vez, a inelegibilidade pode ser inata, hipótese que advém exclusivamente de tipificação jurídica contida em instrumento legal[6]. Provém de uma mera subsunção jurídica, ou apresentar natureza sancionatória, advinda de uma infração legal; também podendo aparecer antes ou posteriormente ao registro, provocando óbices claros à possibilidade de disputar eleições[7].

Aliás, Djalma Pinto planteia que a elegibilidade é um direito subjetivo público, nascido do preenchimento de determinados requisitos, enquanto o exercício dessa prerrogativa configura-se factível apenas com o registro[8]. Em sentido contrário, Adriano Soares defende a tese de que elegibilidade, direito de ser votado e candidatura são expressões sinônimas[9].

9.3. EXIGÊNCIAS DO REGISTRO ELEITORAL

Para poder concorrer às eleições, o candidato necessita possuir domicílio eleitoral na respectiva circunscrição pelo prazo de seis meses antes do pleito e estar com a filiação deferida pelo partido no mesmo prazo acima referido (art. 9º, *caput*, da LE).

Não se permite o registro de candidato para cargos diferentes, seja em uma mesma circunscrição eleitoral, seja em mais de uma delas, pois o Código Eleitoral agasalhou o princípio da unicidade de registro de candidatura, permitindo-o apenas uma vez e a um único cargo em uma mesma eleição (art. 88 do CE).

Outro impedimento é que não podem inscrever candidatos os partidos que não possuam diretório devidamente registrado na circunscrição em que se realizar a eleição. Em regra, o registro dos candidatos se realiza de forma nominal, em que cada um tem seu registro individual-

---

[6] AGRA, Walber de Moura. A taxonomia das inelegibilidades. In: *Temas Polêmicos do Direito Eleitoral*. Belo Horizonte: Fórum, 2012, p. 259.

[7] NIESS, Pedro Távora. *Direitos políticos*: condições de elegibilidade e inelegibilidade. São Paulo: Saraiva, 1994, p. 120.

[8] PINTO, Djalma. *Direito eleitoral*: improbidade administrativa e responsabilidade fiscal. Noções gerais. 4. ed. São Paulo: Atlas, 2008, p. 173.

[9] COSTA, Adriano Soares da. *Instituições de direito eleitoral*. 6. ed. Belo Horizonte: Del Rey, 2006, p. 90.

mente. A exceção é para cargos de chefia do Executivo, em que cada titular se registra juntamente com seu vice em chapa única e indivisível; e de senador, que se realiza juntamente com o nome de seus dois suplentes, denominando-se registro plural (art. 91 do CE). Ressalte-se que mesmo nos registros plurais, as exigências legais são realizadas de forma individual, tendo cada candidato de apresentar os requisitos cominados.

De forma clara afirmou o Código Eleitoral que o voto dado ao candidato a Presidente da República também será dado ao candidato a vice-presidente, da mesma forma sucedendo como os proferidos para os candidatos a governador, prefeito e ao senador em relação a seus dois suplentes (art. 178 do CE). Se a solicitação de registro eleitoral, nas hipóteses mencionadas, não vier completa, com a indicação do nome do titular e de seu respectivo vice ou suplentes, será indeferida por ausência de requisitos legalmente considerados essenciais.

A inelegibilidade atestada em um dos candidatos constante na solicitação de registro plural não afeta a do outro, pois as inelegibilidades se configuram como uma situação jurídica de natureza individual, abrindo-se o lapso temporal de dez dias para as substituições devidas. Modificado qualquer dos membros constantes no registro plural, abre-se novamente o prazo para a impetração de ação de impugnação de registro de candidatura[10]. Todavia, mesmo sendo regra que as inelegibilidades não se transmitem, se elas forem declaradas após as eleições, os votos dados a um candidato a prefeito, governador ou presidente, por exemplo, serão considerados nulos e não poderão ser auferidos por seus respectivos vices.

A suplência do cargo de senador se configura uma anomalia da legislação eleitoral brasileira, pois um cidadão que não recebeu um único voto pode vir a se tornar mandatário popular sem auferir do povo qualquer tipo de delegação. Os suplentes são os cidadãos que vão substituir deputados federais, deputados estaduais, vereadores e senadores em caso de impossibilidade permanente ou provisória de continuarem

---

[10] "A validade dos votos atribuídos a chapa que esteja incompleta e *sub judice* no dia da eleição fica condicionada ao deferimento de seu registro, ou seja, o reconhecimento judicial de que seus integrantes estão aptos a concorrer" (art. 61, parágrafo único, da Resolução n. 21.608/2004).

a exercer seu mandato. Ocorre que, ao contrário dos suplentes de vereador, deputado federal e deputado estadual, que concorreram às eleições e foram votados, os suplentes de senador não obtiveram um único voto; em regra, a maioria da população nem sabe quem são eles. Daí advém sua ausência de legitimidade, configurando-se uma mácula do sistema eleitoral brasileiro[11].

O Tribunal Superior Eleitoral possui a missão de registrar os candidatos a Presidente e Vice-Presidente da República. Os Tribunais Regionais Eleitorais têm a função de registrar os candidatos a Senador, Deputado Federal, Deputado Estadual, Governador e Vice-Governador. Os juízes eleitorais têm a competência para registrar os candidatos a Vereador, Prefeito, Vice-Prefeito e Juiz de Paz (art. 89 do CE).

9.4. NÚMERO POSSÍVEL DE REGISTRO DE CANDIDATOS

Depois da escolha dos pré-candidatos nas convenções, é necessário que se proceda ao registro da candidatura perante a Justiça Eleitoral. O pedido de registro de candidatura é formulado pelo partido político, ou pela coligação, tendo como destinatários, como dito acima: o Juiz Eleitoral, para eleições municipais (candidatos a prefeito, vice-prefeito e vereador); o Tribunal Regional Eleitoral, para as eleições estaduais (governador e vice, senadores e deputados federais e estaduais); ou o Tribunal Superior Eleitoral, para as eleições nacionais (presidente e vice-presidente da República).

---

[11] "Senador, suplente de segundo colocado, que teve mandato cassado em ação de impugnação de mandato eletivo. Caso em que o terceiro colocado já é detentor de mandato de senador. Em razão disso, houve a diplomação do quarto colocado" (MS-2987/RO, Rel. Min. Nelson Jobim).

"Conforme dispõe o art. 1º, § 2º, da Res.-TSE n. 22.610/2007, caso o partido político não formule o pedido de decretação de perda de cargo eletivo no prazo de trinta dias contados da desfiliação, pode fazê-lo, em nome próprio, nos próximos trinta dias subsequentes, quem tenha interesse jurídico, detendo essa condição o respectivo suplente" (CTA n. 1.482/DF, Rel. Min. Carlos Eduardo Caputo Bastos).

"Surge o interesse do suplente em atuar, como assistente, em processo no qual impugnada a candidatura do titular" (AG-8668/DF, Rel. Min. Ari Pargendler).

Nas eleições majoritárias, cada partido, federação ou coligação pode apresentar o número exato de candidatos para cada vaga a ser preenchida. Assim, somente pode requerer o registro de 1 (um) candidato ou candidata a Presidente da República, Governador de Estado e Distrito Federal, prefeito nos Municípios, bem como seus respectivos vices. No que se refere ao Senado Federal, se a renovação for de 1/3, cada partido ou coligação indica 1 (um) candidato ou candidata ao Senado, com duas pessoas suplentes; mas se a renovação for de 2/3, cada partido ou coligação indica 2 (dois) candidatos ou candidatas ao Senado, com duas pessoas suplentes para cada candidatura.

Para as eleições proporcionais, há limitação do número de candidatos a cargos eletivos. Como regra geral, não podem os partidos registrar candidatos em números que extrapolem o percentual de 100% do número de vagas a preencher mais um (art. 10 da LE, com as alterações promovidas pela Lei n. 14.211/2021).

Independentemente do número de vagas que deve ser preenchido por partido, federação ou coligação, existe a obrigação legal de se destinar o mínimo de 30% e o máximo de 70% para as candidaturas de cada gênero (art. 10, § 3º, da Lei n. 9.504/97)[12]. De acordo com o en-

---

[12] Com relação à utilização do nome social nas eleições, o plenário do TSE, respondendo a Consulta n. 060293392, a qual foi formulada pela senadora Fátima Bezerra do PT-RN, decidiu que candidatos transgêneros poderão usar o nome social na urna a partir das eleições de 2018. O debate foi em torno da expressão "cada sexo" do § 3º do art. 10. Ao final, ficou decidido que a mencionada expressão se refere ao gênero e não ao sexo biológico. Sendo assim, tanto os homens quanto as mulheres transexuais e travestis podem ser inseridos nas respectivas cotas de candidatura masculina e feminina. O ministro relator, Tarcisio Vieira, destacou, em seu voto, que: "É imperioso avançar e adotar medidas que denotem respeito à diversidade, ao pluralismo, à subjetividade e à individualidade como expressões do postulado supremo da dignidade da pessoa humana". E, ainda, mencionou que: "Um dos objetivos fundamentais da República Federativa do Brasil consiste em promover o bem de todos sem preconceito de origem, raça, sexo, cor idade ou quaisquer outras formas de descriminação", conforme o artigo 3º, inciso IV da Constituição Federal. Logo, aqueles que optarem pelo uso do nome social deverão comparecer ao Cartório Eleitoral até o dia 9 de maio de 2018 para se declararem transgênero e com qual gênero que identificam, se masculino ou feminino. No mesmo sentido é o entendimento do STF o qual compreende que o reconhecimento do nome social trata de proteção à dignidade da pessoa humana e

tendimento sedimentado pelo Tribunal Superior Eleitoral, por ocasião do julgamento da Consulta n. 0604054-58, de relatoria do Ministro Tarcisio Vieira de Carvalho Neto, a expressão "cada sexo", menciona-da no art. 10, § 3º, da Lei n. 9.504/97, refere-se ao gênero, e não ao sexo biológico, de modo que tanto os homens como as mulheres transexuais e travestis podem ser contabilizados nas respectivas cotas de candidatu-ras masculina ou feminina. Ainda nessa assentada, o TSE entendeu ser possível o uso exclusivo do nome social nas urnas, observados os parâ-metros delineados pelo art. 12 da Lei n. 9.504/97, que poderá ser utili-zado tanto nas candidaturas proporcionais como nas majoritárias. Im-porta destacar que o Supremo Tribunal Federal perfilhou entendimento no sentido de permitir a alteração do nome e do gênero da pessoa transexual, independentemente de realização de qualquer procedimento médico ou decisão judicial[13].

Concorda-se com o atual posicionamento do TSE de que, no caso das pessoas transexuais, estas possam escolher participar da cota de gênero em que se identificarem, sem que possa haver restrição por parte dos partidos, federações, coligações ou da Justiça Eleitoral. Como a Constituição brasileira de 1988 veda qualquer discriminação acinto-sa, não tem sentido tolher a liberdade de escolha desses cidadãos dian-te da garantia constitucional que agasalha essa prerrogativa.

Devido ao contexto sociocultural em que se desenvolve a política brasileira, na qual sempre preponderou a participação de cidadãos do sexo masculino, é de observar que essa imposição sexista, que visa preencher um determinado percentual de candidaturas por partido/coligação, pragmaticamente, tem a intenção de coibir a discriminação feminina, bem como fazer com que elas participem, de forma mais intensa, do processo político, tornando o princípio da isonomia de gê-nero um axioma concretivo do texto constitucional brasileiro.

A referida preocupação do legislador repercutiu na função instru-tória do Tribunal Superior Eleitoral, regulamentando que, inclusive em caso de substituição de candidatos, dever-se-á respeitar os valores

---

também do direito à busca da felicidade da pessoa por ser reconhecida da forma como ela se sente.

[13] ADI 4.275/DF, Rel. Min. Marco Aurélio; RE 670.422, Rel. Min. Dias Toffoli.

mínimos e máximos para as candidaturas de cada gênero, sob pena de ser indeferido o pedido de substituição (art. 72, § 7º, da Resolução n. 23.609/2019, com redação dada pela Resolução n. 23.675/2021).

Na hipótese de não haver o preenchimento do número estipulado de vagas para cada gênero, a doutrina e a jurisprudência se controvertiam em saber se seria possível completá-las com pessoas de outro gênero, já que a lei mencionava apenas que "os órgãos de direção dos partidos poderão preencher as vagas remanescentes até sessenta dias antes do pleito". A primeira corrente afirma que os percentuais devem ser disponibilizados para ambos os sexos, mas, sobrando lugares dentro do percentual, é possível completar com pessoas do sexo oposto. A segunda nega essa possibilidade, asseverando que o objetivo da norma é o de alcançar a participação obrigatória de ambos os sexos. A decorrência desta inobservância seria a impugnação do registro de candidaturas.

Deve-se considerar que a Lei Eleitoral põe fim a esta controvérsia, já que determina que o "partido ou coligação preencherá" o percentual determinado, enveredando para a segunda concepção.

Considera o Tribunal Superior Eleitoral obrigatório o preenchimento total, mínimo de 30% e o máximo de 70%, para candidaturas de cada gênero. Não sendo encontrado o número mínimo para candidaturas de determinado sexo, há obrigatoriedade dos partidos de preenchê-las, não podendo as vagas permanecerem vazias. Ou seja, será considerado, inexoravelmente, o número de candidatos, efetivamente, lançados e escolhidos mediante convenção para incidência dos percentuais de 30% e 70%[14].

Caso o Juiz Eleitoral entenda que os documentos não foram apresentados em sua totalidade ou que as informações não são verídicas, poderá abrir o prazo de 72 horas para diligências.

Em todos esses cálculos, deve ser desprezada a fração se inferior a meio, e igualada a um, se igual ou superior (art. 10, § 4º, da LE). Caso nas convenções para a escolha de candidatos não houver a indicação do número máximo previsto no *caput* do art. 10 da LE, os órgãos de

---

[14] TSE, Respe 78432, Rel. Min. Arnaldo Versiani, e Respe 84672, Rel. Min. Marcelo Ribeiro.

direção partidária podem preencher as vagas remanescentes até trinta dias antes do pleito (art. 10, § 5º, da LE).

A identificação numérica dos candidatos configura-se de suma importância para sua individualização na hora do voto, mormente em um país em que grande parte da população não dispõe de nível considerável de alfabetização. Um número de fácil memorização facilita a votação do candidato.

A Lei Eleitoral disciplinou a matéria atribuindo a cada cargo determinada quantidade de números. Para os candidatos a cargos majoritários, concorrerão com o número identificador do partido ao qual estiverem filiados; os candidatos à Câmara dos Deputados concorrerão com o número do partido ao qual estiverem filiados, acrescido de dois algarismos à direita; os candidatos às assembleias legislativas e à Câmara Distrital concorrerão com o número do partido ao qual estiverem filiados, acrescido de três algarismos à direita; o Tribunal Superior Eleitoral baixará resolução sobre a numeração dos candidatos concorrentes às eleições municipais (art. 15 da LE).

Os partidos têm o direito de manter os números a eles atribuídos no último pleito, igualmente cabendo aos candidatos o direito de manter os números que lhes foram atribuídos na eleição anterior para o mesmo cargo (§ 1º do art. 15 da LE). Não sendo essa hipótese, as convenções sortearão os números que devam corresponder a cada candidato. Se as agremiações decidirem por coligação na eleição majoritária, elas serão registradas com o número de legenda do respectivo partido e, nas eleições proporcionais, com o número da respectiva legenda, acrescido do número que lhe couber em decorrência do cargo.

Aos candidatos de agremiações resultantes de fusão, a lei lhe possibilita manter o número que lhes fora dado na eleição anterior, para o mesmo cargo, desde que o número do novo partido coincida com aquele ao qual pertenciam. Outorga-lhes, ainda, manter, para o mesmo cargo, os dois dígitos finais dos números que lhes foram atribuídos na eleição anterior para a Câmara dos Deputados e os três dígitos para as Assembleias Legislativas e Câmara Distrital, quando o número do novo partido político não coincidir com aquele ao qual pertenciam e desde que outro candidato não tenha preferência sobre o número que vier a ser composto (art. 15, § 2º, da LE; art. 15, incisos I e II, da Resolução n. 23.609/2019).

9.5. PROCEDIMENTO DO REGISTRO ELEITORAL

A data-limite para que os partidos e as coligações possam solicitar à Justiça Eleitoral o registro de seus candidatos é até as 19 horas do dia 15 de agosto do ano em que se realizam as eleições. Não havendo o registro até essa data, ele é considerado intempestivo, inexistindo remédio jurídico cabível para solucionar o problema[15].

Ressalve-se que, na hipótese de o partido, a federação ou a coligação não requerer o registro de seus candidatos, estes podem fazê-lo perante a Justiça Eleitoral, observando-se o prazo máximo de 2 (dois) dias seguintes à publicação da lista dos candidatos pela Justiça Eleitoral (art. 29 da Resolução n. 23.609/2019, com redação dada pela Resolução TSE n. 23.675/2021).

Tem-se que os pré-candidatos podem averiguar se seus dados constam da lista de candidatos publicada pela Justiça Eleitoral, para, se ausentes, eles mesmos requisitarem seus registros, no prazo de até 2 dias depois de sua publicação. Esta opção do legislador de determinar que o prazo só comece a correr depois da publicação da lista de candidatos tem o condão de trazer garantia àquele que não fora registrado, para que não seja surpreendido pela desídia do partido ou da coligação. A solicitação se efetuará no protocolo do cartório eleitoral da respectiva circunscrição. Na hipótese de coligação, o pedido deverá ser feito de forma coletiva, impedindo-se que cada partido a realize de forma individual.

O pedido de registro deve ser instruído com os documentos: a) cópia da ata da convenção; b) autorização do candidato por escrito; c) prova da filiação partidária; d) declaração de bens assinada pelo candidato – esta deve ser atualizada; e) cópia do título eleitoral ou certidão fornecida pelo cartório eleitoral de que o candidato é eleitor na circunscrição ou requereu sua inscrição ou transferência de domicílio pelo menos 6 meses antes da eleição; f) certidão de quitação eleitoral; g) certidões criminais fornecidas pelos órgãos de distribuição da Justiça Eleitoral, Federal ou Estadual; h) fotografia do candidato para utilização no voto eletrônico; i) propostas defendidas pelo candidato a Prefei-

---

[15] Pode ser aventada a excepcionalidade de caso fortuito ou força maior que seja de notório conhecimento, sem a necessidade de produção de provas.

to, a Governador de Estado e a Presidente da República (art. 11, § 1º, da LE), sendo dispensada a apresentação pelo partido, coligação ou candidato de documentos produzidos a partir de informações detidas pela Justiça Eleitoral o disposto nos incisos III, V, VI do § 1º do art. 11 da LE (art. 11, § 13º, da LE).

O dispositivo reverenciado consubstancia verdadeira medida para tornar a Justiça Eleitoral mais ágil, vez que não há sentido na exigência de documentação que possa ser facilmente obtida nos cartórios eleitorais.

O acréscimo trazido pela Lei Eleitoral, na minirreforma de 2009, no intento de assegurar a transparência do conteúdo programático dos candidatos, foi a exigência de que as propostas defendidas pelo candidato a Prefeito, a Governador de Estado e a Presidente da República sejam explicitadas quando do registro da candidatura (art. 11, § 1º, IX, da Lei n. 9.504/97). Essa obrigação tem como escopo possibilitar que os eleitores tenham conhecimento dos fins aos quais os candidatos a esses cargos aspiram, permitindo que eles analisem a compatibilização das propostas dos candidatos com suas ideologias políticas.

A mencionada exigência se limitou aos cargos de Chefe do Executivo, em âmbito municipal, estadual e federal. Infelizmente, essa obrigatoriedade não fora transposta para o Poder Legislativo, porque mesmo composto de um corpo multitudinário, com ideologias políticas as mais variadas, o registro das propostas possibilitaria que a população pudesse melhor acompanhar o desempenho dos parlamentares e atestar sua vinculação com o pactuado no início do mandato.

A Justiça Eleitoral enviará aos partidos políticos, na respectiva circunscrição, até o dia 5 de junho do ano da eleição, a relação de todos os devedores de multa eleitoral, a qual embasará a expedição das certidões de quitação eleitoral (art. 11, § 9º, da Lei n. 9.504/97). Atente-se que as multas eleitorais não têm taxionomia de débito tributário, sendo cobradas pela Justiça Eleitoral. Todavia, o parcelamento dos débitos eleitorais segue as mesmas regras previstas na legislação tributária federal (art. 11, § 11, da Lei n. 9.504/97). Essa determinação possibilita segurança, tanto aos partidos políticos e coligações quanto aos próprios pré-candidatos, justamente porque visa dar ciência aos interessados a concorrerem ao pleito eleitoral sobre a existência de eventual débito eleitoral, para que possam quitá-lo antes do período das convenções partidárias, que tem início no dia 31 de agosto do ano do pleito.

252

As condições de elegibilidade, os requisitos de registrabilidade e as causas de inelegibilidade devem ser aferidas no momento da formalização do pedido de registro da candidatura, ressalvadas as alterações, fáticas ou jurídicas, supervenientes ao registro que afastem a inelegibilidade[16] (art. 11, § 10, da Lei n. 9.504/97). As condições de elegibilidade – nacionalidade brasileira, pleno gozo dos direitos políticos, alistamento eleitoral, domicílio eleitoral na circunscrição e idade mínima para os cargos determinados (art. 14, § 3º, I a V, da CF) –, os requisitos de registrabilidade que estão esculpidos nos incisos do § 1º, art. 11 da Lei n. 9.054/97e as causas de inelegibilidade já são analisadas quando da formalização do pedido de registro de candidatura, facilitando para que sejam indeferidos pedidos que padeçam de alguma mácula que impeça o cidadão de disputar o pleito eleitoral. De todo modo, sobrevindo estas causas depois da formalização do pedido de registro até a data das eleições, não há impedimento para sua análise.

O pedido de registro deve ainda vir acompanhado, em vias impressas e assinadas pelos requerentes, dos formulários Demonstrativos de Regularidade de Atos Partidários (DRAP) e Requerimento de Registro de Candidatura (RRC) (art. 20 da Resolução n. 23.609/2019).

Se houver necessidade em razão de dúvida acerca dos documentos apresentados, o juiz pode abrir o prazo de 72 horas para diligências, verificando se os requisitos exigidos foram ou não cumpridos (§ 3º do art. 11 da LE). No caso do registro não impugnado em que o candidato não esteja representado por advogado ou advogada, o atendimento às diligências e a manifestação em relação aos impedimentos constatados de ofício pelo juízo poderão ser feitos diretamente no PJe, por meio de aplicação disponibilizada no portal do TSE e explicitada nos §§ 3º a 7º do art. 36 da Resolução n. 23.609/2019, incluídos pela Resolução n. 23.675/2021.

Com a finalidade de evitar que gestores públicos que tiveram suas contas rejeitadas pelos Tribunais ou Conselhos de Contas possam dis-

---

[16] Súmula n. 43 do TSE: "As alterações fáticas ou jurídicas supervenientes ao registro que beneficiem o candidato, nos termos da parte final do art. 11, § 10, da Lei n. 9.504/97, também devem ser admitidas para as condições de elegibilidade". Sendo o último dia para a diplomação nas eleições de 2022 o dia 19 de dezembro, ressalta-se ser este o termo final para se conhecer alteração fática ou jurídica superveniente ao registro que afaste inelegibilidade.

putar eleições, abrindo espaço para que suas candidaturas possam ser impugnadas, os mencionados órgãos de fiscalização devem tornar disponível à Justiça Eleitoral a relação de contas rejeitada por irregularidade insanável e por decisão irrecorrível, exceto nos casos em que a questão estiver sendo submetida à apreciação do Poder Judiciário com o deferimento de liminar favorável ou que haja sentença judicial favorável ao interessado (art. 11, § 5º, da LE)[17].

A má redação desse dispositivo deixa amplo espaço discricionário para que os órgãos de contas possam determinar o que ensejaria irregularidade insanável. Grande parte dos doutrinadores afirma que a irregularidade insanável apenas aconteceria quando houvesse a prática de improbidade administrativa, não sendo ela tipificada no caso de irregularidades formais[18]. Na verdade, ela se configura uma irregularidade que não tem conteúdo apenas formal, revelando a gravidade da conduta ativa e omissiva, inexistindo possibilidade de saneamento do ato[19]. Esclarece Marcos Ramayana que a irregularidade insanável exige lesividade, dolo do agente e nexo de casualidade entre a conduta ativa ou omissiva e o resultado. Continua afirmando que cabe à Justiça verificar, diante do caso concreto, se a hipótese é ou não sanável, o que

---

[17] "O órgão competente para apreciar as contas decidiu por rejeitá-las, em razão das irregularidades detectadas. Este Tribunal apenas apreciou a natureza da falta. O descumprimento da lei de licitações importa irregularidade insanável, fazendo incidir o disposto na letra g do inciso I do art. 1º da LC n. 64/90" (AR-258/CE, Rel. Min. Marcelo Henriques).

"Não compete à Justiça Eleitoral analisar o acerto ou o desacerto da decisão proferida pelo Tribunal de Contas da União, mas apenas verificar se estão presentes os requisitos ensejadores da causa de inelegibilidade da alínea g do inciso I do art. 1º da Lei Complementar n. 64/90, quais sejam, contas rejeitadas por irregularidade insanável e por decisão irrecorrível do órgão competente" (RO-1235/DF, Rel. Min. Carlos Augusto Ayres de Freitas Britto).

[18] ROLLO, Alberto; BRAGA, Enir. *Comentários à Lei Eleitoral n. 9.504/97*: atualizado à luz da recente jurisprudência. Estudo comparativo com as leis anteriores. São Paulo: Fiuza Eds., 1998, p. 66.

[19] "O TSE não é competente para aferir a sanabilidade ou não das contas, mas, (...) a princípio, se as contas foram desaprovadas, é porque as irregularidades são de ordem insanável, do contrário teriam sido aprovadas com ressalva" (AR-251/MA, Rel. Min. José Augusto Delgado).

acarreta larga esfera de discricionariedade, mormente em razão dos artifícios contábeis[20].

Decisão irrecorrível significa aqueles casos em que os efeitos da sentença da rejeição de contas ainda se mantêm. Mesmo sendo interposta ação cautelar contra essas consequências, enquanto ela não for decidida favoravelmente, o pronunciamento anterior permanece, impedindo o registro de candidatura.

Já decidiu o Tribunal Superior Eleitoral que irregularidades, como a falsificação da ata de assembleia da convenção, podem extrapolar a mera irregularidade formal, ensejando uma contaminação e nulidade do próprio escrutínio da convenção, configurando motivo hábil para o indeferimento do pedido de registro de candidatura[21]. Também já decidiu a Colenda Corte Eleitoral que a não indicação do candidato em convenção partidária enseja o indeferimento do pedido de registro[22]. A intempestividade do pedido de registro também acarreta seu indeferimento[23]. A candidatura avulsa, sem pertinência a partido político, também ocasiona o indeferimento do pedido de registro[24]. A falta de apresentação de documentos, exigidos dentro do prazo de 3 dias, previstos no art. 36 da Resolução n. 23.609/2019, com redação

---

[20] RAMAYANA, Marcos. *Direito eleitoral*. 4. ed. Niterói: Impetus, 2005, p. 198.

[21] Disponível em: http://www.tse.jus.br/sadJudInteiroTeor/pesquisa/actionGetBinary.do?tribunal=TSE&processoNumero=23650&processoClasse=Resp&decisaoData=20041011&decisaoNumero=23650.

[22] Ac. de 15-9-2010 no AgR-Resp n. 442.566, Rel. Min. Arnaldo Versiani.

[23] "(...) I – Para registrar candidatura, é indispensável a comprovação da escolha do interessado em convenção partidária, por meio da respectiva ata, documento exigido por lei e resolução (...)". NE: "(...) o pedido de registro da candidatura foi indeferido pela Corte Regional ante sua manifesta intempestividade, além de não constar o nome do candidato na ata de convenção partidária. Irretocável a decisão do TRE ao negar o registro por essas razões" (Ac. 20.216, de 3-10-2002, Rel. Min. Sálvio de Figueiredo).

[24] "(...). Registro de candidatura indeferido. Indeferimento do Demonstrativo de Regularidade de Atos Partidários – DRAP do partido pelo qual pretendia concorrer a Agravante. Impossibilidade de candidatura avulsa. As condições de elegibilidade são aferidas no momento da formalização do pedido de registro de candidatura. (...)" (Ac. de 13-10-2010 no AgR-Resp n. 262.727, Rel. Min. Cármen Lúcia). No mesmo sentido, Ac. de 4-12-2012 no AgR-Respe n. 41528, Rel. Min. Laurita Vaz.

dada pela Resolução n. 23.675/2021, igualmente enseja o indeferimento do registro de candidatura.

Por previsão instrutiva do TSE, também haverá indeferimento do pedido de registro quando o candidato for inelegível ou não atender a quaisquer das condições de elegibilidade, assim como o indeferimento do Demonstrativo de Regularidade de Atos Partidários (DRAP), conforme se aduz dos arts. 48 e 52 da Resolução n. 23.609/2019.

O prazo de contagem do lapso temporal de oito anos é contado da data da decisão do referido Tribunal, contando-se o prazo de oito anos de forma ininterrupta, a não ser que haja concessão de liminar ou cautelar suspendendo seus efeitos.

A idade mínima exigida pela Constituição Federal somente se configura como requisito inexorável na data da posse, não sendo necessária sua comprovação na data do registro, salvo quando fixada em dezoito anos, como é o caso da vereança, hipótese em que será aferida na data limite para o pedido de registro (art. 11, § 2º, da LE).

O candidato às eleições proporcionais – deputado estadual, deputado federal, deputado distrital e vereador – pode indicar, no pedido de registro, além de seu nome, no máximo mais duas outras variações, em um total de três para sua denominação na ordem de preferência em que deseja registrar-se. Vedam-se de forma expressa denominações que estabeleçam dúvidas quanto à sua identidade, que atentem contra o pudor, sejam ridículas ou irreverentes (art. 12 da LE).

A determinação do que seja um nome lesivo ao pudor, seja ridículo ou irreverente, é bastante indeterminada, o que dá ensejo a uma ampla esfera de discricionariedade por parte do juiz eleitoral, levando-o a praticar liberalidades em demasia ou, ao contrário, impedir variações nominais que não deveriam ser proibidas. O vetor norteador dessas decisões são a jurisprudência e a moral dominantes na localidade. São esses referenciais que podem estabelecer um alicerce seguro para evitar abusos[25].

---

[25] "O/a candidato/a a prefeito poderá concorrer, além de seu número e seu nome completo, com o nome que constará da urna eletrônica, que poderá ser o prenome, sobrenome, cognome, nome abreviado, apelido ou nome pelo qual é mais conhecido/a, desde que não se estabeleça dúvida quanto à sua identidade, não atente contra o pudor, não seja ridículo ou irreverente nem ponha em risco

Havendo registro de candidatos que tenham os mesmos nomes, hipótese de homonímia, a Justiça Eleitoral utiliza alguns critérios para equacionar o conflito[26]. Deve-se mencionar que a homonímia ocorrida entre candidatos de partidos diferentes e que concorram a cargos diferentes não é considerada relevante[27].

Os critérios utilizados para dirimir conflitos entre candidatos que apresentem solicitação de registro com igual nome são: a) exigir do candidato prova de que é conhecido pelo nome indicado no pedido de registro; b) dar-se-á preferência ao candidato que esteja exercendo mandato eletivo ou o tenha exercido nos últimos quatro anos, ou que nesse prazo tenha se candidatado com um dos nomes que indicou[28]; c) privilegiar-se-á o candidato que, por sua vida política, social ou profissional, seja identificado por um dado nome que tenha indicado, desde que não seja utilizado por quem detenha mandato ou já o tenha utilizado antes em registro eleitoral; d) não podendo o conflito ser resolvido pelas regras aqui expostas, a Justiça Eleitoral deve notificar os respectivos candidatos para que cheguem a um acordo (art. 39 da Resolução n. 23.609/2019).

---

a legitimidade e a autenticidade do pleito" (CTA n. 941/DF, Rel. Min. Luiz Carlos Lopes Madeira).

No mesmo sentido: "Eleitoral. Candidatos. Registro. Nome. Prenome. Variações. Resolução n. 12.854/86, do TSE, art. 32. O candidato poderá ser registrado sem o prenome, com o nome parlamentar ou nome pelo qual é mais conhecido, desde que não se estabeleça dúvida quanto a sua identidade, não atente contra o pudor, não seja ridículo ou irreverente. Resolução n. 12.854/86-TSE, art. 32. Recurso provido, parcialmente" (Respe n. 6.359/GO, Rel. Min. Carlos Mário da Silva Velloso).

[26] "Os procedimentos definidos pela Lei n. 9.504/97, relativos aos casos de homonímia entre candidatos, são dirigidos à Justiça Eleitoral e sua aplicação não depende de impugnação" (RO-275/SP, Rel. Min. Edson Carvalho Vidigal).

[27] Respe n. 20.133/SP, Rel. Min. José Paulo Sepúlveda Pertence.

[28] "Ao candidato que, na data máxima prevista para o registro, ou esteja exercendo mandato eletivo, ou o tenha exercido nos últimos quatro anos, ou que, nesse mesmo prazo, se tenha candidatado com um dos nomes que indicou, será deferido o seu uso no registro, ficando os outros candidatos impedidos de fazer propaganda com esse mesmo nome (art. 12, § 1º, II, da Lei n. 9.504/97)" (Respe n. 21.889/SP, Rel. Min. Francisco Peçanha Martins).

Não chegando a nenhum acordo, haverá o registro de cada candidato com o nome e o sobrenome constantes do pedido, observando-se a ordem requerida[29] (art. 12, § 1º, da LE).

O Tribunal Superior Eleitoral já decidiu que, inexistindo possibilidade de acordo entre as partes, será aplicado o que consta em sua Súmula 4, que exprime que, inexistindo preferência entre candidatos que pretendam o registro da mesma variação nominal, defere-se ao que primeiro o tenha requerido[30]. Então, se não houver o estabelecimento de um consenso, a preferência será para o candidato que primeiro tenha requerido a utilização da denominação à Justiça Eleitoral. Com relação ao registro nominal dos candidatos, a Lei Eleitoral n. 9.504/97 deu prevalência aos candidatos às eleições majoritárias. Assim, a Justiça Eleitoral deve indeferir todo pedido de variação de nome coincidente com o nome de candidato à eleição majoritária, salvo para candidato que esteja exercendo mandato eletivo ou o tenha exercido nos últimos quatro anos, ou que tenha concorrido em eleição com o nome coincidente nesse mesmo período (art. 12, § 3º, da LE).

Saliente-se que as questões relativas à homonímia, assim como o pedido de registro do candidato, a impugnação e a notícia de inelegibilidade devem ser julgados em uma só decisão, tal qual regulamenta o art. 50 da Resolução n. 23.609/2019. Destaca-se que a análise dos requisitos individuais da candidatura de cada componente da chapa não influirá na decisão das demais candidaturas que a compõem (§ 2º do art. 50 da Resolução n. 23.605/2019, incluído pela Resolução n. 23.675/2021).

Em decorrência de motivos políticos ou pessoais, qualquer candidato, com firma reconhecida, pode solicitar o cancelamento do registro de sua candidatura, tratando-se de uma decisão personalíssima e irretratável (art. 101 do CE). Não há um momento fixado para que o candidato, de forma unilateral, possa renunciar, podendo ser até mesmo na véspera da eleição.

---

[29] "O candidato que, depois de intimado, deixar de indicar o nome que deverá constar da urna eletrônica, concorrerá com o seu nome próprio que, na hipótese de homonímia ou de conter mais de trinta caracteres, será adaptado no momento do deferimento do pedido de registro" (INST-55/DF, Rel. Min. Fernando Neves da Silva).

[30] Respe n. 20.228/SP, Rel. Min. Ellen Gracie Northfleet.

A Justiça Eleitoral possibilitará aos interessados acesso aos documentos apresentados para que os partidos e os candidatos possam verificar se houve o cumprimento das exigências imprescindíveis para a realização do registro eleitoral (art. 11, § 6º, da Lei n. 9.504/97). A Lei Eleitoral nada mais fez do que explicitar uma obrigação inerente aos órgãos do Poder Público, com o fim de evitar que candidatos sejam prejudicados pela atuação insuficiente ou pela omissão estatal.

Com o objetivo de eliminar quaisquer dúvidas acerca do significado da certidão de "quitação eleitoral", a Lei das Eleições definiu quais os elementos exclusivamente por ela abrangidos: a) plenitude do gozo dos direitos políticos; b) o regular exercício do voto; c) o atendimento a convocações da Justiça Eleitoral para auxiliar os trabalhos relativos ao pleito; d) a inexistência de multas aplicadas, em caráter definitivo, pela Justiça Eleitoral e não remitidas; e) a apresentação de contas de campanha eleitoral (art. 11, § 7º, da Lei n. 9.504/97). Ressalte-se que esses elementos componentes são de hipótese taxativa, sem que as instâncias judiciárias possam requerer outros documentos ausentes do rol acima destacado.

No ano de 2012, mediante a Resolução n. 23.376, o Tribunal Superior Eleitoral estabeleceu a exigência da aprovação de contas eleitorais como pressuposto à obtenção da certidão de quitação eleitoral, configurando inexorável afronta ao princípio da legalidade. No entanto, no mês de junho do mesmo ano, ao excluir o § 2º do art. 52 da Resolução n. 23.376/2012 mediante a Resolução n. 23.382/2012, o TSE decidiu, acertadamente, pela adoção da intepretação literal do já reverenciado art. 11, § 7º, da Lei n. 9.504/97, no sentido de desnecessitar a aprovação das contas de campanha eleitoral, sendo suficiente a sua apresentação, entendimento até então adotado[31].

---

[31] "ELEIÇÕES 2012. REGISTRO DE CANDIDATURA. AGRAVO REGIMENTAL EM RECURSO ESPECIAL ELEITORAL. DESAPROVAÇÃO DAS CONTAS DE CAMPANHA. QUITAÇÃO ELEITORAL. ENTENDIMENTO JURISPRUDENCIAL MANTIDO NA RESOLUÇÃO N. 23.376/2012. OBSERVÂNCIA DO PRINCÍPIO DA SEGURANÇA JURÍDICA. DEFERIMENTO DO PEDIDO DE REGISTRO. AGRAVO REGIMENTAL DESPROVIDO.

1. A apresentação das contas de campanha é suficiente para a obtenção da

Para fins de expedição da certidão de quitação eleitoral são considerados sem nenhuma obrigação para com a Justiça Eleitoral aqueles que: a) condenados ao pagamento de multa, tenham, até a data da formalização do seu pedido de registro de candidatura, comprovado o pagamento ou o parcelamento da dívida regularmente cumprido; b) pagarem a multa que lhes couber individualmente, excluindo-se qualquer modalidade de responsabilidade solidária, mesmo quando imposta concomitantemente com outros candidatos e em razão do mesmo fato (art. 11, § 8º, I e II, da Lei n. 9.504/97).

---

quitação eleitoral, nos termos do art. 11, § 7º, da Lei n. 9.504/97, alterado pela Lei n. 12.034/2009.

2. Entendimento jurisprudencial acolhido pela retificação da Resolução n. 23.376/2012 do TSE.

3. Agravo regimental desprovido."

(AR-Respe n. 232-11/RJ, Rel. Min. Dias Toffoli, TSE).

"(...). Prestação de contas. Desaprovação. Quitação eleitoral. Art. 11, § 7º, da Lei n. 9.504/97. Inconstitucionalidade. Violação ao princípio da segurança jurídica. Inocorrência. (...). 1. Nos termos da jurisprudência do TSE, exige-se apenas a apresentação das contas de campanha para fins de obtenção da quitação eleitoral. 2. Essa orientação não viola os princípios da moralidade, probidade e da transparência. Com efeito, na hipótese de serem constatadas eventuais irregularidades quanto à arrecadação e aos gastos dos recursos de campanha, essas poderão fundamentar a representação de que cuida o art. 30-A da Lei n. 9.504/97, cuja condenação atrai a inelegibilidade prevista no art. 1º, I, *j*, da LC n. 64/90. Precedentes. 3. O TSE já decidiu inexistir afronta ao princípio da segurança jurídica decorrente do que assentado no pedido de reconsideração na Instrução n. 1.542-64. Isso porque as regras do jogo eleitoral não foram alteradas em prejuízo dos candidatos, tendo prevalecido, acerca do tema, o mesmo entendimento aplicado ao pleito de 2010. Precedente. (...)" (Ac. de 20-11-2012 no AgR-Respe n. 14.314, Rel. Min. Dias Toffoli).

"Registro. Quitação eleitoral. Desaprovação das contas de campanha. 1. A jurisprudência do TSE tem assentado que, em face do disposto na parte final do § 7º do art. 11 da Lei n. 9.504/97, acrescido pela Lei n. 12.034/2009, não constitui óbice à quitação eleitoral a desaprovação das contas de campanha do candidato, exigindo-se somente a apresentação delas. (...)."

(Ac. de 23-8-2012 no AgR-Respe n. 10.893, Rel. Min. Arnaldo Versiani; no mesmo sentido o Ac. de 30-8-2012 no AgR-Respe n. 11.197, Rel. Min. Nancy Andrighi).

Importa consignar que a minirreforma de 2017 trouxe inovação quanto à questão em tela. O parcelamento das multas eleitorais é direito dos cidadãos e das pessoas jurídicas e pode ser feito em até sessenta meses, exceto quando o valor da parcela ultrapassar 5% da renda mensal, no caso de cidadão, ou 2% (dois por cento) do faturamento, no caso de pessoa jurídica, hipótese em que poderá estender-se por prazo superior, de modo que as parcelas não ultrapassem os referidos limites. Ademais, o parcelamento de multas eleitorais e de outras multas e débitos de natureza não eleitoral imputados pelo poder público é garantido também aos partidos políticos em até sessenta meses, salvo se o valor da parcela ultrapassar o limite de 2% (dois por cento) do repasse mensal do Fundo Partidário, hipótese em que poderá estender-se por prazo superior, de modo que as parcelas não ultrapassem o referido limite, consoante dispõem os incisos III e IV do § 8º do art. 11, LE.

A reverenciada garantia permite que as multas eleitorais possam ser parceladas, independentemente de seu valor, desde que cada parcelamento não ultrapasse o limite de cinco por cento da renda do candidato ou eleitor nem de dois por cento do faturamento da pessoa jurídica. Permitiu-se a criação de um grande parcelamento contínuo das multas eleitorais, que pelo seu longo elastério pode acarretar que cada uma de suas parcelas se torne ínfima. Sem um piso mínimo para o pagamento, o valor pode ser tão baixo, que a multa pode perder todo o seu caráter sancionatório.

Para os candidatos que forem considerados inelegíveis, que renunciaram, falecerem após o termo final do prazo de registro ou tiverem seus registros indeferidos ou cancelados, faculta-se ao partido ou à coligação sua substituição (art. 13, *caput*, da Lei n. 9.504/97, art. 17 da LC n. 64/90 e art. 101, § 1º, do Código Eleitoral). A restrição é que o novo registro deve ser requerido até dez dias contados do fato ou da decisão judicial que deu origem à substituição. A restrição é que o novo registro deve ser requerido até dez dias contados do fato ou da notificação da decisão judicial que deu origem à substituição.

Com relação à disciplina da substituição do candidato, a escolha do substituto far-se-á na forma estabelecida no estatuto do partido a que pertencer o substituído, e o registro deverá ser requerido até dez dias contados do fato ou da notificação do partido da decisão judicial que deu origem à substituição (art. 13, § 1º, da Lei n. 9.504/97).

Especificamente, há determinação no sentido de que o prazo de dez dias para a escolha do candidato só comece a correr quando da notificação da decisão judicial que originou a substituição. O prazo para a substituição deixou de correr simplesmente da decisão judicial, sem possibilitar a ciência formal da parte interessada, como constava da redação anterior deste § 1º, em desprestígio do contraditório e do devido processo legal. Ressalte-se também que juntamente ao partido deve-se compreender também a coligação; bem como que, havendo omissão estatutária para a disciplina da substituição, o órgão da direção nacional é que deve determinar as diretrizes a serem observadas pelos diretórios regionais e estaduais, como referido acima. Tratando-se de eleições majoritárias, se o candidato for de coligação, a substituição necessita ser feita por decisão da maioria absoluta dos órgãos de direção das agremiações coligadas, podendo o substituto ser filiado a qualquer partido participante, desde que a agremiação ao qual pertencia o candidato renuncie a seu direito de preferência (§ 2º do art. 13 da LE).

Tanto nas eleições majoritárias como nas proporcionais, a substituição só se efetivará se o novo pedido for apresentado até vinte dias antes do pleito, excetuando o caso do falecimento do candidato, situação em que a substituição poderá ser efetivada após esse prazo (art. 13, § 3º, da LE, com redação conferida pela Lei n. 12.891/2013). A reverenciada regra é bastante promissora, vez que impõe um marco peremptório para que os partidos e as coligações possam trocar de candidatos. Anteriormente, era comum que vários candidatos, considerados inelegíveis, sustentassem suas postulações até perto das eleições. No entanto, para as eleições proporcionais existia o marco legal de sessenta dias, inexistindo a mesma regra para as majoritárias. Inclusive, o Tribunal Superior Eleitoral, mediante a Resolução n. 20.993/2002, admitia a substituição a qualquer tempo, desde que a população fosse avisada. Muitos doutrinadores questionavam se tal abertura configuraria abuso de poder. Para dirimir as contendas, fixou-se o prazo de vinte dias, tanto para as eleições majoritárias quanto para as proporcionais, exceto na hipótese de falecimento do candidato, situação em que a substituição poderá ser após o prazo estipulado.

Se a substituição de candidato a cargo majoritário ocorrer após a geração das tabelas para a elaboração da lista de candidatos e preparação das urnas, o substituto concorrerá com o nome, o número e, na urna eletrônica, com a fotografia do substituído. No entanto, ao substituto serão computados os votos (art. 72, § 5º, da Resolução n. 23.609/2019). Suscite-se que a divulgação em esclarecimento ao eleitorado cabe ao partido político ou à coligação do substituto.

O pedido de substituição de candidatos às eleições proporcionais deverá respeitar o mínimo de 30% e o máximo de 70% para candidaturas do mesmo gênero (art. 72, § 7º, da Resolução n. 23.609/2019), regra que também vigora para o preenchimento de vagas remanescentes quando não forem respeitados os limites estabelecidos pela Resolução n. 609/2019, com redação dada pela Resolução n. 23.675/2021. Nas eleições proporcionais, o candidato substituto possui o mesmo número do candidato que teve seu registro cancelado.

Terão cancelado seu registro, por intermédio de solicitação do partido à Justiça Eleitoral, os candidatos que até a data da eleição forem expulsos da agremiação. Como esse ato não se configura um ato discricionário, sua validade requer a realização do devido processo legal, do contraditório e da ampla defesa. Se esses requisitos não forem observados, o processo de expulsão será nulo (art. 14 da LE).

Depreende-se, então, que o registro pode ser cancelado por decisão judicial ou por solicitação do partido quando o candidato for expulso da agremiação. Essa prerrogativa outorga aos partidos uma ferramenta para garantir sua unidade, impedindo que seus candidatos possam pedir votos para candidatos de outros partidos que não participem da mesma coligação.

Infelizmente, com a obrigatoriedade da observância do devido processo legal, do contraditório e da ampla defesa, podendo até mesmo recorrer-se a decisões judiciais – prerrogativas imprescindíveis do Estado Democrático Social de Direito –, quando houver a concretização da expulsão, a eleição já terminou, e o candidato, se venceu as eleições, estará no exercício de seu mandato e o conservará, mesmo tendo sido expulso do partido. Ou seja, o instrumento para garantir a disciplina partidária produz efeitos aquém dos desejados.

No prazo de até vinte dias antes da data das eleições, os Tribunais Regionais Eleitorais têm a obrigação de enviar ao Tribunal Superior Eleitoral, com a finalidade de centralização e divulgação de dados, a relação dos candidatos às eleições majoritárias e proporcionais, constando referência ao gênero e ao cargo que concorrem. Até o termo indicado, todos os pedidos de registro, inclusive os impugnados e os respectivos recursos, devem estar julgados pelas instâncias ordinárias, e publicadas as decisões a eles relativas (art. 16 da LE).

9.6 A SITUAÇÃO JURÍDICA DAS CANDIDATURAS COLETIVAS

É indubitável que se vivencia uma série de adversidades nas democracias representativas, seja pelo baixo grau de legitimidade popular em relação à classe política, seja pelo desprestígio da população no que tange à vontade de participar dos debates para a formação das decisões da *polis*. O desenrolar da efervescência dos acontecimentos trouxe à baila inovações no desenvolvimento da política, com uma nova forma de exercício de mandato em que o representante se compromete a dividir o espaço de poder com outros cidadãos, notadamente para fins de densificar pautas de luta e propiciar um florescimento mais consensual no exercício dos mandatos.

Enquanto um representante político tradicional exerce o seu *múnus* público de acordo com sua consciência e predileções políticas muitas vezes egoicas, nos mandatos coletivos e compartilhados há o temperamento de ideias e pautas, que devem ser formuladas de forma plural, assomando a colaboração do maior número possível de pessoas. Nesse passo, no atual cenário de inovação política para o enfrentamento da crise de representatividade, os mandatos coletivos emergem como uma alternativa para evitar o distanciamento com a vontade dos eleitores que representam o mandatário.

O compromisso básico do representante é o compartilhamento do poder decisório. Ou seja, ao invés de apenas consulta, debate, ou enquete com os cidadãos, o mandato vincula-se à vontade do grupo, seja ela auferida via agregação de preferências ou construção de consensos. No Brasil, de acordo com estudo realizado pelo PVBLICA (Instituto de Políticas Públicas), entre as eleições dos anos de 1998 e 2018, ao todo 94 candidaturas coletivas e compartilhadas concorreram em 110 campanhas aos cargos de vereador, deputado estadual, deputado federal e senador, dispersos em 50 cidades, 17 estados e representando 22 partidos políticos distintos, atingindo a marca de 1.233.234 votos válidos[32].

---

[32] SECCHI, Leonardo (Org.). Mandatos coletivos e compartilhados: inovação na

As candidaturas coletivas se configuram como um descortino inovador na realidade política, especificamente porque vêm à lume para facilitar o acesso aos cargos em disputa. Devido às suas consequências altaneiras, sua existência fática não deveria ser relegada apenas pela ausência de regulamentação normativa, até mesmo porque elas se constituem em uma ficção jurídica. Diz-se ficção jurídica, pois se tratam, na verdade, de uma única candidatura que é registrada, com uma denominação própria e com a permissão de que o exercício do mandato parlamentar seja compartilhado entre os seus componentes, de acordo com critérios previamente escolhidos. Trata-se de uma forma de regulamentação do que já existe no plano da facticidade.

Ensina Perelman que ficção jurídica pode ser definida como uma qualificação de fatos ou uma motivação contrária à realidade jurídica[33]. Ou seja, consubstancia-se na regulamentação de um fato, através de criação judicial, regulamentando uma situação em que não havia previsão anterior para evitar a existência de uma lacuna legal. Ela é uma presunção utilizada para possibilitar determinada decisão ou para criar as condições necessárias para a aplicação de uma lei. A prática de criação de ficções jurídicas é bastante utilizada em sistemas jurídicos que adotam o *common law*. Como as candidaturas coletivas ainda não foram regulamentadas no ordenamento jurídico brasileiro, utilizando-se dessa ficção jurídica, pode haver o registro de um cidadão, representando a coletividade, sem nenhum óbice legal que impeça o uso da denominação que tornou a candidatura conhecida durante o processo eleitoral.

O fenômeno veio à baila justamente para agregar a pluralidade de grupos minoritários que não encontravam meios aptos para fazer ecoar as suas vozes nos espaços democráticos, habitados por uma maioria descompromissada com a efetivação dos direitos e garantias fundamentais. A moldura que enquadra o instituto das candidaturas coletivas está alicerçada em uma finalidade maior, que dialoga e busca

---

representação legislativa no Brasil e no mundo. São Paulo: RASP, 2019. Disponível em: https://www.raps.org.br/2020/wp-content/uploads/2019/11/mandatos_v5.pdf. Acesso em: 19 fev. 2020. p. 25.

[33] PERELMAN, Chaim. Considerações sobre uma lógica jurídica. Disponível em: http://www.scarpinellabueno.com/images/traducoes/trad-2.pdf. Acesso em: 19 fev. 2022.

consonância com o sumo do princípio democrático, a saber: conclamar a participação de setores sociais mais pulverizados para soerguer uma candidatura que tenha mais chances de representação, mormente as que levantam pautas que não são consentâneas com a vontade de grupos dominantes.

Esse novo modelo de postulação reforça a experiência de coletividade, que deve ser o alicerce estrutural de todo partido político, notadamente, para que se impeça o enraizamento de entidades familiares ou estruturas feudais em solo partidário, tornando o ambiente das agremiações um ambiente acolhedor, diversificado socialmente, e unido nos alicerces ideológicos agasalhados. O viés agregativo permite, por sua vez, que setores da sociedade carentes de voz política ou partidária possam, através do adensamento de sinergias, erguer uma candidatura com potencial para representar determinada pauta na arena política.

Tal como ocorreu em outros pleitos, as candidaturas coletivas irromperam nas Eleições 2020 de forma avassaladora, mas, apesar do intento benfazejo aos desígnios democráticos, alguns Tribunais Regionais Eleitorais sedimentaram posicionamento no sentido de inviabilizá-las, em uma negativa deliberada de amparo decisional, sustentada em uma hermenêutica restritiva de direitos fundamentais. Cite-se, à guisa de exemplo, a Orientação Normativa n. 2, emanada pelo Tribunal Regional Eleitoral de Pernambuco, que tem a seguinte dicção, a saber: "o nome para constar na urna eletrônica não poderá conter qualquer expressão que, ainda que aliada ao prenome, sobrenome, cognome, nome abreviado, apelido ou nome pelo qual é mais conhecido o candidato, sugira ao eleitor que o mandato será exercido coletivamente".

Estruturou-se esse posicionamento com esteio no subterfúgio argumentativo no sentido de que a escolha de variação nominal que dê ideia da existência de uma candidatura coletiva compromete a lisura do pleito, na medida em que ludibria o eleitor, pois não se esclarece, de forma precisa, sobre quem é o candidato ou candidata formalmente registrado, de modo a suscitar dúvidas.

Rememora-se que na aplicação da exegese restritiva deve-se apenas declarar o sentido verdadeiro, o alcance exato da norma, evitando a dilatação sem suprimir coisa alguma. Para o Ministro Barroso, a utilização da interpretação restritiva perpassa pelas normas que criam regras gerais, concedem benefícios, estabelecem punições, bem como as de natureza fiscal[34]. Somado a isso, entende-se que as normas que porventura ostentem o escopo de limitar direitos políticos, no caso, candidaturas soerguidas pelas minorias sociais, não podem ser cerceadas por uma interpretação restritiva[35].

Como se vê, agasalhou-se uma interpretação que, além de limitar os direitos políticos dos cidadãos, promove, de igual modo, um cerceamento à liberdade de autoafirmação e de identidade, uma vez que limita a utilização do espectro de escolha do nome dos candidatos, razão pela qual o Tribunal Superior Eleitoral perfilhou entendimento no sentido de que a regra contida no art. 12 da Lei das Eleições "deve ser interpretada de forma restrita, pois limita o direito que assiste aos can-

---

[34] BARROSO, Luís Roberto. *Interpretação e aplicação da Constituição*: fundamentos de uma dogmática constitucional transformadora. 7. ed. São Paulo: Saraiva, 2009. p. 125.

[35] "Em um Estado Democrático de Direito, como regra, deve-se assegurar a plena capacidade dos cidadãos de votarem (capacidade eleitoral ativa ou alistabilidade) e de serem votados (capacidade eleitoral passiva ou elegibilidade em sentido amplo). Os direitos políticos são, afinal, direitos fundamentais. Disso decorre que o intérprete, diante de normas sobre direitos políticos, deverá, sempre que for juridicamente possível, privilegiar a linha interpretativa que amplie o gozo de tais direitos, interpretando-se quaisquer restrições de forma estrita. Apenas em caráter excepcional deve-se subtrair do povo o poder de decidir em quem votar. Desse modo, respeitadas as balizas constitucionais e legais, o campo de alternativas políticas deve ser mantido aberto, de modo que o eleitorado seja livre para manifestar suas opções nas urnas. 8. Justamente com o objetivo de privilegiar o direito fundamental à elegibilidade, a jurisprudência do TSE consolidou-se no sentido de que as causas de inelegibilidades, requisitos de caráter negativo previstos na Constituição e na Lei Complementar n. 64/90 (alterada pela Lei da Ficha Limpa), devem ser interpretadas restritivamente. (TSE, RO 06020569520186260000 São Paulo/SP, Rel. Min. Luís Roberto Barroso, j. 17-09-2018, PSESS – Mural eletrônico – 17-9-2018). As restrições a direitos fundamentais devem ser interpretadas restritivamente, consoante lição basilar da dogmática de restrição a direitos fundamentais, axioma que deve ser trasladado à seara eleitoral, de forma a impor que, sempre que se deparar com uma situação de potencial restrição ao *ius honorum*, como sói ocorrer nas impugnações de registro de candidatura, o magistrado deve prestigiar a interpretação que potencialize a liberdade fundamental política de ser votado, e não o inverso. (...)" (Respe n. 213-21, Rel. Min. Luiz Fux, j. em 6-4-2017).

didatos de serem identificados pelos nomes de sua escolha, observados os demais requisitos legais"[36].

Em verdade, o que se propugnou, por meio de maneios jurisprudenciais, não foi uma discussão sobre a possibilidade de registro de candidaturas coletivas, haja vista a total imprevisão legal dessa modalidade de candidatura. O cerne da questão cinge-se à possibilidade de o cidadão utilizar a denominação pela qual era ou está sendo conhecido perante a coletividade. Considerando a hipótese de se impedir a possibilidade de candidaturas coletivas, cria-se, através de manejos exegéticos, campos normativos sem amparo em estrutura legal, ainda que remota, pois a fundamentação se configura em uma hipótese fática sem possibilidade de subsunção.

Apesar de o TSE não ter regulamentado em pormenores o arquétipo das candidaturas coletivas, dispôs sobre a escolha da variação nominal a respeito desse tipo de candidatura para as Eleições 2022, por meio da Resolução TSE n. 23.675/2021, que incluiu dispositivos na Resolução TSE n. 23.609/2019. Para tanto, a candidata ou o candidato poderá, na composição de seu nome para a urna, apor ao nome pelo qual se identifica individualmente a designação do grupo ou coletivo que apoia sua candidatura, respeitado o limite máximo de caracteres, sendo vedado o registro de nome de urna contendo apenas a designação do respectivo grupo ou coletivo social (art. 25, §§ 2º e 3º, da Resolução TSE n. 23.609/2019). Outrossim, deixou-se assente que não constitui dúvida quanto à identidade da candidata ou do candidato a menção feita, em seu nome para urna, a projeto coletivo de que faça parte (art. 25, § 4º, da Resolução TSE n. 23.609/2019).

Saliente-se que o texto aprovado pela Câmara dos Deputados do novo Código Eleitoral (Projeto de Lei Complementar n. 112/21) autoriza a prática de candidaturas coletivas para os cargos de deputado e

---

[36] TSE, Respe: 06012259620186170000 Recife/PE, Rel. Min. Admar Gonzaga Neto, j. 24-09-2018, PSESS – Mural eletrônico – 24-9-2018. Ainda nesse sentido, cite-se: "De fato, não se pode ampliar as hipóteses de restrição à livre escolha da variação nominal, principalmente por se tratar de normas limitadoras de direito, cuja interpretação deve ser feita de forma restritiva e não ampliativa como se pretende" (TSE, REspe: 6044220146080000 Vitória/ES 214202014, Rel. Min. Luciana Christina Guimarães Lóssio, j. 28-8-2014, PSESS 3-9-2014).

vereador (art. 186). Caberá ao partido autorizar e regulamentar as candidaturas coletivas respectivas em seu estatuto ou por resolução emanada do diretório nacional, o que constitui matéria *interna corporis*. Ainda, estabelece o Projeto de Lei Complementar n. 112/21, que, na hipótese de vacância do mandato do representante da candidatura coletiva, em caráter provisório ou definitivo, dar-se-á posse ao suplente do respectivo partido político.

10 PROPAGANDA ELEITORAL

10.1. PROPAGANDA POLÍTICA E SUA CLASSIFICAÇÃO

Utilizando-se de metáfora usada por Terence Shimp, pode-se dizer que a propaganda é um conjunto de atividades com o objetivo de transferência de valores entre um partido político ou candidato e seus eleitores[1].

A propaganda política se diferencia dos demais tipos de propaganda, como, por exemplo, da mercadológica – voltada para o consumo –, porque tem finalidade diversa, consistente no objetivo de interferir nas decisões tomadas pela organização política institucionalizada, atinge todas as classes sociais, independente de nível cultural ou econômico, encontra-se, minudentemente, regulamentada por legislação específica e é veiculada, gratuitamente, pelo rádio e pela televisão. Ela se subdivide em propaganda eleitoral, partidária e institucional.

A propaganda eleitoral difere da propaganda partidária, que possui o objetivo de explicar as ideias das agremiações e procurar adesões a seus pontos de vista ideológicos. Ambas são espécies do gênero propaganda política, que abrange períodos eleitorais e períodos não eleitorais, consistindo em todas as manifestações em que os cidadãos expõem seus pontos de vista acerca do manuseio da coisa pública.

Enquanto a primeira se realiza em momentos pré-eleitorais, com vistas a conquistar o maior número possível de votos nos pleitos, a segunda tem constância permanente, buscando, de forma contínua, divulgar as ideias da agremiação, para cooptar mais militantes e simpatizantes. São regulamentadas também por instrumentos normativos diversos: a primeira encontra disposição na Lei n. 9.504/97 (Lei Eleitoral) e a segunda se alicerça na Lei n. 9.096/95 (Lei dos Partidos Políticos).

---

[1] SHIMP, Terence A. *Propaganda e promoção*: aspectos complementares da comunicação integrada de marketing. Trad. Luciana de Oliveira da Rocha. 5. ed. Porto Alegre: Bookman, 2002, p. 31.

Além dessas duas espécies mencionadas, existe a propaganda institucional, também pertencente ao gênero propaganda política, que é a publicidade de atos, obras, campanhas, serviços de órgãos públicos, cuja finalidade deve ter caráter educativo, informativo ou de orientação social[2].

Para que abusos não sejam cometidos com a propaganda institucional, proíbe-se, nos três meses que antecedem ao pleito, a publicidade institucional de atos, programas, serviços, campanhas de órgãos públicos, bem como o mandatário fazer pronunciamento em cadeia de rádio e televisão, afora matéria urgente e relevante (art. 73, VI, da LE). Igualmente, almejou a legislação eleitoral proteger o erário público de gastos excessivos com propaganda institucional, obstaculando, no primeiro semestre do ano de eleição, as despesas com publicidade de órgãos públicos nas esferas governamentais, bem como da administração indireta, que excedam a média dos gastos nos três últimos anos que antecedem o pleito (art. 73, VII, da LE, com redação conferida pela Lei n. 13.165/2015). A própria Constituição Federal de 1988 foi bastante enfática ao exigir que a publicidade de atos, programas, obras, serviços e campanhas dos órgãos públicos tenha eminente caráter educativo, informativo ou de orientação social, dela não podendo constar nomes, símbolos ou imagens que caracterizem promoção pessoal de autoridades ou servidores públicos (art. 37, § 1º, da CF).

Por fim, registra-se que o TSE, com o objetivo de incentivar a participação feminina, dos jovens e da comunidade negra na política, bem como a esclarecer os cidadãos sobre as regras e o funcionamento do sistema eleitoral brasileiro, promoverá, no período compreendido entre 1º de abril e 30 de julho dos anos eleitorais, em até cinco minutos diários, contínuos ou não, requisitados às emissoras de rádio e tele-

---

[2] "AGRAVO REGIMENTAL. RECURSO ESPECIAL ELEITORAL. PROPAGANDA INSTITUCIONAL. CHEFE DO PODER EXECUTIVO. CONDUTA VEDADA. CARACTERIZAÇÃO. 1. Deve ser comprovada a autorização ou prévio conhecimento da veiculação de propaganda institucional, não podendo ser presumida a responsabilidade do agente público (AI 10.280/SP, Rel. Min. Marcelo Ribeiro, *DJe* 14-9-2009, e Resp n. 25.614/SP, Rel. Min. Cesar Asfor Rocha, *DJ* 12-9-2006). Contudo, não há se falar em presunção no caso em debate" (TSE, AgR-Resp n. 36.251, Rel. Min. Felix Fischer, *DJe* 10-3-2010).

visão, propaganda institucional, em rádio e televisão, conforme o art. 93-A da LE.

10.2. CONCEITO DE PROPAGANDA ELEITORAL

A propaganda eleitoral é a realizada pelos candidatos para que possam ganhar as eleições. De acordo com as lições do Professor Pinto Ferreira, ela se configura como uma técnica de argumentação e apresentação ao público, organizada e estruturada de tal forma a induzir conclusões ou pontos de vista favoráveis a seus anunciantes[3]. Defluindo de uma liberdade fundamental, livre expressão de pensamento, ultrapassa o sentido exclusivo de mecanismo de captação de votos pelo candidato, constituindo-se componente de grande utilidade no processo eleitoral para propiciar a dialética no pleito disputado, o que permite aos eleitores, diante do antagonismo de propostas, verificar qual a mais factível com seus interesses.

Como representa uma ferramenta poderosíssima para garantir a adesão dos cidadãos, podendo mesmo fazer com que acontecimentos falsos assumam a veste de verdadeiros, a legislação eleitoral optou por regulá-la em suas minudências, de modo que possa ser realizada de maneira paritária a todos os candidatos, na tentativa de evitar o abuso do poder econômico.

Essa tarefa se configura um tanto complexa pela dificuldade de se definir precisamente o conceito de propaganda eleitoral. Djalma Pinto afirma que seu conceito deve compreender todo o mecanismo de divulgação de um candidato destinado a convencer o eleitor a sufragar seu nome no dia da votação, podendo ser feita pelo candidato ou pelo partido[4]. Os critérios temporal e teleológico ajudam a delimitar seu conceito, já que antecedem aos períodos eleitorais e ambicionam conquistar o voto dos eleitores para o candidato que a veicula. Através do conteúdo da propaganda eleitoral, os participantes do pleito buscam conquistar o apoio dos cidadãos, tentando convencê-los de que as pro-

---

[3] PINTO FERREIRA, Luiz. *Código Eleitoral comentado*. 4. ed. São Paulo: Saraiva, 1997, p. 88.

[4] PINTO, Djalma. *Direito eleitoral*: improbidade administrativa e responsabilidade fiscal. Noções gerais. 4. ed. São Paulo: Atlas, 2008, p. 245.

postas defendidas são as melhores para a sociedade, utilizando-se muitas vezes de argumentos capciosos.

10.3. TIPOS DE PROPAGANDA ELEITORAL

Propaganda lícita é a realizada de acordo com todas as estipulações da lei eleitoral, seja em seu conteúdo, seja em seu prazo. Pode ser feita, dentro dos limites fixados, por todos os candidatos sem que sofram restrições. Atualmente, a maior preocupação consiste em propiciar aos candidatos meios mais paritários de publicidade para que o processo eleitoral possa ser mais justo.

O princípio que ampara esse tipo de publicidade é o da liberdade de propaganda, possuindo os candidatos, partidos e coligações a mais ampla discricionariedade para dispor acerca do conteúdo da mensagem veiculada aos eleitores. E não poderia ser diferente em virtude de a Constituição vedar expressamente a censura (art. 5º, IX). Quando há excesso nessa prerrogativa, a publicidade veiculada deixa de ser lícita e passa a ser irregular ou ilícita.

Propaganda irregular é aquela que se desenvolve ferindo os dispositivos da legislação em vigor, mas sem se configurar uma tipificação delituosa, um crime. Ela se configura como restrição ao princípio da liberdade de propaganda, mitigando-o ou proibindo-o, mas sem, felizmente, incorrer na prática de conduta delituosa.

A legislação eleitoral prevê as seguintes sanções, dependendo da relevância e amplitude da irregularidade, para a propaganda irregular:

a) aplicação de multa (caso dos arts. 36, § 3º, 37, § 1º, 39, § 8º, 43, § 2º, 45, § 2º da LE);

b) perda de tempo destinado à propaganda eleitoral (caso dos arts. 45, § 2º, primeira parte, e 55, parágrafo único da LE);

c) perda do direito à veiculação (art. 53, § 1º);

d) impedimento para a apresentação de determinados programas (art. 53, § 2º da LE);

e) suspensão da programação normal da emissora de rádio ou televisão (art. 56 da LE);

f) indeferimento do registro, cassação do diploma ou perda do mandato do candidato quando houver a tipificação de abuso de poder político ou econômico;

273

g) responsabilidade pelo pagamento de multas decorrentes de propaganda eleitoral é solidária entre os candidatos e os respectivos partidos, não alcançando outras agremiações, mesmo quando integrantes de uma mesma coligação (art. 6º, § 5º da LI);

h) inelegibilidade nas eleições que se realizarem nos oito anos subsequentes às eleições em que se verificou o ato, caso verifique-se a ocorrência de abuso de poder político ou econômico, com a consequente cassação do registro ou perda do mandato[5].

Em sentido contrário, a propaganda ilícita é aquela que se realiza afrontando dispositivos da legislação em vigor e que se configura crime eleitoral, expressamente tipificado em dispositivo específico, no Código Eleitoral em seus arts. 323 a 335 e em alguns dispositivos da Lei n. 9.504/97. Também é chamada de propaganda criminosa porque há a realização de uma conduta tipificada como crime, submetendo-se seu infrator à aplicação de sanção penal.

A multa decorrente de propaganda eleitoral responsabiliza solidariamente os candidatos e os respectivos partidos, não alcançando outros, ainda que integrantes de uma mesma coligação (art. 6º, § 5º, da LE, com redação conferida pela Lei n. 12.891/2013). Tal regra serve para perfilhar a mesma trilha posta por várias decisões judiciais, no sentido de excluir a coligação da responsabilidade solidária para o pagamento de multas advindas de propaganda eleitoral, fazendo com que o vínculo obrigacional seja esposado apenas pelos candidatos e respectivos partidos. Saliente-se que os partidos respectivos dos vices e dos suplentes de senadores também não assumem o ônus, a menos que tenham participação na propaganda eleitoral.

A veiculação de propaganda eleitoral pela distribuição de folhetos, adesivos, volantes e outros impressos é realizada sob a responsabilidade do partido, coligação ou candidato, nos termos do art. 38, *caput*, da Lei n. 9.504/97, submetendo seus responsáveis com a obrigação de pagar eventuais multas decorrentes dessa propaganda. A dimensão máxima desses mencionados adesivos é de 50 centímetros por 40 centímetros.

---

[5] CÂNDIDO, Joel J. *Direito eleitoral brasileiro*. 10. ed. São Paulo: Edipro, 2002, p. 157.

10.4. PROPAGANDA PARTIDÁRIA

A propaganda partidária é aquela que busca, de forma contínua, divulgar as ideias da agremiação para angariar novos adeptos, simpatizantes e filiados ao respectivo partido político. Inicialmente, seu disciplinamento legal encontrava-se disposto nos arts. 45 a 49 da Lei n. 9.096/95 (Lei Orgânica dos Partidos Políticos), comumente reconhecida como "direito de antena", garantido pelo art. 17, § 3º, da Constituição Federal de 1988.

Contudo, a minirreforma de 2017 revogou os arts. 45, 46, 47, 48 e 49 e o parágrafo único do art. 52 da Lei n. 9.096/95, de modo a extirpar do ordenamento jurídico brasileiro a propaganda partidária gratuita no rádio e na televisão. Como consequência, houve o fim do benefício fiscal previsto no mencionado parágrafo único do art. 52. Isso aconteceu em virtude de que os recursos destinados para a propaganda partidária foram direcionados para o financiamento do Fundo Especial de Financiamento de Campanha.

No entanto, a Lei n. 14.291/2022 alterou a Lei dos Partidos Políticos (Lei n. 9.096/95) para resgatar a propaganda partidária, outrora extinta. Estabelece o art. 50-B, da Lei n. 9.096/95, que a propaganda partidária gratuita mediante transmissão no rádio e na televisão deve difundir os programas partidários; transmitir mensagens aos filiados sobre a execução do programa partidário, eventos e atividades congressuais do partido; divulgar a posição do partido em relação a temas políticos e ações da sociedade civil; incentivar a filiação partidária e esclarecer o papel dos partidos na democracia brasileira; e promover e difundir a participação política das mulheres, dos jovens e dos negros.

Ficam vedadas nas inserções referentes à veiculação da propaganda partidária a participação de pessoas não filiadas ao partido; a utilização de imagens ou de cenas incorretas ou incompletas, de efeitos ou de quaisquer outros recursos que distorçam ou falseiem os fatos ou a sua comunicação; a utilização de matérias que possam ser comprovadas como falsas (*fake news*); a prática de atos que resultem em qualquer tipo de preconceito racial, de gênero ou de local de origem; a prática de atos que incitem a violência (art. 50-B, § 4º, I a VI, da LPP).

O partido político que incidir em qualquer uma das vedações elencadas acima será punido com a cassação do tempo equivalente a 2 (duas) a 5 (cinco) vezes o tempo da inserção ilícita, no semestre seguinte (art. 50-B, §5º, da LPP). A propaganda partidária é regulamentada pela Resolução TSE n. 23.679, de 8 de fevereiro de 2022.

10.5. PROPAGANDA ELEITORAL ANTECIPADA OU EXTEMPORÂNEA

Especificamente para o pleito de 2022, a propaganda antecipada ou extemporânea, que é aquela veiculada antes do dia 16 de agosto do ano da eleição (art. 2º da Resolução TSE n. 23.610/2019), sofreu profundas transformações com a entrada em vigor do art. 36-A da Lei n. 9.504/97 que restringiu, enormemente, o seu âmbito de incidência. No mesmo sentido, aponta-se a inclusão pela Resolução n. 23.671/2021 do art. 3º-A na Resolução n. 23.610/2019-TSE. Assim, é considerada propaganda antecipada passível de multa aquela divulgada extemporaneamente cuja mensagem contenha pedido explícito de voto, ou que veicule conteúdo eleitoral em local vedado ou por meio, forma ou instrumento proscrito no período de campanha.

Não significa que ela deixou de existir, mas seu cabimento foi reduzido de forma drástica. O desiderato para a sua criação era impedir aqueles candidatos que fossem detentores de poder econômico de começar mais cedo as suas campanhas, não respeitando o início do prazo para veiculação de propaganda eleitoral, com o intuito de obterem vantagem através da distribuição antecipada de material de campanha, no que desequilibraria o pleito eleitoral em virtude do acinte ao princípio da paridade das armas. A propaganda eleitoral extemporânea, além de criar desigualdades entre os candidatos, viola regras de arrecadação e aplicação de recursos nas campanhas eleitorais e pode camuflar o abuso do poder econômico e político.

É bem verdade que o Tribunal Superior Eleitoral já se manifestou a respeito do lapso temporal existente entre a veiculação de alguma propaganda eleitoral antecipada e o início do período eleitoral, ao deixar claro inexistir *dies a quo* para que fosse deflagrada a propaganda antecipada[6]. Posteriormente, o TSE fixou entendimento no sentido de

---

[6] Consulta. Delegado nacional. Partido Progressista Brasileiro (PPB). Respondido negativamente, quanto aos primeiro e segundo itens. Quanto ao terceiro, não há marco inicial de proibição. O que a lei estabelece é um marco inicial de sua permissão (art. 36, *caput*, da Lei 9.504/97) (Consulta n. 559, Resolução, Rel. Min. Costa Porto, Diário de Justiça (DJ), 27-12-1999, p. 2).

que o grande lapso temporal existente entre a data da veiculação de publicidade e o início do período eleitoral afasta *per se* a possibilidade de enquadrar a conduta no que prevê o art. 36 da Lei n. 9.504/97[7].

Não se deve confundir propaganda extemporânea com propaganda intrapartidária. Esta última é realizada dentro do âmbito partidário por seus filiados com o intento de convencer os demais correligionários a escolher determinados pré-candidatos para a disputa dos cargos eletivos. A propaganda intrapartidária não poderá ser dirigida para o público em geral, deve ser restrita aos integrantes dos partidos. Caso ocorra esta exteriorização, pode se caracterizar a propaganda extemporânea[8]. Importante realçar que diante das alterações promovidas pela Lei n. 13.165/2015, o Tribunal Superior Eleitoral perfilhou entendimento no sentido de que a divulgação de convite para convenção em página do Facebook não caracteriza propaganda antecipada decorrente de desvirtuamento de propaganda intrapartidária[9]. Assim como também a cober-

---

[7] "REPRESENTAÇÃO. INDEFERIMENTO DO PEDIDO LIMINAR. INTERPOSIÇÃO DE AGRAVO REGIMENTAL. ANÁLISE DO MÉRITO. PROPAGANDA ELEITORAL ANTECIPADA RELATIVA À ELEIÇÃO DE 2018. CARGO DE PRESIDENTE DA REPÚBLICA. AUSÊNCIA DE PEDIDO DE VOTO. IMPROCEDÊNCIA DO PEDIDO E AGRAVO REGIMENTAL PREJUDICADO. 1. (...) O grande lapso temporal existente entre a data da veiculação da suposta publicidade prematura e o início do período eleitoral – agosto de 2018 – já afastaria, na esteira da jurisprudência desta Corte Superior, a possibilidade de se enquadrar tal conduta no que prevê o art. 36 da Lei 9.504/97. Precedente: REC-Rp 572–93/DF, Redatora para o acórdão Min. LUCIANA LÓSSIO, publicado na sessão de 5-8-2014.6. Julga-se improcedente o pedido formulado na Representação Eleitoral. Agravo Regimental prejudicado" (Representação n. 060114373, Acórdão, Rel. Min. Napoleão Nunes Maia Filho, *DJe*, Tomo 168, 21-8-2018).

[8] "(...) Recurso especial eleitoral. Representação por propaganda eleitoral extemporânea (art. 36, da Lei n. 9.504/97). Configuração. Veiculação, em emissora de rádio, de propaganda intrapartidária dirigida à população em geral. (...)" NE: "Conforme a orientação jurisprudencial do Tribunal Superior Eleitoral, a propaganda intrapartidária deve limitar-se ao âmbito partidário e configura-se como propaganda eleitoral extemporânea quando atinge toda a comunidade" (Ac. de 3-5-2011 no Respe n. 43736, Rel. Min. Cármen Lúcia).

[9] "ELEIÇÕES 2016. AGRAVO REGIMENTAL. RECURSO ESPECIAL ELEITORAL. PROPAGANDA ELEITORAL ANTECIPADA. CONVITE PARA CONVENÇÃO PARTIDÁRIA. DIVULGAÇÃO VIA FACEBOOK.

tura das prévias partidárias pelos meios de comunicação social, inclusive pela internet, não configura propaganda extemporânea[10].

A propaganda eleitoral antecipada também pode assumir conotação negativa, principalmente quando a manifestação e o posicionamento pessoal sobre questões políticas extrapolam os limites da liberdade de expressão e de informação, e ofendem a honra de pretenso candidato[11]. Consoante o entendimento firmado para as Eleições

---

AUSÊNCIA DE PEDIDO EXPRESSO DE VOTO. NÃO CONFIGURAÇÃO DA PROPAGANDA EXTEMPORÂNEA CONSOANTE A JURISPRUDÊNCIA DO TSE. DECISÃO MANTIDA. AGRAVO REGIMENTAL DESPROVIDO. 1. Para as eleições de 2016, o Tribunal Superior Eleitoral firmou entendimento de que a configuração de propaganda eleitoral antecipada pressupõe pedido expresso de voto, não podendo depreendê-lo das circunstâncias que envolvem a mensagem impugnada. Precedentes. 2. No caso, embora a divulgação de convite para convenção em página do Facebook extrapole os limites do público-alvo da propaganda intrapartidária, não se caracteriza, na espécie, a propaganda eleitoral antecipada decorrente do desvirtuamento de propaganda intrapartidária, haja vista a ausência de pedido expresso de votos (Precedentes: AgR-Respe n. 3342/PE, Rel. Min. Rosa Weber, *DJe*, 14-9-2018 e AgR-Respe n. 3257/PE, Rel. Min. Napoleão Nunes Maia Filho, *DJe*, 21-2-2018)" (Respe n. 26428, Acórdão, Rel. Min. Edson Fachin, *DJe* Tomo 238, 3-12-2018, p. 101-102).

[10] "ELEIÇÕES 2016. AGRAVO REGIMENTAL. RECURSO ESPECIAL ELEITORAL. REPRESENTAÇÃO. PROPAGANDA ELEITORAL EXTEMPORÂNEA. DESVIRTUAMENTO DE PROPAGANDA INTRAPARTIDÁRIA PARA PROMOVER CANDIDATURA. NÃO CONFIGURAÇÃO. DIVULGAÇÃO DE CONVENÇÃO PARTIDÁRIA AO PÚBLICO EXTERNO PELO FACEBOOK. AUSENTE PEDIDO EXPRESSO DE VOTO. ART. 36-A DA LEI N. 9.504/97. PRECEDENTES. NÃO PROVIMENTO. (...) No caso, não configurada a veiculação de propaganda eleitoral extemporânea consubstanciada em mensagem publicada pela agravada em sua página no Facebook, ausente pedido expresso de voto, permitida a cobertura das prévias partidárias pelos meios de comunicação social, conduta amparada pelo art. 36-A da Lei n. 9.504/97. Conclusão Agravo regimental conhecido e não provido" (Respe n. 3342, Acórdão, Rel. Min. Rosa Weber, *DJe* Tomo 185, 14-9-2018, p. 99).

[11] "ELEIÇÕES 2018. AGRAVO REGIMENTAL. RECURSO ESPECIAL. PROPAGANDA ELEITORAL ANTECIPADA. PROPAGANDA NEGATIVA. MULTA. CERCEAMENTO DE DEFESA. INEXISTÊNCIA. REEXAME. IMPOSSIBILIDADE. No termos da jurisprudência do Tribunal Superior Elei-

2020, pelo TSE, a configuração de propaganda eleitoral antecipada negativa pressupõe pedido explícito de não voto ou ato que desqualifique o pré-candidato[12].

Consonante o atual parâmetro normativo, a propaganda eleitoral antecipada ficou bastante mitigada, quase uma figura mitológica, porque ela somente pode ser concretizável quando o candidato, expressamente, pedir votos. Todas as outras condutas que antes eram ilícitas foram permitidas. Resta claro que continua a haver a impossibilidade da utilização de material de propaganda eleitoral, com a finalidade específica de pedir votos para o pleito vindouro, no que se impossibilita a veiculação de propaganda eleitoral, convencional, antes do dia 16 de agosto de 2022. Assim, não tem mais nenhum sentido a relevância do conceito da propaganda extemporânea que dantes existia, haja vista que o pré-candidato pode pedir apoio político, exaltar suas qualidades, realizar encontros, propor projetos sem que qualquer tipo de admoestação lhe seja imputada.

Compete à Justiça Eleitoral coibir todos os abusos nas propagandas antes do período permitido, que é a partir do dia 16 de agosto de 2022. Os partidos políticos, coligações, candidatos e o Ministério Público podem provocar a Justiça Eleitoral, mediante representações ou reclamações, para retirar a propaganda e para a aplicação das devidas sanções (art. 96 da Lei n. 9.504/97). Importante explicitar que, nessa situação, o Juiz Eleitoral, em se tratando de eleições municipais, terá o poder de polícia para coibir tal prática, podendo adotar todas as medidas necessárias à lisura do procedimento eleitoral, agindo mesmo *ex officio*. Nas eleições estaduais, a competência *é* do responsável pela

---

toral: 'A divulgação de publicação, antes do período permitido, que ofende a honra de possível futuro candidato constitui propaganda eleitoral negativa extemporânea' (AgR em AgIn 2-64, Rel. Min. Tarcisio Vieira de Carvalho Neto, *DJe*, 22-9-2017)" (Respe n. 060035184, Acórdão, Rel. Min. Sergio Silveira Banhos, *DJe* Tomo 225, 22-11-2019).

[12] "Consoante o entendimento desta Corte, reafirmado para as Eleições 2020, a configuração de propaganda eleitoral antecipada negativa pressupõe o pedido explícito de não voto ou ato que, desqualificando pré-candidato, venha a macular sua honra ou imagem ou divulgue fato sabidamente inverídico" (Respe n. 060001643, Acórdão, Rel. Min. Luis Felipe Salomão, DJe, Tomo 229, 13-12-2021).

propaganda designado pelo TRE. Nas eleições nacionais, a competência pelo poder de polícia pertence ao TSE.

Afastaram-se da conceituação de propaganda eleitoral antecipada as mensagens ou imagens em que o pré-candidato ou alguma outra pessoa faz na internet e em outras formas de mídia social a menção à pretensa candidatura ou exaltação das qualidades pessoais dos pré-candidatos, conforme se aduz da nova redação do art. 36-A da Lei n. 9.504/97, bem como pela inclusão do art. 3º-A na Resolução TSE n. 23.610/2019, através da Resolução n. 23.671/2021[13]. Agasalharam-se várias condutas que não podem ser definidas como propaganda antecipada[14], isto é, são propagandas lícitas, albergadas, expressamente, pelo ordenamento jurídico, inclusive com transmissão pelas redes sociais. São elas:

a) a participação de filiados a partidos políticos ou de pré-candidatos em entrevistas, programas, encontros ou debates no rádio, na televisão e na internet, inclusive com a exposição de plataformas e projetos políticos, observado pelas emissoras de rádio e de televisão o dever de conferir tratamento isonômico[15];

---

[13] "Propaganda eleitoral antecipada e pedido expresso de voto. O Plenário do Tribunal Superior Eleitoral, por unanimidade, reafirmou que a conduta de pré-candidato que anuncia a pretensa candidatura e exalta suas qualidades pessoais, sem que haja pedido expresso de voto, não configura propaganda eleitoral antecipada, em atenção ao disposto no art. 36-A da Lei n. 9.504/97" (Respe n. 85-18, Itatiba/SP, Rel. Min. Admar Gonzaga, j. 3-8-2017).

[14] "Divulgação de candidato por meio de *banner* e inexistência de propaganda extemporânea. O Plenário do Tribunal Superior Eleitoral, por unanimidade, afirmou que a divulgação de candidatura por meio de *banner* afixado em shopping center não caracteriza propaganda antecipada" (Agravo Regimental no Respe n. 155-93, Alagoinhas/BA, Rel. Min. Napoleão Nunes Maia Filho, j. 9-11-2017).

[15] ELEIÇÃO 2014. RECURSO ESPECIAL. ENTREVISTA. DEPUTADO FEDERAL. CARÁTER POLÍTICO. RÁDIO. PROPAGANDA ELEITORAL ANTECIPADA. DESCARACTERIZAÇÃO. MULTA AFASTADA. RECURSO PROVIDO. 1. Para a configuração da propaganda extemporânea, é necessário que haja referência a pleito eleitoral e expresso pedido de voto. Ausentes tais requisitos no caso concreto, em que a entrevista versou sobre conquistas políticas do pré-candidato ao cargo de governador, afasta-se a multa imposta com base no art. 36, § 3º, da Lei n. 9.504/97. 2. Segundo o disposto no art. 36-

b) a realização de encontros, seminários ou congressos, em ambiente fechado e a expensas dos partidos políticos, para tratar da organização dos processos eleitorais, discussão de políticas públicas, planos de governos ou alianças partidárias visando às eleições, podendo tais atividades ser divulgadas pelos instrumentos de comunicação intrapartidária;

Não se caracterizam como propaganda extemporânea as reuniões partidárias que tenham como objetivo o desenvolvimento de programas eleitorais. Esses encontros não têm como fim, de forma imediata, o pedido explícito de votos; sua finalidade é o desenvolvimento de projetos políticos que serão realizados posteriormente, com a ascensão ao poder. Caso ocorra a exteriorização explícita do pedido de votos, estar-se-á caracterizada a propaganda ilícita[16];

A, I, da Lei das Eleições, cuja redação foi reproduzida no art. 3°, I, da Res.-TSE n. 23.404/2014, aplicada às eleições de 2014, não é considerada propaganda eleitoral antecipada a participação de filiados a partidos políticos ou de pré-candidatos em entrevistas, programas, encontros ou debates no rádio, na televisão e na internet, inclusive com a exposição de plataformas e projetos políticos, desde que não haja pedido de votos, observado pelas emissoras de rádio e de televisão o dever de conferir tratamento isonômico. Precedentes. 3. Agravo regimental provido" (Respe n. 771219, Acórdão, Rel. Min. Maria Thereza de Assis Moura, *DJe* 9-9-2016).

[16] "ELEIÇÕES 2016. AGRAVO REGIMENTAL. RECURSO ESPECIAL ELEITORAL. REPRESENTAÇÃO. PROPAGANDA ELEITORAL EXTEMPORÂNEA. REUNIÃO. DIVULGAÇÃO NO FACEBOOK. NÃO CONFIGURAÇÃO. AUSENTE PEDIDO EXPLÍCITO DE VOTOS OU MENÇÃO EXPRESSA À CANDIDATURA FUTURA. ART. 36-A DA LEI N. 9.504/97. REEXAME DE FATOS E PROVAS. VEDAÇÃO. SÚMULA N. 24/TSE. Prevalece, nesta Corte Superior, o entendimento de que, para a configuração de propaganda eleitoral antecipada, o pedido de votos deve ser explícito, vedada a extração desse elemento a partir de cotejo do teor da mensagem e do contexto em que veiculada (AgR-AI n. 9-24, Rel. Min. Tarcísio Vieira e do AgR-Respe n. 43-46, Rel. Min. Jorge Mussi). Ressalva do ponto de vista da Relatora. 4. No caso, o Tribunal de origem assentou não configurada a veiculação de propaganda eleitoral extemporânea consubstanciada em reunião realizada pelo agravado juntamente com correligionários, divulgada no Facebook, ausente pedido explícito de voto, com fulcro no art. 36-A da Lei n. 9.504/97. 5. Conclusão em sentido diverso demandaria nova incursão no acervo fático-probatório, procedimento vedado na instância especial, a teor da Súmula n. 24/TSE. Agravo regimental conhecido e não provido" (Respe n. 5237, Acórdão, Rel. Min. Rosa Weber, *DJe* Tomo 171, 24-8-2018, p. 73-74).

c) a realização de prévias partidárias e a respectiva distribuição de material informativo, a divulgação dos nomes dos filiados que participarão da disputa e a realização de debates entre os pré-candidatos;

d) a divulgação de atos de parlamentares e debates legislativos, desde que não se faça pedido de votos[17];

e) a divulgação de posicionamento pessoal sobre questões políticas, inclusive nas redes sociais[18];

---

[17] "AGRAVO REGIMENTAL. RECURSO ESPECIAL ELEITORAL. PROPAGANDA ANTECIPADA. LINK PATROCINADO. FACEBOOK. ATO PARLAMENTAR. DIVULGAÇÃO DE EMPREENDIMENTO DA PREFEITURA. PEDIDO DE VOTO NÃO CONFIGURADO. CONDENAÇÃO DE MULTA AFASTADA. Histórico da demanda 1. Contra acórdão do TRE/PE, pelo qual reformada a sentença de improcedência, dado provimento à representação por propaganda eleitoral extemporânea veiculada em *link* patrocinado do Facebook – condenado ao pagamento de multa no valor de R$5.000,00 (cinco mil reais). 2. Dado provimento ao recurso especial para julgar improcedente a representação, ausente pedido de votos na divulgação da participação do recorrente na entrega de empreendimento 'Feira Nova de Água Fria', amparada no permissivo do art. 36-A da Lei n. 9.504/97, maneja agravo regimental o Ministério Público Eleitoral. Do agravo regimental. 3. É cediço que as balizas traçadas no art. 36-A da Lei das Eleições – com a redação dada pela Lei n. 13.165/2015 (minirreforma eleitoral) – flexibilizaram a divulgação de atos de pré-campanha, ampliado o espectro de manifestação dos candidatos na disputa eleitoral. Inexistente pedido de voto nas mensagens compartilhadas por intermédio do Facebook do agravado, limitada a divulgar ato parlamentar - participação, enquanto Vereador de Recife/PE, da entrega de empreendimento municipal –, não extrapolados os contornos da liberdade de manifestação legitimada no art. 36-A da Lei das Eleições. Precedentes. 6. Descaracterizada como propaganda antecipada a divulgação de ato parlamentar, irrelevante se perquirir a utilização da ferramenta patrocinada (art. 57-C da Lei n. 9.504/97 com a redação vigente à época dos fatos). Conclusão Agravo regimental não provido" (Respe n. 14933, Acórdão, Rel. Min. Rosa Weber, *DJe* 21-8-2018).

[18] "Assim, por exemplo, desde que não haja pedido expresso de voto, não configura propaganda antecipada a divulgação de posicionamento pessoal sobre questão política, nos termos do inciso V do art. 36-A da Lei das Eleições. Todavia, se, para divulgação desse posicionamento pessoal, o pré-candidato contrata espaço publicitário na televisão, certamente haverá propaganda não só antecipada como vedada" (Respe n. 34342, Acórdão, Rel. Min. Rosa Weber, *DJe* Tomo 222, 8-11-2018, p. 11).

f) a realização, a expensas de partido político, de reuniões de iniciativa da sociedade civil, de veículo ou meio de comunicação ou do próprio partido, em qualquer localidade, para divulgar ideias, objetivos e propostas partidárias[19];

g) campanha de arrecadação prévia de recursos na modalidade prevista de financiamento coletivo – *crowdfunding*, previsto no inciso IV do § 4º do art. 23 da Lei Eleitoral[20].

---

[19] "AGRAVO REGIMENTAL. RECURSO ESPECIAL. ELEIÇÕES 2016. PREFEITO. REPRESENTAÇÃO. PROPAGANDA ANTECIPADA. ART. 36-A DA LEI 9.504/97. PANFLETO. PLATAFORMA POLÍTICA. CONVITE. PLENÁRIA. DIVULGAÇÃO. PRÉ-CANDIDATURA. POSSIBILIDADE. AUSÊNCIA. PEDIDO EXPLÍCITO DE VOTO. DESPROVIMENTO. 1. Nos termos da jurisprudência desta Corte Superior firmada para as Eleições 2016, a configuração de propaganda eleitoral extemporânea – art. 36-A da Lei 9.504/97 – pressupõe pedido explícito de votos. 2. No caso dos autos, mera entrega de panfleto para divulgar plataforma política e convidar os moradores a participarem de plenárias a fim de discutir ideias em prol do município, desacompanhada de pedido expresso de voto, configura apenas divulgação de pré-candidatura, o que é admitido pela norma de regência e encontra amparo no vigente entendimento do Tribunal Superior Eleitoral acerca do tema. 3. Agravo regimental desprovido" (Respe n. 35758, Acórdão, Rel. Min. Jorge Mussi, *DJe* 28-8-2018).

[20] "Consulta. Financiamento coletivo de campanha. Arrecadação prévia. Termo inicial e forma de divulgação. Observância das regras relacionadas à propaganda na internet. 1. Consulta formulada por Senador da República sobre a forma de divulgação por pré-candidatos do serviço de financiamento coletivo de campanha eleitoral. 2. O *Crowdfunding* é o termo utilizado para designar o apoio de uma iniciativa por meio da contribuição financeira de um grupo de pessoas. A Lei n. 9.504/97, com as alterações promovidas pela Lei n. 13.488/2017, passou a admitir essa modalidade de arrecadação para as campanhas eleitorais. 3. O art. 22-A, §3º, da Lei n. 9.504/97 e o art. 23, § 4º, da Resolução TSE n. 23.553/2017 estabelecem que "desde o dia 15 de maio do ano eleitoral, é facultada aos pré-candidatos a arrecadação prévia de recursos na modalidade de financiamento coletivo. 4. Por decorrência lógica, a data em que se autoriza o início de arrecadação constitui o marco para início da divulgação do serviço de *crowdfunding* eleitoral. Afinal, por sua própria natureza, trata-se de mecanismo de arrecadação que pressupõe a prévia divulgação. A campanha de arrecadação, no entanto, não pode envolver pedido de voto (Lei n. 9.504/97, art. 36-A, VII). 5. Além dessa limitação de conteúdo, nos termos do art. 23, §4º, IV, da Lei n. 9.504/97, as estratégias e meios de divulgação devem observar as regras

São inúmeras as criações pretorianas acerca das condutas permissivas que não se amoldam à tipificação de propaganda eleitoral antecipada. Infelizmente, conforme será mais bem demonstrado nas linhas sequenciais, a propaganda extemporânea é um instituto do direito eleitoral que continua ao talante da "loteria jurisprudencial", o que agrava a ambiência de insegurança jurídica e acaba, por vias transversas, a desvirtuar a teleologia subjacente à criação do art. 36-A da Lei n. 9.504/97.

Ou seja, por vezes, pré-candidatos deixam de fomentar atividades no período de pré-campanha porque estão temerosos de serem representados pela prática de propaganda eleitoral antecipada, com a posterior imposição da sanção pecuniária disposta no art. 36, § 3º, da LE. Para tanto, deve-se prestigiar e densificar parâmetros mínimos de aferição, sem que se entronize *standards* soerguidos a partir de conceitos de difícil parametrização e tipificação ou de métodos pouco objetivos, que demandem a incidência de um subjetivismo exacerbado na análise das condutas.

Entretanto, em complemento às condutas lícitas dispostas acima, extrai-se da jurisprudência do TSE, que os seguintes atos não caracterizam ilícito eleitoral, desde que ausente pedido explícito de voto: a) veiculação de mensagem com menção a possível candidatura, acompanhada da divulgação do número com o qual o pré-candidato pretende concorrer[21]; b) enquete limitada à mera exposição de projeto para possível candidatura[22]; c) o impulsionamento eletrônico de conteúdo em rede social (art. 57-C da Lei das Eleições)[23].

---

da propaganda eleitoral na internet. 6. Consulta respondida nos seguintes termos: 'A divulgação do serviço de financiamento coletivo de campanha *crowdfunding* eleitoral por pré-candidatos pode se iniciar em 15 de maio do ano eleitoral observando-se: (i) a vedação a pedido de voto; e (ii) as regras relativas à propaganda eleitoral na internet'" (Consulta n. 060023312, Acórdão, Rel. Min. Luís Roberto Barroso, *DJe* Tomo 97, 17-5-2018).

[21] Respe n. 060765340, Acórdão, Rel. Min. Tarcisio Vieira de Carvalho Neto, *DJe*, Tomo 165, 27-8-2019.

[22] Ag em Respe n. 060007690, Acórdão, Rel. Min. Alexandre de Moraes, *DJe*, Tomo 175, 23-9-2021.

[23] Respe n. 060003477, Acórdão, Rel. Min. Alexandre de Moraes, *DJe*, Tomo 169, 14/09-2021). E ainda: "RECURSO ESPECIAL. ELEIÇÕES 2020. REPRESENTAÇÃO. PROPAGANDA ELEITORAL EXTEMPORÂNEA.

Não obstante vedado o pedido explícito de voto, em todas as atividades supramencionadas são permitidos o pedido de apoio político e a divulgação da pré-candidatura, das ações políticas desenvolvidas e das que se pretende desenvolver, permissão que não se aplica aos profissionais de comunicação social no exercício da profissão ($§2º e 3º do art. 36-A da Lei n. 9.504/97).

Os pretensos candidatos que são apresentadores de TV e rádio deverão sair dos programas em 30 de junho, antes das convenções partidárias, que são realizadas no período de 20 de julho a 5 de agosto. No mesmo sentido, houve a vedação da transmissão ao vivo por emissoras de rádio e de televisão das prévias partidárias, mas incluiu a ressalva acerca da cobertura dos meios de comunicação social, conforme também expõe a inclusão do §1º do art. 36-A da citada Lei.

Como se mencionou anteriormente, consiste em propaganda eleitoral antecipada a convocação por parte do Presidente da República, dos Presidentes da Câmara dos Deputados, do Senado Federal e do Supremo Tribunal Federal, de redes de radiodifusão para divulgação

---

ARTS. 36 E 36-A DA LEI 9.504/97. IMPULSIONAMENTO. REDE SOCIAL. PRÉ- CAMPANHA. PEDIDO EXPLÍCITO DE VOTOS. AUSÊNCIA. MEIOS PERMITIDOS PELA NORMA. AFRONTA AO PRINCÍPIO DA ISONOMIA. NÃO OCORRÊNCIA. PROVIMENTO. (...) 2. De acordo com o entendimento desta Corte, reafirmado para as Eleições 2020, o ilícito de propaganda antecipada pressupõe, de um lado, a existência de pedido explícito de votos ou, de outro, quando ausente esse elemento, manifestação de cunho eleitoral mediante uso de formas que são proscritas no período de campanha ou afronta à paridade de armas. (...) 4. Referidas mensagens não contêm pedido expresso de votos. Ademais, apesar de possuírem cunho eleitoral, os meios pelos quais foram veiculadas não estão vedados no curso da campanha, encontrando respaldo no art. 57-C da Lei 9.504/97 5. Outrossim, na espécie, não se vislumbra afronta à isonomia entre os pré-candidatos, pois, conforme registrado no voto vencido (integrante do aresto quando a fundamentação não contraria as conclusões do voto vencedor, nos termos do art. 941, §3º, do CPC/2015), 'não há qualquer prova nos autos que induza à conclusão de que houve manejo expressivo de recursos financeiros, o que afasta a suposta ilicitude da conduta exclusivamente por esta envolver dispêndio financeiro'. (...) 7. Recurso especial a que se dá provimento para julgar improcedente o pedido formulado na representação" (REspEl n. 0600056-27.2020 – Niterói/RJ, Rel. Min. Luis Felipe Salomão, *DJe*, 25-8-2021).

de atos que denotem propaganda política ou ataques a partidos políticos e seus filiados ou instituições (art. 36-B, *caput*, da LE). Como a divulgação desses pronunciamentos ocorre, normalmente, em nível nacional, exalando gravidade inconteste, nitidamente há a configuração de abuso de poder político com as sanções devidas.

Cumpre asseverar que a jurisprudência do TSE é pacífica no sentido de que as mensagens de felicitação veiculadas por meio de *outdoor* consistem em mero ato de promoção pessoal quando não há referência às eleições vindouras que permitam concluir pela configuração de propaganda eleitoral antecipada[24].

Nesse passo, explana Olivar Coneglian, na esteira da cognominada "teoria do gancho", que para uma mensagem anterior à eleição ser caracterizada como propaganda eleitoral antecipada, deve ela levar o eleitor a pensar na próxima eleição, estando a ela diretamente atrelada. Como ilação, se a mensagem fizer referência a outra finalidade ou a conteúdo eminentemente propagandístico, por exemplo, ela deve ser entendida como um evento irrelevante para o direito eleitoral, uma vez que não atingirá o bem jurídico tutelado pela norma, que é a paridade de armas entre os postulantes[25]. É o que a jurisprudência do TSE denominou "indiferente eleitoral"[26], ou seja, quando a mensagem veiculada não está relacionada à disputa, de modo que a ausência de conotação

---

[24] AgR em Respe n. 28.378 (31769-76.2007.6.00.0000)/BA, Sessão de 25-8-2010, Rel. Min. Arnaldo Versiani Leite Soares, *DJe*, 1º-10-2010, p. 35.

[25] CONEGLIAN, Olivar. *Propaganda eleitoral*. 8. ed. Curitiba: Juruá, 2008, p. 207.

[26] "Direito Eleitoral. Agravo interno em recurso especial eleitoral. Eleições 2018. Representação. Propaganda eleitoral antecipada. Não configuração. Prestação de contas. Ausência de conteúdo eleitoral. Súmula n. 30 do TSE. Desprovimento. 1. (...) 2. Na análise de casos de propaganda eleitoral antecipada, é necessário, em primeiro lugar, determinar se a mensagem veiculada tem conteúdo eleitoral, isto é, relacionado com a disputa. Ausente o conteúdo eleitoral, as mensagens constituirão 'indiferentes eleitorais', estando fora do alcance da Justiça Eleitoral. 3. No caso, extrai-se da moldura fática do acórdão regional que não há qualquer referência ao pleito ou à candidatura, divulgação de plataformas de campanha, planos de governo e ou mesmo exaltação de qualidades próprias para o exercício de mandato (...)" (TSE, Resp 06000323620186030000 Macapá/AP, Rel. Min. Luís Roberto Barroso, j. 4-6-2020, *DJe* Tomo 0, 13-8-2020, p. 0).

eleitoral conduz à não incidência da multa prevista no art. 36, §3º, da Lei das Eleições[27].

Cabe realçar, nessa esteira de intelecção, que o TSE também fixou entendimento no sentido de que a divulgação de mensagem de agradecimento, saudação ou homenagens por meio de *outdoor*, sem referência, ainda que subliminar, a pleito vindouro, não configura propaganda eleitoral antecipada[28].

---

[27] "ELEIÇÕES 2018. AGRAVO REGIMENTAL. AG EM RECURSO ESPECIAL. REPRESENTAÇÃO POR PROPAGANDA EXTEMPORÂNEA. OUTDOOR. CONTEÚDO SEM CONOTAÇÃO ELEITORAL. AUSÊNCIA DE PEDIDO EXPLÍCITO DE VOTO. NÃO PROVIMENTO. 1. O Tribunal de origem entendeu não caracterizada a propaganda eleitoral extemporânea, considerando ausente o pedido explícito de votos, porquanto a mensagem divulgada mediante outdoor teve como propósito estimular novas filiações ao partido. 2. Na linha da jurisprudência desta Corte, recentemente reafirmada, para a configuração da propaganda eleitoral extemporânea, exige-se a presença de pedido explícito de votos. 3. No julgamento da RP 0601161-94, Rel. Min. Admar Gonzaga, e da RP 0601143-73, de relatoria do Min. Napoleão Nunes Maia Filho, ocorrido em 5-12-2017, feitos alusivos à campanha eleitoral de 2018, esta Corte assentou que, 'uma vez observadas as balizas legais, os eleitores, os candidatos, os partidos e os órgãos de imprensa têm plena liberdade de veicular atos, fatos e manifestações de cunho político, ainda que impliquem elogios ou críticas a determinada figura. A regra, em um regime democrático, é a livre circulação de ideias'. 4. O uso de outdoors ou meios assemelhados para a veiculação de mensagens sem a mínima conotação eleitoral não se enquadra na vedação do art. 36, §3º, da Lei 9.504/97. Agravo regimental a que se nega provimento" (AgIn n. 060050143, Acórdão, Rel. Min. Admar Gonzaga, *DJe*, Tomo 212, 4-11-2019, p. 59-60).

[28] "ELEIÇÕES 2020. AGRAVO REGIMENTAL. RECURSO ESPECIAL. REPRESENTAÇÃO. PROPAGANDA ELEITORAL ANTECIPADA E IRREGULAR. MENSAGEM DE FELICITAÇÃO. DIA DOS PAIS. FIXAÇÃO DE FAIXAS EM BENS PÚBLICOS. CONOTAÇÃO ELEITORAL. INEXISTÊNCIA. PREMISSA FÁTICA DELINEADA NO ACÓRDÃO REGIONAL. REENQUADRAMENTO JURÍDICO. POSSIBILIDADE ATO DE PRÉ–CAMPANHA. AUSÊNCIA. PRECEDENTES. REFORMA DO ACÓRDÃO RECORRIDO. MULTA AFASTADA. MANUTENÇÃO DA DECISÃO AGRAVADA. DESPROVIMENTO. 1(...) A compreensão adotada nesse precedente guiou o julgamento do AgR-Respe n. 0603077–80/GO, também de relatoria do Ministro Edson Fachin, no qual esta Corte analisou caso bem similar à presente hipótese. Nele, assentou–se que a veiculação de mensagem de felicitação alusiva a data comemorativa com o nome do pretenso

Igualmente, a utilização de página pessoal de candidatos na internet não caracteriza propaganda extemporânea quando eles a utilizam para mostrar suas atividades e bibliografia, por exemplo[29]. No entanto, se determinado candidato veicular, antes do período eleitoral, mensagens que contenham pedidos de votos, tal ato será caracterizado como propaganda irregular[30]. Ademais, o TSE entende que, na internet, a livre manifestação do pensamento, devidamente identificada, sem pedido expresso de voto, não caracteriza propaganda eleitoral antecipada[31].

---

candidato, dissociado de elemento do qual se depreenda essa condição ou a relação ao pleito, não caracteriza ato de pré-campanha. 7. Nessa acepção, 'os atos publicitários desprovidos de viés eleitoral consistem em 'indiferentes eleitorais', que se situam fora da alçada desta Justiça Especializada e, justamente por isso, não se submetem às proscrições da legislação eleitoral' (AgR-Respe n. 0600949-06/MS, Rel. Min. Edson Fachin, *DJe*, 12-5-2020). 8. Na espécie, ratifica–se que a mensagem de felicitação, com a menção apenas ao nome da agravada, sem relação direta ou indireta com a disputa eleitoral que se aproxima, não configura propaganda eleitoral antecipada, pois se trata, na linha da jurisprudência desta Corte, de indiferente eleitoral. 9. As razões postas no agravo regimental não afastam os fundamentos lançados na decisão agravada. 10. Agravo regimental desprovido" (Respe n. 060088554, Acórdão, Rel. Min. Tarcisio Vieira de Carvalho Neto, *DJe*, Tomo 176, 2-9-2020, p. 0).

[29] "Divulgação de mensagens em rede social na internet e inexistência de propaganda eleitoral extemporânea. O Plenário do Tribunal Superior Eleitoral, por unanimidade, assentou que não configura propaganda eleitoral antecipada a divulgação gratuita de mensagens em rede social com menção a possível candidatura e enaltecimento de opção política antes do período previsto no art. 36 da Lei n. 9.504/97, alterado pela Lei n. 13.165/2015, o qual dispõe: Art. 36. A propaganda eleitoral somente é permitida após o dia 15 de agosto do ano da eleição" (Recurso Especial n. 51-24, Brumadinho/MG, Rel. Min. Luiz Fux, j. 18-10-2016).

[30] "1. Caracteriza propaganda extemporânea a manutenção de página na internet que contenha pedido de votos, menção a número de candidato ou ao de seu partido ou qualquer referência à eleição (Resolução-TSE 21.610/2004, art. 3º, § 1º). (...)" (Ac. n. 21.650, de 9-11-2004, Rel. Min. Carlos Velloso).

[31] "(...) Propaganda Antecipada – internet. (...) Livre manifestação do Pensamento. Autoria identificada. (...) 2. internet – Livre manifestação do pensamento devidamente identificada não caracteriza propaganda eleitoral antecipada. (...)" (Ac. de 12-08-2010 no R-Rp n. 143.724, Rel. Min. Henrique Neves).
"O Plenário do Tribunal Superior Eleitoral, por maioria, entendeu que não constitui propaganda eleitoral antecipada a conduta de elogiar determinado

Depois das modificações implementadas na Lei Eleitoral, não há mais sentido em se falar em propaganda eleitoral implícita, através de mensagens subliminares, que acontecia muito na apresentação de propostas irrealizáveis e na exaltação das qualidades pessoais dos candidatos. Como houve uma restrição drástica do campo de incidência da propaganda extemporânea, a ilação que se depreende resulta que não há impedimento à propaganda eleitoral implícita.

Anteriormente, o TSE entendia que a aferição de propaganda eleitoral antecipada deveria ser realizada a partir de dados e de elementos objetivamente considerados, e não conforme a intenção oculta de quem a promoveu. Desconsiderava-se o *animus* de quem veicula o conteúdo propagandístico para proceder somente à análise formal quanto à presença ou não de pedido explícito de voto[32].

No entanto, após uma guinada jurisprudencial, passou-se a perquirir a existência de equivalentes semânticos ou o uso das ditas "palavras mágicas" na estruturação do conteúdo veiculado antes do dia 16 de agosto do ano de eleição. Para o TSE, ainda que não haja pedido explícito de voto, a propaganda antecipada resta caracterizada quando o veículo de manifestação se dá pela utilização de formas proscritas, ou são utilizadas técnicas de comunicação equivalente ao pedido explícito de voto, como exemplo, a utilização das seguintes palavras: "apoiem" e "elejam", ou seja, que conduzam à conclusão de que o emissor defende a sua vitória[33]. Então, hoje, a utilização de frases como "conto com o seu apoio"; "conte comigo"; "quero pedir o apoio de todos vocês e de seus familiares" e "conto com o apoio de vocês para darmos sequência aos nossos projetos" configura propaganda eleitoral extemporânea[34].

---

membro do partido, pré-candidato a cargo eletivo, em propaganda partidária. (Respe n. 330994, Salvador/BA, redator para o acórdão Min. Henrique Neves, j. 31-5-2016)".

[32] "Ao exame do AgR-AI n. 9-24, Rel. Min. Tarcisio Vieira de Carvalho Neto e do AgR-Respe n. 43-46, Rel. Min. Jorge Mussi, prevalecente a tese de que, para a configuração de propaganda eleitoral antecipada, o pedido de votos deve ser explícito, vedada a extração desse elemento a partir de cotejo do teor da mensagem e do contexto em que veiculada, ressalvado o meu ponto de vista em sentido diverso" (Respe n. 2128, Acórdão, Rel. Min. Rosa Weber, *DJe* Tomo 171, 24-8-2018, p. 72-73).

[33] AgR-AI 29-31, Rel. Min. Luís Roberto Barroso, *DJe*, 3-12-2018.

[34] "AGRAVO INTERNO. RECURSO ESPECIAL. ELEIÇÕES 2020. REPRE-

Diante das modificações legislativas implementadas, levando-se em consideração a impossibilidade de se impedir as discussões e debates nas redes sociais, e com o intento de expandir o debate político, o escopo de angariar votos deixou de ser o alicerce da conceituação de propaganda extemporânea. Não existe mais funcionalidade pragmática para a subsunção da propaganda eleitoral antecipada quando hou-

---

SENTAÇÃO. PROPAGANDA ELEITORAL EXTEMPORÂNEA. ARTS. 36 E 36-A DA LEI 9.504/97. DIVULGAÇÃO. VÍDEO. REDE SOCIAL. PRÉ-CANDIDATO. PEDIDO EXPLÍCITO DE VOTO. PALAVRAS MÁGICAS. CONFIGURAÇÃO. NEGATIVA DE PROVIMENTO. (...) Nos termos da jurisprudência desta Corte, para fins de caracterização de propaganda eleitoral antecipada, é possível identificar o requisito do pedido explícito de votos a partir do uso de 'palavras mágicas'. Precedentes. 3. Na espécie, consta da moldura fática a quo que os próprios pré-candidatos divulgaram em suas redes sociais Facebook e Instagram vídeo contendo frases como: 'conto com o seu apoio, e conte comigo', 'conto com seu apoio, quero lutar por uma Dom Cavati ainda melhor e acredito nessa possibilidade, muito obrigado', 'contando com o apoio de todos vocês', 'quero pedir o apoio de todos vocês', 'estou pleiteando mais uma vez uma vaga a vereador, e creio que com o apoio de todos vocês e de seus familiares, conseguirei atingir esse objetivo', 'conto com seu apoio nessa próxima eleição', 'conto com o apoio de todos vocês para darmos sequência aos nossos projetos sociais e de crescimento para Dom Cavati', o que configura o ilícito em tela" (Respe n. 060006381, Acórdão, Rel. Min. Luis Felipe Salomão, *DJe*, Tomo 162, 01-09-2021). Também no mesmo sentido: "AGRAVO REGIMENTAL. AG EM RECURSO ESPECIAL ELEITORAL. REPRESENTAÇÃO. ART. 36–A DA LEI N. 9.504/97. CONFIGURADA PROPAGANDA ELEITORAL EXTEMPORÂNEA. SÚMULA 30 DO TSE. DESPROVIMENTO. (...) Como se infere da transcrição do vídeo publicado na rede social, ao conclamar 'o povo de Lajedo e Deus' para eleger o candidato à Prefeitura do município, caracterizada está o ato de propaganda eleitoral em período vedado. incidência da Súmula 30 do TSE. 3. Agravo Regimental desprovido (Ag em Respe n. 060004316, Acórdão, Rel. Min. Alexandre de Moraes, *DJe*, Tomo 105, 10-06-2021); Na espécie, conclui-se que as expressões utilizadas pelo agravante em uma live na rede social do Instagram – ao mencionar que pretende ser prefeito da cidade e convidar o eleitor para que seja um elo da 'corrente do bem', pedindo seu apoio, bem como o convocando para que busquem mais 'elos' no povoado, na localidade, na rua e na família – constituem mensagens semanticamente similares a pedido explícito de voto" (Respe n. 060034885, Acórdão, Rel. Min. Sergio Silveira Banhos, *DJe*, Tomo 14, 3-2-2022).

ver o pedido explícito de voto, em razão de que essa amplitude de veiculação de narrativas políticas permite perfeitamente a captação da vontade do eleitor, sem a necessidade de qualquer forma de solicitação. Aliás, essa forma de captação eleitoral tornou-se um relicário paleolítico da legislação diante de sua ineficácia, da mesma forma que a convocação de redes de radiodifusão com finalidade eleitoral, pois seu enquadramento se configurou em um equívoco, já que representa uma forma de abuso de poder político[35].

Postula-se que até mesmo o pedido explícito de votos deveria deixar de ser uma irregularidade, haja vista que não tem sentido lógico manter a proibição diante da permissão de pedir apoio político, a possibilidade de exaltação de qualidades e a divulgação de plataformas de governo, o que, por si só, já deixam clarividente o pedido de voto expresso. No entanto, excluída a vedação do pedido direto de votos, inexiste impedimento da prática de propaganda eleitoral, desde que sem a utilização de material de campanha e o auxílio das estruturas respectivas. Reafirma-se que a energia despendida pela Justiça Eleitoral para impedir as outrora propaganda antecipada deveria ser canalizada para o cerceamento da "compra de voto" e do abuso do poder econômico e político.

Diante dessa insegurança em razão da ausência de parâmetros claros, a opção mais pragmática é a consecução da letra estrita da legislação, no que se evitam desassossegos e a possibilidade de ações eleitorais com o objetivo de cassação do mandato. Os critérios atuais para identificação de observância dos limites legais para a propaganda no período pré-eleitoral foram fixados por ocasião do julgamento do AgRg no AI n. 9-24/SP, de relatoria do ministro Tarcísio Vieira de Carvalho Neto. São eles: a) o pedido explícito de votos, entendido em termos estritos, caracteriza a realização de propaganda antecipada irregular, independentemente da forma utilizada ou da existência de dispêndio de recursos; b) os atos publicitários não eleitorais, assim entendidos aqueles sem qualquer conteúdo direta ou indiretamente relacionados com a disputa, consistem em "indiferentes eleitorais", si-

---

[35] AGRA, Walber de Moura; LUCENA, Alisson Emmanuel de Oliveira. O réquiem conceitual e pragmático da propaganda antecipada e seus desdobramentos. *Estudos Eleitorais*, Brasília, v. 13, n. 3, p. 128-154, set./dez. 2018. p. 147.

tuando-se, portanto, fora da alçada da Justiça Eleitoral; c) o uso de elementos classicamente reconhecidos como caracterizadores de propaganda, desacompanhado de pedido explícito e direto de votos, não enseja irregularidade; d) a opção pela exaltação de qualidades próprias para o exercício de mandato, assim como a divulgação de plataformas de campanha ou planos de governo acarreta, sobretudo, quando a forma de manifestação possua uma expressão econômica minimamente relevante, os seguintes ônus e exigências: I – impossibilidade de utilização de formas proscritas durante o período oficial de propaganda (*outdoor*, brindes, etc.); e II – respeito ao alcance das possibilidades do pré-candidato médio.

Importa registrar que o Tribunal Superior Eleitoral consolidou este entendimento para o pleito de 2020, no sentido de que o ilícito eleitoral consubstanciado na propaganda eleitoral antecipada resta caracterizado quando o veículo de manifestação do conteúdo propagandístico se dá pela utilização de formas proscritas durante o período oficial de propaganda, como o uso de *outdoors*, por exemplo[36].

---

[36] "ELEIÇÕES 2018. RECURSO ESPECIAL ELEITORAL. ATOS DE PRÉ-CAMPANHA. DIVULGAÇÃO DE MENSAGEM DE APOIO A CANDIDATO. AUSÊNCIA DE PEDIDO EXPLÍCITO DE VOTO. UTILIZAÇÃO DE *OUTDOORS*. MEIO INIDÔNEO. INTERPRETAÇÃO LÓGICA DO SISTEMA ELEITORAL. APLICABILIDADE DAS RESTRIÇÕES IMPOSTAS À PROPAGANDA ELEITORAL AOS ATOS DE PRÉ-CAMPANHA. CIRCUNSTÂNCIAS FÁTICAS QUE APONTAM PARA A CIÊNCIA DO CANDIDATO SOBRE AS PROPAGANDAS. RECURSO PROVIDO. 1. A realização de propaganda, quando desacompanhada de pedido explícito e direto de votos, não enseja irregularidade per se. 2. A interpretação do sistema de propaganda eleitoral aponta ser incompatível a realização de atos de pré-campanha que extrapolem os limites de forma e meio impostos aos atos de campanha eleitoral, sob pena de se permitir desequilíbrio entre os competidores em razão do início precoce da campanha ou em virtude de majorada exposição em razão do uso desmedido de meios de comunicação vedados no período crítico. 3. A despeito da licitude da exaltação de qualidades próprias para o exercício de mandato ou a divulgação de plataformas de campanha ou planos de governo, resta caracterizado o ilícito eleitoral quando o veículo de manifestação se dá pela utilização de formas proscritas durante o período oficial de propaganda 4. As circunstâncias fáticas, do caso ora examinado, de maciço uso de outdoors em diversos Municípios e de expressa menção ao nome do candidato permitem concluir a sua ciência dos atos de pré-campanha, conforme

A propaganda eleitoral extemporânea, realizada fora do seu prazo específico, antes do dia 16 de agosto, sujeita quem a realizar e o seu beneficiário, quando comprovado seu prévio conhecimento, à multa no valor de R$ 5.000,00 a R$ 25.000,00, ou o equivalente ao custo da propaganda, se este for maior (art. 36, §3º, da Lei n. 9.504/97)[37].

Nesse caso, cumpre salientar que, mediante o entendimento da Egrégia Corte Eleitoral, a multa deve ser aplicada de forma indivi-

---

exigência do art. 36, § 3º da Lei das Eleições. 5. A realização de atos de pré--campanha por meio de outdoors importa em ofensa ao art. 39, § 8º, da Lei n. 9.504/97 e desafia a imposição da multa, independentemente da existência de pedido explícito de voto. 6. Recurso especial eleitoral provido" (Respe n. 060022731, Acórdão, Rel. Min. Edson Fachin, *DJe* Tomo 123, 1-7-2019).

[37] "Recurso. Representação. Imprensa escrita. Matéria jornalística. Reprodução de material publicitário destinado ao lançamento de pré-candidatura. Propaganda eleitoral antecipada. Caracterizada. Multa. Aplicação. Art. 36, § 3º, da Lei n. 9.504, de 1997. (...) II – No momento da fixação do valor da multa pecuniária de que trata o §3º do art. 36 da Lei n. 9.504, de 1997, deve-se observar, além da capacidade econômica da representada e do caráter disciplinar e coibitivo da norma, a primariedade da conduta. Aplicação dos princípios da razoabilidade e da proporcionalidade. (...)" (Ac. de 19-08-2010 no R-Rp n. 158.365, Rel. Min. Nancy Andrighi). "(...). Propaganda antecipada. Jornal. Ausência de omissão. A publicação em jornal de propriedade de partido político, de notícia sobre provável candidatura, ressaltando as qualidades, atributos e propostas do futuro candidato, antes do período permitido pela lei, caracteriza propaganda eleitoral extemporânea, a ensejar a aplicação da multa prevista no art. 36, § 3º, da Lei n. 9.504/97. Ausência de omissão. (...)" (Ac. de 15-05-2007 nos EDclAgRgAg n. 6.934, Rel. Min. Gerardo Grossi). "(...) Propaganda eleitoral extemporânea. Instalação de *outdoors*. Nome. Fotografia. Deputado Federal – mensagem subliminar – procedência. 1. A instalação de *outdoors*, com mensagem de agradecimento a Deputado Federal pelo seu empenho na concretização de determinada obra, evidencia propaganda extemporânea, a incidir a sanção do §3º do art. 36 da Lei n. 9.504/97. (...)" (Ac. de 17-5-2007 no Resp n. 26.262, Rel. Min. Carlos Ayres Britto). "(...) Representação. Propaganda extemporânea. Art. 36, § 3º, da Lei n. 9.504/97. Veiculação. Outdoor. Mensagem. Ano-novo. Fotografia. Endereço eletrônico. internet. Logomarca. Partido político. Vereador. Ano eleitoral. (...) Na linha da jurisprudência deste Tribunal, o fato de não se concretizar a candidatura não afasta a imputação de multa por propaganda eleitoral extemporânea. (...)" (Ac. de 17-4-2007 no AgRgAg n. 7.271, Rel. Min. Gerardo Grossi).

dualizada a cada um dos responsáveis[38]. Importante, ainda, mencionar que para o TSE a propaganda feita por meio de *outdoor* já sinaliza o prévio conhecimento do beneficiário[39], assim como também se sujeita ao pagamento de multa não só o candidato em relação ao qual se comprovou a responsabilidade pela realização da propaganda, mas também a empresa jornalística que promoveu a divulgação da matéria[40].

10.6. PROPAGANDA ELEITORAL LÍCITA

A permissão para sua realização começa a partir do dia 16 de agosto do ano da eleição. Qualquer tipo de propaganda eleitoral em que haja pedido explícito de votos realizada antes se configura irregular, à exceção daquela denominada intrapartidária.

Convenção é o procedimento regido pelo estatuto de cada agremiação para decidir os candidatos que disputarão o pleito eleitoral. Depois de serem ungidos por essa decisão, providencia-se a solicitação do registro eleitoral. Quando o nome não é consensual, a escolha é decidida pelo voto dos convencionais, razão pela qual permitiu a legislação a realização de propaganda intrapartidária. A Justiça Eleitoral entende que ela é permitida para cooptar apoio dos convencionais a determinados candidatos, restringindo-se sua abrangência pela especificação do eleitorado almejado.

Dessa forma, a Lei Eleitoral permite ao postulante a candidato, na quinzena anterior à escolha partidária, a utilização de propaganda interna a seus correligionários com a finalidade da indicação de seu nome na convenção (art. 36, § 1º, da Lei n. 9.504/97)[41]. Entretanto, veda-se a uti-

---

[38] Ac. no Resp n. 26.723/2006.

[39] "(...) Propaganda eleitoral extemporânea. Instalação de outdoors. Nome. Fotografia. Deputado Federal – mensagem subliminar – procedência. (...) 4. Consoante jurisprudência firmada pelo TSE, a propaganda feita por meio de outdoor já sinaliza o prévio conhecimento do beneficiário. (...)" (Ac. de 17-05-2007 no Resp n. 26.262, Rel. Min. Carlos Ayres Britto; no mesmo sentido, Ac. de 25-3-2008 no AgRgAg n. 6.544, Rel. Min. Cezar Peluso.

[40] Ac. n. 15.383, de 22-02-2000, Rel. Min. Eduardo Ribeiro.

[41] "Realização de propaganda partidária é permitida, nos limites previstos na Lei n. 9.504/97, art. 36, § 1º" (Respe n. 15.960/MG, Rel., Min. Edson Carvalho Vidigal).

lização de rádio, televisão ou *outdoor* porque sua abrangência se limita aos convencionais, cidadãos que votam nos pleitos partidários, e também porque a utilização de rádio, televisão e *outdoor* desequilibra o resultado da escolha partidária em prol daqueles que têm maior poder econômico[42]. Propaganda intrapartidária é uma espécie de propaganda eleitoral, diferenciando-se em virtude de seu alcance reduzido. Ela se destina apenas aos cidadãos que vão participar da convenção, os convencionais, na tentativa de cooptar votos para os candidatos que desejam ser aclamados pela escolha partidária, devendo ser retirada após a respectiva convenção. Permite-se o envio de mensagens aos convencionais e a fixação de cartazes e faixas perto do local de votação[43]. Além disso, é vedada a transmissão ao vivo por emissoras de rádio e de televisão das prévias partidárias, podendo que essa cobertura seja realizada por intermédio dos meios de comunicação social (Lei n. 9.504/97, art. 36-A, § 1º)[44].

Imperioso ressaltar que o TSE entende que não se configura propaganda extemporânea quando há alguma faixa colocada no local da convenção, com mensagem aos convencionais, na quinzena anterior à escolha pelo partido. Esse é o conteúdo exposto no art. 36, § 1º da Lei Eleitoral, no que permitiu propaganda intrapartidária com vista à indicação do nome de eventual candidato, inclusive mediante a fixação de faixas e cartazes em local próximo da convenção, com mensagem aos convencionais[45].

---

[42] "Não configura propaganda extemporânea a faixa colocada próxima ao local da convenção, com mensagem aos convencionais, na quinzena anterior à escolha pelo partido" (Respe n. 15.708/MG, Rel. Min. Eduardo Andrade Ribeiro de Oliveira).

[43] "Não configura propaganda extemporânea a faixa colocada próxima ao local da convenção, com mensagem aos convencionais, na quinzena anterior à escolha pelo partido" (Respe n. 15.708/MG, Rel. Min. Eduardo Andrade Ribeiro de Oliveira).

[44] "Propaganda realizada antes da convenção, visando atingir não só os membros do partido, mas também os eleitores em geral, atrai a aplicação da multa prevista no art. 36, § 3º, da Lei das Eleições. Precedentes" (AG-4970/RS, Rel. Min. Carlos Mário da Silva Velloso).

[45] "Não configura propaganda extemporânea a faixa colocada próxima ao local da convenção, com mensagem aos convencionados, na quinzena anterior à escolha pelo partido" (Resp n. 15.708/MG, Rel. Min. Eduardo Andrade Ribeiro de Oliveira).

Devido à criação do fundo especial de financiamento de campanha, que tem como uma de suas fontes de financiamento a somatória da compensação fiscal que as emissoras comerciais de rádio e televisão receberiam pela divulgação da propaganda partidária, este tipo de propaganda gratuita, no rádio e na televisão, deixa de existir (Lei n. 13.487/2017). Outrossim, de acordo com o art. 36, § 1º da Lei Eleitoral, não se permite qualquer tipo de propaganda política, direta ou dissimulada, no rádio e na televisão.

Caso haja descumprimento dessas proibições referentes à propaganda eleitoral, o responsável pela divulgação e seu beneficiário, quando comprovado seu prévio conhecimento, sujeitar-se-á a multa ou ao equivalente ao custo da propaganda, se for maior (art. 36, §§ 2º e 3º, da LE). Frise-se que o beneficiário tem que ter conhecimento da publicidade, sendo requisito inafastável sua comprovação, sob pena de não se configurar qualquer tipo de irregularidade.

Em regra, toda publicidade política realizada após o dia 15 de agosto do ano da eleição é considerada legal, devendo, entretanto, atender aos requisitos expostos normativamente. No caso de propaganda de candidatos a cargos majoritários, deverá constar, também, o nome dos candidatos a vice ou a suplentes de Senador, de modo claro e legível, em tamanho não inferior a 30% do nome do candidato a titular (art. 36, § 4º, da Lei n. 9.504/97). O não cumprimento dessa obrigação sujeita os responsáveis ou seu beneficiário, quando comprovado seu conhecimento, a multa no valor de R$ 5.000,00 a R$ 25.000,00, ou ao equivalente ao custo da propaganda, se este for maior.

Como não se dava ênfase nas propagandas eleitorais à exposição dos nomes dos vices e suplentes de Senador, o alargamento do tamanho da informação visa garantir melhor possibilidade de que o eleitor saiba em quem está votando para, eventualmente, ocupar o mandato político. A principal razão para essa disposição reside nos cargos de suplentes de Senador, que assumem, frequentemente, o mandato, sem que o eleitor saiba, na hora da eleição, quem são esses cidadãos, ensejando que pessoas sem nenhuma densidade intelectual e moral possam concorrer a esses cargos.

Em bens particulares, independentemente de obtenção de licença municipal e de autorização da Justiça Eleitoral, é autorizada a veiculação de propaganda eleitoral que seja feita em bandeiras ao longo de vias públicas, não dificultando o bom andamento do trânsito de pessoas e veículos; e adesivo plástico em automóveis, caminhões, bicicletas, motocicletas e janelas residenciais, que não exceda a 0,5 m² (meio metro quadrado) e não contrarie a legislação eleitoral, sujeitando-se o infrator às penalidades previstas de multa e de restauração do bem (art. 37, § 2º, I e II da Lei n. 9.504/97).

Mantendo a desnecessidade de licença municipal e de autorização da Justiça Eleitoral, houve a redução legal da medida máxima específica que deverá ser respeitada pelas propagandas em bens particulares, que antes era de $4m^2$ e passou a ser de $0,5m^2$. A *mens legis* dessa limitação foi exponencializar a censura à poluição visual, fenômeno mais acentuado em anos eleitorais, que maculam a estética das cidades, além de tirar a atenção dos motoristas e pedestres. É de salientar, mais uma vez, que mesmo a retirada da propaganda em bens particulares que exceder ao limite máximo permitido, não afasta a aplicação da sanção de multa[46]. Se realizada de forma irregular em local privado, sequer a retirada da propaganda elide a aplicação da multa, sendo ela imediata, acrescida da obrigação de retirar a propaganda ilícita do local determinado, sob pena de sofrer o acréscimo na multa, astreinte, que pode ser valorado por cada dia sem o cumprimento da decisão judicial[47].

Para a averiguação da obediência ao limite de $0,5m^2$, a propaganda deve ser considerada como um todo e não isoladamente. Assim, mesmo sendo ela formada por uma concatenação de diversas propagandas menores, a propaganda total não pode exceder ao limite legal. É o caso, por exemplo, de *outdoors*, formado pela junção de várias publicidades menores. Nesse caso, o que deve ser considerado é o tamanho total daquele, em virtude de seu efeito visual único. Atente-se que essa mensuração da propaganda eleitoral deve ser feita, exclusivamente, na primeira e segunda instância, pois sua comprovação no Tribunal Superior Eleitoral se mostra impossível, em razão da Súmula 279 do STF. Registra-se, ainda, que é vedada a propaganda eleitoral por meio

---

[46] "MULTA. RETIRADA DO ENGENHO PUBILICITÁRIO QUE NÃO ELIDE A APLICAÇÃO DA SANÇÃO PECUNIÁRIA" (TSE, Respe 10444320146150000 João Pessoa/PB 262242014, Rel. Min. Luiz Fux, j. 10-11-2014, PSESS 18-11-2014).

[47] Ac. de 5-9-2013 no AgR-AI n. 18489, Rel. Min. Henrique Neves.

de *outdoors*, inclusive eletrônicos, sujeitando-se a empresa responsável, os partidos, as coligações e os candidatos à imediata retirada da propaganda irregular e ao pagamento de multa no valor de R$ 5.000,00 (cinco mil reais) a R$ 15.000,00 (quinze mil reais) (Lei n. 9.504/97, art. 39, § 8º).

Ainda com relação à propaganda em bens particulares, restou estabelecido que ela deve ser espontânea e gratuita, sendo vedado qualquer tipo de pagamento e troca de espaço para essa finalidade (art. 37, § 8º, da Lei n. 9.504/97). A teleologia desta norma é a de evitar o comércio de propagandas em bens particulares, propiciando aos candidatos com menor poder econômico igual possibilidade de veiculação de publicidade, bem como o fortalecimento do exercício substancial da cidadania e, por conseguinte, da própria democracia.

No caso de propaganda eleitoral em imóvel particular locado, surgindo conflito entre opções políticas do locador e do locatário, deverá ser garantida a preferência deste último, por estar ele na posse do bem.

É vedado também colar propaganda eleitoral em veículos, exceto adesivos microperfurados até a extensão total do para-brisa traseiro e, em outras posições, adesivos até cinquenta centímetros por quarenta centímetros (art. 38, § 3º da LE).

A legislação veda a possibilidade de qualquer tipo de publicidade em bens de uso comum, inclusive postes de iluminação pública, sinalização de tráfego, viadutos, passarelas, pontes, paradas de ônibus e outros equipamentos urbanos, vedando-se a veiculação de propaganda de qualquer natureza, inclusive pichação, inscrição a tinta e exposição de placas, estandartes, faixas, cavaletes, bonecos e assemelhados. Restou ampliado o conceito de bem comum, abrangendo aqueles aos quais a população em geral tem acesso, tais como cinemas, clubes, lojas, centros comerciais, templos, ginásios, estádios, ainda que de propriedade privada (art. 37, *caput* e § 4º, da Lei n. 9.504/97). Qualquer tipo de propaganda eleitoral nesses bens, não importando a forma ou intensidade com que ela é veiculada, é expressamente proibida.

Os bens públicos são divididos em três espécies: bens de uso comum, destinados à população em geral, como rios e mares; bens de uso especial, que são aqueles que possuem uma finalidade específica, como os hospitais; e os bens dominicais, de propriedade das pessoas de direito público interno (art. 99 do CC).

A redação posta atualmente, afastando-se da sistemática civilística, descurou-se, assim, de abranger os bens de uso especial e os dominicais, que, juntamente com os comuns, são também classificados de bens públicos. Desse modo, para que não se chegue a consequências práticas esdrúxulas de, por exemplo, não se autorizar publicidade política em uma praça, mas a permitir em um hospital, deve-se dar à expressão "bens de uso comum" o significado de bens de uso público, abrangendo todos os bens imóveis e móveis utilizados pelo Poder Público.

Faz-se necessário ressaltar que essa vedação também se aplica aos bens particulares, cujo uso ou exploração dependa de cessão ou permissão do Poder Público (art. 37, *caput*, da LE). Então, todas as empresas concessionárias ou permissionárias, como empresas de ônibus ou faculdades privadas, estão impedidas de veicular propaganda eleitoral. Até mesmo em estabelecimentos comerciais, incluindo seus estacionamentos, ainda que pagos, que são propriedades privadas de acesso público, é vedado promover qualquer tipo de propaganda eleitoral.

Consubstanciando essa extensão, registre-se o entendimento do Tribunal Superior Eleitoral no sentido de que também se considera vedada a veiculação de propaganda eleitoral em táxis, que, mesmo sendo bens particulares, prestam serviço público por meio de concessão do Poder Público[48].

Restrição importante foi a extensão dessa vedação aos locais onde a população tem acesso de forma coletiva, como cinemas, estádios, clubes, hospitais particulares, igrejas, dentre vários outros exemplos[49]. Nes-

---

[48] Ac. n. 2.890, de 28-6-2001, Rel. Min. Fernando Neves.

[49] Cuida-se de recurso especial interposto pela Coligação Melhor para São Bernardo contra o venerável acórdão proferido pelo Tribunal Regional Eleitoral de São Paulo, assim ementado: "RECURSO ELEITORAL. Propaganda eleitoral em bem de uso comum. Mantida a decisão de ilegitimidade passiva de um dos representados, porquanto não se tratava de candidato a cargo político ou responsável pela organização do evento. Manifestação político-partidária em auditório de Universidade. Local fechado, de acesso restrito aos convidados para o evento. Não caracterizada a utilização de bem de uso comum para fins de propaganda eleitoral. Inteligência do art. 13 da Resolução TSE n. 22.718/2008. (...) considero que o art. 37, *caput*, da Lei n. 9.504/97 não foi violado pois, conforme se extrai do acórdão recorrido, o evento – o qual, registre-se, sequer foi descrito na base fática do acórdão – não foi realizado em bem de uso co-

se sentido, o Tribunal Superior Eleitoral fixou entendimento de que bem de uso comum, para fins eleitorais, compreende também os privados abertos ao público[50]. Alberto Rollo fala que a finalidade da extensão do conceito de bens públicos para os privados, cujo acesso seja destinado à população em geral, é evitar que o eleitor seja surpreendido por propagandas em locais nos quais não está acostumado a recebê-las: estudando, divertindo-se, buscando atendimento médico etc.[51].

Nas árvores e nos jardins localizados em áreas públicas, bem como em muros, cercas e tapumes divisórios, não é permitida a colocação de propaganda eleitoral de qualquer natureza, mesmo que não lhes cause dano (art. 37, § 5º, da Lei n. 9.504/97). Esta regra vem a explicitar mais ainda a vedação sobre a publicidade em locais públicos, especificamente em árvores e jardins.

É permitida a colocação de mesas para distribuição de material de campanha e bandeiras ao longo das vias públicas, desde que móveis e que não dificultem o bom andamento do trânsito de pessoas e veículos (art. 37, § 6º, da Lei n. 9.504/97, redação conferida pela Lei n. 12.891/2013). Portanto, a minirreforma eleitoral de 2013 proibiu a utilização de cavaletes, bonecos e cartazes que impediam a livre circulação nas cidades já bastante congestionadas. A colocação desses objetos só é possível de ser realizada se eles forem móveis e, ainda, não obstarem o trânsito normal de veículos e pessoas.

Para que não surja dúvida sobre a utilização desses objetos, a própria legislação eleitoral determina o que se entende por móvel: objeto cuja colocação e retirada se dê entre as 6 e as 22 horas (art. 37, § 7º, da Lei n. 9.504/97). Assim, não basta a simples aplicação do conceito de bem móvel para que a propaganda seja considerada móvel. É necessário que a propaganda seja removível dentro do interregno das 6 às 22 horas.

---

mum, 'a que a população em geral tem acesso' (fl.). Conforme se extrai do venerável acórdão, 'o evento foi realizado nas dependências de uma Universidade, porém, em um auditório específico, previamente alugado pelo partido político (fls.), local cujo acesso era restrito a convidados (fl.)'" (TSE, Respe n. 35.551/SP, Rel. Min. Félix Fischer, *DJe* 26-2-2010).

[50] Ac. de 23-6-2009 no ARespe n. 25.643, Rel. Min. Joaquim Barbosa.

[51] ROLLO, Alberto; BRAGA, Enir. *Comentários à Lei Eleitoral n. 9.504/1997*. São Paulo: Fiuza Editores, 2000.

A pena de multa inerente à propaganda eleitoral irregular, quando essa tiver mais de um responsável, deve ser aplicada de forma solidária, abrangendo seus autores ou beneficiários, e não de forma individual, já que, se a sanção fosse individualizada, ela seria exacerbada, sem se ater aos parâmetros de justiça, relegando sua função educativa.

É de salientar que, nessa hipótese, deve restar demonstrado o prévio conhecimento do beneficiário da propaganda, para que ele não seja responsabilizado por meras presunções. Assim era a inteligência da Súmula 17 do TSE, já revogada: "Não é admissível a presunção de que o candidato, por ser beneficiário da propaganda eleitoral irregular, tenha prévio conhecimento de sua veiculação".

De outra banda, a propaganda exercida nos termos da legislação eleitoral não poderá ser objeto de multa nem cerceada, sob alegação do exercício do poder de polícia ou de violação de norma municipal (art. 41, *caput*, da Lei n. 9.504/97)[52]. Atente-se que a garantia serve somente à propaganda política realizada dentro dos marcos legais, não protegendo aquela que afronta o arcabouço normativo. Caso haja qualquer tipo de cerceamento ao direito de publicidade, o ofendido, valendo-se da prerrogativa constitucional da universalidade de jurisdição, poderá peticionar ao Poder Judiciário para que o seu direito seja garantido.

O Código Eleitoral estabeleceu, em seu art. 242, parâmetro geral para veiculação de propaganda política: qualquer que seja a sua forma ou modalidade, ela deverá mencionar sempre a legenda partidária e só poderá ser feita em língua nacional, não devendo empregar meios publicitários destinados a criar, artificialmente, na opinião pública, estados mentais, emocionais ou passionais[53].

Nas dependências do Poder Legislativo, a veiculação de propaganda eleitoral fica a critério da Mesa Diretora, que em sua regulamentação não pode privilegiar determinados candidatos em detrimento de outros (art. 37, § e 3º, da LE).

---

[52] Prevalência da Lei Eleitoral sobre as leis de posturas municipais, desde que a propaganda seja exercida dentro dos limites legais (Ac. TSE, de 29-10-2010, no RMS n. 268445).

[53] "A proibição do uso de linguagem estrangeira nas propagandas eleitorais não alcança a utilização de imagem de capa de revista internacional" (Ac. TSE, de 26-8-2014, na Rp n. 107313).

Independe da obtenção de licença municipal ou de autorização de qualquer órgão da Justiça Eleitoral a veiculação de propaganda eleitoral consistente na distribuição de folhetos, volantes e outros impressos (art. 38 da LE).

Todo material impresso de campanha eleitoral deverá conter o número de inscrição no Cadastro Nacional da Pessoa Jurídica – CNPJ ou o número de inscrição no Cadastro de Pessoas Físicas – CPF do responsável pela confecção, bem como de quem a contratou, e a respectiva tiragem (art. 38, § 1º, da Lei n. 9.504/97). Com a Lei n. 12.891/2013, os folhetos, os volantes e outros impressos, de modo geral todo material de publicidade, devem constar o número do CPF ou do CNPJ do responsável pela sua confecção e o CPF daquele que o contratou, bem como a quantidade de sua tiragem. Assim, é facilitado o controle sobre sua utilização, podendo ser responsabilizado aquele que a realizou ilicitamente. Quando a propaganda de diversos candidatos for conjunta, por meio de material impresso, os gastos relativos a cada um deles deverão constar na respectiva prestação de contas, ou apenas naquela relativa ao que houver arcado com os custos (art. 38, § 2º, da Lei n. 9.504/97). Desse modo, para que não se omitam informações sobre os gastos com propagandas políticas, o que facilitaria a prática de fraudes, a prestação de contas de cada candidato deve conter informações sobre a quantia empregada para a realização das propagandas, ou, então, só a prestação daquele que sozinho arcou com as despesas.

Como foi mencionada a responsabilidade pelo pagamento das multas decorrentes da propaganda irregular é solidária entre os partidos e seus candidatos, todavia, havendo provas que ela foi produzida sem o conhecimento do(s) beneficiário(s), a responsabilidade se direciona para os executores da publicidade. Dessa forma, o art. 241 do CE se encontra revogado, pois a responsabilidade da propaganda não pode ser apenas dos partidos, haja vista que se os candidatos também são responsáveis solidários pelas infrações, nada mais justo que também sejam pela sua veiculação. Na prática, na grande maioria dos casos, são os candidatos que têm a incumbência de produzir e veicular a propaganda eleitoral.

A propaganda lícita corrobora com o pluralismo político e a democracia porque enseja que tanto a população possa conhecer as propostas dos aspirantes a mandatários políticos como possibilita a estes a oportunidade de conseguir a adesão de um maior número de cidadãos às suas ideias. Ela, ainda, fomenta o debate político, fazendo com que, diante do choque de programas, a população possa escolher as melhores propostas para solucionar os problemas que lhe afligem[54]. Assim, devido a essas razões, tendo a propaganda eleitoral obedecido aos parâmetros previstos na legislação, não subsistem motivos para cerceá-la. Desde que seja lícita a propaganda, sob qualquer de suas modalidades, a ninguém é dado impedi-la, inutilizá-la, alterá-la ou perturbá-la, por qualquer argumento. Considera-se crime eleitoral a conduta que assim se configurar.

Houve a determinação, de forma explícita, de que a propaganda lícita não pode também ser mitigada por alegação de violação de postura municipal. Estabeleceu-se certa hierarquização normativa, dando prioridade às normas eleitorais, em virtude do âmbito específico de sua proteção, para que essa prerrogativa não seja mitigada por mandamentos municipais, muitos dos quais desarrazoados e autoritários.

Em razão de seu poder de polícia, a Justiça Eleitoral pode instaurar de ofício procedimento para apurar ilícito ou irregularidade em propaganda eleitoral, aplicando a multa correspondente. O princípio da inércia judicial tem que ser interpretado muito restritivamente na seara eleitoralista, em face da supremacia do interesse público evidenciado pelo processo eleitoral. Sustenta Fávila Ribeiro que no desempenho de suas atividades não podem os órgãos da Justiça Eleitoral depender da provocação dos interessados, cabendo-lhes tomar as providências compatíveis com as exigências do momento para a manutenção do respeito e do clima de tranquilidade que o pleito eleitoral exige[55]. Desse modo, a Justiça Eleitoral não tem o escopo de censurar previamente propaganda política veiculada, mas atuar para impedir que as regras eleitorais sejam flagrantemente desrespeitadas. Decidindo a Justiça pela ilegalidade da propaganda eleitoral, e sendo esta repetida, consumará o ilícito de recusa ou embaraço a cumprimento de diligências, ordens ou instruções da Justiça Eleitoral (art. 347 do CE)[56].

---

[54] "Não caracterizam desvio de finalidade da propaganda partidária críticas feitas à administração atual, as quais têm pertinência com o ideário político do partido" (TSE, AgRg-AI 10948/PR, Rel. Min. Arnaldo Soares, *DJe* 13-3-2010).

[55] RIBEIRO, Fávila. *Direito eleitoral positivo*. 4. ed. Rio de Janeiro: Forense, 1996, p. 416.

[56] "Para a configuração do crime previsto neste artigo, é necessário o descumpri-

O poder de polícia compreende as providências necessárias para inibir práticas ilegais, sendo vedada a censura prévia sobre o teor dos programas a serem exibidos na televisão, no rádio ou na internet. Esse poder de polícia será exercido pelos juízes eleitorais e pelos juízes designados pelos Tribunais Regionais Eleitorais (art. 41, §§ 1º e 2º, da Lei n. 9.504/97)[57].

A propósito, o poder de polícia pode ser entendido como a faculdade de que dispõe a Administração Pública para regulamentar, impondo condições para o uso de bens, atividades e direitos, em benefício da coletividade ou na consecução dos interesses estatais. O Código Tributário Nacional apresenta uma definição mais completa a respeito do assunto, afirmando ser o poder de polícia a atividade da Administração Pública que, limitando ou disciplinando direito, interesse ou liberdade, regula a prática de ato ou abstenção de fato, em razão de interesse público concernente à segurança, à higiene, à ordem, aos costumes, à disciplina da produção e do mercado, ao exercício de atividades econômicas dependentes de concessão ou autorização do Poder Público, à tranquilidade pública ou ao respeito à propriedade e aos direitos individuais ou coletivos (art. 78 do CTN).

Ainda, para extirpar as dúvidas sobre quem poderá exercer o poder de polícia, impôs-se que esta função caberia, exclusivamente, aos juízes eleitorais e aos juízes indicados pelos Tribunais Regionais Eleitorais. Por outras palavras, o que a legislação eleitoral afirma é que a polícia ou a autoridade do poder municipal não decide; quem decide sobre a legalidade da propaganda e a necessidade ou conveniência de limitá-la ou proibi-la são os juízes e Tribunais Eleitorais. Pelo sentido empregado pela legislação, ficam, terminantemente, interditadas restrições que partam de órgãos administrativos.

Para evitar a prática de condutas desarrazoadas e ilegítimas por parte dos agentes públicos, com relação ao controle sobre a publicidade eleitoral, a legislação atual veda expressamente a censura prévia sobre as mesmas, que é um instrumento típico das ditaduras para se per-

---

mento de ordem judicial direta e individualizada" (Ac. TSE, de 1º-12-2015, no RHC n. 12861 e, de 3-9-2013, no RHC n. 154711).

[57] "Ilegitimidade dos juízes eleitorais para instaurar portaria que comine pena por desobediência a essa lei" (Ac. TSE, de 10-4-2012, no RMS n. 154104).

petuarem no poder. O artifício da censura é próprio de regimes totalitários, não se compatibilizando com o Estado Democrático de Direito. Tendo em vista as nefastas consequências que ela pode produzir, pois inibe a liberdade de expressão, a liberdade de informação, o pluralismo político e, sobretudo, a democracia em si mesma, deixou-se clara a vedação a sua utilização.

No dia das eleições, permite-se a manifestação individual e silenciosa da preferência do eleitor por partido político, coligação ou candidato, revelada exclusivamente pelo uso de bandeiras, broches, dísticos e adesivo (art. 39-A, *caput*, da Lei n. 9.504/97). Para que não se obstaculize o dia em que os cidadãos exercerão seu direito ao sufrágio, autorizou-se a manifestação individual e silenciosa do eleitor sobre sua preferência em relação a candidato, partido político ou coligação, sendo vedada, assim, qualquer forma de manifestação coletiva, como passeatas, arrastões, carreatas etc.

Essa manifestação individual e política só pode ser realizada pelos meios taxativamente estipulados: bandeiras, broches, dísticos e adesivos, sob pena dessa regra perder sua utilidade prática e, de uma simples manifestação individual, transplantar-se para uma atuação coletiva, que, de certo, comprometeria o escorreito processo de votação. Note-se que não houve a liberação de camisas com estampas do candidato.

Ainda nessa linha, considera-se vedada, no dia do pleito, até o término do horário de votação, a aglomeração de pessoas portando vestuário padronizado, bem como os instrumentos de propaganda referidos acima, de tal modo a caracterizar manifestação coletiva, com ou sem utilização de veículos (art. 39-A, § 1º, da Lei n. 9.504/97). Esta vedação se deveu porque, caso haja uma padronização do vestuário de várias pessoas, fazendo alusão a determinado candidato, partido político ou coligação, restará constatada verdadeira manifestação coletiva, uma ostensiva manifestação de apoio, o que seria um artifício contrário à determinação dessa regra.

Do mesmo modo, no recinto das seções eleitorais e juntas apuradoras, é proibido aos servidores da Justiça Eleitoral, aos mesários e aos escrutinadores o uso de vestuário ou objeto que contenha qualquer propaganda de partido político, de coligação ou de candidato (art. 39-A, § 2º, da Lei n. 9.504/97). Tal restrição visa impedir que aqueles que estejam servindo à Justiça Eleitoral possam ter influência sobre o eleitor, em desprestígio ao tratamento isonômico aos candidatos; além de que a própria Justiça Eleitoral deve ser neutra, não optando por um ou outro candidato.

Especificamente em relação aos fiscais partidários, nos trabalhos de votação, só é permitido que, de seu crachá, conste o nome e a sigla do partido político ou da coligação a que sirvam, vedada a padronização do vestuário (art. 39-A, § 3º, da Lei n. 9.504/97). Com esta disposição, tencionou-se coibir uma verdadeira manifestação coletiva, de forma indireta, porquanto veda a padronização dos fiscais partidários, determinando que seus crachás, e só os crachás, contenham somente a sigla do partido político ou coligação a que servirem. Com o impedimento que eles ostentem camisas padronizadas, obstaculizou-se que os fiscais sejam utilizados em manifestações coletivas[58].

Até com mais sentido, essa regra também veda a prática da chamada boca de urna, que Pedro Roberto Decomain define como atividade de propaganda eleitoral de última hora, por meio da qual, mormente nas disputas mais acirradas, os candidatos e cabos eleitorais abordam os eleitores, quando se encaminham para os locais de votação, para fazer-lhes o último pedido de voto. Ainda, no dia do pleito, serão afixadas cópias desse artigo em lugares visíveis nas partes interna e externa das seções eleitorais (art. 39-A, § 4º, da Lei n. 9.504/97). Destarte, para facilitar a aplicação dessas regras, bem como dar ciência ao eleitorado sobre elas, devem ser fixadas cópias do artigo da Lei das Eleições que as contempla, em lugares visíveis, interna e externamente, em todas as seções judiciárias.

A realização de qualquer ato de propaganda partidária ou eleitoral, em recinto aberto ou fechado, não depende de licença da polícia. O responsável pela promoção desse ato fará a devida comunicação à autoridade policial com, no mínimo, 24 horas de antecedência, para

---

[58] Conforme o art. 153, § 1º e 2º da Resolução n. 23.554/2018, o crachá deverá ter medidas que não ultrapassem 10 cm (dez centímetros) de comprimento por 5 cm (cinco centímetros) de largura e conterá apenas o nome do fiscal e o nome e a sigla do partido político ou da coligação que representa, sem referência que possa ser interpretada como propaganda eleitoral (Res.-TSE 22.412/2006, art. 3º). Caso o crachá ou o vestuário estejam em desacordo com as normas previstas neste artigo, o presidente da mesa receptora orientará os ajustes necessários para que o fiscal possa exercer sua função na seção.

que seja garantido, segundo a prioridade do aviso, o direito contra quem pretenda usar o local no mesmo dia e horário (art. 39, *caput* e § 1º, da Lei n. 9.504/97). Se a propaganda é regular, não há motivos para cerceá-la.

Este comando não significa que a autoridade policial pode exercer algum de tipo de censura prévia sobre a realização de propaganda política, mas apenas que sua anterior comunicação se presta para garantir, justamente, a realização desse ato, evitando que haja outra manifestação no mesmo local, no mesmo momento.

Constitui crime a divulgação, no dia da eleição, de qualquer espécie de propaganda de partidos políticos ou de seus candidatos, seja mediante publicações, cartazes, camisas, bonés, broches ou dísticos de vestuários, cabendo a autoridade judiciária competente exercer todo o rigor de seu poder de polícia para impedir esse acinte que, infelizmente, configura-se com frequência e pode ser um dado fático para se comprovar o abuso de poder econômico (art. 39, § 5º, III, da Lei n. 9.504/97). Como adverte Joel Cândido, assim é porque a lei intenciona proteger o ato de votar[59]. Aquilo que essa norma busca é assegurar tranquilidade à Justiça Eleitoral, propiciando o exercício de voto a todos os eleitores, bem como a escorreita totalização e escrituração dos votos.

Com a possibilidade de publicidade paga nas redes sociais, constitui-se crime a publicação de novos conteúdos ou o impulsionamento de conteúdos em qualquer veículo das redes sociais, podendo ser mantidos em funcionamento as aplicações e os conteúdos já publicados. (art. 39, § 5º, III, da Lei n. 9.504/97) A principal finalidade dessa tipificação penal é evitar a divulgação de pesquisas de boca de urna fraudulenta, de forma que possa interferir no ânimo do eleitorado.

Até as 22 horas do dia que antecede a eleição, serão permitidos distribuição de material gráfico, caminhada, carreata, passeata ou carro de som que transite pela cidade divulgando *jingles* ou mensagens de candidatos (art. 39, § 9º, da Lei n. 9.504/97). Com a estipulação deste termo final, 22 horas da véspera da eleição, a Lei Eleitoral trouxe regra profícua para o controle da publicidade política.

---

[59] CÂNDIDO, Joel José. *Direito Eleitoral brasileiro*. 11.ed. 2. tir., rev. atual. Bauru: Edipro, 2004, p. 452.

Trios elétricos só poderão ser utilizados para a sonorização de comícios, sendo vedado seu emprego em qualquer outra hipótese (art. 39, § 10, da Lei n. 9.504/97). A prática da utilização de trios elétricos, que era anteriormente permitida, atestava a força do poder econômico e contribuía para desnivelar o potencial de publicidade dos candidatos, principalmente quando servia de palco para apresentação de grandes artistas. Sua proibição, atualmente, reside apenas quando ele é utilizado para shows, não sendo vedada sua utilização para transmissão dos discursos proferidos no evento eleitoral.

Ademais, é permitida a circulação de carros de som e minitrios como meio de propaganda eleitoral, desde que observado o limite de oitenta decibéis de nível de pressão sonora, medido a sete metros de distância do veículo, e respeitadas as vedações previstas no § 3º do art. 39 em comento, apenas em carreatas, caminhadas e passeatas ou durante reuniões e comícios, conforme art. 39, § 11, da Lei n. 9.504/97. Ainda há a possibilidade do emprego de telão e palco fixo[60].

A atual legislação ampliou o conceito de "carro de som", que agora abrange veículos não motorizados (art. 39, § 9º-A da Lei n. 9.504/97), desde que estejam transitando com divulgação de *jingles* ou mensagens de candidatos. A Resolução n. 23.610/2019 igualmente conceituou que o minitrio é veículo automotor que usa equipamentos de som com potência nominal de ampliação maior que dez mil watts e até vinte mil watts; bem como que o trio elétrico é veículo automotor que usa equipamento de som com potência nominal de ampliação maior que vinte mil watts, conforme incisos do § 4º do art. 15 da mencionada Resolução.

De toda sorte, é proibida a realização de *showmício* e de evento assemelhado, presencial ou transmitido pela internet, para a promoção de candidatos, bem como a apresentação, remunerada ou não, de artistas com a finalidade de animar comício e reunião eleitoral, configurando propaganda vedada e, eventualmente, abuso de poder (art. 39, § 7º, da Lei n. 9.504/97, arts. 222 e 237 do Código Eleitoral, art. 22 da Lei Complementar n. 64/90 e art. 17 da Resolução n. 23.610/2019).

---

[60] "Consulta. Utilização. Telão. Palco fixo. Comício. Possibilidade. Retransmissão. *Show* artístico gravado. Utilização. Trio elétrico. Impossibilidade." (Res. 22.267, de 29-6-2006, Rel. Min. Cesar Asfor Rocha).

Tal proibição não se estenderá aos candidatos que sejam profissionais da classe artística que poderão exercer as atividades normais de sua profissão durante o período eleitoral, excetuando-se os programas de rádio e de televisão, a animação de comício ou para a divulgação, ainda que de forma dissimulada, de candidatura ou de campanha eleitoral (parágrafo único do art. 17, parágrafo único da Resolução n. 23. 610/2019); e às apresentações artísticas ou *shows* musicais em eventos de arrecadação de recursos para campanhas eleitorais previstos no art. 23, § 4º, inciso V, da LE[61].

Também são vedadas a confecção, utilização, distribuição por comitê, candidato, ou com sua autorização, de chaveiros, camisetas, bonés, canetas, brindes, cestas básicas ou quaisquer outros bens ou materiais que possam proporcionar vantagem indevida ao eleitor, de modo que deverá o infrator responder, conforme o caso, pela prática de captação ilícita de sufrágio, emprego de processo de propaganda vedada e, sendo o caso, pelo abuso de poder, tal qual se abstrai do art. 39, § 6º, da Lei n. 9.504/97, arts. 222 e 237 do CE e art. 22 da LC 64/90[62].

Traçou-se critério específico, com relação ao órgão da Justiça Eleitoral que será competente para o julgamento de representações sobre propagandas eleitorais irregulares, findando possíveis dúvidas sobre o tema. Assim, será competente:

a) o Tribunal Superior Eleitoral, no caso de propaganda eleitoral de candidatos a Presidente e Vice-Presidente da República;

b) as Sedes dos respectivos Tribunais Regionais Eleitorais, no caso de propaganda de candidatos a Governador, Vice-Governador, Deputado Federal, Senador da República, Deputados Estadual e Distrital;

c) o Juízo Eleitoral, na hipótese de propaganda de candidato a Prefeito, Vice-Prefeito e Vereador (art. 36, § 5º, da Lei n. 9.504/97).

Urge destacar que, no caso de propagandas impugnadas que contiverem, simultaneamente, candidatos a cargos de eleições em âmbito diferentes, como, por exemplo, candidato a Presidente da República,

---

[61] ADI n. 5.910/DF.

[62] "Proibição de propaganda eleitoral em veículos automotores prestadores de serviços públicos, tais como ônibus de transporte coletivo urbano" (Res. TSE n. 22303/2006).

juntamente com o candidato a Governador de Estado, a definição de qual órgão da Justiça Eleitoral será competente levará em consideração a esfera partidária responsável pela publicidade. No exemplo em tela, poderá ser o Tribunal Superior Eleitoral ou o Tribunal Regional Eleitoral do respectivo Estado-membro. Se a propaganda tiver advindo de diretório partidário regional, competente será o respectivo Tribunal Regional Eleitoral. Advindo a responsabilidade das duas esferas partidárias, de forma solidária, a competência jurisdicional será da instância judiciária superior.

Todavia, para uma maior celeridade da apreciação, de melhor alvitre é dividir as representações quando as competências forem diversas, direcionando as representações contra os candidatos a presidente para o TSE e contra os candidatos a governador ao TRE pertinente, por exemplo.

10.7. RESTRIÇÕES À PROPAGANDA ELEITORAL

Não resta a menor dúvida de que a propaganda eleitoral é um direito subjetivo dos candidatos e mesmo da população para que ela possa saber das propostas e planos partidários. Todavia, ela não pode ser concebida da mesma forma que a publicidade realizada para a venda de produtos nem os eleitores tratados como consumidores. A legislação eleitoral tem a missão de disciplinar seus contornos, impedindo a prevalência do poder econômico e que os eleitores possam ser iludidos com publicidade enganosa.

Qualquer que seja a modalidade da propaganda eleitoral, ela mencionará sempre a legenda do partido ou da coligação, possibilitando a identificação de sua autoria para posterior apuração de responsabilidade caso seja necessário (art. 242 do CE). Na hipótese de coligação, a publicidade deve indicar o nome e todas as siglas que a compõem. Em candidaturas proporcionais, usar-se-á o nome do partido do candidato e o da coligação. Inexiste impedimento para que o nome do partido ou da coligação seja confeccionado com letra de tamanho menor que as demais utilizadas.

Além de ser necessário que a propaganda seja feita em língua nacional, ela não pode se utilizar de artimanhas publicitárias capazes de criar, na opinião pública, estados mentais, emocionais ou passionais artificiais (art. 242 do CE). O processo eleitoral é o momento propício para a discussão de ideias, não para combates pessoais ou exposição de interesses outros; o discurso eleitoral deve ser racional e sem passionalismos que não contribuam para o processo democrático[63].

Em detrimento das outras modalidades de propaganda em que não há restrição de horário, desde que não atrapalhe o sossego alheio, o funcionamento de alto-falantes ou amplificadores somente é permitido entre as 8 e as 22 horas. Todavia, impede-se sua instalação a uma distância inferior a duzentos metros de alguns locais onde o silêncio se faz imperioso: a) das sedes dos Poderes Executivo e Legislativo da União, dos Estados, do Distrito Federal e dos Municípios, das sedes dos Tribunais Judiciais, e dos quartéis e outros estabelecimentos militares; b) dos hospitais e casas de saúde; c) das escolas, bibliotecas públicas, igrejas e teatros, quando em funcionamento (art. 39, § 3º, da LE).

Também para não perturbar o sossego alheio, a realização de comícios e a utilização de aparelhagem de sonorização fixa são permitidas no horário compreendido entre as 8 e as 24 horas, com exceção do comício de encerramento da campanha, que poderá ser prorrogado por mais duas horas (art. 39, § 4º, da LE, com a redação conferida pela Lei n. 12.891/2013).

Por sua vez, o Código Eleitoral proíbe os seguintes tipos de propaganda (art. 243), mencionada anteriormente:

a) de guerras, de processos violentos para subverter o regime, a ordem política e social, ou de preconceitos de raça ou de classes;

b) que provoque animosidade entre as Forças Armadas ou contra elas, ou delas contra as classes e as instituições civis;

c) de incitamento de atentado contra pessoa ou bens;

d) de instigação à desobediência coletiva ao cumprimento de lei de ordem pública;

---

[63] Em se tratando de propaganda para o cargo de prefeito, deverá aparecer – de modo visível – a coligação e a sigla de todos os partidos que a integram; e na campanha para vereadores constará a legenda do partido do candidato (art. 7º da Resolução n. 23.551/2018). No caso de prefeito, também deverá constar o nome do candidato a vice (art. 8º da mesma Resolução).

e) que implique oferecimento, promessa ou solicitação de dinheiro, dádiva, rifa, sorteio ou vantagem de qualquer natureza;

f) que perturbe o sossego público, com algazarra ou abuso de instrumentos sonoros ou sinais acústicos;

g) por meio de impressos ou de objetos que pessoa inexperiente ou rústica possa confundir com moeda;

h) que prejudique a higiene e a estética urbana ou contravenha a posturas municiais ou a qualquer restrição de direito;

i) que calunie, difame ou injurie qualquer pessoa, bem como atinja órgãos ou entidades que exerçam autoridade pública[64];

j) que desrespeite os símbolos nacionais;

k) destinados a criar, artificialmente, na opinião pública, estados mentais, emocionais ou passionais.

Mencione-se que a Lei n. 14.192/2021 incluiu o inciso X ao art. 243 do Código Eleitoral, no sentido de que não será tolerada propaganda que deprecie a condição de mulher ou estimule sua discriminação em razão do sexo feminino, ou em relação à sua cor, raça ou etnia.

Diante de propaganda eleitoral que resultar em calúnia, difamação ou injúria, sem prejuízo e independentemente da ação penal cabível, poderá o ofendido demandar em sede de juízo cível a reparação do dano moral, respondendo o ofensor e, solidariamente, o partido político, quando responsável pela ação ou omissão que beneficiou os interesses da agremiação, conforme art. 243, § 1º, do CE.

Ademais, é assentado o entendimento no TSE que configura propaganda eleitoral irregular a conduta de "derramar santinhos" nas vias públicas próximas aos locais de votação na madrugada do dia da eleição (art. 19, § 7º, da Resolução n. 23.610/2019)[65].

Por outro lado, no que tange os jornais e os demais veículos impressos de comunicação, o Plenário do Tribunal Superior Eleitoral, por unanimidade, reafirmou que os mesmos podem assumir posição

---

[64] Quem for ofendido por uma dessas formas poderá pedir reparação no juízo cível, sem prejuízo da ação penal cabível, processando o ofensor e, solidariamente, o partido político deste, quando responsável por ação ou omissão, e quem quer que, favorecido pelo crime, tenha contribuído (art. 243, § 1º, do CE).

[65] Respe n. 3.798-23, Goiânia/GO, Rel. Min. Gilmar Mendes, em 15-10-2015.

em relação aos pleitos eleitorais, sem que isso caracterize, por si só, propaganda eleitoral ilícita. Ressaltou que, para a configuração do uso indevido dos meios de comunicação social, o conteúdo veiculado deve ocasionar desequilíbrio ao pleito eleitoral[66].

Consideram-se também como irregular as propagandas feitas em jornal de entidade sindical (art. 24, VI, da Lei n. 9.504/97) e as que forem veiculadas, ainda que em propriedade privada, em cinemas, clubes, lojas, centros comerciais, templos, ginásios e estádios (art. 37, § 4º, Lei n. 9.504/97). Ou seja, em decorrência desse dispositivo, infere-se que é considerada como irregular a propaganda veiculada em local que a população em geral tem acesso, pois, para fins eleitorais, o conceito de bem de uso comum se estende a ponto de alcançar os de propriedade privada de livre acesso ao público. Portanto, impede-se a veiculação de propaganda eleitoral em qualquer estabelecimento, público ou privado, desde que haja aglomeração de pessoas.

Assim, nos casos em que haja a devida configuração da propaganda eleitoral irregular, a medida legal cabível é a representação. Ela deve ser instruída com prova da autoria ou do prévio conhecimento do beneficiário, caso este não seja por ela responsável (art. 40-B da Lei n. 9.504/97). De bom alvitre ressaltar que a Resolução n. 23.610/2019, em seu art. 107, § 2º, autoriza o candidato, o partido político, a federação, a coligação, o Ministério Público e a Justiça Eleitoral a intimar o beneficiário ou responsável pela propaganda irregular para a sua retirada, sob a pena de aplicação de multa.

Por outro lado, a veiculação de propaganda irregular sujeita o responsável, após a notificação e comprovação, à restauração do bem e, caso não cumprida no prazo, à multa no valor de R$ 2.000,00 (dois mil reais) a R$ 8.000,00 (oito mil reais) (art. 37, § 1º, da Lei n. 9.504/97c/c art. 19, § 1º, da Resolução n. 23.610/2019).

10.8. PROPAGANDA ELEITORAL NA IMPRENSA ESCRITA

Até a antevéspera das eleições, são permitidas a divulgação paga, na imprensa escrita, e a reprodução na internet do jornal impresso, de

---

[66] Respe n. 316-66, Cerquilho/SP, Rel. Min. Maria Thereza de Assis Moura, em 29-9-2015.

até dez anúncios de propaganda eleitoral, por veículo, em datas diversas, para cada candidato, no espaço máximo, por edição, de um oitavo de página de jornal padrão e de um quarto de página de revista ou tabloide (art. 43, *caput*, da Lei n. 9.504/97).

A feitura atual da referida norma é consequência de duas transformações. A primeira, realizada pela Lei n. 11.300/2006, foi no sentido de restringir a possibilidade de propaganda na imprensa apenas até a antevéspera da eleição, permissibilidade que antes ia até o dia das eleições.

A segunda, conferida pela Lei n. 12.034/2009, restringiu a divulgação paga em até dez anúncios de propaganda eleitoral, para cada candidato, em cada veículo de imprensa escrita. O propósito era evitar que os candidatos mais aquinhoados pudessem inundar esses veículos de publicidades em detrimento daqueles que têm menor disponibilidade financeira. Manteve-se o prazo final de até a antevéspera das eleições, bem como as medidas das publicidades por página de jornal, um oitavo; ou de revista, um quarto[67].

É autorizada a reprodução virtual das páginas do jornal impresso na internet, desde que seja feita no sítio do próprio jornal, independentemente do seu conteúdo, devendo ser respeitado integralmente o formato gráfico e o conteúdo editorial da versão impressa (§ 5º do art. 42 da Resolução n. 23.610/2019).

---

[67] "Investigação judicial. Abuso de poder e uso indevido de meio de comunicação social. A averiguação de uma única conduta consistente na veiculação de pesquisa de opinião em imprensa escrita com tamanho em desacordo com as normas eleitorais não enseja a configuração de abuso do poder econômico ou uso indevido de meio de comunicação, porquanto não se vislumbra reiteração da publicação apta a indicar a potencialidade no caso concreto, o que é ponderado nas hipóteses de mídia impressa, cujo acesso depende necessariamente do interesse do eleitor, diferentemente do que acontece com o rádio e a televisão. Tal conduta, em tese, pode configurar infringência à norma do parágrafo único do art. 43 da Lei das Eleições, o que, na hipótese, se confirmou, visto que os recorrentes tiveram contra si julgada procedente representação, a fim de condená-los ao pagamento de multa em razão do descumprimento do tamanho permitido para a publicação da pesquisa no jornal" (TSE, AgRg-Resp n. 35.938, Rel. Min. Arnaldo Soares, *DJe* 10-3-2010).

Vale destacar que o Plenário do Tribunal Superior Eleitoral, por unanimidade, reafirmou que os jornais e os demais veículos impressos de comunicação podem assumir posição em relação aos pleitos eleitorais, sem que isso caracterize, por si só, propaganda eleitoral ilícita. Ressaltou que, para a configuração do uso indevido dos meios de comunicação social, o conteúdo veiculado deve ocasionar desequilíbrio no pleito eleitoral[68].

Deve constar do anúncio de propaganda, de forma visível, o valor pago pela inserção (art. 43, § 1º, da Lei n. 9.504/97)[69]. Essa é mais uma tentativa de dar publicidade aos gastos de campanha. A inobservância dessas regras sujeita os responsáveis pelos veículos de divulgação e os partidos, coligações ou candidatos beneficiados à multa no valor de R$ 1.000,00 a R$ 10.000,00, ou ao equivalente ao da divulgação da propaganda paga, se este for maior (art. 43, § 2º, da Lei n. 9.504/97)[70].

10.9. PROPAGANDA ELEITORAL NO RÁDIO E NA TELEVISÃO

A propaganda eleitoral no rádio e na televisão se restringe ao horário gratuito, vedando-se de forma expressa qualquer tipo de publicidade paga (art. 44 da LE). A intenção foi impedir que veículos de rádio e televisão possam desequilibrar o jogo eleitoral, privilegiando certos candidatos em detrimento de outros, haja vista, os meios de comunicação exercem forte influência na formação da opinião pública.

A propaganda eleitoral gratuita na televisão deverá utilizar a Linguagem Brasileira de Sinais de Libras ou o recurso de legenda, que devem constar obrigatoriamente do material entregue às emissoras

---

[68] Respe n. 316-66, Cerquilho/SP, Rel. Min. Maria Thereza de Assis Moura, em 29-9-2015.

[69] "Divulgação da propaganda eleitoral na imprensa escrita exige a informação, de forma visível, do valor pago pela inserção, sendo desnecessária a comprovação de dolo para a configuração da infração" (Ac. TSE, de 6-8-2013, no Respe n. 76.458).

[70] "Para imposição da multa prevista neste parágrafo, não se exige que os candidatos beneficiados tenham sido responsáveis pela veiculação, na imprensa escrita, da propaganda irregular" (Ac. TSE, de 17-10-2013, no AgR-AI n. 2658 e, de 6-11-2012, no AgR-AI n. 27205).

(art. 44, § 1º, da Lei n. 9.504/97). Esta é uma importante regra, porque facilita a inserção de portadores de necessidades especiais na discussão do processo político, medida esta que intenciona a concretização de uma verdadeira democracia substancial.

Na prática, de um modo geral, a utilização de LIBRAS ou de legendas nas propagandas políticas já vinha sendo adotada, contudo, de forma voluntária. Agora, sua utilização passa a ser obrigatória para a publicidade política.

No horário reservado à propaganda eleitoral, não se permitirá utilização de comercial ou propaganda, realizada com a intenção, ainda que disfarçada ou subliminar, de promover marca ou produto (art. 44, § 2º, da Lei n. 9.504/97). Como sua própria denominação sugere, a propaganda eleitoral é destinada ao fenômeno político, pela qual há uma interação entre candidato e eleitor, e não para fins comerciais.

Destarte ficou estabelecida a plena vedação à utilização de marcas e produtos, bem como alusões a essas nas propagandas eleitorais. Pensar de modo diferente seria fazer com que a *lex mercatoria*, que perfila tantos seguidores na seara econômica, seja transplantada também para o debate político e contribua para uma alienação total de um processo já bastante "narcotizado". Tal obstáculo tem ainda a intenção de impedir a venda de espaço nas propagandas políticas, o que desvirtuaria, por completo, sua finalidade.

No que diz respeito aos veículos de comunicação, as emissoras de TV e rádio que não forem autorizadas pelo poder competente a funcionar, não podem veicular propaganda eleitoral. Oportuno salientar que as emissoras de radiodifusão e imagem são concessões públicas e devem estar regularizadas junto aos órgãos fiscalizadores para que tenham autorização de funcionamento. Se a emissora "pirata", sem autorização para funcionamento – como uma rádio clandestina, por exemplo – veicular propaganda eleitoral, será punida com multa variável de R$ 2.000,00 a R$ 8.000,00 (art. 44, § 3º, da Lei n. 9.504/97).

Entretanto, essa mesma regra silencia no que concerne ao beneficiário da propaganda veiculada pela emissora irregular, não fazendo menção sobre sua responsabilização eleitoral, penal ou civil. A imputação de sanção, do modo como está legalmente disposta, recairá somente sobre a emissora que divulgar irregularmente a propaganda. O que não o exime de se sofrer uma AIJE para investigar abuso na utilização de comunicação social.

No sentido de impedir abusos por parte da programação normal de rádio e televisão e para evitar suposto favorecimento a determinado candidato ou partido, a Lei Eleitoral estabeleceu as restrições de conteúdo que devem ser obedecidas a partir do dia 6 de agosto – um dia após o fim do prazo para a realização das convenções:

a) transmitir, ainda que sob a forma de entrevista jornalística, imagens de realização de pesquisa ou qualquer outro tipo de consulta popular de natureza eleitoral em que seja possível identificar o entrevistado ou em que haja manipulação de dados;

b) usar trucagem, montagem ou outro recurso de áudio ou vídeo que, de qualquer forma, degradem ou ridicularizem candidato, partido ou coligação, ou produzir ou veicular programa com esse efeito;

c) veicular propaganda política ou difundir opinião favorável ou contrária a candidato, partido, coligação, a seus órgãos ou representantes;

d) dar tratamento privilegiado a candidato, partido ou coligação;

e) veicular ou divulgar filmes, novelas, minisséries ou qualquer outro programa com alusão ou crítica a candidato ou partido político, mesmo que dissimuladamente, exceto programas jornalísticos ou debates políticos;

f) divulgar nome de programa que se refira a candidato escolhido em convenção, ainda quando preexistente, inclusive se coincidente com o nome do candidato ou com a variação nominal por ele adotada. Sendo o nome do programa o mesmo que o do candidato, fica proibida a sua divulgação, sob pena de cancelamento do respectivo registro (art. 45 da LE com redação conferida pela Lei n. 13.165/2015).

Para efeito de compreensão, trucagem é todo e qualquer efeito realizado em áudio ou vídeo que degrade ou ridicularize candidato, partido político ou coligação, ou que desvirtue a realidade, beneficiando ou prejudicando qualquer candidato, partido político ou coligação (art. 45, § 4º, da Lei n. 9.504/97).

Assim, fica estabelecido o que se deve compreender por trucagem, pondo fim às controvérsias sobre seu conceito; especialmente se for levada em consideração a gama de possibilidades que a tecnologia moderna oferece para práticas que levem candidatos, partidos políticos ou coligações ao escárnio público.

Entende-se por montagem toda e qualquer junção de registros de áudio ou vídeo que degrade ou ridicularize candidato, partido político ou coligação, ou que desvirtue a realidade e beneficie ou prejudique qualquer candidato, partido político ou coligação (art. 45, § 5º, da Lei n. 9.504/97).

Assim, como bem se extrai das definições trazidas acima, a trucagem ou a montagem só estarão configuradas quando a propaganda for realizada com o emprego de efeitos de áudio ou vídeo, respectivamente, e desde que esses efeitos levem o possível ofendido à difamação pública.

Em uma dinâmica de causa-consequência, para que a propaganda impugnada seja considerada irregular por trucagem ou montagem, faz-se necessária a ocorrência desses dois elementos: a utilização dos recursos de áudio e vídeo e a consequente marginalização sociopolítica do ofendido.

A enumeração de impedimentos não pode se constituir entrave à liberdade de expressão; por outro lado, não podem os candidatos se prejudicados por predileções de proprietários de veículos de comunicação, como já ocorreu em passado não muito distante. O objetivo da Lei Eleitoral não é impedir a liberdade de expressão, mas proibir partidarismo dos meios de comunicação. Assim, as restrições devem ser sabiamente sopesadas para impedir abusos.

É permitido ao partido político utilizar na propaganda eleitoral de seus candidatos, em âmbito regional, inclusive no horário eleitoral gratuito, a imagem e a voz de candidato ou militante de partido político que integre a sua coligação em âmbito nacional (art. 45, § 6º, da Lei n. 9.504/97). Este preceito consagra prática que já era bastante utilizada pelos partidos políticos: a associação nas propagandas dos candidatos aos seus chamados "padrinhos políticos", por estes gozarem de influência sobre o eleitorado, o que possibilita, em tese, a angariação de maior apoio dos cidadãos.

Não há impedimento algum de que rádio ou canal televisivo divulguem informações sobre irregularidades cometidas pelos candidatos ou ações penais que estejam sendo processadas, desde que faculte direito de se pronunciarem sobre elas[71].

---

[71] "É lícita à exibição na propaganda partidária de fatos amplamente explora-

Já a partir de 11 de agosto do ano da eleição, é vedado, ainda, às emissoras, transmitir programa apresentado ou comentado por pré--candidato, sob pena, no caso de sua escolha na convenção partidária, de imposição da multa e de cancelamento do registro da candidatura do beneficiário (§ 1º do art. 45 da LE). As emissoras que descumprirem essa limitação podem ter sua programação suspensa e ser condenadas a pagamento de multa, no valor de 20 mil a cem mil UFIRs, duplicada em caso de reincidência (art. 45, § 2º, da Lei n. 9.504/97).

A minirreforma de 2017 revogou os artigos 45, 46, 47, 48 e 49 e o parágrafo único do art. 52 da Lei n. 9.096/95. Portanto, foi extirpada do ordenamento jurídico brasileiro a propaganda partidária gratuita no rádio e na televisão. Como consequência, houve o fim do benefício fiscal previsto no mencionado parágrafo único do art. 52. Isso aconteceu em virtude de que os recursos destinados para a propaganda partidária foram direcionados para o financiamento do Fundo Especial de Financiamento de Campanha.

Importa registrar que a propaganda eleitoral não foi revogada, não impactando, com isso, cedência do horário gratuito destinado à divulgação da propaganda eleitoral. Ainda, a gratuidade estende-se à veiculação de propaganda gratuita de plebiscitos e referendos de que dispõe o art. 8º da Lei n. 9.709, de 18-11-1998, mantido também, a esse efeito, o entendimento de que o valor apurado pode ser deduzido do lucro líquido para efeito de determinação do lucro real, na apuração do Imposto sobre a Renda da Pessoa Jurídica – IRPJ, inclusive da base de cálculo dos recolhimentos mensais previstos na legislação fiscal (art. 2º da Lei n. 9.430, de 27-12-1996), bem como da base de cálculo do lucro presumido (art. 99, § 1º, II, da Lei n. 9.504/97).

Com essa disposição, esse parágrafo foi introduzido com o objetivo de propiciar compensações tributárias às emissoras de rádio e de televisão que possibilitam a veiculação de propaganda gratuita, parti-

---

dos pela imprensa, relacionados a irregularidades atribuídas a partido ou governante sob investigação na esfera policial e pelo Ministério Público e submetidas à apreciação da Justiça Eleitoral, com vistas à divulgação do posicionamento da agremiação em relação a esses temas, que se revestem de interesse político-comunitário" (RP-655/DF, Rel. Min. Peçanha Martins).

dária ou eleitoral, inclusive de plebiscitos e referendos em seus canais de comunicação.

No caso de microempresas e empresas de pequeno porte optantes pelo Regime Especial Unificado de Arrecadação de Tributos e Contribuições (Simples Nacional), o valor integral da compensação fiscal apurado na forma do inciso I do § 1º será deduzido da base de cálculo de imposto e contribuições federais devidos pela emissora, seguindo os critérios definidos pelo Comitê Gestor do Simples Nacional – CGSN (art. 99, § 3º, da Lei n. 9.504/97). Neste ponto, teve o objetivo de facilitar essa compensação tributária, aplicando-a de acordo com as regras do Simples Nacional, para aquelas emissoras de rádio e de televisão que são enquadradas como microempresas (ME) ou empresas de pequeno porte (EPP), e dele são aderentes.

Desse modo, é necessário que se atente para a denominação "propaganda gratuita", que, na verdade, não se trata de ato gratuito. O fato é que a propaganda eleitoral é gratuita só no nome, afinal, de modo indireto, através da isenção ou redução de impostos, acaba sendo paga por todos os contribuintes. Vale salientar que as emissoras de rádio e de televisão exploram atividade por concessão do Poder Público, mas, mesmo assim, são beneficiadas em sede tributária pela cedência de horário para propaganda eleitoral em seus canais de comunicação.

10.10. PROPAGANDA ELEITORAL NA INTERNET

Apanágio das sociedades pós-modernas, a globalização é um processo inevitável, pelo qual as diversas comunidades politicamente organizadas se encontram em constante interligação social, econômica, política, cultural etc., o que enseja uma maior integração entre elas. Um dos principais veículos que viabiliza a realização desse processo é, de fato, a internet. Sua utilização se presta às mais diversas finalidades, dentre elas, a propaganda política. E o Direito Eleitoral, como elemento que integra o corpo social, não poderia ficar refratário no que tange a essa influência.

Antes da Lei n. 12.034/2009, parte da doutrina já sustentava que as regras previstas para o rádio e a televisão se aplicavam às empresas de comunicação social na internet, não obstante sofrer grande discordância no meio jurídico. Entretanto, nas eleições de 2008, a despeito de o Tribunal Superior Eleitoral ter editado a Resolução n. 22.718/2008, a qual conferiu à internet o mesmo tratamento dispensado na Lei n. 9.504/97 e no Código Eleitoral ao rádio e à televisão, criou-se uma única possibilidade de propaganda eleitoral na internet: a utilização do uso de página pessoal para campanha política, até a antevéspera da eleição.

Tal entendimento, diga-se restritivo, limitou a veiculação de propaganda política no único meio de comunicação totalmente aberto ao eleitorado, o que impediu uma maior isonomia de publicidade entre os candidatos.

Com a liberação da propaganda na internet, discutiu-se muito com relação ao seu início, surgindo a posição dominante de seguir a data permitida para veiculação da propaganda eleitoral. Todavia, muitos entendiam que, por sua própria natureza, o acesso à propaganda exposta na internet dependia de vontade do eleitor, ou seja, somente teria acesso quem a procurasse, razão pela qual não haveria a possibilidade de práticas propagandísticas irregulares, ou, no mínimo, seu acesso seria diminuto.

Para evitar abusos diante da expansão da internet, buscou- se a harmonização dos institutos da legislação eleitoral, estabelecendo que a propaganda eleitoral na internet é permitida a partir do dia 16 de agosto do ano da eleição, unificando-se o lapso temporal em que toda publicidade pode ser veiculada (art. 57-A da Lei n. 9.504/97). Se a propaganda nos outros meios de comunicação é permitida também a partir dessa data, não haveria motivação alguma para que o legislador impusesse outro momento.

Inicialmente, importa destacar que o Tribunal Superior Eleitoral regulamentará a propaganda eleitoral na internet de acordo com o cenário e as ferramentas tecnológicas existentes em cada momento eleitoral e promoverá, para os veículos, partidos e demais entidades interessadas, a formulação e a ampla divulgação de regras de boas práticas relativas a campanhas eleitorais na internet. (art. 57-J da LE).

Conforme se falou anteriormente em relação à propaganda extemporânea ou antecipada, como o único empecilho atual para a propaganda eleitoral antes de 16 de agosto é o pedido expresso de voto, essas restrições perdem o sentido de sua existência. Dessa forma, as páginas oficiais da propaganda eleitoral apenas podem ser veiculadas depois dessa data, mas as movimentações eleitorais na internet começam muito antes.

Incitado a se manifestar acerca da propaganda realizada por intermédio da rede social Twitter, o Tribunal Superior Eleitoral decidiu, em março de 2012, por maioria de quatro votos a três, que se aplica o prazo geral à propaganda eleitoral na internet mencionada. Prevaleceu a tese de que esta publicidade se configura em uma espécie de propaganda eleitoral e, portanto, não poderia ser veiculada antes em decorrência de imperativos legais. Os Ministros que não concordaram com a decisão defendem que a publicidade via Twitter é diferente porque ela abrangeria destinatários indefinidos, atingindo apenas os cidadãos que concordaram em receber a mensagem[72].

Tal entendimento foi revisto em setembro de 2013, momento em que o TSE analisou o recurso especial apresentado pelo deputado federal Rogério Marinho (PSDB-RN) contra multa aplicada pela Justiça Eleitoral do Rio Grande Norte por mensagens postadas por ele em sua conta do Twitter, quando era pré-candidato a prefeito de Natal nas eleições de 2012. Nessa oportunidade de julgamento, prevaleceu, por maioria, o posicionamento de que manifestações políticas feitas por meio do Twitter não são passíveis de ser denunciadas como propaganda eleitoral antecipada. De acordo com entendimento ventilado pelo Ministro relator Dias Toffoli, essa rede social não leva ao conhecimento geral e indeterminado as manifestações nela divulgadas, pois tem caráter de conversa restrita aos seus usuários previamente aceitos entre si[73].

---

[72] *Processo relacionado*: REC na Rp 182524.

[73] "Recurso especial. Propaganda eleitoral antecipada. Divulgação de discursos proferidos em evento partidário por meio do Twitter. Twitter é conversa entre pessoas. Restrição às liberdades de pensamento e expressão. Não configuração da propaganda extemporânea. 1. O Twitter consiste em uma conversa entre pessoas e, geralmente, essa comunicação está restrita aos seus vínculos de amizade e às pessoas autorizadas pelo usuário. 2. Impedir a divulgação de um pensamento ou opinião, mesmo que de conteúdo eleitoral, no período vedado pela legislação eleitoral, em uma rede social restrita como o Twitter, é impedir que alguém converse com outrem. Essa proibição implica violação às liberdades de pensamento e de expressão. 3. Não há falar em propaganda eleitoral realizada por meio do Twitter, uma vez que essa rede social não leva ao conhecimento geral as manifestações nela divulgadas. 4. A divulgação no Twitter de manifestação de cunho eleitoral no âmbito de evento partidário não tem o condão de caracterizar propaganda eleitoral extemporânea. 5. Recurso especial provido" (Ac. de 12-9-2013 no Respe n. 7.464, Rel. Min. Dias Toffoli).

Instrui o Tribunal Superior Eleitoral que a livre manifestação de pensamento do eleitor identificado na internet é passível de limitação quando ocorrer ofensa à honra de terceiros ou divulgação de fatos sabidamente inverídicos. Em qualquer tempo, seja antes ou durante a propaganda eleitoral, havendo crime contra a honra de candidato, partido, federação ou coligação, bem como a difusão de fatos notoriamente inverídicos, tem a Justiça Eleitoral obrigação de coibir esses excessos (art. 27, §§ 1º e 2º, da Resolução n. 23.610/2019).

Como forma de combate às malsinadas *fake news*, o Tribunal Superior Eleitoral determinou ser vedada a divulgação ou compartilhamento de fatos sabidamente inverídicos ou gravemente descontextualizados que atinjam a integridade do processo eleitoral, inclusive os processos de votação, apuração e totalização de votos, devendo o juízo eleitoral, a requerimento do MPE, determinar a cessação do ilícito, sem prejuízo de apuração de responsabilidade penal, abuso de poder e uso indevido dos meios de comunicação (art. 9º-A da Resolução TSE n. 23.610/2019).

Cite-se que o Plenário do Tribunal Superior Eleitoral, por maioria, no julgamento do Agravo Regimental, no Respe n. 1421-84, assentou que a propaganda institucional, realizada nos três meses antecedentes ao pleito, por meio de conta de cadastro gratuito, como o Twitter, configura o ilícito previsto no art. 73, VI, *b*, da Lei n. 9.504/97[74].

Em 2017, o entendimento acima foi corroborado por unanimidade pelo STF, ao analisar recurso ordinário interposto de decisão que julgou procedente ação de investigação judicial eleitoral por conduta vedada consubstanciada na realização de publicidade institucional no site do governo, em qualquer ente federativo, nos três meses antecedentes ao pleito[75]. Importa consignar que a jurisprudência do referido Tribunal se firmou no sentido de que o chefe do Poder Executivo é responsável pela divulgação da publicidade institucional, independentemente de delegação administrativa, em decorrência da atribuição intrínseca ao cargo de zelar pelo conteúdo veiculado[76].

---

[74] Agravo Regimental no Respe n. 1.421-84, Curitiba/PR, Rel. Min. João Otávio de Noronha, em 9-6-2015.

[75] RO n. 1723-65, Brasília/DF, Rel. Min. Admar Gonzaga, j. 7-12-2017.

[76] AgR-RO n. 2510-24, Rel. Min. Maria Thereza de Assis Moura, *DJe* 2-9-2016.

Em razão da diversidade de possibilidades de realização de propaganda eleitoral na internet, a nova legislação cuidou de estipular os modos pelos quais ela poderá ser desenvolvida. Assim, a propaganda eleitoral na internet poderá ser utilizada por meio das seguintes formas:

a) em sítio do candidato, com endereço eletrônico comunicado à Justiça Eleitoral e hospedado, direta ou indiretamente, em provedor de serviço de internet estabelecido no país;

b) em sítio do partido ou da coligação, com endereço eletrônico comunicado à Justiça Eleitoral e hospedado, direta ou indiretamente, em provedor de serviço de internet estabelecido no país;

c) por meio de mensagem eletrônica para endereços cadastrados gratuitamente pelo candidato, partido ou coligação;

d) por meio de *blogs*, redes sociais, sítios de mensagens instantâneas e aplicações de internet assemelhadas, cujo conteúdo seja gerado ou editado por candidatos, partidos ou coligações ou qualquer pessoa natural, desde que não contrate impulsionamento de conteúdos (art. 57-B, I, II, III e IV, *a* e *b*, da Lei n. 9.504/97).

A finalidade desse dispositivo, *en passant*, pende para a assertiva de que essas formas de realização de propaganda na internet são hipóteses taxativas – *numerus clausus*. No entanto, considerando a celeridade das inovações tecnológicas, configura-se de melhor exegese afirmar esse elenco como hipóteses exemplificativas, podendo novas formas ser acrescentadas pela jurisprudência.

A minirreforma eleitoral de 2017 (Lei n. 13.488, de 2017) estabeleceu, ainda, que os endereços eletrônicos das aplicações de que trata o artigo 57-B, ressalvando aqueles de iniciativa de pessoa natural, deverão ser comunicados à Justiça Eleitoral. As páginas virtuais podem ser mantidas durante todo o pleito eleitoral, inclusive com os mesmos endereços eletrônicos em uso antes do início da propaganda eleitoral.

Na internet, é vedada a veiculação de qualquer tipo de propaganda eleitoral paga. Para garantir esse desiderato, veda-se, mesmo que gratuitamente, a veiculação de propaganda eleitoral na internet em sítios de pessoas jurídicas, com ou sem fins lucrativos; e sítios oficiais ou hospedados por órgãos ou entidades da administração pública direta ou indireta da União, dos Estados, do Distrito Federal e dos Municípios (art. 57-C, § 1º). Foi excetuado desse mandamento o impulsionamento de conteúdos, desde que identificado de forma inequívoca como tal e contratado exclusivamente por partidos, coligações e candidatos e seus representantes (art. 57-C, *caput*, da Lei n. 9.504/97). A referida exceção à regra é inovação advinda da Lei n. 13.488/2017. Os efeitos dessa liberação é privilegiar as candidaturas mais aquinhoadas economicamente, abrindo um precedente que pode mercantilizar toda a mídia social.

O legislador, atento à realidade cibernética da propaganda eleitoral, permitiu, expressamente, que os candidatos e partidos políticos realizem essa forma de propaganda por meio de "*posts* impulsionados", os quais funcionam mediante pagamento de um determinado valor às redes sociais ou aos mecanismos de busca na internet, para que o post de divulgação do candidato apareça em destaque na *timeline* (linha do tempo para visualização) dos usuários da mídia social ou nos resultados de busca do *Google*, por exemplo.

No mesmo artigo acima mencionado, em seu parágrafo 3º, estabelece as regras para a contratação do impulsionamento, determinando que deverá ser contratado diretamente com provedor da aplicação de internet com sede e foro no Brasil, ou de sua filial, sucursal, escritório, estabelecimento ou representante legalmente estabelecido no país, e apenas com o fim de promover ou beneficiar candidatos ou suas agremiações.

Convém destacar a parte final do referido parágrafo, pois ela assevera que os *posts* em testilha só poderão ser utilizados para destacar os aspectos positivos do candidato ou partido político. Logo, entende-se que, consequentemente, não se deve utilizar o impulsionamento para fazer críticas ou comentários pejorativos aos candidatos oponentes. Essa discussão será bastante acirrada, porque as propagandas de conteúdo negativo não devem sofrer mitigação, desde que não divulguem fato inverídico ou veiculem calúnia, injúria ou difamação.

Além disso, o mesmo artigo disciplina que a sua violação sujeita o responsável pela divulgação da propaganda ou pelo impulsionamento de conteúdos e, quando comprovado seu prévio conhecimento, o beneficiário também, ao pagamento de multa no valor de R$ 5.000,00 a R$ 30.000,00 ou em valor equivalente ao dobro da quantia despendida, se esse cálculo superar o limite máximo da multa (art. 57-C, § 2º da LE).

Nessa senda, registra-se que a publicação na internet de novos conteúdos ou impulsionamento no dia da eleição é tipificado como crime, consoante estabelece o art. 39, § 5º, IV da Lei n. 9.504/97. Ressalte-se que podem ser mantidas em funcionamento as aplicações e os conteúdos publicados anteriormente. A criação dessa nova tipificação não surtirá efeitos porque se pode impulsionar conteúdos até as últimas horas da véspera da eleição sem nenhum problema ou utilizar de usuários não identificados, localizados até mesmo em outros países, para difundir notícias falsas.

O provedor de aplicação de internet que possibilite o impulsionamento pago de conteúdos deverá contar com canal de comunicação com seus usuários e somente poderá ser responsabilizado por danos decorrentes do conteúdo impulsionado se, após ordem judicial específica, não tomar as providências para, no âmbito e nos limites técnicos do seu serviço e dentro do prazo assinalado, tornar indisponível o conteúdo apontado como infringente pela Justiça Eleitoral. Tencionou a legislação eleitoral criar um contato entre os usuários e as empresas de mídia social para que os conteúdos afrontosos sejam retirados de forma mais célere possível, igualmente com a finalidade de receber ordens judiciais e agilizar seu cumprimento.

Já em relação aos *sites* de órgãos ou entidades do Estado, ou por eles mantidos, a proibição de propaganda política corrobora a vedação à propaganda em bens públicos, já que esta prática não se harmoniza aos princípios constitucionais da Administração Pública.

Outra temática de suma importância diz respeito à necessidade de a Justiça Eleitoral coibir comportamentos ilegítimos, de *players* que se utilizam do ambiente da internet e de suas principais plataformas de acesso e de conteúdo para vilipendiar a legitimidade e a higidez do pleito eleitoral, mediante a utilização de *fake news* (notícias falsas), em flagrante descompasso com os princípios reitores do processo político-eleitoral[77].

No intuito de coibir estas notícias falsas, o TSE formou para as eleições de 2018 o Conselho Consultivo sobre Internet e Eleições, instituído pela Portaria 949, de 7 de dezembro de 2017, cujo objetivo

---

[77] Trecho do Voto do Min. Luiz Fux, por ocasião do julgamento da Instrução/PA 0604335-14.2017.6.00.0000/DF, sessão de 18-12-2017.

principal é desenvolver pesquisas e estudos sobre as regras eleitorais e a influência da internet nas eleições, em especial o risco das *fake news* e o uso de robôs na disseminação das informações. Para auxiliar nessa árdua missão, inclui-se no debate o governo e os órgãos de inteligência para abordar o tema nas eleições. Com isso, objetiva-se elaborar a sugestão de uma lei sobre o assunto.

Assim, não é admitida a veiculação de conteúdos de cunho eleitoral mediante cadastro de usuário de aplicação de internet com a intenção de falsear identidade (art. 57-B, §§ 1º e 2º da Lei n. 9.054/97), pois o seu objetivo, seguramente, será a divulgação de notícias falsas para denegrir os concorrentes na disputa eleitoral. Contudo, a difusão de notícias falsas é uma ilicitude, seja proveniente de usuários com identificação ou de usuários anônimos. Registra-se, com isso, que a violação do artigo em comento enseja o usuário responsável pelo conteúdo e, quando comprovado seu prévio conhecimento, o beneficiário, a multa no valor de R$ 5.000,00 a R$ 30.000,00 ou em valor equivalente ao dobro da quantia despendida, se esse cálculo superar o limite máximo da multa (art. 57-B, § 5º).

Não se permite o impulsionamento com a utilização de conteúdos e ferramentas digitais não disponibilizadas pelo provedor de aplicação de internet, ainda que gratuitas, para alterar o teor ou a repercussão de propaganda eleitoral, tanto próprio quanto de terceiros (§§ 3º e 4º do art. 57-B da Lei n. 9.504/97). Ou seja, o impulsionamento não pode servir para a difusão de *fake news*, densificando o conteúdo negativo de fatos, ou adulterar a realidade para amenizar situações.

Nesse delinear, percebe-se que a violação do disposto nessas regras em estudo neste tópico sujeita o responsável pela divulgação da propaganda ou pelo impulsionamento de conteúdos e, quando comprovado seu prévio conhecimento, o beneficiário, ao pagamento de multa no valor de R$ 5.000,00 a R$ 30.000,00 ou em valor equivalente ao dobro da quantia despendida, se esse cálculo superar o limite máximo da multa (art. 57-C, § 2º da LE).

Igualmente como é exigida para os outros meios de veiculação de publicidade eleitoral, a responsabilização dos autores pela propaganda irregular via internet não pode ser realizada sem um conjunto probatório mínimo, que demonstre a certeza sobre sua autoria.

Para garantir a livre manifestação de pensamento, permitindo que todos os cidadãos exponham o seu pensamento, responsabilizando-se pelo seu conteúdo, a Constituição Cidadã, ao assegurar a liberdade de expressão, vedou o anonimato, exigindo a identificação do autor do conteúdo expresso. Seu campo de incidência não admite mitigações, abrangendo a campanha política e as publicações na internet.

Também é assegurado o direito de resposta ao ofendido, de acordo com as suas normas específicas previstas nos arts. 58, § 3º, IV, *a*, *b* e *c*, e 58-A, bem como por outros meios de comunicação interpessoal mediante mensagem eletrônica (art. 57-D, *caput*, da Lei n. 9.504/97). Ou seja, os princípios constitucionais que se aplicam aos meios de comunicação tradicionais valem para os veículos cibernéticos. Por sua vez, o direito de resposta apenas poderá ser efetivamente utilizado caso se tenha ciência da identidade da pessoa de quem partiram informações supostamente inverídicas, levando o ofendido ao degredo social, comprometendo sua reputação política[78].

Inclusive, mesmo sendo as acusações realizadas por terceiros, o órgão propagandístico que as veiculou deverá arcar com o ônus da veiculação da resposta do ofendido, haja vista ter este órgão participação nos ataques à pessoa a que era dirigida à propaganda política, como, por exemplo, revista ou jornal, contra candidato, partido político ou coligação, imputando-lhes fatos inverídicos, arcará com os ônus do direito de resposta.

Sob a atual legislação, deve-se destacar que os legitimados para exercer o direito de resposta, no período eleitoral, são apenas o candidato, o partido político ou a coligação que foram ofendidos[79]. Pessoas outras que não sejam candidatos, nem façam parte do processo eleitoral, não podem exercer o direito de resposta.

Entretanto, discorda-se do posicionamento jurisprudencial do TSE, uma vez que não há razoabilidade alguma em deixar o ultrajado sem direito de resposta. Por exemplo, é inconcebível que um funcionário de um partido político que não seja candidato a algum cargo eletivo

---

[78] Aprofundar-se-á a respeito do tema no item 9.13. deste capítulo.

[79] "(...). 1. Na linha dos precedentes desta c. Corte, apenas candidatos, partidos políticos e coligações detêm legitimidade para pleitear direito de resposta em face de suposta ofensa veiculada durante a exibição de propaganda partidária. (...)" (Ac. de 12-11-2009 no EARP n. 890, Rel. Min. Felix Fischer).

não possa pleitear o direito de resposta em defesa de sua integridade moral. A situação em comento se dá, igualmente, com um Governador de Estado que não esteja concorrendo mais a algum mandato político, sendo, todavia, atacado em propaganda eleitoral, de tal modo que se sinta ofendido, por ter sua honra maculada.

Sendo assim, como a possibilidade de exercitar o direito de resposta contra acusações veiculadas em publicidades políticas é apenas dos candidatos, partidos políticos, ou representantes de coligações, há verdadeira permissão legal para acusações infundadas contra todos aqueles que não forem um desses três sujeitos.

Antes do julgamento da ADPF 130, que declarou a não recepção da Lei de Imprensa (Lei n. 5.250/67) pela Constituição Federal de 1988, prevalecia solução no sentido de que o direito de resposta a ser exercido por terceiros que não fossem candidatos, contudo ofendidos por propaganda política, deveria seguir os parâmetros que a referida lei dispunha sobre a matéria. Assim era a Resolução n. 22.142/2006 do Tribunal Superior Eleitoral. Atento às repercussões práticas de difícil solução que a ausência de preceito específico sobre o tema poderia gerar, o Tribunal Superior Eleitoral se posicionou no sentido de que os pedidos de resposta formulados por terceiro, em relação ao que foi veiculado no horário eleitoral gratuito, sejam examinados pela Justiça Eleitoral, devendo observar os procedimentos previstos na Lei n. 9.504/97, naquilo que couber (art. 34 da Resolução n. 23.608/2019).

Deve-se atentar mais ainda no que tange às críticas que apontem erros da Administração Pública. Não é toda prática que poderá ser considerada caluniosa e indevida a ensejar direito de resposta. É um ônus imposto aos mandatários públicos a exposição ao eleitorado, constituindo-se em prerrogativa da população a possibilidade de apontar falhas no atual modelo político adotado pelo Poder Público, sem que isso configure qualquer conduta passível de punição.

Assim, as propagandas veiculadas notadamente pelos candidatos da oposição ao governo merecem especial atenção, para auferir se elas ultrajam a honra dos mandatários ou se eles estão simplesmente exercendo o direito constitucional de realizar oposição política. Não se quer com isso dizer que as afirmações realizadas pelos candidatos da oposição ao governo não acarretam direito de resposta. O que se busca expor é que não é toda e qualquer assertiva que deles parta, explicitando falhas na utilização da res publica, que acarretará direito de resposta, mas apenas aquelas que transcendam para o estágio de ofensas aos administradores públicos.

Quando a propaganda na internet ensejar direito de resposta, o pedido pode ser feito a qualquer tempo ou em 72 horas após a sua retirada (inciso IV do § 1º do art. 58 da LE, incluído pela Lei n. 13.165/2015). A inicial deverá ser instruída com cópia eletrônica da página em que foi divulgada a ofensa e com a perfeita identificação de seu endereço na internet (URL) (art. 32, IV, *b*, da Resolução n. 23.608/2019).

Explicitando, ainda mais, a finalidade de proteger os ofendidos por publicações inverídicas de propagandas eleitorais, caso haja a desobediência por partes dos órgãos da Justiça Eleitoral dos prazos referentes ao exercício do direito de resposta, ser-lhe-ão aplicadas as sanções do art. 345 do Código Eleitoral. O art. 345 do Código Eleitoral aduz que o não cumprimento, pela autoridade judiciária, ou por qualquer funcionário dos órgãos da Justiça Eleitoral, nos prazos legais, dos deveres por ele impostos, sujeita os responsáveis ao pagamento de trinta a noventa dias-multa, se a infração não estiver sujeita a outra penalidade.

Ainda na busca de alcançar essa finalidade, o não cumprimento integral, ou em parte, da decisão que reconhecer o direito de resposta, sujeitará o infrator ao pagamento de multa no valor de R$ 5.320,50 a R$ 15.961,50, que poderá ser duplicada, em caso de reiteração de conduta, sem prejuízo da aplicação do art. 347 do Código Eleitoral, conforme prevê o § 8º do art. 58 da Lei n. 9.054/97[80].

Por fim, o art. 347 do Código Eleitoral, por sua vez, afirma que, se alguém recusar o cumprimento ou a obediência a diligências, ordens ou instruções da Justiça Eleitoral ou opor embaraços à sua execução, a ele será aplicada a sanção de detenção, de três meses a um ano, com o pagamento de dez a vinte dias-multa.

Além das outras sanções impostas, a violação das regras de veiculação de propaganda irregular sujeitará seu responsável e, quando comprovado seu prévio conhecimento, o beneficiário à multa no valor de R$ 5.000,00 a R$ 30.000,00 (art. 57-D, § 2º, da Lei n. 9.504/97). A multa aplicada, como sanção à extrapolação da liberdade de pensa-

---

[80] *Vide*, também, o art. 19 da Resolução n. 23.547/2017.

mento na propaganda eleitoral, tem os mesmos valores econômicos daquela ministrada aos casos de veiculação de propaganda eleitoral paga na internet, prevista no art. 57-C, § 2º, da mesma Lei Eleitoral.

Aplicam-se ao provedor de conteúdo e de serviços multimídia que hospeda a divulgação da propaganda eleitoral de candidato, de partido ou de coligação as penalidades previstas na Lei n. 9.504/97, se, no prazo determinado pela Justiça Eleitoral, contado a partir da notificação de decisão sobre a existência de propaganda irregular, não tomar providências para a cessação dessa divulgação (art. 57-F, *caput*). Desde que intimado da decisão que considerar determinada propaganda eleitoral irregular e, mesmo assim, nada fazendo para sobrestá-la, o provedor que a hospeda está, efetivamente, contribuindo para a circulação da propaganda ilícita.

De toda sorte, o provedor de conteúdo ou de serviços multimídia só será considerado responsável pela divulgação da propaganda se a publicação do material for comprovadamente de seu prévio conhecimento (art. 57-F, parágrafo único, da Lei n. 9.504/97). Consideração que deve ser feita é em relação à diferença do texto normativo desse dispositivo, aplicado na situação em que o provedor é previamente consciente da veiculação da propaganda irregular, sendo, portanto, o responsável; com o da redação anterior, aplicado quando o provedor não faz algo para cessar a propaganda.

As mensagens eletrônicas enviadas por candidato, partido ou coligação, por qualquer meio, deverão dispor de mecanismo que permita seu descadastramento pelo destinatário, obrigando o remetente a providenciá-lo no prazo de 48 horas (art. 57-G, *caput*, da Lei n. 9.504/97). A propaganda eleitoral desempenhada por meio de mensagens eletrônicas, como e-mail, não pode ser autovinculativa, de tal modo que seu destinatário fique impossibilitado de não a receber, contrariamente à sua vontade. Para isso, dela devem constar mecanismos que possam viabilizar seu descadastramento – que deverá ser realizado pelo emissor no prazo máximo de 48 horas, de forma obrigatória –, bem como não se permite a venda de cadastros eletrônicos. Destarte, as mensagens eletrônicas enviadas após o término do prazo de 48 horas, contados do pedido de descadastramento, sujeitam os responsáveis ao pagamento de multa no valor de R$ 100,00 por mensagem (art. 57-G, parágrafo único, da Lei n. 9.504/97).

Ora, pelo fato de a internet propiciar ampla celeridade e, como regra geral, sem maiores formalidades para a divulgação de suas informações, a legislação eleitoral se preocupou em aplicar sanção ao agente que veicular propaganda eleitoral, atribuindo sua autoria a terceiro, ou mesmo a candidato, partido político ou coligação. Assim, o agente que impor a autoria de propaganda eleitoral via internet a pessoa que não a tenha realizado sofrerá aplicação da pena de multa no valor de R$ 5.000,00 a R$ 30.000,00, além das demais sanções aplicáveis (art. 57-H da Lei n. 9.504/97).

Tratando-se de empresa estrangeira, responde solidariamente pelo pagamento das multas eleitorais sua filial, sua sucursal, seu escritório ou seu estabelecimento situado no país (art. 28, § 8º, da Resolução n. 23.610/2019).

O art. 240, parágrafo único, do Código Eleitoral está revogado em razão de sua contradição com a Lei Eleitoral. Ele impedia que, desde 48 horas antes até 24 horas depois da eleição, qualquer propaganda política realizada por meio de radiodifusão, televisão, comícios ou reuniões públicas pudessem ocorrer. Desse modo, não há limite temporal para a veiculação de propaganda política pela internet, a não ser o impulsionamento no dia da eleição, como ocorre, por exemplo, para a publicidade realizada por meio de distribuição de material gráfico, caminhada, carreata, passeata, que poderão ser realizadas até as 22 horas do dia que antecede a eleição, conforme disposição do art. 39, § 9º, da Lei n. 9.504/97.

10.11. DEBATES ELEITORAIS

O debate é o meio pelo qual os candidatos ao pleito eleitoral têm de confrontar suas ideias e posicionamentos partidários, expondo suas ideologias e pretensões para que o eleitorado possa analisar, além das propostas, qual candidato está apto a receber o seu voto e conduzir a coisa pública.

Seu acontecimento para o processo eleitoral é deveras importante, pois se torna um momento salutar para a formação do convencimento do eleitor acerca dos candidatos que estão a disputar determinado cargo público. Para o Tribunal Superior Eleitoral, o processo dialético, em que os candidatos estão confrontando suas ideias, desde que exercido nos limites do respeito aos direitos individuais e institucionais, deve ser assegurado de modo amplo, a fim de que este possa contribuir para a formação da livre opinião do eleitor acerca do candidato que merece o seu sufrágio[81].

Seu disciplinamento legal encontra fulcro no art. 46 da Lei n. 9.504/97, assim como nos seus respectivos incisos e parágrafos. Ele será realizado segundo as regras estabelecidas em acordo celebrado entre os partidos políticos e a pessoa jurídica interessada na realização do evento, dando-se ciência à Justiça Eleitoral (art. 46, § 4º, da Lei n. 9.504/97).

Com a minirreforma eleitoral de 2017, restou assentado que, independentemente da veiculação de propaganda eleitoral gratuita no horário, é facultada a transmissão por emissora de rádio ou televisão de debates sobre as eleições majoritária ou proporcional, sendo assegurada a participação de candidatos dos partidos com representação no Congresso Nacional, de, no mínimo, cinco parlamentares (e que tenham requerido o registro de candidatura na Justiça Eleitoral) e facultada a dos demais. (Lei n. 9.504/97, art. 46 c/c art. 44, § 1º, da Resolução n. 23.610/2019).

Instrui o TSE que ter representação de cada partido político no Congresso Nacional a resultante da eleição, ressalvando-se as mudanças de filiação partidária ocorridas até a data da convenção e que, relativamente aos Deputados Federais, não tenham sido contestadas ou cuja justa causa tenha sido reconhecida pela Justiça Eleitoral (§ 6º, inciso II, do art. 44 da Resolução n. 23.610/2019). Mencionada mudança foi objeto da ADI n. 5.423, cujo relator era o Ministro Dias Toffoli. No dia 19 de dezembro de 2017, por maioria de votos e nos termos do voto do Relator, foi julgado improcedente o pedido formulado, ou

---

[81] "Agravo regimental. Direito de resposta. Propaganda. Não infringência do art. 11 da Resolução-TSE n. 22.032/2005. Improcedência. 1. Não havendo demonstração inequívoca de que houve divulgação de conceito, imagem ou afirmação caluniosa, difamatória, injuriosa ou sabidamente inverídica, não se concede, com base no art. 11 da Resolução-TSE n. 22.032/2005, direito de resposta. 2. É da natureza do debate de ideias o exercício de crítica veemente, como forma de discordar dos pontos de vista apresentados pela parte contrária. 3. O processo dialético, desde que exercido nos limites do respeito aos direitos individuais e institucionais, deve ser assegurado de modo amplo, sem submissão ao exercício do poder de polícia. 4. Agravo regimental improcedente" (Ac. n. 817, de 20-10-2005, Rel. Min. José Delgado).

seja, foi considerado constitucional o arts. 46, *caput*, expressão "superior a nove deputados", e 47, § 2º, da Lei n. 9.504/97 (Lei das Eleições), com a redação da Lei n. 13.165/2015[82]. Todavia, o referido julgamento se torna sem valor em razão do advento da Lei n. 13.488/2017, a qual deu nova redação ao art. 46 em comento. Quanto ao dispositivo 47,

---

[82] "Ação direta de inconstitucionalidade. Arts. 46, *caput*, expressão 'superior a nove deputados', e 47, § 2º, da Lei n. 9.504/97 (Lei das Eleições), com a redação da Lei n. 13.165/2015. Debates eleitorais no rádio e na televisão. Participação garantida aos candidatos dos partidos políticos com representação superior a nove deputados. Critério razoável de aferição da representatividade do partido. Distribuição do tempo de propaganda eleitoral gratuita. Compreensão do princípio da igualdade em seu aspecto material. Legitimação popular das agremiações partidárias. Improcedência do pedido. 1. O art. 46, *caput*, da Lei n. 9.504/97 assegura a participação, nos debates eleitorais, dos candidatos dos partidos políticos com mais de 9 (nove) representantes na Câmara dos Deputados. Critério razoável de aferição da representatividade do partido, pois não obsta a participação nos debates de legendas com menor representatividade, a qual ainda é facultada, a critério das emissoras de rádio e televisão. O direito de participação em debates eleitorais – diferentemente da propaganda eleitoral gratuita no rádio e na televisão –, não tem assento constitucional e pode sofrer restrição maior, em razão do formato e do objetivo desse tipo de programação. 2. Os incisos I e II do § 2º do art. 47 da Lei n. 9.504/97, em consonância com a cláusula democrática e com o sistema proporcional, estabelecem regra de equidade, resguardando o direito das minorias partidárias de acesso à propaganda eleitoral e pondo em situação de benefício não odioso aquelas agremiações mais lastreadas na legitimidade popular. O tempo outorgado proporcionalmente à representatividade, embora dividido de forma distinta entre as agremiações, não nulifica a participação de nenhuma legenda concorrente. Precedente: ADI n. 4.430, de minha relatoria, Tribunal Pleno, *DJ* 19-9-2013. 3. A consideração, na distribuição do tempo de propaganda eleitoral gratuita, da representatividade dos seis maiores partidos políticos de determinada coligação, formada para as eleições majoritárias (inciso I, do § 2º, do art. 47, da Lei n. 9.504/97), é critério que objetiva um equilíbrio na distribuição do tempo de horário eleitoral gratuito, evitando a concentração, em uma coligação majoritária, de dada quantidade de tempo que pudesse caracterizar o monopólio do horário ou a posse de tempo muito maior do que o dos candidatos adversários. Outrossim, esse regramento desestimula a criação de legendas de ocasião, partidos políticos criados sem nenhuma motivação ideológica, com o único escopo de angariar tempo de propaganda eleitoral. 4. Ação direta de inconstitucionalidade julgada improcedente."

§ 2º, não houve alteração com a minirreforma de 2017, permanecendo que os horários reservados à propaganda de cada eleição serão distribuídos entre todos os partidos e coligações que tenham candidato, observados os seguintes critérios em seus incisos.

Contudo, as regras dos debates não ficam ao livre-arbítrio dos partidos políticos e dos interessados. É preciso que elas se encaixem devidamente dentro do princípio da isonomia entre os participantes, para que no momento em que forem estabelecidas não levem, indevidamente, benefício a um candidato em detrimento de outro.

Para os debates que se realizarem no primeiro turno das eleições, serão consideradas aprovadas as regras, inclusive as que definirem o número de participantes, que obtiverem a concordância de pelo menos 2/3 (dois terços) dos candidatos aptos, no caso de eleição majoritária, e de pelo menos 2/3 (dois terços) dos partidos com candidatos aptos, no caso da eleição proporcional (art. 46, § 5º, da Lei n. 9.504/97, com redação dada pela Lei n. 14.211/2021).

Aqueles candidatos que tiveram seu registro indeferido, mas que estão *sub judice*, igualmente podem participar dos debates eleitorais e exercer todos os atos de campanha até que sua pendência judicial seja resolvida (art. 16-A da LE c/c art. 44, § 1º, da Resolução n. 23.610/2019)[83].

A emissora responsável e os demais candidatos que representem 2/3 dos aptos, ao elaborarem as regras de realização dos debates, não podem deliberar pela exclusão de candidato cuja presença já esteja garantida. Emissora de rádio ou de televisão poderá convidar candidato cuja participação seja facultativa, sendo vedada sua exclusão pela deliberação da maioria dos candidatos aptos (§§ 2º e 3º do art. 44 da Resolução n. 23.610/2019).

---

[83] "Consulta. Associação brasileira de emissoras de rádio e televisão – ABERT. Ilegitimidade ativa. Relevância da matéria. Conhecimento como petição. Eleições. Debates. Regras. Art. 46, § 5º, da Lei n. 9.504/97. Candidatos aptos. Representação na câmara dos deputados. 1. Para os fins do art. 46, § 5º, da Lei n. 9.504/97, são considerados aptos os candidatos filiados a partido político com representação na Câmara dos Deputados e que tenham requerido o registro de candidatura na Justiça Eleitoral. 2. Julgado o registro, permanecem aptos apenas os candidatos com registro deferido ou, se indeferido, esteja sub judice. 3. Consulta recebida como petição e respondida nos termos do voto do ministro relator" (Res. n. 23.273, de 8-6-2010, Rel. Min. Aldir Passarinho Junior).

Se, todavia, não existir consenso dos participantes para a devida fixação de regras de realização dos debates, a regulamentação realiza-se de acordo com os dispositivos contidos na Lei n. 9.504/97, em seu art. 46, incisos I, alíneas *a* e *b*, II e III c/c a Resolução n. 23.610/2019, nos termos de seu art. 45. Dispõe o mencionado artigo que, em se tratando de eleição majoritária, a apresentação dos debates pode ser feita em conjunto, estando presentes todos os candidatos a um mesmo cargo eletivo; ou em grupos, estando presentes, no mínimo, três candidatos. Tratando-se de eleições proporcionais, os debates deverão ser organizados de modo que seja assegurada a presença de número equivalente de candidatos de todos os partidos políticos e coligações a um mesmo cargo eletivo, respeitada a proporção de homens e mulheres estabelecida no § 3º do art. 10 da LE – mínimo de 30% (trinta por cento) e máximo de 70% (setenta por cento) para candidaturas de cada sexo – podendo desdobrar-se em mais de um dia (art. 46, I e II, da LE, com a redação dada pela Lei n. 14.192/2021).

Outrossim, os debates necessitam ser parte de programação previamente estabelecida e divulgada pela emissora, fazendo-se mediante sorteio a escolha do dia e da ordem de fala de cada candidato (art. 46, III, da LE).

Para delinear os debates da forma mais paritária possível, impedindo sua manipulação ou privilégio a certos candidatos, quatro postulados devem ser respeitados:

a) é admitida a realização de debate sem a presença de candidato de algum partido político ou de coligação, desde que o veículo de comunicação responsável comprove tê-lo convidado com a antecedência mínima de 72 horas da realização do debate (art. 46, § 1º, da LE);

b) é vedada a presença de um mesmo candidato a eleição proporcional em mais de um debate da mesma emissora (art. 46, § 2º, da LE);

c) o horário destinado à realização de debate poderá ser destinado à entrevista de candidato, caso apenas este tenha comparecido ao evento (art. 46, III, da Resolução n. 23.610/2019);

d) no primeiro turno, o debate poderá se estender até as 7h da sexta-feira imediatamente anterior ao dia da eleição e, no caso de segundo turno, não poderá ultrapassar o horário de meia-noite da sexta-feira imediatamente anterior ao dia do pleito (art. 46, IV, da Resolução n. 23.610/2019).

Caso haja descumprimento das regulamentações supracitadas, após processo judicial em que serão assegurados o contraditório e a ampla defesa, a empresa infratora ficará sujeita à suspensão, por 24 horas, de sua programação, com a transmissão intercalada, a cada 15 minutos, de mensagem de orientação ao eleitor. Em cada reiteração de conduta, o período de suspensão será duplicado (arts. 46, § 3º, e 56, §§ 1º e 2º, da Lei n. 9.504/97). Saliente-se que se trata de sanção aplicável apenas na circunscrição do pleito (§ 2º do art. 47 da Resolução n. 23.610/2019).

10.12. PESQUISAS ELEITORAIS

As pesquisas eleitorais não são necessariamente uma forma de propaganda, no entanto, muitos eleitores a utilizam como forma de parâmetro para a decisão de que candidato receberá seu voto[84]. Muitos postulantes a mandato popular também a utilizam como termômetro de suas campanhas, sabendo em quais locais devem despender esforços para angariar mais eleitores. Atenta a essa situação, a Justiça Eleitoral as regulamentou a fim de que seus resultados estejam o mais próximo possível da realidade, tentando afastá-las de serem utilizadas como instrumento escuso de campanha.

O real objetivo das pesquisas eleitorais é demonstrar a tendência eleitoral da população, funcionando como fator de avaliação da campanha. Elas possibilitam, ainda, se os resultados não forem os desejáveis, a correção nos rumos da disputa política. Portanto, a regulamentação mais minuciosa das pesquisas eleitorais se mostrou imprescindível.

Sendo assim, estipulou-se que a Justiça Eleitoral deverá fixar, no prazo de vinte e quatro horas, no local de costume, bem como divulgar em seu *site* na internet, aviso comunicando o registro das informações sobre pesquisas e testes pré-eleitorais, colocando-as à disposição dos partidos ou das coligações com candidatos ao pleito, que a elas terão livre acesso pelo prazo de trinta dias (art. 33, § 2º, da Lei n. 9.504/97). A redação anterior desse dispositivo falava apenas, por meio de um conceito vago, que a Justiça Eleitoral deveria fixar "imediatamente" as informações sobre pesquisas e testes pré-eleitorais. Com a redação in-

---

[84] LINS, Newton. *Propaganda eleitoral*: comentários jurídicos. 2. ed. Brasília: Brasília Jurídica, 2006, p. 167.

troduzida pela Lei n. 12.034/2009, de forma precisa, estabeleceu-se prazo certo, de 24 horas, para a disponibilização dessas informações, por parte da Justiça Eleitoral, inclusive em seu próprio *site*.

Outra questão fundamental para análise é a obrigatoriedade de registro de pesquisas e testes eleitorais. Ela se mostra necessária, principalmente, para evitar manipulações à consulta popular, por meio de pesquisas previamente preparadas, em que, por exemplo, um entrevistador consulta somente cidadãos de uma região que, tradicionalmente, apoiam determinado partido ou candidato, o que produz um resultado errôneo no material auferido.

O prazo de 30 dias deve ser entendido como um prazo mínimo, sendo de bom alvitre que essa duração temporal possa ser mais estendida para propiciar uma melhor fiscalização das pesquisas divulgadas.

As pesquisas eleitorais que são apenas para consumo interno não têm obrigatoriedade de serem registradas, haja vista que seu conteúdo não é exteriorizado.

Com efeito, a partir de 1º de janeiro do ano eleitoral as entidades e empresas que realizarem pesquisas de opinião pública relativas às eleições ou aos candidatos para conhecimento público são obrigadas, para cada pesquisa, a registrar no Juízo Eleitoral ao qual compete fazer o registro dos candidatos, com no mínimo cinco dias de antecedência da divulgação, as seguintes informações:

a) quem contratou a pesquisa, seguindo o número de inscrição no CPF ou CNPJ;

b) valor e origem dos recursos despendidos no trabalho;

c) metodologia e período de realização da pesquisa;

d) plano amostral e ponderação quanto a sexo, idade, grau de instrução e nível econômico do entrevistado; área física de realização do trabalho a ser executado, nível de confiança e margem de erro, com a indicação da fonte pública dos dados utilizados;

e) sistema interno de controle e verificação, conferência e fiscalização da coleta de dados e do trabalho de campo;

f) questionário completo aplicado ou a ser aplicado;

g) nome de quem pagou pela realização do trabalho e o respectivo número de inscrição no CPF ou CNPJ;

h) cópia da nota fiscal;

i) nome do estatístico responsável pela pesquisa, acompanhado de sua assinatura com certificação digital e número de seu registro no competente Conselho Regional de Estatística;

j) indicação do Estado ou Unidade da Federação, bem como dos cargos aos quais se refere a pesquisa (art. 2º, I a X, da Resolução n. 23.600/2019).

Para que não pairem dúvidas sobre a natureza do prazo acima aludido, o Tribunal Superior Eleitoral estabeleceu que será excluído o dia do começo e incluído o dia do vencimento (art. 2º, § 2º, da Resolução n. 23.600/2019).

A partir das publicações dos editais de registro de candidatas e candidatos, os nomes de todas eles deverão constar da lista apresentada às pessoas entrevistadas durante a realização das pesquisas (art. 3º da Resolução n. 23.600/2019). A finalidade dessa regra é impedir que as pesquisas eleitorais omitam os nomes dos possíveis candidatos, evitando que elas destoem da realidade pela não inclusão de cidadão devidamente registrado.

Os registros das informações de pesquisas e testes eleitorais deverão ser realizados por meio do Sistema de Registro de Pesquisas Eleitorais, disponível nos sítios eletrônicos dos Tribunais Eleitorais (art. 4º da Resolução n. 23.600/2019), sistema criado com a Resolução n. 23.364/2011.

Os pedidos de registro de pesquisa devem ser dirigidos ao juiz eleitoral, no caso de eleição municipal; aos Tribunais Regionais Eleitorais, nos casos de eleições federais e estaduais; e ao Tribunal Superior Eleitoral, quando se tratar de eleição presidencial. Se a coleta de dados a ser realizada com a pesquisa cujo registro se pleiteia englobar a eleição presidencial e as eleições federais e estaduais, o pedido pode ser dirigido tanto ao Tribunal Regional respectivo como ao Tribunal Superior Eleitoral.

Para utilizar o Sistema de Registro de Pesquisas Eleitorais, as entidades e empresas que realizarem os registros deverão se cadastrar por meio eletrônico, sendo permitido apenas um cadastro por número de inscrição no CNPJ. São elementos obrigatórios do cadastro: o nome de pelo menos um e no máximo três dos responsáveis legais; razão social ou denominação; o número de inscrição no CNPJ; número do registro da empresa responsável pela pesquisa no Conselho Regional de Estatística, caso o tenha; telefone móvel que disponha de aplicativo de mensagens instantâneas para comunicação com a Justiça Eleitoral; correio eletrônico; endereço completo para recebimento de comunicações; telefone fixo; arquivo, no formato PDF, com a íntegra do contrato social, estatuto social ou inscrição como empresário, que comprove o regular registro.

A atualização desses dados fica a cargo, exclusivamente, da entidade ou empresa interessada, tal qual a legibilidade e a integridade do arquivo eletrônico (art. 5º, § 2º, da Resolução n. 23.600/2019).

O Sistema de Registro de Pesquisas Eleitorais permitirá, ainda, a alteração de dados após a sua efetivação, bem como o seu cancelamento, desde que seja antes de expirado o prazo de cinco dias para a divulgação do resultado da pesquisa (art. 8º, *caput*, da Resolução n. 23.600/2019). No entanto, a alteração do registro no campo correspondente à Unidade da Federação é expressamente vedada, devendo o usuário, no caso de erro, cancelar a pesquisa, podendo requerer um novo registro (art. 8º, § 3º, da Resolução n. 23.600/2019).

As pesquisas realizadas em data anterior ao dia das eleições poderão ser divulgadas a qualquer momento, inclusive no dia das eleições, desde que respeitado o prazo de cinco dias para registro e informados o período de realização da coleta de dados, a margem de erro, o nível de confiança, o número de entrevistas, o nome da entidade ou empresa que a realizou e, sendo o caso, de quem a contratou e, por fim, o número de registro da pesquisa (art. 11 c/c arts. 2º e 10 da Resolução n. 23.600/2019).

A divulgação de levantamento de intenção de voto efetivado no dia das eleições pode ser realizada a partir das 17h do horário local em que ocorrer as eleições relativas às escolhas de Governador, Senador e Deputados Federal, Estadual e Distrital e, no caso da eleição para a Presidência da República, após o horário previsto para encerramento da votação em todo o território nacional, consoante dispõe o art. 12 da Resolução n. 23.600/2019.

Mediante requerimento à Justiça Eleitoral, os partidos políticos terão acesso ao sistema interno de controle, verificação e fiscalização da coleta de dados das entidades que divulgaram pesquisas de opinião relativas às eleições, incluídos os referentes à identificação dos entrevistadores e, por meio de escolha livre e aleatória, de planilhas individuais, mapas ou equivalentes, confrontar e conferir os dados publicados, desde que preservada a identidade dos entrevistados (art. 34, §1º, da Lei n. 9.504/97). Essa regra objetiva possibilitar àqueles que são objetos das pesquisas eleitorais a aferição da verossimilhança do resultado das pesquisas com aquilo que fora divulgado. Se o objetivo é manter a retidão dos resultados, o legislador deveria ter oportunizado esse acesso também aos candidatos, e não somente aos partidos políticos.

Para que se atenda a esse *iter*, além dos dados acima referidos, poderá o interessado ter acesso ao relatório entregue ao solicitante da pesquisa, bem como ao modelo do questionário aplicado, para que se facilite a conferência das informações divulgadas (art. 13, § 2º, da Resolução n. 23.600/2019).

No horário eleitoral gratuito, a divulgação de pesquisas deve informar claramente o período de sua realização, a margem de erro, o nível de confiança, o número de entrevistas realizadas, o nome da entidade ou empresa que a realizou e, se for o caso, de quem a contratou e o número de registro da pesquisa, não sendo obrigatória a menção aos concorrentes, desde que o modo de apresentação dos resultados não induza o eleitor a erro quanto ao desempenho do candidato em relação aos demais (art. 14 da Resolução n. 23.600/2019).

No que concerne às impugnações do registro ou da divulgação das pesquisas e testes eleitorais, o Tribunal Superior Eleitoral também estabeleceu regras específicas para tanto. Destarte, para ajuizar essas impugnações, quando desobedecidas as disposições do art. 33 da Lei n. 9.504/97 ou não atendidas as normatizações da Resolução n. 23.600/2019, são legitimados o Ministério Público Eleitoral, os candidatos, os partidos políticos e as coligações que participarem do pleito (art. 15 da Resolução n. 23.600/2019).

Se houver impugnação, o pedido de registro será autuado como representação e distribuído a um relator. O representado será imediatamente notificado, por fac-símile ou no endereço informado pela empresa ou entidade no seu cadastro, para apresentar defesa dentro do prazo de dois dias[85]. Pragmaticamente, o tempo exíguo estabelecido,

---

[85] Importa destacar que a inovação implantada pela Resolução n. 23.549/2017, ao estabelecer a contagem de alguns prazos em dias, configura contradição com a previsão articulada na lei das eleições, na qual os prazos estão estabelecidos em horas, sendo esses prazos contados minuto a minuto a partir da citação ou inti-

segundo demonstrado acima, para o oferecimento da defesa pelo representado, é imposição decorrente da própria intenção de dar celeridade aos procedimentos eleitorais, haja vista as implicações que a delonga sobre a questão discutida na representação pode acarretar.

Cumpre verificar que o Tribunal Superior Eleitoral conferiu ao magistrado o condão de determinar a suspensão da divulgação dos resultados da pesquisa impugnada ou a inclusão de esclarecimento na divulgação de seus resultados. Para que assim se proceda, são necessários dois pressupostos: a relevância do direito invocado e a possibilidade de prejuízo de difícil reparação (art. 16, § 1º, da Resolução n. 23.600/2019).

A dificuldade que emerge é que esses dois pressupostos são erigidos por meio de conceitos jurídicos indeterminados, tendo o relator ampla margem de conformação de seu conteúdo. Destarte, para que se suspenda a divulgação das pesquisas, ou nela se incluam esclarecimentos, não devem ser admitidas presunções vagas e imprecisas, necessitando a representação ser carreada com um robusto lastro probatório, que evidencie a possibilidade da difícil reparação de danos provocados pela divulgação dos testes eleitorais. Com isso, percebe-se que a divulgação de pesquisa eleitoral sem o prévio registro das informações necessárias enseja sanção com valor certo, aplicando-se multa a ser cominada de R$ 53.205,00 a R$ 106.410,00, conforme estabelecido na Lei n. 9.504/97, arts. 33, § 3º, e 105, § 2º; bem como o art. 17 da Resolução n. 23.600/2019. Impende ressaltar que essa sanção é uma penalidade de caráter administrativo.

A Lei n. 9.504/97 define alguns crimes eleitorais e suas respectivas penas com relação ao tema em comento:

a) a divulgação de pesquisa fraudulenta, que será punível com detenção de seis meses a um ano e multa no valor de R$ 53.205,00 a R$ 106.410,00, conforme estabelecido na Lei n. 9.504/97, arts. 33, § 4º, e 105, § 2º c/c art. 18 da Resolução n. 23.600/2019;

b) o não cumprimento do disposto no art. 34 da Lei n. 9.504/97 ou a prática de qualquer ato que vise retardar, impedir ou dificultar a ação fiscalizadora dos partidos políticos, que será punível com deten-

---

mação. Portanto, consoante a Lei das eleições, o prazo para apresentação do pedido de resposta é de: 48 horas para o representado apresentar sua defesa, conforme o art. 96, *caput*, e § 5º, da Lei n. 9.504/97. Todavia, por aspectos pragmáticos, deve prevalecer o disposto na mencionada Resolução.

ção de seis meses a um ano, com a alternativa de prestação de serviços à comunidade pelo mesmo prazo, e multa no valor de R$ 10.641,00 a R$ 21.282,00. Nessas mesmas penas incidirão os responsáveis pelas informações irregulares publicadas (Lei n. 9.504/97, arts. 34, § 2º, e 105, § 2º c/c art. 19 da Resolução n. 23.600/2019).

Também serão responsabilizados penalmente os representantes legais da empresa ou entidade de pesquisa e do órgão veiculador das pesquisas eleitorais fraudulentas acima mencionadas (art. 35 da Lei n. 9.504/97).

O veículo de comunicação social arcará com as consequências da publicação de pesquisa não registrada, mesmo que esteja reproduzindo matéria veiculada em outro órgão de imprensa (art. 21 da Resolução n. 23.600/2019).

O art. 33, § 5º, da LE, incluído pela Lei n. 12.891/2013 trouxe grande evolução à incolumidade da propaganda eleitoral e avaliação da campanha, vez que vedou a realização de enquetes relacionadas ao processo eleitoral no período da campanha. A enquete, também nomeada sondagem, configura um instrumento de investigação que tem o escopo de recolher informações baseando-se em um determinado grupo de pessoas, contudo, sem obedecer aos critérios científicos. A proibição foi motivada em razão de sua utilização como forma de manipular a opinião pública, direcionando o posicionamento da coletividade. Como as pesquisas são baseadas em parâmetros científicos, teoricamente, torna-se mais fácil controlar seus dados. As enquetes, por sua vez, são muito mais fáceis de serem manipuladas.

10.13. HORÁRIO DA PROPAGANDA GRATUITA

Nos trinta e cinco dias anteriores à antevéspera das eleições, as emissoras de rádio e televisão, inclusive os canais por assinatura, reservarão horário destinado à divulgação da propaganda eleitoral gratuita. Ela se divide de acordo com o cargo, o sistema eleitoral adotado e o meio de comunicação utilizado (art. 47 da LE, alterado pela Lei n. 13.165/2015):

Presidente da República

Dias: terças e quintas-feiras e aos sábados.

Horários: das 7h às 7h12min30s e das 12h às 12h12min30s (rádio) – das 13h às 13h12min30s e das 20h30min às 20h42min30s (televisão).

Deputado Federal

Dias: terças e quintas-feiras e aos sábados.

Horários: das 7h12min30s às 7h25min e das 12h12min30s às 12h25min (rádio) – das 13h12min30s às 13h25min e das 20h42min30s às 21h55 min (televisão).

Governador de Estado e do Distrito Federal

Dias: segundas, quartas e sextas-feiras.

Horários: a) nos anos em que a renovação do Senado Federal se der por um terço: das 7h15min às 7h25min e das 12h15min às 12h25min (rádio); das 13h15min às 13h25min e das 20h45min às 20h55min (televisão);

b) nos anos em que a renovação do Senado Federal se der por dois terços: das 7h16min às 7h25min e das 12h16min às 12h25min (rádio); das 13h16min às 13h25min e das 20h46min às 20h55min (televisão).

Deputado Estadual e Deputado Distrital

Dias: segundas, quartas e sextas-feiras.

Horários: a) nos anos em que a renovação do Senado Federal se der por um terço: das 7h05min às 7h15min e das 12h05min às 12h15min (rádio); das 13h05min às 13h15min e das 20h35min às 20h45min (televisão);

b) nos anos em que a renovação do Senado Federal se der por dois terços: das 7h07min às 7h16min e das 12h07min às 12h16min (rádio); das 13h07min às 13h16min e das 20h37min às 20h46min.

Senador

Dias: segundas, quartas e sextas-feiras.

Horários: a) nos anos em que a renovação do Senado Federal se der por um terço: das 7h às 7h05min e das 12h às 12h05min (rádio); das 13h às 13h05min e das 20h30min às 20h35min (televisão;

b) nos anos em que a renovação do Senado Federal se der por dois terços: das 7h às 7h07min e das 12h às 12h07min (rádio); das 13h às 13h07min e das 20h30min às 20h37min (televisão).

Prefeito e Vereador

Dias: segunda a sábado.

Horários: das 7h às 7h10min e das 12h às 12h10min (rádio) – das 13h às 13h10min e das 20h30min às 20h45min (televisão). Ainda será feita propaganda mediante inserções de 30 e 60 segundos, no rádio e na televisão, totalizando 70 minutos diários, de segunda-feira a domingo, distribuídas ao longo da programação veiculada entre as 5 e as 24 horas, na proporção de 60% (sessenta por cento) para Prefeito e 40% (quarenta por cento) para Vereador.

Impende destacar, por fim, que, caso haja a realização de segundo turno, por sua vez, as emissoras de rádio e televisão reservarão, a partir da sexta-feira seguinte à realização do primeiro turno e até a antevéspera da eleição, horário destinado à divulgação da propaganda eleitoral gratuita, dividido em dois blocos diários de 10 minutos para cada eleição, iniciando-se às 7 e às 12 horas, no rádio; e às 13 e às 20 horas e 30 minutos, na televisão (art. 49, *caput*, da Lei n. 9.504/97).

10.13.1. Distribuição da propaganda gratuita

Os horários da propaganda eleitoral gratuita são distribuídos a todos os partidos e todas as coligações que tenham candidato, observando-se os critérios: a) 90% (noventa por cento) distribuídos proporcionalmente ao número de representantes na Câmara dos Deputados, considerados, no caso da coligação para as eleições majoritárias, o resultado da soma do número de representantes dos seis maiores partidos que a integrem; b) 10% (dez por cento), distribuídos igualitariamente. A aplicação destes critérios deve desconsiderar as mudanças de filiação partidária (art. 47, § 2º, I e II, § 7º da LE).

A representação de cada partido utilizado para aferição do tempo de propaganda gratuita é a resultante da última eleição, não importando modificações ocorridas *a posteriori*, ressalvadas as mudanças de filiação partidária que não tenham sido contestadas ou cuja justa causa tenha sido reconhecida pela Justiça Eleitoral. O número de representantes de partido que tenha resultado de fusão ou incorporação corresponde à soma dos representantes dos partidos de origem resultante da última eleição geral, com eventuais alterações decorrentes de novas atualizações operadas até o dia 20 de julho do ano da eleição, conforme tabela a ser publicada pelo TSE até dois dias antes do início do prazo para a convocação da reunião do plano de mídia (art. 47, §§ 3º e 4º, da LE c/c § 6º do art. 44 da Resolução n. 23.610/2019).

Convém enfatizar que, para as eleições majoritárias, serão contabilizadas apenas o resultado da soma do número de representantes dos seis maiores partidos que integrem a coligação, conforme dispõe o art. art. 47, § 2º, I da LE.

Se o candidato a presidente ou a governador deixar de concorrer, em qualquer etapa do pleito, e não havendo a substituição, dentro do prazo de dez dias facultado em lei, far-se-á nova distribuição do tempo entre os candidatos remanescentes. Os partidos e coligações, após a aplicação dos critérios de distribuição referidos no *caput* do art. 47, que obtiveram direito à parcela do horário eleitoral inferior a 30 segundos poderão assegurar o direito de acumulá-lo para uso em tempo equivalente (art. 47, §§ 5º e 6º, da LE).

Nas eleições para Prefeitos e Vereadores, nos Municípios em que não haja emissora de rádio e televisão, a Justiça Eleitoral garantirá aos Partidos Políticos participantes do pleito a veiculação de propaganda eleitoral gratuita nas localidades aptas à realização de segundo turno de eleições e nas quais seja operacionalmente viável realizar a retransmissão (art. 48, *caput*, da Lei n. 9.504/97). A ordem de apresentação dos candidatos na propaganda eleitoral gratuita se realiza por sorteio no primeiro dia do horário eleitoral gratuito. Posteriormente, a cada dia que se seguir, a propaganda veiculada por último, na véspera, será a primeira, seguindo-se as demais pela ordem do sorteio (art. 50 da LE).

Durante o período reservado para a propaganda eleitoral gratuita, as emissoras de rádio, a televisão e os canais por assinatura, afora as inserções contínuas, reservarão, no primeiro turno, 70 minutos diários para a propaganda eleitoral gratuita, a serem usados em inserções de 30 e 60 segundos, a critério do respectivo partido ou coligação, assinadas obrigatoriamente pelo partido ou pela coligação, e distribuídas, ao longo da programação veiculada entre as 5 e as 24 horas, observados os critérios de distribuição de horários de propaganda (art. 51 da LE, com redação conferida pela Lei n. 13.488, de 2017).

Já no segundo turno, quando houver, o tempo disponível será de 25 minutos para serem usados em inserções de 30 e de 60 segundos por

346

cada cargo em disputa, observadas as disposições do artigo em análise. Tal previsão foi incluída pela Lei n. 13.488, de 2017 à lei eleitoral.

O tempo das inserções intercalares nas eleições estaduais e na nacional é dividido em partes iguais para a utilização nas campanhas dos candidatos às eleições majoritárias e proporcionais, bem como de suas legendas partidárias ou das que componham a coligação, quando for o caso. A contrário *sensu*, como citado anteriormente, nas eleições municipais, 60% do tempo é para a eleição majoritária e 40% para as proporcionais. A distribuição de tempo levará em conta os blocos de audiência entre as 5 e as 11 horas, as 11 e as 18 horas, as 18 e as 24 horas (art. 51, I e III, da LE, com redação conferida pela Lei n. 13.165/2015).

Seja na propaganda gratuita contínua, seja nas intercalares, é vedada a divulgação de mensagens que possam degradar ou ridicularizar candidato, partido ou coligação, sendo-lhes aplicável, ainda, todas as demais regras dirigidas ao horário de propaganda eleitoral (art. 51, IV, da LE). Quando a propaganda ridicularizar ou degradar candidato, coligação ou partido, sujeita-se, o infrator, à perda do direito à veiculação de propaganda no horário eleitoral gratuito. Sem prejuízo da sanção descrita anteriormente, a requerimento de partido, coligação ou candidato, deve a Justiça Eleitoral impedir a reapresentação de propaganda ofensiva à honra, à moral e aos bons costumes ($\S\S$ 1º e 2º do art. 53 da LE).

Na propaganda eleitoral gratuita, em qualquer uma de suas esferas, não são admitidos cortes instantâneos ou qualquer tipo de censura (art. 53 da LE). Dispositivo em sentido contrário seria impossível diante de uma Constituição que assegura a liberdade de expressão de pensamento e veda a censura, obviamente, responsabilizando-se seus autores pelas lesões efetuadas (art. 5º, IV, V e IX, da CF).

É vedado aos partidos políticos e às coligações incluir no horário destinado aos candidatos às eleições proporcionais propaganda das candidaturas a eleições majoritárias, ou vice-versa, ressalvada a utilização, durante a exibição do programa, de legendas com referência aos candidatos majoritários, ou, ao fundo, de cartazes ou fotografias desses candidatos, sendo autorizada a menção ao nome e ao número de qualquer candidato do partido ou da coligação (art. 53-A, *caput*, da Lei n. 9.504/97, com redação conferida pela Lei n. 12.891/2013).

É vedado aos partidos políticos e às coligações incluir no horário destinado aos candidatos e às eleições proporcionais propaganda das candidaturas a eleições majoritárias, ou vice-versa, ressalvada a utilização, durante a exibição do programa, de legendas com referência aos candidatos majoritários, ou, ao fundo, de cartazes ou fotografias desses candidatos, sendo autorizada a menção ao nome e ao número de qualquer candidato do partido ou da coligação (art. 53-A, *caput*, da Lei n. 9.504/97). Fica estabelecido, então, que o horário destinado à propaganda de candidatos a cargos proporcionais ou majoritários só deverá ser utilizado para a propaganda da respectiva eleição. Ou seja, por exemplo, no horário de propaganda destinado a candidatos a governador, só podem ser realizadas as propagandas desse candidato, não sendo permitida a inclusão de parte de propaganda destinada ao cargo de senador.

Nesse sentido é que Joel Cândido aduz que os horários ofertados para a propaganda eleitoral gratuita são indisponíveis. Segundo esse autor, o aproveitamento de um tempo impróprio acarreta tempo extra indevido, prejudicando tanto o candidato cedente como os adversários daquele que ganhou o tempo extra[86].

A autorização que o dispositivo aventado traz em ressalva é em relação à possibilidade de as propagandas se utilizarem de legendas ou, ao fundo, de cartazes ou fotografias, referentes aos candidatos a cargos majoritários. A alusão apenas aos candidatos a cargos majoritários tem a finalidade de garantir que um dos candidatos a cargos proporcionais não seja beneficiado em detrimento dos demais, já que poderia aparecer como "o candidato principal" do partido ou da coligação. Assim, soçobraria o tratamento equânime aos candidatos a cargos proporcionais.

É, no entanto, facultada a inserção de depoimento de candidatos a eleições proporcionais no horário da propaganda das candidaturas majoritárias e vice-versa, registrados sob o mesmo partido ou coligação, desde que o depoimento consista exclusivamente em pedido de voto ao candidato que cedeu o tempo (art. 53-A, § 1º, da Lei n. 9.504/97). Para que se atenda ao tratamento isonômico reclamado acima, especialmente em relação aos candidatos a cargos proporcionais, a faculdade de inserção de depoimentos de candidatos a outros cargos distintos na propaganda fica condicionada à cessão do tempo do candidato beneficiado.

---

[86] CÂNDIDO, Joel José. *Direito Eleitoral Brasileiro*. 15. ed. São Paulo: Edipro, 2012, p. 567.

A sanção imposta para aqueles que desobedecerem a essas vedações é a perda, em seu horário de propaganda gratuita, de tempo equivalente no horário reservado à propaganda da eleição disputada pelo candidato beneficiado (art. 53-A, § 3º, da Lei n. 9.504/97).

Nos programas de rádio e televisão destinados à publicidade eleitoral gratuita de cada partido ou coligação só poderão aparecer, em gravações internas e externas, observados os critérios dispostos no § 2º do art. 54 da LE[87], caracteres com propostas, fotos, jingles, clipes com música ou vinhetas, inclusive de passagem, com indicação do número do candidato ou do partido, bem como seus apoiadores, inclusive os candidatos de que trata o § 1º do art. 53-A, que poderão dispor de até 25% do tempo de cada programa ou inserção, sendo vedadas montagens, trucagens, computação gráfica, desenhos animados e efeitos especiais (art. 54 da LE).

Saliente-se que, no segundo turno das eleições, por sua vez, não será permitida a participação de filiados a partidos que tenham formalizado apoio a outros candidatos (§ 1º do art. 54 da LE). A requerimento de partido, coligação ou candidato, a Justiça Eleitoral pode determinar a suspensão, por 24 horas, da programação da emissora de rádio e televisão que deixar de cumprir a legislação sobre propaganda eleitoral gratuita. No período de suspensão, a Justiça Eleitoral veiculará mensagem de orientação ao eleitor, intercalada a cada 15 minutos, trazendo a informação de que se encontra fora do ar por ter desobedecido à Lei Eleitoral. Em cada conduta reiterada, o período de suspensão será duplicado (art. 56 da LE, com redação conferida pela Lei n. 12.891/2013).

10.14. DO DIREITO DE RESPOSTA NA PROPAGANDA IMPRESSA, NO RÁDIO, NA TELEVISÃO E NA INTERNET

Direito de resposta é aquele que tem toda pessoa acusada ou ofendida em publicação impressa, rádio, televisão ou internet, ou a

---

[87] Art. 54 da Lei n. 9.504/97. "(...) § 2º Será permitida a veiculação de entrevistas com o candidato e de cenas externas nas quais ele, pessoalmente, exponha: I – realizações de governo ou da administração pública; II – falhas administrativas e deficiências verificadas em obras e serviços públicos em geral; III — atos parlamentares e debates legislativos" (Incluído pela Lei n. 13.165, de 2015).

respeito da qual os meios de informação e divulgação veicularem um fato inverídico ou errôneo, de dar a devida resposta ou retificar a informação, a qual, espontaneamente ou por determinação judicial, deverá ser publicada pelo mesmo veículo e gratuitamente. Ele se configura como um tipo de legítima defesa da honra eleitoral e política, porquanto acarreta a preservação da igualdade das afirmações aos candidatos durante a campanha eleitoral, interessando, ainda, ao eleitor, como resultado fiel das propostas dos futuros mandatários políticos.

Pode-se dizer, ainda, que o direito de resposta é um instituto de alta relevância prática durante o período de propaganda eleitoral, já que de uma agressão e de uma crível resposta, ou mesmo de uma resposta negada, pode resultar a conquista ou a perda de um mandato político.

Analisa-se, a seguir, as situações em que o direito de resposta pode ser configurado:

a) Em propaganda eleitoral na internet

Devido à grande utilização da internet como meio de circulação de informação, e com a sua regulamentação, tornando-a ferramenta eleitoral, a nova normatização não poderia olvidar a disciplina do direito de resposta neste meio específico de propaganda, conforme já explanado anteriormente.

Devendo ser relatados pelos juízes auxiliares encarregados da propaganda eleitoral, os pedidos de direito de resposta relativos à ofensa veiculada em propaganda eleitoral pela internet poderão ser feitos a qualquer tempo, enquanto a ofensa estiver sendo veiculada, ou no prazo de 3 dias contado da sua retirada espontânea. A inicial deverá ser instruída com cópia eletrônica da página em que foi divulgada a ofensa e com a perfeita identificação de seu endereço na internet (URL) (art. 58, § 1º, IV, da LE).

A resposta ficará disponível para acesso pelos usuários do serviço de internet por tempo não inferior ao dobro em que esteve disponível a mensagem considerada ofensiva (art. 58, § 3º, IV, *b*, da Lei n. 9.504/97). Assim, estabeleceu-se um tempo mínimo: o dobro do tempo em que esteve disponibilizada a mensagem ofensiva para exposição da resposta do ofendido à agressão.

Como quem cometeu o ato ilícito foi o agente responsável pela veiculação da mensagem ofensiva, por sua conta correrão os custos de veiculação da resposta (art. 58, § 3º, IV, *c*, da Lei n. 9.504/97). E não poderia ser diferente, haja vista ser consequência direta do liame obrigacional a imputação de pagar pelo ônus causado.

Importante destacar que deferido o pedido, o usuário ofensor deverá divulgar a resposta do ofendido em até 48 horas após sua entrega em mídia física, e deverá empregar nessa divulgação o mesmo impulsionamento de conteúdo eventualmente contratado nos termos referidos no art. 57-C desta Lei e o mesmo veículo, o espaço, o local, o horário, a página eletrônica, o tamanho, os caracteres e os outros elementos de realce usados na ofensa, conforme estipulado pelo art. 58, § 3º, IV, *a* da LE.

b) Em órgão de imprensa escrita

No caso da propaganda ofensiva tiver sido realizada em órgãos de imprensa escrita, o prazo para a solicitação para exercer o direito de revide é de 3 dias, contados das 19 horas da data constante da edição do meio propagandístico, salvo prova documental de que a circulação, no domicílio do ofendido, se deu após esse horário (art. 58, § 1º, inciso III da LE). Ademais, o pedido deverá ser instruído com um exemplar da publicação e o texto da resposta (Lei n. 9.504/97, art. 58, § 3º, I, *a*).

Caso seja deferido o pedido, a divulgação da resposta será dada no mesmo veículo, espaço, local, página, tamanho, caracteres, bem como outros elementos utilizados durante a ofensa, em até 48 horas após a decisão, ou, tratando-se de veículo com periodicidade de circulação maior do que 48 horas, na primeira edição subsequente de circulação (Lei n. 9.504/97, art. 58, § 3º, I, *b*).

Além disso, por solicitação do ofendido, a divulgação da resposta será feita no mesmo dia da semana em que a ofensa foi divulgada, ainda que fora do prazo de 48 após a entrega da mídia física. Se a ofensa for produzida em dia e hora que inviabilizem sua reparação dentro dos prazos estabelecidos anteriormente, a Justiça Eleitoral determinará a imediata divulgação da resposta (Lei n. 9.504/97, art. 58, § 3º, I, *c* e *d*).

Por fim, o ofensor deverá comprovar nos autos o cumprimento da decisão, mediante dados sobre a regular distribuição dos exemplares, a quantidade impressa e o raio de abrangência na distribuição (Lei n. 9.504/97, art. 58, § 3º, I, *e*).

c) Em programação normal das emissoras de rádio e de televisão

Se a ofensa acontecer em programação normal das emissoras de rádio e de televisão, o pedido, com a transcrição do trecho considerado ofensivo ou inverídico, deverá ser feito no prazo de dois dias, contado a partir da veiculação da ofensa (art. 32, II, *a*, da Resolução n. 23.608/2019).

A Justiça Eleitoral, à vista do pedido, deverá notificar imediatamente o responsável pela emissora que realizou o programa, para que confirme a data e o horário da veiculação e entregue, em 24 horas, sob as penas do art. 347 do Código Eleitoral, cópia da fita de transmissão, que será devolvida após a decisão (Lei n. 9.504/97, art. 58, § 3º, II, *a*).

Registra-se que o responsável pela emissora, ao ser notificado pela Justiça Eleitoral ou informado pelo reclamante ou representante, por cópia protocolada do pedido de resposta, preservará a gravação até a decisão final do processo (Lei n. 9.504/97, art. 58, § 3º, II, *b*).

Nesses termos, deferido o pedido, a resposta será dada em até 48 horas após a decisão da Justiça Eleitoral, em tempo igual ao da ofensa, nunca inferior a 1 minuto (Lei n. 9.504/97, art. 58, § 3º, II, *c*).

d) No horário eleitoral gratuito

Ocorrendo a ofensa no horário eleitoral gratuito, o pedido deverá ser feito no prazo de um dia, contado a partir da veiculação do programa (art. 32, III, *a*, da Resolução n. 23.608/2019).

Deferido o pedido para a resposta, a emissora geradora e o partido ou a coligação atingidos deverão ser notificados imediatamente da decisão, na qual deverão estar indicados quais os períodos, diurno ou noturno, para a veiculação da resposta, que deverá ter lugar no início do programa do partido ou da coligação (Lei n. 9.504/97, art. 58, § 3º, III, *d*).

Dessa forma, o ofendido usará, para a resposta, tempo igual ao da ofensa, nunca inferior, porém, a 1 minuto. A resposta será veiculada no horário destinado ao partido ou à coligação responsável pela ofensa, devendo, necessariamente, dirigir-se aos fatos nela veiculados (Lei n. 9.504/97, art. 58, § 3º, III, *a* e *b*).

Observa-se que se o tempo reservado ao partido ou à coligação responsável pela ofensa for inferior a 1 minuto, a resposta será levada ao ar tantas vezes quantas sejam necessárias para a sua complementação (Lei n. 9.504/97, art. 58, § 3º, III, *c*).

Além disso, o meio magnético com a resposta deverá ser entregue à emissora geradora, até 36 horas após a ciência da decisão, para a veiculação no programa subsequente do partido ou da coligação em cujo horário se praticou a ofensa (Lei n. 9.504/97, art. 58, § 3º, III, *e*).

Se o ofendido for candidato, partido, federação de partidos ou coligação que tenha usado o tempo concedido sem responder aos fatos veiculados na ofensa, terá subtraído tempo idêntico do respectivo programa eleitoral; tratando-se de terceiros, ficarão sujeitos à suspensão de igual tempo em eventuais novos pedidos de resposta e à multa no valor de R$ 2.128,20 a R$ 5.320,50 (Lei n. 9.504/97, art. 58, § 3º, III, *f* c/c art. 32, III, *h*, da Resolução n. 23.608/2019).

Importa consignar que se, todavia, a ofensa ocorrer em dia e hora que inviabilizem sua reparação dentro desses prazos, a resposta deverá ser divulgada nos horários que a Justiça Eleitoral determinar, ainda que nas 48 horas anteriores ao pleito, em termos e forma previamente aprovados, de tal modo a não ensejar tréplica (art. 58, § 4º, da LE). Nada mais curial do que restringir a resposta à agressão para que não haja uma perduração infinita da lide pela troca recíproca de agressões, não podendo a prerrogativa de resposta se transformar em uma nova agressão.

Quando se tratar de inserções em propagandas eleitorais, apenas as decisões judiciais comunicadas à emissora geradora, até 1 hora antes da geração ou do início do bloco, quando se tratar de inserções, poderão interferir no conteúdo a ser transmitido; após esse prazo, as decisões somente poderão ter efeito na veiculação ou no bloco seguinte (art. 32, § 2º da Resolução n. 23.608/2019). No caso de a emissora geradora, comunicada de decisão judicial que proíba algum trecho de propaganda, entre a entrega do material e o horário de geração dos programas, necessitar aguardar a substituição do material entregue. O limite de espera é de 1 hora antes do início do programa. No caso de o novo material não ser entregue, a emissora veiculará programa anterior, desde que não contenha propaganda já proibida pela Justiça Eleitoral (art. 32, § 3º da Resolução n. 23.608/2019).

É de responsabilidade do respectivo provedor responsável pela hospedagem de material considerado ofensivo, uma vez determinada pelo juiz eleitoral, a sua imediata retirada, sujeito à multa pelo descumprimento da decisão, sem prejuízo das medidas coercitivas que eventualmente sejam determinadas, inclusive as de natureza pecuniária decorrentes do descumprimento da decisão (art. 32, § 4º da Resolução n. 23.608/2019).

Para proteger os ofendidos das acusações que supostamente lhes foram feitas de modo arbitrário, e para que possam, assim, exercer regularmente seu revide, os pedidos sobre direito de resposta e representações por propaganda eleitoral irregular em rádio, televisão e na internet tramitam, preferencialmente, em relação aos demais processos em curso na Justiça Eleitoral (art. 58-A da Lei n. 9.504/97).

Essa exigência, de uma maior celeridade nesses casos, tem motivação em virtude da premência de uma tutela jurisdicional rápida, haja vista que o dano provocado pela propaganda política impressa, no rádio, na televisão e na internet é imediato, o que demanda, de forma inexorável, também um direito de resposta imediato.

10.15. DAS MEDIDAS CONTRA PROPAGANDA IRREGULAR E ILÍCITA

No caso da ocorrência de uma propaganda ilícita, afora o eventual direito de resposta conforme o caso, a medida processual cabível é a impetração da respectiva ação penal. A primeira etapa de seu procedimento é pré-processual, a interpelação, com a finalidade de investigar o fato, no que, dependendo do que seja apurado, pode dar sequência à ação penal devida.

Na hipótese de propaganda irregular, a medida propícia é a reclamação, igualmente denominada representação eleitoral, contra o abuso da propaganda eleitoral. Ela pode ser oferecida por candidato, partido político ou coligação, podendo-os, inclusive, agir em litisconsórcio.

A Resolução n. 23.608/2019 instruiu com o escopo de sanar lacuna legal, no sentido de que o Ministério Público é legítimo a ajuizar esse tipo de ação, tendo, dessa forma, toda a liberdade para fazer uso da reclamação para assegurar a legalidade da propaganda eleitoral, primando em sua atuação de imparcialidade absoluta para que seu comportamento não seja maculado pela suspeição de partidarismo político[88].

---

[88] Resolução n. 23.608/2019: "Art. 3º As representações poderão ser feitas por

Tal petição dever ser dirigida aos juízes eleitorais nas eleições municipais; aos Tribunais Regionais Eleitorais nas eleições federais, estaduais e distritais; ao Tribunal Superior Eleitoral na eleição presidencial (art. 96, *caput*, I, II e III da LE).

Além das outras sanções impostas, a violação das regras de veiculação de propaganda irregular sujeitará seu responsável e, quando comprovado seu prévio conhecimento, o beneficiário à multa no valor de R$ 5.000,00 a R$ 30.000,00 (art. 57-D, § 2º, da Lei n. 9.504/97), podendo a Justiça Eleitoral, inclusive, por solicitação do ofendido, determinar a retirada de publicações que contenham agressões ou ataques a candidatos em sítios da internet, inclusive redes sociais (art. 57-D, § 3º, da LE).

A multa aplicada, como sanção à extrapolação da liberdade de pensamento na propaganda eleitoral, tem os mesmos valores econômicos daquela aplicada aos casos de veiculação de propaganda eleitoral paga na internet, prevista no art. 57-C, § 2º, da mesma Lei.

Como dito anteriormente, aplicam-se ao provedor de conteúdo e de serviços multimídia que hospeda a divulgação da propaganda eleitoral de candidato, de partido ou de coligação as penalidades previstas na Lei 9.504/97, se, no prazo determinado pela Justiça Eleitoral, contado a partir da notificação de decisão sobre a existência de propaganda irregular, não tomar providências para a cessação dessa divulgação (art. 57-F, *caput*).

A requerimento de candidato, partido ou coligação, observado o rito previsto no art. 96, a Justiça Eleitoral poderá determinar, no âmbito e nos limites técnicos de cada aplicação de internet, a suspensão do acesso a todo conteúdo informativo dos sítios da internet que deixarem de cumprir as disposições da Lei n. 9.504/97, devendo o número de horas de suspensão ser definida proporcionalmente à gravidade da infração cometida em cada caso, observado o limite máximo de 24 horas (art. 57-I, *caput*). O rito para a determinação da suspensão dos *sites* segue os parâmetros do art. 96, porque dispõe, de modo inteligente, sobre a criação de um rito célere, cuja finalidade é decidir sobre litígios decorrentes de seu cumprimento.

---

qualquer partido político, coligação, candidato ou pelo Ministério Público e deverão dirigir-se" (Lei n. 9.504/97, art. 96, *caput*, incisos II e III).

O requerimento de suspensão deverá ser endereçado aos Juízes Eleitorais, no caso de eleições municipais; aos Tribunais Regionais Eleitorais, nas eleições federais, estaduais e distritais; e ao Tribunal Superior Eleitoral, na eleição presidencial (incisos I a III do art. 96 da LE), de modo igual à da representação no caso de direito de resposta.

Esse requerimento de suspensão deverá conter fatos, provas, indícios e circunstâncias que demonstrem a conduta ilegal dos responsáveis pelo site impugnado (§ 1º do art. 96 da LE). Devido à celeridade deste rito, é imprescindível que as provas admitidas sejam só as documentais, não havendo espaço, como regra geral, para a instrução probatória oral.

O Tribunal Regional Eleitoral designará, nas eleições municipais, juiz para apreciar as reclamações e representações, quando a circunscrição abranger mais de uma Zona Eleitoral (§ 2º do art. 96 da LE).

As representações e reclamações destinadas aos Tribunais Regionais serão apreciadas por três juízes auxiliares, também designados pelo mesmo Tribunal (§ 3º do art. 96 da LE). Esses juízes designados estarão julgando, monocraticamente, matérias de competência afeita aos tribunais.

Neste caso, caberá ao plenário do próprio Tribunal Regional julgar os recursos contra decisões dos juízes auxiliares que foram por ele designados (§ 4º do art. 96 da LE).

Quando recebida representação ou reclamação contra a propaganda irregular ou ilícita, a secretaria deverá citar, preferencialmente por meio eletrônico, o agente supostamente responsável para, se quiser, apresentar defesa dentro de dois dias, conforme art. 18 da Resolução n. 23.608/2019.

Depois de escoado o prazo para oferecimento da defesa, sendo esta apresentada ou não, o órgão eleitoral competente deverá julgar e publicar a decisão em 1 dia (art. 20 da Resolução TSE n. 23.608/2019).

O recurso contra esta decisão poderá ser interposto em até 1 dia, contado a partir da sua publicação em mural eletrônico ou em sessão. O recorrido poderá interpor suas contrarrazões, em igual prazo, contado da sua intimação. Esses recursos também deverão ser julgados pelos tribunais no prazo máximo de 2 dias, independentemente de publicação de pauta[89].

---

[89] Perlustrando o mesmo raciocínio acima trilhado, a Lei das Eleições (§§ 8º e 9º

Se, mesmo assim, não for julgada a representação ou a reclamação, o pedido poderá ser dirigido ao órgão superior (§ 10 do art. 96 da LE). Esta regra representa, pragmaticamente, uma avocação, para reparar omissão do órgão desidioso. Todavia, não é uma avocatória com natureza teratológica, mas um mecanismo para suprimir aporias do sistema judiciário.

Muito importante salientar que a regra, prevista no § 11 do art. 96 da LE, de que as sanções aplicadas a candidato em razão do descumprimento de disposições desta Lei não se estendem ao respectivo partido, mesmo na hipótese de ele ter se beneficiado da conduta, salvo quando comprovada a sua participação, não se aplica na responsabilidade decorrente de propaganda eleitoral. Nesse caso específico, aplica-se o § 5º do art. 6º da LE, que assevera que, em relação às multas, a responsabilidade é solidária entre os candidatos e os respectivos partidos, não alcançando outros partidos mesmo integrantes de uma mesma coligação.

Dessa forma, a regra geral é a responsabilidade dos candidatos, com exceção da aplicação de multas eleitorais, em que a responsabilidade é solidária entre o candidato e o partido. A cada reiteração de conduta considerada como irregular será duplicado o período de suspensão (art. 57-I, § 1º, da Lei n. 9.504/97).

Com relação às multas eleitorais, registra-se que, com a minirreforma de 2017, o parcelamento das multas eleitorais poderá ser feito em até 60 meses, exceto quando o valor da parcela ultrapassar 5% da renda mensal, no caso de cidadão, ou 2% do faturamento, no caso de pessoa jurídica, hipótese em que poderá estender-se por prazo superior, de modo que as parcelas não ultrapassem os referidos limites.

Além disso, o parcelamento de multas eleitorais e de outras multas e débitos de natureza não eleitoral imputados pelo poder público é garantido também aos partidos políticos em até 60 meses, salvo se o valor da parcela ultrapassar o limite de 2% do repasse mensal do Fundo

---

do art. 96), o prazo é de até 24 horas para a interposição do recurso e de 48 horas para o julgamento do mesmo. Todavia, por aspectos pragmáticos, deve prevalecer o disposto no § 1º, art. 20 da Resolução n. 23.547/2017, que estabelece o prazo de um dia e em dois dias, respectivamente.

Partidário, hipótese em que poderá estender-se por prazo superior, de modo que as parcelas não ultrapassem o referido limite, conforme dita os incisos III e IV do art. 11 da LE.

Nesse período de suspensão, a empresa informará a todos os usuários que tentarem acessar seus serviços que se encontra temporariamente inoperante por desobediência à legislação eleitoral (art. 57-I, § 2º, da Lei n. 9.504/97). A representação relativa à propaganda irregular ou ilícita deve ser instruída com prova da autoria ou do prévio conhecimento do beneficiário, caso este não seja por ela responsável (art. 40-B, *caput*, da Lei n. 9.504/97).

Como referido acima, não se devem admitir representações contra propaganda supostamente irregular ou ilícita, embasadas apenas em presunções vagas e imprecisas. A representação contra publicidade eleitoral que imputar sua autoria ou seu prévio conhecimento deve ser acostada com um mínimo de lastro probatório, que permita demonstrar o real envolvimento de seu beneficiário, comprovando sua autoria ou ciência prévia sobre elas.

A responsabilidade do candidato estará demonstrada se este, intimado da existência da propaganda irregular ou ilícita, não providenciar, no prazo de 48 horas, sua retirada ou regularização e, ainda, se as circunstâncias e as peculiaridades do caso específico revelarem a impossibilidade de o beneficiário não ter tido conhecimento da propaganda (art. 40-B, parágrafo único, da Lei n. 9.504/97).

Apesar da consagração, como regra geral, da vedação a representações que se valham apenas de suposições ou presunções, a própria legislação eleitoral trouxe, como exceção, dois casos de presunções relativas sobre a autoria da propaganda eleitoral. Procedeu dessa forma, espera-se que de forma insólita, para coibir abusos que se configuram como evidentes. São as seguintes as exceções:

a) quando o beneficiário, intimado da existência de propaganda eleitoral irregular, aproveitando-se delas, não as retirar no prazo de 48 horas;

b) quando as peculiaridades do caso concreto demonstrarem, de forma inequívoca, que é impossível o beneficiário não ter conhecimento sobre essas propagandas irregulares.

Ora, não se pode culpar o beneficiário de propaganda irregular que o mesmo não tenha conhecimento. Nessa situação, ele não tinha como impedir a propagação da publicidade ilícita. Por isso, seria uma tremenda incoerência punir o candidato por uma situação a qual ele não tenha controle. Contudo, para isso, deverá ser demonstrada a impossibilidade de ter conhecimento sobre tal propaganda.

Adotando-se essa interpretação, não há mácula ao princípio da presunção de inocência porque há evidências tautológicas no sentido da autoria dos acintes normativos, com a exigência de o arcabouço probatório levar a essa ilação. No caso em análise não se configura em uma simples presunção, mas em uma verossimilhança ponderável, uma presunção *juris et de jure*.

11

FISCALIZAÇÃO DAS ELEIÇÕES

A fiscalização das eleições deve ser a mais ampla e geral possível, fazendo com que a transparência de seus procedimentos seja uma de suas prioridades. Não havendo estorvo ao normal desenvolvimento das eleições, não há motivo para existir restrição a seu desenvolvimento. Existe possibilidade de fiscalização em todas as fases do processo eleitoral, do alistamento, passando pela votação e pela emissão dos boletins de apuração, até a diplomação.

11.1. COMPETÊNCIA DA FISCALIZAÇÃO

A competência de fiscalização das eleições se reparte em razão da competência dos órgãos eleitorais. A prerrogativa de fiscalizar os pleitos municipais pertence aos juízes eleitorais; aos Tribunais Regionais Eleitorais atribui-se a competência de fiscalização das eleições federais, estaduais e distritais; e ao Tribunal Superior Eleitoral, a prerrogativa de resguardar a disputa presidencial.

Questão interessante que se configura é saber o papel dos juízes e promotores eleitorais de primeira instância nas disputas estaduais e nacional, se eles podem exercer em plenitude suas atribuições ou se lhes cabe função mais mitigada, de acordo com a parêmia da inércia processual, aguardando o impulso dos interessados. A concepção de um papel de total passividade desses órgãos não teria sentido, pois o resguardo da ordem jurídica se configura como uma de suas principais funções. Ao contrário, também não se pode vislumbrar uma atuação que impeça a normalidade do pleito, em que suas condutas possam ocasionar partidarismos e desequilibrar o pleito eleitoral. O desempenho de suas funções com parcimônia é recomendado, protegendo o ordenamento jurídico de acintes, mas evitando esbulhar a liberdade de atuação dos atores políticos.

Cada órgão da Justiça Eleitoral exerce suas funções dentro de sua esfera de competência, sem a permissão de suprimir instâncias judiciais, mas dentro de sua área de atuação tem a prerrogativa de impedir infrações à legislação eleitoral, não importando que seja pleito municipal, estadual ou nacional. Os órgãos eleitorais devem atuar na fiscalização da eleição, impedindo práticas ilegais que maculem a disputa política, verificando se há o cumprimento dos dispositivos legais.

11.2. FISCAIS E DELEGADOS

A escolha de fiscais e delegados pelos partidos ou pelas coligações não pode recair em menor de 18 anos ou a qualquer cidadão, por nomeação do Juiz Eleitoral, que já faça parte da mesa receptora por nomeação do juiz eleitoral (art. 65 da LE). Vedou-se a escolha de menor de 18 anos em decorrência de sua inimputabilidade penal, que o impede de responder por suas atitudes, e os membros de mesa receptora pela importância de lhes garantir imparcialidade, haja vista o poder de polícia de que dispõem.

O fiscal pode ser nomeado para fiscalizar mais de uma seção eleitoral, no mesmo local de votação, pois, pela proximidade espacial, não há empecilhos para a execução de sua função. Em cada seção eleitoral deve apenas exercer a função um fiscal por vez.

As credenciais de fiscais e delegados são expedidas, exclusivamente, pelos partidos ou pelas coligações, devendo o presidente do partido ou o representante da coligação registrar na Justiça Eleitoral o nome das pessoas autorizadas a expedir as credenciais dos fiscais e delegados (art. 65, §§ 2º e 3º). Prevalece, nesse caso, o princípio da liberdade partidária, ficando ao alvedrio das agremiações a escolha dos delegados e fiscais, cumprindo o que foi determinado por seus estatutos.

Cada partido pode credenciar perante as Juntas Eleitorais até três fiscais, que se revezarão na fiscalização dos trabalhos. Em casos de divisão das Juntas em turmas, cada partido pode credenciar até três fiscais para cada turma. Não se permite, na Junta ou na turma, a atuação de mais de um fiscal de cada partido (art. 161 do CE). Faculta-se ao partido ou à coligação credenciar mais de um delegado perante a Junta, mas no decorrer da apuração apenas um pode exercer essa função (art. 162 do CE).

Se a apuração ocorrer de forma manual, garante-se aos fiscais e delegados dos partidos e das coligações o direito de observar diretamente, a uma distância não superior a um metro da mesa, a abertura da urna, sua contagem e o preenchimento do boletim. Ao final da transcrição dos resultados apurados no boletim, o presidente da Junta Eleitoral é obrigado a entregar cópia aos partidos e às coligações concorrentes ao pleito cujos representantes a tenham requerido até 1 hora após a expedição (art. 87, *caput* e § 2º, da LE).

11.3. FISCALIZAÇÃO

As agremiações políticas e as coligações têm o direito de fiscalizar todas as fases do processo de votação, apuração e totalização de votos. Os delegados, fiscais e candidatos podem circular livremente em seu trabalho de fiscalização, sem nenhum óbice, desde que não acarrete tumulto ao bom andamento do trabalho. Inclusive, faculta-lhes a prerrogativa de fiscalizar a realização de todos os boletins de urna. Afirma o Código Eleitoral que os candidatos registrados, os delegados e os fiscais dos partidos possuem a prerrogativa de fiscalizar a votação, formular protestos e fazer impugnações, inclusive sobre a identidade do autor (art. 132).

Os programas de computador de propriedade do Tribunal Superior Eleitoral, desenvolvidos por ele ou sob sua encomenda, com a finalidade de serem utilizados nas urnas eletrônicas para os processos de votação, apuração e totalização, podem ter suas fases de especificação e de desenvolvimento acompanhadas, para fins de fiscalização e auditoria, em ambiente específico e sob a supervisão do TSE, por técnicos indicados pelos partidos políticos, Ordem dos Advogados do Brasil e Ministério Público; Congresso Nacional; Supremo Tribunal Federal; Controladoria-Geral da União; Departamento de Polícia Federal,; Sociedade Brasileira de Computação; Conselho Federal de Engenharia e Agronomia; Conselho Nacional de Justiça; Conselho Nacional do Ministério Público; Tribunal de Contas da União; Forças Armadas; entidades privadas brasileiras, sem fins lucrativos, com notória atuação em fiscalização e transparência da gestão pública, credenciadas junto ao TSE; e departamentos de Tecnologia da Informação de universidades. Para eles é garantido acesso antecipado (art. 5º da Resolução n. 23.603/2019). Concluída a feitura dos mencionados programas, bem como dos dados pertinentes à sua alimentação, eles serão apresentados para análise dos representantes credenciados pelos partidos políticos e coligações até vinte dias antes das eleições nas dependências do Tribunal Superior Eleitoral, na forma de programas-fonte e de programas executáveis, inclusive os sistemas aplicativo e de segurança e as bibliotecas especiais, sendo que as chaves eletrônicas privadas e senhas eletrônicas de acesso manter-se-ão no sigilo da Justiça Eleitoral. Após a apresentação e conferência, serão lacradas cópias dos programas-fonte e dos programas compilados (§ 2º do art. 66 da LE).

No prazo de cinco dias a contar dessa apresentação, havendo a comprovação de qualquer anomalia, o partido e a coligação podem apresentar impugnação fundamentada à Justiça Eleitoral (§ 3º do art. 66 da LE).

A impugnação será autuada na classe Petição (Pet) e distribuída a relator que a apresentará para julgamento pelo Plenário do Tribunal, em sessão administrativa, após ouvir a Secretaria de Tecnologia da Informação e o Ministério Público e determinar as diligências que reputar necessárias (parágrafo único, art. 32, da Resolução n. 23.603/2019).

Em caso de necessidade de qualquer alteração nos mencionados programas depois do prazo de vinte dias da eleição, dar-se-á conhecimento do fato aos representantes dos partidos políticos e das coligações para que sejam novamente analisados e lacrados (§ 4º do art. 66 da LE).

A carga ou preparação das urnas eletrônicas serão feitas em sessão pública, com prévia convocação dos partidos e das coligações para as assistirem e procederem aos atos de fiscalização necessários. No dia da eleição, será utilizada, por amostragem, auditoria de verificação do funcionamento das urnas eletrônicas, através de votação paralela, na presença dos fiscais, dos partidos e das coligações, nos moldes fixados na Resolução n. 23.603/2019 (§§ 5º e 6º do art. 66 da LE).

Os partidos políticos têm a prerrogativa de constituir sistema próprio de fiscalização e totalização dos resultados, contratando empresas de auditoria de sistemas que, com o credenciamento junto à Justiça Eleitoral, receberão, previamente, os programas de computador e os mesmos dados alimentadores do sistema oficial de apuração e totalização (§ 7º do art. 66 da LE). Para o bom desempenho desse trabalho, a Justiça Eleitoral tem a obrigação de reservar espaço no próprio local de votação. Essas empresas de auditoria possuem liberdade de atuação, mas seu resultado não exerce nenhuma influência na apuração oficial. Se elas encontrarem um resultado divergente do encontrado pela Justiça Eleitoral, devem comprovar seu resultado e mostrar os erros da totalização oficial.

No momento da entrega ao juiz eleitoral das cópias dos dados do processamento parcial de cada dia, contidos em meio magnético, os órgãos encarregados do processamento eletrônico são obrigados a fornecer as mesmas informações aos partidos ou às coligações (art. 67 da LE). A entrega parcial dos dados da apuração propicia que os partidos políticos e as coligações possam paulatinamente acompanhar o desenrolar da apuração, chegando ao resultado final sem sobressaltos.

O Boletim de Urna, documento formulado seguindo modelo aprovado pelo Tribunal Superior Eleitoral, possui a função de atestar o número de votos recebidos pelos candidatos, contendo seu nome e o número de votos de cada um. Ele é o guia de votação, mostrando o resultado de votação de cada seção, expedido eletronicamente pela Mesa Receptora, contendo a identificação do Município, da zona eleitoral, a data e o horário de encerramento da votação, o código de identificação da urna eletrônica, o número de eleitores aptos a participar do processo de votação, o número de votantes, a votação individual de cada candidato, os votos de cada legenda partidária, os votos nulos, os votos em branco e a soma geral.

O presidente da Mesa Receptora é obrigado a entregar cópia do Boletim de Urna aos partidos e às coligações concorrentes ao pleito, cujos representantes o requeiram até 1 hora após a expedição. Não cumprindo com essa obrigação, o presidente da Mesa Receptora incorre em crime eleitoral, punível com detenção, de um a três meses, com a alternativa de prestação de serviço à comunidade pelo mesmo período, e multa (art. 68 da LE).

Durante os trabalhos da Mesa Receptora de votos, os partidos políticos, as coligações, os candidatos, o membro do Ministério Público, os fiscais ou delegados podem impugnar determinado procedimento adotado. Essa impugnação deve ser decidida de forma imediata pela Junta Eleitoral. Em decorrência do sistema eletrônico, em que o processo de apuração ocorre de forma bastante célere, se a impugnação não for feita no momento da consumação do fato, opera-se sua preclusão, não havendo um momento posterior para sua impetração.

A impugnação não recebida pela Junta Eleitoral pode ser apresentada diretamente ao Tribunal Regional Eleitoral, em 48 horas, acompanhada de declaração de duas testemunhas. O Tribunal Regional Eleitoral decidirá sobre o recebimento em igual prazo, publicando o acórdão na própria sessão de julgamento, transmitindo, imediatamente, o inteiro teor da decisão à Junta respectiva (art. 69 da LE).

O presidente da Junta Eleitoral que deixar de receber ou de mencionar em ata os protestos recebidos ou impedir o exercício de fiscalização pelos partidos ou pelas coligações deve ser imediatamente afastado, além de responder por crime eleitoral (art. 70 da LE).

Cumpre aos partidos e às coligações, por seus fiscais e delegados devidamente credenciados, e aos candidatos, proceder à instrução dos recursos interpostos contra a apuração, juntando cópia do boletim relativo à urna impugnada (art. 71 da LE). Esse documento é essencial porque traz todos os dados referentes ao processo de votação, podendo demonstrar a veracidade ou não do alegado. Não havendo possibilidade de obtenção do boletim, o recorrente deve solicitar, mediante a indicação dos dados necessários, que o órgão da Justiça Eleitoral perante o qual foi interposto o recurso supra essa omissão, fornecendo os dados necessários.

11.4. TIPIFICAÇÃO PENAL CONTRA O SISTEMA ELETRÔNICO DE VOTAÇÃO E APURAÇÃO

O sistema eletrônico de votação, apuração e totalização se configura um notável aperfeiçoamento do sistema eleitoral brasileiro, sendo uma referência para muitos países. Entretanto, como tudo, não está imune a adulterações e tentativas de fraude. Com o escopo de evitar esses atos atentatórios contra a dignidade da justiça e a lisura do processo democrático, a legislação eleitoral (art. 72 da LE) resolveu punir como crime, com pena de reclusão de cinco a dez anos, as condutas:

a) obter acesso a sistema de tratamento automático de dados usado pelo serviço eleitoral, a fim de alterar a apuração ou a contagem de votos;

b) desenvolver ou introduzir comando, instrução, ou programa de computador capaz de destruir, apagar, eliminar, alterar, gravar ou transmitir dado, instrução ou programa ou provocar qualquer resultado diverso do esperado em sistema de tratamento automático de dados usados pelo serviço eleitoral;

c) causar, propositadamente, dano físico ao equipamento usado na votação ou na totalização de votos ou a suas partes.

12 SISTEMA ELETRÔNICO DE VOTAÇÃO

12.1. PROCESSAMENTO ELETRÔNICO DE DADOS

A implementação do sistema eletrônico de dados muito simplificou o processo de alistamento, votação, apuração e totalização das eleições. No alistamento não há mais a necessidade de acumular pilhas e pilhas de papéis de documentação. A votação, a apuração e a totalização se realizam majoritariamente de forma eletrônica, o que garante agilidade, segurança e transparência ao processo eleitoral[1].

A introdução do processo eletrônico tornou despiciendos muitos dos documentos cadastrais que eram manuais. Agora tudo é feito de modo eletrônico, armazenando-se os dados de forma magnética.

Não é apenas pela modernização e pela agilidade do processo eleitoral que o sistema eletrônico representa um avanço. A principal prerrogativa por ele trazida é contribuir para sua maior transparência, expurgando dúvidas, possibilidade de desvio durante a apuração, fraudes, impugnações quanto a votos etc. A transparência por ele possibilitada permite que a legitimidade das eleições reste inconteste, incrementando a solidez do processo democrático.

O serviço de processamento eletrônico de dados será realizado pela administração do Tribunal Regional Eleitoral em sua circunscrição, sob a supervisão e a orientação do Tribunal Superior Eleitoral (art. 77 da Resolução n. 21.538/2003).

---

[1] "Os mecanismos que garantem a autenticidade e a integridade de todos os dados e os programas utilizados no sistema eletrônico de votação são: assinatura digital, tabela de correspondência, votação paralela, verificação com disquetes dos partidos e publicação na Internet dos resumos digitais" (Pet. 2746/DF, Rel. Min. José Augusto Delgado).

12.2. IDENTIFICAÇÃO BIOMÉTRICA

Em 2008, o Tribunal Superior Eleitoral apresentou uma nova forma de identificação do eleitorado. Trata-se da identificação por biometria, onde os eleitores terão seus dados pessoais, suas impressões digitais e sua fotografia armazenados por um sistema de computador.

Esse sistema foi implantado inicialmente nas eleições municipais de 2008 nos municípios de Fátima do Sul, no Mato Grosso do Sul; Colorado do Oeste, em Rondônia; e em São João Batista, em Santa Catarina (art. 1º da Resolução n. 22.713/2008), e tem ganhado amplitude gradativa em todo o país. Os títulos eleitorais continuarão válidos. A mudança consiste no fato de que, no momento da votação, o mesário terá à disposição a foto, as impressões digitais e os dados pessoais do eleitor, o que facilitará sua identificação e dificultará possíveis fraudes.

De acordo com a Resolução n. 23.335/2011 do TSE, a atualização dos dados constantes do cadastro eleitoral, visando à implantação da sistemática de identificação com inclusão de impressões digitais, fotografia e, desde que viabilizado, assinatura digitalizada do eleitor, mediante revisão de eleitorado com coleta de dados biométricos, em prosseguimento ao projeto de que cuidaram as Res.-TSE n. 22.688, de 13 de dezembro de 2007, e n. 23.061, de 26 de maio de 2009, será obrigatória a todos os eleitores, em situação regular ou liberada, inscritos nos municípios envolvidos ou para eles movimentados até trinta dias antes do início dos respectivos trabalhos.

No momento da votação, o eleitor se apresentará ao mesário e este verificará seus documentos e digitará o número do título de eleitor. Aceito o número do título pelo sistema, o mesário solicitará ao eleitor que posicione o dedo polegar ou indicador sobre o sensor biométrico. Havendo a identificação do eleitor por intermédio da biometria, o mesário o autorizará a votar, dispensando-se a assinatura do eleitor na folha de votação (art. 96, I a V, da Resolução n. 23.611/2019).

No entanto, não ocorrendo a identificação, o mesário repetirá o procedimento, por até quatro vezes, observando as mensagens apresentadas pelo sistema no terminal do mesário. Na hipótese de não haver a identificação do eleitor por meio da biometria após a última tentativa, o presidente da mesa deverá conferir se o número do título do eleitor digitado no terminal do mesário corresponde à identificação do eleitor e, se confirmada, indagará ao eleitor o ano do seu nascimento e o informará no terminal do mesário. Se coincidente a informação, o eleitor estará habilitado a votar, procedendo-se a assinatura no caderno de votação e coletando-se a impressão digital do mesário. Este ainda consignará o fato na Ata da Mesa Receptora e orientará o eleitor a comparecer posteriormente ao Cartório Eleitoral, para verificação de sua identificação biométrica. Na hipótese de o ano informado não coincidir com o cadastro da urna eletrônica, o mesário poderá confirmar o ano de nascimento do eleitor e realizar uma nova tentativa. Persistindo a não identificação do eleitor, o mesário o orientará a contatar a Justiça Eleitoral para consultar sobre a data de nascimento constante do Cadastro Eleitoral, para que proceda a nova tentativa de votação. O mesário deverá anotar na Ata da Mesa Receptora, no curso da votação, todos os incidentes relacionados com a identificação biométrica do eleitor, registrando as dificuldades verificadas e relatando eventos relevantes (art. 97 da Resolução n. 23.611/2019).

12.3. VOTAÇÃO

A votação, a apuração e a totalização dos votos são realizadas pelo sistema eletrônico. Votação é o procedimento pelo qual se outorga ao eleitor o direito de escolher seus candidatos. A apuração consiste na verificação dos votos realizados em determinada urna eleitoral. A totalização é a contagem total de votos, pela qual se verificam os votos de todas as urnas de determinada circunscrição.

Se por qualquer motivo o sistema eletrônico não puder funcionar, em caráter excepcional, utilizar-se-á o sistema manual. O sistema eletrônico de votação, apuração e totalização passou a ser a regra geral desde as eleições municipais de 2000, relegando o sistema manual a casos excepcionais, quando não puder haver seu funcionamento.

Cada seção eleitoral corresponde uma mesa receptora de votos, a não ser que o Tribunal Regional Eleitoral respectivo decida determinar a agregação de seções com a finalidade de racionalização dos trabalhos eleitorais. A agregação não pode ser realizada se ela importar qualquer prejuízo ao bom andamento da votação (art. 119 do CE c/c art. 14, parágrafo único da Resolução n. 23.611/2019).

Seguindo mandamento constitucional, as eleições se realizam no primeiro domingo de outubro, e, havendo necessidade de segundo turno, no último domingo do mês mencionado[2]. Excepcionalmente, em razão dos efeitos da pandemia do novo coronavírus, as eleições municipais ocorrerão nos dias 15 e 29 de novembro de 2020 (Emenda Constitucional n. 107/2020).

No dia marcado para o pleito, às 7 horas da manhã, o presidente da Mesa Receptora, os mesários e os secretários devem chegar ao local de votação verificando se todo o material está em ordem (art. 142 do CE). A chegada com antecedência de 1 hora para o início da votação configura-se crucial para permitir a verificação de todo o material, sua organização e a devida preparação do local de votação. Antes de começar os trabalhos, deve o presidente da mesa emitir o relatório zerésima da urna, listagem de dados do sistema que verifica que ele está zerado, na presença de todos os fiscais dos partidos e coligações (art. 85 da Resolução n. 23.611/2019).

O presidente da mesa deve estar presente ao ato de sua abertura e no encerramento de seus trabalhos, salvo motivo de força maior. Faltando qualquer um dos membros componentes da mesa receptora de votos, havendo premência, convocar-se-á eleitor da seção de votação para assumir o posto vago. Ausente o presidente, assume o cargo o primeiro mesário e se deslocam os demais componentes. Em caso de ausência do presidente da mesa, por qualquer motivo, os mesários substituirão o presidente, de modo que sempre alguém fique responsável pela ordem e pela regularidade do sistema eleitoral (art. 123 do CE).

Os membros da Mesa Receptora devem votar depois dos eleitores que já se encontravam presentes no momento da abertura dos trabalhos ou no encerramento da votação (§ 1º do art. 143 do CE).

---

[2] Art. 28 da Constituição Federal: "A eleição do Governador e do Vice-Governador de Estado, para mandato de quatro anos, realizar-se-á no primeiro domingo de outubro, em primeiro turno, e no último domingo de outubro, em segundo turno, se houver, do ano anterior ao do término do mandato de seus antecessores, e a posse ocorrerá em 1º de janeiro do ano subsequente, observado, quanto ao mais, o disposto no art. 77".

Art. 77 da Constituição Federal: "A eleição do Presidente e do Vice-Presidente da República realizar-se-á, simultaneamente, no primeiro domingo de outubro, em primeiro turno, e no último domingo de outubro, em segundo turno, se houver, do ano anterior ao do término do mandato presidencial vigente".

No caso de falha da urna, em qualquer momento da votação, o presidente da mesa receptora de votos, à vista de todos os fiscais presentes, deve desligá-la e religá-la, digitando o código de reinício da urna (art. 107 da Resolução n. 23.611/2019).

O local de votação é determinado pelo juiz eleitoral mediante edital, no prazo de sessenta dias antes da eleição, em que constará a seção numerada ordinalmente e a indicação de seu endereço. De preferência se requisita prédio público para servir como local de votação, mas este inexistindo ou não sendo apropriado, pode-se requisitar imóvel particular, sem ônus para a Justiça Eleitoral. Veda-se o uso de propriedade pertencente a candidato, membro de diretório de partido, delegado de partido ou autoridade policial, bem como de seus respectivos cônjuges e parentes, consanguíneos ou afins, até o segundo grau (art. 135 do CE).

Da escolha dos locais de votação, qualquer partido pode reclamar ao juiz eleitoral dentro do prazo de três dias a contar de sua publicação, sendo concedido prazo de 48 horas para o magistrado proferir sua decisão. Dessa decisão cabe recurso para o Tribunal Regional Eleitoral respectivo, que tem o prazo de três dias para decidir ($\S\S$ 7º e 8º do art. 135 do CE).

Em virtude da importância do direito de voto, a Justiça Eleitoral deve criar seções eleitorais em vilas e povoados, bem como nos estabelecimentos de internação coletiva, como conventos, em que haja ao menos cinquenta eleitores. Nos estabelecimentos de internação coletiva, o local de votação funcionará nos locais indicados pelo diretor. Nos estabelecimentos penitenciários, cabe ao Tribunal Regional Eleitoral a decisão de criar uma seção de votação para os presos provisórios.

A instalação da urna eletrônica deve ser em uma cabine indevassável, propiciando ao eleitor que seu voto seja secreto, sem que outras pessoas possam olhar os candidatos por ele escolhidos. Não pode haver votação em conjunto, podendo, em caso de dificuldade, os mesários ajudarem o eleitor a votar. Impede-se qualquer tipo de proselitismo eleitoral por parte dos mesários em sua ajuda aos eleitores menos esclarecidos.

Os eleitores entram na seção de forma individual, entregando seu título de eleitor ou documento hábil que o identifique. Após, um mesário procura sua localização na folha individual de votação para que ele a assine e espere seu momento de ir à cabine indevassável.

370

No momento da votação, além da exibição do respectivo título, o eleitor deverá apresentar documento de identificação com fotografia (art. 91-A, *caput*, da Lei n. 9.504/97). Como a cédula do título de eleitor não apresenta fotografia de seu titular, o legislador buscou, ao acrescentar esse novo dispositivo, explicitar a obrigatoriedade de se apresentar documento que possua fotografia, já que não havia norma expressa nesse sentido, apesar de ser prática costumeira a exigência de apresentar documento com foto para comprovar a identificação do eleitor. Essa determinação evita muitos problemas práticos que eventualmente possam surgir durante o momento da votação, como na hipótese de alguém se apresentar diante da Mesa Receptora portando um título eleitoral que não é seu.

Fica vedado portar aparelho de telefonia celular, máquinas fotográficas e filmadoras dentro da cabina de votação (art. 91-A, parágrafo único, da Lei n. 9.504/97). Portar significa o ato de conduzir, transportar consigo alguma coisa, no presente caso, é o ato de o eleitor levar à cabina de votação os equipamentos constantes no texto do parágrafo citado.

Apesar de a nova Lei Eleitoral só fazer menção a "aparelho de telefonia celular, máquinas fotográficas e filmadoras", deve-se proceder a uma interpretação extensiva, para que esta norma contemple outros aparelhos eletrônicos que produzam os mesmos efeitos que aqueles, principalmente no estado de avanço constante que a tecnologia se encontra atualmente, sendo criadas novas estruturas tecnológicas a cada momento, o que impossibilita, assim, o legislador de prever todas as vedações a estes mecanismos tecnológicos. Do contrário, negando-se essa interpretação, só seriam proibidos "aparelho de telefonia celular, máquinas fotográficas e filmadoras", mas seria possível que se levassem outros tipos de aparelhos tecnológicos, com a produção de efeitos similares.

Especial atenção merece a identificação dos eleitores. Caso persista alguma dúvida com relação à identidade do eleitor, novos documentos podem ser pedidos para esclarecimento da situação. Mesmo sem título de eleitor, o cidadão pode exercer seu direito de voto, desde que apresente outro documento que prove sua identidade e que seu nome esteja na folha individual de votação.

Tem o presidente da mesa receptora de votos a função de policiar os trabalhos eleitorais, zelando para que o desenrolar do processo de votação ocorra em paz e tranquilidade (art. 139 do CE). Somente podem permanecer no recinto em que está localizada a Mesa Receptora seus membros, os candidatos, um delegado e um fiscal de cada partido e o eleitor, durante o tempo necessário ao voto. Ele também tem autoridade para fazer retirar do recinto ou do edifício cidadão que estiver tumultuando a votação.

A votação se inicia às 8 horas da manhã, desde que não haja empecilhos para sua abertura (art. 143 do CE). Seu término ocorre às 17 horas (art. 144 do CE). Havendo eleitores presentes que ainda não tenham votado, o presidente distribuirá senhas para que lhes seja permitido realizar seu direito de voto (art. 153 do CE). Não se admite o voto de eleitor retardatário; a votação pode prosseguir após as 17 horas apenas para os eleitores que se encontravam na fila de votação.

Têm prioridade para votar os candidatos, o juiz eleitoral da zona, seus auxiliares em serviço, os eleitores de idade avançada, os enfermos e as mulheres grávidas (art. 143, § 2º, do CE).

Recusando-se o eleitor a votar após a identificação ou apresentar dificuldade na votação eletrônica antes de confirmar seus votos na tela resumo da urna, deve o presidente suspender, por meio de código próprio, a liberação de voto na urna, retendo o comprovante de votação e consignando o fato em ata, assegurando o direito de sufrágio até o encerramento da votação (art. 103 da Resolução n. 23.611/2019).

A votação eletrônica é feita no número do candidato ou da legenda partidária, devendo o nome e a fotografia do candidato e o nome do partido ou a legenda partidária aparecerem no painel da urna eletrônica, com a indicação do cargo disputado (art. 51, *caput*, da LE).

Primeiramente, vota-se nos candidatos às eleições proporcionais – a deputado federal e deputado estadual ou distrital, vereador – e, após, nos candidatos majoritários – presidente da República, governador e senador, prefeito. Se o eleitor não desejar votar em nenhum dos candidatos, seja por quais razões, existe a possibilidade de voto em branco e voto nulo.

Finalizados os trabalhos na hora marcada, os componentes da Mesa Receptora lacram a urna eletrônica de votação ou a manual, conforme o caso, e separam as folhas individuais dos eleitores para indicar os que não compareceram, indicando sua ausência de forma expressa nas folhas de identificação, juntamente com a assinatura do presidente ou do mesário responsável pela tarefa. Posteriormente, lavra-se a ata da eleição, segundo modelo fornecido, com todas as informações essenciais sobre o transcurso da votação (art. 154 do CE).

Com o término do pleito, os mesários devem enviar a urna e os demais materiais à Justiça Eleitoral. Igualmente deve ser enviado o boletim eletrônico da contagem de votos, emitido em cinco vias pela própria mesa, assinado devidamente. Um boletim será fixado no local de votação, outro será entregue aos fiscais de partidos políticos presentes, um acompanha o disquete com o resultado de votação, outro será fixado na sede da Justiça Eleitoral, e o outro entregue ao comitê interpartidário de fiscalização, constituído antes da eleição por um representante de cada partido ou coligação.

A urna eletrônica dispõe de recursos que, mediante assinatura digital, permitem o registro de cada voto e a identificação da urna em que foi registrado, resguardado, obviamente, o anonimato do eleitor. Finalizada a votação, a urna procederá à assinatura digital do arquivo de votos, com aplicação do registro de horário e do arquivo do Boletim de Urna, de maneira a impedir a substituição de votos e a alteração dos termos de início e término da votação.

O Tribunal Superior Eleitoral colocará à disposição dos eleitores urnas eletrônicas destinadas ao treinamento dos eleitores, o que contribui para facilitar seu manuseio e diminuir o tempo necessário para a realização do processo de votação.

A urna eletrônica contabiliza cada voto, assegurando-lhe sigilo e inviolabilidade, garantindo aos partidos políticos, às coligações e aos candidatos ampla fiscalização (art. 61 da LE).

Constatando-se falha em uma ou mais de uma urna no dia da votação, o juiz ordenará sua substituição por outra de contingência; retira-se dela o disquete e o cartão de memória para ser inserida em outra já preparada pela Justiça Eleitoral. Se a urna substituta operar regularmente, ela será lacrada e assinada pelos mesários e fiscais presentes. Caso nenhuma delas possa operar normalmente, proceder-se-á à votação com a utilização de cédulas.

Permite-se a fiscalização dos representantes dos partidos políticos, das coligações, do Ministério Público, da OAB (Ordem dos Advogados do Brasil) na conferência de dados constantes nas urnas no período de carga e de lacração (§ 1º do art. 66 da LE).

O sistema eletrônico será implementado, exclusivamente, em equipamentos de posse da Justiça Eleitoral, que devem obedecer às especificações técnicas requeridas. Veda-se a utilização de qualquer outro sistema eletrônico em substituição ou em complementação aos fornecidos pela Justiça Eleitoral (art. 13º, §§ 2º e 3º, da Resolução n. 23.611/2019).

Permite-se que o eleitor analfabeto utilize instrumentos como modelos de votação, decalque instrumentos congêneres para a votação, proibindo-se que esses instrumentos sejam distribuídos pela Justiça Eleitoral (art. 89 da LE). Não resta dúvida de que esses instrumentos podem ensejar fraude e marcar o voto de eleitores, mas, infelizmente, em um país de grande quantidade de analfabetos e semianalfabetos, a utilização desses instrumentos se mostra imprescindível.

12.3.1. Votação manual

Como já foi dito, a regra é o sistema eletrônico de votação, apuração e totalização de voto. Somente ocorre o sistema manual quando não for possível a utilização do sistema eletrônico, ou seja, ele se constitui uma exceção quando não for factível, por motivos técnicos, a utilização da moderna sistemática eletrônica (art. 110 da Resolução n. 23.611/2019). Uma vez iniciada a votação por cédulas, não se poderá fazer uso de urna eletrônica na mesma seção de votação (art. 112 da Resolução n. 23.611/2019).

As cédulas oficiais são confeccionadas pela Justiça Eleitoral, que as imprimirá para distribuição exclusiva às Mesas Receptoras, sendo sua impressão feita em papel opaco, com tinta preta e em tipos uniformes de letras e números, identificando o gênero na denominação dos cargos em disputa.

A fim de evitar possíveis enganos, haverá duas cédulas distintas, uma de cor amarela, para a eleição majoritária, e outra de cor branca, para a eleição proporcional, tendo sido confeccionadas de modo que, dobradas, resguardem o sigilo do voto sem que seja necessário o emprego de cola para fechá-las (art. 144, §1º, da Resolução n. 23.611/2019). A cédula terá espaços para que o eleitor escreva o nome ou o número do candidato escolhido, ou a sigla ou o número do partido político de sua preferência (art. 145 da Resolução n. 23.611/2019).

Com o escopo de impedir fraude, na votação manual, os membros escrutinadores e seus auxiliares apenas podem utilizar caneta esferográfica de cor vermelha (art. 163 da Resolução n. 23.611/2019). A caneta esferográfica utilizada pelos eleitores é de cor azul (art. 107 da Resolução n. 22.154/2006). Há duas cédulas para preenchimento do eleitor, uma para o pleito majoritário e outra para o pleito proporcional, devendo começar pelo pleito proporcional.

A apuração das cédulas se inicia a partir das 17 horas do dia das eleições, imediatamente após seu recebimento, com o prazo de três dias para a conclusão de seu término, no primeiro turno, e cinco dias para seu término, no segundo turno (art. 106 da Resolução n. 22.154/2006).

A apuração dos votos em cédulas será processada imediatamente após o seu recebimento pela Junta Eleitoral (art. 162 da Resolução n. 23.611/2019), devendo esta providenciar a emissão de duas vias obrigatórias e até quinze vias adicionais do boletim da urna. A não expedição do boletim de urna imediatamente após a apuração de cada urna e antes de se passar a subsequente, sob qualquer pretexto, ressalvada a hipótese de defeito, constitui o crime previsto no art. 313 do Código Eleitoral (art. 179 do CE).

Havendo conveniência, em razão do número de urnas a apurar, a Junta pode subdividir-se em turmas, até o limite de cinco, todas presididas por algum de seus componentes (art. 160 do CE).

Antes da abertura da urna, a Junta Eleitoral possui a missão de dirimir qualquer dúvida existente sobre vícios externos que possam comprometer a validade de apuração dos votos. Por precaução, verifica-se se há indícios de violação da urna, se a Mesa Receptora se constituiu legalmente e se as folhas individuais de votação estão em perfeita ordem (art. 165 do CE).

Verificando o eleitor que a cédula que lhe foi entregue estava de alguma forma marcada ou já preenchida, tem a obrigação de denunciar o fato, consignando o acontecimento em ata, para que a responsabilidade seja apurada. Se por algum motivo o eleitor rasurar sua cédula, ele pode demandar uma nova à Mesa Receptora, que lhe será entregue, com a inutilização da cédula rasurada.

Em caso de dúvida na apuração de votos dados a homônimos, prevalece o número sobre o nome do candidato. No sistema de votação convencional, considera-se voto de legenda quando o eleitor assinalar o número do partido no local exato reservado para o cargo respectivo (arts. 85 e 86 da LE).

Na votação manual para as eleições proporcionais, serão computados para a legenda partidária os votos em que não seja possível a identificação do candidato, desde que o número identificador do partido seja digitado de maneira correta (art. 59, § 2º, da LE). Será também considerado voto de legenda quando o eleitor assinalar o número do partido no momento de expressar sua opinião para determinado cargo.

Em respeito ao processo eleitoral, veda-se às Juntas Eleitorais a divulgação, por qualquer meio, de expressões, frases ou desenhos estranhos ao pleito, apostos ou contidos nas cédulas (art. 164 do CE).

Se, por qualquer motivo, a apuração tiver que ser interrompida, a mesa apuradora precisa recolher as cédulas, as folhas de votação e todo o documento utilizado e guardá-los na própria urna, lacrando-a, deixando-a em lugar seguro, sob vigilância das autoridades policiais. Cessadas as anormalidades, o processo pode ser reiniciado normalmente.

Uma vez iniciada a apuração, ela não será interrompida, mesmo aos sábados, domingos e dias feriados, com a obrigatoriedade de funcionar, no mínimo, das 8 da manhã até as 18 horas (art. 159, § 1º, do CE). Em caso de interrupção por força maior, as cédulas e as folhas de apuração serão recolhidas à urna, e esta fechada e lacrada, com o procedimento constante em ata (art. 163, parágrafo único, do CE).

O rascunho ou qualquer outro tipo de anotação fora dos boletins de urna usados no momento da apuração dos votos não poderão servir de prova posterior perante a Junta apuradora ou totalizadora (art. 87, § 5º, do LE).

A urna pode ser reaberta em caso de recontagem (art. 183 do CE).

12.3.2. Voto em trânsito

Aos eleitores em trânsito no território nacional é assegurado o direito de voto nas eleições para Presidente, Governador, Senador, Deputado Federal, Deputado Estadual e Deputado Distrital em urnas especialmente instaladas nas capitais dos Estados e nos municípios com mais de 100 mil eleitores (art. 233-A do Código Eleitoral, com redação conferida pela Lei n. 13.165/2015). Essa cominação aumentou a abrangência do exercício de sufrágio pelos eleitores nacionais que se encontrem fora de seu domicílio eleitoral. Paralelamente, retirou a matéria da esfera do poder regulamentar do Tribunal Superior Eleitoral, conferindo ao tema força e natureza de lei.

O exercício do direito de voto em trânsito está condicionado à habilitação do eleitor perante a Justiça Eleitoral, no período de até quarenta e cinco dias da data marcada para a eleição, indicando o local em que pretende votar. Aos eleitores que se encontrarem fora da unidade da Federação de seu domicílio eleitoral somente é assegurado o direito à habilitação para votar em trânsito nas eleições para Presidente da República. Os eleitores que, por sua vez, se encontrarem em trânsito dentro da unidade da Federação de seu domicílio eleitoral poderão votar nas eleições para Presidente da República, Governador, Senador, Deputado Federal, Deputado Estadual e Deputado Distrital (§ 1º do art. 233-A do CE, incluído pela Lei n. 13.165/2015).

Os membros das Forças Armadas, os integrantes dos órgãos de segurança pública a que se refere o art. 144 da Constituição Federal, bem como os integrantes das guardas municipais mencionados no § 8º do mesmo art. 144, poderão votar em trânsito se estiverem em serviço por ocasião das eleições. As chefias ou os comandos dos órgãos a que estiverem subordinados esses eleitores enviarão obrigatoriamente à Justiça Eleitoral, em até quarenta e cinco dias da data das eleições, a listagem dos que estarão em serviço no dia da eleição com indicação das seções eleitorais de origem e destino. Uma vez habilitados, serão cadastrados e votarão nas seções eleitorais indicadas nas listagens independentemente do número de eleitores do Município (§§ 2º, 3º e 4º do art. 233-A do CE, incluído pela Lei n. 13.165/2015).

12.3.3. Voto impresso

Ponto bastante controverso foi a criação do sistema de voto impresso (art. 5º da Lei n. 12.034/2009). A reintrodução do instituto modificou o sistema eleitoral de votação nas urnas eletrônicas. No sistema de voto impresso seria registrado o voto do eleitor e todos os dados da opção por ele feita, como, por exemplo, o nome e o partido do candidato em quem o cidadão votou. Ademais, ainda em outubro de 2011, a referida norma teve sua eficácia suspensa mediante o deferimento de medida cautelar pelo Plenário do Supremo Tribunal Federal, em sede da ADIN n. 4.543.

Em outubro de 2014, o Plenário, por votação unânime e nos termos do voto da Relatora, declarou a inconstitucionalidade do respectivo art. 5º da Lei n. 12.034/2009, aduzindo que a inviolabilidade do voto do eleitor e o segredo do seu voto pressupõem a impossibilidade de se ter, no exercício do voto ou no próprio voto, qualquer forma de identificação pessoal. A impressão do voto viola o direito inexpugnável ao segredo, conferido ao cidadão pela Constituinte como conquista democrática, com o intuito de suplantar os gravíssimos vícios que a compra e venda de votos provocam, vulnerando o sistema democrático.

Restara consignado que a garantia da inviolabilidade do eleitor pressupõe a impossibilidade de existir, no exercício do voto, qualquer forma de identificação pessoal, assegurando-se a liberdade de manifestação e evitando qualquer tipo de coação.

12.4. APURAÇÃO

Apuração é o procedimento de contagem dos votos existentes em uma eleição. Sua competência pertence exclusivamente à Justiça Eleitoral dentro de seu âmbito de competência – à Junta Eleitoral nas eleições municipais, ao Tribunal Regional Eleitoral nas eleições estaduais e ao Tribunal Superior Eleitoral nas eleições para Presidente e para Vice-Presidente.

Os votos são registrados e contados eletronicamente nas seções eleitorais pelo sistema de votação da urna. À medida que os votos vão sendo recebidos, são registrados individualmente e assinados digitalmente, resguardando-se o anonimato do eleitor, com a indicação do horário, de maneira a impedir a substituição de votos.

A apuração é realizada após o término da eleição. Graças ao sistema eletrônico, a totalização final estará pronta algumas horas depois do pleito. Esse sistema eletrônico não é utilizado para a contagem manual de votos, sendo realizado pelos mesários.

Durante a apuração, o juiz eleitoral tem a obrigação de acompanhar in loco o desenrolar dos trabalhos, dirimindo as dúvidas surgidas e velando para o bom andamento do processo.

12.5. IMPUGNAÇÃO E RECURSOS DA CONTAGEM MANUAL DE VOTOS

À medida que os votos forem sendo apurados, podem os fiscais, os delegados e os candidatos apresentar suas impugnações para a Junta, que deve decidir a questão com o *quorum* de maioria de seus membros. Dessas decisões cabe recurso imediato, interposto verbalmente ou por escrito, que deve ser fundamentado no prazo de 48 horas para que tenha seguimento (art. 169 do CE).

Não se admite recurso contra apuração se não tiver havido impugnação perante a Junta Eleitoral no ato da apuração contra as nulidades arguidas (art. 171 do CE). Sempre que houver recurso fundado em contagem errônea de votos ou qualquer outro vício, as cédulas devem ser conservadas em invólucro lacrado, que acompanhará o recurso, e deve ser rubricado pelo juiz eleitoral, pelo recorrente e pelos delegados de partido que o desejarem.

Se a impugnação não for feita de forma imediata, na hora da contagem do voto, concretiza-se sua preclusão, não podendo ser alegada posteriormente. Os motivos que podem ensejar a impugnação são amplos, sendo balizados pela ausência de respeito à vontade do eleitor ou pela existência de nulidade. Contudo, para que a parte possa exercer seu direito de impugnação, faz-se imperiosa a existência de sucumbência, caso contrário, ela desfalece do direito de utilizá-la.

12.6. RECONTAGEM

Recontagem é o processo em que há uma nova contagem dos votos apurados[3]. Para que os partidos que perderam as eleições não recorram a essa prerrogativa como tática procrastinatória, tumultuando o processo, o juiz presidente da Junta é obrigado a recontar a urna em apenas duas hipóteses[4]:

---

[3] "Reclamação. Decisões desta Corte que, afastando a ocorrência de preclusão, determinaram que as juntas apuradoras apreciassem pedido de recontagem de votos. Alegação de que os julgamentos posteriormente ocorridos meramente formalizaram o que decidido no momento da apuração. 1. Não atinge a autoridade deste Tribunal a decisão das juntas apuradoras que, cumprindo determinação desta Corte, apreciaram os pedidos de recontagem e os indeferiram" (RCL-121/PE, Rel. Min. Fernando Neves da Silva).

[4] Segundo a jurisprudência do Tribunal Superior Eleitoral, para ocorrer a recontagem dos votos é *mister* a presença dos elementos contidos no "art. 55, I e II, da Res.-TSE n. 21.635/2004, que autorizam a recontagem de votos. Ausente estas, 'a recontagem de votos só poderá ser deferida pelos Tribunais Regionais Eleito-

a) quando o boletim apresentar resultado não coincidente com o número de votantes, ou discrepante dos dados obtidos no momento da apuração[5];

b) fica evidenciada a atribuição de votos a candidatos inexistentes, o não fechamento da contabilidade da urna ou a apresentação de totais de votos nulos, brancos ou válidos destoantes da média geral das demais seções do mesmo município[6] (art. 88 da LE).

O primeiro fato a ensejar a recontagem pode ser dividido em duas partes: quando o número de votantes não coincide com o que consta no boletim; quando ocorre discrepância de dados. Exemplo do primeiro caso: o número de votantes é maior que o número de eleitores que compareceram à seção eleitoral para votar. Discrepância se configura como a diferença entre os dados fornecidos pela seção eleitoral e os obtidos no processo de totalização, o que indica erro no processo de apuração[7].

O segundo fato a ensejar a recontagem pode ser dividido em três partes: ficar evidenciada a distribuição de votos a candidatos inexistentes; o não fechamento da contabilidade da urna; a apresentação do total de votos nulos, brancos ou válidos destoante da média geral das demais seções do mesmo município[8]. A simetria da contabilidade da

---

rais em recurso interposto imediatamente após a apuração de cada urna' (art. 56 da Res.-TSE n. 21.635/2004)" (AG-5.935/PE, Rel. Min. José Gerardo Grossi).

[5] "A pequena diferença entre o número de votos dados aos candidatos, a perplexidade dos eleitores e a surpresa geral manifestada não são pressupostos autorizadores para o deferimento do pedido de recontagem de votos" (Respe n. 15.653/BA, Rel. Min. Maurício José Corrêa).

[6] "Pedido de recontagem. Ocorrência de totais de votos nulos, brancos ou válidos, destoantes da média das demais seções do Município (art. 88, II, da Lei n. 9.504/97). A norma do art. 88, II, da Lei n. 9.504/97 é imperativa. Há a obrigação de recontar, independente da iniciativa de candidatos, partidos e coligações. Não ocorre preclusão relativa a eventual pedido de recontagem fundado neste dispositivo (art. 245, parágrafo único, do CPC)" (AG-1904/PE, Rel. Min. José Eduardo Alckmin).

[7] "A norma do art. 88 da Lei n. 9.504/97 obriga a recontagem quando a apresentação do total de votos é destoante da média geral das demais seções" (AG-1743/PR, Rel. Min. Nelson Jobim).

[8] "Recurso especial. Eleições para deputados estaduais. Recontagem. Percentuais de votos brancos e nulos destoantes da média geral. Recurso conhecido e

urna tem que ser perfeita, sem apresentar anomalias, como quando não são contabilizados os votos dados a determinado candidato.

A comprovação da concretização de votos destoantes da média necessita ser acompanhada de dados reais que possam pressupor a ocorrência de fraude. Não se precisa de provas absolutas; a comprovação de fortes dessimetrias, como em região que o candidato tem forte atuação e recebe votação muito abaixo de sua média, é suficiente para o deferimento da recontagem.

A legitimidade para a proposição do pedido de recontagem é dos partidos políticos, da coligação, do Ministério Público e dos candidatos que tenham interesse no desfecho do problema, tendo o Tribunal Superior Eleitoral abrangido o terceiro prejudicado pela não recontagem[9]. Também há precedente no sentido de que, ocorrida hipótese de recontagem, emerge a obrigação de fazê-lo, independentemente da iniciativa dos legítimos[10].

Realizando-se qualquer uma das hipóteses acima previstas, não há facultatividade de decisão para o magistrado, o verbo utilizado no imperativo indica que sua obrigação é deferir o pedido de recontagem.

12.7. CONCEITUAÇÃO DE VOTO

Voto é o instrumento pelo qual é exercido o direito de sufrágio. Por seu intermédio o eleitor exprime sua vontade, declarando quais dos seus candidatos devem exercer a representação popular[11]. Classifica-se como apanágio da democracia representativa em que as decisões políticas não são tomadas diretamente pelo povo, mas por representantes nomeados pelo voto dos eleitores.

---

provido para que se determine a recontagem dos votos das seções de ns. 14, 35, 85, 89, 108, 121, 125, 127 e 141 da 4ª Zona Eleitoral. Município de Boquim-SE" (AG-1850/SE, Rel. Min. Walter Ramos da Costa Porto).

[9] Ac. n. 1.850, de 23-5-2000, Rel. Min. Costa Porto.

[10] Ac. n. 1.904, de 8-2-2001, Rel. Min. Eduardo Alckmin.

[11] "Voto é a manifestação firme de decisão que se impõe e que deve ser respeitada. Voto pressupõe liberdade. Não há voto livre e soberano onde não há democracia" (VIDIGAL, Edson de Carvalho. Quanto ao voto. In: *Direito eleitoral contemporâneo*: doutrina e jurisprudência. Belo Horizonte: Del Rey, 2003, p. 76).

É através dele que a cidadania estabelece os Poderes Constituídos, representando-a no dia a dia das decisões políticas, sem abdicar de sua soberania, esta sim intransferível, podendo a qualquer momento ser readquirida em sua plenitude através de um fenômeno denominado transconstitucionalização[12]. No regime democrático, o cidadão, com capacidade eleitoral, tem o dever de votar em virtude de que o referido regime necessita, para concretizar-se, de governantes, e esses somente são escolhidos pelo voto[13].

O voto exprime a capacidade de cidadania ativa, em que os cidadãos podem se manifestar durante os pleitos eleitorais, diferenciando-se da capacidade de cidadania passiva, consistente na prerrogativa de ser votado, garantindo-lhe condição de elegibilidade. Mais uma vez, por dever de clareza teórica, não é de bom alvitre confundir a cidadania apenas com o exercício de voto, haja vista que ela se manifesta sem restrições temporais, sendo de bom alvitre seu exercício cotidiano.

Como características, podemos dizer que o voto é direto, em razão de que são os próprios eleitores que escolhem seus candidatos, sem delegar essa prerrogativa a outrem; ele é igualitário, pois cada pessoa é detentora de um voto, não existindo um mais importante que o outro em sentido numérico; livre, podendo o cidadão escolher seus candidatos da forma que lhe convém; pessoal, porque ele tem a obrigação de comparecer pessoalmente à sua respectiva zona eleitoral; secreto, em virtude de que não há publicidade de sua opção, podendo ele ocultar sua escolha. Em resumo, o voto é o ato em que o eleitor exerce sua soberana vontade[14].

---

[12] AGRA, Walber de Moura. *Fraudes à Constituição*: um atentado ao poder reformador. Porto Alegre: Fabris, 2000, p. 78.

[13] AZAMBUJA, Darcy. *Teoria Geral do Estado*. 4. ed. Porto Alegre: Globo, 1963, p. 336.

[14] "O ato de votar é, essencialmente, um ato de participação nas responsabilidades atinentes à vida da sociedade. Com efeito, o eleitor, ao cumprir esta atividade cívica, está, por tal meio, concorrendo para constituir os mandatos dos que irão produzir ou concorrer para produzir decisões – normativas ou executivas, conforme a natureza dos cargos em disputa – que recairão não apenas sobre o votante, mas sobre todos os membros da Sociedade" (MELLO, Celso Antônio Bandeira de. Representatividade e Democracia. In: *Direito eleitoral*. Belo Horizonte: Del Rey, 1996, p. 42).

No intento de evitar confusões conceituais, urge diferenciar voto, sufrágio e escrutínio. Sufrágio advém do latim *sufragium*, significando a expressão da vontade do eleitor, a indicação de suas preferências políticas expressas no pleito eleitoral[15]. Dessa feita, o voto se configura no modo de o eleitor expressar sua vontade, a concretização do sufrágio, que é um direito de escolha do cidadão. Escrutínio, por sua vez, exprime a ideia de votação e apuração, sendo o processo para que o sufrágio do eleitor possa ser conhecido. Esse envolve uma conceituação mais ampla que a contagem de votos, passando por todas as operações inerentes à votação e à proclamação do resultado da eleição.

Escrutínio é considerado como sinônimo de votação, apuração, contagem de votos[16]. Ou seja, tem sentido de permitir a concretude ao resultado da eleição, englobando vários momentos que vão da votação à proclamação do resultado final, conhecendo os candidatos eleitos no pleito eleitoral, englobando várias etapas do Direito Eleitoral[17].

O sufrágio não se limita ao exercício da cidadania ativa, também confere a seus titulares outros momentos de participação, como em plebiscitos, referendos[18]. Trata-se de um direito público com base política, em que o cidadão elege, é eleito e tem o direito de participar da

---

[15] "O sufrágio é a participação no governo; em um país rígido pelo sistema representativo, é tomar parte na escolha dos funcionários e na decisão das questões públicas. O fim é conservar a continuidade do governo e preservar e perpetuar a ordem pública e a proteção dos direitos individuais. O fim que visa é, portanto, público e geral, não privado e individual. Qualquer espécie de sufrágio com o fim de contrariar esse propósito geral, qualquer sufrágio que, se fosse concedido, propendesse a abalar a ordem governamental, estimular a anarquia e ocasionar toda série inumerável de danos sobre o povo, os quais decorrem da alteração da ordem pública, não somente é inadmissível perante a razão. (...) O sufrágio deve chegar ao indivíduo não como um direito, mas como uma regra que o Estado estabelece como meio de perpetuar a sua própria existência e de assegurar ao povo os benefícios que ele desejava lhe fossem assegurados" (COOLEY, Thomas M. *Princípios gerais do direito constitucional nos Estados Unidos da América*. Trad. Ricardo Rodrigues Gama. Campinas: Russel, 2002, p. 245-246).

[16] PORTO, Walter Costa. *Dicionário do voto*. São Paulo: Giordano, 1995, p. 160-161.

[17] SILVA, José Afonso da. *Comentário contextual à Constituição*. São Paulo: Malheiros, 2005, p. 214.

[18] SILVA, Daniela Romanelli da. *Democracia e direitos políticos*. São Paulo: Instituto de Direitos Políticos, 2005, p. 331.

vida política nacional. É uma forma de os eleitores transferirem parcialmente seu poder para seus candidatos. A forma com que o eleitor exerce esse direito é com sua participação política, ou seja, votando. Classificando-se como direitos políticos, o sufrágio pode ser entendido de duas formas: como direito de votar (capacidade ativa) e como direito de ser votado (capacidade passiva).

O Professor José Afonso da Silva dividiu o sufrágio em dois tipos: quanto à extensão e quanto à igualdade. Quanto à extensão, o sufrágio é subdividido em: universal, que se encontra no art. 14 da Constituição, em que todos os nacionais inscritos na Justiça Eleitoral têm o direito de votar, não havendo nenhuma forma de discriminação entre os eleitores; restrito, em que não há universalidade entre os eleitores porque eles são qualificados em relação a seu poder econômico ou sua capacidade intelectual. Quanto à igualdade, há o sufrágio igual, em que o voto de todos os eleitores tem o mesmo peso; e o sufrágio desigual, em que aos votos dos eleitores são atribuídos pesos diferenciados, podendo ser concedido o direito de votar mais de uma vez ou realizar mais de um voto para o mesmo cargo[19].

Portanto, sufrágio é um direito, o voto, o modo de sua realização, e o escrutínio se refere ao processo integral, englobando todos os procedimentos de votação e apuração.

12.8. NATUREZA DO VOTO

Bastante controversa é a discussão acerca da natureza do voto, não havendo unanimidade se ele é uma obrigação ou um direito.

Configura-se um direito no sentido de que é uma prerrogativa outorgada à população para que possa se posicionar em relação aos caminhos políticos a escolher, participando como sujeito ativo de todo o processo. Por outro lado, é uma obrigação porque, caso o eleitor não realize seu direito de voto, há o descumprimento de uma obrigação, com aplicação da sanção respectiva.

Como decorrência da soberania popular, o voto pode ser classificado como um direito subjetivo, apanágio da constituição do pacto viven-

---

[19] SILVA, José Afonso da. *Curso de direito constitucional positivo*. 16. ed. São Paulo: Malheiros, 1999, p. 354.

cial da sociedade. Sem seu exercício, haveria redução das prerrogativas da sociedade, tendo a maioria da população que suportar decisões políticas tomadas por uma minoria sem nenhuma legitimidade popular.

Seu entendimento como *norma agendi* cristaliza-se no fato de ser um imperativo constante em lei, com a previsão de uma sanção caso ocorra seu não cumprimento. Não cabe ao cidadão outra escolha a não ser cumprir os imperativos agasalhados pela lei, em razão de sua obrigatoriedade aos maiores de 18 anos no Brasil.

Ensina-nos Pontes de Miranda que o direito de votar, ao contrário do que se possa pensar, não se trata de um direito individual e, sim, de uma função pública, em que é um direito e um dever[20]. O direito de sufrágio é exercido no momento em que o cidadão exerce seu direito ao voto.

Devido ao fato de o voto ser obrigatório no Brasil, o eleitor que deixar de votar e não se justificar perante o juiz eleitoral até trinta dias após a realização da eleição pagará uma multa. Contudo, torna-se facultativo nessas condições: a) aos enfermos; b) aos que se encontrem fora de seu domicílio; c) aos funcionários civis e militares em serviço que os impossibilite votar (art. 6º do CE).

Todo eleitor que não votar em três eleições consecutivas, não pagar a multa e não se justificar no prazo de seis meses a contar da data da última eleição, terá cancelada sua inscrição eleitoral (art. 7º, § 3º, do CE).

Se o eleitor se encontrar fora de seu domicílio, por causa da distância, e não for o caso de votação em trânsito, ele pode deixar de votar desde que se justifique, não sofrendo nenhuma penalidade por sua ausência. Deve comparecer a uma agência dos correios ou a uma sessão eleitoral e se justificar. Não seria justo exigir-se do eleitor um dispêndio financeiro, nem sempre possível, para que ele cumpra uma obrigação que está além de suas possibilidades.

Cancelada sua inscrição eleitoral, incorre o cidadão nas sanções seguintes, ficando impedido de: a) inscrever-se em concurso ou prova para cargo ou função pública; b) receber vencimento, remuneração, salário ou proventos de função, emprego público, autárquico, funda-

---

[20] PONTES de MIRANDA, Francisco Cavalcanti. *Comentários à Constituição de 1967*. 2. ed. São Paulo: Revista dos Tribunais, 1970, t. IV, p. 566.

cional, institutos ou sociedades de qualquer natureza mantidas ou subvencionadas pelo governo no segundo mês subsequente ao da eleição; c) participar de concorrência pública ou administrativa da União, dos Estados, dos Territórios, do Distrito Federal, dos Municípios ou de suas respectivas autarquias; d) obter empréstimo nas autarquias, sociedades de economia mista, caixas econômicas federais ou estaduais, nos institutos e caixas de previdência social, bem como em qualquer estabelecimento de crédito mantido pelo governo, ou de cuja administração este participe, ou com essas entidades celebrar contratos; e) obter passaporte ou carteira de identidade; f) renovar matrícula em estabelecimento de ensino oficial; g) praticar qualquer ato para o qual se exija quitação do serviço militar ou de imposto de renda (art. 7º do CE).

12.9. VOTO NULO E VOTO EM BRANCO

O voto nulo é a manifestação do eleitor que não está de acordo com nenhuma das candidaturas postas até o momento, seja porque discorda da sistemática do processo eleitoral, seja porque não se agradou das candidaturas postas.

O voto em branco é aquele em que o eleitor prefere não se manifestar no pleito eleitoral. Ele não expressa nenhum tipo de repulsa ao sistema eleitoral ou aos candidatos, apenas que não há adesão às candidaturas estabelecidas[21].

---

[21] Bem explicam essa diferença os Professores Roberto Amaral e Sérgio Sérvulo, que por sua clarividência vale a pena transcrever: "Contrariamente ao voto em branco, que é, na verdade, a ausência de voto, a renúncia ao direito de preferência, o voto nulo é, nesses termos, um voto positivo, no sentido em que, como o voto em um candidato ou em um partido, ele representa uma manifestação da vontade eleitoral. Condenatória, mas sempre vontade afirmativa. Pois é por seu intermédio que o cidadão expressa sua condenação às limitações do pleito. O voto em branco é de quem cala; o voto nulo é de quem fala, protestando... O voto em branco é aquele que não é dado a qualquer candidato ou partido. Voto nulo é o que se manifesta com infração, seja na cédula única, na votação convencional, seja na urna eletrônica" (AMARAL, Roberto; CUNHA, Sérgio Sérvulo da. *Manual das eleições*. 3. ed. São Paulo: Saraiva, 2006, p. 50).

13 ABUSO DE PODER. CONDUTAS VEDADAS A GESTORES PÚBLICOS. IMPROBIDADE ADMINISTRATIVA

A teoria do abuso de poder apresenta uma nítida correlação com o Direito Privado, mais precisamente, com a ideia de responsabilidade civil por abuso de direito. Nos dizeres de Jairo Gomes, pondera-se, contudo, que a seara da responsabilidade por abuso de direito ultrapassa o âmbito da responsabilidade civil, vindo a expressar uma "questão geral de moralidade" na aplicação dos direitos e na percepção dos poderes implicados[1]. Obviamente que essa concepção moral necessita está agasalhada normativamente, para não dá ensejo a moralismos autoritários e ilegais.

Nesse sentido, George Ripert defende que há indicativos morais na cristalização do abuso de direito, consubstanciando, uma contraposição entre os referenciais de liberdade com o de responsabilidade, havendo, portanto, limitações legais para o exercício do direito que tomam como guia a ideia de moralidade[2]. Assim, a concepção de abuso do poder atuaria como "cláusula geral" modeladora da responsabilidade do detentor de direito que, em excesso do seu exercício, viola bem jurídico de terceiro[3].

Evidencia-se que o abuso de poder é fato jurídico que perpassa diversos âmbitos do direito[4]. Sua origem decorre do Direito Adminis-

---

[1] GOMES, José Jairo. *Direito Eleitoral*. São Paulo: Atlas, 2016, p. 380.

[2] RIPERT, Georges. *A regra moral nas obrigações civis*. 2. ed. trad. por Osório de Oliveira. Campinas: Bookseller, 2002, p. 168-17.

[3] GOMES, José Jairo. *Direito Eleitoral*. São Paulo: Atlas, 2016, p. 380.

[4] No direito constitucional, o abuso de poder pode configurar causa de pedir das ações constitucionais, tratando-se, portanto, de fenômeno acintoso à Constituição. No que tange ao direito penal, inconteste a tipificação do abuso de poder

trativo representando reação aos atos abusivos praticados pela Administração[5]. Considerado como princípio da proibição de excesso, teve inicialmente campo de atuação restrita ao Poder Executivo, poder constituído destinado a ser, tipicamente, Estado-Administração[6].

Na seara político-administrativa, para a substanciação da ideia de poder, importa a designação do seu titular, na medida em que, como conceito primário, poder representa força suficiente para transformar, concretizar ou influenciar algo. A identificação da titularidade do poder seria uma condicionante para a caracterização da forma de seu uso. Em um Estado Social Democrático de Direito, a titularidade do poder político pertence ao povo, ou seja, o poder encontra sua justificação na soberania popular[7].

Portanto, no exercício das prerrogativas estatais, os dirigentes são apenas mandatários, devendo pautar o uso do poder com acedência,

---

e de autoridade em diversos diplomas legais. No direito privado, abuso é o uso ilícito de poderes ou faculdades.

[5] O recurso de abuso de poder é uma forma de invalidação contenciosa que dá ao Conselho de Estado o poder de anular uma decisão executória administrativa, se essa contém um excesso formal da autoridade que adoptou a decisão (incompetência, violação de forma, desvio poder, violação da lei) e, portanto, tende a opor-se ao procedimento de ofício. Este recurso é controvertido porque ele é levado perante um tribunal público, o Conselho de Estado, e termina em uma decisão judicial dotada de força de coisa julgada. HAURIOU, Maurice. *Précis de Droit Administratifet de Droit Public*. 9ª éme. Paris: 1919, p. 471.

[6] O art. 27 da Constituição Francesa de 1791, primeiro dispositivo constitucional a positivar a preocupação com o abuso de poder, previa:

"Article 27. – Le ministre de la justice dénoncera au tribunal de cassation, parlavoie du commissaire du roi, et sans préjudice du droit desparties intéressées, les actes parles quels les juges auraient excédé les bornes de leur pouvoir. – Le tribunal les annule; et s'ils donnent lieu à la forfaiture, le fait sera dénoncé au Corps Législatif, qui rendra le décret d'accusation, s'il y a lieu, et renverra les prévenus devant la haute Cournationale".

[7] "Para la teoria democrática, el pueblo – como conjunto de cidadanos – ejerce la soberanía que reside en la nación toda, y desde este punto de vista, es en sus decisiones en las que se encuentra el origen de toda autoridad. En otras palabras, la capacidad de mando del gobernante y su titularidad, emanan precisamente de que es el pueblo el que ha determinado que él se encuentre allí". VIVANCO, Ángela M. *Las libertades de opinión y de información*. Santiago de Chile: Andrés Bello, 1992, p. 307.

expressa ou tácita, dos dirigidos, de acordo com os parâmetros legais, razão pela qual o abuso é indiscutivelmente ilegítimo e ilegal[8]. Afinal, o exercício do Poder Público deve ser inteiramente caracterizado pelo seu real titular. Logo, práticas abusivas, que ultrapassam os limites de uso normal, põem em perigo direitos subjetivos – e, assim, a própria constituição do Estado – e a democracia substantiva[9].

Nesse diapasão, o abuso de poder denota aspecto vicioso do ato, que configura arbitrariedade na conduta, eivando o ato de nulidade[10]. Trata-se de aberração da discricionariedade da qual é detentor o administrador da *res publica*, que se inclina ao interesse pessoal, ab-rogando com sua conduta o interesse da Administração[11].

O abuso de poder pela modalidade do excesso se configura todas as vezes em que há uma afronta ao elemento normativo, de forma direta ou indireta, em razão de que o sujeito extrapolou suas prerrogativas, indo além do que lhe era permitido legalmente. Como a legalidade é a sacramentação do Estado Social Democrático de Direito, pune-se toda a conduta em que há uma atuação em uma seara que ultrapassa os limites legais. Configura-se em um vício de competência, consubstanciando o abuso pela inexistência de atribuição legal para o ato[12].

O desvio de poder, ou *détournement de pouvoir*, criado originariamente na jurisprudência francesa, representa um limite ao poder discricionário pelo lado dos fins, dos motivos da Administração[13]. Ele, por sua vez, ocorre quando uma autoridade manuseia o poder discricioná-

---

[8] ALVES, Alaôr Caffé. *Estado e ideologia*: aparência e realidade. São Paulo: Brasiliense, 1987, p. 195-196.

[9] CHOMSKY, N. (2006). Failedstates: The abuse ofpower and theassaultondemocracy. New York, NY: Henry Holt and Company. Disponível em: http://www.kropfpolisci.com/foreign.policy.chomsky. Acesso em: 4-5-2017.

[10] TÁCITO, Caio. O desvio do poder no controle dos atos administrativos, legislativos e jurisdicionais. *Revista de Direito Administrativo*, Rio de Janeiro, v. 228, p. 2, abr./jun. 2002.

[11] CRETELLA JÚNIOR, José. Sintomas denunciadores do "desvio de poder". *Revista da Faculdade de Direito da USP*, v. 71, p. 79, 1976.

[12] RIVERO, Jean. *Droit Administratif*. Paris: Dalloz, 2011, p. 247.

[13] QUEIRÓ, Afonso Rodrigues. A teoria do desvio de poder em Direito Administrativo. *Revista de Direito Administrativo*, Rio de Janeiro, n. 7, p. 62-63, jan./mar. 1947.

rio com o fito de atingir fim diverso do que se estima no interesse público previsto em lei, autorizando o Poder Judiciário a decretar a nulidade do ato, já que a Administração fez uso indevido da discricionariedade[14]. É limite que visa impedir que a prática do ato administrativo dirija-se à consecução de um fim de interesse privado, ou até mesmo de outro fim público estranho à previsão legal[15].

O desvio de poder é fundamento para a anulação do ato administrativo, indagando-se acerca dos móveis que inspiraram o administrador; o sentimento, o desejo que o inspirou, haja vista que na forma o ato é perfeito[16]. Assim, haverá desvio de poder sempre que o agente atuar com finalidade diversa da perseguida em lei, viciando o ato, ainda que não seja contrário ao ordenamento de forma direta[17]. Esse tipo de abuso de poder faz emergir ato cujo fim é absolutamente incompatível com o espírito de justiça e imparcialidade que deve nortear os atos do agente público[18].

O abuso de poder, em sua forma omissiva, consubstancia a inércia da autoridade administrativa, que deixa de executar serviço que por lei está obrigada, lesando o patrimônio jurídico individual, seja por omissão dolosa ou culposa[19]. Suscite-se que nem toda omissão administrativa é ilegal, excluindo-se as omissões genéricas em que pertence ao administrador o poder de avaliar a oportunidade para adotar ou não uma providência positiva[20]. Todavia, são ilegais aquelas que suprimem direitos humanos deferidos por instrumentos normativos.

---

[14] DI PIETRO, Maria Sylvia Zanella. *Direito Administrativo*. 28. ed. São Paulo: Atlas, 2015, p. 253.

[15] TÁCITO, Caio. O desvio de poder no controle dos atos administrativos, legislativos e jurisdicionais. *Revista de Direito Administrativo*, Rio de Janeiro, v. 228, p. 2, abr./jun. 2002.

[16] CRETELLA JÚNIOR, José. *Curso de Direito Administrativo*. 18. ed. rev. e atual. Rio de Janeiro: Forense, 2002, p. 174.

[17] GORDILLO, Agustin. *Tratado de derecho administrativo*. 5. ed. Buenos Aires: Fundación de Derecho Administrativo, 2000, p. 23-24.

[18] CRETELLA JÚNIOR, José. Sintomas denunciadores do "desvio de poder". *Revista da Faculdade de Direito da USP*, v. 71, p. 79, 1976.

[19] TÁCITO, Caio. O poder de polícia e seus limites. *Revista de Direito Administrativo*, Rio de Janeiro, v. 27, p. 1-10, jan./mar. 1952.

[20] CARVALHO FILHO, José dos Santos. *Manual de Direito Administrativo*. 25. ed. São Paulo: Atlas, 2012, p. 45.

Depreende-se que o abuso de poder constitui conceito jurídico dotado de textura aberta[21], cuja designação e denotação apenas poderão ser aferidas a partir do caso concreto. Malgrado, a abrangência do seu conceito, o abuso de poder, em qualquer uma de suas modalidades, imprime como linha descritiva geral a representação de condutas que comprometam a verificação da denominada "verdade eleitoral".

Desse modo, o uso abusivo do poder deve ser reprimido pela Justiça Eleitoral, desde que criadas condições factíveis, a partir de comandos deontológicos do plano normativo e implementadas por decisão judicial em caso de descumprimento[22]. No âmbito eleitoral, tem-se que o abuso de poder é fenômeno obstrutivo da plena cidadania, uma vez que vem a macular a liberdade e a consciência do voto.

13.1. FORMAS DE ABUSO DE PODER

Como se mencionou anteriormente, o abuso de poder é o gênero do qual se deflui várias espécies. No Direito Eleitoral, foco da atual análise, pode-se depreender as seguintes modalidades de abuso de poder, que mantêm como conexão sua ligação com o financiamento eleitoral: abuso de poder político; abuso de poder econômico; crime de corrupção; condutas vedadas; abuso dos meios de comunicação social; crime de caixa dois; compra de votos – 41-A; arrecadação e gastos ilícitos de campanha – 30-A.

Essas modalidades de abuso de poder, que ostentam uma tipificação objetiva diversa, na maioria dos casos, podem ser praticadas antes do período eleitoral, mas com a clara finalidade de tirar proveito nas eleições. Todas elas, e esse é um elemento que as une, possuem o fator teleológico da utilização de meios materiais para tirar proveito nas eleições, desequiparando a igualdade das partes e distorcendo o processo eleitoral.

Uma questão relevante é que há sérios equívocos em sua conceituação, sem a produção de uma teorética que possa precisar os seus

---

[21] GOMES, José Jairo. *Direito Eleitoral*. São Paulo: Atlas, 2016, p. 384.

[22] ALVIM, Frederico Franco. *O Peso da Imprensa na Balança Eleitoral. Efeitos, Estratégias e Parâmetros para o Exame da Gravidade das Circunstâncias em Hipóteses de uso Indevido dos Meios de Comunicação Social*. Florianópolis: Resenha Eleitoral, v.20, n.2, maio, 2017, p. 38.

específicos campos de incidência. Quantas vezes já se enquadrou o mesmo fato como abuso de poder econômico e político! Na pragmática, essa questão adquire ares de importância porque a indefinição de seu campo de incidência provoca a impunidade de várias condutas, no que retroalimenta o impulso para sua prática.

Tecendo linhas gerais sobre as formas de abuso de poder, destacam-se as seguintes categorizações:

a) Abuso de poder econômico

Considera-se abuso de poder econômico o emprego do excesso de poder econômico para desequilibrar o pleito eleitoral, podendo ocorrer nos gastos acima do limite fixado, no que inclui alimentação, combustível e militância, na compra de apoio político e no direcionamento de recursos materiais relevantes para gastos vedados pela legislação, como a distribuição de brindes[23]. De forma mais delineada, o abuso de poder econômico refere-se à utilização excessiva, antes, durante ou depois da campanha eleitoral, de recursos materiais ou humanos que representem valor econômico, buscando beneficiar candidato, partido ou coligação, afetando a normalidade, a isonomia e a legitimidade das eleições.

Assim, vislumbra-se o abuso de poder econômico nas situações que endossam os gastos eleitorais em demasia com escopo de influenciar a vontade do eleitorado, desvirtuando-a de sua opção inicial para que escolha candidato que disponha desses recursos.

É assente para o Colendo Tribunal Superior Eleitoral que o abuso de poder econômico se caracteriza pela utilização deste com a intenção de desequilibrar a disputa eleitoral, podendo ocorrer de modo irregular, oculto ou dissimulado[24]. Com efeito, para que haja a configuração do abuso de poder econômico é necessária a verificação da gravidade lesiva da conduta, apta a influir no tratamento isonômico entre os candidatos e no respeito à vontade popular.

Ressalta-se que a Corte Eleitoral pacificou o posicionamento dispensando a comprovação de potencialidade de influenciar o pleito elei-

---

[23] Alguns autores como Pedro Decomain confundem abuso de poder com acintes ao financiamento eleitoral. DECOMAIN, Pedro Roberto. *Elegibilidade e inelegibilidade*. Florianópolis: Obra Jurídica, 2000, p. 72.

[24] Ac. de 2-12-2003 no AgRgResp n. 21.312, Rel. Min. Carlos Velloso.

toral, cabendo, apenas, a verificação da gravidade da conduta descrita como irregular[25]. Assim, a análise da gravidade, por sua vez, não se detém ao resultado das eleições, perpassando todos os elementos que podem influir no transcurso normal e legítimo do processo eleitoral[26].

No tocante ao temário de abuso de poder econômico, muitas discussões foram travadas sobre as situações de negociações e de compra de apoio político. De modo que, majoritariamente, os Tribunais e a doutrina confluíram para a categorização da compra de apoio político como hipótese de abuso de poder econômico, caso evidenciado a exor-

---

[25] "Quanto ao abuso de poder, nos termos da nova redação do art. 22, inciso XVI, da Lei Complementar n. 64/90, não se analisa mais a potencialidade de a conduta influenciar no pleito (prova indiciária da interferência no resultado), mas 'a gravidade das circunstâncias que o caracterizam'. Todavia, por se referir ao pleito de 2008, aplica-se ao caso dos autos a jurisprudência da época que ainda condicionava a configuração do abuso de poder à análise da potencialidade apta a desequilibrar o pleito" (Recurso Especial n. 1627021, Acórdão, Rel. Min. Gilmar Ferreira Mendes, *DJe*, Tomo 54, 20-3-2017, p. 90).

"(...) O abuso de poder (*i.e.*, econômico, político, de autoridade e de mídia) reclama, para sua configuração, uma análise pelo critério qualitativo, materializado em evidências e indícios concretos de que se procedera ao aviltamento da vontade livre, autônoma e independente do cidadão-eleitor de escolher seus representantes. 15. O critério quantitativo (*i.e.*, potencialidade para influenciar diretamente no resultado das urnas), conquanto possa ser condição suficiente, não perfaz condição necessária para a caracterização do abuso de poder econômico. 16. O fato de as condutas supostamente abusivas ostentarem potencial para influir no resultado do pleito é relevante, mas não essencial. Há um elemento substantivo de análise que não pode ser negligenciado: o grau de comprometimento aos bens jurídicos tutelados pela norma eleitoral causado por essas ilicitudes, circunstância revelada, *in concreto*, pela magnitude e pela gravidade dos atos praticados (...)" (Respe n. 42070, Acórdão, Rel. Min. Luiz Fux, *DJe*, Tomo 153, 8-8-2017, p. 9-11).

[26] O fato de os representados não terem sido eleitos não impede que a Justiça Eleitoral examine e julgue ação de investigação judicial eleitoral na forma do art. 22 da LC 64/90. A aferição do abuso do poder econômico, político ou do uso indevido dos meios de comunicação social independe do resultado do pleito, devendo ser aferida de acordo com a gravidade da situação revelada pela prova dos autos. (RO n. 138069, Acórdão, Rel. Min. Henrique Neves Silva, *DJe*, Tomo 045, 7-3-2017, p. 36-37).
Ac. de 6-5-2010 no AgR-Respe n. 36.650, Rel. Min. Aldir Passarinho Junior.

bitância de uso dos recursos financeiros[27]. A relevância dessa categorização veio a esclarecer que tal conduta de compra de apoio não se confunde com a captação ilícita de sufrágio, ainda que ambas estejam articuladas com subsunção em verbos nucleares similares[28].

Em arremate, não há que se confundir a conceituação de abuso de poder econômico com os ilícitos previstos no art. 30-A, art. 41-A, ambos da LE/97 e o ilícito de caixa dois, por exemplo. Não se pode negar que são fenômenos que guardam similaridade, haja vista que todas são fatos decorrentes da utilização equivocada do abuso de poder. Contudo, constituem tipos normativos de espécies distintas, com requisitos e campos de incidência diversos, com autonomia própria, que, inclusive, devem ser perquiridas por meio de ações distintas, com causa de pedir e pedidos diversos. Apenas seguem o mesmo rito, que é o descrito no art. 22 da LC n. 64/90.

O abuso de poder econômico ocorre sob o aspecto quantitativo, ou seja, através da exorbitância de recursos materiais que é despendido em uma campanha além dos limites estipulados legalmente. Portanto, seriam ações que fogem dos parâmetros da razoabilidade e da normalidade em razão de determinado contexto. Assim, incidiriam na exorbitância do emprego de recursos eleitorais ou no excesso no exercício de direitos permitidos pela legislação eleitoral[29]. Já as condutas dos arts. 30-A e 41-A, ambos da LE/97, não exigem o excesso para sua caracterização. Para as tipificações mencionadas, exige-se apenas o aspecto qualitativo, ou seja, da subsunção do tipo diante da ocorrência do fato jurídico predeterminado.

Colhendo-se as contribuições jurisprudenciais e normativas, pode-se sustentar o campo de incidência do abuso de poder econômico quando houver: a) compra de apoio de poder político[30]; b) produ-

---

[27] TSE-RS, Respe n. 19.847, Crissiumal/RS, *DJe* 4-3-2015.

[28] "A negociação de apoio político, mediante o oferecimento de vantagens com conteúdo econômico, configura a prática de abuso do poder econômico (Respe n. 198-47/RJ, de minha relatoria, *DJe* 3-2-2015)". (TSE, AgR-Respe n. 25.952/RS, Rel. Min. Luciana Lóssio, j. 30-6-2015, *DJe* 14-8-2015).

[29] COSTA, Adriano Soares. *Instituições de Direito Eleitoral. Teoria da Inelegibilidade. Direito Processual Eleitoral*, p. 257.

[30] "Quanto ao tema de fundo, esta Corte entende que a hipótese de oferecimento

ção de farto material de pré-campanha e de campanha, no período imediatamente anterior ao eleitoral e com o investimento de grande quantia de dinheiro[31]; c) realização de diversos eventos festivos animados por artistas, com a finalidade de obtenção de voto[32]; d) entrega

---

de vantagem pecuniária em troca da desistência de candidatura adversária configura abuso de poder econômico. 9. Na espécie, o ilícito é inequívoco, pois, consoante a moldura fática regional, o agravante, por intermédio de dois prepostos, ofereceu R$ 3.800,00 para que candidata oponente desistisse da disputa e lhe prestasse apoio político" (Respe n. 20098, Acórdão, Rel. Min. Jorge Mussi, *DJe*, Tomo 239, 12-12-2019, p. 34-35).

[31] RO n. 060161619, Acórdão, Rel. Min. Og Fernandes, *DJe*, Tomo 244, 19-12-2019.

[32] "Por outro lado, mantém-se a conclusão do acórdão regional quanto à caracterização de abuso do poder econômico em virtude da realização de um *show*mício e de outros quatro eventos assemelhados. No caso, o TRE/MG assentou que existem provas robustas de que os recorrentes realizaram diversos eventos festivos animados por artistas, com a finalidade de obtenção de voto. Sobre o *show*mício, constou do acórdão que: (i) o evento político foi disfarçado de festa de aniversário de uma pessoa chamada 'Bingão', proprietária de um pequeno comércio e que nunca havia realizado celebração do gênero; (ii) o início da festa foi precedido de grande carreata com pessoas utilizando roupas da cor da agremiação dos recorrentes (verde); (iii) os veículos estavam decorados com fitas e bandeiras verdes e tocavam ao longo do trajeto *jingles* de campanha; (iv) o acontecimento foi divulgado nas redes sociais como de caráter eleitoral; (v) o recorrente (candidato a prefeito) cedeu caminhão de sua empresa para montagem do som e, durante a celebração, cumprimentava os presentes; (vi) antes da apresentação musical foram novamente tocados *jingles* da campanha dos recorrentes; (vii) a banda contratada tinha o nome de 'Swing 10', em alusão ao número do partido pelo qual os recorrentes disputaram a eleição – PRB; e (viii) durante o *show*, foram feitas diversas menções ao número 10. 11. Por fim, relativamente aos outros 4 (quatro) eventos assemelhados, o TRE/MG assentou que: (i) os eventos foram marcados pela mobilização de grande número de pessoas e apresentação de músicos; (ii) as festas arrastaram multidões de pessoas, convertendo-se em verdadeiros carnavais de rua; (iii) existem vídeos que indicam vários participantes utilizando bandeiras das cores da agremiação, além das postagens em redes sociais que vinculavam as festividades à campanha dos recorrentes; e (iv) é irrelevante o fato de que os artistas se apresentaram gratuitamente, haja vista a vedação da animação de eventos políticos por músicos ou bandas, de forma remunerada ou não, nos termos do art. 39, § 7º, da Lei n. 9.504/97" (Respe n. 32503, Acórdão, Rel. Min. Luís Roberto Barroso, *DJe*, Tomo 229, 28-11-2019, p. 60-62).

de bens à população, sobretudo a distribuição de combustível, com a finalidade de beneficiar a campanha eleitoral dos candidatos[33]; e) emprego dissimulado e de recursos financeiros oriundos de pessoa jurídica em campanha eleitoral, decorrente de empréstimo pessoal para as contas bancárias de sócios e empregados de empresa (pessoas físicas), para, então, abastecer a campanha[34]; f) excesso de recursos financeiros que ultrapassem o limite legal, seja para o teto de gastos gerais ou específicos, como transporte, alimentação ou militância[35]; g) utilização efetiva de recursos financeiros para pagamentos de gastos eleitorais que não tenham sido oriundos de conta específica, em valor não irrisório que provoque distorção ao pleito[36]; h) utilização efetiva do Fundo Partidário ou do Fundo Especial de Financiamento Eleitoral, descumprindo parâmetros legais, em valor não irrisório, que

---

[33] AgIn n. 26214, Acórdão, Rel. Min. Edson Fachin, *DJe*, Tomo 178, 13-9-2019, p. 62.

[34] "A triangulação de recursos financeiros – os quais, *in casu*, são originários de pessoa jurídica e perpassaram, a título de empréstimo pessoal, contas bancárias de sócios e empregados da empresa (pessoas físicas) para, então, abastecer campanha – se amolda ao escopo do art. 30-A da Lei n. 9.504/97, pois, além de ultrajar o efetivo controle da Justiça Eleitoral no exame da prestação de contas, macula a lisura e a moralidade do pleito. O percentual representativo dos recursos de campanha irregularmente aportados não é critério único para avaliação da gravidade do ato em face do desvalor da conduta praticada. Há de ser considerada, como critério de aferição, a conjuntura decorrente tanto da relevância jurídica da irregularidade quanto da ilegalidade qualificada, marcada pela má-fé e pelo pouco ou mesmo nenhum apreço por valores republicanos (RO n. 1803-55/SC, Rel. Min. Luís Roberto Barroso, *DJe* 14-12-2018). O abuso do poder econômico está presente no emprego dissimulado e reiterado de recursos financeiros oriundos de pessoa jurídica em campanha eleitoral, conduta reputada grave" (Respe n. 60507, Acórdão, Rel. Min. Tarcisio Vieira de Carvalho Neto, *DJe*, 7-10-2019, p. 64).

[35] Art. 18-B da Lei n. 9.504/97. "O descumprimento dos limites de gastos fixados para cada campanha acarretará o pagamento de multa em valor equivalente a 100% (cem por cento) da quantia que ultrapassar o limite estabelecido, sem prejuízo da apuração da ocorrência de abuso do poder econômico".

[36] Art. 22 da Lei n. 9.504/97. "§ 3º O uso de recursos financeiros para pagamentos de gastos eleitorais que não provenham da conta específica de que trata o *caput* deste artigo implicará a desaprovação da prestação de contas do partido ou candidato; comprovado abuso de poder econômico, será cancelado o registro da candidatura ou cassado o diploma, se já houver sido outorgado".

desequilibre materialmente o pleito[37]; e i) utilização de recursos financeiros, em valores não irrisórios, para a confecção de camisas, chaveiros, bonés, canetas, brindes, cestas básicas ou qualquer outra vantagem que possa desequilibrar a disputa[38].

b) Abuso de poder por uso indevido dos meios de comunicação

O abuso de poder no uso dos meios de comunicação social ocorre quando há a utilização de rádio ou TV, aberta ou paga, internet, jornais ou revistas para favorecer ou prejudicar algum candidato, partido ou coligação. Tal prática deve ser plenamente coibida pela Justiça Eleitoral, haja vista a facilidade de veiculação de notícias nos meios de comunicação supracitados e a sua maior capacidade de alcance, podendo privilegiar algum candidato em detrimento do outro, gerando, assim, intensas desigualdades no pleito[39].

Assim como nos abusos de poder econômico e político, o reconhecimento do uso indevido de meios de comunicação social independe da demonstração do nexo de causalidade entre a conduta e o resultado do pleito, bastando a verificação de sua gravidade para macular o resultado das urnas, não importando se o autor da conduta ou o candidato beneficiado foi ou não vitorioso[40]. Nesse sentido, a gravidade somente se revela quando demonstrado que as dimensões das práticas abusivas são suficientes à quebra do princípio da isonomia, em desfavor dos candidatos que não se utilizam dos mesmos recursos[41]. Ou seja, há

---

[37] Art. 25 da Lei n. 9.504/97. "O partido que descumprir as normas referentes à arrecadação e aplicação de recursos fixadas nesta Lei perderá o direito ao recebimento da quota do Fundo Partidário do ano seguinte, sem prejuízo de responderem os candidatos beneficiados por abuso do poder econômico".

[38] Art. 39 da Lei n. 9.504/97. "É vedada na campanha eleitoral a confecção, utilização, distribuição por comitê, candidato, ou com a sua autorização, de camisetas, chaveiros, bonés, canetas, brindes, cestas básicas ou quaisquer outros bens ou materiais que possam proporcionar vantagem ao eleitor".

[39] RO n. 79722, Acórdão, Rel. Min. Napoleão Nunes Maia Filho, *DJe*, Tomo 233, 1º-12-2017, p. 80-81.

[40] RO n. 138069, Acórdão, Rel. Min. Henrique Neves da Silva, *DJe*, Tomo 045, 7-3-2017, p. 36-37. Ac. de 21-11-2006 no AgRgAg n. 6.643, Rel. Min. Caputo Bastos.

[41] RO n. 457327, Acórdão, Rel. Min. Gilmar Ferreira Mendes, *DJe*, Volume,

necessidade de se analisar quantitativamente o público atingido para verificar se houve o desequilíbrio do pleito.

Como exemplo da utilização abusiva de meios de comunicação, pode-se mencionar os casos em que há intensa divulgação de matérias elogiosas a pré-candidato em jornais e revistas, cada um com tiragem média de dez mil exemplares, publicados quinzenalmente, e distribuídos gratuitamente durante vários meses antes da eleição[42]. Outrossim, tal conduta abusiva não precisa ser praticada, exclusivamente, pelo candidato beneficiado, basta que seja demonstrada a sua ciência, diante dos atos de terceiros[43].

Insta esclarecer que, a partir da importância do conteúdo supramencionado, a jurisprudência do Egrégio Tribunal Superior Eleitoral é uníssona no que tange à caracterização do bem jurídico protegido em todos os casos demonstrados. Sendo assim, o entendimento consagrado pelo TSE é o de que quando se apura o uso indevido, desvio ou abuso do poder econômico ou de poder de autoridade, ou utilização indevida de veículos ou meios de comunicação social, em benefício de candidato ou de partido político, o bem jurídico protegido é a lisura do pleito eleitoral[44].

c) Abuso de poder político

O abuso do poder político ocorre nas situações em que o detentor do poder, valendo-se de sua posição privilegiada de possuidor de múnus público, tenta influenciar o eleitor, em detrimento da liberdade de voto[45]. Dá-se com os atos praticados com desrespeito aos princípios da

---

Tomo 185, 26-9-2016, p. 138-139. Ac. de 19-8-2008 no RO n. 1.537, Rel. Min. Felix Fischer.

[42] Respe n. 10070, Acórdão, Rel. Min. Antonio Herman Vasconcellos e Benjamin, *DJe*, Tomo 194, 7-10-2016, p. 59-60. Ac. de 22-9-2009 no RO n. 1.460, Rel. Min. Marcelo Ribeiro.

[43] Respe n. 30010, Acórdão, Rel. Min. Herman Benjamin, *DJe*, 22-11-2017.

[44] Respe n. 41863, Acórdão, Rel. Min. Gilmar Ferreira Mendes, *DJe*, 23-9-2016, p. 49-50. Ac. de 23-11-2006 no AgRgAg n. 6.416, Rel. Min. Gerardo Grossi.

[45] TSE: "(...) 3. 'Consoante a jurisprudência deste Tribunal Superior Eleitoral, o abuso do poder político caracteriza-se quando determinado agente público, valendo-se de sua condição funcional e em manifesto desvio de finalidade, com-

legalidade, impessoalidade, moralidade, publicidade e eficiência, ou seja, os princípios basilares da Administração Pública. Essa conduta, que estorva a vontade do eleitor, configura-se no momento em que a normalidade e a legitimidade das eleições são comprometidas por condutas de agentes públicos que, valendo-se de sua condição funcional, beneficiam candidaturas, em manifesto desvio de finalidade[46].

Portanto, para que haja a devida configuração do abuso de poder político em determinado caso concreto é necessário que, além da prova da sua materialização, estejam presentes ação, omissão ou desvio de finalidade de ato da Administração Pública e a gravidade da conduta[47]. A fim de se averiguar a gravidade, verifica-se a capacidade de o fato apurado como irregular desequilibrar a igualdade de condições dos candidatos à disputa do pleito, ou seja, de as apontadas irregularidades

---

promete a igualdade da disputa eleitoral e a legitimidade do pleito em benefício de sua candidatura ou de terceiros' (AgR-Resp n. 833-02/SP, Rel. Min. João Otávio de Noronha, j. 19-8-2014)" (RO n. 466997, Acórdão, Rel. Min. Gilmar Ferreira Mendes, *DJe*, 3-10-2016, p. 37).

[46] "Abuso de poder político configura-se quando agente público, valendo-se de condição funcional e em manifesto desvio de finalidade, desequilibra disputa em benefício de sua candidatura ou de terceiros, ao passo que abuso de poder econômico caracteriza-se por emprego desproporcional de recursos patrimoniais, públicos ou privados, de forma a comprometer a legitimidade do pleito e a paridade de armas entre candidatos" (RO n. 378375, Acórdão, Rel. Min. Antônio Herman Vasconcellos e Benjamin, *DJe*, Tomo 107, 6-6-2016, p. 9-10); Ac. de 21-9-2010 no RCED n. 661, Rel. Min. Aldir Passarinho Junior.

[47] "(...) Consoante a jurisprudência desta Corte Superior, o abuso do poder político caracteriza-se quando determinado agente público, valendo-se de sua condição funcional e em manifesto desvio de finalidade, compromete a igualdade da disputa eleitoral e a legitimidade do pleito em benefício de sua candidatura ou de terceiros. (...) A gravidade da conduta é inequívoca (art. 22, XVI, da LC n. 64/90). Além das circunstâncias já referidas – esquema praticado por longo período de tempo, atuação direta por parte dos recorrentes, distribuição de grande quantidade de medicamentos e receituários e viabilização de cirurgias – é de se ressaltar também o caos na saúde pública no Município, de modo que a população passou a depender do assistencialismo dos vereadores para obterem tais serviços disputa eleitoral e a legitimidade do pleito em benefício de sua candidatura ou de terceiros." (Respe n. 33315, Acórdão, Rel. Min. João Otávio Noronha, *DJe*, Tomo 60, 31-3-2016, p. 4).

impulsionarem e emprestarem força desproporcional à candidatura de determinado candidato de maneira ilegítima[48].

Para Djalma Pinto, o abuso de poder político acontece mediante uma ação ou uma omissão[49]. Como exemplo de conduta omissiva, impende citar os casos em que há remissão de débitos de IPTU ou, também, pela não fiscalização do ICMS para determinado local, em troca de apoio de comerciantes. Já um exemplo claro de conduta comissiva de abuso de poder político acontece quando há coação de eleitores a fim de que votem em candidato à reeleição, sob pena de serem excluídos sumariamente de programa social.

Nota-se que a coação estatal pode possuir caráter econômico quando incute ao eleitor que, na hipótese de não votar no candidato, perderá uma vantagem salarial, o que evidencia nítido conceito patrimonial[50]. Nesse ponto, os abusos de poder político e econômico estariam associados. Todavia, importante salientar que malgrado haja a possibilidade de articulação simbiótica dessas modalidades de condutas abusivas, há uma nítida diferença conceitual entre os institutos.

Dessa forma, embora ambos integrem o gênero abuso de poder que busquem beneficiar candidato, partido ou coligação, há nítida distinção entre o abuso do poder econômico e o abuso do poder político. Enquanto aquele se refere à indevida utilização de recursos materiais e humanos, que representem valor econômico, este se relaciona com atos de autoridade praticados com desrespeito aos princípios constitucionais que norteiam a Administração Pública em favor de candidato, podendo ou não ostentar valoração econômica direta.

---

[48] RO n. 378375, Acórdão, Rel. Min. Antonio Herman Vasconcellos e Benjamin, *DJe*, Tomo 107, 6-6-2016, p. 9-10.

Ac. de 27-4-2010 no AgR-Resp n. 36.357, Rel. Min. Aldir Passarinho Junior.

[49] PINTO, Djalma. *Direito Eleitoral*: improbidade administrativa e responsabilidade fiscal. 5. ed. São Paulo: Atlas, 2010, p. 221.

[50] "(...) 2. O acórdão regional baseou a procedência da AIME em fatos que constituem abuso do poder político *strictu sensu*, consubstanciado na intimidação exercida pelo prefeito, candidato à reeleição à época, contra os servidores municipais, aos quais dirigia ameaças de perdas de cargos, rompimentos de contratos, redução e supressão de salários, dentre outras represálias" (Respe n. 28459, Acórdão, Rel. Min. Marcelo Henriques Ribeiro de Oliveira, *DJe*, 17-9-2008, p. 22); Resp n. 36.737/MG, redator para o acórdão Min. Arnaldo Versiani.

d) Fraude à cota de gênero de candidaturas femininas (art. 10, § 3º, da Lei n. 9.504/97)

Insofismável que as mulheres ocupam um lugar na representação política que ainda não alcançou os páramos da isonomia material. Desde a formação da sociedade patriarcal, nos albores da civilização, que, infelizmente, elas são colocadas de forma secundária na organização social, não apenas na seara política, mas na econômica, cultural, religiosa etc. Juridicamente, a Constituição Cidadã, em seu art. 5º, inciso I, planteou que homens e mulheres são iguais em direitos e obrigações, mas essa igualdade ainda não se alastrou devidamente para o plano da isonomia material[51].

A exploração da mulher foi um instrumento de dominação utilizado pelo homem para manter a superioridade na casa e ajudar na dominação de outras classes. Retirando-as da luta política e impossibilitando-as da apropriação econômica, as condições básicas para a sua exploração foram determinadas, restando legitimá-las através da imposição de parâmetros religiosos, morais e culturais que entronizaram na mulher o seu papel de *ancilla* dos seres masculinos. Ao homem foi outorgada a exclusividade do espaço público, para as mulheres, a subordinação no espaço privado[52]. Na metáfora de Nelson Saldanha, para as mulheres, o jardim mitigado pela sombra masculina, para os homens, o apogeu da praça pública[53].

Felizmente, esse *status* de relego vem sendo minorado em vastos rincões do mundo, e esse processo, ultrapassada a fase de ascensão no mercado de trabalho e começando a sua concretização nos demais espaços da sociedade, evoluiu de forma muito mais rápida, mudando a própria percepção do olhar das mulheres sobre si mesmas, não mais admitindo serem relegadas ao exercício de papéis de

---

[51] AGRA, Walber de Moura. Teratologia da paridade de representação nos mandatos parlamentares. *Revista Brasileira de Estudos Constitucionais – RBEC*, Belo Horizonte, ano 9, n. 32, p. 1083-1095, maio/ago. 2015.

[52] HABERMAS, Jürgen. *Direito e democracia*. Entre a facticidade e validade. Tradução de Flávio Beno Siebeneichler. Rio de Janeiro: Tempo Brasileiro, 1997. v. I. p. 142.

[53] SALDANHA, Nelson. *O jardim e a praça*. Rio de Janeiro: Atlântica, 2005. p. 44.

inferioridade, muito menos que esses padrões sejam reproduzidos pelo sistema[54].

No que tange às cotas de gênero, observa-se que surgem como modelo de ação afirmativa em nível mundial com o fim de reduzir ou compensar o desequilíbrio entre as candidaturas e, sobretudo, a eleição de homens e mulheres, baseada em um contexto em que as mulheres são culturalmente modeladas para desenvolver habilidades que fogem ao espectro político. Diante disso, são diversos os incentivos normativos e entendimentos jurisprudenciais soerguidos para fins de amainar esse quadro de desprestígio em relação à participação das mulheres na política. Foi a partir do ano de 2009, com a promulgação da Lei n. 12.034/2009, que se passou a exigir nos pleitos eleitorais o percentual mínimo de 30% (trinta por cento) e o máximo de 70% (setenta por cento) de candidaturas de cada sexo nas eleições proporcionais, numa clara tentativa de tornar efetiva a participação feminina na política.

A essa modificação legislativa, o Tribunal Superior Eleitoral, na relatoria do Ministro Arnaldo Versiani, no Respe n. 784-32, reconheceu que esses percentuais mínimos para cada sexo não é uma norma programática, ostentando eficácia imediata[55]. A respectiva norma que determina o percentual mínimo de 30% de participação de gênero no

---

[54] ALAMBERT, Zuleika. *Feminismo*. O ponto de vista marxista. São Paulo: Nobel, 1986. p. 45.

[55] EMENTA: "Candidatos a eleições proporcionais. Preenchimento de vagas de acordo com os percentuais mínimo e máximo de cada sexo. 1. O §3º do art. 10 da Lei n. 9.504/97, na redação dada pela Lei n. 12.034/2009, passou a dispor que, 'do número de vagas resultante das regras previstas neste artigo, cada partido ou coligação preencherá o mínimo de 30% e o máximo de 70% para candidaturas de cada sexo', substituindo, portanto, a locução anterior 'deverá reservar' por 'preencherá', a demonstrar o atual caráter imperativo do preceito quanto à observância obrigatória dos percentuais mínimo e máximo de cada sexo. 2. O cálculo dos percentuais deverá considerar o número de candidatos efetivamente lançados pelo partido ou coligação, não se levando em conta os limites estabelecidos no art. 10, *caput* e §10, da Lei n. 9.504/97. 3. Não atendidos os respectivos percentuais, cumpre determinar o retorno dos autos ao Tribunal Regional Eleitoral, a fim de que, após a devida intimação do partido, se proceda ao ajuste e regularização na forma da lei. Recurso especial provido" (Tribunal Superior Eleitoral. Recurso Especial n. 784-32.20106.14.0000/PA, de 12-8-2010, Rel. Min. Arnaldo Versiani).

ato do registro de candidatura, caso não seja preenchido, inviabiliza o registro do demonstrativo de regularidade de atos partidários (DRAP), o que impede o partido político de participar do pleito eleitoral.

O desenrolar dos anos revelou a incidência de diversos estratagemas engendrados com a finalidade de burlar a teleologia imanente ao disposto no art. 10, §3º, da Lei n. 9.504/97. Diante disso, o TSE sedimentou entendimento no sentido de admitir a propositura de ação de impugnação de mandato eletivo e de ação de investigação judicial eleitoral para apurar violação à cota de gênero[56]. Na dicção do magistério jurisprudencial firmado pelo TSE, a fraude à cota de gênero representa odioso acinte aos princípios da igualdade, da cidadania e do pluralismo político, porquanto a finalidade do art. 10, §3º, da Lei n. 9.504/97 é ampliar o espectro de participação das mulheres no processo eleitoral[57].

A fraude eleitoral é desenhada como fraude à lei somente nos seus elementos mais abstratos, a saber, o abuso e a tergiversação da sua finalidade. A fraude eleitoral também evidencia a simulação de ato jurídico eivado de má-fé, que comparece para colorir um ato formalmente válido de modo a permitir que ao final ele seja fraudulento[58].

---

[56] "RECURSO ESPECIAL. AÇÃO DE IMPUGNAÇÃO DE MANDATO ELETIVO. CORRUPÇÃO. FRAUDE. COEFICIENTE DE GÊNERO. 1. O conceito da fraude, para fins de cabimento da ação de impugnação de mandato eletivo (art. 14, §10, da Constituição Federal), é aberto e pode englobar todas as situações em que a normalidade das eleições e a legitimidade do mandato eletivo são afetadas por ações fraudulentas, inclusive nos casos de fraude à lei. A inadmissão da AIME, na espécie, acarretaria violação ao direito de ação e à inafastabilidade da jurisdição. Recurso especial provido" (Respe n. 1-49-PI, Rel. Min. Henrique Neves, j. 4-8-2015, *DJe* 21-10-2015). E ainda: TSE, Resp: 5586420166180013 Coronel José Dias/PI 19722018, Rel. Min. Geraldo Og Nicéas Marques Fernandes, j. 19-12-2018, *DJe* 04-02-2019, p. 194-197.

[57] Respe n. 76455, Acórdão, Rel. Min. Alexandre de Moraes, *DJe*, Tomo 89, 18-05-2021.

[58] ANDRADE NETO, João; GRESTA, Roberta Maira; SANTOS, Polianna Pereira dos. Fraude à cota de gênero como fraude à lei: os problemas conceituais e procedimentais decorrentes do combate às candidaturas femininas fictícias. *In*: FUX, Luiz; PEREIRA, Luiz Fernando Casagrande; AGRA, Walber de Moura (Coord.); PECCININ, Luiz Eduardo (Org.). *Abuso de poder e perda de mandato*. Belo Horizonte: Fórum, 2018. p. 239-281.

Desse modo, a fraude decorrente do descumprimento do art. 10, §3º, da Lei n. 9.504/97 verifica-se quando decorre do uso de artifícios para compelir filiadas a se candidatarem exclusivamente para esse fim, às vezes até mesmo contra a sua vontade ou, ainda, por meio de conluio entre estas e a coligação pela qual concorrem.

Importa acentuar que nas ações que discutem fraude à cota de gênero não se faz necessário incluir os suplentes como litisconsortes passivos necessários, pois, em sendo detentores de mera expectativa de direito, os efeitos decorrentes da invalidação do DRAP os atingem apenas de modo indireto[59]. Como consequência da verificação da fraude à cota de gênero, determina-se a cassação dos candidatos vinculados àquele DRAP; a inelegibilidade dos que praticaram ou anuíram com a conduta; e a nulidade dos votos obtidos pela chapa, com a recontagem do cálculo dos quocientes eleitoral e partidários, nos termos do art. 222 do Código Eleitoral[60]. Para tanto, exige-se a presença de prova robusta de que as candidaturas femininas foram, de fato, fictícias[61]. Nesse passo, diante da ausência de densidade probatória acerca da caracterização da fraude, prestigia-se o princípio do *in dubio pro sufrágio*[62].

Em *leading case* acerca da temática (Respe n. 193-92/PI, Rel. Min. Jorge Mussi), o TSE considerou que as circunstâncias indiciárias relativas à elaboração padronizada das prestações de contas, especialmente quando ausente movimentação financeira, associadas aos ele-

---

[59] Respe n. 133, Acórdão, Rel. Min. Luís Roberto Barroso, *DJe*, Tomo 78, 3-5-2021.

[60] "Com a verificação da fraude à quota de gênero, é possível determinar a cassação de toda a coligação. Da forma em que apresentado, aliás, nem sequer o DRAP seria deferido porque a observância da cota de gênero é condição para a participação da coligação na disputa eleitoral" (AgR-Respe n. 1-62, Rel. Min. Tarcisio Vieira de Carvalho Neto, *DJe*, 29-6-2020).

[61] Respe n. 060169322, Acórdão, Rel. Min. Luis Felipe Salomão, *DJe*, Tomo 71, 22-4-2021.

[62] "Em caso de dúvida razoável da melhor interpretação do direito posto, vigora, na esfera peculiar do Direito Eleitoral, o princípio do *in dubio pro sufragio*, segundo o qual a expressão do voto popular e a máxima preservação da capacidade eleitoral passiva merecem ser prioritariamente tuteladas pelo Poder Judiciário" (RO n. 0600086-33, Rel. Min. Tarcisio Vieira de Carvalho Neto, *DJe*, PSESS em 29-5-2018).

mentos de prova particulares de cada candidata – relações de parentesco entre candidatos ao mesmo cargo, votação zerada ou ínfima, não comparecimento às urnas, ausência de atos de propaganda, total desinteresse na campanha, entre outras, seriam suficientes para demonstrar a existência da fraude no cumprimento dos percentuais de gênero previstos no art. 10, § 3º, da Lei n. 9.504/97[63].

Outrossim, mencione-se que, de acordo com o Enunciado n. 60, aprovado na I Jornada de Direito Eleitoral da EJE-TSE, "a fraude à cota de gênero deve ser aferida pela análise conjunta dos seguintes

---

[63] "ELEIÇÕES 2016. AGRAVO INTERNO EM RECURSO ESPECIAL. AIME. COLIGAÇÃO. REGISTRO DE CANDIDATURAS FICTÍCIAS PARA PREENCHIMENTO DAS COTAS DE GÊNERO. FRAUDE CONFIGURADA. CONJUNTO PROBA TÓRIO ANALISADO PELO TRIBUNAL REGIONAL. REEXAME. REITERAÇÃO LITERAL. FUNDAMENTO NÃO AFASTADO. DISSÍDIO JURISPRUDENCIAL. MERA TRANSCRIÇÃO DE EMENTA. COMPROVAÇÃO. ADOÇÃO DAS BALIZAS DO *LEADING CASE* (RESPE N. 193–92/PI). INCIDÊNCIA DOS ENUNCIADOS SUMULARES N. S 24, 26, 28 E 30 DO TSE. NÃO PROVIDO O AGRAVO INTERNO. 1. Na hipótese, o TRE/PI concluiu pela existência de provas robustas configuradoras da fraude à cota de gênero prevista no art. 10, § 3º, da Lei n. 9.504/97, a saber: (a) viabilização das candidaturas femininas em reunião restrita entre os representantes dos partidos coligados dias após a ocorrência das convenções partidárias, nas quais somente foram escolhidos candidatos do sexo masculino; (b) semelhança entre as prestações de contas das candidatas femininas, nas quais não se registrou gasto algum com material ou serviço de campanha; (c) inexistência de propaganda eleitoral por parte das candidatas do sexo feminino; (d) ausência de participação efetiva das candidatas em prol de suas candidaturas; (e) votação zerada e/ou inexpressiva (0, 1 e 3 votos); (f) depoimentos de testemunhas do círculo pessoal das candidatas que afirmaram não terem tido conhecimento das referidas candidaturas, não terem presenciado atos de campanha nem recebido pedido de votos, não terem observado a existência de materiais publicitários na casa das candidatas fictícias, bem como terem presenciado as supostas candidatas fazendo campanha para outros candidatos a vereador da mesma chapa. 2. As premissas utilizadas pelo acordão regional para assentar a fraude ao disposto no art. 10, § 3º, da Lei n. 9.504/97 são similares àquelas fixadas no leading case analisado no julgamento do Respe n. 193-92/PI, as quais foram reafirmadas no julgamento do Respe no 0000008–51/RS, ocorrido em 4-8-2020" (TSE, Agravo Regimental em Respe n. 0600562-86/PI – Município de Pimenteiras, Rel. Min. Og Fernandes, j. 25-8-2020 e publicado no *DJe* 22-9-2020).

indícios relevantes, entre outros: número significativo de desistências, votação pífia de candidatas mulheres, especialmente de candidatas familiares de candidatos e de dirigentes partidários; e prestações de contas padronizadas". Com efeito, o Enunciado n. 61 ainda assevera que "o percentual de candidaturas para cada gênero, previsto no art. 10, § 3º, da Lei n. 9.504/97, deverá ser observado durante todo o processo eleitoral, ressalvada a impossibilidade de substituição nos casos previstos em lei".

Em algumas outras hipóteses, o TSE tem afastado a caracterização da fraude em apreço, como quando no momento de formalização de renúncia por candidata, já tinha ultrapassado o prazo para substituição das candidaturas, disposto no art. 13, § 3º, da LE[64]. Nessa esteira, a Corte já reverberou entendimento de ser admissível a desistência tácita de disputar o pleito por motivos íntimos, não controláveis pelo Poder Judiciário, sendo descabido deduzir o ardil sem que se comprove má-fé ou prévio ajuste de vontades no propósito de burlar a ação afirmativa em tela[65]. De igual modo, também para o TSE, o fato de o registro de uma das candidatas ter sido negado por ausência de filiação partidária é incapaz, por si só, de demonstrar a incidência da frau-

---

[64] "Representação. Eleição proporcional. Percentuais legais por sexo. Alegação. Descumprimento posterior. Renúncia de candidatas do sexo feminino. 1. Os percentuais de gênero previstos no art. 10, §3º, da Lei n. 9.504/97 devem ser observados tanto no momento do registro da candidatura, quanto em eventual preenchimento de vagas remanescentes ou na substituição de candidatos, conforme previsto no §6º do art. 20 da Res.-TSE n. 23.373. 2. Se, no momento da formalização das renúncias por candidatas, já tinha sido ultrapassado o prazo para substituição das candidaturas, previsto no art. 13, §3º, da Lei n. 9.504/97, não pode o partido ser penalizado, considerando, em especial, que não havia possibilidade jurídica de serem apresentadas substitutas, de modo a readequar os percentuais legais de gênero. Recurso especial não provido" (Respe n. 214-98/RS, Rel. Min. Henrique Neves, *DJe*, 24-6-2013 – destaquei) (TSE, Respe n. 2330820166190225 Seropédica/RJ 117932016, Rel. Min. Rosa Maria Weber Candiota Da Rosa, j. 17-4-2017, *DJe* 20-4-2017, p. 20-27).

[65] AgR-Respe n. 2-64 /BA, Rel. Min. Jorge Mussi. Em igual sentido: Em igual sentido: TSE, Respe n. 50720176140041 Santa Luzia do Pará/PA 41942019, Rel. Min. Tarcisio Vieira de Carvalho Neto, j. 29-10-2019, *DJe* 4-11-2019, n. 212, p. 48-54.

de[66], no que, sem a demonstração do elemento subjetivo da conduta alegada, descaracteriza-se a perpetração da fraude alegada.

Em resumo, apesar de cambiante, a jurisprudência tem sinalizado que a fraude resta caracterizada apenas quando se está diante da soma de circunstâncias fáticas que revelem o intento de burlar o mínimo de isonomia que o legislador pretendeu assegurar no art. 10, §3º, da LE. No entanto, discorda-se do entendimento no sentido de que a cassação dos candidatos vinculados ao DRAP independe de prova da sua participação, ciência ou anuência[67].

Seja qual for a natureza da fraude (fraude típica ou fraude à lei), faz-se imprescindível a demonstração da má-fé (elemento subjetivo), onde esta se apresenta como elementar da configuração do ilícito. Com acuidade, observou Pontes de Miranda que a responsabilidade é o resultado da ação pela qual o indivíduo expressa seu comportamento, em face de um dever ou obrigação, que é violada frontalmente[68]. Mencione-se que, por ocasião do julgamento do Recurso Especial Eleitoral n. 060201638, o Ministro Tarcísio Vieira de Carvalho Neto asseverou ser "imprescindível a demonstração da vontade deliberada e inequívoca de frustrar a finalidade preconizada pela norma jurídica".

A responsabilidade objetiva, que independe da comprovação do dolo ou da culpa do agente causador do dano, apenas do nexo de causalidade entre a conduta e o dano causado, só é admitida excepcionalmente no ordenamento jurídico e de forma expressa, não se operando no direito eleitoral, que não admite condenação a partir de meras presunções e ilações, sob pena de responsabilização objetiva[69]. Mesmo assim, a responsabilidade direta não pode depender de ilações ou presunções, necessitando de fatos típicos essencialmente comprovados para a sua tipificação. Mas, para a existência de provas, necessita-se do preenchimento

---

[66] Recurso Ordinário Eleitoral n. 060169322, Acórdão, Rel. Min. Luis Felipe Salomão, *DJe*, Tomo 71, 22-4-2021.

[67] Respe n. 190, Acórdão, Rel. Min. Alexandre de Moraes, *DJe*, Tomo 15, 4-2-2022.

[68] PONTES DE MIRANDA, Francisco Cavalcanti. *Tratado de Direito Privado*. Rio de Janeiro: Borsoi, 1967, t. 53. p. 405.

[69] TSE – Acórdão no Respe n. 1323-32, de 17-3-2015, Rel. Min. João Otávio de Noronha (Respe n. 31987, Acórdão, Rel. Min. Rosa Weber, *DJe* 4-9-2017, p. 48).

de um pressuposto inexorável, que se configura no liame de condutas que possa interligar determinado réu com os fatos ocorridos.

Por fim, mencione-se que a Lei n. 14.192/21 passou a estabelecer normas para prevenir, reprimir e combater a violência política contra a mulher, nos espaços e atividades relacionados ao exercício de seus direitos políticos, especificamente para assegurar a participação das mulheres no processo-político eleitoral.

e) Captação ilícita de sufrágio

Para a introdução sobre as consequências da captação ilícita do sufrágio, seria interessante a afirmação de James Madison, ao ensinar que a definição do direito de sufrágio é muito importante por ser considerada como um artigo fundamental ao governo republicano. Como adverte Miguel Reale, realizar o Direito é efetivar os valores de convivência não deste ou daquele grupo, mas da comunidade concebida de maneira concreta. A finalidade maior do sistema jurídico é manter a coesão do tecido social, evitando fissuras que possam fomentar conflitos sociais. O Direito é o instrumental teorético para cimentar e sistematizar as relações pululantes em uma sociedade cada vez mais conflagrada, característica essa das sociedades atuais pós-modernas[70].

Quanto à essência do sufrágio, o saudoso mestre Rui Barbosa dizia ser o voto uma seleção, ato deliberativo, exercício da vontade senhora de si mesma. Voto escravo, ou escravidão votante são monstruosas antilogias, antinomias grosseiras, associações de termos contraditórios[71].

Um dos grandes problemas, que historicamente assolou a democracia brasileira, foi a compra de votos, que chega a ser uma prática corriqueira em muitas regiões, realizada pelos detentores do poder econômico e político, que aproveitam a hipossuficiência das classes menos favorecidas economicamente. Esse poder econômico e político sempre foi uma condição *sine qua non* para ganhar uma eleição, deixando de lado os grandes debates nacionais. Não há proibição nenhuma à captação do sufrágio, de maneira lícita, uma vez que faz parte da própria

---

[70] REALE, Miguel. *Lições preliminares de Direito*. 12. ed. Saraiva: São Paulo, 1985, p. 76.

[71] BARBOSA, Rui. *Escritos e discursos seletos*. Rio de Janeiro: Casa Rui Barbosa, 1995, p. 263.

essência da propaganda política eleitoral. Todavia, repita-se, o que deve ser reprimida é a captação adquirida de forma ilícita, por meio de artimanhas, da compra de votos, principalmente porque o povo inculto e carente se torna presa fácil pelo fascínio que acabam despertando muitos homens eloquentes, que, entretanto, só enxergam o poder pela ótica da extração de benefício pessoal.

Na captação ilícita de sufrágio, o resultado danoso é exatamente manifestado na conduta, ou seja, o agente, ao captar sufrágio ilicitamente, vale-se de expediente desautorizado pela ordem jurídica eleitoral, como distribuir remédios, dentaduras, tijolos, sapatos etc., em troca de votos. Negocia o apoio do cidadão e causa danos ao processo eleitoral e à democracia. A jurisprudência entende que os requisitos para que uma conduta seja considerada captação ilícita de sufrágio são: a) doação, oferecimento, promessa ou entrega de bens ou vantagens; b) a sua destinação aos eleitores; c) com pedido de voto, mesmo que dissimulado; d) realizada pelo próprio candidato, ou por terceiro, em favor daquele.

Os meios de consumação da obtenção ilícita dos votos podem ser escritos, gestos, palavras etc., salientando-se que basta a simples promessa ou o oferecimento de qualquer bem ou vantagem em troca do voto para a concretização da infração. É extremamente despiciendo saber se o eleitor votou ou não, basta que esteja provada a conduta do candidato, ou alguém expressamente autorizado por ele, que restará configurada a conduta ilícita[72]. Adriano Soares da Costa assevera que a entrega ou a consumação do benefício prometido apenas qualifica o fato ilícito, vez que a prova da sua ocorrência fica mais facilitada[73].

---

[72] "Verificado um dos núcleos do art. 41-A da Lei n. 9.504/97 – doar, oferecer, prometer ou entregar ao eleitor bem ou vantagem pessoal de qualquer natureza – no período crítico compreendido do registro da candidatura até o dia da eleição, inclusive, presume-se o objetivo de obter voto, sendo desnecessária a prova visando demonstrar tal resultado" (TSE, Respe n. 25.146/RJ, de 7-3-2006, Rel. Min. Gilmar Ferreira Mendes). Num julgado mais recente, a jurisprudência foi ainda mais além: "Se o candidato pratica ou anui à conduta descrita no art. 41-A da Lei n. 9.504/97, evidenciando-se o especial fim de agir, afigura-se desnecessário o pedido explícito de voto para a configuração da captação ilícita de sufrágio" (TSE, RO 1635-RN, de 4-6-2009, Rel. Min. Marcelo Henriques Ribeiro de Oliveira).

[73] COSTA, Adriano Soares da. *Instituições de direito eleitoral*. 6. ed., revista, ampliada e atualizada. Belo Horizonte: Del Rey, 2006, p. 314.

A Ministra Ellen Gracie sustenta que a captação indevida de sufrágio, prevista no art. 41-A da Lei n. 9.504/97, caracteriza-se no momento em que o candidato pratica condutas abusivas e ilícitas ali capituladas, ou delas participa, ou ainda a elas anui explicitamente[74]. Desse modo, para a caracterização da conduta, é imprescindível que haja o liame subjetivo da conduta ilegal, claramente comprovado entre o candidato (direta ou indiretamente) e o eleitor com o fim de obter-lhe o voto, ferindo a liberdade de consciência do voto com afronta ao princípio de igualdade, que deve reger todo processo eleitoral[75].

Com relação ao sujeito ativo da captação ilícita de sufrágio, a doutrina minoritária defende a interpretação gramatical restritiva do art. 41-A da Lei n. 9.504/97, na qual só o candidato a cargo eletivo é quem pode cometê-la. Desse modo, terceiros que não sejam candidatos, mesmo que doem, ofereçam, prometam ou entreguem bem ou vantagem pessoal de qualquer natureza ao eleitor, a fim de lhe obter o voto, não são responsabilizados pela captação ilícita. Contudo, o Tribunal Superior Eleitoral consagrou a interpretação *praeter legem*, a fim de que a norma jurídica sancione o candidato por captação ilícita de sufrágio em decorrência de fatos praticados por terceiros, desde que haja a anuência explícita com tal ato ilegal, o que resta configurado, nesse caso, uma participação indireta[76].

Agasalhado esse entendimento, que é o predominante, o candidato a cargo eletivo pode ser responsabilizado pela captação ilícita em decorrência de uma conduta de terceiro não candidato, desde que lhe

---

[74] TSE, AgrRgMC 1.229/CE, Rel. Min. Ellen Gracie.

[75] Ac. 5.570/MS, Rel. Min. Cesar Asfor Rocha. No mesmo sentido, segue o posicionamento dominante de nossa jurisprudência: "Para a configuração da captação ilícita de sufrágio, é necessária a presença de prova robusta e inconteste, além da comprovação da participação direta ou indireta do candidato nos fatos tidos por ilegais, bem como da benesse ter sido ofertada em troca de votos" (TSE, RO 1.484, j. 28-10-2009, Rel. Min. Marcelo Henriques Ribeiro de Oliveira).

[76] "Para a caracterização da infração do art. 41-A da Lei das Eleições, é desnecessário que o ato de compra de votos tenha sido praticado diretamente pelo candidato, mostrando-se suficiente que, evidenciado o benefício, haja participado de qualquer forma ou com ele consentido" (TSE, RE 21.792, Rel. Min. Caputo Bastos).

tenha anuído explicitamente, não podendo o terceiro ser responsabilizado pela captação ilícita. Se ele, terceiro, proceder a uma conduta que se amolde aos elementos da definição da captação ilícita de sufrágio, não será enquadrado no art. 41-A da Lei n. 9.504/97, mas o será no art. 299 do CE. Esta afirmação é corolário da comparação entre estes dispositivos exposta *supra*. Tanto é assim, que o texto do art. 41-A da Lei n. 9.504/97 traz a expressão "candidato".

É imprescindível que o sujeito passivo da conduta descrita como captação ilegal de sufrágio seja o eleitor, tendo em vista que a finalidade especial é a obtenção do seu voto, instrumento pelo qual se expressa a vontade na escolha de seus representantes.

Felicita-se a inovação trazida pela Lei n. 12.034/2009 ao art. 41-A da Lei n. 9.504/97, introduzindo-lhe o § 1º. Assim houve uma ampliação da conduta ilícita, passando a incidir nas condutas praticadas através de violência ou grave ameaça a pessoa. Ou seja, se a violência ou qualquer tipo de grave ameaça, como coação, for realizada com o propósito de captação de voto, resta configurada a conduta enfocada (art. 41-A, § 2º, da Lei n. 9.504/97). Além do mais, se a ameaça praticada contra uma pessoa, mesmo se só para angariar seu voto, descambar para um estado de lhe causar mal injusto e grave, não se poderá negar a aplicação do art. 147 do CP.

Outrossim, para a caracterização da conduta ilícita é desnecessário o pedido explícito de votos, bastando a evidência do dolo, atestado pelo interesse determinado em realizar tal conduta. Com essa regulamentação facilitou-se a possibilidade de enquadramento, haja vista que a captação ilícita não precisa demonstrar explicitamente o interesse no voto. A intenção foi abranger todas as condutas dissimuladas que visam a esse objetivo (art. 41-A, § 1º, da Lei n. 9.504/97). Entende o Tribunal Superior Eleitoral que a captação ilícita de sufrágio pode ocorrer sem a necessidade de pedido formal de voto, ou seja, a captação ilícita de sufrágio pode se configurar indireta e implicitamente, quando é realizada pelo candidato ou por um terceiro, por meio de um pedido subentendido, dissimulado, sem ser direto[77]. É o caso de, ilustrando, uma pessoa que seja candidata a mandatário político, implicitamente, prometer

---

[77] Ac. de 6-2-2014 no AgR-Respe n. 41.708, Rel. Min. Laurita Vaz.

uma quantia em dinheiro a um eleitor, de tal modo que este reste convicto de que tal "benefício" fora ofertado em troca de voto.

José Rubens Costa possui entendimento de que promessas coletivas realizadas pelos candidatos não caracterizam captação ilícita de sufrágio, porquanto não possuem destinatário certo, além de que a norma do art. 41-A não encerra elementos subjetivos. Todavia, de forma alguma elas podem ser individualizadas, endereçadas a eleitores específicos, em que se oferece qualquer tipo de dádiva pelo seu comportamento eleitoral. Às promessas de campanha feitas indistintamente em palanques políticos, tal como o compromisso de manutenção de programa de benefícios ou de atendimento de certas reivindicações impessoais de determinadas lideranças de um setor social em busca de apoio político, não caracteriza a captação de sufrágio vedada por lei[78].

Para se aferir se houve ou não a captação ilícita de sufrágio, é necessário que se leve em consideração todas as características que o fato pretendido como ilícito encerra: o tipo de eleitores, o grau de desenvolvimento socioeconômico, o local em que se realizou a conduta, as carências da população etc., ou seja, toda a conjuntura em que ele se desenvolveu. Isso porque não se punem as promessas de melhorias em educação, saúde, lazer, segurança que os discursos dos candidatos sempre trazem. O que se punem são as artimanhas que fazem a democracia cair em logro.

Desta feita, na disputa eleitoral, busca-se a captação do sufrágio, de maneira lícita, uma vez que faz parte da própria essência da propaganda política eleitoral. Todavia, o que deve ser reprimida é a captação adquirida de forma ilícita, por meio de artimanhas, da compra de votos, tendo como intuito exclusivo vencer as eleições, pouco importando o meio de obtenção de votos, acarretando, assim, um resultado danoso ao processo eleitoral e à democracia. Excetuando-se os gastos eleitorais disciplinados em lei[79], constitui-se captação de sufrágio o

---

[78] BRASIL. Tribunal Superior Eleitoral. Respe n. 19.176, Rel. Min. Sepúlveda Pertence, publicado no *DJU* 22-2-2002.

[79] Lei n. 9.504/97: "Art. 26. São considerados gastos eleitorais, sujeitos a registro e aos limites fixados nesta Lei: I – confecção de material impresso de qualquer natureza e tamanho; II – propaganda e publicidade direta ou indireta, por qualquer meio de divulgação, destinada a conquistar votos; III – aluguel de locais

candidato doar, oferecer, prometer, ou entregar ao eleitor, com o fim de obter-lhe o voto, bem ou vantagem pessoal ou de qualquer nature-za, inclusive emprego ou função pública, no prazo desde o registro de candidatura até o dia da eleição, sujeitando-se o infrator a pena de mul-ta e cassação do registro ou do diploma (art. 41-A da LE).

f) Ilicitude de gastos e arrecadação de recursos

A arrecadação e o gasto ilícito de campanha podem se dar de di-versas formas, com o propósito de obter qualquer vantagem, financeira ou não, para si ou para outrem, na tentativa de conquistar o voto do eleitorado. A Lei das Eleições, de forma contundente, elenca as fontes lícitas de financiamento de campanha, portanto, as regras pertinentes à arrecadação e aos gastos de campanha possuem o intuito de resguar-dar a transparência das eleições e a isonomia dos candidatos, vindo, por conseguinte, a inibir a ocorrência de abusividades que comprometam a lisura do pleito eleitoral.

Nos termos do art. 30-A da Lei n. 9.504/97, os partidos políticos ou as coligações poderão ajuizar ação, com indicação de fatos e provas, para apurar condutas em desacordo com as regras relativas à arrecada-ção e aos gastos de recursos. Uma vez comprovada a captação ou o gasto ilícito de recursos, para fins eleitorais, o candidato terá seu diplo-ma negado ou cassado se já outorgado.

---

para a promoção de atos de campanha eleitoral; IV – despesas com transporte ou deslocamento de candidato e de pessoal a serviço das candidaturas; V – cor-respondência e despesas postais; VI – despesas de instalação, organização e fun-cionamento de Comitês e serviços necessários às eleições; VII – remuneração ou gratificação de qualquer espécie a pessoal que preste serviços às candidaturas ou aos comitês eleitorais; VIII – montagem e operação de carros de som, de propaganda e assemelhados; IX – a realização de comícios ou eventos destina-dos à promoção de candidatura; X – produção de programas de rádio, televisão ou vídeo, inclusive os destinados à propaganda gratuita; XI – (*revogado pela Lei n. 11.300/2006*); XII – realização de pesquisas ou testes pré-eleitorais; XIII – (*re-vogado pela Lei n. 11.300/2006*); XIV – aluguel de bens particulares para veicu-lação, por qualquer meio, de propaganda eleitoral; XV – custos com a criação e inclusão de sítios na Internet; XVI – multas aplicadas aos partidos ou candidatos por infração do disposto na legislação eleitoral; XVII – produção de *jingles*, vi-nhetas e *slogans* para propaganda eleitoral".

Antes da inserção do art. 30-A no ordenamento jurídico brasileiro, as irregularidades na arrecadação ou no gasto de recursos na campanha eram situações afetas à prestação de contas. Atualmente, a autonomia do instituto pode ser verificada pelas circunstâncias que o especifica, tendo o próprio Tribunal Superior Eleitoral já assinalado que as decisões tomadas no processo de prestação de contas e na representação fundada no art. 30-A não são vinculativas entre si, sendo possível que não haja cassação de mandato, mesmo quando as contas foram julgadas reprovadas ou aprovadas com ressalvas em razão da existência de movimentação financeira que prejudicou a transparência das contas[80].

Por fim, sobre o tema, importa destacar a indispensabilidade de aplicação do princípio da proporcionalidade, para consumação do art. 30- A, nesse sentido, o Tribunal Superior Eleitoral assentou a necessidade de demonstração da relevância da conduta irregular para comprometer a moralidade das eleições[81].

g) Corrupção e caixa dois

A Corrupção, na expressão de Othon Sidou, é devassidão, depravação, em suas diversas modalidades. Improbidade no trato de coisas públicas, na condição ativa ou passiva[82]. O Professor Manoel Gonçalves Ferreira a conceitua como decomposição, putrefação, depravação, desmoralização, devassidão, suborno ou peita, chegando até a afirmar que suas raízes se insinuam no cerne da alma humana, eis que os atos que a caracterizam se encontram ligados a uma fraqueza moral[83].

---

[80] TSE. Ac. de 29-5-2014 no ED-AgR-Respe n. 51.6455, Rel. Min. Henrique Neves e no mesmo sentido o Ac de 17-12-2013 no RO n. 443482 Rel. Min. Henrique Neves.

[81] TSE. Ac. de 1-8-2014 no RO n. 39322, Rel. Min. Dias Toffoli e no mesmo sentido o Ac. de 12-2-2009 no RO n. 1596, Rel. Min. Joaquim Barbosa e o RO n. 1540 de 28-4-2009, Rel. Min. Felix Fischer; No mesmo sentido: Ac. de 24-6-2014 no AgR-RO n. 340, Rel. Min. João Otávio de Noronha.

[82] SIDOU, José Maria Othon. *Dicionário Jurídico da Academia Brasileira de Letras Jurídicas*. 9. ed. Rio de Janeiro: Forense Universitária, 2009, p. 232.

[83] FERREIRA FILHO, Manoel Gonçalves. Corrupção e Democracia. In: ZILVETI, Fernando Aurelio; LOPES, Sílvia. *O regime democrático e a questão da corrupção política*. São Paulo: Atlas, 2004, p. 18.

No orbe eleitoralista, significa atos tendentes a viciar a liberdade de sufrágio através da afronta dos padrões morais estabelecidos, ou seja, por meio de múltiplas condutas (dar, oferecer, prometer, solicitar ou receber) pretende-se viabilizar determinada vantagem em troca do voto do eleitor. Havendo uma nítida preponderância do interesse privado em relação ao interesse público, decorrente da desobediência um parâmetro legal, no qual servidores utilizam o erário público para o seu benefício ou utilizam as prerrogativas públicas de maneira indevida[84].

De outra ponta, o crime de caixa dois seria uma prática financeira aquém dos padrões legais, na qual o fluxo de entrada e saída de caixa não é registrado, com fim de burlar os parâmetros indicados para a arrecadação e os gastos de campanha, criando um caixa paralelo.

Atualmente, não há uma tipificação clara para criminalizar a prática de caixa dois e qualquer tipo de interpretação extensiva é terminantemente proibida em razão do princípio da legalidade estrita que vigora no Direito Penal. Enfrentando, em celeuma o Supremo Tribunal Federal tem se utilizado do art. 350 do Código Eleitoral para punir as condutas que abstratamente se configuram como esse ilícito, definindo-o como a omissão em documento público ou particular de declaração que dele deveria constar[85].

Desta feita, para a tipificação do abuso de poder, urge necessário que sua subsunção tenha atestado sua gravidade, ou seja, que seus reflexos possam interferir no resultado das eleições. Em algumas tipificações, a questão quantitativa é deixada de lado em razão da gravidade da conduta, mesmo que seja unitária, como a compra de votos, demandando uma percepção quantitativa; já outros exigem atestações quantitativas, no que demandam forçosa análise sobre o valor monetário e a

---

[84] "Art. 299. Dar, oferecer, prometer, solicitar ou receber, para si ou para outrem, dinheiro, dádiva, ou qualquer outra vantagem, para obter ou dar voto e para conseguir ou prometer abstenção, ainda que a oferta."

[85] Art. 350 do Código Eleitoral: "Omitir, em documento público ou particular, declaração que dele devia constar, ou nele inserir ou fazer inserir declaração falsa ou diversa da que devia ser escrita, para fins eleitorais: Pena – reclusão até cinco anos e pagamento de 5 a 15 dias-multa, se o documento é público; e reclusão até três anos e pagamento de 3 a 10 dias-multa, se o documento é particular".

reiteração das condutas, como o abuso de poder econômico e o abuso nos meios de comunicação social.

13.2. CONDUTAS VEDADAS A GESTORES PÚBLICOS

O cerne para a vedação de condutas a gestores públicos em campanhas eleitorais é impedir que a utilização da máquina pública possa desequilibrar o pleito em prol dos detentores de Poder Público. Infelizmente, ao longo de nossa história republicana, a máquina pública tem sido usada para a persecução de interesses particulares de forma contumaz, o que faz com que as condutas vedadas aos gestores adquiram maior importância.

Infelizmente, apresentamos uma retrospectiva em que os entes governamentais esqueceram sua função pública e passaram a atuar para manter o *status quo* de seus grupos políticos. Temos uma péssima herança de privatização de nossos espaços públicos, em que os interesses coletivos são relegados pelos fins particulares[86].

Os agentes públicos, de forma absoluta, possuem parcela razoável de poder. Sua missão é que eles utilizem essas prerrogativas para a concretização dos interesses públicos, sem distinguir os cidadãos abrangidos pelas medidas. Não obstante, como as campanhas eleitorais apresentam custo elevado, os gestores governamentais podem ser tentados a usar a máquina pública para auferir proveitos pessoais ou utilizá-la em campanhas eleitorais.

As espécies de condutas vedadas não diferem em essência do abuso de poder político, sua diferenciação ocorre em razão de sua especificação, sendo delineadas pela Lei Eleitoral. Quando a conduta de acinte praticado pelo agente público não for o especificado na legislação eleitoreira, por exclusão, será tipificado como abuso de poder.

13.3. TIPOS DE CONDUTAS VEDADAS DE FORMA GENÉRICA

São proibidas aos agentes públicos, servidores ou não, as condutas tendentes a afetar a igualdade de oportunidades entre candidatos

---

[86] SALDANHA, Nelson. *O jardim e a praça*. Rio de Janeiro: Atlântica Ed., 2005, p. 57.

nos pleitos eleitorais (art. 73 da LE). Elas indicam a ingerência de atividades governamentais, tentando privilegiar os detentores de poder, para manter seu domínio e assegurar o continuísmo nas administrações, mormente nos casos de reeleição[87]. São condutas genéricas impedidas pela Lei Eleitoral:

a) Proibição de cessão de móveis e imóveis públicos

Ceder ou usar, em benefício de candidato, partido político ou coligação, bens móveis ou imóveis pertencentes à administração direta ou indireta da União, dos Estados, do Distrito Federal, dos Territórios e dos Municípios[88].

Essa utilização pode ser em maior ou menor grau, seja para guardar material de propaganda, seja para servir como comitê eleitoral. Proíbe-se qualquer um desses atos, mesmo que seja de forma transitória[89]. Os bens móveis ou imóveis alugados pela administração pública igualmente se encontram impedidos de ser, de alguma forma, utilizados em pleitos políticos. O núcleo basilar dessa proibição consiste no uso. Se houver dano, pode-se configurar outra conduta.

Os bens públicos são classificados em: bens dominicais (art. 99, CC/02), bens de uso comum e bens de uso especial[90]. Inclui-se, tam-

---

[87] SEREJO, Lourival. *Programa de direito eleitoral*. Belo Horizonte: Del Rey, 2006, p. 179.

[88] "A conduta vedada prevista nos incisos I e III configura a efetiva utilização de bens públicos para promoção de candidatura política." (Ac. TSE, de 28-11-2016, no AgR-RO n. 137994. "Para evitar a desigualdade, veda-se a cessão e o uso dos bens do patrimônio público, cuja finalidade de utilização, por sua natureza, é dada pela impessoalidade" (Respe n. 21.120/ES, Rel. Min. Luiz Carlos Lopes Madeira).

[89] "Melhor interpretação do inciso I do art. 73 da Lei n. 9.504/97 é aquela no sentido de que a cessão ou o uso de bens públicos móveis e imóveis em benefício de candidato ou partido ocorra de forma evidente e intencional" (Respe n. 18.900/SP, Rel. Min. Fernando Neves da Silva).

"(...) Tais condutas não se amoldam ao tipo previsto no art. 73, I, da Lei n. 9.504/97, devido à ausência de elemento indispensável à configuração do ilícito, qual seja, a utilização intencional do imóvel, por parte de agente público ou dirigente da autarquia, em favor de partido, coligação ou candidato, o que afasta a subsunção dos fatos ao tipo legal." (RO n. 213566, Acórdão, Rel. Min. Tarcisio Vieira de Carvalho Neto, *DJe*, Tomo 245, 19-12-2017, p. 75.)

[90] Hely Lopes Meirelles conceitua bem público: "Bens públicos, em sentido am-

bém, nessa classificação, os bens privados que sofrem afetação, tendo em vista a sua utilização para fins públicos.

De maneira sumária, define-se que os bens dominicais, também chamados de patrimônio disponível, são aqueles que podem ser utilizados para qualquer fim, até mesmo alienados pela administração. Exercem uma função patrimonial para o Estado, porque são disponibilizados para assegurar o cumprimento de obrigações financeiras e não são considerados bens ligados diretamente à satisfação das necessidades do serviço público, sendo por isso regidos pelo regime jurídico do direito privado. Exemplo de bens dominicais são os títulos da dívida pública, as reservas cambiais etc. Os bens de uso comum são aqueles que são disponibilizados de forma imediata para a população, podendo ser utilizados sem qualquer permissão formal. Eles não podem ser vendidos. Caso haja necessidade, primeiro tem de haver sua desafetação, deixando o bem de atender diretamente à população. Exemplos de bens de uso comum são as praças, as praias, as áreas de lazer, as ruas etc. Já os bens especiais, também chamados de bens patrimoniais indisponíveis, são aqueles que cumprem determinada função que fora estabelecida pelo ente estatal, destinando-se à execução dos serviços públicos. São considerados como instrumentos dos órgãos estatais[91]. Como exemplo, podemos citar os edifícios das repartições públicas, os museus, os mercados públicos, os veículos da administração etc.

A vedação imposta pelo art. 73, inciso I da Lei das Eleições alcança os bens cuja a destinação se dá para o exercício dos serviços públicos, ou seja, atinge, apenas, os bens dominicais, por afetação e especiais. No que concerne aos bens de uso comum do povo a vedação não se sustenta, uma vez que é intrínseco a sua natureza a "livre" utilização

---

plo, são todas as coisas, corpóreas ou incorpóreas, imóveis e semoventes, créditos, direitos e ações, que pertençam, a qualquer título, às entidades estatais, autárquicas, fundacionais e empresas governamentais" (MEIRELLES, Hely Lopes. *Direito administrativo brasileiro*. 25. ed. São Paulo: Malheiros, 2000, p. 469).

[91] O Código Civil de 2002 dividiu os bens públicos no seu art. 99: "I – os de uso comum do povo, tais como rios, mares, estradas e praças; II – os de uso especial, tais como edifícios ou terrenos destinados a serviço ou estabelecimento da administração federal, estadual, territorial ou municipal, inclusive os de suas autarquias; III – os dominicais, que constituem o patrimônio das pessoas jurídicas de direito público, como objeto de direito pessoal, ou real, de cada uma dessas entidades".

por qualquer pessoa[92], ressalta-se, no entanto, que essa liberdade não é absoluta, cabendo observância da destinação e da normalidade do uso do bem[93]. Como exemplo de restrições à "livre" disposição dos bens de uso comum, registram-se as vedações exaradas no art. 37, *caput*, da Lei das Eleições, no qual é proibido propaganda eleitoral, de qualquer natureza, em bens públicos, ou seja, em postes de iluminação pública, sinalização de tráfego, viadutos, passarelas, pontes, paradas de ônibus e outros equipamentos urbanos[94]. Assim, ainda que a cessão de imóveis e de móveis públicos de uso comum do povo não se coadune com a subsunção da conduta vedada nos termos do art. 73, I da Lei das Eleições; cabem cautelas no tocante ao uso de tais bens, na medida que a conduta poderá vir a configurar outra modalidade de restrição, seja pela destinação e a normalidade do uso do bem; sejam pelas regras pertinente às propagandas eleitorais, a exemplo da exegese do art. 37, *caput* da Lei n. 9.504/97, conforme esclarecido alhures.

Outra exceção, não compreendida nesse impedimento, é a utilização em campanha de transporte oficial pelo Presidente da República, nem o uso em campanha pelos candidatos à reeleição de Presidente e de Vice-Presidente da República, de governador e de vice-governador de Estado e do Distrito Federal, de prefeito e de vice-prefeito, de suas residências oficiais para a realização de contato, encontros e reuniões pertinentes à própria campanha, desde que não tenha caráter de ato público[95]. Também constitui exceção a utilização de prédios públicos

---

[92] "(...) É pacífico o entendimento de que a vedação legal ao uso ou cessão de bem público em benefício de candidato, partido político ou coligação não alcança os bens de uso comum." (Representação n. 160839, Acórdão, Rel. Min. Admar Gonzaga Neto, *DJe*, Tomo 25, 5-2-2015, p. 165-166).

[93] GOMES, José Jairo. *Direito eleitoral*. 12. ed. São Paulo: Atlas, 2016, p. 874.

[94] "(...) A propaganda eleitoral não pode ser realizada em bens de uso comum, assim considerados aqueles a que a população em geral tem acesso, tais como os templos, os ginásios, os estádios, ainda que de propriedade privada (Lei n. 9.504/97, art. 37, *caput* e § 4º)" (RO n. 265308, Acórdão, Rel. Min. Henrique Neves da Silva, *DJe* 5-4-2017, p. 20-21).

[95] Lei n. 9.504: Art. 76, § 2º "A vedação do inciso I do *caput* não se aplica ao uso, em campanha, de transporte oficial pelo presidente da República, obedecido o disposto no art. 76, nem ao uso, em campanha, pelos candidatos a reeleição de presidente e vice-presidente da República, governador e vice-governador de estado e do Distrito Federal, prefeito e vice-prefeito, de suas residências oficiais

para a realização das convenções eleitorais, dentro do período previsto em lei.

Por último, insta plantear que discurso feito por agente público, durante inauguração de obra pública, antes de três meses da eleição, no qual ele manifesta sua preferência por determinada candidatura, não significa que ele usou ou cedeu o imóvel público em benefício do candidato[96], todavia, pode se configurar como abuso de poder político.

b) Proibição de utilização de materiais ou serviços custeados pelo erário

Usar materiais ou serviços, custeados pelos governos ou pelas casas legislativas, que excedam as prerrogativas consignadas nos regimentos e nas normas dos órgãos que integram[97].

---

para realização de contatos, encontros e reuniões pertinentes à própria campanha, desde que não tenham caráter de ato público".

[96] AgR-Respe n. 401.727, Acórdão de 4-8-2011, Rel. Min. Fátima Nancy Andrighi, *DJe* 18-8-2011, p. 31.

[97] "Consoante o art. 73, II e VI, *c*, da Lei n. 9.504/97, é vedado aos agentes públicos usar materiais ou serviços custeados pelos Governos ou Casas Legislativas que excedam as prerrogativas contidas nos respectivos regimentos e, ainda, fazer pronunciamento em cadeia de rádio e televisão fora do horário eleitoral gratuito e sem que reconhecida pela Justiça Eleitoral a excepcionalidade da situação" (Respe n. 1.527.171, Acórdão, Rel. Min. João Otávio de Noronha, *DJe*, Tomo 185, 2-10-2014, p. 42-43).

"A incidência deste dispositivo e do inciso III independe de as condutas terem ocorrido nos três meses antecedentes ao pleito" (Ac. TSE, de 1º-3-2016, na Rp n. 318846 e, de 6-9-2011, no AgR-Respe n. 35.546).

"O asfaltamento de ruas e a realização de reunião com associação de bairro, promovidos pelo prefeito e vice-prefeito, às vésperas da eleição, não configuram as condutas vedadas descritas nos incisos I e II do art. 73 da Lei n. 9.504/97. Se a Corte regional, soberana na análise da prova, concluiu pela ausência de finalidade eleitoreira dos atos, pela fragilidade e inconsistência dos depoimentos, e pela não comprovação do uso promocional das condutas praticadas pelo agente público, não há como modificar tal entendimento, sem a análise do conjunto probatório, o que é vedado em sede de recurso especial" (AG-7243/MG, Rel. Min. José Gerardo Grossi).

"Uso de materiais ou serviços custeados pelos governos ou Casas Legislativas, que excedam as prerrogativas consignadas nos regimentos e normas dos órgãos que integrem, configura violação do art. 73, II, da Lei n. 9.504/97 e do princípio

Infelizmente, por disposição normativa, *a contrario sensu*, foi permitida a utilização de material ou serviço custeado pelo erário público desde que condizente com os regulamentos dos órgãos específicos, o que pode dar ensejo à instalação do controle de constitucionalidade desse preceito normativo[98]. Em decorrência, a utilização de material ou serviço patrocinado pelo erário público tem que exceder a regulamentação descrita nos regimentos e normas de cada órgão. A utilização dentro dos limites legais obstaculiza a realização de afronta à lei eleitoral.

Hodiernamente, a Corte Eleitoral possibilitou a transmissão de discurso, realizado por candidato que já integrou o Poder Legislativo, pela emissora institucional do órgão estatal, não vindo a configurar a vedação prevista no art. 73, II, da Lei n. 9.504/97. O Ministro Tarcisio Vieira de Carvalho esclarece que "se não houve proveito eleitoral no uso da tribuna da Câmara dos Vereadores para a realização de discurso eminentemente político, não há falar em uso indevido dos bens públicos para favorecimento de candidatura" (Respe n. 1676-64/ES, Rel. Min. Luciana Lóssio, *DJe* 16-8-2016)[99]. Destaca-se, portanto, a necessidade de utilidade eleitoral para configuração da conduta.

Admite-se a utilização de serviços para a divulgação do trabalho dos parlamentares, em todas as esferas legislativas, com a regulamentação de como deve ser essa publicidade. Todavia, como a maioria dos

---

da moralidade e impessoalidade, previsto no *caput* do art. 37 da Constituição Federal" (Respe n. 16.067/ES, Rel. Min. Maurício Corrêa).

[98] "(...) 4. Para a configuração de afronta ao art. 73, inciso II, da Lei n. 9.504/97, imperiosa a presença do 'exceder' previsto no inciso em questão referente a possível desvio de finalidade (...)" (Rp n. 59080/DF – *DJe*, t. 157, 25-8-2014, p. 163).

"Existe aqui uma evidente ambiguidade, pois o texto como está posto permeia uma verdadeira permissão, ao usar a expressão 'que excedam'. Todavia, apesar disto, inconcebível o uso destes materiais público etc., para fins particulares, mesmo que aquém das prerrogativas consignadas nos regimentos e normas dos órgãos que integram, pois ao contrário violaria o princípio da igualdade, impessoalidade e moralidade... Devemos, assim, concluir pela inconstitucionalidade deste inciso II por violação da igualdade, impessoalidade e moralidade" (CERQUEIRA, Thales Tácito Pontes Luz de Pádua. *Preleções de direito eleitoral*. Rio de Janeiro: Lumen Juris, 2006, p. 808).

[99] Respe n. 1560-36, Curitiba/PR, redator para o acórdão Min. Tarcisio Vieira de Carvalho Neto, j. 28-11-2017.

regimentos é elaborada de forma lacunosa, há um grande espaço permissivo ao contorno desse impedimento legal[100]. O Tribunal Superior Eleitoral assinala que apresenta pertinência com esta conduta vedada o uso de materiais ou serviços, custeados pelos governos ou pelas casas legislativas, que excedam as prerrogativas consignadas nos regimentos e nas normas dos órgãos que integram[101].

c) Proibição de cessão de servidor para propaganda eleitoral

Ceder servidor público ou empregado da administração direta ou indireta federal, estadual ou municipal do Poder Executivo, ou usar de seus serviços para comitês de campanha eleitoral de candidato, partido político ou coligação, durante o horário de expediente normal, salvo se o servidor ou empregado estiver licenciado[102]. Tradicionalmente, o TSE lecionava que essa proibição não abrange apenas membros do Executivo. A interpretação do TSE era *praeter legem*, englobando os servidores dos três poderes da federação. Outra não poderia ser a exegese sob pena de ferir o princípio constitucional da probidade administrativa[103]. Con-

---

[100] "Desde que relativos à atividade parlamentar e com obediência às normas estabelecidas em ato da Mesa, vedada sempre qualquer mensagem que tenha conotação de propaganda eleitoral" (TSE, Ac. n. 20.217, de 2-6-1998 – JURISTSE 13:55).

[101] RO 481.883, Ac. de 1º-9-2011, Rel. Min. Fátima Nancy Andrighi, *DJe* 11-10-2011, t. 195, p. 42.

[102] "Configura a conduta vedada pelo art. 73, incisos I e III, da Lei n. 9.504/97 a efetiva utilização de bens públicos – viatura da Brigada Militar e farda policial – e de servidores públicos – depoimentos de policiais militares fardados gravados no contexto da rotina de trabalho e divulgados para promoção de candidatura política" (RO n. 137994, Acórdão, Rel. Min. Gilmar Ferreira Mendes, *DJe*, Tomo 56, 22-3-2017, p. 99-100).

"Para a caracterização da conduta vedada prevista no inciso III do art. 73 da Lei das Eleições, não se pode presumir a responsabilidade do agente público" (Respe n. 25.220/AM, Rel. Min. Francisco César Asfor Rocha).

[103] "Ação de investigação judicial eleitoral. Conduta vedada. Utilização de bens móveis pertencentes à Câmara de Vereadores. Cessão de servidor durante o horário de expediente normal do órgão. Incisos I e III do art. 73 da Lei n. 9.604/97. Caracterizada a conduta abusiva do assessor e coordenador de campanha. Demais beneficiados. Ausência de provas. Sentença mantida. Recurso não provido. I – Não restando devidamente comprovado o liame entre a conduta de assessor parlamentar, que utilizou de forma indevida o tempo do expe-

tudo, à contrapelo dessa concepção, despontam precedentes recentes, determinando a aplicação restrita do mencionado inciso, limitando, portanto, a vedação da cessão aos servidores do Poder Executivo[104]. Ocorre que, se não houver a incidência em conduta vedada, o servidor pode ser tipificado em ato de improbidade administrativa, no que pode acarretar um dano e ferir os princípios da administração pública.

A utilização de servidores públicos em campanhas eleitorais era uma constante da estrutura coronelista implantada durante décadas. Essa prática tem sido evitada por algumas legislações eleitorais. Contudo, como ainda há um número muito grande de cargos comissionados na administração pública, mesmo de forma indireta, existe forte ligação do candidato com esses servidores. Nessa situação, que não é caso de imperfeição da legislação, mas decorrente de uma situação fática, diante da enormidade de cargos de comissão e confiança, de livre nomeação e demissão, configura-se muito difícil impedir a utilização desses cargos como instrumento eleitoral[105].

Foge a essa proibição se o servidor público trabalhar fora do horário de seu expediente ou se estiver licenciado. O fato de o cidadão exercer um serviço público não pode ser um *diminutio* a suas prerrogativas políticas, podendo, em seu tempo livre, se envolver como quiser em atividades partidárias. Assim, não pode ser tipificado como conduta vedada, o fato de o presidente da comissão permanente de licitação,

---

diente na Câmara de Vereadores bem como de computadores do parlamento para uso em campanha política, a mando do candidato a prefeito e vice-prefeito, não há como se estender aos mesmos a condenação do assessor parlamentar por conduta vedada na forma dos incisos I e III da Lei n. 9504/97. II – Recurso não provido" (TRE-RO, RE: 24595/RO, Rel. Adolfo Theodoro Naujorks Neto, *DJe*/TRE-RO, Tomo 50, 19-3-2013, p. 5-6).

[104] "A vedação a que refere este inciso não se estende aos servidores dos demais poderes" (Ac. TSE, de 23-8-2016, no AgR-Respe n. 119.653 e, de 1º-3-2016, no AgR-Respe n. 137.472).

[105] "Agravo de instrumento. Representação. Conduta vedada a agente público (art. 73, I e III, da Lei n. 9.504/97), caracterizada pela utilização de servidores e bens públicos (central de filmagem e efetivo da Guarda Municipal) na propaganda eleitoral dos representados. Conhecimento do beneficiário, segundo o Tribunal Regional Eleitoral. Reexame de fatos e provas. Impossibilidade. Dissídio jurisprudencial não demonstrado. Precedentes. Agravo ao qual se nega seguimento" (TSE, AI-10939/SC, Rel. Min. Cármen Lúcia, *DJe* 12-3-2010).

que não tem expediente fixo de trabalho, exercendo suas funções somente quando há reuniões da citada comissão, participar ostensivamente de campanha eleitoral sem atrapalhar seu múnus público[106]. No mesmo sentido, há precedentes que permitem a atuação moderada e sutil de Ministros de Estado em atos de campanha, uma vez que possuem regime flexível de horário[107]. Depreende-se que a finalidade da lei é que ele não utilize o tempo que deveria dispensar ao exercício de suas funções públicas em atividades eleitorais.

d) Proibição de distribuição gratuita de bens e serviços

É traço característico dos pleitos eleitorais brasileiros seu caráter assistencialista. A população menos favorecida está acostumada a receber favores dos candidatos em troca de seu voto[108]. A distribuição de bens e serviços de caráter social custeados pelo Poder Público para uso promocional de candidato, partido político ou coligação não pode ser realizada, seja em ano eleitoral, seja em ano não eleitoral[109].

---

[106] TRE-CE, Recurso em Representação por Conduta Vedada aos Agentes Públicos 11.003, de 4-3-2005, Rel. Juiz Celso Albuquerque Macedo.

[107] TSE RP n. 84.890/DF de *DJe* 1º-10-2014.

[108] "Para a configuração da conduta vedada prevista no citado inciso IV do art. 73 – distribuição gratuita de bens e serviços de caráter social custeados ou subvencionados pelo Poder Público –, é necessário demonstrar o caráter eleitoreiro ou o uso promocional em favor de candidato, partido político ou coligação. Agravo regimental não provido" (Respe n. 5427532, Acórdão, Rel. Min. Arnaldo Versiani Leite Soares, *DJe*, Tomo 196, 9-10-2012).

"Ação de Investigação Judicial Eleitoral. Recurso especial eleitoral. Distribuição de cestas básicas na residência de candidato ao cargo de vereador. Conduta vedada descrita no art. 73, IV, da Lei n. 9.504/97. Aplicação exclusivamente de pena de multa. Captação ilícita de sufrágio e abuso de poder não configurados. Ausência de potencialidade lesiva. Vedado o reexame de fatos e provas. Incidência da Súmula 279 do Supremo Tribunal Federal. Acórdão recorrido compatível com a jurisprudência do Tribunal Superior Eleitoral. Recurso especial ao qual se nega seguimento. (...) Portanto, está demonstrado nos autos que a conduta praticada pelo recorrente é vedada pelo art. 73 da Lei das Eleições, visto que, conforme bem ressaltou a juíza a quo, existiam outros espaços públicos capazes de realizar a distribuição de cestas básicas, além da residência do vereador, que, ressalta-se, tentava a reeleição do cargo" (Resp n. 36.030/PE, Rel. Min. Cármen Lúcia, *DJe* 16-3-2010).

[109] "Lei das Eleições veda 'fazer ou permitir uso promocional em favor de candida-

Portanto, importa destacar como conduta vedada os atos de fazer ou de permitir uso promocional em favor de candidato, partido político ou coligação de distribuição gratuita de bens e serviços de caráter social[110], custeados ou subvencionados pelo Poder Público[111].

---

to, partido político ou coligação, de distribuição gratuita de bens e serviços de caráter social custeados ou subvencionados pelo Poder Público' (art. 73, IV). Não se exige a interrupção de programas nem se inibe a sua instituição. O que se interdita é a utilização em favor de candidato, partido político ou coligação" (Respe n. 21.320/RR, Rel. Min. Luiz Carlos Madeira).

[110] "A conduta vedada pelo art. 73, IV, da Lei n. 9.504/97 possui dois núcleos distintos de incidência: distribuição gratuita de bens públicos e distribuição gratuita de serviços de caráter social" (Respe n. 28.158/BA, Rel. Min. José Augusto Delgado).

"(...) Na linha dos precedentes desta Corte 'para a configuração do inc. IV do art. 73 da Lei n. 9.504/97, a conduta deve corresponder ao tipo definido previamente. O elemento é fazer ou permitir uso promocional de distribuição gratuita de bens e serviços para o candidato, quer dizer, é necessário que se utilize o programa social – bens ou serviços – para dele fazer promoção (AgRg-Respe n. 25.130/SC, DJ 23-9-2005, Rel. Min. Carlos Madeira)' (Respe n. 2826-75/SC, Rel. Min. Marcelo Ribeiro, DJe 22-5-2012). 4. Recurso especial provido" (Respe n. 34994, Acórdão, Rel. Min. Luciana Christina Guimarães Lóssio, DJe, Tomo 116, 25-6-2014, p. 62-63).

"Para a configuração do inc. IV do art. 73 da Lei n. 9.504/97, a conduta deve corresponder ao tipo definido previamente. O elemento é fazer ou permitir uso promocional de distribuição gratuita de bens e serviços para o candidato, quer dizer, é necessário que se utilize o programa social – bens ou serviços – para dele fazer promoção" (Respe n. 25.130/SC, Rel. Min. Luiz Carlos Madeira).

[111] "A conduta praticada, conforme concluiu o acórdão regional, enquadra-se perfeitamente no art. 73, inciso V, da Lei n. 9.504/97, pois os servidores receberam vantagem em período vedado (redução da carga de trabalho sem a redução de vencimentos), o que dispensa a análise da finalidade eleitoral do ato, pois esse requisito foi valorado pela legislação, quando afirma que "são proibidas aos agentes públicos, servidores ou não, as seguintes condutas tendentes a afetar a igualdade de oportunidades entre candidatos nos pleitos eleitorais" (art. 73, caput, da Lei n. 9.504/97), salvo quando a própria norma exige uma qualificação especial da conduta, como "fazer ou permitir uso promocional em favor de candidato, partido político ou coligação, de distribuição gratuita de bens e serviços de caráter social custeados ou subvencionados pelo Poder Público" (inciso IV). Precedentes. (Respe n. 69541, Acórdão, Rel. Min. Gilmar Ferreira Mendes, DJe, Tomo 120, 26-6-2015, p. 246-248].

Assim, no ano em que se realiza a eleição, fica proibida a distribuição gratuita de bens, valores ou benefícios por parte da administração pública, exceto nos casos de calamidade pública, de estado de emergência ou de programas sociais autorizados em lei e já em execução orçamentária no exercício anterior[112].

Os casos não abrangidos por essa proibição são dois: a) de calamidade pública e de emergência, que são situações de anomalia, em que os entes governamentais são obrigados a atuar para o atendimento de necessidades prementes da população, como nos casos de seca ou de enchente; b) programas sociais autorizados em lei e em execução orçamentária no exercício anterior em razão de que políticas públicas, principalmente as de inclusão, não podem ser paralisadas em ano eleitoral. O fato de estarem em execução orçamentária com recursos previstos no exercício anterior retira-lhes qualquer impugnação de conduta eleitoralista[113]. Mesmo nessas exceções, é imperiosa a fiscalização do Ministério Público para impedir seu desvio de finalidade.

Não se questiona a elaboração de políticas públicas para atender às demandas dos mais desfavorecidos. O que se tenta evitar é o desvio de finalidade para que essas políticas públicas tenham apenas a função de captação de voto, em troca de bem ou serviço público. A exceção a esse preceituado e se houver previsão em lei específica para a distribuição de bens e serviços, como implementação de política pública, mas com execução orçamentária no ano anterior, no que exige a configura-

---

"Fazer uso promocional em favor de candidato, partido político ou coligação, de distribuição gratuita de bens e serviços de caráter social, como, dentre outros, gêneros alimentícios, merenda escolar, material didático, roupas e agasalhos, medicamentos, assistência médica, hospitalar ou dentária, material de construção ou instrumento de trabalho, custeados ou financiados pelo Poder Público" (Consulta 14.153. In: AMARAL, Roberto; CUNHA, Sérgio Sérvulo da. *Manual das eleições*. São Paulo: Saraiva, 2006, p. 343).

[112] "A cessão de um único bem não configura a conduta vedada prevista neste dispositivo" (Ac. TSE, de 21-6-2016, no Respe n. 27.008).

[113] "Possibilidade, em ano eleitoral, de se realizar doação de pescados ou de produtos perecíveis quando justificada nas situações de calamidade pública ou estado de emergência ou, ainda, se destinada a programas sociais com autorização específica em lei e com execução orçamentária já no ano anterior ao pleito" (Ac. TSE, de 2-6-2015, na CTA n. 5.639).

ção desses dois requisitos. Programa de empréstimo de animais, para fins de reprodução, por exemplo, sem previsão orçamentária e execução iniciada em ano anterior ao eleitoral, caracteriza-se como conduta vedada[114].

13.4. TIPOS DE CONDUTAS VEDADAS EM PERÍODO ELEITORAL

Resolveu-se aqui realizar uma subdivisão porque são proibições de condutas que ocorrem durante o pleito político, ou durante o ano eleitoral ou, o que ocorre com mais frequência, nos últimos três meses antes do pleito, excetuando-se a proibição de contratação e a demissão de servidores públicos que, por suas peculiaridades, foram tratadas de forma específica. São condutas vedadas que têm um campo de incidência anterior ou antes do período eleitoral.

a) Proibição de contratação ou demissão

Nos três meses que antecedem a eleição até a posse dos eleitos, sob pena de nulidade dos atos praticados, proíbe-se a nomeação, a contratação ou qualquer forma de admissão, demissão sem justa causa, supressão ou readaptação de vantagens ou outros meios de dificultar ou impedir o exercício funcional e, ainda, *ex officio*, remover, transferir ou exonerar servidor público, na circunscrição do pleito (art. 73, V, da LE)[115].

O impedimento descrito acima não é absoluto, até porque há necessidades da administração pública que são prementes, e a finalidade é apenas impedir sua utilização para fins eleitoreiros. O objetivo do dispositivo analisado é impedir que a máquina do governo seja utilizada para perseguir os servidores, forçando-os a votar nos candidatos

---

[114] "O candidato que realiza comício e faz uso promocional de obra urbana sem prova de lei autorizadora e de execução orçamentária anterior incide neste inciso" (Ac. TSE, de 20-10-2016, no AgR-RO n. 278378).

RO 149.655, Acórdão de 13-12-2011, Rel. Min. Arnaldo Versiani Leite Soares, *DJe*, Tomo 37, 24-2-2012, p. 42-43.

[115] "A remoção ou transferência de servidor público, levada a cabo na circunscrição do pleito, nos três meses que o antecedem e até a diplomação dos eleitos, configura afronta ao art. 73, V, da Lei n. 9.504/97" (RMS-410/SP, Rel. Min. José Augusto Delgado).

apoiados pelo governo. Qualquer nomeação, transferência, demissão ou supressão de vantagens ferindo esses preceitos é considerada nula.

Não se pensa em paralisar a máquina estatal por ausência de pessoal, tanto é assim que determinadas situações são permitidas. Quais sejam:

i) a nomeação ou exoneração de cargos em comissão e designação ou dispensa de funções de confiança[116].

A Lei Eleitoral deveria ter impedido a nomeação ou a exoneração de servidores em cargos de confiança ou comissão, haja vista sua existência em grande número na administração, prejudicando a qualidade dos serviços prestados e maculando o princípio de acessibilidade ao serviço público por meio de concurso. É notório que esses cargos se configuram como moeda de troca eleitoral, ficando esses servidores, pela instabilidade que marca seu vínculo, adstritos aos desígnios dos agentes públicos que os contrataram.

ii) a nomeação para os cargos do Poder Judiciário, do Ministério Público, dos tribunais ou conselhos de contas e dos órgãos da Presidência da República[117].

Permitiu-se a nomeação para cargos do Poder Judiciário, do Ministério Público, dos tribunais ou conselhos de contas porque são cargos providos mediante concurso de provas e títulos, para órgãos que não se envolvem na disputa partidária de forma proselitista.

Quanto à permissão de nomeação para cargos de órgãos ligados à Presidência da República, mais uma vez agiu mal a Lei Eleitoral, ao permitir que Chefe do Executivo possa, sem concurso – em razão de que a maioria dos cargos da Presidência da República é provida

---

[116] Lei n. 6.091/74, art. 13, *caput*: "movimentação de pessoal proibida no período entre os 90 dias anteriores à data das eleições parlamentares e o término do mandato de governador do estado".

[117] "PERÍODO ELEITORAL – NOMEAÇÕES E CONTRATAÇÕES – EXCEÇÕES – ALCANCE DO PRECEITO LEGAL. As exceções hão de ser interpretadas de forma estrita. Vinga a regra da proibição de nomeações, não estando compreendida na ressalva legal a Defensoria Pública – artigo 73 da Lei n. 9.504/97" (Consulta n. 69851, Acórdão, Rel. Min. Hamilton Carvalhido, RJT-SE, *Revista de jurisprudência do TSE*, Volume 21, Tomo 3, 20-5-2010, p. 40).

sem concurso público –, realizar nomeações que possam possuir conotação eleitoral;

iii) a nomeação dos aprovados em concursos públicos homologados até os três meses antes da eleição[118].

Homologação de concurso significa a aceitação de seu resultado final pela administração pública. Realizando-se a homologação do concurso até três meses antes das eleições, seja para que cargo for, não há limitação temporal alguma, podendo as nomeações ser feitas a qualquer momento[119]. O princípio de acesso ao serviço público por concurso público é essencial para a moralidade da administração pública,

---

[118] "CONSULTA. RECEBIMENTO. PETIÇÃO. ART. 73, V, LEI N. 9.504/97. DISPOSIÇÕES. APLICAÇÃO. CIRCUNSCRIÇÃO DO PLEITO. CONCURSO PÚBLICO. REALIZAÇÃO. PERÍODO ELEITORAL. POSSIBILIDADE. NOMEAÇÃO. PROIBIÇÃO. RESSALVAS LEGAIS. 1. As disposições contidas no art. 73, V, Lei n. 9.504/97 somente são aplicáveis à circunscrição do pleito. 2. Essa norma não proíbe a realização de concurso público, mas, sim, a ocorrência de nomeações, contratações e outras movimentações funcionais desde os três meses que antecedem as eleições até a posse dos eleitos, sob pena de nulidade de pleno direito. 3. A restrição imposta pela Lei n. 9.504/97 refere-se à nomeação de servidor, ato da administração de investidura do cidadão no cargo público, não se levando em conta a posse, ato subsequente à nomeação e que diz respeito à aceitação expressa pelo nomeado das atribuições, deveres e responsabilidades inerentes ao cargo. 4. A data-limite para a posse de novos servidores da administração pública ocorrerá no prazo de trinta dias contados da publicação do ato de provimento, nos termos do art. 13, § 12, Lei n. 8.112/90, desde que o concurso tenha sido homologado até três meses antes do pleito conforme ressalva da alínea c do inciso V do art. 73 da Lei das Eleições. 5. A lei admite a nomeação em concursos públicos e a consequente posse dos aprovados, dentro do prazo vedado por lei, considerando-se a ressalva apontada. Caso isso não ocorra, a nomeação e consequente posse dos aprovados somente poderão acontecer após a posse dos eleitos. 6. Pode acontecer que a nomeação dos aprovados ocorra muito próxima ao início do período vedado pela Lei Eleitoral, e a posse poderá perfeitamente ocorrer durante esse período. (...)" (TSE. Consulta n. 1.065/ DF).

[119] "Essa norma não proíbe a realização de concurso público, mas, sim, a ocorrência de nomeações, contratações e outras movimentações funcionais desde os três meses que antecedem as eleições até a posse dos eleitos, sob pena de nulidade de pleno direito" (CTA n. 1065/DF, Rel. Min. Fernando Neves da Silva).

constituindo-se uma valiosa prerrogativa outorgada pela Constituição Cidadã. A restrição é para a nomeação nos três meses anteriores ao pleito naqueles concursos ainda não homologados, não permitindo que essa garantia se transforme em instrumento político;

iv) a nomeação ou a contratação necessária à instalação ou ao funcionamento inadiável de serviços públicos essenciais, com prévia e expressa autorização do Chefe do Poder Executivo.

Não atingiu os fins propostos, proibir a utilização da máquina administrativa com finalidade política, a Lei Eleitoral, quando permitiu a nomeação ou a contratação para a instalação ou o funcionamento inadiável de serviços públicos essenciais. Primeiro, porque é difícil identificar o conceito de inadiável serviço público, podendo ele ser tomado em sentido amplo e permitir práticas eleitoreiras. Segundo, porque, ao permitir sua contratação apenas com a prévia e expressa autorização do Chefe do Poder Executivo, nada fez para garantir a lisura eleitoral, pois é justamente o Executivo que mais utiliza a máquina pública para atingir seus fins eleitorais;

v) a transferência ou a remoção *ex officio* de militares, policiais civis e de agentes penitenciários[120].

Também deveria ter impedida a transferência ou a remoção *ex officio* de militares, policiais civis e agentes penitenciários pelos mesmos motivos apontados anteriormente, mesmo sendo o acesso a esses cargos realizado mediante concurso público. Nem mesmo a alegação de que se trata de carreiras em que se exige subordinação hierárquica serve como respaldo para essa liberalidade, pois ela poderia ter sido alcançada de forma normativa.

---

[120] "(...) Consoante exceções enumeradas no inciso V, art. 73, as proibições da Lei n. 9.504/97 não atingem as nomeações ou exonerações de cargos em comissão e designação ou dispensa de funções de confiança; as nomeações para cargos do Poder Judiciário, do Ministério Público, dos Tribunais ou Conselhos de Contas e dos órgãos da Presidência da República; as nomeações ou contratações necessárias à instalação ou ao funcionamento inadiável de serviços públicos essenciais, com prévia e expressa autorização do chefe do Poder Executivo e as transferências ou remoções *ex officio* de militares, de policiais civis e de agentes penitenciários" (CTA n. 1065, Rel. Min. Fernando Neves da Silva, *DJ*, Volume 1, 12-7-2004, p. 2).

Essas condutas mencionadas nesse subitem sujeitam os servidores que realizarem os comportamentos descritos a suspender a conduta impugnada de forma imediata e a multa no valor de cinco a cem mil UFIRs, sem impedir outros enquadramentos previstos em lei civil, como, por exemplo, sua tipificação como ato de improbidade administrativa.

b) Proibição de transferência voluntária

Realizar, nos três meses anteriores ao pleito, transferência voluntária de recursos da União aos Estados e Municípios, e dos Estados aos Municípios, sob pena de nulidade de pleno direito[121]. Excepcionam-se os recursos destinados ao cumprimento de obrigação formal preexistente para execução de obra ou serviço em andamento e com cronograma prefixado, e os destinados a atender situações de emergência e de calamidade pública (§ 10 do art. 73 da LE)[122].

Transferências voluntárias são as que não estão previstas nas leis pertinentes, não estando expressas, de forma obrigatória, na repartição de receita tributária delineada pela Constituição. Não se incluindo nesse conceito as oriundas de força de disposição normativa. Nos três meses que antecedem as eleições, essas deliberações discricionárias, celebradas mediante a forma de convênio, podem se configurar como auxílio eleitoral aos candidatos apoiados pelo Presidente da República e pelos governadores[123].

---

[121] "A vedação do art. 73, VI, *a*, da Lei n. 9.504/97 compreende a transferência voluntária e efetiva dos recursos nos três meses que antecedem o pleito, ressalvado o cumprimento de obrigação formal preexistente para execução de obra ou serviço em andamento e com cronograma prefixado, e, ainda, os casos de atendimento de situações de emergência e de calamidade pública" (Respe n. 25.980/MG, Rel. Min. José Gerardo Grossi).

[122] "É vedada à União e aos Estados, nos três meses que antecedem o pleito, a transferência voluntária de verbas, ainda que decorrentes de convênio ou outra obrigação preexistente, desde que não se destinem à execução de obras ou serviços já iniciados" (CTA n. 1.320/DF, Rel. Min. Caputo Bastos).

[123] "RECURSO ORDINÁRIO. PRELIMINAR DE INCOMPETÊNCIA. REJEITADA. CONVÊNIOS. TRANSFERÊNCIAS VOLUNTÁRIAS ÀS PREFEITURAS. VIOLAÇÃO AO ART. 73 DA LEI N. 9.504/97. ABUSO DE PODER POLÍTICO. CONFIGURAÇÃO. DECLARAÇÃO DE INELEGIBILIDADE E EXCLUSÃO DO FUNDO PARTIDÁRIO. PERDA DE OBJETO. APLI-

Para o Tribunal Superior Eleitoral, configura-se como conduta vedada, insculpida a implantação de programas de recuperação fiscal ou parcelamentos, com redução total e parcial de juros e multas no ano eleitoral. A benesse fiscal ou creditícia, em ano eleitoral, encontra-se vedada pela legislação eleitoral, razão pela qual os lançamentos de programas de recuperação fiscais deverão ter sua validade apreciada com máxima cautela, para que não venham a se enquadrar em conduta vedada[124].

As exceções a esse impedimento de transferência voluntária são: a) o auxílio a situações de emergência e calamidade pública; b) para a conclusão de obra ou serviço em andamento[125].

Difícil classificar o que vem a ser uma situação de emergência ou calamidade, em razão de ser um conceito jurídico indeterminado[126]. Não obstante, são situações de excepcional anormalidade, que reclamam um imperioso aporte de recurso para prover carências inadiáveis da população[127]. Para uma obra ser classificada como em andamento,

---

CAÇÃO DE MULTA. RECURSO NÃO PROVIDO. (...) III – As transferências voluntárias em período pré-eleitoral sem os requisitos legais configuram conduta proibida pela Lei n. 9.504/97" (TSE, RO 841/RN, Rel. Min. Ricardo Lewandowski, DJe 18-9-2009).

[124] "CONSULTA. VEDAÇÃO. ART. 73, § 10, DA LEI N. 9.504/97. LANÇAMENTO DE PROGRAMA DE RECUPERAÇÃO FISCAL (REFIS). MUNICÍPIOS. ANO DE ELEIÇÕES FEDERAIS E ESTADUAIS. A validade ou não de lançamento de Programa de Recuperação Fiscal (Refis) em face do disposto no art. 73, § 10, da Lei n. 9.504/97 deve ser apreciada com base no quadro fático-jurídico extraído do caso concreto" (Consulta n. 36815, Acórdão, Rel. Min. Henrique Neves, DJe, Tomo 65, 8-4-2015, p. 146).

[125] "A vedação do art. 73, VI, a, da Lei n. 9.504/97 compreende a transferência voluntária e efetiva dos recursos nos três meses que antecedem o pleito, ressalvado o cumprimento de obrigação formal preexistente para execução de obra ou serviço em andamento e com cronograma prefixado, e, ainda, os casos de atendimento de situações de emergência e de calamidade pública" (Respe n. 25.980/MG, Rel. Min. José Gerardo Grossi).

[126] BARACHO, José Alfredo de Oliveira. Teoria geral dos conceitos legais indeterminados. In: Arquivos de Direito Público. São Paulo: Método, 2007, p. 197.

[127] "(...) 3. Para fins da exceção preconizada na alínea d do inciso V do art. 73 da Lei n. 9.504/97, esta Corte Superior consignou não ser a educação considerada como serviço público essencial. Precedente. (...) 6. A configuração das condutas vedadas prescritas no art. 73 da Lei n. 9.504/97 se dá com a mera prática de

configura-se necessário que ela já tenha sido iniciada, com cronograma fixado e com o empenho efetuado de parte de seus recursos[128].

c) Proibição de propaganda institucional e de entes da Administração Indireta

Impede-se, nos três meses anteriores ao pleito, com exceção da propaganda de produtos e serviços que tenham concorrência no mercado, autorizar publicidade institucional de atos, programas, obras, serviços e campanhas de órgãos públicos federais, estaduais ou municipais, ou das respectivas entidades da administração indireta, salvo em caso de grave e urgente necessidade pública reconhecida pela Justiça Eleitoral. Essa restrição aplica-se apenas aos agentes públicos cujos cargos estejam em disputa na eleição.

Impede-se a publicidade institucional de atos, obras, serviços e campanhas de órgãos públicos da administração direta e da indireta, nos três meses que antecedem ao pleito, procurando-se impedir que, por intermédio de publicidade institucional, os entes governamentais possam fazer propaganda eleitoral dissimulada, e o que é mais grave, realizar-se propaganda ilícita com recursos públicos. Propaganda institucional é a realizada por entidades públicas, como entes federativos, empresas públicas, sociedades de economia mista etc., teoricamente para resguardar interesse coletivo[129].

---

atos, desde que esses se subsumam às hipóteses ali elencadas, porque tais condutas, por presunção legal, são tendentes a afetar a igualdade de oportunidades entre os candidatos no pleito eleitoral, sendo desnecessário comprovar-lhes a potencialidade lesiva (...)." (Recurso Especial n. 45060, Acórdão, Rel. Min. Laurita Hilário Vaz, RJTSE – *Revista de jurisprudência do TSE*, Volume 24, Tomo 4, 26-9-2013, p. 392).

[128] LC n. 101/2000 (Lei de Responsabilidade Fiscal), art. 25, *caput*: "Para efeito desta Lei Complementar, entende-se por transferência voluntária a entrega de recursos correntes ou de capital a outro ente da Federação, a título de cooperação, auxílio ou assistência financeira, que não decorra de determinação constitucional, legal ou os destinados ao Sistema Único de Saúde".

[129] "A proibição desta alínea possui natureza objetiva e configura-se independentemente do momento em que autorizada a publicidade, bastando a sua manutenção no período vedado (Ac. TSE, de 9-6-2015, no AgR-Respe n. 142.184)." "Publicidade institucional veiculada dentro dos três meses antecedentes ao pleito caracteriza ofensa a esta alínea" (Ac. TSE, de 1º-12-2011, no AgR-AI n.

Existem duas possibilidades da realização de publicidade institucional: a) caso de grave e urgente necessidade pública consentida pela Justiça Eleitoral, como, por exemplo, no caso da premência de se realizar uma campanha de prevenção contra a dengue, esclarecendo à população que não se deve deixar água em recipiente aberto; b) publicidade de produtos e serviços que tenham concorrência no mercado, como publicidade da Caixa Econômica Federal, porque nesses casos as relações são regidas por mandamentos mercadológicos, em que a sobrevivência da empresa depende de imperativos publicitários, e eles têm que ser efetivados, não podendo ser paralisados pelo prazo de três meses.

Esse impedimento restringe-se apenas aos agentes públicos das esferas administrativas cujos cargos estejam em disputa na eleição.

Por fim, esclarece-se que a divulgação, em *Diário Oficial* do município, de atos meramente administrativos, sem referência a nome, nem divulgação de imagem do candidato à reeleição, não configura essa hipótese de conduta vedada[130].

d) Proibição de pronunciamento

Fazer pronunciamento em cadeia de rádio e televisão, fora do horário eleitoral gratuito, nos três meses anteriores ao pleito, salvo quando, a critério da Justiça Eleitoral, tratar-se de matéria urgente, relevante e característica das funções de governo. Essa restrição aplica-se apenas aos agentes públicos cujos cargos estejam em disputa na eleição[131].

12046). "Vedada a veiculação, independentemente da data da autorização" (Ac. TSE, de 1º-10-2014, na Rp n. 81770; de 15-9-2009, no Respe n. 35.240 e, de 9-8-2005, no Respe n. 25.096).

TSE, Respe n. 35.445, de 25-8-2009, Rel. Min. Arnaldo Versiani.

[130] "Caracterização da conduta prevista nesta alínea sempre que o agente público utilizar cores da agremiação partidária à qual pertença, em vez das cores oficiais da entidade federativa, em bens de uso comum, visando favorecer eventual candidatura à reeleição ou de seus correligionários" (Ac. TSE, de 2-5-2015, no AgR-AI n. 95281).

TSE, AgR- Respe n. 25.086, de 3-11-2005, Rel. Min. Gilmar Mendes.

[131] "Art. 45. Encerrado o prazo para a realização das convenções no ano das eleições, é vedado às emissoras de rádio e televisão, em sua programação normal e em seu noticiário: I – transmitir, ainda que sob a forma de entrevista jornalísti-

Impede-se o pronunciamento de qualquer gestor público, que não seja no horário gratuito, para que a disputa eleitoral não seja desequilibrada a favor dos candidatos governamentais. A exposição à mídia, através de pronunciamentos públicos, mesmo que demonstrando a evolução de obras públicas, favorece a popularidade do gestor público e facilita o voto em candidatos por ele apoiados.

A intenção é garantir um tratamento isonômico a todos, não há sentido de permitir que qualquer candidato possa fazer pronunciamento em cadeia de rádio ou televisão fora do horário eleitoral, pois a mencionada situação iria lhe privilegiar de maneira inexorável. Veda-se, também, a partir de 11 de agosto do ano da eleição, a transmissão de programa apresentado ou comentado por pré-candidato, sob pena de multa e cancelamento do registro de candidatura do beneficiário.

e) Proibição de *show*mício

Nos três meses anteriores ao pleito, proíbe-se a realização de *shows* artísticos pagos com recursos públicos, seja ou não na realização de inaugurações (art. 75 da LE). Louvável esse cerceamento porque extirpou uma prática nociva em que artistas eram contratados apenas com o intuito de realizar propaganda política de gestores públicos, muitas vezes com um custo desproporcional ao valor da obra realizada.

Os denominados showmícios desequilibram a paridade entre os candidatos, utilizam o erário público de forma despicienda e ainda

---

ca, imagens de realização de pesquisa ou qualquer outro tipo de consulta popular de natureza eleitoral em que seja possível identificar o entrevistado ou em que haja manipulação de dados; II – usar trucagem, montagem ou outro recurso de áudio ou vídeo que, de qualquer forma, degradem ou ridicularizem candidato, partido ou coligação, ou produzir ou veicular programa com esse efeito; III – veicular propaganda política ou difundir opinião favorável ou contrária a candidato, partido, coligação, a seus órgãos ou representantes; IV – dar tratamento privilegiado a candidato, partido ou coligação; V – veicular ou divulgar filmes, novelas, minisséries ou qualquer outro programa com alusão ou crítica a candidato ou partido político, mesmo que dissimuladamente, exceto programas jornalísticos ou debates políticos; VI – divulgar nome de programa que se refira a candidato escolhido em convenção, ainda quando preexistente, inclusive se coincidente com o nome do candidato ou com a variação nominal por ele adotada. Sendo o nome do programa o mesmo que o do candidato, fica proibida a sua divulgação, sob pena de cancelamento do respectivo registro."

contribuem para a alienação do debate político, em que as grandes aglomerações se formavam apenas em virtude das atrações contratadas e não para ouvir as propostas dos candidatos.

Nos casos de descumprimento desta proibição, sem prejuízo da suspensão imediata da conduta, o candidato beneficiado, agente público ou não, ficará sujeito à cassação do registro ou do diploma (art. 75, parágrafo único, da Lei n. 9.504/97).

Antes da Lei n. 12.304/2009, tal dispositivo não possuía previsão expressa de sanção. Com a vigência deste diploma, a sua redação passou a explicitar a sanção imposta à prática dessa conduta vedada: o candidato beneficiado, agente público ou não, ficará sujeito à cassação do registro ou do diploma para o caso da prática da conduta prevista no art. 75 da lei em comento, bem como inelegível pelo prazo de oito anos, a contar da eleição em que cometeu o delito.

Nesta senda, o acréscimo de parágrafo único ao art. 75 da LE visou explicitar a sanção a essa conduta, impondo a perda do registro ou do diploma ao candidato que fora beneficiado pelo showmício, independentemente de ser agente público ou não.

Saliente-se que tal proibição não se estenderá aos candidatos que sejam profissionais da classe artística que poderão exercer as atividades normais de sua profissão durante o período eleitoral, excetuando-se os programas de rádio e de televisão, a animação de comício ou para divulgação, ainda que de forma dissimulada, de candidatura ou de campanha eleitoral (parágrafo único do art. 17 da Resolução n. 23.610/2019).

f) Proibição de inauguração de obras públicas

De forma expressa, proibiu-se, nos três meses anteriores ao pleito, aos candidatos a cargos do Poder Executivo, participar de inaugurações de obras públicas[132] (art. 77 da LE). Primeiro, deve-se atentar para o

---

[132] "Proibição de participação de candidatos a cargos do Poder Executivo em inaugurações de obras públicas tem por fim impedir que eventos patrocinados pelos cofres públicos sejam desvirtuados e utilizados em prol das campanhas eleitorais. Irrelevante, para a caracterização da conduta, se o candidato compareceu como mero espectador ou se teve posição de destaque na solenidade" (Respe n. 19.404/RS, Rel. Min. Fernando Neves da Silva).

"Consulta. Delegado nacional. Partido Progressista Brasileiro – PPB. Considerando a proibição contida no art. 77 da Lei n. 9.504/97, cotejado com o § 5º do

lapso temporal de três meses anteriores ao pleito, pois, caso contrário, não há subsunção na tipicidade. A vedação atinge os cargos do Poder Executivo, bem como seu vice, não atingindo vereadores, deputados estaduais, deputados federais ou senadores, em virtude de esses não disporem da máquina governamental para auferirem benefícios políticos diretos com a inauguração.

Essa proibição expressa nasceu em razão da práxis de grande parte dos agentes políticos deixarem para inaugurar obras em véspera de eleições ou armar simulacros de inaugurações quando, na verdade, elas estão muito distantes de seu término. Ao impedir tal conduta, tenciona-se garantir um processo eleitoral igualitário, sem que as partes possam desequilibrar o pleito com a utilização da máquina governamental. No entanto, se o candidato comparece à inauguração de obra promovida pelo seu adversário político, sem auferir vantagem político-eleitoral com o evento, não se pode tipificar essa conduta[133].

Para a correta aferição dessa conduta vedada é necessário que a gravidade lesiva seja devidamente demonstrada, inclusive, tem-se afastado a cassação de diploma, quando a presenta do candidato na inauguração da obra ocorrer de forma discreta, sem participação ativa na solenidade, tomando como base no princípio da proporcionalidade[134].

---

art. 14 da Constituição Federal, que concedeu aos prefeitos o direito à reeleição, estarão eles impedidos de participar de inaugurações de obras públicas de suas próprias administrações, nos três meses que antecederem o pleito, sendo candidatos à reeleição? A permissão de reeleição dos prefeitos, trazida por emenda à Constituição promulgada anteriormente, em junho de 1997, não pode ser invocada para eximi-los, quando candidatos, da proibição contida no mencionado artigo" (CTA n. 577/DF, Rel. Min. Walter Ramos da Costa Porto).

[133] Respe n. 646.984, Ac. de 7-6-2011, Rel. Min. Fátima Nancy Andrighi, *DJe* 24-8-2011, p. 12.

[134] "Aplica-se o princípio da proporcionalidade para afastar a cassação do diploma, quando a presença do candidato em inauguração de obra pública ocorre de forma discreta, sem participação ativa na solenidade" (Ac. TSE, de 31-8-2017, no AgR-AI n. 49645 e, de 14-6-2012, no AgR-RO n. 890235).

"Agravo regimental. Recurso especial. Conduta vedada. Participação em inauguração de obra pública. Art. 77 da Lei n. 9.504/97. Potencialidade lesiva não demonstrada. Equilíbrio do pleito preservado. Princípio da proporcionalidade. Observância. Matéria fática. Impossibilidade de reexame. Súmulas 7/STJ e 279/STF. Precedentes. Agravos regimentais desprovidos" (AgR-Respe n.

Por outro lado, não restam dúvidas de que a participação de candidato em diversas inaugurações de obras públicas, no período eleitoral, constitui conduta vedada maculando a livre vontade do eleitorado[135].

O não cumprimento dessa obrigação sujeita o candidato infrator, após as devidas comprovações processuais, à cassação de seu registro e à imputação de inelegibilidade por oito anos.

g) Proibição em aumento dos gastos com publicidade (novo tópico)

Realizar, no primeiro semestre do ano de eleição, despesas com publicidade de órgãos públicos federais, estaduais ou municipais, ou das respectivas entidades da Administração indireta, que excedam a média dos gastos no primeiro semestre dos três últimos anos que antecedem o pleito. Saliente-se que a vedação *supra* não se confunde com o estorvo de veicular propaganda institucional nos últimos três meses anteriores ao pleito, tendo maior alcance para proibir que média geral de gastos com publicidade no primeiro semestre do ano eleitoral ultrapasse a média no primeiro semestre dos últimos trêes anos que antecedem o pleito, ressalvando-se a possibilidade da Justiça Eleitoral autorizar previamente o extrapolamento desse teto financeiro diante de grave e urgente necessidade pública. Não se pode fazer uma comparação parcial, tomando-se por base apenas alguns meses; ela tem que ser completa, analisando-se o primeiro semestre dos três últimos anos e tecendo a média aritmética.

h) proibição de revisão geral das remunerações (novo tópico)

Fazer, na circunscrição do pleito, revisão geral da remuneração dos servidores públicos que exceda a recomposição da perda de seu poder aquisitivo ao longo do ano da eleição, a partir da realização da convenção (nos 180 dias que antecedem a eleição) até a posse dos eleitos (art. 83, VIII, da Resolução n. 23.610/2019).

Antes desse obstáculo, não era difícil encontrar aumento da remuneração dos servidores públicos em anos eleitorais, como forma de

---

34.853, Ac. de 16-3-2010, Rel. Min. Cármen Lúcia Antunes Rocha, *DJe*, 10-5-2010, p. 18).

[135] Embargos de Declaração em Respe n. 28.534, Ac. de 18-6-2009, Rel. Min. Enrique Ricardo Lewandowski, *DJe* 6-8-2009, p. 86.

angariar o apoio da opinião pública aos candidatos de preferência dos governantes ou ao próprio governante candidato. A Lei Eleitoral proibiu a revisão geral da remuneração dos servidores a partir da realização da convenção até a posse dos eleitos que exceda a recomposição da perda de seu poder aquisitivo. O impedimento abrange, para o cargo de Presidente da República, todo o território nacional; para o cargo de governador, a extensão do respectivo Estado; e, para o de prefeito, os limites do Município.

O lapso temporal impedido pela lei foi bastante exíguo, permitindo aumentos com nítido caráter eleitoral até o mês de junho e mesmo no mês de julho antes da convenção. O que o dispositivo legal logrou conseguir foi impedir que o candidato derrotado aumentasse o salário dos servidores como forma de prejudicar as contas públicas para dificultar o início do mandato do candidato eleito.

Se a majoração ocorrer após a convenção, mas se referir só à reposição do índice inflacionário do período anterior, essa conduta não se enquadra na proibição referida.

13.5. DESVIO DE FINALIDADE DE PROPAGANDA INSTITUCIONAL

Constitui desvio de finalidade de propaganda institucional quando o candidato, partido ou coligação der publicidade a atos, programas, obras, serviços e campanhas dos órgãos públicos sem caráter educativo, informativo ou de orientação social, dela constando nomes, símbolos ou imagens que caracterizem promoção pessoal de autoridades ou servidores públicos[136].

---

[136] "O *caput* e o parágrafo 1° do art. 37 da CF impedem que haja qualquer tipo de identificação entre a publicidade e os titulares dos cargos alcançando os partidos políticos a que pertençam. O rigor do dispositivo constitucional que assegura o princípio da impessoalidade vincula a publicidade ao caráter educativo, informativo ou de orientação social é incompatível com a menção de nomes, símbolos ou imagens, aí incluídos slogans, que caracterizem promoção pessoal ou de servidores públicos. A possibilidade de vinculação do conteúdo da divulgação com o partido político a que pertença o titular do cargo público mancha o princípio da impessoalidade e desnatura o caráter educativo, informativo ou de orientação que constam do comando posto pelo constituinte dos oitenta" (RE 191.668, Rel. Min. Menezes Direito, j. 15-4-2008, $1^{\underline{a}}$ T., *DJe* 30-5-2008).

O art. 37, § 1º, da CF traz a afirmação de que a publicidade dos atos, dos programas, das obras, dos serviços e das campanhas dos órgãos públicos deverá ter caráter educativo, informativo ou de orientação social, dela não podendo constar nomes, símbolos ou imagens que caracterizem promoção pessoal de autoridades ou servidores públicos. Essa disposição constitucional traz dois critérios para a propaganda dos órgãos públicos: o primeiro orienta como se dará a propaganda, impondo caráter educativo, informativo ou de orientação social; o segundo visa impedir o uso da máquina pública para a promoção de autoridades ou de servidores públicos.

O *caput* do art. 22 da Lei Complementar n. 64/90, por sua vez, estabelece que qualquer partido político, coligação, candidato, ou Ministério Público Eleitoral poderá representar à Justiça Eleitoral, até a diplomação dos eleitos, diretamente ao Corregedor-Geral ou Regional, relatando fatos e indicando provas, indícios e circunstâncias e pedir abertura de investigação judicial para apurar uso indevido, desvio ou abuso de poder econômico ou de poder de autoridade, ou utilização indevida de veículos ou meio de comunicação social, em benefício de candidato ou partido político.

Se a publicidade institucional for desvirtuada desses critérios, prestando-se apenas a promover pessoalmente o administrador, esse fato se mostra suficiente para autorizar que ela seja suspensa e o administrador responsabilizado por improbidade administrativa, haja vista a mácula contra o princípio constitucional da impessoalidade. Havendo qualquer desrespeito a essa prescrição, autoriza-se a utilização do procedimento de investigação judicial, previsto no *caput* do art. 22 Lei Complementar n. 64/90[137]. Logo, o responsável, se candidato, ficará sujeito ao cancelamen-

---

"Publicidade de caráter autopromocional do governador e de seus correligionários, contendo nomes, símbolos e imagens, realizada às custas do erário. Não observância do disposto na segunda parte do preceito constitucional contido no art. 37, § 1º" (RE 217.025 AgR, Rel. Min. Maurício Corrêa, j. 18-4-2000, 2ª T., *DJ* 5-6-1998).

[137] "Para a jurisprudência do TSE, a promoção pessoal conformadora de eventual abuso de poder é passível de apuração e punição na forma da Lei Complementar n. 64/90, mas não se confunde com a propaganda eleitoral antecipada. Nesse sentido: Consulta n. 704/DF, *DJ* 21-6-2002, Rel. Min. Fernando Neves. Assim, não comprovada a realização de propaganda eleitoral antecipada, com

to do registro, à cassação do diploma ou à perda do mandato, acrescido de inelegibilidade nos oito anos seguintes à eleição em que fora praticada a conduta proibida (art. 74 da Lei n. 9.504/97).

A conduta que infringir o disposto no art. 37, § 1º, da CF, só se amolda à figura de ato ilícito se realizada no período eleitoral, ou seja, nos três meses que antecedem o pleito. Se a conduta praticada se der antes deste interregno, há a incidência da Lei n. 8.429/92, que cuida das sanções aplicáveis aos agentes públicos no exercício do mandato, cargo ou função, sendo, assim, processada pela jurisdição comum ordinária. Ainda exige-se para a configuração dessa tipificação a comprovação do dolo.

13.6. SANÇÕES PASSÍVEIS DE SEREM APLICADAS

A prática de qualquer uma das condutas descritas no item anterior, por seu grau de acinte ao ordenamento jurídico, sujeita o infrator, além da sustação imediata da conduta vedada, à multa e à possibilidade de cancelamento do registro, cassação do diploma ou perda do mandato, além de inelegibilidade por oito anos a contar da data da eleição (§§ 4º, 5º e 7º do art. 73 da LE). O valor da multa será calculado obedecendo aos parâmetros ditados no mencionado art. 73, § 4º – de cinco a cem mil UFIRs – considerando, ainda, a capacidade econômica do infrator, a gravidade e a repercussão do caso[138].

A Lei n. 12.034/2009 acrescentou que, nos casos em que forem praticadas quaisquer das hipóteses elencadas no art. 73 da LE, o candidato beneficiado, agente público ou não, fica sujeito à perda do registro ou do diploma[139]. Posteriormente, a Lei Complementar n. 135/2010 considerou inelegíveis pelo prazo de oito anos os condenados, em decisão transitada em julgado ou proferida por órgão colegiado da Justiça Eleitoral, por conduta vedada aos agentes públicos em campanhas (art. 1º, I, *j*, da LC 64/90). Portanto, as sanções passíveis no caso de tipificação de

---

base no art. 36, § 3º, da Lei das Eleições, julgo improcedente a representação" (TSE, Rp 18316/DF, Rel. Min. Joelson Dias, *DJe* 10-2-2010).

[138] Ac. TSE, de 10-11-2016, no AgR-Respe n. 122.348 e, de 20-8-2015, no Respe n. 15.888.

[139] "Possibilidade de aplicação da pena de *cassação do diploma* durante todo o curso do mandato" (Ac. TSE, de 24-3-2011, no AgR-AI n. 11.359).

441

conduta vedada são a multa e, dependendo da gravidade, a perda do registro ou do diploma e a imposição de inelegibilidade por oito anos.

Essas sanções apenas podem ser aplicadas respeitando-se o devido processo legal, o contraditório e a ampla defesa. O valor da multa, dependendo da intensidade da conduta realizada, varia de cinco a cem mil UFIRs, devendo ser aplicada contra o infrator da conduta tipificada e contra o beneficiário da ilicitude (§ 8º do art. 73 da LE).

Quando a conduta vedada não puder mais ser suspensa por já ter sido exaurida, o administrador público da mesma forma responde por seus atos, inclusive com a obrigação de ressarcir o erário pelo dano ocasionado. A determinação de suspensão da conduta apenas pode ser aplicada se for constatado que a ação fere as disposições contidas nos mandamentos legais específicos, haja vista que pode se configurar um cerceamento do princípio da separação de poder por parte da Justiça Eleitoral.

Qualquer uma das condutas descritas acima, para que possa resultar na perda do mandato popular, precisa conter todos os elementos pertinentes à sua tipicidade, incidindo contra a normalidade da eleição, os princípios da moralidade pública e o erário público. Caso contrário, concordando com Adriano Soares, haveria uma desarrazoada limitação à atividade dos agentes públicos, diminuindo, inclusive, o grau de prestação de serviços à coletividade[140].

Questão controversa em nossa doutrina e jurisprudência se referia à aplicação do § 5º do art. 73 da Lei n. 9.504/97. Antes da vigência da Lei n. 12.034/2009, a redação desse dispositivo discorria que nos casos de descumprimento do disposto nos incisos I, II, III, IV e VI do *caput* do art. 73 da Lei das Eleições, sem prejuízo das sanções previstas no § 4º da mesma lei (suspensão imediata da conduta vedada, quando for o caso, e sujeição dos responsáveis à multa no valor de cinco a cem mil UFIRs), o candidato beneficiado, agente público ou não, ficaria sujeito à cassação do registro ou do diploma. Tal matéria era alvo de intensa polêmica, sobretudo acerca da obrigatoriedade de aplicação da pena de cassação do registro ou do diploma do candidato, quando praticada a conduta vedada pelo art. 73. Os que negavam a necessidade inexorável de perda

---

[140] SOARES, Adriano. *Instituições de direito eleitoral*. 6. ed. Belo Horizonte: Del Rey, 2006, p. 864.

442

do registro ou do diploma asseveravam que a Lei Eleitoral não determinava que o infrator perdesse, de forma automática, o registro ou o diploma. Haveria a imposição de se valer do juízo de proporcionalidade para perquirir se a imputação de multa já não seria suficiente para punição do ilícito eleitoral. Do outro lado, em maioria, havia os que advogavam que o acinte ao elenco do art. 73 provocava, de maneira irrefutável, a sanção de multa e a perda do registro ou diploma do candidato, em virtude da intenção do legislador de coibir condutas consideradas extremamente degeneradoras ao processo eleitoral[141].

Com o advento da Lei n. 12.034/2009, a redação do parágrafo em comento restou ampliada e a celeuma foi dirimida, estendendo a sanção a todas as condutas vedadas do art. 73, afirmando, em termos claros, que, nos casos de descumprimento do disposto nos incisos do *caput* e no § 10, sem prejuízo do disposto no § 4º, o candidato beneficiado, agente público ou não, ficará sujeito ao cancelamento do registro, à cassação da diplomação ou à perda do mandato, além da declaração de sua inelegibilidade por oito anos, desde que a gravidade seja acintosa para proporcionar essa punição. Na mesma possibilidade de cassação do registro ou do diploma incorre quem, no ano em que se realizar a eleição, distribuir gratuitamente bens, valores ou benefícios por parte da Administração Pública, exceto nos casos de calamidade pública, estado de emergência ou programas sociais autorizados em lei e já em execução orçamentária no exercício anterior (art. 73, § 10, da Lei n. 9.504/97).

Por outro lado, no julgamento do Recurso Ordinário n. 1723-65, o Plenário do Tribunal Superior Eleitoral, por unanimidade, pacificou a orientação de que a multa por conduta vedada alcançará os

---

[141] "RECURSO ORDINÁRIO. CONDUTA VEDADA A AGENTE PÚBLICO. ELEIÇÕES 2006. PROPAGANDA POLÍTICA EM IMÓVEL PÚBLICO. OCORRÊNCIA. POTENCIALIDADE. INEXIGIBILIDADE EM RAZÃO DE PRESUNÇÃO LEGAL. PROPORCIONALIDADE NA SANÇÃO. MULTA NO VALOR MÍNIMO. 1. Uso em benefício de candidato de imóvel pertencente à administração indireta da União. 2. Inexigível a demonstração de potencialidade lesiva da conduta vedada, em razão de presunção legal. 3. Juízo de proporcionalidade na aplicação da sanção. 4. Recurso ordinário a que se dá provimento para aplicar multa no mínimo legal" (RO 2.232/AM, Rel. Min. Ricardo Lewandowski, *DJe* 11-12-2009).

candidatos beneficiados, ainda que estes não sejam responsáveis diretamente pela conduta, com base na previsão §§ 5º e 8º do art. 73 da Lei n. 9.504/97[142].

O art. 73, § 10, da Lei n. 9.504/97, faz menção à incumbência do Ministério Público em promover o acompanhamento da execução financeira e administrativa dos benefícios citados, sem detalhar quais dos órgãos do *Parquet* deverá realizá-la, mesmo sendo essa função atribuição dos promotores eleitorais. Propugna-se que essa tarefa deva ser realizada pelos membros do Ministério Público que tenham exercício na Justiça Eleitoral, dentro de sua esfera de competência.

O prazo para a apuração das condutas vedadas pelo art. 73 da Lei Eleitoral é até a data da diplomação (§ 12 do art. 73 da LE). A Lei n. 12.034/2009 acrescentou esse dispositivo para dirimir, de uma vez por todas, as controvérsias existentes acerca do prazo para a apuração das condutas vedadas. Uma grande vantagem dessa alteração foi acabar com lacunas que antes ficavam ao livre-alvedrio de decisões judiciais, várias delas totalmente antagônicas, o que fragilizava a segurança jurídica. O ponto enfocado supraperfila-se dentro desse diapasão.

Os acintes contra as condutas vedadas, estabelecidas pelo art. 73 da Lei Eleitoral, necessariamente terão que observar o rito seguido no art. 22 da Lei Complementar n. 64/90 (art. 73, § 12, da Lei n. 9.504/97). Conforme o art. 22, *caput*, da Lei Complementar n. 64/90, qualquer partido político, coligação, candidato ou Ministério Público Eleitoral poderá representar à Justiça Eleitoral, diretamente ao Corregedor-Geral ou Regional ou ao promotor eleitoral, relatando fatos e indicando provas, indícios e circunstâncias e pedir abertura de investigação judicial para apurar uso indevido, desvio ou abuso do poder econômico ou do poder de autoridade, ou utilização indevida de veículos ou meios de comunicação social, em benefício de candidato ou de partido político.

Assim, o juiz eleitoral ou o relator, ao despachar a inicial, adotará as seguintes providências:

a) ordenará que se notifique o representado do conteúdo da petição, entregando-lhe a segunda via apresentada pelo representante com

---

[142] RO n. 1723-65, Brasília/DF, Rel. Min. Admar Gonzaga, j. 7-12-2017.

as cópias dos documentos, a fim de que, no prazo de cinco dias, ofereça ampla defesa, juntada de documentos e rol de testemunhas, se cabível;

b) determinará que se suspenda o ato que deu motivo à representação, quando for relevante o fundamento e do ato impugnado puder resultar a ineficiência da medida, caso seja julgada procedente;

c) indeferirá desde logo a inicial, quando não for caso de representação ou lhe faltar algum requisito desta Lei Complementar.

Se o juiz ou o relator indeferir a reclamação ou representação, ou lhe retardar a solução, o interessado poderá renová-la perante o tribunal, que resolverá dentro de 24 horas.

O interessado, quando não for atendido ou ocorrer demora, poderá ainda levar o fato ao conhecimento do Tribunal Superior Eleitoral, a fim de que sejam tomadas as providências necessárias.

Feita a notificação, a Secretaria do tribunal juntará aos autos cópia autêntica do ofício endereçado ao representado, bem como a prova da entrega ou da sua recusa em aceitá-la ou dar recibo.

Com término do prazo da notificação, com ou sem a defesa, abrir-se-á prazo de cinco dias para a inquirição, em uma só assentada, de testemunhas arroladas pelo representante e pelo representado, até o máximo de seis para cada um, que deverão comparecer independentemente de intimação.

O juiz ou o relator procederá a todas as diligências que determinar, *ex officio* ou a requerimento das partes, nos três dias que seguem. Nesse lapso temporal, poderá ouvir terceiros, referidos pelas partes, ou testemunhas, como conhecedores dos fatos e circunstâncias que possam influir na decisão do feito. Ainda dentro do referido prazo de três dias, quando qualquer documento necessário à formação da prova se achar em poder de terceiro, inclusive estabelecimento de crédito, oficial ou privado, o juiz ou relator poderá ordenar o respectivo depósito ou requisitar cópias.

Se o terceiro, sem justa causa, não exibir o documento, ou não comparecer a juízo, sobre a determinação referida acima, o juiz poderá expedir contra ele mandado de prisão e instaurar processo por crime de desobediência.

Quando se encerrar o prazo de dilação probatória, as partes, inclusive o Ministério Público, poderão apresentar alegações no prazo comum de dois dias.

Terminado o prazo para alegações, os autos serão conclusos ao juiz ou relator, no dia imediato, para a apresentação de relatório conclusivo sobre o que houver sido apurado.

Os autos da representação juntamente com o relatório do Corregedor (que será assentado em três dias) serão encaminhados ao tribunal competente, no dia imediato, com pedido de inclusão incontinente do feito em pauta, para julgamento na primeira sessão seguinte.

No tribunal competente, o Procurador-Geral ou Regional Eleitoral terá prazo de 48 horas para vista dos autos, para se pronunciar sobre as imputações e conclusões do Relatório.

Se for julgada procedente a representação, o tribunal declarará a inelegibilidade do representado e também daqueles que contribuíram para a prática do ato, cominando-lhes sanção de inelegibilidade para as eleições a se realizarem nos oito anos seguintes à eleição em que se verificou, além da cassação do registro do candidato diretamente beneficiado, determinando, ainda, a remessa dos autos ao Ministério Público Eleitoral, para instauração de processo disciplinar, se for o caso, e processo-crime, ordenando quaisquer outras providências que a espécie comportar.

Mesmo que o representante interponha recurso contra a diplomação, o Ministério Público não fica impedido de atuar no mesmo sentido.

Anteriormente, alguns doutrinadores afirmavam que o procedimento seria o estabelecido no art. 96 da Lei Eleitoral. O problema da utilização desse procedimento é que se trata de uma modulação de atos processuais bastante céleres, sem abrir espaço suficiente para a ampla defesa, não obstante a sanção especificada seja a cassação do registro ou do diploma. Impossível que o rito descrito no mencionado art. 96 possa resultar em perda do registro ou do diploma ou acarretar inelegibilidade, porque não oferece oportunidade suficiente para produção probatória nem para uma defesa consistente do representado.

O prazo recursal das decisões proferidas com relação às condutas vedadas é de três dias, a contar da data de publicação do julgamento no *Diário Oficial* (art. 73, § 13, da Lei n. 9.504/97).

O ressarcimento das despesas ocasionadas ao erário público pelas condutas vedadas não elide a responsabilidade eleitoral e civil, não importando se é feita anteriormente à impetração de ação de investigação judicial eleitoral[143].

Para efeito dos impedimentos supraprevistos, reputa-se agente público quem exerce, ainda que de forma transitória ou sem remuneração, por eleição, designação, contratação ou qualquer outra forma de investidura ou vínculo, mandato, cargo, emprego ou função nos órgãos ou nas entidades da administração pública direta, indireta ou fundacional (§ 1º do art. 73 da LE). Essa definição outorgou uma larga abrangência ao conceito de agente público, com a finalidade de atingir todos aqueles que, de alguma maneira, utilizassem recursos públicos em uma das formas descritas no permissivo legal.

As multas serão duplicadas em caso de reincidência (§ 6º do art. 73 da LE). As sanções pecuniárias aqui descritas são destinadas ao fundo partidário, devendo ser excluídos os partidos beneficiados pelos atos que originaram as multas (§ 9º do art. 73 da LE).

O ressarcimento das despesas com o uso de transporte oficial pelo Presidente da República e sua comitiva em campanha eleitoral será de responsabilidade do partido político ou coligação a que esteja vinculado (art. 76 da LE). Os partidos políticos, coligações e candidatos que se beneficiem das condutas vedadas acima podem ser punidos com multa. O mesmo se aplica ao transporte oficial dos governadores, prefeitos e seus respectivos vices.

Essas sanções atingem os agentes públicos envolvidos nas condutas impedidas, englobando ainda os partidos, coligações ou candidatos beneficiados.

Suscite-se que, para o Tribunal Superior Eleitoral, a atestação das condutas vedadas aos agentes públicos ocorre com a mera prática de uma das hipóteses mencionadas no art. 73 da Lei n. 9.504/97, independentemente da potencialidade de influenciar o resultado do pleito, já que aqui há presunção legal de que a prática dessas condutas tende a afetar a igualdade de oportunidades entre candidatos nos pleitos eleitorais, não obstante o grau de sua repercussão[144]. Outrossim, a comprova-

---

[143] Respe n. 25.770/RS, Rel. Min. Antonio Cezar Peluso.
[144] Recurso em Representação 425.109, Ac. de 21-3-2012, Rel. Min. Fátima Nancy Andrighi, *DJe* 25-4-2012, t. 077, p. 14-15.

ção da prática das condutas do art. 73 da LE não pode se lastrear em meras presunções quanto ao encadeamento dos fatos impugnados e ao benefício eleitoral auferido pelos candidatos[145].

13.7. IMPROBIDADE ADMINISTRATIVA

A palavra "improbidade" vem do latim, improbitas, que significa a má qualidade de alguma coisa. Ela consiste na atuação desonesta do agente público ou do particular no desempenho de sua função com a Administração Pública. Ou seja, pressupõe uma conduta em detrimento de valores juridicamente tutelados pelo ordenamento jurídico. Sendo assim, qualquer ato que propicie o enriquecimento ilícito, cause prejuízo ao erário ou atente contra os princípios da Administração Pública tipifica-se como um acinte à condução proba da coisa pública.

Diante disso, nota-se a preocupação do legislador constituinte com a ética na Administração Pública e o combate à corrupção, ao incluir o princípio da moralidade administrativa na CF/88. Nesse caso, exige-se a honestidade, observância das regras da boa administração, atendimento ao interesse da população e a boa-fé para que haja a devida condução da coisa pública. Importante ressaltar que até o ano de 1988, o objeto tutelado era tão somente o enriquecimento ilícito do agente, como se pode notar nas Constituições de 1946 e 1967. Depois de 1988 é que a probidade administrativa passou a ser devidamente agasalhada pelo texto constitucional.

Posteriormente, por meio da Lei n. 8.429, de 2 de junho de 1992, conhecida como a Lei do Colarinho Branco, o ordenamento jurídico passou a dar devida atenção à improbidade administrativa, definindo-a e descrevendo suas condutas vedadas, bem como o delineamento de suas sanções.

A Lei n. 8.429/92 possui âmbito nacional, sendo obrigatória para todas as esferas de governo, definindo os sujeitos ativos, atos de improbidade, penas cabíveis, norma sobre o direito de representação, previsão de ilícito penal e estabelecimento de normas sobre prescrição para a propositura de ação judicial.

---

[145] Respe n. 302-98, Laranjal do Jarí/AP, Rel. Min. Luiz Fux, em 1º-12-2015.

De acordo com a lei supramencionada, os atos de improbidade administrativa subdividem-se em três modalidades: a) os que importam enriquecimento ilícito; b) os que causam prejuízo ao erário; c) os que atentam contra os princípios da Administração Pública.

O primeiro caso, as improbidades de enriquecimento ilícito compreendem as condutas previstas no art. 9º da Lei n. 8.429/92[146]. O men-

---

[146] São elas: "I – receber, para si ou para outrem, dinheiro, bem móvel ou imóvel, ou qualquer outra vantagem econômica, direta ou indireta, a título de comissão, percentagem, gratificação ou presente de quem tenha interesse, direto ou indireto, que possa ser atingido ou amparado por ação ou omissão decorrente das atribuições do agente público; II – perceber vantagem econômica, direta ou indireta, para facilitar a aquisição, permuta ou locação de bem móvel ou imóvel, ou a contratação de serviços pelas entidades referidas no art. 1º por preço superior ao valor de mercado; III – perceber vantagem econômica, direta ou indireta, para facilitar a alienação, permuta ou locação de bem público ou o fornecimento de serviço por ente estatal por preço inferior ao valor de mercado; IV – utilizar, em obra ou serviço particular, qualquer bem móvel, de propriedade ou à disposição de qualquer das entidades referidas no art. 1º desta Lei, bem como o trabalho de servidores, de empregados ou de terceiros contratados por essas entidades; V – receber vantagem econômica de qualquer natureza, direta ou indireta, para tolerar a exploração ou a prática de jogos de azar, de lenocínio, de narcotráfico, de contrabando, de usura ou de qualquer outra atividade ilícita, ou aceitar promessa de tal vantagem; VI – receber vantagem econômica de qualquer natureza, direta ou indireta, para fazer declaração falsa sobre qualquer dado técnico que envolva obras públicas ou qualquer outro serviço ou sobre quantidade, peso, medida, qualidade ou característica de mercadorias ou bens fornecidos a qualquer das entidades referidas no art. 1º desta Lei; VII – adquirir, para si ou para outrem, no exercício de mandato, de cargo, de emprego ou de função pública, e em razão deles, bens de qualquer natureza, decorrentes dos atos descritos no *caput* deste artigo, cujo valor seja desproporcional à evolução do patrimônio ou à renda do agente público, assegurada a demonstração pelo agente da licitude da origem dessa evolução; VIII – aceitar emprego, comissão ou exercer atividade de consultoria ou assessoramento para pessoa física ou jurídica que tenha interesse suscetível de ser atingido ou amparado por ação ou omissão decorrente das atribuições do agente público, durante a atividade; IX – perceber vantagem econômica para intermediar a liberação ou aplicação de verba pública de qualquer natureza; X – receber vantagem econômica de qualquer natureza, direta ou indiretamente, para omitir ato de ofício, providência ou declaração a que esteja obrigado; XI – incorporar, por qualquer forma, ao seu patrimônio bens, rendas, verbas ou valores integrantes do acervo patrimo-

cionado artigo tipificou o ato ímprobo de enriquecimento ilícito, mediante uma tipificação exemplificativa, mas que precisa necessariamente de enquadramento legal. Trata-se de ação que, mediante dolo, implica o auferimento de vantagem patrimonial indevida através do exercício de cargo, mandato, função, emprego ou de atividade na Administração direta, indireta ou fundacional, de qualquer dos Poderes dos entes federativos, bem como nas entidades que possuam patrimônio público. Esse enriquecimento terá de ser comprovado diante de dados fáticos e efetivos sem a permissividade para silogismos ou ilações que não podem ser comprovadas nos autos. Outrossim, resguarda-se a responsabilidade penal do agente quando a conduta também se adequar a tipo penal, nos termos do art. 37, §4º, da CF/88.

As sanções pelas práticas de improbidade da qual resulte enriquecimento ilícito serão perda dos bens ou valores acrescidos ilicitamente ao patrimônio, perda da função pública, suspensão dos direitos políticos até 14 anos, pagamento de multa civil equivalente ao valor do acréscimo patrimonial e proibição de contratar com o Poder Público ou de receber benefícios ou incentivos fiscais ou creditícios, direta ou indiretamente, ainda que por intermédio de pessoa jurídica da qual seja sócio majoritário, pelo prazo não superior a 14 anos. Já os casos que causam prejuízo ao erário encontram-se tipificados no art. 10 da Lei n. 8.429/92[147].

---

nial das entidades mencionadas no art. 1º desta lei; XII – usar, em proveito próprio, bens, rendas, verbas ou valores integrantes do acervo patrimonial das entidades mencionadas no art. 1º desta lei".

[147] São eles: "I – facilitar ou concorrer, por qualquer forma, para a indevida incorporação ao patrimônio particular, de pessoa física ou jurídica, de bens, de rendas, de verbas ou de valores integrantes do acervo patrimonial das entidades referidas no art. 1º desta Lei; II – permitir ou concorrer para que pessoa física ou jurídica privada utilize bens, rendas, verbas ou valores integrantes do acervo patrimonial das entidades mencionadas no art. 1º desta lei, sem a observância das formalidades legais ou regulamentares aplicáveis à espécie; III – doar à pessoa física ou jurídica bem como ao ente despersonalizado, ainda que de fins educativos ou assistenciais, bens, rendas, verbas ou valores do patrimônio de qualquer das entidades mencionadas no art. 1º desta lei, sem observância das formalidades legais e regulamentares aplicáveis à espécie; IV – permitir ou facilitar a alienação, permuta ou locação de bem integrante do patrimônio de qual-

quer das entidades referidas no art. 1º desta lei, ou ainda a prestação de serviço por parte delas, por preço inferior ao de mercado; V – permitir ou facilitar a aquisição, permuta ou locação de bem ou serviço por preço superior ao de mercado; VI – realizar operação financeira sem observância das normas legais e regulamentares ou aceitar garantia insuficiente ou inidônea; VII – conceder benefício administrativo ou fiscal sem a observância das formalidades legais ou regulamentares aplicáveis à espécie; VIII – frustrar a licitude de processo licitatório ou de processo seletivo para celebração de parcerias com entidades sem fins lucrativos, ou dispensá-los indevidamente, acarretando perda patrimonial efetiva; IX – ordenar ou permitir a realização de despesas não autorizadas em lei ou regulamento; X – agir ilicitamente na arrecadação de tributo ou de renda, bem como no que diz respeito à conservação do patrimônio público; XI – liberar verba pública sem a estrita observância das normas pertinentes ou influir de qualquer forma para a sua aplicação irregular; XII – permitir, facilitar ou concorrer para que terceiro se enriqueça ilicitamente; XIII – permitir que se utilize, em obra ou serviço particular, veículos, máquinas, equipamentos ou material de qualquer natureza, de propriedade ou à disposição de qualquer das entidades mencionadas no art. 1º desta lei, bem como o trabalho de servidor público, empregados ou terceiros contratados por essas entidades; XIV – celebrar contrato ou outro instrumento que tenha por objeto a prestação de serviços públicos por meio da gestão associada sem observar as formalidades previstas na lei; XV – celebrar contrato de rateio de consórcio público sem suficiente e prévia dotação orçamentária, ou sem observar as formalidades previstas na lei; XVI – facilitar ou concorrer, por qualquer forma, para a incorporação, ao patrimônio particular de pessoa física ou jurídica, de bens, rendas, verbas ou valores públicos transferidos pela Administração Pública a entidades privadas mediante celebração de parcerias, sem a observância das formalidades legais ou regulamentares aplicáveis à espécie; XVII – permitir ou concorrer para que pessoa física ou jurídica privada utilize bens, rendas, verbas ou valores públicos transferidos pela Administração Pública a entidade privada mediante celebração de parcerias, sem a observância das formalidades legais ou regulamentares aplicáveis à espécie; XVIII – celebrar parcerias da Administração Pública com entidades privadas sem a observância das formalidades legais ou regulamentares aplicáveis à espécie; XIX – agir para a configuração de ilícito na celebração, na fiscalização e na análise das prestações de contas de parcerias firmadas pela administração pública com entidades privadas; XX – liberar recursos de parcerias firmadas pela administração pública com entidades privadas sem a estrita observância das normas pertinentes ou influir de qualquer forma para a sua aplicação irregular; XX – liberar recursos de parcerias firmadas pela administração pública com entidades privadas sem a estrita observância das normas pertinentes ou influir de qualquer forma para a sua aplicação irregular".

Ressalta-se que a perda da função pública, nas hipóteses de violação aos arts. 9º e 10, atinge apenas o vínculo de mesma qualidade e natureza que o agente público ou político detinha com o Poder Público na época do cometimento da infração, podendo o magistrado, apenas no caso de incidência do art. 9º, e em caráter excepcional, estendê-la aos demais vínculos, consideradas as circunstâncias do caso e a gravidade da infração.

O *caput* do art. 10 da Lei n. 8.429/92, com redação conferida pela Lei n. 14.230/2021, delimita o conceito de ato ímprobo que cause prejuízo ao erário. Seguido de rol exemplificativo de atos lesivos ao patrimônio público, resta tipificada a ação ou omissão que, dolosamente, enseje a perda patrimonial, o desvio, a apropriação, o malbaratamento ou a dilapidação dos bens e haveres públicos, condutas cumuladas com, ao menos, uma das hipóteses previstas no rol de incisos que elenca. Resguardando-se, também, a responsabilidade penal do agente, quando adequado ao respetivo tipo, nos termos do art. 37, §4º, da CF/88.

Já as sanções decorrentes da prática de alguma das hipóteses do art. 10 da lei supracitada serão perda dos bens ou valores acrescidos ilicitamente ao patrimônio, se concorrer esta circunstância, perda da função pública, suspensão dos direitos políticos até 12 anos, pagamento de multa civil equivalente ao valor do dano e proibição de contratar com o Poder Público ou de receber benefícios ou incentivos fiscais ou creditícios, direta ou indiretamente, ainda que por intermédio de pessoa jurídica da qual seja sócio majoritário, pelo prazo não superior a 12 anos. A Lei Complementar n. 157/2016 havia trazido uma nova tipificação para o art. 10 da Lei de Improbidade, que tratava dos casos de dano ao erário, com a inclusão do art. 10-A, permitindo sua incidência em improbidades decorrentes de concessão ou aplicação indevida de benefício financeiro ou tributário em relação ao ISS. No entanto, com o advento da Lei n. 14.230/2021, o referido artigo foi revogado. Porém, a vedação foi mantida através da inclusão do inciso X ao art. 10 do referido diploma legal, passando a figurar como uma das hipóteses de ato de improbidade administrativa que causa lesão ao erário[148].

---

[148] "Art. 10. (...) XXII – conceder, aplicar ou manter benefício financeiro ou tributário contrário ao que dispõem o *caput* e o §1º do art. 8º-A da Lei Complementar n. 116, de 31 de julho de 2003".

A tipificação introduzida na Lei de Improbidade traz como *fattispecie* a ação ou omissão para a concessão, aplicação ou manutenção de benefício financeiro ou tributário contrário ao que dispõe a regulamentação sobre o imposto sobre serviços de qualquer natureza, precipuamente, o conteúdo previsto no *caput* e no §1º do art. 8º-A, da LC n. 116/2003, que dispõe sobre o Imposto Sobre Serviços de Qualquer Natureza[149].

Por último, o art. 11 da referida lei trata das causas de improbidade por ofensa aos princípios da Administração Pública, que decorre de qualquer ação ou omissão dolosa que deturpe os princípios da honestidade, imparcialidade, legalidade, e lealdade às instituições[150]. O art. 11

---

[149] "Art. 8º-A. A alíquota mínima do Imposto sobre Serviços de Qualquer Natureza é de 2% (dois por cento). §1º O imposto não será objeto de concessão de isenções, incentivos ou benefícios tributários ou financeiros, inclusive de redução de base de cálculo ou de crédito presumido ou outorgado, ou sob qualquer outra forma que resulte, direta ou indiretamente, em carga tributária menor que a decorrente da aplicação da alíquota mínima estabelecida no *caput*, exceto para os serviços a que se referem os subitens 7.02, 7.05 e 16.01 da lista anexa a esta Lei Complementar".

[150] São elas: "III – revelar fato ou circunstância de que tem ciência em razão das atribuições e que deva permanecer em segredo, propiciando beneficiamento por informação privilegiada ou colocando em risco a segurança da sociedade e do Estado; IV – negar publicidade aos atos oficiais, exceto em razão de sua imprescindibilidade para a segurança da sociedade e do Estado ou de outras hipóteses instituídas em lei; V – frustrar, em ofensa à imparcialidade, o caráter concorrencial de concurso público, de chamamento ou de procedimento licitatório, com vistas à obtenção de benefício próprio, direto ou indireto, ou de terceiros; VI – deixar de prestar contas quando esteja obrigado a fazê-lo, desde que disponha das condições para isso, com vistas a ocultar irregularidades; VII – revelar ou permitir que chegue ao conhecimento de terceiro, antes da respectiva divulgação oficial, teor de medida política ou econômica capaz de afetar o preço de mercadoria, bem ou serviço; VIII – descumprir as normas relativas à celebração, fiscalização e aprovação de contas de parcerias firmadas pela Administração Pública com entidades privadas; XI – nomear cônjuge, companheiro ou parente em linha reta, colateral ou por afinidade, até o terceiro grau, inclusive, da autoridade nomeante ou de servidor da mesma pessoa jurídica investido em cargo de direção, chefia ou assessoramento, para o exercício de cargo em comissão ou de confiança ou, ainda, de função gratificada na administração pública direta e indireta em qualquer dos Poderes da União, dos Estados, do Distrito Federal e dos Municípios, compreendido o ajuste mediante designações recí-

da Lei n. 8.429/92 exige, à constituição de ato de improbidade administrativa em espécie, a concomitância de ação ou omissão dolosa que viole os deveres de honestidade, imparcialidade, legalidade, e lealdade às instituições, enquadrando-se em ao menos uma das hipóteses dos incisos elencados acima.

As sanções pela violação dos princípios da Administração Pública serão o pagamento de multa civil de até vinte e quatro vezes o valor da remuneração percebida pelo agente e proibição de contratar com o Poder Público ou de receber benefícios ou incentivos fiscais ou creditícios, direta ou indiretamente, ainda que por intermédio de pessoa jurídica da qual seja sócio majoritário, pelo prazo não superior a 4 (quatro) anos. Diante da nova redação da Lei n. 8.429/92, para os casos de atos de improbidade administrativa que atentam contra os princípios da Administração Pública, não há previsão de perda de função pública no rol das sanções cabíveis.

O ato de improbidade capaz de autorizar a incidência da causa de inelegibilidade do art. 1º, I, *l*, da Lei Complementar n. 64/90, deve caracterizar-se por conduta do candidato de "auferir qualquer tipo de vantagem patrimonial indevida", para a prática de ato que cause "perda patrimonial, desvio, apropriação ou dilapidação dos bens ou haveres" do erário e enriquecimento ilícito. No entanto, caso determinado candidato seja condenado por ato de improbidade que importe apenas violação aos princípios da Administração Pública, não incidirá a inelegibilidade do art. 1º, I, *l*, da Lei Complementar n. 64/90[151]. Saliente-se ainda que à caracterização da inelegibilidade prevista na alínea *l* do art. 1º, I, da Lei Complementar n. 64/90, é essencial a presença concomitante do dano ao patrimônio público e do enriquecimento

---

procas; XII – praticar, no âmbito da administração pública e com recursos do erário, ato de publicidade que contrarie o disposto no §1º do art. 37 da Constituição Federal, de forma a promover inequívoco enaltecimento do agente público e personalização de atos, de programas, de obras, de serviços ou de campanhas dos órgãos públicos".

[151] "As condenações por ato doloso de improbidade administrativa fundadas apenas no art. 11 da Lei n. 8.429/92 não são aptas à caracterização da causa de inelegibilidade prevista nesta alínea" (Ac. TSE, de 1º-10-2014, no RO n. 180908 e, de 6-12-2012, no AgR-Respe n. 6710). AgR em RO n. 381.187, Ac. de 15-12-2010, Rel. Min. Aldir Guimarães Passarinho Junior, PSESS, 15-12-2010.

ilícito, em sua modalidade dolosa[152]. Destarte, além da exigência legal imperiosa do dano ao patrimônio público e do enriquecimento ilícito, exige-se ainda, para a cominação da inelegibilidade, a atestação do dolo, no sentido da vontade livre e consciente de cometer o ato[153].

O provimento judicial que suspende os efeitos de decisão proferida por órgão judicial colegiado, condenando à suspensão dos direitos políticos por ato de improbidade administrativa com prejuízo ao erário, tem o condão de afastar a inelegibilidade, a teor do art. 11, §10, da Lei n. 9.504/97[154].

---

[152] A incidência da cláusula de inelegibilidade prevista no art. 1º, I, l, da LC n. 64/90 exige a presença concomitante dos seguintes requisitos: (i) condenação à suspensão dos direitos políticos; (ii) decisão transitada em julgado ou proferida por órgão judicial colegiado; (iii) ato doloso de improbidade administrativa; e (iv) concomitância de lesão ao patrimônio público e enriquecimento ilícito (RespEl n. 060030689. Rel. Min. Tarcisio Vieira de Carvalho Neto. *DJe*, Tomo 68, 16-4-2021, p. 0).

[153] "Em caso de dúvida razoável sobre a configuração do dolo na conduta do agente público, deve prevalecer o direito fundamental à elegibilidade. Precedentes" (RO n. 0600184-89/MA, Rel. Min. Tarcisio Vieira de Carvalho Neto, PSESS de 29-11-2018).

[154] AgR em RO n. 259.409, Ac. de 1º-2-2011, Rel. Min. Hamilton Carvalhido, *DJe*, Tomo 030, 11-2-2011, p. 68-69.

14 FINANCIAMENTO DE CAMPANHA E PRESTAÇÃO DE CONTAS

14.1. FINANCIAMENTO DE CAMPANHA

O financiamento de campanha se configura um tema candente na maioria dos regimes democráticos, consistindo no debate de quais são as fontes financeiras possíveis de suportar os gastos dos pleitos eleitorais. Os custos de uma campanha são deveras altos, e aumentam com a elevação do número de eleitores. A supressão da possibilidade de financiamento por parte de pessoas jurídicas, que perdurou até 2015, não expurgou a questão do empoderamento do poder econômico nas decisões políticas, pois acarreta o direcionamento de substanciais valores monetários para o caixa dois, suprimindo uma discussão mais profunda sobre a matéria[1].

A utilização do fundo partidário e do fundo especial de financiamento de campanha, em que se constituírem receitas para o financiamento eleitoral e partidário não suprem as necessidades básicas de manutenção financeira dos partidos e muito menos possibilitam suportar integralmente os gastos de campanha. Setores da sociedade clamam para o financiamento estatal das eleições, enquanto outros afirmam que se configura um custo muito alto, havendo outras obrigações prementes para os órgãos estatais se preocuparem. Carece uma discussão séria e profunda sobre o assunto.

Para evitar a influência deletéria das fontes de financiamento das campanhas eleitorais, o legislador instituiu algumas disposições normativas com o escopo de dar maior transparência à sua prestação.

---

[1] AGRA, Walber de Moura. Financiamento de campanha e prestação de contas. In: *Temas Polêmicos do Direito Eleitoral*. Belo Horizonte: Fórum, 2012, p. 75.

As modificações introduzidas pela Lei n. 13.165/2015 foram substanciais, pois foi a primeira eleição sem a possibilidade de doação de pessoas jurídicas. Podem ser mencionadas as alterações relacionadas à extinção do comitê financeiro, a proibição de doações ocultas, a possibilidade do candidato financiar com recursos próprios até o limite máximo de gastos permitidos, dentre outras. Por outro lado, as alterações realizadas pela Lei n. 13.488/2017 podem ser sintetizadas nos seguintes pontos: criação do fundo especial de financiamento de campanha; possibilidade de impulsionamento de propaganda nas redes sociais; instituição e regulamentação do *crowdfunding*.

O controle dos recursos e gastos nas Eleições fica na incumbência dos candidatos, seja diretamente ou intermediado por terceiro designado, conforme atualização do art. 20 da Lei n. 9.504/97. Por força do art. 21 da Lei n. 9.504/97, a responsabilidade pela veracidade das informações financeiras e contábeis da campanha é solidária entre o candidato e a pessoa designada à administração financeira.

Saliente-se que a arrecadação de recursos financeiros e a realização de despesas necessárias estão condicionadas à existência de inscrição do candidato no Cadastro Nacional da Pessoa Jurídica – CNPJ, por força do art. 22-A da Lei n. 9.504/97, sendo autorizadas após o recebimento do pedido de registro, fornecido o número pela Justiça Eleitoral em três dias úteis, somando-se ao procedimento bancário a ser realizado.

14.1.1. Doações e contribuições à campanha eleitoral

Pessoas físicas podem fazer doações em dinheiro ou estimáveis em dinheiro para campanhas eleitorais, obedecendo ao disposto na Lei n. 9.504/97 (art. 23, *caput*). Com o recebimento do número do CNPJ da campanha e aberta a conta bancária, os candidatos, partidos ou coligações já podem receber doações para a campanha eleitoral iniciada. A exceção é o *crowdfunding*, ou financiamento coletivo, que pode ser iniciado a partir do dia 15 de maio mas a liberação de recursos por parte das entidades arrecadadoras fica condicionada ao registro da candidatura, e a realização de despesas de campanha deverá observar o calendário eleitoral. Se o registro da candidatura não for efetivado as entidades arrecadadoras deverão devolver os valores arrecadados aos doadores.

As doações estimáveis em dinheiro a candidato específico ou partido deverão ser feitas mediante recibo, assinado pelo doador (art.

23, § 2º, da Lei n. 9.504/97, com a redação conferida pela Lei n. 12.891/2013). Excluem-se da regra da necessidade de registro na prestação de contas três hipóteses: a cessão de bens imóveis, limitada ao valor de quatro mil reais por pessoa cedente; e as doações estimáveis em dinheiro entre candidatos ou partidos, decorrentes do uso comum tanto de sedes quanto de materiais de propaganda eleitoral, cujo gasto deverá ser registrado na prestação de contas do responsável pelo pagamento da despesa e a cessão de automóvel de propriedade do candidato, do cônjuge e de seus parentes até o terceiro grau para seu uso pessoal durante a campanha.

As doações de recursos financeiros, dentre outras possibilidades, também poderão ser feitas por meio de mecanismo disponível em *site* do candidato, partido ou coligação na internet, permitindo, inclusive, o uso de cartão de crédito, e que deverá atender aos seguintes requisitos: a) identificação do doador; b) emissão obrigatória de recibo eleitoral para cada doação realizada (art. 23, § 4º, III, da Lei n. 9.504/97). O art. 23, § 9º, acrescentado pela Lei n. 13.488, de 2017, possibilitou que as instituições financeiras e de pagamento não poderão recusar a utilização de cartões de débito e de crédito como meio de doações eleitorais de pessoas físicas.

Sendo assim, as doações podem ser realizadas por pessoas físicas mediante: (i) transação bancária na qual o CPF do doador seja obrigatoriamente identificado; (ii) doação ou cessão temporária de bens e /ou serviços estimáveis em dinheiro, com a demonstração de que o doador é proprietário do bem ou é o responsável direto pela prestação de serviços; (iii) instituições que promovam técnicas e serviços de financiamento coletivo por meio de sítios da internet, aplicativos eletrônicos e outros recursos similares, conforme o art. 21 da Resolução TSE n. 23.607/2019.

A possibilidade de contribuição por intermédio de cartão de crédito e débito significou um avanço na legislação eleitoralista, já que permite que a cidadania possa contribuir de forma rápida e desburocratizada para um candidato de sua preferência. Pena que não há tradição na realidade brasileira de as pessoas físicas contribuírem para as campanhas eleitorais.

Ainda, restou consignado que as doações por meio de cartão de crédito ou cartão de débito somente serão admitidas quando realizadas pelo titular do cartão (art. 26, § 1º, da Resolução n. 23.607/2019, do TSE).

Na hipótese de doações realizadas por meio de mecanismo disponível em sítio do candidato, partido ou coligação na internet ou ainda por instituições que promovam técnicas e serviços de financiamento coletivo por meio de sítios na internet, aplicativos eletrônicos e outros recursos similares, se houver fraudes ou erros cometidos pelo doador sem conhecimento dos candidatos, partidos ou coligações não ensejarão a responsabilidade destes nem a rejeição de suas contas eleitorais (art. 23, § 6º, da Lei n. 9.504/97).

Essa especificação protege os candidatos e os partidos contra possíveis fraudes praticadas por terceiros, com o intuito de lhes prejudicarem, inclusive provocando a rejeição de suas contas eleitorais. Assim, somente são por elas responsabilizados os doadores que as realizaram. Os candidatos e partidos políticos só são responsabilizados se participaram de alguma forma, ou delas tiveram conhecimento.

A dificuldade colocada é verificar se os candidatos tinham conhecimento da fraude ou ilegalidades cometidas pelos doadores, o que dificultará as sanções devidas contra os acintes praticados à legislação pertinente. Esse tópico específico exige regulamentação que possa permitir que os candidatos, partidos e coligações não sejam responsabilizados por condutas ilícitas praticadas exclusivamente pelos doadores, mas também permitir que a Justiça Eleitoral possa coibir os possíveis abusos no financiamento eleitoral.

As doações e contribuições estão limitadas a 10% (dez por cento) dos rendimentos brutos auferidos pelo doador no ano que precede a eleição, por força do § 1º do art. 23 da Lei n. 9.504/97, limite a ser apurado pelo TSE e pela Secretaria da Receita Federal do Brasil anualmente, conforme art. 24-C, não sendo aplicável tal limite nas hipóteses de doação estimável em dinheiro relativas à utilização de bens móveis e imóveis do doador, que não ultrapassem o valor estimado de R$ 40.000,00, conforme § 7º do art. 23 do citado diploma. Essa limitação foi uma tentativa de garantir isonomia de oportunidades no processo eleitoral, evitando os abusos perpetrados pelo poder econômico. Veja-se que há entendimentos no sentido de que a pessoa física isenta de declarar imposto de renda deve ter o percentual de doação calcula-

459

do com base no limite de rendimentos estipulados para a isenção[2]. No entanto, ao acrescentar essa permissão, o legislador cometeu um equívoco, quando se referiu ao valor da doação que não deveria ultrapassar R$ 40.000,00, porque, em verdade, não se trata do instituto jurídico da doação, mas sim de comodato não oneroso, haja vista que se refere ao uso de propriedade móvel ou imóvel do doador, que depois lhe será devolvido.

O Código Civil considera doação o contrato em que uma pessoa, por liberalidade, transfere de seu patrimônio bens ou vantagens para o de outra (art. 538). Assim, a doação se consubstancia em um contrato por meio do qual o doador, em ato espontâneo e de liberalidade (*animus donandi*), transfere, a título gratuito, vantagens e bens que lhes são pertencentes para o patrimônio de outra pessoa, que, em convergência de vontades, aceita-os expressa ou tacitamente.

O contrato de comodato, por sua vez, é o empréstimo gratuito de coisa não fungível, em que o comodatário tem a obrigação de, posteriormente, restituir a coisa que lhe fora entregue (art. 579 do CC). Assim, o proprietário, que é o comodatário, transmite apenas a posse do bem e não a sua propriedade.

Com o advento da Lei n. 13.879/2019, o candidato poderá usar recursos próprios em sua campanha até o total de 10% dos limites previstos para os gastos de campanha no cargo em que concorrer, sendo vedada aplicação indireta desses recursos mediante a utilização de doação a terceiro, com a finalidade de burlar o referido limite legal (art. 23, § 2º-A da Lei n. 9.504/97 e art. 27, §§ 1º e 2º, da Resolução TSE n. 23.607/2019). Ainda, através da inclusão do § 1º-A ao art. 27 da Resolução TSE n. 23.607/2019, realizada pela Resolução n. 23.665/2021, resta previsto que, no caso em tela, acerca da utilização de recursos próprios dos candidatos, os valores serão somados aos recursos próprios do titular para aferição do limite até o total de 10%. Evitou-se, com isso, a concessão de privilégios aos detentores de poder econômico que

---

[2] "A aferição do limite de doação do contribuinte dispensado da apresentação de Declaração de Ajuste Anual do Imposto de Renda deve ser realizada com base no limite de isenção previsto para o exercício financeiro do ano da eleição" (Respe n. 06000028020196160104, Acórdão, Rel. Des. Vitor Roberto Silva, *DJ* 23-6-2020).

podiam financiar suas campanhas sem se preocupar em buscar doações, dando margem ao abuso de poder econômico.

Logo, ficou estabelecido que as doações podem ser realizadas por pessoas físicas, mediante: i) transação bancária na qual o CPF do doador seja obrigatoriamente identificado; ii) doação ou cessão temporária de bens e /ou serviços estimáveis em dinheiro, com a demonstração de que o doador é proprietário do bem ou é o responsável direto pela prestação de serviços; iii) instituições que promovam técnicas e serviços de financiamento coletivo por meio de sítios da internet, aplicativos eletrônicos e outros recursos similares, conforme o art. 21 da Resolução TSE n. 23.607/2019.

No que tange à doação realizada por pessoa jurídica, hipótese autorizada até setembro de 2015, firmou-se na ADI n. 4650, sob a relatoria do Ministro Luiz Fux a inconstitucionalidade da doação de pessoas jurídicas a campanhas eleitorais (Lei n. 9.504/97, art. 23; Lei n. 9.096/95, arts. 38, III; 39, *caput*, e § 5º)[3].

No mesmo sentido está a Resolução n. 23.607/2019, que trouxe como fonte vedada a doação em dinheiro ou estimável em dinheiro, inclusive por meio de publicidade de qualquer espécie, procedente de pessoa jurídica (art. 31, *caput* e inciso I).

---

[3] O Tribunal, por maioria e nos termos do voto do Ministro Relator, julgou procedente em parte o pedido formulado na ação direta para declarar a inconstitucionalidade dos dispositivos legais que autorizavam as contribuições de pessoas jurídicas às campanhas eleitorais, vencidos, em menor extensão, os Ministros Teori Zavascki, Celso de Mello e Gilmar Mendes, que davam interpretação conforme, nos termos do voto ora reajustado do Ministro Teori Zavascki. O Tribunal rejeitou a modulação dos efeitos da declaração de inconstitucionalidade por não ter alcançado o número de votos exigido pelo art. 27 da Lei n. 9.868/99, e, consequentemente, a decisão aplica-se às eleições de 2016 e seguintes, a partir da Sessão de Julgamento, independentemente da publicação do acórdão. Com relação às pessoas físicas, as contribuições ficam reguladas pela lei em vigor. Ausentes, justificadamente, o Ministro Dias Toffoli, participando, na qualidade de Presidente do Tribunal Superior Eleitoral, do Encontro do Conselho Ministerial dos Estados Membros e Sessão Comemorativa do 20º Aniversário do Instituto Internacional para a Democracia e a Assistência Eleitoral (IDEA Internacional), na Suécia, e o Ministro Roberto Barroso, participando do *Global Constitutionalism Seminar* na Universidade de Yale, nos Estados Unidos. Presidiu o julgamento o Ministro Ricardo Lewandowski. Plenário, 17-9-2015.

Há imposição legal no sentido de que todas as doações realizadas para custear campanhas políticas deverão ser acompanhadas de recibos (art. 23, § 2º, da Lei n. 9.504/97). Assim é que toda e qualquer arrecadação de recursos para a campanha eleitoral, financeiros ou estimáveis em dinheiro, só poderá ser efetivada mediante a emissão do recibo eleitoral, incluindo-se os recursos próprios e aqueles arrecadados por meio da internet (art. 7º da Resolução n. 23.607/2019).

Ressalve-se a cessão de bens móveis, limitada ao valor de quatro mil reais por pessoa cedente; as doações estimáveis em dinheiro entre candidatos ou partidos, decorrentes do uso comum tanto de sedes quanto de materiais de propaganda eleitoral, cujo gasto deverá ser registrado na prestação de contas do responsável pelo pagamento da despesa; e a cessão de automóvel de propriedade do candidato, do cônjuge e de seus parentes até o terceiro grau para seu uso pessoal durante a campanha, atos em que a emissão do recibo eleitoral é facultativa (§ 6º do art. 7º da Resolução n. 23.607/2019).

Os candidatos e os partidos políticos deverão imprimir recibos eleitorais diretamente do Sistema de Prestação de Contas Eleitorais (SPCE) (§ 2º do art. 7º da Resolução n. 23.607/2019). O Tribunal Superior Eleitoral cuidou ainda de fixar período determinado para arrecadação das doações, que é até a data das eleições, inclusive no caso de segundo turno (art. 33 da Resolução n. 23.607/2019).

Todavia, permite a arrecadação de recurso após o término das eleições exclusivamente para a quitação de despesas já contraídas e não pagas até o dia da eleição, as quais deverão estar integralmente quitadas até a data da entrega da prestação de contas à Justiça Eleitoral (art. 33, § 1º, da Resolução n. 23.607/2019).

Sob pena de desaprovação das contas, a arrecadação de recursos e a realização de gastos eleitorais por candidatos, inclusive de seus vices e de seus suplentes e partidos políticos, ainda que estimáveis em dinheiro, só poderão ocorrer com a solicitação do registro do candidato, conforme o caso; a inscrição no Cadastro Nacional da Pessoa Jurídica (CNPJ); comprovação de abertura de conta bancária específica para a movimentação financeira de campanha; e a emissão de recibos eleitorais (art. 3º da Resolução n. 23.607/2019).

O Tribunal Superior Eleitoral ostenta consolidado entendimento de que recursos arrecadáveis são aqueles montantes financeiros, ainda que fornecidos pelo próprio candidato, os cheques, as transferências bancárias, os boletos de cobrança com registro, cartões de crédito ou de débito; os títulos de crédito; os bens e serviços estimáveis em dinheiro; e os depósitos em espécie devidamente identificados.

Ainda assim, apesar de se valer de conceito vago quando faz menção a bens e serviços estimáveis em dinheiro, o Tribunal Superior Eleitoral também cuidou de determinar seus significados: se forem fornecidos pelo próprio candidato, apenas o são aqueles integrantes de seu patrimônio, em período anterior ao pedido de registro da candidatura; se forem ofertados por pessoas físicas, essas doações devem constituir produto de seu próprio serviço, de suas atividades econômicas e, no caso dos bens permanentes, deverão integrar o patrimônio do doador.

Imposição salutar ao combate às doações não contabilizadas é a obrigatoriedade para candidato e partido político de abertura de uma conta bancária específica para registrar todo o movimento financeiro da campanha, inclusive dos recursos próprios dos candidatos e dos oriundos da comercialização de produtos e realização de eventos. Ainda é de se ressaltar que, mesmo se um desses sujeitos possuir conta bancária preexistente, esta não poderá ser utilizada para arrecadação de recursos. É necessária efetiva abertura de uma conta bancária nova, que poderá ser feita na Caixa Econômica Federal, no Banco do Brasil ou em outra instituição financeira com carteira comercial reconhecida pelo Banco Central do Brasil (art. 8º, *caput*, da Resolução n. 23.607/2019, do TSE).

Dependendo de quem pretender abrir a conta bancária para arrecadar recursos, há variação do prazo para o cumprimento dessa obrigação. Para o candidato, o prazo é de dez dias, contados da data de concessão das suas inscrições no CNPJ, ainda que não ocorra arrecadação de recursos financeiros. Para os partidos políticos que não abriram a conta bancária "Doações para Campanha" até o dia 15 de agosto de 2018, o prazo é até 15 de agosto do ano eleitoral (art. 8º, § 1º, I e II da Resolução n. 23.607/2019, do TSE).

Com a finalidade de se facilitar a abertura dessas contas, os bancos são obrigados a acatar, no prazo de até três dias, os pedidos de abertura de conta de qualquer candidato escolhido em convenção, sendo-lhes vedado condicioná-la a depósito mínimo e a cobrança de taxas ou a outras despesas de manutenção, bem como identificar, nos extratos bancários das contas específicas para registro do movimento financeiro da campanha, o CPF do doador. Os bancos também são obrigados a encerrar a conta bancária no final do ano da eleição, transferindo a totalidade do saldo existente para a conta bancária do órgão de direção indicado pelo partido e informar o fato à Justiça Eleitoral (art. 22, § 1º, da Lei n. 9.504/97).

Os bancos somente aceitarão, nas contas abertas para uso em campanha, depósitos/créditos de origem identificada pelo nome e pelo respectivo número de inscrição no CPF (art. 12, § 3º, da Resolução n. 23.607/2019). Não poderia ser outra essa determinação. Se a finalidade é combater as doações ocultas, de nada adiantaria abrir contas bancárias e controlá-las se, mesmo assim, pudessem ser feitas doações de pessoas desconhecidas.

Destarte, a sanção imposta para o uso de recursos financeiros para pagamentos de gastos eleitorais, que não provenham dessas contas bancárias específicas, será a desaprovação da prestação de contas do partido político, ou do candidato que assim procedeu e o posterior envio dos autos ao Ministério Público Eleitoral para a propositura da ação cabível. Comprovado abuso de poder econômico, será cancelado o registro da candidatura ou cassado o diploma, se já houver sido outorgado (§ 3º do art. 22 da LE).

Não é despicienda a insistência de se afirmar que essa rejeição apenas poderá ocorrer se o montante monetário, que não tenha tido origem nessas contas bancárias, for significativo, apresentando gravidade para a lisura do processo eleitoral.

Quanto à origem dos recursos arrecadados, deve-se considerar que o Tribunal Superior Eleitoral tratou-a de forma taxativa, pois, do contrário, abrir-se-ia oportunidade para a captação de quantias das mais variadas formas. Numerário provindo de fontes que não sejam as expressamente indicadas é considerado ilícito, devendo sofrer os rigores da lei. Dessa forma, compreende-se que as fontes de financiamento de campanha são *numerus clausus*, não podendo sua elencação ser acrescida por decisões judiciais.

Assim, os recursos destinados às campanhas eleitorais são os dos próprios candidatos; doações, em dinheiro ou estimáveis em dinheiro, de pessoas físicas; doações, por cartão de débito ou de crédito; doações de outros candidatos ou partidos políticos; comercialização de bens e/ou serviços ou promoção de eventos de arrecadação realizados diretamente pelo candidato ou pelo partido político; repasse do partido político, desde que identificada a sua origem e que sejam provenientes do Fundo de Assistência Financeira aos Partidos Políticos; recursos provenientes do *crowdfunding* e repasses oriundos do Fundo Especial de Financiamento de Campanhas (art. 15, I a VI da Resolução n. 23.607/2019).

Esses recursos, para serem aplicados ou distribuídos pelos partidos políticos, em ano eleitoral, devem ter sua origem identificada e escrituração individualizada das doações e contribuições recebidas, na prestação de contas anual, assim como seu registro financeiro na prestação de contas de campanha eleitoral do partido político; bem como observar as normas estatutárias e os critérios definidos pelos respectivos órgãos de direção, que devem ser fixados e encaminhados à Justiça Eleitoral até 15 de agosto de 2022 (art. 18, I e II, da Resolução n. 23.607/2019 do TSE).

Os recursos auferidos nos anos anteriores devem ser identificados nas respectivas contas contábeis nas prestações de contas anuais da agremiação, que devem ser apresentadas até 30 de junho do ano eleitoral (art. 18, § 2º, da Resolução n. 23.607/2019).

Conforme o revogado art. 17-A da LE, cabia à lei ordinária, até o dia 10 de junho do ano eleitoral, fixar os limites de gastos de campanha para os cargos em disputa. Na hipótese de não ser editada lei até a data estabelecida, os partidos políticos, por ocasião do registro de candidatura, informariam os valores máximos de gastos na campanha por cargo eletivo.

Os limites de gastos de campanha passam a ser definidos legalmente e divulgados pelo Tribunal Superior Eleitoral, contabilizando-se nos limites de gastos de cada campanha as despesas efetuadas pelos candidatos e pelos partidos que puderem ser individualizadas (arts. 18 e 18-A da LE).

O descumprimento dos limites de gastos fixados para cada campanha acarretará o pagamento de multa em valor equivalente a 100% (cem por cento) da quantia que ultrapassar o limite estabelecido, sem prejuízo da apuração da ocorrência de abuso do poder econômico, conforme o § 3º do art. 23 da Lei n. 9.504/97.

No que tange ao que compreende os gastos eleitorais, a Lei n. 9.504/97, em seu art. 26, assim como o art. 35 da Resolução TSE n. 23.607/2019, estabelece que são considerados sujeitos a registro e nos limites fixados as seguintes despesas: a confecção de material impresso de qualquer natureza e tamanho; propaganda e publicidade direta ou indireta, por qualquer meio de divulgação destinada a conquistar votos; aluguel de locais para a promoção de atos de campanha eleitoral; despesas com transporte ou deslocamento de candidato e de pessoal a serviço das candidaturas; correspondência e despesas postais; despesas de instalação, organização e funcionamento de comitês de campanha e serviços necessários às eleições; remuneração ou gratificação de qualquer espécie paga a quem preste serviço a candidatos e a partidos políticos; montagem e operação de carros de som, de propaganda e assemelhados; a realização de comícios ou eventos destinados à promoção de candidatura; produção de programas de rádio, televisão ou vídeo, inclusive os destinados à propaganda gratuita; realização de pesquisas ou testes pré-eleitorais; aluguel de bens particulares para veiculação, por qualquer meio, de propaganda eleitoral; custos com a criação e inclusão de sítios na internet e com o impulsionamento de conteúdos contratados diretamente com provedor da aplicação de internet com sede e foro no país, por intermédio de candidato ou seus representantes, partidos ou coligações, impedindo-se o cidadão de contribuir; multas aplicadas aos partidos ou candidatos por infração da legislação eleitoral; e produção de *jingles*, vinhetas e *slogans* para propaganda eleitoral.

É necessário observar que a Lei n. 13.488/2017 acrescentou exceções ao caso das despesas com transporte ou deslocamento de candidato e de pessoal a serviço das candidaturas. Dessa forma, não são consideradas gastos eleitorais nem se sujeitam a prestação de contas as seguintes despesas de natureza pessoal do candidato: a) combustível e manutenção de veículo automotor usado pelo candidato na campanha; b) remuneração, alimentação e hospedagem do condutor do veículo a que se refere a alínea *a* deste parágrafo; c) alimentação e hospedagem própria; d) uso de linhas telefônicas registradas em seu nome como pessoa física, até o limite de três linhas. A reforma política de 2017 também especificou que considera o impulsionamento a priorização paga de conteúdos resultantes de aplicações de busca na internet. Assim como deixa que, no dia da eleição, a publicação na internet de novos conteúdos ou impulsionamento se configura como crime[4].

---

[4] Art. 39 da Lei n. 9.504/97, § 5º: "Constituem crimes, no dia da eleição, puníveis com detenção, de seis meses a um ano, com a alternativa de prestação de

Saliente-se que as contratações de contador e de advogado que prestem serviços às campanhas eleitorais constituem gastos eleitorais que devem ser declarados de acordo com os valores efetivamente pagos, mas serão excluídos do limite de gastos de campanha (§ 3º do art. 35 da Resolução n. 23.607/2019, e art. 26, § 4º, da Lei n. 9.504/97, com redação dada pela Lei n. 13.877/2019). Ressalte-se que os gastos com advogado e contador, referentes a consultoria, assessoria e honorários, relacionados à prestação de serviços em campanhas eleitorais e em favor destas, bem como em processo judicial decorrente de defesa de interesses de candidato ou partido político, não estão sujeitos a limites de gastos ou a limites que possam impor dificuldade ao exercício da ampla defesa (art. 4º, § 5º, da Resolução TSE n. 23.607/2019, e art. 18-A, parágrafo único, da Lei n. 9.504/97).

No mesmo sentido, o pagamento de honorários decorrentes da prestação de serviços advocatícios e de contabilidade, relacionados às campanhas e em favor destas, fica excluído do limite de R$ 1.064,10, para os gastos que qualquer eleitor pode realizar pessoalmente com a finalidade de apoiar candidato de sua preferência (art. 43, § 3º, da Resolução TSE n. 23.607/2019). Ainda nessa esteira, tenha-se que o pagamento efetuado por pessoas físicas para fins de custear honorários de advogado e de profissionais da contabilidade, relacionados à campanha eleitoral, também não será considerado para a aferição do limite de 10% dos rendimentos brutos auferidos pelo doador no ano anterior à eleição (art. 23, §10, da Lei n. 9.504/97).

Os gastos efetuados por candidato ou partido em benefício de outro candidato ou outro partido político constituem doações estimáveis em dinheiro, devendo ser registradas (§ 8º do art. 35 da Resolução n. 23.607/2019).

No entanto, os gastos eleitorais de natureza financeira só poderão ser efetuados por meio de cheque nominal, transferência bancária ou débito em conta, ressalvadas as despesas de pequeno valor. Segundo o

---

serviços à comunidade pelo mesmo período, e multa no valor de cinco mil a quinze mil UFIR: (...) IV – a publicação de novos conteúdos ou o impulsionamento de conteúdos nas aplicações de internet de que trata o art. 57-B desta Lei, podendo ser mantidos em funcionamento as aplicações e os conteúdos publicados anteriormente".

art. 40 da Resolução n. 23.607/2019, consideram-se gastos de pequeno vulto as despesas individuais que não ultrapassem o limite de meio salário-mínimo, sendo vedado o fracionamento de despesa.

Importante salientar que, para o pagamento de gastos de pequeno vulto, o órgão partidário pode constituir reserva em dinheiro (Fundo de Caixa), observando o saldo máximo de 2% (dois por cento) dos gastos contratados, vedada a recomposição. Os recursos destinados à respectiva reserva devem transitar previamente pela conta bancária específica de campanha e o saque para constituição do Fundo de Caixa deve ser realizado mediante cartão de débito ou emissão de cheque nominativo em favor do próprio sacado (art. 39 da Resolução n. 23.607/2019).

É de bom alvitre salientar que o candidato a vice ou a suplente não pode constituir Fundo de Caixa (art. 39, parágrafo único, da Resolução n. 23.607/2019) e os pagamentos de pequeno valor realizados por meio do Fundo de Caixa não dispensam a respectiva comprovação (art. 40, parágrafo único, da Resolução n. 23.607/2019).

Todo material impresso de campanha eleitoral deverá conter o número de inscrição no Cadastro de Pessoas Físicas (CPF) do responsável pela confecção, bem como de quem a contratou e a respectiva tiragem (art. 38, §1º, da Lei n. 9.504/97).

Os gastos destinados à preparação da campanha e à instalação física ou de página de internet de comitês de campanha de candidatos e de partidos políticos poderão ser contratados a partir da data efetiva da realização da respectiva convenção partidária, desde que sejam devidamente formalizados e o desembolso financeiro ocorra apenas após a obtenção do número de inscrição no CNPJ, a abertura de conta bancária específica para a movimentação financeira de campanha e a emissão de recibos eleitorais (art. 38, § 2º, da Lei n. 9.504/97). Observa-se que esses são requisitos cumulativos.

Por último, com a finalidade de apoiar candidato de sua preferência, qualquer eleitor poderá realizar gastos totais até o valor de R$1.064,10 (mil e sessenta e quatro reais e dez centavos), não sujeitos à contabilização, desde que não reembolsados (arts. 27 da Lei n. 9.504/97 e 43 da Resolução n. 23.607/2019), emitindo-se o comprovante da despesa em nome do eleitor, de modo que bens e serviços entregues ou prestados ao candidato não são incluídos nos gastos referidos, caracterizando-se doação (art. 43, §§1º e 2º, da Resolução n. 23.607/2019).

A comprovação dos gastos eleitorais deve ser feita por meio de documento fiscal idôneo emitido em nome dos candidatos e partidos políticos, sem emendas ou rasuras, devendo conter a data de emissão, a descrição detalhada, o valor da operação e a identificação do emitente e do destinatário ou dos contraentes pelo nome, CPF e endereço (art. 60 da Resolução n. 23.607/2019). Para além do documento fiscal idôneo, a Justiça Eleitoral poderá admitir, para fins de comprovação de gasto, qualquer meio idôneo de prova, inclusive outros documentos, tais como o contrato, o comprovante de entrega de material ou da prestação efetiva de serviço, comprovante bancário de pagamento ou guia de recolhimento do FGTS e de informações da Previdência Social (GFIP), conforme o §1º do art. 60 da Resolução n. 23.607/2019. Tratando-se de utilização de recursos financeiros próprios, a Justiça Eleitoral pode exigir do candidato a apresentação de documentos comprobatórios da respectiva origem e disponibilidade, devendo esta ser instruída com documentos e elementos que demonstrem a procedência lícita dos recursos e a sua não caracterização como fonte vedada, tal qual previsto no art. 61 da Resolução n. 23.607/2019.

As sanções previstas para as doações realizadas acima dos limites fixados são o pagamento de multa, pelo doador, no valor de até 100% da quantia em excesso (§ 3º do art. 23 da LE), sem prejuízo do candidato responder ação por abuso de poder econômico contida no art. 1º, alínea *p*, da LC n. 64/90. Para assegurar a transparência do financiamento durante o processo eleitoral, os partidos políticos e os candidatos são obrigados, durante a campanha eleitoral, a divulgar pela internet, em *site* criado pela Justiça Eleitoral, os recursos em dinheiro recebidos para financiamento de sua campanha eleitoral, em até setenta e duas horas de seu recebimento; e, no dia 15 de setembro, relatório discriminando as transferências do Fundo Partidário, os recursos em dinheiro e os estimáveis em dinheiro recebidos, bem como os gastos realizados. A indicação dos nomes dos doadores e os respectivos valores somente são exigidos na prestação de contas final (art. 28, § 4º, da LE).

Com a divulgação das prestações de contas parciais pela internet, toda a sociedade pode fiscalizar as informações sobre o financiamento de campanha e intervir imediatamente caso haja indícios de abuso de poder econômico. Tal medida representa uma marca da pós-modernidade, em que as informações são instantaneamente produzidas após a produção dos eventos, no que representa um avanço à sistemática adotada anteriormente, que apenas exigia a comprovação posterior.

As representações propostas, objetivando a aplicação das sanções previstas para doações ilegais de pessoas jurídicas, observarão o rito previsto no art. 22 da Lei Complementar n. 64/90, e o prazo de recurso contra as decisões proferidas com base neste artigo será de três dias, a contar da data da publicação do julgamento no *Diário Oficial* (art. 22, § 4º, da Lei n. 9.504/97).

Essas sanções se aplicam de acordo com o procedimento previsto no art. 22, da Lei Complementar n. 64/90, em decorrência de seu procedimento possibilitar razoável oportunidade de produção de provas.

Sublinhe-se que o prazo de recurso é de três dias, podendo a sanção ser o indeferimento do registro, a cassação do diploma ou a perda do mandato, inelegibilidade por oito anos, multa, proibição de participar de licitações públicas ou contratar com o poder público, contados a partir da data da publicação, no *Diário Oficial*, do julgamento que as determinou.

Ficam vedadas quaisquer doações em dinheiro, bem como troféus, prêmios, ajudas de qualquer espécie feitas por candidato, entre o registro e a eleição, a pessoas físicas ou jurídicas (art. 23, § 5º, da LE). Quis-se obstaculizar que o candidato pudesse utilizar essas retribuições para a obtenção de recursos ou como ardil para burlar as normas pertinentes à prestação de contas. Essa restrição abrange relação com pessoas físicas ou jurídicas.

Nesse mesmo sentido, a Lei Eleitoral resolveu proibir o partido ou o candidato de receber direta ou indiretamente doação em dinheiro ou estimável em dinheiro, inclusive por meio de publicidade de qualquer espécie, procedente de: a) entidade ou governo estrangeiro; b) órgão da Administração Pública direta e indireta ou fundação mantida com recursos provenientes do Poder Público; c) concessionário ou permissionário de serviço público; d) entidade de direito privado que receba, na condição de beneficiária, contribuição compulsória em virtude de disposição legal; e) entidade de utilidade pública; f) entidade de classe ou sindical; g) pessoa jurídica sem fins lucrativos que receba recursos do exterior; h) entidades beneficentes e religiosas; i) entidades esportivas; j) organizações não governamentais que recebam recursos públicos; k) organizações da sociedade civil de interesse público (art. 24 da LE).

470

Tentou a Lei Eleitoral, ao excluir esses órgãos ou entidades, preservar o pleito eleitoral de sua influência, que, pelo vulto dos interesses que personificam, podem desequilibrar a campanha em favor daqueles aquinhoados com sua preferência. Outrossim, busca-se impedir que entidades públicas, de caráter público ou que possuam vínculos estreitos com órgãos governamentais, possam exercer suas funções com desvio de finalidade para sustentar as preferências partidárias escolhidas.

Particularizando a modificação consubstanciada pela Lei n. 12.034/2009, considera-se vedado a partido e candidato o recebimento, direto ou indireto, de doação em dinheiro ou estimável em dinheiro, seja ela concedida por meio de qualquer espécie de publicidade, de entidades esportivas, independentemente do motivo, conforme nova redação do inciso IX do art. 24 da Lei n. 9.504/97.

Com o objetivo de evitar, pelo menos em tese, que esse equilíbrio eleitoral venha a soçobrar, foi acrescentada a vedação ao recebimento de doações de entidades esportivas para partidos políticos e candidatos. A redação anterior dispunha que era vedado a partido e a candidato receber, direta ou indiretamente, doação em dinheiro ou estimável em dinheiro, inclusive por meio de publicidade de qualquer espécie, procedente de entidades esportivas que recebiam dinheiro público. Ou seja, a vedação era apenas para entidades esportivas que movimentavam dinheiro público.

Com a nova redação, em termos tão amplos, e como não há referência a alguma ressalva, essa vedação compreende qualquer modalidade de entidade esportiva, movimentando ou não verbas públicas. A intenção foi impedir que as entidades desportivas, principalmente as ligadas ao âmbito futebolista, financiassem ex-dirigentes em campanhas políticas.

Não se incluem nas vedações de que trata o parágrafo único do art. 24 as cooperativas cujos cooperados não sejam concessionários ou permissionários de serviços públicos, desde que não estejam sendo beneficiadas com recursos públicos. Atente-se que apenas as cooperativas que não possuem membros, pessoas físicas ou jurídicas, concessionários ou permissionários de serviços públicos, é que estão autorizadas a realizar doações a candidatos ou partidos políticos. Se existir cooperado que seja concessionário ou permissionário de serviço público, a cooperativa não pode proceder à doação tanto em virtude do disposto no parágrafo único quanto, indiretamente, pelo inciso III (referente a concessionário ou permissionário de serviço público) do mesmo artigo.

O partido ou candidato que receber recursos provenientes de fontes vedadas ou de origem não identificada deverá proceder à devolução dos valores recebidos ou, não sendo possível a identificação da fonte, transferi-los para a conta única do Tesouro Nacional ($4º do art. 24 da LE, incluído pela Lei n. 13.165/2015).

A Lei Eleitoral, mediante as alterações trazidas pela Lei n. 12.891/2013, impôs limites aos dispêndios realizados com a campanha, tendo estabelecido que a alimentação do pessoal que presta serviços às candidaturas ou comitês eleitorais só podem perfazer dez por cento do total, assim como o aluguel de veículos automotores, que deve custar apenas vinte por cento do total gasto na campanha (art. 26, parágrafo único, da LE, incluído pela Lei n. 12.891/2013). O acréscimo dessa norma tem como escopo limitar o gasto com alimentação ao máximo de dez por cento e o aluguel de veículos automotores a vinte por cento. Sabe-se que essas limitações são de pouca incidência prática, vez que normalmente são contabilizadas como doações de valores inferiores a mil reais, e, portanto, estão legalmente fora das contas de campanha.

A *priori*, pode-se pensar que há quebra do princípio da legalidade, contudo, pela velocidade do perpassar da seara fática que sempre ultrapassa a normativa, em que cada dia surgem mais mecanismos de campanha eleitoral, aprisionar os gastos aos expressamente mencionados seria insuflar inflação legislativa e ceifar a *intentio legis* que impregnou a criação do instituto.

14.1.2 Fundo Especial de Financiamento de Campanha (FEFC)

A Lei n. 13.487/2017 acrescentou o art. 16-C à Lei n. 9.504/97, instituindo o Fundo Especial de Financiamento de Campanha (FEFC) com o intuito específico de financiar as atividades das campanhas eleitorais, constituído em ano eleitoral por dotações orçamentárias da União[5].

---

[5] "Art. 16-C. O Fundo Especial de Financiamento de Campanha (FEFC) é constituído por dotações orçamentárias da União em ano eleitoral, em valor ao

O montante será definido pelo Tribunal Superior Eleitoral (TSE), a cada eleição, com base nos parâmetros definidos em lei, que corresponde à somatória da compensação fiscal que as emissoras comerciais de rádio e televisão receberiam pela divulgação da propaganda partidária efetuada nos anos de 2016 e 2017[6], bem como pelo menos 30% (trinta por cento) dos recursos da reserva específica para as emendas de bancada de execução obrigatórias, as chamadas emendas impositivas.

É importante mencionar, no entanto, que a instituição do FEFC não extingue o Fundo Partidário. Os valores arrecadados no Fundo Especial se destinam exclusivamente aos gastos em pleitos eleitorais, enquanto que o Fundo Partidário destina-se a manutenção das atividades partidárias, podendo ser utilizado nas eleições. É tanto que as dotações orçamentárias que o constituirão serão determinadas no ano eleitoral. Os valores serão atualizados pelo Índice Nacional de Preços ao Consumidor (INPC), da Fundação Instituto Brasileiro de Geografia e Estatística (IBGE), ou por índice que o substituir (art. 3º da Lei n. 13.487/2017).

Assim como o Fundo Partidário, os repasses do novo FEFC serão gerenciados pelo TSE, a partir de depósitos que serão realizados em conta especial pelo Tesouro Nacional até o primeiro dia útil do mês de junho do ano eleitoral[7]. A fiscalização do uso dos recursos cabe ao TSE, que regulamentou a utilização de tal numerário incluindo na

---

menos equivalente: I – ao definido pelo Tribunal Superior Eleitoral, a cada eleição, com base nos parâmetros definidos em lei; II – a 30% (trinta por cento) dos recursos da reserva específica de que trata o inciso II do §3º do art. 12 da Lei n. 13.473, de 8 de agosto de 2017."

[6] Art. 3º da Lei n. 13.487/2017. "O valor a ser definido pelo Tribunal Superior Eleitoral, para os fins do disposto no inciso I do *caput* do art. 16-C da Lei n. 9.504, de 30 de setembro de 1997, será equivalente à somatória da compensação fiscal que as emissoras comerciais de rádio e televisão receberam pela divulgação da propaganda partidária efetuada no ano da publicação desta Lei e no ano imediatamente anterior, atualizada monetariamente, a cada eleição, pelo Índice Nacional de Preços ao Consumidor (INPC), da Fundação Instituto Brasileiro de Geografia e Estatística (IBGE), ou por índice que o substituir".

[7] Art. 16-C. "§ 2º O Tesouro Nacional depositará os recursos no Banco do Brasil, em conta especial à disposição do Tribunal Superior Eleitoral, até o primeiro dia útil do mês de junho do ano do pleito".

resolução que trata da arrecadação e gastos de recursos e prestação de contas referentes às Eleições Municipais do ano de 2020[8].

Os partidos políticos devem destinar percentuais mínimos do montante do Fundo Especial de Financiamento de Campanha para aplicação nas campanhas de suas candidatas, à razão de 30% (art. 17, § 4º, da Resolução TSE n. 23.607/2019, com redação dada pela Resolução n. 23.665/2021), bem como de pessoas negras, correspondendo à proporção de mulheres negras e não negras do partido e homens negros e não negros do partido[9].

Mencione-se que a Emenda Constitucional n. 111/2021 alterou a Constituição Federal para estabelecer que, para fins de distribuição entre os partidos dos recursos do fundo partidário e do Fundo Especial de Financiamento de Campanha (FEFC), os votos dados a candidatas mulheres ou a candidatos negros para a Câmara dos Deputados nas eleições realizadas de 2022 a 2030 serão computados em dobro (art. 2º da EC n. 111/2021). Conforme o comando previsto no parágrafo único do art. 2º da EC n. 111/2021, a contagem em dobro de votos se aplica uma única vez.

A verba oriunda da reserva de recursos do FEFC destinada ao custeio das candidaturas femininas e de pessoas negras deve ser aplicada pela candidata de determinado partido no interesse de sua campanha ou de outras campanhas femininas, sendo completamente vedado o seu emprego, no todo ou em parte, exclusivamente para financiar candidaturas masculinas ou de pessoas não negras (art. 17, § 6º, da Resolução TSE n. 23.607/2019, com redação dada pela Resolução n. 23.665/2021).

Essa vedação não se aplica ao pagamento de despesas comuns com candidatos do gênero masculino ou não negras, à transferência ao órgão partidário de verbas destinadas ao custeio da sua cota-parte em

---

[8] Art. 17 da Resolução n. 23.607/2019: "O Fundo Especial de Financiamento de Campanha (FEFC) será disponibilizado pelo Tesouro Nacional ao Tribunal Superior Eleitoral e distribuído aos diretórios nacionais dos partidos políticos na forma de resolução específica" (art. 16-C, § 2º, da Lei n. 9.504/97).

[9] STF: ADI n. 5.617/DF, *DJe* 3-10-2018 ADPF-MC n. 738/DF, *DJe* 29-10-2020; TSE: Consulta n. 0600252-18, *DJe* 15-8-2018; Consulta n. 0600306-47, *DJe* 5-10-2020.

despesas coletivas, nem a outros usos regulares dos recursos provenientes da cota de gênero; desde que, em todos os casos, haja benefício para campanhas femininas e de pessoas negras (art. 17, § 7º, da Resolução TSE n. 23.607/2019, com redação dada pela Resolução n. 23.665/2021). Importante realçar que o entendimento sedimentado nas disposições instrutórias relacionadas à utilização dos recursos do FEFC para o fomento de candidaturas femininas restou consolidado a partir do julgamento da Consulta n. 0600252-18, de relatoria da Ministra Rosa Weber, e da ADI n. 5.617/DF, sob a relatoria do Ministro Edson Fachin.

Os recursos provenientes do Fundo Especial de Financiamento de Campanha que não forem utilizados nas campanhas eleitorais deverão ser devolvidos ao Tesouro Nacional, integralmente, por meio de Guia de Recolhimento da União (GRU), no momento da apresentação da respectiva prestação de contas (art. 17, § 3º, da Resolução n. 23.607/2019).

A distribuição dos recursos aos partidos políticos será realizada pelo TSE, antes do primeiro turno das eleições, com base nos critérios definidos no art. 16-D da Lei das Eleições. São eles: I – 2% (dois por cento), divididos igualitariamente entre todos os partidos com estatutos registrados no Tribunal Superior Eleitoral; II – 35% (trinta e cinco por cento), divididos entre os partidos que tenham pelo menos um representante na Câmara dos Deputados, na proporção do percentual de votos por eles obtidos na última eleição geral para a Câmara dos Deputados; III – 48% (quarenta e oito por cento), divididos entre os partidos, na proporção do número de representantes na Câmara dos Deputados, consideradas as legendas dos titulares; IV – 15% (quinze por cento), divididos entre os partidos, na proporção do número de representantes no Senado Federal, consideradas as legendas dos titulares.

A distribuição dos recursos dispostos no inciso III do art. 16-D da Lei das Eleições entre os partidos terá por base o número de representantes eleitos para a Câmara dos Deputados nas eleições de 2018, ressalvados os casos de mandato que migraram em razão de o partido pelo qual foram eleitos não ter cumprido os requisitos relativos à percepção dos recursos do Fundo Partidário e acesso gratuito ao rádio e à televisão (art. 16-D, § 3º, da Lei n. 9.504/97, incluído pela Lei n. 13.877/2019).

Por outro lado, no que toca à distribuição de recursos a que alude o inciso IV do mencionado dispositivo legal, entre os partidos terá por base o número de representantes eleitos para o Senado Federal na última eleição geral, bem como os Senadores filiados ao partido que, na data da última eleição geral, encontravam-se no 1º (primeiro) quadriênio de seus mandatos (art. 16-D, § 4º, da Lei n. 9.504/97, incluído pela Lei n. 13.877/2019).

Os percentuais de representantes na Câmara dos Deputados e no Senado Federal de cada partido serão apurados, no ano de 2018, com base no número de representantes de cada partido no dia 28 de agosto de 2017, e, nas eleições subsequentes, apurado no último dia da sessão legislativa imediatamente anterior ao ano eleitoral, conforme o art. 4º da Lei n. 13.488/2017.

Caso determinado partido opte pelo não recebimento do recurso oriundo do FEFC, pode comunicar a renúncia ao Tribunal Superior Eleitoral até o primeiro dia útil do mês de junho, sendo vedada a redistribuição desses recursos aos demais partidos (art. 16-C, §16, da Lei n. 9.504/97).

O candidato para ter acesso aos recursos do Fundo mencionado deverá fazer requerimento por escrito ao órgão partidário respectivo (art.16-D, § 2.º, da LE).

14.1.3 *Crowdfunding*

Uma das grandes modificações trazidas pela reforma política de 2017 foi a possibilidade de que doações possam ser feitas por meio de instituições que promovam técnicas e serviços de financiamento coletivo por meio de sítios na internet, aplicativos eletrônicos e outros recursos similares, o chamado *Crowdfunding* ou "Vaquinhas Eletrônicas".

É bom recordar que em 2014, o TSE, em uma consulta formulada por um Deputado Federal respondeu que a arrecadação de recursos para campanhas eleitorais através de *websites* de financiamento coletivo não era permitida porque tais doações seriam concentradas em uma única pessoa que repassaria ao candidato como se fosse uma única doação, ou seja, não haveria como individualizar os doadores.

A Lei n. 13.488/2017 ultrapassou tal preocupação ao permitir essa modalidade de financiamento em campanhas eleitorais exigindo a "identificação obrigatória, com o nome completo e o número de inscrição no Cadastro de Pessoas Físicas (CPF) de cada um dos doadores e das quantias doadas"[10].

Nesse caso a arrecadação de recursos pode começar desde o dia 15 de maio do ano eleitoral. No entanto, nesse período somente existem pré-candidatos uma vez que as convenções partidárias ainda não aconteceram. Dessa forma, a partir de 15 de maio os pré-candidatos podem iniciar a arrecadação prévia de recursos por meio do financiamento coletivo, mas a liberação de recursos por parte das entidades arrecadadoras fica condicionada ao registro da candidatura, e a realização de despesas de campanha deverá observar o calendário eleitoral. Se o registro da candidatura não for efetivado, as entidades arrecadadoras deverão devolver os valores arrecadados aos doadores[11].

14.2. PRESTAÇÃO DE CONTAS DOS CANDIDATOS

A prestação de contas se configura procedimento, previsto em lei, para vislumbrar a origem dos recursos eleitorais e a forma como foram efetivados seus gastos, possuindo o fator teleológico de impedir o abuso do poder econômico e assegurar paridade para que todos os cidadãos tenham condições de disputar os pleitos eleitorais.

Ela é necessária tanto no caso de eleições majoritárias como na hipótese de eleições proporcionais. Essa obrigação se estende aos dois

---

[10] Art. 23 da Lei n. 9.504/97, § 4º. "As doações de recursos financeiros somente poderão ser efetuadas (...) por meio de: (...) IV – instituições que promovam técnicas e serviços de financiamento coletivo por meio de sítios na internet, aplicativos eletrônicos e outros recursos similares, que deverão atender aos seguintes requisitos: (...) b) identificação obrigatória, com o nome completo e o número de inscrição no Cadastro de Pessoas Físicas (CPF) de cada um dos doadores e das quantias doadas (...)".

[11] Art. 22-A da Lei n. 9.504/97. "Os candidatos estão obrigados à inscrição no Cadastro Nacional da Pessoa Jurídica – CNPJ: (...) § 3º Desde o dia 15 de maio do ano eleitoral, é facultada aos pré-candidatos a arrecadação prévia de recursos na modalidade prevista no inciso IV do § 4º do art. 23 desta Lei, mas a liberação de recursos por parte das entidades arrecadadoras fica condicionada ao registro da candidatura, e a realização de despesas de campanha deverá observar o calendário eleitoral. § 4º Na hipótese prevista no § 3º deste artigo, se não for efetivado o registro da candidatura, as entidades arrecadadoras deverão devolver os valores arrecadados aos doadores".

casos porque não há diferenças essenciais que possam amparar a exigibilidade para um caso e a ausência no outro. Inclusive, em alguns Estados, como São Paulo, o custo de campanhas proporcionais pode ser mais elevado do que o de candidatos majoritários em pequenas unidades federativas.

As prestações de contas dos candidatos às eleições majoritárias são realizadas pelo próprio candidato, com o acompanhamento dos extratos das contas bancárias referentes à movimentação dos recursos financeiros usados na campanha e da relação dos cheques recebidos, com a indicação dos respectivos números, valores e emitentes (art. 28, § 1º, da LE, com redação conferida pela Lei n. 13.165/2015).

No mesmo sentido fora regulado para os candidatos às eleições proporcionais, de modo que a prestação de contas será feita pelo próprio candidato (art. 28, § 2º, da LE), limitando-se ao valor máximo estipulado legalmente. Em se tratando de coligação, cada partido pode fixar o valor de seus gastos. Se houver gasto de recursos além dos valores declarados, o infrator se sujeita ao pagamento de multa no valor de cem por cento da quantia em excesso.

No caso da prestação de contas das doações de recursos financeiros que serão efetuadas por meio de cheques cruzados e nominais ou transferência eletrônica de depósitos; depósitos em espécie; mecanismo disponível em sítio do candidato, partido ou coligação na internet e financiamento coletivo, dispensa-se a apresentação de recibo eleitoral, e sua comprovação deverá ser realizada por meio de documento bancário que identifique o CPF dos doadores (art. 23 da Lei n. 9.504/97, § 4º-A). No que se refere, especificamente, às últimas duas modalidades, devem cumprir o prazo apresentado no inciso I do § 4º do art. 28 da mesma lei, contado a partir do momento em que os recursos arrecadados forem depositados nas contas bancárias dos candidatos, partidos ou coligações (art. 23, § 4º-B, da Lei n. 9.504/97).

14.2.1. Informações imprescindíveis de prestação de contas

Na dicção do art. 29, III, da Lei n. 9.504/97, a prestação de contas deve ser apresentada, perante a Justiça Eleitoral, em até 30 dias contados da realização do pleito. Já o candidato que participa do segundo turno deverá encaminhar a prestação de contas, referente aos 2 (dois) turnos, até o vigésimo dia posterior à sua realização (art. 29, IV, da Lei n. 9.504/97).

Ademais, o dia 15 de dezembro de 2022 será o último dia para os candidatos, inclusive a Vice e a suplentes, e os partidos políticos encaminharem à Justiça Eleitoral as prestações de contas referentes ao primeiro turno (Lei n. 9.504/97, art. 29; Res.-TSE n. 23.607/2019, art. 78). O prazo para os candidatos e candidatas que disputarem o segundo turno será o dia 19 de novembro, 20 dias após a realização do segundo turno (Lei n. 9.504/97, art. 29, IV, e Res.-TSE n. 23.607/2019, art. 49, § 1º).

Na hipótese de omissão de contas parciais, as contas finais encaminhadas pelo SPCE serão autuadas e distribuídas automaticamente no Sistema de Processo Judicial Eletrônico (PJe) (§ 4º do art. 49 da Resolução n. 23.607/2019).

Outrossim, uma vez extinta a figura do comitê financeiro, por força do art. 20 da Lei n. 9.504/97, a observância dos prazos de prestação de contas é obrigação indispensável dos candidatos, de modo que, enquanto não encaminhada a prestação, resta impedida a diplomação dos eleitos (art. 29, § 2º, da Lei n. 9.504/97)[12].

Findos os prazos sem que as contas tenham sido prestadas, observar-se-ão os seguintes procedimentos: I – a identificação dos omissos será feita em até 3 (três) dias do prazo para prestar contas; II – mediante integração entre o SPCE e o PJE, com a autuação da informação na classe processual de Prestação de Contas, caso tenha havido omissão na prestação de contas parcial, ou a juntada na respectiva prestação de contas parcial já autuada; III – a unidade técnica, nos tribunais, e o chefe de cartório, nas zonas eleitorais, instruirão os autos com os extratos eletrônicos encaminhados à Justiça Eleitoral, com as informações relativas ao recebimento de recursos do Fundo Partidário, do Fundo Especial de Financiamento de Campanhas, de fonte vedada e/ou de

---

[12] "A inobservância do art. 29, § 9º, da Lei n. 9.504/97, o qual preceitua que a inobservância do prazo para encaminhamento das prestações de contas impede a diplomação dos eleitos, enquanto perdurar" (Respe n. 060010231 – Mafra – SC. Rel. Min. Edson Fachin. Mural – Publicado no Mural, 19-11-2020).

origem não identificada e com os demais dados disponíveis; IV – o candidato com prestação de contas parcial já autuada será intimado pelo mural eletrônico, até a diplomação dos eleitos e, após, pelo *Diário da Justiça Eleitoral Eletrônico*, para, no prazo de 3 (três) dias, prestar as contas finais; o omisso será citado para prestar as contas no prazo de 3 (três) dias, devendo observar os procedimentos previstos nos arts. 98 e s. da Resolução n. 23.607/2019; V – a Secretaria Judiciária ou o chefe de cartório na Zona Eleitoral dará vista da prestação de contas ao Ministério Público, que deverá emitir parecer no prazo de 2 (dois) dias; VI – os autos serão encaminhados ao relator ou ao juiz eleitoral, conforme o caso (art. 49, §5º, incisos I a VI, da Resolução TSE n. 23.607/2019).

Permanecendo a omissão e transcorrido o prazo de 72 horas da notificação, acarretará em falta de quitação eleitoral e as contas serão julgadas como não prestadas (Lei n. 9.504/97, art. 30, inciso IV).

Importante lembrar que os partidos políticos, as coligações, as federações e os candidatos são obrigados, durante as campanhas eleitorais, a divulgar em sítio na internet criado pela Justiça Eleitoral para esse fim os recursos em dinheiro recebidos para financiamento de sua campanha eleitoral, em até 72 (setenta e duas) horas de seu recebimento; e no dia 15 de setembro, relatório discriminando as transferências do Fundo Partidário, os recursos em dinheiro e os estimáveis em dinheiro recebidos, bem como os gastos realizados.

14.2.2. Exame da prestação de contas pela Justiça Eleitoral

A Justiça Eleitoral verificará a regularidade das contas de campanha, decidindo: a) pela aprovação, quando estiverem regulares; b) pela aprovação com ressalvas, quando verificadas falhas que não lhes comprometam a regularidade; c) pela desaprovação, quando verificadas falhas que lhes comprometam a regularidade; d) pela não prestação, quando não apresentadas as contas após a notificação emitida pela Justiça Eleitoral, na qual constará a obrigação expressa de prestá-las, no prazo de setenta e duas horas (art. 30 da Lei n. 9.504/97).

Esse exame é de mérito, aprovando ou rejeitando a prestação de contas, de acordo com o material apresentado. Por isso, a doutrina reclamava a substituição do termo "regularidade", porque esta denominação sugere que esse exame seja realizado apenas sob o aspecto formal.

480

Ao determinar que a Justiça Eleitoral verifique a regularidade das contas de campanha, manteve-se o termo "regularidade". No entanto, deve-se assentar que não fica a apreciação de contas reduzida tão só ao caráter formal, adentrando em aspectos materiais que se relacionam de forma direta com o princípio da moralidade. De toda sorte, a decisão sobre a apreciação das contas pode determinar: a aprovação, a desaprovação ou a requisição de apresentação das contas. Com relação à aprovação, as contas podem ser aprovadas totalmente ou com ressalvas, neste último caso quando contêm vícios que não lhes comprometem a validade. A desaprovação deve ser total, e não graduada, como pode acontecer com a aprovação. Nesse sentido, havendo vício que lhe comprometa a regularidade, procede-se a sua desaprovação.

A decisão sobre elas tem o prazo de três dias antes da diplomação para ser publicada em sessão (§1º do art. 30 da LE, com redação conferida pela Lei n. 13.165/2015). Havendo causa maior, pode ser postergada, desde que não traga prejuízo aos candidatos eleitos, principalmente se não pairar nenhuma diligência para análise das informações prestadas. A aferição realizada pela Justiça Eleitoral se classifica como eminentemente técnica, balizando-se pelos parâmetros normativos e pela jurisprudência assentada a respeito. Não pode o magistrado tirar ilações de onde nem ao menos existe fatos materiais mínimos ou mandamento que o ampare. A parêmia do legalismo jurídico permeia suas atividades. Não obstante, o vislumbre de presunção de ilicitude o autoriza a dissecar os cálculos apresentados, utilizando-se de todas as diligências e perícias que se fizerem prementes. Como se trata de questão contábil, o magistrado não pode chegar a certo posicionamento sem arrimo em fundamento fático, exercendo a teoria dos motivos determinantes um forte balizamento meritório de suas sentenças.

Se os candidatos não apresentarem suas contas no prazo legal, a decisão sobre elas, com o prazo de apresentação de até três dias antes da diplomação, pode ser realizada apenas àqueles que apresentaram suas contas, podendo provocar aos retardatários o atraso de suas diplomações e respectivas posses[13].

---

[13] CONEGLIAN, Olivar. *Propaganda eleitoral*. 8. ed. Rio de Janeiro: Juruá, 2008, p. 146.

Sendo um trabalho contábil complexo, erros formais ou materiais que forem corrigidos não autorizam a rejeição das contas e a cominação de sanção a candidato ou partido (art. 30, § 2º, da LE). Esses erros são os que não observaram os padrões atinentes à aritmética ou que apresentem equívocos crassos, que são reconhecidos de forma tautológica. Como não provocam prejuízos a quaisquer das partes envolvidas ou à lisura da eleição, bem como se perfilham no sentido de tornar exequível um procedimento célere e eficiente, o magistrado, *sponte propria*, pode mandar suprir esses pecadilhos.

Erros formais ou materiais irrelevantes no conjunto da prestação de contas, que não comprometam o seu resultado, não acarretam a rejeição das contas (art. 30, § 2º-A, da Lei n. 9.504/97). Deve-se atentar para o fato de que não é qualquer tipo de erro que assim deve ser considerado. Apenas topicamente, no caso concreto, é que se pode aferir a qualidade de irrelevância.

Em se detectando indício de irregularidade na prestação de contas, a Justiça Eleitoral pode requisitar diretamente do candidato informações adicionais necessárias, bem como determinar diligências para a complementação dos dados ou saneamento das falhas (art. 30, § 4º, da LE, com redação conferida pela Lei n. 13.165/2015). A solicitação de diligência é uma competência concorrente do Ministério Público, dos partidos políticos, coligações ou candidatos. Ressalte-se que nada impede que ela possa ser realizada *ex officio* pelo magistrado, em razão da premência do interesse público enfocado. Da decisão que julgar as contas prestadas pelos candidatos caberá recurso ao órgão superior da Justiça Eleitoral, no prazo de três dias, a contar da publicação no *Diário Oficial* (art. 30, § 5º, da Lei n. 9.504/97, com redação conferida pela Lei n. 13.165/2015). Esse tipo de recurso é o inominado para as decisões de primeiro grau. No mesmo prazo previsto no § 5º caberá recurso especial para o Tribunal Superior Eleitoral, nas hipóteses previstas nos incisos I e II do § 4º do art. 121 da CF (art. 30, § 6º, da Lei n. 9.504/97). Esta hipótese contempla os recursos especiais contra decisões dos Tribunais Regionais Eleitorais, quando forem proferidas contra disposição expressa da Constituição ou de lei, ou ocorrer por divergência na interpretação de lei entre dois ou mais Tribunais Eleitorais.

O disposto no art. 30 aplica-se aos processos judiciais pendentes (art. 30, § 7º). Com o acréscimo desse parágrafo, determinou-se expressamente que esses procedimentos se aplicam aos processos judiciais de prestação de contas que ainda estejam em curso.

Ostenta partido político, legalmente constituído, ou coligação, a prerrogativa de apresentar à Justiça Eleitoral, no prazo peremptório de quinze dias da diplomação, com a especificação dos fatos e a indicação das provas, a abertura de investigação judicial para apurar condutas em desacordo com as normas relativas à arrecadação e gastos dos recursos eleitorais (art. 30-A, *caput*, da Lei n. 9.504/97). Saliente-se que, para o Plenário do Tribunal Superior Eleitoral, a referida representação pode ser proposta antes da diplomação do candidato, sendo o termo final para seu ajuizamento o transcurso do prazo de 15 dias previsto no mencionado artigo[14]. A fundamentação é o § 2º do próprio dispositivo, em permissivo à negação ou cassação do diploma que já fora outorgado.

Essa foi uma das importantes inovações legais. A redação anterior desse dispositivo falava que qualquer partido político ou coligação poderia representar à Justiça Eleitoral, relatando fatos e indicando provas e pedindo a abertura de investigação judicial para apurar condutas em desacordo com as normas da lei, relativas à arrecadação e gastos de recursos, sem fazer menção a qualquer prazo.

A doutrina já vinha reclamando a instituição de um termo determinado para a impetração dessas ações específicas. Agora, com a redação desse dispositivo, estabeleceu-se prazo decadencial de quinze dias, contados da diplomação — o mesmo prazo decadencial para a ação de impugnação de mandato eletivo (AIME). Nesse sentido, com a inclusão no dispositivo do prazo decadencial para propositura de representação e pedido de investigação concernente, todas as discussões a respeito do tema restaram sepultadas, garantindo maior segurança ao nosso ordenamento jurídico.

Comprovando-se a captação ou gastos ilícitos de recursos para fins eleitorais, o pedido de diploma será negado ao candidato, ou cassado, se já houver sido outorgado, além da imputação de oito anos contados da eleição em que for realizada a infração (art. 30-A, § 2º, da LE).

---

[14] Respe n. 1348-04, Rel. Min. Luciana Lóssio, em 15-12-2015.

Essa ação de captação de arrecadação e gastos ilícitos de campanha não se configura como único remédio para tipificar um ilícito na prestação de contas. Se essa ofensa caracterizar corrupção, por exemplo, faculta-se a impetração da ação de impugnação de mandato eletivo ou outra medida. Está livre a parte que sofreu o agravo para impetrar até mesmo reclamação em razão do acinte à Lei Eleitoral. Todavia, em razão de seu exíguo procedimento, de melhor valia seria mesmo a interposição da ação descrita no art. 30-A da Lei Eleitoral, que permite maior âmbito de produção probatória e provoca sanções mais duras.

Se, ao final da campanha, ocorrer sobra de recursos financeiros, esta deve ser declarada na prestação de contas e, após julgados todos os recursos, transferida, no caso do candidato a Prefeito, Vice-Prefeito e Vereador, para o órgão diretivo municipal do partido na cidade onde ocorreu a eleição, o qual será responsável exclusivo pela identificação desses recursos, sua utilização, contabilização e respectiva prestação de contas perante o juízo eleitoral correspondente. No caso do candidato a Governador, Vice-Governador, Senador, Deputado Federal e Deputado Estadual ou Distrital, esses recursos deverão ser transferidos para o órgão diretivo regional do partido no Estado onde ocorreu a eleição, ou no Distrito Federal, sendo o caso, o qual será responsável exclusivo pela identificação desses recursos, sua utilização, contabilização e respectiva prestação de contas perante o Tribunal Regional Eleitoral correspondente. Tratando-se de candidato à Presidência ou à Vice-Presidência da República, os recursos deverão ser transferidos para o órgão diretivo nacional do partido, o qual será responsável exclusivo pela identificação desses recursos, sua utilização, contabilização e respectiva prestação de contas perante o Tribunal Superior Eleitoral, não sendo permissível que o órgão diretivo nacional do partido seja responsabilizado pelo descumprimento do reverenciado por parte dos órgãos diretivos municipais e regionais (art. 31, I a IV, da Lei n. 9.504/97).

As sobras de recursos financeiros de campanha serão utilizadas pelos partidos políticos, devendo tais valores ser declarados em suas prestações de contas perante a Justiça Eleitoral, com a identificação dos candidatos (art. 31, parágrafo único, da Lei n. 9.504/97). Houve um retrocesso na modificação do parágrafo único do art. 31, pois a redação anterior afirmava que as sobras deveriam ser destinadas integral e exclusivamente para criação e manutenção de institutos ou fundação de pesquisa e de doutrinação política.

O Ministério Público exerce papel de grande magnitude na fiscalização da prestação de contas do pleito eleitoral. Por se tratar de interesse indisponível, defesa da ordem jurídica e do regime democrático, há o preenchimento de todos os requisitos que outorgam sua atuação. Cabe-lhe desempenhar um papel proativo, fiscalizando toda a documentação expedida pelos candidatos, as fontes de receitas e os gastos. Constatada qualquer irregularidade ou tipificação de ilícito, exige-se, sob as penas da lei, que ele tome as medidas cabíveis para a punição dos responsáveis.

Os documentos inerentes ao gasto de campanha necessitam ser conservados até cento e oitenta dias após a diplomação. Se estiver pendente qualquer processo de julgamento relativo às contas, a documentação a elas concernente deve ser conservada até decisão final (art. 32 da LE).

A conservação exigida se mostra imperiosa para fornecer elementos fáticos às ações de investigação judicial eleitoral, que é um dos meios para a atestação da lisura do financiamento eleitoral. O prazo de cento e oitenta dias é relativo se houver processos atinentes à prestação de contas tramitando na esfera judicial.

O partido que descumpre os mandamentos expostos neste capítulo sujeita-se a perder a cota do fundo partidário do ano seguinte, sem prejuízo de responderem os candidatos beneficiados por abuso do poder econômico (art. 25 da LE). A perda da conta do fundo partidário deve ser proporcional ao valor do montante apurado como irregular, podendo ser descontado no período de um a doze meses. Não há possibilidade de que a totalidade do fundo partidário seja perdido devido à irregularidade de um valor de pouca monta.

Portanto, a sanção de suspensão do repasse de novas quotas do Fundo Partidário, por desaprovação total ou parcial da prestação de contas do candidato, deverá ser aplicada de forma proporcional e justa, pelo período de um mês a doze meses, ou por meio de desconto, do valor a ser repassado, na importância apontada como irregular. Além do que, a sanção de suspensão não pode ser aplicada caso a prestação de contas não seja julgada, pelo juízo ou tribunal competente, após cinco anos de sua apresentação (art. 25, parágrafo único, da Lei n. 9.504/97).

Esse prazo estipulado, que não fazia parte da redação originária do dispositivo, representa um lapso temporal dantes inexistente e impede delongas no julgamento da prestação de contas, configurando-se como peremptório para que não restem dúvidas sobre a licitude do financiamento da campanha.

Houve, portanto, o disciplinamento no modo de aplicação da sanção imposta ao partido que descumprir as normas referentes à aplicação e arrecadação de recursos. A primeira determinação à aplicação da sanção é a obediência ao princípio da proporcionalidade, que já era cobrada pela doutrina. A segunda determinação se refere ao prazo de duração da sanção de suspensão: de um a doze meses; assim, a determinação do tempo da suspensão não fica ao puro alvedrio do magistrado, que deve se ater aos limites impostos.

Em vez de se determinar a suspensão por determinado período, o magistrado também pode aplicar sanção de desconto da importância devida sobre o valor a ser repassado ao partido. Por fim, determinou-se a impossibilidade de aplicação de qualquer dessas sanções quando a prestação de contas não for julgada, pelo juízo ou tribunal competente, após cinco anos de sua apresentação.

Interessante destacar que a sanção imposta pela rejeição de financiamento das contas da campanha não implica necessariamente caracterização do abuso de poder econômico. Para a tipificação do abuso de poder econômico faz-se necessário um montante financeiro que ultrapasse o valor máximo permitido, incluindo gastos de militância, alimentação e transporte, a compra de apoio político e gastos relevantes em bens e serviços não permitidos. Destaca-se que as contas podem ser rejeitadas pela ausência de formalidades consideradas essenciais, mas que não importam valores vultosos. Todavia, o que não pode acontecer é a rejeição de contas em razão de filigranas jurídicas.

15 PROCLAMAÇÃO

Finalizada a apuração de votos, com sua respectiva totalização, dá-se a proclamação do resultado, que se configura como o ato que realiza a Justiça Eleitoral para definir os candidatos eleitos e os suplentes, de acordo com o número de votos recebidos. Compete à Junta Eleitoral a proclamação dos cargos das eleições municipais; pertence ao Tribunal Regional Eleitoral a obrigação de proclamar o resultado dos cargos estaduais; e é função do Tribunal Superior Eleitoral realizar a proclamação dos cargos de Presidente e de Vice-Presidente da República. A feitura desse ato solene ocorre após a totalização de votos, com o conhecimento final do resultado, marcando-se, nesse exato momento, a data para a entrega do diploma aos candidatos eleitos.

Considerar-se-á eleito o candidato à eleição de cargo de chefia do Executivo que obtiver maioria absoluta, metade mais um dos votos válidos, excluindo os brancos e nulos. Não perfazendo esse montante, há necessidade de realização de segundo turno. Essa nova eleição é obrigatória nos pleitos para presidente, governador e prefeito quando o candidato mais votado não alcançar maioria absoluta de votos em primeira votação. Não há segundo turno na eleição de cargos proporcionais, para senador ou para chefia do Executivo em municípios com número menor de duzentos mil eleitores, ganhando a disputa o candidato que obtiver maior número de votos, independente de alcançar maioria absoluta (art. 77 da CF).

No segundo turno se enfrentam os dois candidatos mais votados, o que concede aos eleitores nova chance para apreciar as propostas por eles oferecidas. Como nessa nova etapa do pleito há apenas dois postulantes, permite-se que o vencedor possa auferir maioria dos votos válidos, legitimando seu governo, ao mesmo tempo em que impede candidatos que não sejam capazes de formar essa maioria, de governar.

Se antes da realização do segundo turno ocorrer morte, desistência ou impedimento legal de candidato, será convocado aquele que teve a terceira maior votação. Havendo dois candidatos com o mesmo número de votos, irá disputar o segundo turno o mais idoso.

Na eleição para senador, considera-se eleito o candidato que conseguir maioria simples de votos, bem como os suplentes por ele registrados. Em situação de empate entre candidatos, qualificar-se-á o mais idoso.

Nos cargos proporcionais considerar-se-ão eleitos os candidatos mais votados de cada partido político ou coligação, na ordem de votação nominal, tantos quantos atenderem ao quociente partidário e ao cálculo de distribuição de sobras. São aceitos como votos válidos apenas os proferidos a candidatos regularmente inscritos e a legendas partidárias. São considerados suplentes os candidatos mais votados sob a mesma legenda ou coligação, mas que não conseguiram se eleger.

Nas eleições majoritárias, realizadas as eleições com os dois candidatos mais votados, em razão de nenhum candidato ter alcançado a maioria absoluta na primeira votação, deve o Tribunal Eleitoral proclamar eleito o candidato que obteve a maioria dos votos válidos, não computados os votos em branco e os nulos, quando não houver candidatos com registro indeferido, ou, se houver, quando os votos dados a esses candidatos não forem superiores a cinquenta por cento da votação válida.

Por outro lado, o Tribunal Eleitoral não deve proclamar eleito o candidato que obteve a maioria da votação válida, quando houver votos dados a candidatos com registros indeferidos, mas com recursos ainda pendentes, cuja nulidade for superior a cinquenta por cento da votação válida, o que poderá ensejar nova eleição, nos termos do art. 224 do Código Eleitoral.

Se a nulidade dos votos dados a candidatos com registro indeferido for superior a cinquenta por cento da votação válida e se já houver decisão do Tribunal Superior Eleitoral indeferitória do pedido de registro, deverão ser realizadas novas eleições imediatamente; caso não haja, ainda, decisão do Tribunal Superior Eleitoral, não se realizarão novas eleições (art. 214, II, da Resolução n. 23.611/2019).

Segundo orientação do Tribunal Superior Eleitoral, a validade de votação deve ser aferida levando em consideração o percentual de votos dados a todos os candidatos participantes do pleito, excluindo os votos brancos e os nulos (§ 1º do art. 214 da Resolução n. 23.611/2019).

Inexiste recurso eleitoral a ser impetrado da proclamação do resultado porque ela não produz nenhum efeito e, consequentemente, não acarreta lesão a nenhuma das partes. Funcionalmente a proclamação visa dar publicidade ao resultado das eleições e fixar a data para a diplomação, momento em que prazos recursais começam a ser contados.

Saliente-se que, conforme as alterações introduzidas pela Lei n. 13.165/2015, a decisão da Justiça Eleitoral que importe o indeferimento do registro, a cassação do diploma ou a perda do mandato de candidato eleito em pleito majoritário acarreta, após o trânsito em julgado, a realização de novas eleições, independentemente do número de votos anulados. Essa eleição correrá a expensas da Justiça Eleitoral e será indireta, se a vacância do cargo ocorrer a menos de seis meses do final do mandato; e direta, nos demais casos ($\S\S$ 3º e 4º do art. 224 da LE).

15.1. QUOCIENTE ELEITORAL

Quociente eleitoral é o número de votos necessários para a eleição de um candidato pelo sistema eleitoral proporcional: vereador, deputado estadual e deputado federal. É encontrado dividindo-se o número de votos válidos, excluindo-se os votos em branco e os nulos, pelo número de lugares a serem preenchidos na eleição.

A regulamentação do quociente partidário foi estabelecida no Código Eleitoral, que afirma que o número de vagas por preencher com candidatos registrados por um partido se apura mediante esse cálculo (art. 106 do CE). Sua importância é determinar o número de votos necessários que cada partido ou coligação precisa alcançar para eleger um representante. Os partidos ou as coligações que não conseguirem alcançar esse número, mesmo que um de seus candidatos tenha recebido o maior número de votos individuais, ficará sem representação.

$$\text{Quociente Eleitoral} = \frac{\text{votos válidos (excluídos votos brancos e nulos)}}{\text{número de lugares a preencher}}$$

15.2. QUOCIENTE PARTIDÁRIO

Depois de encontrado o quociente eleitoral, busca-se o quociente partidário, isto é, o número de vagas que determinado partido ocupará. De acordo com o art. 107 do Código Eleitoral, alcança-se o quociente partidário dividindo-se pelo quociente eleitoral o número de votos válidos dados sob a mesma legenda, desprezada a fração (Redação dada pela Lei n. 14.211/2021). As frações decimais serão desprezadas nessa primeira etapa.

$$\text{Quociente Partidário} = \frac{\text{número de votos obtidos pela legenda}}{\text{quociente eleitoral}}$$

Estarão eleitos, entre os candidatos registrados por um partido que tenha obtido votos em número igual ou superior a 10% (dez por cento) do quociente eleitoral, tantos quantos o respectivo quociente partidário indicar, na ordem da votação nominal que cada um tenha recebido (art. 108 do Código Eleitoral com redação dada pela Lei n. 14.211/2021).

Depois de realizado o quociente partidário e esclarecido quantas vagas cada partido ocupará, podem ainda restar algumas vagas, que devem ser preenchidas com o cálculo dos restos partidários. Para efetuá-lo, deve dividir-se o número de votos obtidos pela legenda (somando-se os votos de todos os candidatos) pelo número de vagas ocupado por legenda, acrescido de mais uma unidade. O partido que obtiver a melhor média ficará com a vaga restante, desde que tenha candidato que atenda à exigência de votação nominal mínima.

$$\text{Cálculo dos Restos Partidários} = \frac{\text{número de votos obtidos pela legenda}}{\text{número de vagas ocupadas por legenda} + 1}$$

Sobrando mais de uma vaga, repete-se a operação antecedente mais uma vez, acrescentando ao número de vagas obtido por partido a resultante da operação antecedente das sobras, ou seja, o partido que recebeu mais uma vaga resultante da sobra adicionará essa unidade ao número de vagas ocupadas pela legenda.

$$\text{Cálculo dos Restos Partidários} = \frac{\text{número de votos obtidos pela legenda}}{\text{número de vagas ocupadas por legenda} + \text{acréscimo da operação anterior, se ocorreu,} + 1}$$

Quando não houver mais partidos com candidatos que atendam às exigências de votação nominal mínima, as cadeiras serão distribuídas aos partidos que apresentarem as maiores médicas. Poderão concorrer à distribuição dos lugares todos os partidos que participarem do pleito, desde que tenham obtido pelo menos 80% (oitenta por cento) do quociente eleitoral, e os candidatos tenham obtido votos em número igual ou superior a 20% (vinte por cento) desse quociente (art. 109, § 2º, do CE com redação dada pela Lei n. 14.211/2021). Se nenhum partido alcançar o quociente eleitoral, considerar-se-ão eleitos, até serem preenchidos todos os lugares, os candidatos mais votados (art. 111 do CE).

16 DIPLOMAÇÃO

16.1. NATUREZA DA DIPLOMAÇÃO

A natureza da diplomação é de jurisdição voluntária, não contenciosa, em que o Poder Judiciário é chamado a exercer uma função que não se enquadra nitidamente no conceito de *jurisdictio*[1]. Ela faz parte da jurisdição estatal, diferenciando-se por apresentar algumas peculiaridades. Sua função é a de resguardar determinados interesses que sem o pronunciamento judicial não adquirem validade. O posicionamento por parte do órgão judicial se configura requisito insofismável para assegurar a pertinência do ato ao ordenamento jurídico.

Como não há lide no procedimento de diplomação e não há substituição de vontade das partes à vontade do Estado, o órgão competente atua para validar todo o processo eleitoral e reconhecer o vencedor do pleito eleitoral, concedendo-lhe a prerrogativa de exercer o cargo em sua integridade.

Deflui-se de sua taxonomia de jurisdição voluntária que ela não produz os efeitos da coisa julgada material, podendo a matéria ser no-

---

[1] Eduardo Couture assevera que o conceito de jurisdição, ao menos nos países latino-americanos, ainda não foi definido de forma precisa porque se apresenta com distintos significados. Ele elenca ao menos quatro definições para sua conceituação: a) como âmbito territorial, que traz a ideia de vinculação da jurisdição atrelada a determinado âmbito territorial, sem adentrar na essência de sua conceituação; b) como competência, confundindo seu conceito com o de jurisdição. Esse é um equívoco porque a competência é uma demarcação da jurisdição e sua delimitação de atuação, uma relação da parte com o todo; c) como poder para sinalizar a prerrogativa de autoridade que é conferida ao Judiciário. Entretanto, a jurisdição não é apenas um poder, configurando-se como um poder-dever, inclusive considerado como um direito outorgado à cidadania; d) como função, concepção defendida por Couture, porque é uma obrigação prestada por um órgão designado pelo Estado para solucionar uma demanda trazida em juízo (COUTURE, Eduardo J. *Fundamentos del derecho procesal civil*. Buenos Aires: Depalma, 1958, p. 27-31).

vamente questionada em outro processo[2]. Não existe hipótese de modificação no mesmo processo uma vez transitado em julgado, coisa julgada formal, permitindo a reversão do posicionamento somente através de outra ação ou na esfera recursal.

Como espécie de ato judicial, enquanto ela não perder sua validade, produz todos os efeitos inerentes aos demais atos. Mesmo que sua segurança seja atenuada devido à inexistência de coisa julgada material. Até que não ocorra outra decisão em sentido contrário, seja através de ação anulatória, seja por intermédio de via recursal, ela produz todos os efeitos devidos.

Destarte, a diplomação enquadra-se como uma decisão judicial, apresentando todas as suas características inerentes, classificando-se como de jurisdição voluntária, de natureza declaratória, corroborando o resultado extraído quando da proclamação dos eleitos no pleito eleitoral nos sistemas majoritário e proporcional.

16.2. CONCEITO E PROCEDIMENTO

A diplomação é o ato mediante o qual a Justiça Eleitoral habilita os candidatos eleitos e seus suplentes a exercer seus respectivos mandatos, através de ato solene, em que se reconhece o resultado das eleições e possibilita ao eleito assumir seu cargo com a posse.

Nas eleições majoritárias devem ser diplomados os candidatos eleitos ao Poder Executivo e seus respectivos vices. Na eleição para o Senado devem ser diplomados o senador eleito e seus dois suplentes. Nas eleições proporcionais são diplomados os candidatos e os suplentes mais votados, atendendo-se ao quociente eleitoral e ao quociente partidário.

No pleito municipal a competência para a diplomação é da Junta Eleitoral; nos pleitos estaduais a competência é do Tribunal Regional

---

[2] Giuseppe Chiovenda a define da seguinte forma: "O bem da vida que o autor deduziu em juízo (*res in judicium deducta*) com a afirmação de que uma vontade concreta da lei o garante a seu favor ou nega ao réu, depois que o juiz o reconheceu ou desconheceu com a sentença de recebimento ou de rejeição da demanda, converte-se em coisa julgada (*res iudicata*)" (CHIOVENDA, Giuseppe. *Instituições de direito processual civil*. Campinas: Bookseller, 1998, v. 1, p. 446).

Eleitoral respectivo, e para os cargos nacionais a competência é do Tribunal Superior Eleitoral. Portanto, a competência para sua outorga pertence sempre a um órgão colegiado, não importando a instância em que ocorra, quem o assina é o juiz eleitoral, o presidente do Tribunal Regional Eleitoral e o presidente do Tribunal Superior Eleitoral, dentro de suas respectivas competências.

Sua competência se encontra sob a incumbência da Justiça Eleitoral, que, pela exigência de neutralidade de seus posicionamentos e pela prevalência da soberania popular, de forma imperativa, reflete na diplomação a decisão tomada pela maioria da população. Durante a Primeira República, a diplomação era instrumento utilizado pelas oligarquias dominantes para manter seu poder, sendo ela prerrogativa do Poder Executivo. Mesmo se a oposição conseguisse vencer o pleito, o governo poderia não outorgar seu diploma, concedendo-o ao partido perdedor para que ele pudesse continuar a exercer o poder[3].

Não poderá ser diplomado nas eleições majoritárias ou proporcionais o candidato que estiver com o registro indeferido, ainda que *sub judice*. Nas eleições majoritárias, se, à data da respectiva posse, não houver candidato diplomado, caberá ao Presidente do Poder Legislativo assumir ou exercer o cargo, até que sobrevenha decisão favorável no processo de registro, ou, se já encerrado este, realizem-se novas eleições com a posse dos eleitos (art. 220, *caput* e parágrafo único, da Resolução n. 23.611/2019).

A convocação dos eleitos e de seus suplentes para a diplomação ocorre na proclamação dos resultados da eleição, quando se marca uma data definitiva. A data da cerimônia deve ser marcada com antecedência, com ampla publicidade, possibilitando o comparecimento de todos, e também porque começa a contagem do prazo para a interposição recursal. A sessão de diplomação é pública, realizada em local que permita a presença com comodidade dos eleitos, dos suplentes, de seus familiares e da população em geral.

A diplomação é concebida como um ato único, que não admite fragmentação dentro de elastério de tempo. No dia aprazado todos os candidatos eleitos e seus suplentes são diplomados, mesmo que alguns

---

[3] RIBEIRO, Fávila. *Direito eleitoral positivo*. 4. ed., Rio de Janeiro: Forense, 1996, p. 477.

deles não estejam presentes. Os faltosos podem apanhar seu diploma em outro dia, sendo entregue pelo setor competente da Justiça Eleitoral. A concepção de sua unicidade apresenta relevância na contagem do prazo para o recurso contra a diplomação ou na ação de impugnação de mandato eletivo. Mesmo para os ausentes, o prazo se conta da data da diplomação e não de sua entrega.

O diploma precisa conter o nome do candidato, a indicação da legenda sob a qual concorreu, o cargo para o qual foi eleito ou sua classificação como suplente, a assinatura da autoridade competente e outros dados considerados essenciais (art. 215, parágrafo único, do CE). Na diplomação dos suplentes, faz-se imperiosa a menção de sua classificação, com a indicação da ordem classificatória em caso de convocação para substituição ou renúncia.

Existindo recurso pendente contrário à diplomação, deve ser consignado que o resultado do processo eleitoral pode ser alterado em razão do julgamento desses feitos (art. 261, § 5º, do CE).

Caso haja a diplomação de militar, o órgão que o diplomou tem a obrigação de comunicar imediatamente à autoridade a que ele esteja subordinado. A expedição de qualquer diploma pela Justiça Eleitoral depende da prova de que o eleito está em dia com o serviço militar obrigatório.

Realizando-se a diplomação por autoridade incompetente, ela será nula de pleno direito, cabendo inclusive a feitura de ação anulatória. No município em que existir mais de uma zona eleitoral, a competência para a proclamação dos resultados e da diplomação pertence ao magistrado eleitoral mais antigo.

Os partidos políticos, as coligações, os candidatos e o Ministério Público podem arguir qualquer vício que possa resultar na nulidade da sessão de diplomação ou do próprio diploma, impetrando para tanto o recurso contra diplomação. No sentir de Fávila Ribeiro, o eleitor, por não ser candidato nem participar da direção de partido político ou coligação, não pode impetrar tal recurso, podendo dar ciência do fato, com sua fundamentação pertinente, ao juiz eleitoral ou ao membro do Ministério Público competente[4].

---

[4] RIBEIRO, Fávila. *Direito eleitoral positivo*. 4. ed. Rio de Janeiro: Forense, 1996, p. 168.

Joel Cândido enumera as causas que podem acarretar a nulidade da cerimônia de diplomação em relação a todos os eleitos ou em relação somente a alguns:

a) quando realizado por autoridade incompetente (nulidade total);

b) quando o diplomado, por qualquer razão, não deveria receber o diploma (nulidade parcial);

c) quando o diploma não se originar de eleição válida (nulidade parcial);

d) quando o diploma for expedido em manifesta desconformidade com os resultados da apuração (nulidade parcial)[5].

Eventual interposição de recurso contra a apuração/totalização não produz o efeito de suspender a apuração.

A diplomação apenas opera seu trânsito em julgado quando forem extintos todos os recursos que a questionarem e as questões referentes à apuração e à votação[6]. Com efeito, há um elastério bastante largo para que ela se torne um ato jurídico perfeito e, como tal, munido de proteção constitucional. Aparecendo causas que forcejem sua cassação, não se pode falar em quebra de ato jurídico perfeito porque de fato ele nunca existiu. As questões pendentes impedem a consolidação da segurança jurídica[7].

Seus efeitos são prospectivos, estendendo-se daquele momento até o final do mandato, significando que o candidato a partir dessa data possui o direito subjetivo de tomar posse na data marcada e exercer suas funções em plenitude. Concretiza a diplomação o último ato do processo eleitoral, finalizando o processo inerente ao pleito eleitoral, salvo se houver interposição de recurso.

Possuindo a diplomação a taxionomia de ato jurídico público, sua expedição pode ser fiscalizada por partido político, coligação, candidato ou membro do Ministério Público, possuindo legitimidade para se opor a incorreções existentes no diploma. Atestada a incorreção, que

---

[5] CÂNDIDO, Joel José. *Direito eleitoral brasileiro*. 12. ed. São Paulo: Edipro, 2002, p. 234.

[6] TSE, Ac. 8.763, Rel. Min. Francisco Rezek.

[7] RÁO, Vicente. *O direito e a vida dos direitos*. 3. ed. São Paulo: Revista dos Tribunais, 1991, v. 1, p. 323.

apresenta uma índole de erro material, pode a Junta Eleitoral, o Tribunal Regional Eleitoral ou o Tribunal Superior Eleitoral corrigi-lo para evitar delongas decorrentes de impugnação.

A importância da diplomação não se restringe ao direito subjetivo de garantir a posse do eleito e o exercício de seu mandato. Ela também se configura um marco que produz algumas prerrogativas e vedações.

Como vedações, não podem os deputados e senadores desde a expedição do diploma: a) firmar ou manter contrato com pessoa jurídica de direito público, autarquia, empresa pública, sociedade de economia mista ou empresa concessionária de serviço público, salvo quando o contrato obedecer a cláusulas uniformes; b) aceitar ou exercer cargo, função ou emprego remunerado, inclusive os de que sejam demissíveis *ad nutum*, nas entidades constantes da letra anterior (art. 54, I, da CF).

As prerrogativas asseguradas pela expedição do diploma para deputados e senadores são: a) desde a expedição do diploma, os parlamentares não podem ser presos, salvo em flagrante de crime inafiançável; b) desde a expedição do diploma apenas podem ser julgados perante o Supremo Tribunal Federal; c) possibilidade de suspensão de crime ocorrido após a diplomação (art. 53 da CF).

16.3. RECURSOS CONTRÁRIOS À DIPLOMAÇÃO

Não apenas porque atesta o resultado eleitoral e propicia o exercício do mandato, a sessão de diplomação se configura importante porque também marca o início do prazo para a interposição de recurso contra sua realização e de várias outras ações, impugnando o resultado do pleito eleitoral[8] (art. 14, §§ 10 e 11, da CF)[9].

O recurso contra a expedição de diplomação pode ser implantado no prazo de três dias da realização do ato solene, encontrando amparo em âmbito infraconstitucional, no Código Eleitoral. São causas de recurso contra a expedição de diplomação: a) inelegibilidade constitu-

---

[8] Referidos recursos são esmiuçados nos itens 17.10 e 18.3.2.

[9] Constituição Federal, art. 14, §§ 10 e 11: "§ 10. O mandato eletivo poderá ser impugnado ante a Justiça Eleitoral no prazo de quinze dias contados da diplomação, instruída a ação com provas de abuso do poder econômico, corrupção ou fraude. § 11. A ação de impugnação de mandato tramitará em segredo de justiça, respondendo o autor, na forma da lei, se temerária ou de manifesta má-fé".

cional; b) inelegibilidade superveniente; c) condições de elegibilidade.

Por sua vez, a ação de impugnação de mandato eletivo, que encontra amparo constitucional, pode ser impetrada no prazo de até quinze dias da realização da diplomação, instruída com provas de abuso do poder econômico, corrupção ou fraude. Ela tramita em segredo de justiça, respondendo o autor caso seja impetrada de forma temerária ou de má-fé (art. 14, §§ 10 e 11, da CF).

Enquanto o Tribunal Superior Eleitoral não decidir sobre o recurso interposto contra a expedição do diploma, o cidadão que o recebeu pode exercer o mandato em toda a sua plenitude (art. 216 do CE). Arrimado no referido artigo, a impetração de recursos não obsta a diplomação e a consequente posse dos candidatos. Apenas com decisão judicial transitada em julgado, no sentido de revogar a diplomação, é que haverá a perda do mandato, com a expedição de novo diploma àquele que assumirá a função pública.

17 POSSE

A Constituição Federal determinava que o mandato de Presidente da República é de quatro anos, com a posse marcada para 1º de janeiro do ano seguinte ao da eleição (art. 82). O dia 1º de janeiro do ano seguinte ao da eleição também se configura na data de posse dos governadores de Estado (art. 28).

No entanto, de acordo com as alterações promovidas pela EC n. 111/2021, o mandato do Presidente da República terá início em 5 de janeiro do ano seguinte ao de sua eleição e o dos governadores de Estado no dia 6 de janeiro do ano subsequente.

Importa acentuar que as alterações efetuadas nos arts. 28 e 82 da Constituição, relativas às datas de posse de Governadores, de Vice-Governadores, do Presidente e do Vice-Presidente da República serão aplicadas somente a partir das eleições de 2026.

Após sua posse, o Presidente e o Vice-Presidente da República não podem, sem licença do Congresso Nacional, ausentar-se do país por prazo superior a quinze dias, sob pena de perda do cargo (art. 83 da CF).

Determina o regimento interno do Congresso Nacional que o compromisso do Presidente e do Vice-Presidente da República é recebido em sessão conjunta do Congresso Nacional. Como a nova legislatura toma posse apenas no dia 1º de fevereiro, a posse do Chefe do Executivo será realizada pelos componentes da legislação anterior. O teor de seu compromisso é manter, defender e cumprir a Constituição, observar as leis, promover o bem geral do povo brasileiro, sustentar a união, a integridade e a independência do Brasil (art. 78 da CF).

A posse dos prefeitos, dos vice-prefeitos, do governador e do vice-governador compete às respectivas Assembleias Legislativas e Câmaras Municipais, seguindo o disposto nas Constituições Estaduais e nas Leis Orgânicas municipais.

Se a posse do Chefe do Executivo não se efetivar na data marcada nem nos dez dias posteriores à data aprazada, salvo motivo de força maior, o cargo será declarado vago (art. 78, parágrafo único, da CF). Assim, declarada a vacância do cargo, a postulação passa a ser do vice eleito; caso ele não assuma, novas eleições devem ser convocadas. Nesse ínterim, são chamados a exercer temporariamente a Chefia do Executivo, até a posse do novo eleito, o Presidente da Câmara dos Deputados, o do Senado Federal e o do Supremo Tribunal Federal (art. 80 da CF).

Em havendo vacância dos cargos de Presidente e Vice-Presidente da República, far-se-á eleição noventa dias depois de aberta a última vaga (art. 81, *caput*, da CF). Caso essa vacância se dê nos últimos dois anos do período presidencial, a eleição para ambos os cargos será feita trinta dias depois da última vaga, pelo Congresso Nacional, na forma da lei (art. 81, § 1º, da CF).

É importante observar, portanto, que se está diante de duas situações distintas: a primeira se refere ao instituto da eleição direta, na qual dispõe que, havendo vacância dos cargos de Presidente e Vice-Presidente da República, durante os dois primeiros anos do seu mandato, a forma de provimento será, necessariamente, por meio da convocação de nova eleição, no prazo de noventa dias, a contar da abertura da última vacância; e a segunda diz respeito à eleição indireta, quando a vacância vier a ocorrer durante os dois últimos anos do mandato presidencial, necessitando da realização de nova eleição, desta vez, apenas no âmbito interno do Congresso Nacional[1], sem qualquer participação da população, no prazo de trinta dias a contar da última vacância.

A despeito de existirem alguns Projetos de Lei em trâmite, no sentido de regulamentar o instituto da eleição indireta, nesse caso específico[2], tem-se em mente que sua base legal encontra respaldo na antiga Lei n. 4.321/64[3], que, por sua vez, determina o procedimento a

---

[1] Realizar-se-á eleição tão somente com a participação dos Deputados Federais e Senadores, concomitantemente na condição de eleitores e candidatos, sendo o mais votado deles eleito para exercer mandato-tampão até final do mandato presidencial para o qual fora convocado.

[2] PL n. 2.893, de 4-6-1992, de autoria do Senador Mansueto de Lavor; PL n. 1.292-A, de 23-6-1999, de autoria do Deputado Federal Nicías Ribeiro; PL n. 2.893/92, dentre outros.

[3] Lei n. 4.321, de 7-4-1964. "Art. 1º Vagando os cargos de Presidente e Vice-Presidente da República na segunda metade do período presidencial, far-se-á elei-

ção pelo Congresso Nacional, para ambos os cargos. Art. 2º Para essa eleição, o Congresso Nacional será convocado por quem se encontre no exercício da Presidência do Senado, mediante edital publicado no *Diário do Congresso Nacional*, com a antecedência de, pelo menos, 48 (quarenta e oito) horas, e do qual deverá constar a data e hora da sessão. Art. 3º A sessão, sob a direção da Mesa do Senado Federal, será aberta na hora marcada e, logo que se verificar a presença da maioria dos Congressistas, iniciar-se-á a chamada para a votação. Parágrafo único. A sessão não deixará de ser aberta nem será suspensa, por falta de *quorum*, devendo prosseguir até que este se verifique, vote, pelo menos, a mencionada maioria e termine o processo de votação, com a proclamação dos eleitos. Art. 4º A eleição processar-se-á mediante voto secreto e em escrutínios distintos, o primeiro, para Presidente, e o outro, para Vice-Presidente. Art. 5º Observar-se--á na votação o seguinte: *a*) as cédulas poderão ser impressas ou datilografadas e conterão apenas a designação da eleição e o nome do candidato; *b*) o Congressista chamado receberá uma sobrecarta opaca, ingressará em gabinete indevassável e colocará na sobrecarta a cédula de sua escolha; *c*) ao sair do gabinete exibirá para a Mesa a sobrecarta fechada e, verificando-se ser a mesma que lhe foi entregue, a depositará na urna. § 1º Antes de aberta a urna poderá votar qualquer membro do Congresso que ainda não o haja feito quando chamado. § 2º As sobrecartas distribuídas deverão ser rigorosamente uniformes. § 3º Concluída a chamada e havendo votado a maioria absoluta dos Congressistas, a Mesa, na presença de um Senador e de um Deputado, convidados para escrutinadores, procederá à apuração. § 4º O Presidente da Mesa abrirá a sobrecarta e lerá cada cédula, cabendo aos secretários e escrutinadores a contagem e anotação dos votos lidos. § 5º Considerar-se-á eleito o candidato que alcançar o voto da maioria absoluta dos membros do Congresso Nacional. § 6º Não sendo obtida a maioria absoluta, por qualquer dos candidatos, repetir-se-á o escrutínio. § 7º Se, após dois escrutínios, nenhum candidato alcançar a maioria absoluta dos sufrágios, considerar-se-á eleito aquele que, no terceiro, obtiver a maioria dos votos apurados, e no caso de empate, o mais idoso. § 8º Proclamado o resultado da eleição suspender-se-á imediatamente a sessão pelo tempo necessário a que se lavre a respectiva ata, a qual, reabertos os trabalhos, será submetida à aprovação dos Congressistas, independentemente de *quorum*. § 9º A ata da sessão da eleição registrará os nomes dos Congressistas que votaram e os dos que deixaram de votar. § 10 Antes de encerrados os trabalhos o Presidente da Mesa convocará o Congresso Nacional a fim de receber o compromisso do Presidente e do Vice--Presidente da República na forma do art. 41, item III, da Constituição Federal. Art. 6º Somente da matéria da eleição do Presidente e do Vice-Presidente da República se poderá tratar na sessão a ela destinada. Art. 7º Nos casos omissos, observar-se-á o disposto no Regimento Comum do Congresso Nacional."

ser seguido para tal eleição anômala. É importante que se diga que o mesmo procedimento da eleição indireta para os cargos de Chefe do Poder Executivo Federal (Presidente e Vice-Presidente da República) aplica-se aos cargos de Chefe do Executivo Estadual (Governador e Vice-Governador) e Municipal (Prefeito e Vice-Prefeito), desde que as respectivas Constituições estaduais e Leis Orgânicas não tenham disposto de modo diverso[4].

De todo modo, tanto na eleição direta quanto na indireta, os candidatos eleitos deverão apenas completar o período do mandato remanescente de seus antecessores (art. 81, § 2º, da CF), não contabilizando o tempo de permanência no "mandato-tampão" para fins de reeleição.

Em nível estadual, não assumindo o governador ou o vice-governador, a postulação pertence ao presidente da Assembleia Legislativa e, após, ao presidente do Tribunal de Justiça. Em nível municipal, não assumindo o prefeito ou o vice-prefeito, a postulação é do presidente da Câmara Municipal e, após, de qualquer vereador indicado pela respectiva Câmara Municipal. Ressalte-se, inclusive, que o Tribunal Superior Eleitoral entende que o período de interinidade do Presidente da Câmara Municipal no cargo de Prefeito, ou do Presidente da Assembleia no cargo de Governador, na condição de "mandato-tampão", não constitui impedimento para sua reeleição[5].

---

[4] "Mandado de segurança. Resolução do Tribunal Regional. Determinação de eleições diretas. Cassação de prefeito e vice. Vacância no segundo biênio do mandato. Art. 81, § 1º, da Constituição Federal. Aplicação aos Estados e Municípios. Ordem concedida. 1. Aplica-se, aos Estados e Municípios, o disposto no art. 81, § 1º, da Constituição Federal, que determina a realização de eleição indireta, se ocorrer vacância dos cargos de Presidente e Vice-Presidente da República nos dois últimos anos do mandato, independentemente da causa da vacância. Precedentes da Corte. 2. Ordem concedida para determinar a realização de eleições indiretas no Município de Poção/PE, a cargo do Poder Legislativo local" (TSE, MS 3643/2008–PE, Rel. Min. Marcelo Henriques).

[5] "CONSULTA. PRESIDENTE DA CÂMARA MUNICIPAL QUE OCUPOU INTERINAMENTE O CARGO DE PREFEITO. PRIMEIRO E SEGUNDO MANDATOS. ART. 14, § 5º, DA CONSTITUIÇÃO FEDERAL. REELEIÇÃO. POSSIBILIDADE. RESPOSTA POSITIVA. 1. É assente no Tribunal Superior Eleitoral que o período de interinidade, no qual o Presidente da Câmara Municipal assume o cargo de Prefeito em razão da vacância dos cargos de

Importante salientar que a jurisprudência do Tribunal Superior Eleitoral é clara na aplicação das regras concernentes à sucessão do candidato titular por motivo de seu falecimento:

a) se o evento morte ocorrer após a convenção partidária e antes do dia do primeiro turno da eleição, a substituição dar-se-á por decisão da maioria absoluta dos órgãos executivos de direção dos partidos políticos coligados, podendo o substituto ser filiado a qualquer partido integrante da coligação, desde que o partido ao qual pertencia o substituído renuncie ao direito de preferência. Nessa hipótese, a substituição poderá ser requerida até 24 horas antes da eleição, desde que observado o prazo de dez dias, contados do fato (art. 51, *caput*, e § 1º, c/c o art. 52, *caput*, ambos da Instrução n. 105);

b) se a sucessão ocorrer entre o primeiro e o segundo turnos da eleição, convocar-se-á, dentre os remanescentes, o de maior votação; se, na hipótese dos parágrafos anteriores, remanescer, em segundo lugar, mais de um candidato com a mesma votação, qualificar-se-á o mais idoso (art. 28 c/c o art. 77, §§ 4º e 5º, da CF);

c) na hipótese de falecimento do titular, após a realização do segundo turno, será diplomado o vice-eleito, visto que os efeitos da diplomação do candidato pela Justiça Eleitoral são meramente declaratórios, já que os constitutivos evidenciam-se com o resultado favorável das urnas;

d) em ocorrendo o evento morte do titular e de seu vice após a realização do segundo turno, incidem, por aplicação do princípio da simetria, as regras constantes dos arts. 80 e 81 da CF (sucessão por impedimento ou vacância e eleição direta e indireta)[6].

Prefeito e Vice-Prefeito e o período que ocupou este cargo em decorrência de eleição suplementar – 'mandato tampão' –, constituem frações de um só mandato, não configurando impedimento para sua reeleição, à luz do art. 14, § 5º, da Constituição Federal. Precedente: Resp n. 18.260, Rel. Min. Nelson Jobim, Sessão de 21-11-2000. 2. Consulta conhecida e respondida afirmativamente" (TSE, CTA n. 1.505/ 2008–DF, Rel. Min. José Augusto Delgado).

[6] TSE, CTA n. 1.204/2006–DF, Rel. Min. Antonio Cezar Peluso.

18 PROCESSO ELEITORAL

18.1. CONCEITO

O objetivo deste capítulo é reunir, para efeitos sistemáticos, todas as ações existentes no processo eleitoral de modo a facilitar sua análise e formular suas linhas gerais. Essas ações são normas de direito adjetivo, que, mesmo dotadas de autonomia jurídica, asseguram a realização do direito substantivo, possibilitando que meandros processuais possam permitir que os cidadãos usufruam de seus direitos de cidadania. Na definição consagrada pelo Tribunal Superior Eleitoral, o processo eleitoral consiste num conjunto de atos abrangendo a preparação e a realização das eleições, incluindo a apuração dos votos e a diplomação dos eleitos[1].

A relação processual eleitoral é formada por um ou mais autores, um órgão do Poder Judiciário que deve decidir a lide, e um ou mais réus. Ela consiste na interação – regulada pelas normas jurídicas – entre dois ou mais sujeitos, tanto no polo passivo como no polo ativo[2]. Assim, podemos dizer, em um raciocínio superficial, que a relação jurídica é constituída por uma forma triangular, estando o juiz no vértice e na base os sujeitos processuais[3]. Na hoste eleitoralista, o autor pode ser todo aquele candidato, partido político ou coligação que tem seu direito lesionado ou sob ameaça de sê-lo – também podendo ser iniciada pelo

---

[1] PROCESSO eleitoral. In: BRASIL. Tribunal Superior Eleitoral. Thesaurus. 6. ed. rev. e ampl. Brasília: Secretaria de Documentação e Informação, 2006, p. 196.

[2] ROCHA, José de Albuquerque. *Teoria Geral do Processo*. 5. ed. São Paulo: Malheiros, 2001, p. 233.

[3] "O caráter tríplice da relação jurídica processual corresponde, porém, apenas ao seu esquema subjetivo mínimo. Não pode existir um processo sem o juiz, ou sem um demandante, ou sem um demandado. Pode no entanto havê-los em um número superior" (DINAMARCO, Cândido Rangel. *Instituições de direito processual civil*. São Paulo: Malheiros, 2002, v. II, p. 215).

Ministério Público quando atua defendendo o regime democrático, a ordem jurídica e os interesses coletivos ou individuais indisponíveis.

O bem jurídico é o objeto que satisfaz as necessidades do homem[4], ou seja, é tudo aquilo que atende às necessidades humanas, podendo ser bens materiais (água, comida) ou imateriais (liberdade, honra)[5]. O bem jurídico protegido no pleito eleitoral é a vontade da população, permitindo que ela possa se pronunciar de forma livre e sem vício.

O órgão competente do Judiciário para decidir são os componentes da Justiça Eleitoral, de acordo com sua seara de atuação, podendo ser o Tribunal Superior Eleitoral, os Tribunais Regionais Eleitorais, os juízes eleitorais e as Juntas Eleitorais. O réu é aquele contra quem a ação se direciona em decorrência de um ato ou omissão lesiva à legislação eleitoralista, podendo ser um cidadão, uma pessoa jurídica, um partido ou uma coligação.

Os prazos do Direito Eleitoral são contínuos e peremptórios. Portanto, eles nem se suspendem nem se interrompem, da mesma forma que uma vez perdidos não podem ser restituídos. Eles correm na secretaria ou em cartório, a despeito de ser sábado, domingo ou dia feriado (art. 16 da LC n. 64/90 e art. 7º da Resolução n. 23.608/2019 do TSE). Nesse sentido, o Plenário do Tribunal Superior Eleitoral, por unanimidade, no julgamento do Recurso Especial eleitoral de n. 533-80, asseverou que a sistemática de contagem de prazo prevista no art. 219 do Novo Código de Processo Civil não é aplicável aos processos eleitorais. Isso porque há uma incompatibilidade entre os princípios constitutivos do direito processual eleitoral, em especial, o da celeridade (como derivação da razoável duração do processo) e a nova metodologia de contagem de prazos designada pelo Código de Processo Civil[6].

---

[4] CARNELUTTI, Francesco. *Teoría general del derecho*. Madrid: Revista de Derecho Privado, 1941, p. 47.

[5] "Todo direito tem por objeto um bem. Os direitos reais são absolutos, no sentido de que incidem diretamente sobre o bem (...). Os direitos pessoais não incidem diretamente sobre o bem e não passam de uma legítima expectativa de obtê-los" (DINAMARCO, Cândido Rangel. *Instituições de direito processual civil*. São Paulo: Malheiros, 2002, v. II, p. 35).

[6] Respe n. 533-80, Belo Horizonte/MG, Rel. Min. Maria Thereza de Assis Moura, j. 2-6-2016.

Se o juiz eleitoral não cumprir as disposições legais cominadas nas leis eleitorais, inclusive quanto aos prazos eleitorais, pode o candidato, o partido ou a coligação representá-lo ao Tribunal Regional Eleitoral. Esse Egrégio Tribunal mandará ouvir o representado em 24 horas e, após, ordenará a observância do procedimento determinado. Persistindo o descumprimento da obrigação, o juiz incorre em crime de desobediência. No caso de descumprimento por parte do Tribunal Regional Eleitoral, a representação é feita diretamente ao Tribunal Superior Eleitoral para assegurar a realização do procedimento e dos prazos devidos (art. 97 da LE).

É obrigatório, para os membros dos Tribunais Eleitorais e do Ministério Público, fiscalizar o cumprimento das Leis Eleitorais pelos juízes e promotores eleitorais das instâncias inferiores, determinando, quando for o caso, a abertura de procedimento disciplinar para a apuração de eventuais irregularidades que verificarem (art. 97, § 1º, da Lei n. 9.504/97). A intenção foi dirimir dúvida quanto à possibilidade de os membros do Ministério Público e dos tribunais fiscalizarem o cumprimento dos parâmetros legais pelos juízes e promotores de instância inferiores. No caso de descumprimento das disposições da Lei Eleitoral pelo Tribunal Regional Eleitoral, a representação poderá ser feita ao Tribunal Superior Eleitoral, observado o disposto no art. 97, § 2º, da Lei n. 9.504/97.

Em todas essas ações, o bem jurídico tutelado é indivisível, de interesse geral, suplantando as vontades individuais e a esfera de disponibilidade particular. O objeto jurídico tutelado são a legitimidade e a normalidade das eleições, impedindo a utilização do poder econômico, a fraude, a corrupção ou o abuso de poder. Enquadra-se de forma cristalina na classificação de um bem público, regido pelas regras dessa seara do Direito, restando longe do alcance das disposições de Direito Privado.

Todas as decisões devem ser fundamentadas, sob pena de nulidade. Mesmo antes da entrada em vigor do novo CPC, que exige, em seu art. 476, que o magistrado se pronuncie sobre todos os argumentos trazidos pelas partes, o Tribunal Superior Eleitoral já asseverava que há violação aos arts. 275, II, do Código Eleitoral e 93, IX, da Constituição Federal, quando o Tribunal devidamente provocado não se manifesta sobre ponto relevante para o deslinde da controvérsia, deixan-

506

do de apresentar os fundamentos utilizados para a formação do seu convencimento[7].

Essas singularidades mencionadas fazem com que determinados parâmetros do Direito Processual Civil não possam ser inteiramente aplicados à integralidade, o que imprime a necessidade de adaptação. Na verdade, a doutrina brasileira tem a incumbência de forcejar os delineamentos gerais do que se denomina de processo eleitoral, com a finalidade de fornecer subsídios para que o processo eleitoral possa ser o mais célere possível e as eleições as mais transparentes.

18.2. CONDIÇÕES DA AÇÃO E PRESSUPOSTOS PROCESSUAIS

No ajuizamento de demandas se configura imprescindível a verificação das condições de ação, que são requisitos mínimos para atestar a sua viabilidade ou não. Condição de ação são os requisitos que devem estar presentes na situação jurídica alegada pelo autor da ação, abrindo caminho para a tutela jurisdicional[8]. As condições de ação compõem-se do interesse de agir, isto é, que a ação seja necessária e adequada; e da legitimidade *ad causam*, consistente em saber se o autor pode promover a ação[9]. O Código de Processo Civil, em seu art. 17, ao trazer apenas o interesse e a legitimidade como elementos essenciais à propositura da ação, arrefeceu os acirrados debates acerca da (des) necessidade da possibilidade jurídica como condição da ação e, consequentemente, afastou tal elemento.

O interesse de agir é um interesse processual, secundário e instrumental com relação ao interesse substancial primário, tendo por objeto

---

[7] Respe n. 399-48/SC. Ação Cautelar n. 73-41/SC. Rel. Min. Henrique Neves.

[8] "Quando o juiz declara inexistente uma das condições da ação, ele está em verdade declarando a inexistência de uma pretensão acionável do autor contra o réu, estando, pois, a decidir a respeito da pretensão posta em causa pelo autor, para declarar que o agir deste contra o réu – não contra o Estado – é improcedente" (SILVA, Ovídio Baptista da. *Curso de direito processual civil*. 6. ed. São Paulo: Revista dos Tribunais, 2003, v. 2, p. 108).

[9] CINTRA, Antônio Carlos de Araújo; GRINOVER, Ada Pellegrini; DINAMARCO, Cândido Rangel. *Teoria geral do processo*, 12. ed. São Paulo: Malheiros, 1996, p. 259-260.

o provimento que se pede ao juiz como meio para obter a satisfação de um interesse primário lesado pelo comportamento da parte contrária, ou, mais genericamente, pela situação de fato objetivamente existente[10]. Em outras palavras, é a pertinência entre a parte e o objeto discutido na lide, sofrendo consequências de acordo com a decisão prolatada. Já a legitimidade da parte, por sua vez, consiste na aptidão para demandar ao Poder Judiciário a tutela de um direito. Segundo Luiz Guilherme Marinoni, é a relação de identificação entre o autor e o réu com o direito material em litígio. Assim, é legitimado ativo o titular do direito material e legitimado passivo aquele que, também no plano do direito material, contra esse direito pode se opor[11].

Desta feita, se ausente qualquer desses requisitos constitutivos da ação, caracterizar-se-á a carência da mesma, com a consequente extinção do processo sem resolução do mérito (art. 485, VI, do CPC), produzindo-se tão somente coisa julgada formal, admitindo a propositura de nova demanda assentada nos mesmos elementos (partes, causa de pedir e pedido), desde que a mácula que determinou a extinção do primeiro dos processos seja afastada[12].

Os pressupostos processuais são requisitos inexoráveis para a formação regular e válida da relação processual. Nesse sentido, são considerados pressupostos de existência do processo: o pedido; a investidura na jurisdição daquele a quem o pedido é endereçado, bem como a citação do réu; e a capacidade postulatória, ou a exigência de que a parte postule por meio de advogado, salvo as exceções estabelecidas em lei. Por outro lado, configuram-se como pressupostos de validade do processo: a petição inicial regular; a competência do juízo (desde que não se constate a incompetência absoluta) e a imparcialidade do juiz (salvo no caso de impedimento, previsto no art. 144 e ss. do CPC); e a capacidade de estar em juízo (art. 70 do CPC), atribuída a todo aquele que tiver capacidade de gozo e exercício dos seus direitos. De resto, existem ainda os pressupostos processuais negativos, porquanto impedem a efi-

---

[10] LIEBMAN, Enrico Tullio. *Manual de direito processual civil*, v. 1, p. 155.

[11] MARINONI, Luiz Guilerme. *Teoria geral do processo*. São Paulo: Revista dos Tribunais, 2006, p. 173.

[12] MONTENEGRO FILHO, Misael. *Curso de direito processual civil*: teoria geral do processo e processo de conhecimento. 4. ed. São Paulo: Atlas, 2008, v. 1, p. 113.

cácia e a validade da relação processual, apresentando-se, assim, no instituto da litispendência e da coisa julgada[13].

Os pressupostos processuais apresentam-se, portanto, como condições mínimas de constituição do processo e de seu desenvolvimento válido e regular, de modo que a ausência de um pressuposto impõe a extinção do processo sem a resolução do mérito, com fundamento no inciso IV do art. 485 do CPC, produzindo-se coisa julgada formal, o que permite a propositura de nova ação assentada nos mesmos elementos (partes, causa de pedir e pedido)[14].

18.3. PRINCÍPIOS DO PROCESSO ELEITORAL

Configura-se como uma parêmia, hodiernamente, que os valores sejam introduzidos e espraiados por todo o ordenamento jurídico por intermédio dos princípios[15]. Essa função dos princípios, para Habermas, é exercida em virtude do seu caráter deontológico, garantindo que eles sejam obrigatórios e não apenas especialmente preferíveis. Ressalte-se, ainda, que possuem uma força jurídica de justificação, que permite a calibração de valores metajurídicos[16].

As normas jurídicas são um gênero que comporta, em meio a outras classificações[17], duas grandes espécies, quais sejam: as regras e

---

[13] MARINONI, Luiz Guilherme. *Teoria geral do processo*. São Paulo: Revista dos Tribunais, 2006, v. 1, p. 469-470.

[14] MONTENEGRO FILHO, Misael. *Curso de direito processual civil*: teoria geral do processo e processo de conhecimento. 4. ed. São Paulo: Atlas, 2008, v. 1, p. 204.

[15] BARROSO, Luís Roberto; BARCELLOS, Ana Paula de. *O começo da História*: a nova interpretação constitucional e o papel dos princípios no Direito brasileiro. In: SILVA, Virgílio Afonso da (Coord.). *Interpretação constitucional*. São Paulo: Malheiros, 2005, p. 58 *et seq*.

HABERMAS, Jürgen. Entre fatos e normas: contribuições para uma teoria do discurso do Direito e da democracia. Tradução William Rehg. New York: MIT Press, 1998, p. 257.

[16] HABERMAS, Jürgen. *Entre fatos e normas*: contribuições para uma teoria do discurso do Direito e da democracia. Tradução William Rehg. New York: MIT Press, 1998, p. 257.

[17] As normas jurídicas comportam inúmeras classificações que para a temática vergastada desnecessita maior debruçamento.

os princípios[18]. Há uma enorme variedade de critérios para estabelecer a distinção entre as espécies normativas, sendo a formatação de sua gênese e aplicação que modula a principal diferença entre regra e princípio[19].

As regras são cláusulas de exceção umas das outras, provocando a aplicação de uma norma e o relego de outra[20]. São mandados ou comandos definitivos e, uma vez válidos, deve-se fazer exatamente o que exigem, nem mais nem menos. Um conflito entre regras só pode ser solucionado mediante a introdução de uma cláusula de exceção que elimine o conflito ou declare inválida ao menos uma das regras[21].

Por sua vez, os princípios possuem uma dimensão que as regras não têm, qual seja: a dimensão de sua incidência normativa. Podem interferir uns nos outros e, assim sendo, deve-se resolver o conflito levando em consideração a incidência de cada um[22]. Evidentemente, é inviável que tal procedimento seja realizado por meio de critérios de mensuração exatos, impondo seguir-se a indagação sobre quão importante é um princípio ou qual a sua incidência em dada situação[23]. A metodologia mais utilizada é a ponderação na aplicação das normas que podem incidir com distintos graus de intensidade em determinados casos concretos.

Os princípios são categoria lógica e, tanto quanto possível, genéricos, muito embora não possamos nos esquecer de que, antes de tudo, quando incorporados a um sistema jurídico-constitucional-positivo,

---

[18] BONAVIDES, Paulo. *Curso de Direito Constitucional*. 15. ed. São Paulo: Malheiros, 2004, p. 271.

[19] ALEXY, Robert. *Teoría de los derechos fundamentales*. Madrid: Centro de Estudios Constitucionales, 1997, p. 81, 83.

[20] As regras são aplicadas de modo tudo ou nada. Assim, se os fatos que a regra determinar ocorrerem, tem-se que ou a regra é válida, situação em que a resposta que ela fornece deve ser aceita, ou não, hipótese em que não contribuirá em nada para a decisão. DWORKIN, Ronald. *Taking rights seriously*. Cambridge: Harvard University Press, 1997, p. 24.

[21] ALEXY, Robert. *Teoría de los derechos fundamentales*. Madrid: Centro de Estudios Constitucionales, 1997, p. 87-88.

[22] DWORKIN, Ronald. *Taking rights seriously*. Cambridge: Harvard University Press, 1997, p. 26.

[23] *Ibidem*, p. 27.

refletem a própria estrutura ideológica vigente, representativa dos valores consagrados por uma determinada sociedade[24].

Outrossim, importa consignar que existe uma íntima relação entre os princípios processuais e a Constituição, principalmente diante da instrumentalização do processo e da necessidade de densificação da força normativa constitucional. Nesse sentido, os princípios constitucionais do processo são fontes do direito que auxiliam na concretização da Constituição, o que faz com que a *Lex Mater* deixe de ser apenas um texto semântico. Ademais, provém da ideia de instrumentalidade do processo, ou seja, o processo como fator teleológico de realizar a ordem jurídica[25].

Desta feita, sem pretensão de esmiuçar a temática, mas apenas o que se mostra contundente ao presente capítulo, em especial, a temática eleitoral, serão destacados os princípios do Devido Processo Legal; Contraditório; Ampla Defesa; Inércia; Livre Convencimento Motivado e Celeridade Processual, como plano de fundo para compreensão eficaz do processo eleitoral e seus matizes fundamentais.

a) Devido Processo Legal, Contraditório e Ampla Defesa

O Devido Processo Legal, previsto no art. 5º, LIV, da Constituição Federal, é derivado da expressão: *due processo flaw*, terminologia oriunda do direito inglês, segundo a qual: "Para um cidadão sofrer o alcance de uma norma, seja em processo judicial, seja em processo administrativo, torna-se necessário que o parâmetro da legalidade seja obedecido". Sob influência de tal referência ideológica, aparece o conceito, tradicionalmente, indicado ao princípio do Devido Processo Legal, sendo este subdividido em dois aspectos: o Material e o Procedimental[26].

O Devido Processo Legal Procedimental visa propiciar aos litigantes um processo que siga os procedimentos estatuídos em lei, ense-

---

[24] DANTAS, Ivo. *Princípios constitucionais e interpretação constitucional*. Rio de Janeiro: Lumen Juris, 1995, p. 59.

[25] Interessante conceituação da jurisdição como processo pode ser encontrada em: OLIVEIRA, José Anselmo de. *Direito à Jurisdição*: implicações organizacionais teóricas e políticas. Porto Alegre: Sergio Antônio Fabris, 2003, p. 49.

[26] AGRA, Walber de Moura. *Curso de direito constitucional*. 7. ed. Rio de Janeiro: Forense, 2012, p. 227.

jando igualdade entre as partes e possibilitando a sua defesa. Já o Devido Processo Legal Material visa à defesa dos cidadãos contra leis arbitrárias que pusessem em risco à vida, à liberdade e à propriedade do indivíduo. Logo, ao contrário do Devido Processo Legal Formal, o Material não se exaure com o cumprimento irrestrito dos dispositivos legais, sua finalidade é seguir da melhor forma possível os parâmetros da Justiça. Com isso, quando uma norma afrontar valores constitucionais proeminentes – como o direito à vida, à isonomia, à dignidade da pessoa humana, ao contraditório, à ampla defesa –, ela deve deixar de ser aplicada por ferir os limites da proporcionalidade e da racionalidade. Em outras palavras, o Devido Processo Legal Substancial tem a finalidade de proteção do conteúdo material dos direitos constitucionais.

Como corolário do Devido Processo Legal aparecem os princípios do contraditório e a ampla defesa (art. 5º, LV, da CF)[27]. Trata-se de princípios basilares no ordenamento jurídico que são, inclusive, cláusulas pétreas.

O contraditório representa a possibilidade de se produzir uma assertiva contrária àquela que foi realizada pela acusação, ou seja, nenhuma decisão judicial pode ser prolatada antes que sejam ouvidas ambas as partes no processo. Esclarece Maria Sylvia Zanella Di Pietro que o contraditório é indispensável ao direito de defesa, sendo fator constitutivo da dualidade processual, materializado pela construção dialética da relação jurídica[28].

De acordo com os precedentes do Supremo Tribunal Federal o contraditório traduz-se: a) *direito de informação*; b) *direito de manifestação*; c) *direito de ver seus argumentos considerados*[29]. Assim, ao falar

---

[27] CONSTITUIÇÃO FEDERAL: "Art. 5º Todos são iguais perante a lei, sem distinção de qualquer natureza, garantindo-se aos brasileiros e aos estrangeiros residentes no País a inviolabilidade do direito à vida, à liberdade, à igualdade, à segurança e à propriedade, nos termos seguintes: (...) LV – aos litigantes, em processo judicial ou administrativo, e aos acusados em geral são assegurados o contraditório e ampla defesa, com os meios e recursos a ela inerentes (...)".

[28] DI PIETRO, Maria Sylvia Zanella. *Direito Administrativo*. 20. ed. São Paulo: Atlas, 2007, p. 367.

[29] STF, Pleno, MS no 24.268/MG, Rel. p/ac. Min. Gilmar Mendes, ac. 5-2-2004, *DJU* 17-9-2004, p. 53. Os preceitos referentes ao contraditório e ampla defesa, "assumem duas perspectivas: formal – relacionada à ciência e à participação no

de contraditório, importa ressaltar que ele exige um juízo efetivo de apreciação dos argumentos e elementos apontados dialeticamente, como forma de edificar outros princípios constitucionais, tais como: isonomia, direito à segurança, acesso à informação, liberdade de expressão e acesso à justiça assegurados aos componentes de um Estado Democrático de Direito.

Por oportuno, do contraditório, se possibilita a ampla defesa, que consiste no exaurimento dos meios necessários à proteção judicial, com todos os recursos a ela inerentes, ou seja, segundo Nelson Nery, representa a viabilidade de combater todas as acusações que lhe são imputadas. A íntima relação entre o contraditório e a ampla defesa, ainda, segundo Nelson Nery, configura quase que uma relação simbiótica entre tais princípio[30]. Dada a densidade de tais institutos processuais, o Ministro Gilmar Mendes aduz que o contraditório e a ampla defesa não podem constituir meras manifestações perante os processos, seja administrativo ou seja judicial, trata-se de materialização da pretensão à tutela jurídica[31].

Desse modo, em atenção aos ditames apresentados no ordenamento jurídico, todas as ações eleitorais devem ser desenvolvidas com consonância com os princípios constitucionais processuais, dentre eles, o Devido Processo Legal, o Contraditório e a Ampla Defesa, a fim de impedir processos viciosos que fogem à ordem jurídica vigente.

b) Princípio da inércia

Uma especificação do processo eleitoral é que muitas vezes o princípio da inércia da jurisdição não é aplicado. O brocardo latino *nemo iudex sine actore* atesta que, para que a jurisdição seja concretizada, configura-se imprescindível a provocação da parte, sendo de sua

---

processo – e material – concernente ao exercício do poder de influência sobre a decisão a ser proferida no caso concreto" (STJ, 1ª Seção, MS 15.036/DF, Rel. Min. Castro Meira, ac. 10-11-2010, *DJe* 22-11-2010).

[30] "O direito de ampla defesa exige a bilateralidade, determinando a existência do contraditório. Entende-se, com propriedade, que o contraditório está inserido dentro da ampla defesa, quase que com ela confundido integralmente, na medida em que uma defesa não pode ser senão contraditória, sendo esta a exteriorização daquela" (COSTA, Nelson Nery, Op. Cit., p. 15).

[31] MENDES, Gilmar Ferreira. *Curso de direito constitucional*. 4. ed. São Paulo: Saraiva, 2009, p. 592.

igual competência a iniciativa para impulsionar a relação processual, de acordo com o art. 2º do CPC[32]. Inércia da ação significa que o *juris dicere* é inerte, ou seja, precisa ser demandado pelo sujeito ativo para provocar a jurisdição, estabelecendo, a partir desse momento, uma relação jurídica. Desse modo, os juízes não saem em busca das lides para resolvê-las, mas aguardam que os interessados, frustradas eventuais tratativas amigáveis, busquem espontaneamente a intervenção estatal, propondo a demanda[33].

Esse princípio, dogma consolidado do Direito Processual, funciona como um *self-restraint* à exacerbação de atuação do Poder Judiciário, em que ele, levado pelos mais variados motivos, atua em vários setores da sociedade sem dispor de parâmetros legais mínimos para realizar tais atividades. Outrossim, preserva a neutralidade de atuação do magistrado, deixando que o interesse das partes possa guiar da melhor forma possível o rito processual[34].

Contudo, uma vez iniciada a ação, por força do princípio da inércia, outra regra incide no processo, desta feita impondo ao órgão jurisdicional, que tinha o dever de permanecer inerte num primeiro instante, aguardando a provocação da parte interessada, o dever de dar prosseguimento ao processo, algumas vezes independentemente da manifestação da parte interessada[35].

Apenas em questões em que o interesse público se revela premente é que o princípio da inércia da jurisdição pode ser flexibilizado. Nes-

---

[32] Explica Tomás y Valiente: "(...) um órgão jurisdicional é um poder passivo ou negativo, que somente atua através de um impulso do exterior, que apenas fala se for perguntado e sobre aquilo que for perguntado, e sempre somente se a pergunta (demanda, recurso, questão) está corretamente formulada em termos jurídicos por quem tem legitimação para fazer" (TOMÁS Y VALIENTE, Francisco. *Escritos sobre y desde el Tribunal Constitucional*. Madrid: Centro de Estudios Constitucionales, 1993, p. 38).

[33] CARNEIRO, Athos Gusmão. *Jurisdição e competência: exposição didática*. São Paulo: Saraiva, 1999, p. 7.

[34] ARIZA, Santiago Sastre. La ciencia jurídica ante el neoconstitucionalismo. In: *Neoconstitucionalismo*. Madrid: Trotta, 2003, p. 251.

[35] MONTENEGRO FILHO, Misael. *Curso de direito processual civil*: teoria geral do processo e processo de conhecimento. 4. ed. São Paulo: Atlas, 2008, v. 1, p. 54.

ses casos, não há necessidade de esperar que haja provocação para a atuação dos órgãos jurisdicionais, pois, diante da relevância do interesse público, o princípio da inércia da jurisdição não se mostra absoluto, exercendo o princípio da soberania popular primazia.

Portanto, a atuação *ex officio* do magistrado só pode ser realizada nas hipóteses prescritas em Lei ou quando o interesse público assim o exigir, restando afastada a ingerência dessa prerrogativa nos casos em que a propositura da ação dependa exclusivamente de expressa provocação da parte interessada.

O Código de Processo Civil albergou expressamente o princípio da colaboração (art. 6º), o que impõe que não será proferida decisão contra uma das partes sem que ela seja previamente ouvida, com exceção da tutela provisória de urgência, de algumas hipóteses de tutela de evidência e do caso da ação monitória em que o direito do autor é evidente, situação em que o juiz deferirá a expedição do mandado requerido. Tem-se que o juiz não pode decidir, em grau algum de jurisdição, com base em fundamento a respeito do qual não se tenha dado às partes oportunidade de se manifestar, ainda que se trate de matéria sobre a qual deva decidir de ofício (art. 10). Tal cenário processual também tem o condão de denotar o grau de excepcionalidade em que se situa a atuação oficiosa do magistrado.

Nesse sentido, seguem, a título de exceção ao princípio da inércia, os seguintes exemplos de atuação *ex officio* do juiz: a abertura do processo de inventário (art. 610 do CPC); o ordenamento da exibição de testamento (art. 735 do CPC); a suscitação do conflito de competência (art. 66 do CPC); a suscitação do incidente de uniformização de jurisprudência (art. 977, I, do CPC); a determinação para a arrecadação de bens do ausente (art. 744 do CPC); a concessão de medidas cautelares (art. 297 do CPC); a expedição da ordem de *habeas corpus* (art. 654, § 2º, do CPP); a decretação da falência no curso do procedimento de recuperação judicial (art. 56, § 4º, da Lei n. 11.101/2005); e a execução trabalhista por iniciativa do próprio magistrado (art. 878, *caput*, da CLT).

No orbe eleitoralista, os juízes eleitorais dispõem, todavia, de uma maior discricionariedade, sem que o princípio da inércia processual se mostre determinante. Atente-se que a flexibilização mencionada não atinge a autoria das ações a seguir arroladas, que nunca podem ser impetradas por órgão judicial, mas é concernente ao impulso no desenvolvimento do rito processual, que pode levar o magistrado a exercer atuação mais incisiva para garantir a concretização da verdade real ou obstaculizar a prática de uma infração. Essa maior discricionariedade, de igual forma, não comporta partidarismos ou quebra do princípio da imparcialidade. Pela primazia do interesse público premente no Direito Eleitoral, o magistrado, verificando a existência de irregularidades que maculem o pleito eleitoral, deve tomar medidas urgentes para debelar o acinte, no que exerce o seu poder de polícia. Todavia, veda-se, terminantemente, qualquer prática que possa favorecer uma parte em detrimento de outra.

c) Princípio do livre convencimento motivado

É possível afirmar que a livre apreciação das provas é feita segundo a íntima convicção do julgador face às provas constantes do processo (máxime na audiência de julgamento), devendo tal convicção formar-se com apoio em regras técnicas e de experiência, sem sujeição a quaisquer cânones legalmente preestabelecidos[36].

As decisões da Justiça Eleitoral são formadas pela livre convicção na apreciação dos fatos públicos e notórios, dos indícios e presunções baseados em material fático e prova produzida, atentando para as circunstâncias ou os fatos, ainda que não indicados ou alegados pelas partes, mas que preservem o interesse público de lisura eleitoral (art. 23 da LC n. 64/90)[37]. Nesse sentido, nada impede que o Tribunal forme a sua convicção com base em quaisquer provas que julgar serem necessárias à elucidação do feito[38].

---

[36] Tribunal da Relação de Lisboa. Proc. 122283, Sessão em 29-5-2002, Rel. DIAS DOS SANTOS. Descritor: Princípio da Livre Apreciação da Prova.

[37] "Se o juiz goza de liberdade para apreciar o valor da prova dizemos que vige o sistema da apreciação racional do juiz. Ao contrário, se o juiz não é livre para apreciar a prova, porque a lei impõe-lhe regras imperativas, que o forçam a aceitar por verdadeiro algo independentemente de sua convicção, então temos o sistema da prova legal, cuja característica é impor a verdade ao juiz. Hoje, o sistema predominante é o da valoração racional da prova, embora permaneçam resquícios do sistema da prova legal, cuja constitucionalidade no Brasil, no entanto, é discutível, à luz do princípio da livre admissibilidade das provas consagrado na Constituição (art. 5º, LVI)" (ROCHA, José de Albuquerque. *Teoria geral do processo*. 5. ed. São Paulo: Malheiros, 2001, p. 271).

[38] "Ante a possibilidade da livre apreciação das provas, nada impede que o tribunal forme a sua convicção, quanto a ocorrência do abuso do poder econômico,

Em sua prerrogativa de livre apreciação do conteúdo probatório, tem o magistrado a obrigação de preservar o interesse público e a lisura do pleito eleitoral. Isso significa que a liberdade de livre convicção não comporta condutas que privilegiem determinados candidatos em detrimento de outros, que não se guiem pela preservação do interesse público, mas por interesses individuais egoísticos, que maculem o princípio da imparcialidade e a isonomia das normas que estruturam o processo eleitoral.

Destarte, a livre convicção precisa ser motivada, expondo o magistrado os elementos fáticos que o levaram a esposar determinada conclusão. Devido à ilação da teoria dos motivos determinantes, em que a fundamentação vincula a conclusão, se for comprovado que a fundamentação se encontra eivada de vício, logo, presume-se, *juris et de jure*, que sua conclusão também estará prejudicada.

Um bom exemplo da influência desse princípio ocorre na fase probatória da ação de impugnação ao pedido de registro, na qual o magistrado ou tribunal, diante das provas que lhe forem trazidas, formará sua convicção pela livre apreciação da prova, atendendo aos fatos e às circunstâncias constantes dos autos, ainda que não alegados pelas partes, mencionando, na decisão, aqueles que motivaram seu convencimento (art. 5º, parágrafo único, da LI).

Por outro lado, a dilação probatória precisa conter elementos sólidos que possam amparar a livre convicção do juiz, caso contrário, essa prerrogativa se converteria em arbítrio, maculando a lisura das eleições. Conclui-se, portanto, que a livre convicção racional não significa um teor de discricionariedade desmesurado, sem alicerces constantes nos autos e amparado apenas no dogma *autorictas* do magistrado. É justamente nessa direção que caminha a jurisprudência do Tribunal Superior Eleitoral, no sentido de que o princípio da livre convicção não corresponde à consagração do arbítrio, mas sim à maior liberdade para o julgador extrair do processo os elementos necessários à formação do seu convencimento acerca da resolução da demanda[39].

---

com base principalmente na prova testemunhal" (TSE, Respe n. 15341/MA, Rel. Min. Edson Carvalho Vidigal).

[39] TSE, Resp n. 12.554/CE, Rel. Min. José Bonifácio Diniz de Andrada.

d) Princípio da celeridade

Pela premência do processo eleitoral, que tem que ser ultimado para que o eleito tome posse no começo do ano vindouro, o Direito Eleitoral, em seus procedimentos, adotou o princípio da celeridade de forma maximizada[40]. As demandas e os litígios têm que ser decididos em tempo muito curto, para evitar prejuízo às campanhas políticas, aos partidos, às coligações e aos candidatos. Assim, os prazos não se interrompem, nem mesmo em dias feriados ou fins de semana (art. 16 da LC n. 64/90), no que impede a prorrogação de prazos cujo vencimento ocorrer no sábado, domingo ou feriado. Por esse motivo, quando a legislação eleitoral pertinente for omissa, o prazo recursal será de três dias da publicação do ato, da resolução ou do despacho (art. 258 do CE)[41]. Na seara penal, das decisões finais de condenação ou absolvição, cabe recurso ao Tribunal Regional Eleitoral no prazo de dez dias (art. 362 do CE).

Destarte, em regra geral, o prazo recursal para atos, decisões ou despachos dos Tribunais Regionais e do Tribunal Superior Eleitoral é de três dias. Essa regra geral sofre excepcionalidades em razão de determinação diversa de dispositivos normativos, como, por exemplo, o prazo de 24 horas para a obtenção de direito de resposta de informação veiculada no horário gratuito eleitoral (art. 58, § 5º, da Lei 9.504/97)[42].

---

[40] "A celeridade decorre do curtíssimo prazo em que se passam, e têm de ser julgados definitivamente, os conflitos e litígios, para que não ocorra dano irreparável à campanha eleitoral de candidato ou partido político" (JARDIM, Torquato. *Direito eleitoral positivo*. 2. ed. Brasília: Brasília Jurídica, 1998, p. 151).

[41] PINTO, Djalma. *Direito eleitoral*: improbidade administrativa e responsabilidade fiscal. Noções gerais. 4. ed. São Paulo: Atlas, 2008, p. 289.

[42] Nesse sentido, segue o comentário da Procuradoria Geral Eleitoral, em trecho do *decisum* do Tribunal Superior Eleitoral: "Trata-se, na realidade, de subvenção da dicção da lei (Lei n. 9.504/97, art. 96, § 8º), que ao estabelecer o prazo de 24 horas para a interposição do recurso cabível das decisões dos juízes auxiliares, pretendeu claramente dar maior celeridade à tramitação processual, para ser aferido de minuto a minuto, como, aliás, está disciplinado pelo Código Civil Brasileiro, art. 125, § 4º – inadmitindo, desse modo, prazo diverso e mais alongado, no que restaria contrariada até mesmo a tradição processual eleitoral, por afrontosa à atuação e aperfeiçoamento do princípio da celeridade" (Respe n. 15.542/PR, Rel. Min. José Eduardo Alckmin).

Assegurando a eficácia desse princípio, a Lei Eleitoral n. 9.504/97, em seu art. 94, obriga que, no período compreendido entre o registro das candidaturas até cinco dias após a realização do segundo turno das eleições, têm prioridade para despacho do Ministério Público e dos juízes eleitorais, os feitos eleitorais, excluídos os processos de *habeas corpus* e mandado de segurança, descabendo alegação de que deixou de cumprir as atribuições eleitorais em virtude de acumulação de serviço no exercício de suas funções regulares. O descumprimento da celeridade exigida constitui crime de responsabilidade e acarreta anotação funcional para efeito de promoção na carreira (art. 94, § 2º, da Lei Eleitoral).

A legislação eleitoral ainda previu outros instrumentos para o propulsar dos atos processuais, como o cabimento de reclamação para o órgão imediatamente superior quando houver o descumprimento, por parte do magistrado eleitoral, dos prazos estabelecidos na Lei Eleitoral (art. 97, *caput*, da LE).

Com a Emenda Constitucional n. 45/2004, foi instituído o inciso LXXVIII, no art. 5º, garantindo como direito fundamental a duração razoável do processo e a celeridade de sua tramitação[43]. Por essa razão, de forma explícita, garantiu-se aos sujeitos processuais a prerrogativa que o pedido pleiteado seja respondido em tempo razoável.

A respeito do tema, Sérgio Bermudes observa que a norma consubstanciada no inciso LXXVIII do art. 5º da CF é programática. Portanto, menos do que estabelecer uma garantia efetiva, revela um propósito, cuja realização depende da existência dos meios necessários a propiciar a celeridade dos atos processuais para alcançar a razoável duração do processo[44]. Dessa forma, a duração indefinida ou ilimitada do processo afetaria não apenas e de forma direta a ideia de proteção

---

[43] "O direito à duração razoável exige um esforço dogmático capaz de atribuir significado ao tempo processual. A demora para a obtenção da tutela jurisdicional obviamente repercute sobre a efetividade da ação. Isso significa que a ação não pode se desligar da dimensão temporal do processo ou do problema da demora para a obtenção daquilo que através dela se almeja" (MARINONI, Luiz Guilherme. *Teoria geral do processo*. São Paulo: Revista dos Tribunais, 2006, v. 1, p. 224).

[44] BERMUDES, Sérgio. *A reforma do Judiciário pela Emenda Constitucional n. 45*. Rio de Janeiro: Forense, 2005, p. 11.

judicial efetiva, como compromete de modo decisivo a proteção da dignidade da pessoa humana[45].

No que diz respeito à aplicação do princípio da duração razoável do processo no Direito Eleitoral, é mister ressaltar a influência do princípio da celeridade na seguinte hipótese: numa ação de que possa resultar a perda de mandato eletivo, a tramitação do processo, abrangendo todas as instâncias da Justiça Eleitoral (art. 97-A, § 1º, da LE), deverá durar pelo período máximo de um ano, contado da sua interposição junto à Justiça Eleitoral (art. 97-A, *caput*, da LE). Observe-se que, se vencido o prazo máximo de um ano sem a conclusão da referida ação, poderá o candidato, o partido ou a coligação interessada representar junto ao Tribunal Regional Eleitoral contra o magistrado que vier a descumprir tal prazo legal, sem prejuízo de uma possível representação junto ao Conselho Nacional de Justiça (art. 97-A, § 2º, da LE).

Sendo assim, nos termos do inciso LXXVIII do art. 5º da CF considera-se duração razoável do processo que possa resultar em perda de mandato eletivo o período máximo de um ano, contado de sua apresentação à Justiça Eleitoral (art. 97-A, *caput*, da Lei n. 9.504/97). Esta expressão é um conceito jurídico indeterminado, que não possui seu conteúdo fixado a priori, necessitando de uma complementação pelo intérprete-aplicador da norma. Entretanto, ele ostenta eficácia imediata, ponto em que há discordância com o professor Sérgio Bermudes, devendo o legislador infraconstitucional delinear os seus contornos.

De todo modo, o mencionado princípio determina que todo cidadão possua plausível duração no tempo do processo, e este não se torne um instrumento lento e que obstaculize a resolução dos conflitos de interesse. A duração razoável apenas é aferida no caso concreto, variando de acordo com as peculiaridades de cada matéria. Mas é importante afirmar que esse escopo de celeridade não deve servir como um elemento que venha a prejudicar a qualidade do processo, de modo que não se mitigue o devido processo legal, o contraditório e a ampla defesa[46]. Destarte, em matéria eleitoral, a legislação visou justamente

---

[45] MENDES, Gilmar Ferreira; COELHO, Inocêncio Mártires; BRANCO, Paulo Gonet. *Curso de direito constitucional*. 4. ed. São Paulo: Saraiva, 2009, p. 545.

[46] AGRA, Walber de Moura; CAVALCANTI, Francisco Queiroz. *Comentários à nova Lei Eleitoral n. 12.034/09*. Rio de Janeiro: Forense, 2010, p. 198.

oferecer parâmetros fixos, evitando que surjam dúvidas sobre a determinação desse prazo.

18.4. ESPÉCIES DE AÇÕES ELEITORAIS

As ações eleitorais, que partem de normas de direito adjetivo, almejam assegurar uma maior lisura às eleições, se repreender os ilícitos eleitorais, possibilitando que os meandros processuais permitam que a sociedade usufrua de seus direitos de cidadania de forma plena. Ou seja, é a partir desses procedimentos que a Justiça Eleitoral, em sede de jurisdição contenciosa e voluntária, é provocada para resolver as controvérsias e questões a ela submetidas pelos partidos, candidatos, coligações e pelo Ministério Público, a fim de que se estabeleça a tranquilidade e a legitimidade do pleito.

Entre as espécies de ações eleitorais mais importantes, destacamse: I – Representação ou reclamações eleitorais (LE, arts. 96 e s.), II – Pedido de resposta (LE, arts. 58 e s.); III – Ação de impugnação de registro de candidatura (LC n. 64/90, arts. 3º ao 17); IV – Ação de investigação judicial eleitoral por abuso de poder (LC n. 64/90, arts. 19 e 22); V – Ação de impugnação de mandato eletivo (CF/88, art. 14, §§ 10 e 11); VI – Ação de desfiliação partidária. Além das tradicionais ações e pleitos com aplicação válida, também, na seara eleitoral, como Ação rescisória (CPC, arts. 994 e s.); Tutelas provisórias (CPC, art. 300); Mandado de Segurança (CF/88, art. 5º, LXIX e Lei n. 12.016/2009) e *Habeas Corpus* (CF/88, art. 5º, LXVII).

Considerando que há uma indiscutível imprecisão terminológica no que se refere ao *nomen iuris* das ações eleitorais, será adotada, para fins didáticos, a utilização do termo "Representação ou Reclamações" para ações relativas ao descumprimento da Lei n. 9.504/97; ao passo que a titulação específica de ação será utilizada para as demais espécies mencionadas em linhas anteriores. A ação de Investigação Judicial será adotada para aquelas hipóteses previstas na Lei Complementar n. 94/90 (Lei de Inelegibilidades), as ações por captação ilícita de sufrágio, por captação ou gastos ilícitos de campanha e por condutas vedadas previstas na Lei n. 9.504/97. Feitas essas considerações iniciais, aprimora-se a explanação acerca de cada modalidade de ação eleitoral.

18.4.1. Representação e reclamação

A Representação é medida destinada, aprioristicamente, a cessar a conduta que esteja a promover máculas à Lei n. 9.504/97, no que não ostenta o escopo de declarar a inelegibilidade de candidato, nem muito menos cassar o diploma. Importante destacar que anteriormente, com a Resolução TSE n. 23.547/2017, a reclamação e a representação eram processadas e autuadas na mesma classe processual Representação (Rp) (art. 2º, §1º, da Resolução TSE n. 23.547/2017). Com o advento da Resolução TSE n. 23.608/2019, as representações, reclamações e pedidos de direito de resposta passarão a ser autuados em classes processuais distintas (art. 1º da Resolução TSE n. 23.608/2019).

A representação configura uma ação processual com rito bastante célere, cabível quando houver descumprimento de regras referentes à propaganda eleitoral e às infrações sancionadas com multa administrativa. Ressalta-se que esse tipo de ação se configura residual (art. 96 da LE), ou seja, sua interposição ocorre desde que não haja ação específica que trate de determinada matéria. Não se aplica, por exemplo, nos casos de captação ilícita de sufrágio (art. 41-A da LE), cuja via processual adequada é a ação de investigação judicial eleitoral[47].

São legitimados ativos os partidos políticos, federações partidárias, coligação, candidato, candidata e o Ministério Público Eleitoral (art. 3º da Resolução TSE n. 23.608/2019, com redação dada pela Resolução n. 23.672/2021). Como antes das convenções e do período do registro de candidatura ainda não existem candidatos ou coligação e federações, somente podem ingressar com representação os partidos políticos e o Ministério Público Eleitoral, o que comumente ocorre nos casos em que há difusão de propaganda eleitoral antecipada. Des-

---

[47] "Esse vasto repositório da jurisprudência demonstra o pacífico entendimento do TSE quanto ao cabimento das representações que seguem o rito do art. 96 em relação à prática das condutas vedadas pelo art. 73 da Lei das Eleições. Também deixa claro duas consideráveis vantagens que a opção por este rito traduz: sua celeridade processual e o efeito imediato da cassação do registro/diploma dos candidatos beneficiados, com a incidência do disposto no art. 257 do Código Eleitoral" (BARRETTO, Lauro. *Representações*: questões processuais relevantes. Rio de Janeiro: Edipro, 2006, p. 97).

taque-se que a coligação e a federação devem ser devidamente identificadas nas ações eleitorais, com a nominação dos respectivos partidos políticos que a compõem (art. 15 da Resolução TSE n. 23.608/2019, com redação dada pela Resolução n. 23.672/2021).

O ajuizamento de ação eleitoral por candidatos, federações, coligações ou partido político não impede ação do Ministério Público Eleitoral no mesmo sentido (art. 63 da Resolução TSE n. 23.608/2019, com redação dada pela Resolução n. 23.672/2021).

As representações devem ser endereçadas ao juízo competente — aos juízes eleitorais, nas eleições municipais; aos Tribunais Regionais Eleitorais, nas eleições federais, estaduais e distritais; e ao Tribunal Superior Eleitoral, na eleição presidencial (art. 96, *caput*, I, II e III da LE). Para que não haja supressão de instância nem quebra de competência, acarretando a anulação da decisão prolatada, havendo apreciação de processo em que estejam envolvidos, por exemplo, candidato a senador e a Presidente da República, recomenda-se a repartição de competência entre o Tribunal Regional Eleitoral respectivo e o Tribunal Superior Eleitoral, formulando-se duas representações específicas para evitar seu indeferimento[48].

Nas eleições municipais, quando a circunscrição abranger mais de uma zona eleitoral, o Tribunal Regional Eleitoral designará um juiz para apreciar as reclamações ou representações (art. 96, § 2º, da LE). Na esfera regional, os Tribunais Eleitorais designarão três juízes auxiliares para a apreciação das reclamações ou representações que lhes forem dirigidas (art. 96, § 3º, da LE)[49], valendo-se ressaltar que os recursos contra as decisões por eles proferidas serão julgados pelo Plenário do respectivo Tribunal (art. 96, § 4º, da LE).

---

[48] BARRETTO, Lauro. *Representações*: questões processuais relevantes. Rio de Janeiro: Edipro, 2006, p. 97.

[49] Ac. TSE, de 12-5-2011, no PA n. 59896: embora não haja óbice à nomeação de juízes federais para atuarem como juízes auxiliares, o balizamento constitucional e legal sobre os critérios de designação não autoriza o TSE a definir a classe de origem dos ocupantes dessas funções eleitorais.

Ac. TSE, de 29-8-2002, no Respe n. 19890: a competência dos juízes auxiliares na representação com base no art. 36, § 3º, desta lei é absoluta e não se prorroga perante a conexão.

Discorda-se do sentir de que a representação se configura como um procedimento administrativo, um mero direito de petição, pois se exigem requisitos e se provocam efeitos não ocasionados pela clássica prerrogativa indicada. Ademais, a peça exordial tem que ser assinada por advogado, devidamente habilitado perante a Ordem dos Advogados do Brasil. Trata-se de notório caso de *jus postulandi*, em que os órgãos judiciais competentes apreciam matéria que lhes é posta, advindo desse julgamento a proteção da segurança jurídica[50].

A petição inicial da representação deve ser apresentada subscrita por advogado ou por representante do Ministério Público, relatando os fatos, indícios e circunstâncias, bem como suas provas (art. 96, § 1º, da LE), seguindo as formalidades exigidas pelos arts. 319 e s. do CPC. Caso não preencha esses requisitos, será indeferida. A petição inicial das representações relativas à propaganda eleitoral irregular deverá ser instruída, sob pena de não conhecimento, com prova da autoria ou do prévio conhecimento do beneficiário, caso este não seja por ela responsável (art. 17, inciso I, da Resolução TSE n. 23.608/2019).

Naquelas relativas à propaganda irregular no rádio e na televisão, a peça inaugural deve vir instruída com a informação de dia e horário em que foi exibida e com a respectiva transcrição da propaganda ou do trecho impugnado (art. 17, inciso II, da Resolução TSE n. 23.608/2019). Já no caso de manifestação em ambiente de internet, a peça deverá vir munida com a identificação do endereço da postagem, no âmbito e nos limites técnicos de cada serviço (URL ou, caso inexistente esta, URI ou URN) e a prova de que a pessoa indicada para figurar como representada ou representado é a sua autora ou o seu autor, sem prejuízo da juntada, aos autos, de arquivo contendo o áudio, a imagem e/ou o vídeo da propaganda impugnada (art. 17, inciso III, da Resolução TSE n. 23.608/2019, com redação dada pela Resolução n. 23.672/2021).

Diante da nova ordem processual que privilegia o princípio da primazia do julgamento do mérito, constatado vício de representação

---

[50] "A narração da ocorrência dos fatos reputados como ilegais, incluindo a respectiva prova material do alegado são suficientes para afastar qualquer declaração de nulidade quanto ao aspecto formal da respectiva peça vestibular" (Ac. TSE, de 8-5-2008, no Respe n. 27141).

processual da parte autora, o juiz eleitoral determinará a respectiva regularização no prazo improrrogável de um dia, sob pena de extinção do processo sem resolução de mérito (art. 14 da Resolução TSE n. 23.608/2019). Importante destacar que não cabe agravo de instrumento contra decisão proferida por juiz eleitoral que conceda ou denegue tutela provisória, devendo o representado, para assegurar o reexame por ocasião do julgamento, requerer a reconsideração da decisão em sede de contestação ou nas derradeiras alegações (art. 18, §1º, da Resolução TSE n. 23.608/2019).

Recebida a representação, a Justiça Eleitoral notificará imediatamente o representado para apresentar defesa no prazo de 2 (dois) dias (art. 18 da Resolução n. 23.608/2019, com redação dada pela Resolução n. 23.672/2021)[51]. Devido à matéria impugnada ter caráter público, a ausência de defesa não provoca os efeitos da revelia.

Os prazos relativos às representações são contínuos e peremptórios e não se suspendem aos sábados, domingos e feriados, entre 15 de agosto e as datas fixadas no calendário eleitoral do ano em que se realizarem as eleições (art. 7º da Resolução TSE n. 23.608/2019, com redação dada pela Resolução n. 23.672/2021).

No que concerne à citação dos candidatos, partidos ou coligações – no período de 15 de agosto até 19 de dezembro do ano das eleições – tal ato processual, quando dirigido a candidata, candidato, partido político, federação partidária, coligação ou emissoras de rádio e televisão, será realizado preferencialmente por comunicação eletrônica e, frustrada esta, sucessivamente por *e-mail*, por correspondência e pelos demais meios previstos no Código de Processo Civil. A citação por meio eletrônico será efetivada nos endereços e números de telefone apresentados aos tribunais eleitorais até o dia 20 de julho do ano da eleição, tendo prazo inicial contado pela confirmação de entrega ao destinatário da mensagem ou *e-mail*, dispensada a confir-

---

[51] Importa destacar que a Resolução n. 23.608/2019, ao estabelecer a contagem de alguns prazos em dias, configura contradição com a previsão articulada na lei das eleições, na qual os prazos estão estabelecidos em horas, sendo esses prazos contados minuto a minuto a partir da citação. Portanto, consoante a Lei das Eleições, o prazo para apresentação de defesa é de 48 horas (art. 96, § 5º, da LE). Todavia, por aspectos pragmáticos, deve prevalecer o disposto na mencionada Resolução.

mação de leitura (art. 12, §2º, inciso II, da Resolução TSE n. 23.608/2019).

No período de 15 de agosto a 19 de dezembro, as intimações das partes nas representações fundadas no art. 96 da Lei n. 9.504/97, nas reclamações e nos pedidos de direito de resposta serão realizadas pelo mural eletrônico, fixando-se o termo inicial do prazo na data da publicação (art. 12, *caput*, da Resolução TSE n. 23.608/2019).

Como esse rito é sumaríssimo, não há espaço para a produção probatória, necessitando ela ser preexistente, normalmente consistindo na apresentação de documentos ou qualquer meio eletrônico. Não se admite a oitiva de testemunhas ou a produção de prova pericial. Conforme explicitado alhures, a celeridade de rito é elemento característico, tanto é assim que se apresentada a resposta ou decorrido o seu respectivo prazo, o Ministério Público, quando este atuar como fiscal da lei, deverá ser intimado pessoalmente (ou por endereço eletrônico) para confeccionar parecer no prazo de 1 (um) dia, findo o prazo, com ou sem parecer, o processo será imediatamente devolvido ao juiz auxiliar ou relator (art. 19 da Resolução TSE n. 23.608/2019).

Após o prazo de defesa e da apresentação de parecer pelo *parquet*, o juiz eleitoral ou o juiz auxiliar decidirá e fará publicar a decisão em 1 (um) dia, contado do dia seguinte à conclusão do processo (art. 20 da Resolução TSE n. 23.608/2019). As decisões proferidas pelos juízes indicarão de modo preciso o que, na propaganda impugnada, deverá ser excluído ou substituído pelos partidos políticos, pelas federações e pelas coligações (art. 21 da Resolução TSE n. 23.608/2019).

Contra sentença proferida por juiz eleitoral nas eleições municipais caberá recurso para o Tribunal Regional Eleitoral, nos autos da representação, no PJe, no prazo de 1 (um) dia, assegurado ao recorrido o oferecimento de contrarrazões em igual prazo, a contar da sua intimação (art. 22, *caput*, da Resolução TSE n. 23.608/2019). Se a decisão for proferida por juiz auxiliar, ela estará sujeita a recurso para o plenário do tribunal eleitoral respectivo, também no prazo de 1 (um) dia (art. 25 da Resolução TSE n. 23.608/2019).

Mesmo se não oferecidas as contrarrazões, ou se decorrido o respectivo prazo de oferta, o recurso deverá ser imediatamente remetido ao Tribunal Regional Eleitoral (art. 22, parágrafo único, da Resolução TSE n. 23.608/2019). Recebidos os autos na secretaria do TRE, serão eles distribuídos e remetidos ao Ministério Público Eleitoral para manifestação no prazo de 1 (um) dia, exceto quando houver pedido de efeito suspensivo ou de tutela provisória, hipótese na qual serão imediatamente conclusos ao relator (art. 23 da Resolução TSE n. 23.608/2019).

Após a vista do Ministério Público Eleitoral, o relator poderá não conhecer o recurso, negar provimento quando for contrário a súmula do Supremo Tribunal Federal, do Tribunal Superior Eleitoral ou de tribunal superior; acórdão proferido pelo Supremo Tribunal Federal, pelo Tribunal Superior Eleitoral ou por tribunal superior em julgamento de recursos repetitivos; ou dar provimento se a decisão recorrida for contrária a súmula do STF, do TSE ou de tribunal superior; e a acórdão proferido pelo STF, pelo TSE ou por tribunal superior em julgamento de recursos repetitivos (art. 24 da Resolução TSE n. 23.608/2019). Dessa decisão caberá agravo interno, no prazo de 1 (um) dia, assegurado o mesmo elastério temporal para oferecimento de contrarrazões (art. 24, §1º, da Resolução TSE n. 23.608/2019).

Em sequência, o relator há de apresentar o recurso em mesas para julgamento em 2 (dois) dias, independentemente de publicação de pauta, contados da conclusão dos autos (art. 96, § 9º, da Lei n. 9.504/97). Se, mesmo assim, o tribunal não se reunir no referido prazo, o recurso deverá ser julgado na primeira sessão subsequente (art. 24, § 1º, da Resolução TSE n. 23.608/2019). Há limitação para a apreciação desses recursos, de modo que só poderão ser apreciados aqueles relacionados até o início de cada sessão plenária (art. 24, § 3º, da Resolução TSE n. 23.608/2019).

A regra geral é a de que os acórdãos serão publicados na sessão em que os recursos forem julgados, salvo por determinação do Plenário ou determinação diversa estabelecida em Resolução do TSE (art. 24, § 5º, da Resolução TSE n. 23.608/2019).

Do acórdão do Tribunal Regional Eleitoral caberá recurso especial para o Tribunal Superior Eleitoral, no prazo de três dias, contados de sua publicação, assegurado o oferecimento de contrarrazões pelo recorrido em igual prazo (art. 26, *caput*, da Resolução TSE n. 23.608/2019).

Oferecidas as contrarrazões ou decorrido o prazo respectivo, os autos serão conclusos ao presidente do respectivo TRE, que terá o prazo de 3 (três) dias para exercer o juízo de admissibilidade recursal.

Admitido o recurso especial eleitoral e publicada a respectiva decisão, os autos serão imediatamente remetidos ao TSE. Contra a decisão que não admita o apelo nobre, caberá agravo nos próprios autos para o Tribunal Superior Eleitoral, no prazo de 3 (três) dias, sendo intimado o agravado para oferecer resposta no mesmo prazo (art. 26 da Resolução TSE n. 23.608/2019).

Recebidos os autos na Secretaria Judiciária do TSE, o recurso será remetido ao Ministério Público Eleitoral para manifestação no prazo de 3 (três) dias. No Tribunal Superior Eleitoral, o relator possui o condão de negar seguimento a pedido ou recurso intempestivo, manifestamente inadmissível, improcedente, prejudicado ou em confronto com súmula ou com jurisprudência dominante do Tribunal Superior Eleitoral, do Supremo Tribunal Federal ou de Tribunal Superior. Poderá, ainda, dar provimento ao recurso especial, se o acórdão recorrido estiver em manifesto confronto com súmula ou com jurisprudência dominante, também, do próprio Tribunal Superior Eleitoral, do Supremo Tribunal Federal ou de Tribunal Superior (art. 27 da Resolução TSE n. 23.608/2019).

Contra o acórdão proferido pelo Tribunal Superior Eleitoral, caberá recurso extraordinário para o Supremo Tribunal Federal, no prazo de 3 dias, a contar da publicação da decisão no *DJe*, quando a decisão declarar a invalidade de lei ou contrariar a Constituição Federal (Código Eleitoral, art. 281, *caput*, e CF/88, art. 121, § 3º). O recorrido deverá apresentar contrarrazões, também, em 3 dias.

Como peculiaridades importantes sobre a classe das representações destacam-se:

(i) As emissoras de rádio e televisão e os demais veículos de comunicação, inclusive provedores de aplicações de internet, que transmitirem propagandas eleitorais, deverão independentemente de intimação, até o dia 20 de julho de 2022, apresentar aos tribunais eleitorais, em meio físico ou eletrônico, a indicação de seu representante legal e dos endereços de correspondência e *e-mail*, número de telefone móvel que disponha de aplicativo de mensagens instantâneas pelos quais receberão ofícios, intimações ou citações, e poderão, ainda, indicar procurador com ou sem poderes para receber citação, hipótese em que farão juntar a procuração respectiva (art. 10 da Resolução TSE n. 23.608/2019, com redação dada pela Resolução TSE n. 23.672/2021);

(ii) Há prazo específico para realização de notificações, comunicações, publicações e intimações, a saber: as comunicações processuais ordinárias serão realizadas das 10 às 19 horas, salvo se o juiz eleitoral ou juiz auxiliar determinar que sejam feitas em horário diverso. (art. 9º, *caput*, da Resolução TSE n. 23.608/2019); já as decisões de concessão de tutela provisória serão comunicadas das 8 às 24 horas, salvo determinação em horário diverso (art. 9º, parágrafo único, da Resolução TSE n. 23.608/2019);

(iii) Como fora asseverado anteriormente, dada a importância de que goza a organização das eleições, porque é por meio dela que é exercido o direito de sufrágio, bem como garantida a dinâmica democrática, todos os feitos eleitorais, no período do registro de candidatura até 5 (cinco) dias após a realização do segundo turno das eleições, terão prioridade para a participação do Ministério Público e dos juízes de todas as justiças e instâncias, com exceção dos processos de *habeas corpus* e mandado de segurança, em razão dos bens jurídicos que estes *writs* visam proteger (art. 61, *caput*, da Resolução TSE n. 23.608/2019);

(iv) É, portanto, obrigatório, para os membros dos Tribunais Regionais Eleitorais e do Ministério Público, proceder à fiscalização do cumprimento da Lei Eleitoral pelos juízes e promotores eleitorais das instâncias inferiores, determinando, quando for o caso, a abertura de procedimento disciplinar para apuração de eventuais irregularidades que se verificarem (art. 60 da Resolução TSE n. 23.608/2019);

(v) Outra questão de ampla utilidade prática que não pode ser olvidada foi a determinação do legislador, no sentido de que, em matéria eleitoral, não são aplicáveis os procedimentos previstos na Lei n. 7.347/85, também conhecida como Lei da Ação Civil Pública (art. 105-A da Lei n. 9.504/97). Isso quer dizer que o legislador achou por bem afastar qualquer possibilidade de se aplicarem os procedimentos contidos na Lei da Ação Civil Pública, incompatibilizando toda a matéria eleitoral com os comandos inseridos naquela norma jurídica.

A reclamação, por sua vez, é o meio processual destinado a combater condutas de magistrados que importem em promover o descumprimento dos dispositivos da Lei n. 9.504/97, bem como da Resolução TSE n. 23.608/2019, especificamente no que tange aos prazos processuais (art. 29, incisos I e II, da Resolução TSE n. 23.608/2019). O delineamento do rito processual da reclamação segue o mesmo norte da representação.

As reclamações devem ser dirigidas à instância hierarquicamente superior ao órgão reclamado. Vale dizer, as reclamações interpostas contra juízes eleitorais são apreciadas pelos respectivos Tribunais Regionais Eleitorais, ao passo que as reclamações contra membros dos Tribunais Regionais Eleitorais serão processadas perante o Tribunal Superior Eleitoral (art. 30 da Resolução TSE n. 23.608/2019).

18.4.2. Pedido de resposta

O pedido de direito de resposta surge a partir da escolha do candidato em convenção, assim, é resguardado o direito de resposta do candidato, do partido ou da coligação atingidos – direta ou indiretamente – por conceito, imagem ou afirmação caluniosa, difamatória, injuriosa ou sabidamente inverídica difundidos por qualquer veículo de comunicação (art. 58, *caput*, da LE). Os pedidos de direito de resposta formulados por terceiro, em relação ao que foi veiculado no horário eleitoral gratuito, serão examinados pelo juiz eleitoral ou o juiz auxiliar (art. 34 da Resolução TSE n. 23.608/2019).

O prazo para requerimento do pedido de resposta será adequado especificamente ao meio pelo qual a ofensa foi veiculada, assim: quando for em órgão da imprensa escrita, o prazo será de 3 (três) dias, a contar da data constante de edição; quando em programação normal das emissoras de rádio e televisão, o prazo será de 2 (dois) dias, contados da veiculação da ofensa; quando for no horário eleitoral gratuito, o prazo será de 1 (um) dia e quando for em propaganda eleitoral pela internet, o prazo será de 3 (três) dias contados da sua retirada ou enquanto estiver sendo veiculada a ofensa (art. 32, I, II, III e IV da Resolução TSE n. 23.608/2019).

A petição inicial deverá ser instruída com cópia eletrônica da página em que foi divulgada a ofensa e com a perfeita identificação de seu endereço na internet (URL ou, caso inexistente esta, URI ou URN), facultando-se a juntada de ata notarial ou outro meio de prova que demonstre, ainda que posteriormente suprimida a postagem, a efetiva disponibilização do conteúdo no momento em que acessada a página da internet (art. 31, IV, *b*, da Resolução TSE n. 23.608/2019).

Em virtude da primazia do princípio do julgamento do mérito, caso o conteúdo tenha sido removido pelo autor da ofensa e não tenha sido produzida nenhuma prova, o órgão judicial competente intimará o autor para se manifestar antes de decidir pela extinção do feito sem julgamento de mérito (art. 32, IV, *b*, da Resolução TSE n. 23.608/2019).

É de bom alvitre destacar que é incabível a cumulação de pedido de direito de resposta com pedido de aplicação de multa por propaganda eleitoral irregular, ainda que diga respeito aos mesmos fatos, sob pena de indeferimento da petição inicial. No entanto, essa restrição não impede a análise de pedido de suspensão, remoção ou proibição de nova divulgação da propaganda apontada como irregular (art. 4º da Resolução TSE n. 23.608/2019).

Recebida a petição inicial, deverá ser promovida imediata citação do representado no pedido de direito de resposta, para que no prazo de 1 (um) dia apresente defesa (art. 33 da Resolução TSE n. 23.608/2019), cabendo ao Ministério Público apresentar parecer no prazo de 1 (um) dia (art. 33, § 1º, da Resolução TSE n. 23.608/2019).

Após, com ou sem parecer do Ministério Público Eleitoral, o juiz eleitoral ou juiz auxiliar decidirá e fará publicar o comando judicial no prazo máximo de 3 (três) dias, contados do peticionamento eletrônico do pedido de resposta (art. 33, § 2º, da Resolução TSE n. 23.608/2019).

O descumprimento, ainda que parcial, da decisão que reconhecer o direito de resposta sujeitará o infrator ao pagamento de multa no valor de R$ 5.320,50 (cinco mil, trezentos e vinte reais e cinquenta centavos) a R$ 15.961,50 (quinze mil, novecentos e sessenta e um reais e cinquenta centavos), duplicada em caso de reiteração de conduta, sem prejuízo de incorrer em crime de desobediência (art. 347 do CE).

Contra a sentença proferida pelo juiz eleitoral nas eleições municipais é cabível recurso no prazo de 1 (um) dia, assegurado ao recorrido o mesmo elastério temporal para o oferecimento de contrarrazões, a contar da intimação (art. 37, *caput*, da Resolução TSE n. 23.608/2019). Se a decisão for proferida por juiz auxiliar, ela estará sujeita a recurso para o plenário do tribunal eleitoral respectivo, também no prazo de 1 (um) dia (art. 40 da Resolução TSE n. 23.608/2019).

Mesmo se não forem oferecidas as contrarrazões, ou se decorrido o respectivo prazo de oferta, o recurso deverá ser imediatamente remetido ao Tribunal Regional Eleitoral (art. 37, parágrafo único, da Resolução TSE n. 23.608/2019). Oferecidas contrarrazões, ou decorrido o prazo respectivo, os autos serão imediatamente remetidos ao tribunal regional eleitoral, no PJe. Recebidos os autos na secretaria do TRE, serão eles distribuídos e remetidos ao Ministério Público Eleitoral para manifestação no prazo de 1 (um) dia, exceto quando houver pedido de efeito suspensivo ou de tutela provisória, hipótese na qual serão imediatamente conclusos ao relator (art. 38 da Resolução TSE n. 23.608/2019).

Após a vista do Ministério Público Eleitoral, o relator poderá não conhecer o recurso, negar provimento quando for contrário a súmula do Supremo Tribunal Federal, do Tribunal Superior Eleitoral ou de tribunal superior; acórdão proferido pelo Supremo Tribunal Federal, pelo Tribunal Superior Eleitoral ou por tribunal superior em julgamento de recursos repetitivos; ou dar provimento se a decisão recorrida for contrária a súmula do STF, do TSE ou de tribunal superior; e a acórdão proferido pelo STF, pelo TSE ou por tribunal superior em julgamento de recursos repetitivos (art. 39 da Resolução TSE n. 23.608/2019). Dessa decisão caberá agravo interno, no prazo de 1 (um) dia, assegurado o mesmo elastério temporal para oferecimento de contrarrazões (art. 39, § 6º, da Resolução TSE n. 23.608/2019).

Em sequência, o relator há de apresentar o recurso em mesas para julgamento em 1 (um) dia, independentemente de publicação de pauta, contados da conclusão dos autos (art. 38, IV, da Resolução TSE n. 23.608/2019). Se, mesmo assim, o tribunal não se reunir no referido prazo, o recurso deverá ser julgado na primeira sessão subsequente (art. 39, § 1º, da Resolução TSE n. 23.608/2019). Há limitação para a apreciação desses recursos, de modo que só poderão ser apreciados aqueles relacionados até o início de cada sessão plenária (art. 39, § 3º, da Resolução TSE n. 23.608/2019).

Do acórdão proferido pelo Tribunal Regional Eleitoral, caberá recurso especial para o Tribunal Superior Eleitoral, no prazo de 1 (um) dia (art. 41, *caput*, da Resolução n. 23.608/2019). Após a interposição do recurso especial eleitoral, deve-se atentar para o fato de que, nos casos do direito de resposta, é dispensado o juízo de admissibilidade, com a imediata intimação do recorrido, por publicação em secretaria, para que possa oferecer contrarrazões, também no mesmo prazo de 1 (um) dia (art. 21, § 1º, da Resolução n. 23.608/2019). Por fim, do acórdão prolatado pelo Tribunal Superior Eleitoral, caberá recurso extraordinário para o Supremo Tribunal Federal.

18.4.3. Ação de impugnação de Demonstrativo de Regularidade de Atos Partidários (DRAP)

O Demonstrativo de Regularidade de Atos Partidários (DRAP), também chamado de "processo mãe" [52], abarca os processos de registro de candidaturas individuais a ele vinculados, no que ostenta o escopo de propiciar a análise, pela Justiça Eleitoral, da regularidade da agremiação partidária e dos atos praticados com vistas à disputa eleitoral, como, por exemplo, os documentos concernentes à realização da convenção, a situação do partido político na circunscrição, e ao quantitativo de candidaturas de gênero[53]. Evita-se que documentos referentes a determinado partido político sejam apreciados repetidas vezes em cada registro de candidatura individual, bem como que o partido tenha seus documentos tidos como válidos para um candidato e como inválidos para outro[54].

Em razão disso, o julgamento do DRAP deve preceder o dos registros dos candidatos, pois estes somente serão analisados se aquele for deferido (art. 47 da Resolução TSE n. 23.609/2019)[55]. No entanto, enquanto não transitada em julgado a decisão atinente ao DRAP, o cartório e o

---

[52] "Art. 32. Na autuação, serão adotados os seguintes procedimentos: § 1º O DRAP e os documentos que o acompanham constituirão o processo principal dos pedidos de registro de candidatura" (Resolução TSE n. 23.609/2019).

[53] Respe n. 060073621, Acórdão, Rel. Min. Jorge Mussi, PSESS, 13-11-2018.

[54] GOMES, José Jairo. *Direito eleitoral*. 13. ed. São Paulo: Atlas, 2016, p. 339.

[55] "Registro de candidatura. DRAP. Prejudicialidade. 1. Na linha da jurisprudência deste Tribunal, recebem-se como agravo regimental os embargos de declaração opostos contra decisão individual. 2. O art. 36, §§ 1º e 3º, da Res.-TSE n. 23.373 estabelece a vinculação dos requerimentos de registro de candidatura ao respectivo Demonstrativo de Regularidade de Atos Partidários (DRAP), de forma que o caráter definitivo da decisão proferida no DRAP enseja a prejudicialidade dos pedidos de registro de candidatura. 3. A alegação de suposta não observância de regras estatutárias no que tange à adequação das cotas por gênero deveria ter sido discutida no DRAP, que foi deferido e transitou em julgado. 4. Dado o caráter imutável da decisão proferida no DRAP, não cabe, no processo individual em que só se examinam requisitos específicos do candidato, pretender reabrir a discussão alusiva à questão. Embargos de declaração recebidos como agravo regimental e não provido" (Respe n. 25167, Acórdão, Rel. Min. Arnaldo Versiani, PSESS, 6-11-2012).

juiz eleitoral devem dar continuidade à instrução dos processos de registro dos candidatos (art. 48, §1º, da Resolução TSE n. 23.609/2019).

Quando o indeferimento do DRAP for o único fundamento para o indeferimento da candidatura, eventual recurso contra a decisão proferida no DRAP refletirá nos processos dos candidatos a este vinculados, que permanecerão na instância originária, remetendo-se para a instância superior apenas o processo em que houver interposição de recurso (art. 48, §3º, da Resolução TSE n. 23.609/2019). O trânsito em julgado da decisão de indeferimento do DRAP implica o prejuízo dos pedidos de registro de candidatura a ele vinculados, inclusive aqueles já deferidos (art. 48, § 4º, da Resolução TSE n. 23.609/2019).

A finalidade da ação de impugnação de DRAP não é outra senão a de impedir que a Justiça Eleitoral proceda à análise dos requerimentos de registro individuais a ele vinculados. São diversos os casos que podem dar ensejo aos legitimados ativos lançarem mão dessa via impugnativa. As situações mais corriqueiras cingem-se às questões relativas às irregularidades e eventuais nulidades que porventura tenham ocorrido no âmbito das convenções partidárias, como a falta de anotação válida dos órgãos diretivos do partido, na data da convenção, haja vista suas contas terem sido julgadas não prestadas[56]. É de bom alvitre

---

[56] "DIREITO ELEITORAL E PROCESSUAL CIVIL. RECURSO ESPECIAL ELEITORAL. REGISTRO DE CANDIDATURA. ELEIÇÕES 2018. INDEFERIMENTO DE DRAP. ÓRGÃO PARTIDÁRIO ESTADUAL. COLIGAÇÃO MAJORITÁRIA. CONTAS ANUAIS NÃO PRESTADAS. NEGATIVA DE SEGUIMENTO. Recurso especial interposto contra acórdão regional que indeferiu o pedido de registro do Demonstrativo de Regularidade de Atos Partidários – DRAP, apresentado pelo Partido da causa Operária – PCO, em razão da falta de anotação válida do órgão regional do partido, na data da convenção, decorrente do fato de terem sido julgadas não prestadas suas contas partidárias dos exercícios financeiros de 2015 e 2016. 2. Nos termos do art. 17, III, da CF/88 e do art. 32 da Lei n. 9.096/95, todos os partidos políticos têm a obrigação de prestar contas anualmente à Justiça Eleitoral. A legislação eleitoral prevê sanções ao partido que deixe de cumprir a obrigação, como o cancelamento do registro civil e do estatuto do partido e a suspensão do registro ou anotação dos seus órgãos de direção até a regularização da situação. 3. A sanção de suspensão do órgão partidário é bastante gravosa, uma vez que é capaz de impedir, inclusive, que o partido se habilite a participar do pleito e lance candidatos, a teor do art. 4º da Lei n. 9.504/97. Tal medida, porém, justifica-se pelo fato de que a não

registrar que a constituição de comissão provisória de acordo com o estatuto do partido, a subscrição do pedido de registro por pessoa legitimada e a apresentação do número do CNPJ são procedimentos que, se não observados, inviabilizam o deferimento do pedido de registro do DRAP partidário[57]. Saliente-se que matéria relativa ao DRAP não pode ser suscitada nos autos do registro individual, assim como é inviável, ao se julgar o DRAP, analisar por via transversa o mérito de cada um dos registros individuais, o que implicaria restrição ao direito dos candidatos à ampla defesa e ao contraditório[58].

Busca-se, na maioria das vezes, a exclusão de determinado partido vinculado àquele DRAP, principalmente nos casos de formação de coligação. Isso porque os embates inerentes ao ambiente *interna corporis* nem sempre são consentâneos, no que geram insatisfação. Even-

---

prestação de contas partidárias produz grave violação aos princípios democrático e da transparência. 4. Ao estabelecer a suspensão do registro ou anotação dos seus órgãos de direção até a regularização da situação partidária, as resoluções editadas por esta Corte apenas densificam as sanções estabelecidas em normas de hierarquia superior. 5. Nos termos da jurisprudência desta Corte, na hipótese de omissão da agremiação no dever de prestar contas, são aplicáveis as sanções vigentes à época em que as contas deveriam ter sido prestadas. (...) Inaplicável ao caso a jurisprudência deste TSE que admite, excepcionalmente, a participação no pleito de partido com órgão de direção suspenso por não prestação de contas, desde que: (i) o partido tenha, prontamente, formulado pedido de regularização de contas para afastar a situação de inadimplência; (ii) seja demonstrada a boa-fé do partido; e (iii) a ausência de julgamento do pedido de regularização de contas pelo órgão competente da Justiça Eleitoral não tenha ocorrido por fato atribuível ao partido. 9. Na hipótese, não ficou demonstrada a boa-fé e presteza do órgão diretivo na formulação do pedido de regularização de contas, uma vez que (i) as decisões que implicaram a anotação da suspensão da eficácia do registro transitaram em julgado em 30-6-2017 e 3-7-2018; (ii) os pedidos de regularização das contas partidárias foram apresentados tardiamente (em 31-8-2018); e (iii) os pedidos de regularização das contas apresentados não foram instruídos com a documentação necessária à sua análise. 10. Recurso especial eleitoral a que se nega provimento" (Respe n. 060375791, Acórdão, Rel. Min. Luís Roberto Barroso, PSESS, 4-10-2018).

[57] Respe n. 060140239, Acórdão, Rel. Min. Og Fernandes, PSESS, 22-11-2018.

[58] Respe n. 060055414, Acórdão, Rel. Min. Tarcisio Vieira de Carvalho Neto, PSESS, 7-11-2018; Respel n. 060073621, Acórdão, Rel. Min. Jorge Mussi, PSESS, 13-11-2018).

tuais irregularidades verificadas só podem ser arguidas por integrantes do partido ou da coligação que a promoveu, não havendo restrição para que questões também sejam suscitadas por quem foi indicado candidato. Todavia, conforme o entendimento pacificado pelo Tribunal Superior Eleitoral, partido político e coligação não possuem legitimidade para impugnar o DRAP de coligação adversária sob o fundamento de irregularidade em convenção partidária[59].

O embasamento teórico desse entendimento deflui diretamente do princípio norteador do instituto das nulidades, originário do Direito Francês, qual seja, o do *pas de nullité sans grief*, segundo o qual não há nulidade sem demonstração do prejuízo. Se porventura houver alguma mácula acintosa à legislação eleitoral ou às normas estatutárias, o prejuízo decorrente do ato deverá ser arguido pelo partido ou pelos membros de outro partido coligado que tenham sofrido diretamente os efeitos da transgressão perpetrada[60].

A gravidade dos efeitos da irregularidade suscitada é de grande importância para definir a competência para o julgamento da irresignação. Se, na espécie, se tratar de vício material que transcenda a geografia partidária, de modo a produzir reflexos diretos no processo eleitoral, a Justiça Eleitoral será competente para apreciar as controvérsias internas de partido político, com uma clara mitigação ao postulado da autonomia partidária[61]. Noutro giro, se as questões ostentarem caráter

---

[59] "ELEIÇÕES 2014. AGRAVO REGIMENTAL. RECURSO ESPECIAL ELEITORAL NÃO CONHECIDO. ILEGITIMIDADE ATIVA. CANDIDATO. IMPUGNAÇÃO. DRAP DE COLIGAÇÃO ADVERSÁRIA. FALTA DE INTERESSE. 1. Partido político, coligação ou candidato não tem legitimidade para impugnar a validade de coligação adversária, haja vista a inexistência de interesse próprio. Precedentes. 2. Supostas irregularidades decorrentes da escolha de candidatos pela comissão provisória do partido, em ofensa ao estatuto partidário, constituem matéria *interna corporis*, e não fraude apta a macular o processo eleitoral. 3. Agravo regimental desprovido" (AgR-Respe n. 35292, Acórdão de 25-9-2014, Rel. Min. João Otávio de Noronha, PSESS, 25-9-2014).

[60] LACERDA, Maria Luisa de Medeiros; LUCENA, Alisson Emmanuel de Oliveira. Aportes práticos acerca dos demonstrativos de regularidade dos atos partidários na fase de procedimento de registro de candidatura. *Revista de Estudos Eleitorais*, Recife, v. 2, n. 4, p. 20-30, dez. 2018, p. 27.

[61] A Justiça Eleitoral possui competência para apreciar as controvérsias internas de partido político, sempre que delas advierem reflexos no processo eleitoral, cir-

interna corporis, a Justiça Eleitoral não deterá competência para julgar a ação, por força do princípio constitucional da autonomia partidária.

O rito procedimental é o mesmo da Ação de Impugnação de Registro de Candidatura (AIRC), com todos os apanágios dispostos na Lei Complementar n. 64/90, que será delineado detalhadamente no tópico subsequente. Cabe destacar, no que tange à esfera recursal, que a parte que não impugnou o DRAP do partido ou da coligação não possui legitimidade para recorrer da decisão que o deferiu, salvo se tratar de matéria constitucional[62]. Outrossim, entende o Tribunal Superior Eleitoral ser plenamente cabível pedido de habilitação de assistência apresentado por candidato em recurso que questiona indeferimento de DRAP relacionado a seu partido político[63].

---

cunstância que mitiga o postulado fundamental da autonomia partidária, *ex vi* do art. 17, § 1º, da Constituição da República – cânone normativo invocado para censurar intervenções externas nas deliberações da entidade –, o qual cede terreno para maior controle jurisdicional. 2. Ante os potenciais riscos ao processo democrático e os interesses subjetivos envolvidos (suposto ultraje a princípios fundamentais do processo), qualificar juridicamente referido debate dessa natureza como matéria *interna corporis*, considerando-o imune ao controle da Justiça Eleitoral, se revela concepção atávica, inadequada e ultrapassada: em um Estado Democrático de Direito, como o é a República Federativa do Brasil (CF/88, art. 1º, *caput*), é paradoxal conceber a existência de campos que estejam blindados contra a revisão jurisdicional, adstritos tão somente à alçada exclusiva da respectiva grei partidária. Insulamento de tal monta é capaz de comprometer a própria higidez do processo político-eleitoral, e, no limite, o adequado funcionamento das instituições democráticas (Respe n. 10380, Acórdão, Rel. Min. Luiz Fux, *DJe*, Tomo 232, 30-11-2017, p. 22-25).

[62] Respe n. 060093128, Acórdão, Rel. Min. Edson Fachin, PSESS, 18-12-2018.

[63] "EMBARGOS DE DECLARAÇÃO EM RECURSO ESPECIAL. PEDIDO DE ASSISTÊNCIA. POSSIBILIDADE. ART. 119 DO CPC/2015. INTERESSE JURÍDICO. PEDIDO FORMULADO PELO ASSISTENTE. AUSÊNCIA DE AMPARO JURÍDICO. INDEFERIMENTO. PRESTAÇÃO DE CONTAS DE PARTIDO POLÍTICO. EXERCÍCIO FINANCEIRO DE 2015. INEXISTÊNCIA DE VÍCIOS NO JULGADO. PRETENSÃO DE REDISCUTIR A CAUSA. NÃO CABIMENTO. ACLARATÓRIOS INSERVÍVEIS PARA FINS DE PREQUESTIONAMENTO. REJEIÇÃO. É plausível o pedido de habilitação de assistência apresentado por candidato no recurso em que se questiona o indeferimento do DRAP de seu partido, ante o que dispõe o art. 119 do CPC/2015 e o manifesto interesse jurídico decorrente do risco de

18.4.4. Ação de impugnação de registro de candidato

A finalidade da ação de impugnação de registro de candidato é impedir que o cidadão possa disputar o pleito eleitoral, negando seu registro e, consequentemente, impedindo sua candidatura, obstaculizando sua passagem da condição de pré-candidato à de candidato[64]. O registro configura-se no procedimento em que a Justiça Eleitoral verifica se o pré-candidato dispõe dos elementos necessários para disputar as eleições.

Nesse sentido, a ação de impugnação de registro de candidatura (AIRC) tem a finalidade de obter uma declaração negativa da existência da prerrogativa ao registro de candidatura, desconstituindo o seu deferimento, em decorrência do não preenchimento das condições de elegibilidade, dos requisitos de registrabilidade ou da incidência de causa de inelegibilidade.

A AIRC possui a natureza de uma ação judicial de jurisdição contenciosa, apresentando todas as suas características, com a formação de coisa julgada material e formal. Na visão de Pedro Henrique Távora Niess, constitui-se como uma ação civil de conhecimento, de conteúdo declaratório, cujo teor serve para declarar a ausência dos requisitos essenciais à condição de candidato[65].

O objeto dessa ação deve versar sobre qualquer uma das condições de elegibilidade do candidato, das causas de inelegibilidades ou dos requisitos de registrabilidade, daí a razão pela qual seu procedimento se encontra regulamentado nos arts. 3º ao 17 da Lei de Inelegibilidades (LC n. 64/90).

18.4.4.1. Causas

As causas que podem ensejar o ajuizamento da ação de impugnação de registro de candidatura provêm de três institutos jurídicos distintos, mas que produzem o mesmo resultado de impedir o cidadão de

---

provimento jurisdicional que repercuta negativamente em sua esfera de direitos" (Respe n. 060019783, Acórdão, Rel. Min. Og Fernandes, PSESS, 29-11-2018).

[64] RAMAYANA, Marcos. *Direito eleitoral*. 4. ed. Niterói: Impetus, 2005, p. 172.

[65] NIESS, Pedro Henrique Távora. *Direitos políticos*. 2. ed., Bauru: Edipro, 2000, p. 194.

participar do pleito eleitoral. São elas: ausência das condições de elegibilidade ou dos requisitos de registrabilidade ou incidência de causa de inelegibilidade. Enfim, constatada a ocorrência de qualquer uma das causas de impugnação, há a certeza de que o pré-candidato não possui as condições mínimas para o exercício do mandato eletivo.

As inelegibilidades que podem ser arguidas são tanto as consideradas inatas como aquelas de natureza sancionatória provenientes de decisão judicial. Como exemplo de inelegibilidade inata, pode-se mencionar o caso dos analfabetos e dos menores de 16 anos de idade[66]. Como exemplo de inelegibilidade sancionatória, cita-se o caso do candidato que teve as contas rejeitadas por decisão do Tribunal de Contas, sendo esta confirmada pelo Legislativo e sem que ela tenha sido suspensa por decisão judicial[67].

A AIRC pode igualmente ser intentada por motivo de ausência de documento considerado essencial, os denominados requisitos de registrabilidade, como, por exemplo, se não forem apresentadas as certidões criminais exigidas. Nesse caso, por não ser o vício que o macula insanável, pode a autoridade judicial conceder prazo para que o candidato supra a ausência. Sem a supressão da omissão no lapso aprazado, a denegação do registro de candidatura mostra-se inexorável[68].

Segundo mandamento constitucional, a filiação partidária deve ser efetivada seis meses antes da eleição, sob pena de indeferimento do registro (art. 14, § 3º, V, da CF). Decorrendo essa exigência de mandamento constitucional, ela pode ser alegada a qualquer

---

[66] "Imposição. Apuração. Analfabetismo. Processo. Impugnação. Registro de candidato. Ausência. Arguição. Oportunidade. Alistamento eleitoral. Inocorrência. Preclusão" (Respe n. 10.407/PE, Rel. Min. José Eduardo Alckmin).

[67] "No aresto ora embargado, no qual ressalvei meu ponto de vista, bem como o fez o Min. Carlos Ayres de Britto, a Corte entendeu por deferir o pedido de registro de candidatura do ora embargado, uma vez que ele obteve, na Justiça Federal do Distrito Federal, antecipação de tutela nos autos de uma ação ordinária desconstitutiva de contas, as quais estavam rejeitadas pelo Tribunal de Contas da União" (RO-1263/DF, Rel. Min. José Augusto Delgado).

[68] "O pedido de juntada de documentos só deve ser deferido caso se trate de documentos novos, nos moldes do art. 397 do CPC" (AG-8581/BA, Rel. Min. José Augusto Delgado).

tempo, sem que se opere o instituto da prescrição. Como exceção à exigência de filiação partidária, pode ser mencionado o caso do militar da ativa. Devido ao fato de a Constituição brasileira impedi-lo de ser filiado a partido político, não se lhe exige a obrigatoriedade de estar filiado seis meses antes das eleições (art. 14, § 3º, V, da CF). A condição de elegibilidade relativa à filiação partidária não é exigível de militar que se encontre na ativa, sendo suficiente o pedido de registro de candidatura após a homologação pela convenção (art. 12, § 2º, da Resolução n. 20.993/2002).

A rejeição de contas por órgão específico, através de decisão insanável e irrecorrível, é uma causa de inelegibilidade, facultando sua alegação em sede de ação de impugnação de registro de candidatura (art. 1º, I, g, da LC 64/90). Acaso venha o candidato a obter liminar sustando os efeitos desse posicionamento, lhes é outorgada a prerrogativa de receber seu registro de forma provisória.

Para que esse tipo de impugnação possa surtir os efeitos almejados, são necessários quatro requisitos: a) exercício de função de ordenador de despesa; b) que haja decisão irrecorrível, de órgão competente, rejeitando as contas prestadas; c) irregularidade insanável; d) que não haja pronunciamento judicial suspendendo a decisão de rejeição de contas; e) tipificação de ato doloso de improbidade administrativa; f) que o parecer do Tribunal de Contas não tenha sido afastado pelo voto de dois terços da Câmara de Vereadores respectiva[69]. Saliente-se que, para o Tribunal Superior Eleitoral, este tipo de inelegibilidade apenas

---

[69] (...) "A inelegibilidade prevista no art. 1º, I, g, da LC n. 64/90 não incide em todo e qualquer caso de rejeição de contas públicas, sendo exigível o preenchimento cumulativo dos seguintes requisitos: (i) rejeição das contas relativas ao exercício de cargos ou funções públicas; (ii) decisão do órgão competente que seja irrecorrível no âmbito administrativo; (iii) desaprovação decorrente de (a) irregularidade insanável que configure (b) ato de improbidade administrativa (c) praticado na modalidade dolosa; (iv) não exaurimento do prazo de oito anos contados da publicação da decisão; e (v) decisão não suspensa ou anulada pelo Poder Judiciário" (Respe n. 67036, Acórdão, Rel. Min. Luís Roberto Barroso, *DJe*, Tomo 244, 19-12-2019, p. 55-57).

"Considera-se inelegível o pré-candidato cujas contas tenham sido rejeitadas por prática de atos de improbidade administrativa, enquanto vícios insanáveis" (RO-1178/RS, Rel. Min. Antonio Cezar Peluso).

pode ser concretizada se a decisão (parecer) do Tribunal de Contas que rejeita as contas, não for afastada pela respectiva casa legislativa – por decisão anuída por dois terços dos membros do legislativo[70].

Ademais, o pedido de reconsideração da sentença do Tribunal de Contas, protocolado quando já intentada ação de impugnação de registro, não serve para afastar a inelegibilidade[71].

18.4.4.2. *Procedimento*

A finalidade dos impetrantes com a AIRC é a obtenção de uma sentença declaratória negativa, obstaculizando a pretensão do pré-candidato de se tornar candidato efetivo e participar do pleito eleitoral. Ela atesta a inexistência de direito subjetivo do pré-candidato em se tornar candidato em virtude do não cumprimento dos requisitos exigidos. Apenas em caráter introdutório, o procedimento da AIRC se resumiria em:

1. Petição inicial, no prazo de cinco dias, a contar da publicação do edital relativo ao pedido de registro (art. 3º, *caput* da LC n. 64/90);

2. Citação do candidato, do partido político ou da coligação para apresentar defesa em sete dias, assim como juntar documentos, indicar rol de testemunhas e requerer a produção de provas (art. 4º, *caput* da LC n. 64/90). Não havendo contestação, poderá ocorrer o julgamento antecipado da lide ou designação de audiência;

3. Caso a ação não trate apenas de matéria de direito e a prova protestada for relevante, ocorrerá, em 4 dias, a inquirição das testemunhas, que serão notificadas pelos causídicos habilitados no feito (art. 5º, *caput* da LC n. 64/90);

4. Realização das diligências e produção de outras provas, nos cinco dias subsequentes (art. 5º, § 2º da LC n. 64/90);

5. Encerrada a instrução probatória, as partes e o Ministério Público poderão oferecer alegações finais, em cinco dias (art. 6º, *caput* da LC n. 64/90);

---

[70] RE 848.826 e 729.744.
[71] Ac. 19.140, do TSE, Rel. Min. Waldemar Zveiter.

6. Finalizado o prazo das alegações, em um dia, os autos devem seguir para conclusão ao juiz (art. 7º, *caput* da LC n. 64/90);

7. Contra a sentença caberá recurso, com razões, em três dias, com contrarrazões do recorrido e do Ministério Público, se for o caso, em três dias. Após as contrarrazões, os autos são imediatamente encaminhados ao Tribunal Regional Eleitoral (art. 8º, *caput* e §§ 1º e 2º da LC n. 64/90);

8. Recebimento dos recursos pela Secretaria do Tribunal Regional Eleitoral e do despacho pelo presidente no mesmo dia. O presidente distribui a um relator. E parecer do MP, procurador regional eleitoral, no prazo de dois dias. Com ou sem parecer, os autos vão para o relator que, em três dias, submete o caso ao plenário (art. 10º, *caput*, § único da LC n. 64/90);

9. Na sessão, o relator vota primeiro; depois os demais juízes. Leitura e publicação do acórdão. Prazo de três dias para interpor recurso. Caso haja recurso, ele irá subir para o Tribunal Superior Eleitoral, seguindo o aspecto regimental e o art. 12 da Lei Complementar n. 64/90.

A ação de impugnação de registro de candidatura será feita perante o Tribunal Superior Eleitoral quando se tratar de candidato à presidência e à vice-presidência da República; perante os Tribunais Regionais Eleitorais quando se tratar de candidato a senador, governador, vice-governador, deputado federal, deputado estadual ou distrital; perante os juízes eleitorais, quando se tratar de candidato a prefeito, vice-prefeito e vereador.

Recebidos os requerimentos solicitando o registro, não havendo necessidade de diligência e constando os requisitos essenciais, o juiz eleitoral publicará edital para que todos os interessados tenham ciência dos pré-candidatos que postulam o registro para disputar o pleito eleitoral.

O prazo para a impugnação é de cinco dias a contar da publicação do pedido de registro, consistindo em um prazo peremptório da apresentação do edital, não havendo possibilidade de se impetrar em outro momento[72].

---

[72] Respe n. 26.418/ SP do TSE, *Diário Oficial da Justiça*, t. 229, 2-12-2013, p. 37-38.

Registra-se que, sendo as condições de elegibilidade fruto de previsão constitucional, logo, imprescritíveis ou, ainda, diante das causas de inelegibilidades supervenientes caso não seja cabível a AIRC, tendo em vista o limitado prazo de 5 dias, a impugnação poderá ocorrer, em outro momento, por RCED. Portanto, não acontecendo a impugnação do pedido de registro quando da publicação do edital, impede-se que ela possa ocorrer posteriormente durante o processo eleitoral. A preclusão operada no Direito Eleitoral impede que a mesma matéria seja discutida em momento posterior, a não ser que seja, repita-se, uma das hipóteses de interposição de recurso contra a expedição de diploma.

Possui legitimidade para seu ajuizamento qualquer candidato, partido político, coligação ou o Ministério Público, no prazo de cinco dias contados da publicação de edital com o pedido de registro (art. 3º, *caput*, da LC n. 64/90). A impugnação por parte daqueles não impede a mesma ação por parte do Ministério Público. Nesse diapasão, ocorrendo duplicidade de ações sobre o mesmo legitimado passivo, o juiz deverá reunir os processos para julgá-los simultaneamente. Neste caso, aplica-se a regra da conexão, evitando a possibilidade de decisões contraditórias (art. 55 do Código de Processo Civil).

Essa legitimação se configura como concorrente, podendo qualquer um desses agir individualmente ou de forma conjunta, por intermédio de litisconsórcio. A impugnação, por parte de candidato, partido político, ou coligação, não impede ação do Ministério Público no mesmo sentido (art. 3º, § 1º, da LC n. 64/90).

Ressalte-se, inclusive, que não poderá ingressar com a AIRC o representante do *parquet* que, nos quatro anos anteriores, tenha disputado cargo eletivo, integrado diretório de partido ou exercido qualquer atividade político-partidária, consoante previsão do art. 3º, § 2º, da LC n. 64/90. No tocante ao prazo desse impedimento, importa consignar que a Resolução n. 23.609/2019 (art. 40, § 3º) adaptou a previsão da Lei Complementar n. 64/90 (art. 3º, § 2º), com a previsão da Lei Complementar n. 75/93 (art. 80), determinando o impedimento de ingressar com AIRC do representante do MP que nos 2 anos anteriores, tenha disputado cargo eletivo, integrado diretório de partido ou exercido atividade político-partidária. Outrossim, o *parquet*, quando não for parte ativa, deve ser ouvido como *custos legis*, consoante a Súmula 11 do Tribunal Superior Eleitoral.

O partido político ou a coligação que não impugnou o registro não tem legitimidade para recorrer da sentença, ressalvada discussão de matéria constitucional, que não opera a preclusão em razão do premente interesse público[73]. Já o candidato, para efeito de legitimidade para a impetração de AIRC, é o cidadão que teve seu nome devidamente homologado em convenção eleitoral e tem deferido o registro de candidatura.

O eleitor não tem legitimidade para impugnar o registro de candidatura em razão de ausência de previsão legal[74]. Porém, se ele souber de alguma causa que possa macular alguma candidatura, conforme art. 44 da Resolução n. 23.609/2019, pode, mediante petição fundamentada, dar ciência à Justiça Eleitoral para que sejam tomadas as devidas providências, nesses casos, adotando-se, no que couber, o procedimento previsto para as impugnações, através da notícia de inelegibilidade. Neste caso, deverá ser seguido o procedimento descrito nos §§ 1º ao 4º do art. 44 da Resolução n. 23.609/2019, em conformidade com as novas disposições da Resolução n. 23.675/2021. Assim, apresentada a notícia pelo eleitor, o MP será imediatamente informado da notícia de inelegibilidade pela Secretaria do Juízo. Sublinhe-se que o TSE já se posicionou por diversas vezes quanto à impossibilidade de se receber impugnação defeituosa como notícia de inelegibilidade[75].

Portanto, embora o eleitor não possua legitimidade para interpor AIRC em nome próprio, pode contribuir para a lisura do processo eleitoral, fornecendo as informações necessárias para a interposição da ação, trata-se da denominada "notícia de inelegibilidade". A respeito do tema, existem divergências doutrinárias quanto à possibilidade de se

---

[73] Súmula 11 do Tribunal Superior Eleitoral: "No processo de registro de candidatos, o partido que não o impugnou não tem legitimidade para recorrer da sentença que o deferiu, salvo se cuidar de matéria constitucional".
"Nos termos da Súmula- TSE n. 11, a parte que não impugnou o registro de candidatura não tem legitimidade para recorrer da sentença que o deferiu, salvo se se cuidar de matéria constitucional, o que não se averigua no caso em exame. Precedentes" (Respe n. 22.578/SP, Rel. Min. Caputo Bastos).

[74] "O eleitor não tem legitimidade para impugnar candidaturas (...)" (Ac. 12.375, de 1-9-1992, Rel. Min. Sepúlveda Pertence)."(...) Registro de candidato impugnado por eleitor: parte ilegítima. Art. 3º da Lei Complementar n. 64/90. (...)" (Ac. 14.807, de 18-11-1996, Rel. Min. Eduardo Alckmin).

[75] Respe n. 060089917, Acórdão, Rel. Min. Mauro Campbell Marques, *DJe*, Tomo 13, 3-2-2022.

ampliar o rol dos legitimados, passando a incluir também a figura dos cidadãos. Essa corrente é abraçada por Djalma Pinto, que lamenta a decisão do legislador em não conferir legitimidade ao cidadão. Isso porque é ele que compõe o povo, titular do poder na democracia[76].

Ainda convém explicitar que o candidato, mesmo sem registro deferido, detém legitimidade ativa para ações e recursos; pondera-se que no curso da ação de impugnação, caso o candidato autor não tenha seu registro deferido, o processo será extinto, sem resolução do mérito[77]. Tem-se que inexiste impedimento para que candidato possa impugnar pedido de registro de seus correligionários, seja do mesmo partido ou da mesma coligação. Somente não pode impugnar candidato a pleito majoritário, em virtude da ausência de interesse de agir[78].

A jurisprudência do Colendo TSE é uníssona ao conferir legitimidade ativa às coligações para ajuizar ação de impugnação de registro eleitoral, devendo o representante da Coligação ter sua indicação (representação), consoante previsão do art. 6º das Leis de Eleições. Para o Tribunal Superior Eleitoral, a impugnação deverá ser realizada em conjunto, por todos os partidos que estão unidos ao pleito. Logo, o partido político integrante de coligação não detém legitimidade para, isoladamente, ajuizar impugnação a pedido de registro de candidatura. A atuação isolada apenas será permitida quando for para impugnar a validade da própria coligação[79]. Registra-se que, caso a Coligação dessa

---

[76] PINTO, Djalma. *Direito eleitoral*: improbidade administrativa e responsabilidade fiscal – noções gerais. 3. ed. São Paulo: Atlas, 2006, p. 169.

[77] Ac. de 16-3-2010 no AgR-AI 11.889, Rel. Min. Ricardo Lewandowski."1. Candidato indicado por convenção, mesmo sem registro deferido, é parte legítima para oferecer impugnação a pedido de registro de outros candidatos. LC n. 64/90, art. 3º (...)" (Ac. 459, de 10-10-2000, Rel. Min. Fernando Neves).

[78] COSTA, Adriano Soares da. *Instituições de direito eleitoral*. 6. ed. Belo Horizonte: Del Rey, 2006, p. 439.

[79] "(...)A teor do disposto no art. 6º, § 4º, da Lei n. 9.504/97, o partido político coligado não tem legitimidade para atuar isoladamente no processo eleitoral, salvo se para questionar a validade da própria coligação". (Respe n. 3059, Acórdão, Rel. Min. Rosa Maria Weber Candiota da Rosa, PSESS, 23-11-2016).

Ac. de 29-9-2008 no AgR-Resp n. 30.842, Rel. Min. Marcelo Ribeiro; no mesmo sentido o Ac. 23.578, de 21-10-2004, Rel. Min. Caputo Bastos, red. designado Min. Marco Aurélio.

desarticulada, inevitavelmente sua legitimidade será extirpada, razão pela qual o processo será extinto sem apreciação do mérito[80]. Ademais, o partido ou a coligação que não impugnou a solicitação de registro de candidatura não tem legitimidade para recorrer da decisão, à exceção se for matéria de conteúdo constitucional[81].

Os legitimados passivos na AIRC são os candidatos que foram escolhidos em convenção partidária. Como já tivemos oportunidade de explanar alhures, a escolha do candidato em convenção é requisito exigido para o deferimento do pedido de registro de candidatura[82]. Caso não haja a indicação em convenção, há impedimento para o cidadão ser considerado candidato, a não ser que consiga anular a escolha realizada e seja o seu nome homologado em outra convenção[83].

Com efeito, ainda sobre a legitimidade passiva, importa destacar que não há necessidade de formação de litisconsórcio passivo necessário entre o candidato que sofre a impugnação e o partido político ao qual pertence porque resta tipificado o dano do ato para ambos do registro[84]. Nesse sentido o TSE editou a Súmula 39: "Não há formação de litisconsórcio necessário em processos de candidatura"[85]. Mesmo que com o indeferimento do registro de candidatura, a agremiação política perca o potencial de votos de seu correligionário, o que evidencia a sucumbência e o interesse para sua atuação no processo, não se mostra essa uma condição indispensável ao processo[86].

---

[80] Ac de 25-11-2004 no EARespe n. 24.531/BA, *DJ* 30-9-2005, v. 1, p. 122.

[81] Súmula 11 do TSE.

[82] Ac. de 15-9-2010 no AgR-Resp n. 484.336, Rel. Min. Arnaldo Versiani.

[83] Ac. de 15-9-2010 no AgR-Resp n. 442.566, Rel. Min. Arnaldo Versiani.

[84] "(...) O litisconsórcio passivo necessário entre os candidatos eleitos e a agremiação política da qual eles são membros não é de formação obrigatória nos termos da jurisprudência da Corte. Precedente: RCED n. 661/SE, Rel. Min. Aldir Passarinho Junior, *DJe* 16-2-2011" (Agravo Instrumento n. 3037, Acórdão, Rel. Min. Luiz Fux, *DJe* 6-4-2017, p. 86 a 88).

[85] "Não há formação de litisconsórcio necessário em processos de registro de candidatura" (Súmula 39 do TSE). Ac. TSE, de 10-5-2016, no PA n. 32345.

[86] "A formação do litisconsórcio passivo necessário só se dá quando houver previsão legal expressa ou, em razão da natureza jurídica da ação, cada pessoa possa ser atingida diretamente pela decisão judicial" (AG-6416/SP, Rel. Min. José Gerardo Grossi).

Como explicitado alhures a finalidade da mencionada ação configura-se em atestar que há uma inelegibilidade preexistente, ausência de condição de elegibilidade ou falta de documentação exigida, em que se verifica seu nítido caráter declaratório. Todavia, de forma insólita, ela pode apresentar natureza constitutiva, quando ao longo do processo se verifica a existência de uma inelegibilidade superveniente a ser conhecida[87]. Seu caráter constitutivo advém de que se altera uma relação jurídica porque foi verificada a inelegibilidade de candidato que antes não possuía qualquer mácula que o privasse do pleito eleitoral. Na hipótese de inelegibilidade preexistente ou ausência de documentação exigida, sua natureza é declaratória negativa, nada se acrescentando à relação jurídica. Ocorrendo inelegibilidade superveniente, a sentença apresenta taxonomia constitutiva, modificando a relação jurídica com a atribuição de inelegibilidade ao candidato.

O impugnante, na petição de irresignação, deve indicar os meios de prova necessários, com a possibilidade de arrolar até seis testemunhas, conforme o caso (art. 3º, § 3º, da LC n. 64/90). Já o impugnado, na contestação, poderá juntar prova documental, arrolar testemunhas ou requerer a produção de outras provas, inclusive, documentais que se encontrarem em poder de terceiros, em repartições públicas ou em processos judiciais ou administrativos, salvo os que tramitem em segredo de justiça (art. 4º da LC n. 64/90). As testemunhas devem comparecer por iniciativa das partes para a inquirição judicial e serão ouvidas em uma só assentada[88].

Suscitava-se que a gravação ambiental pode ser considerada como prova na ação de impugnação de registro de candidatura, sem

---

[87] "O declarar a inelegibilidade originária ou a inexistência de direito ao registro (que são objetivos dessa ação) são focos menos tormentosos que o constituir inelegibilidade nesse mesmo procedimento (inelegibilidade cominada). Concordamos que a última dimensão, importantíssima para todo o processo eleitoral, pode trazer transtorno para o procedimento específico, mas não se descarta a possibilidade de registro provisório para, ao final do procedimento contraditório, haver a respectiva negativa" (SANTANA, Jair Eduardo; GUIMARÃES, Fábio Luís. *Direito eleitoral*: para compreender a dinâmica do poder político. Belo Horizonte: Fórum, 2006, p. 206).

[88] BARROS, Adriano Celestino Ribeiro. Ação de Impugnação ao Pedido de Registro de Candidatura. Disponível em: www.adrianocelestinoribeirobarros.blogspot.com. Acesso em 26 mar. 2010.

a possibilidade de contaminar as provas dela decorrentes nem impedir a utilização desses elementos quando autônomas (*independent source*) ou inevitáveis (*inevitable discovery*)[89]. A exemplo disso, rememora-se o julgamento do Resp n. 2-53/RN, de relatoria do Ministro Herman Benjamin, no qual foi levantada tese de que, a partir das eleições de 2016, é lícita as gravações ambientais realizadas por um dos interlocutores, ainda que ocorra sem a ciência dos demais, mesmo sem autorização prévia judicial ou que ocorra em espaço particular. Pontua-se que o Supremo Tribunal Federal já reconheceu a licitude da prova ambiental no âmbito penal, logo, essa questão já está consolidada em termos jurisprudenciais[90]. No entanto, percebe-se

---

[89] "(...) O entendimento desta Corte firmado para os processos referentes ao pleito de 2016 é no seguinte sentido: a gravação ambiental é, a princípio, admissível como prova lícita, visto que o ambiente em que efetivada não se afigura determinante para reconhecer a sua (i)licitude, devendo-se analisar as excepcionalidades de cada caso a fim de se aferir a existência de óbices à utilização do conteúdo da gravação, tal como a constatação de flagrante preparado. 3. No caso, o TRE/RN acolheu a preliminar de ilicitude da prova, considerando as circunstâncias de ter sido realizada em ambiente privado e sem autorização judicial, não se debruçando sobre a análise da existência de flagrante preparado, de modo que o retorno dos autos ao tribunal de origem é medida cabível para que não haja supressão de instância e violação ao duplo grau de jurisdição. 4. Agravo interno a que se nega provimento" (Respe n. 15329, Acórdão, Rel. Min. Edson Fachin, *DJe* 15-10-2019). Em igual sentido: Respe n. 46996, Acórdão, Rel. Min. Napoleão Nunes Maia Filho, *DJe* 29-8-2019 .

[90] "AÇÃO PENAL. Prova. Gravação ambiental. Realização por um dos interlocutores sem conhecimento do outro. Validade. Jurisprudência reafirmada. Repercussão geral reconhecida. Recurso extraordinário provido. Aplicação do art. 543-B, § 3.º, do CPC. É lícita a prova consistente em gravação ambiental realizada por um dos interlocutores sem conhecimento do outro" (STF, QO-RG RE: 583937- RJ – Rio de Janeiro, Rel. Min. Cezar Peluso, j. 19-11-2009, *DJe*-237 18-12-2009). "(...) À luz dessas sinalizações sobre a licitude da gravação ambiental neste Tribunal e da inexistência de decisão sobre o tema em processos relativos às eleições de 2016, além da necessidade de harmonizar o entendimento desta Corte com a compreensão do STF firmada no RE n. 583.937/RJ (Tema 237), é admissível a evolução jurisprudencial desta Corte Superior, para as eleições de 2016 e seguintes, a fim de reconhecer, como regra, a licitude da gravação ambiental realizada por um dos interlocutores sem o conhecimento do outro e sem autorização judicial, sem que isso acarrete prejuízo à segurança jurídica. 4. A despeito da repercussão geral reconhecida pelo STF no RE n.

verdadeira mudança de entendimento, em que a orientação jurisprudencial vigente atesta a ilicitude da gravação ambiental para fins de comprovação da prática de ilícitos eleitorais[91].

Da data da impugnação, começa a correr o prazo de sete dias para que o candidato, o partido político ou a coligação possa contestá-la, munindo-a com as provas inerentes, indicando o rol de testemunhas, requerer a produção de outras provas, inclusive se se encontrarem em poder de terceiros, salvo tramitação em segredo de justiça (art. 4º da LC n. 64/90). Nesse tópico, a legislação eleitoral não adotou o princípio da paridade entre as partes porque o prazo para se ajuizar a ação é de cinco dias, e o término para a contestação se configura de sete dias.

A ausência de contestação na Ação de Impugnação de Registro de Candidatura não opera os efeitos da revelia em razão de ser matéria de ordem pública e prerrogativa indisponível, não havendo presunção de veracidade sobre o conteúdo que se infere desta Ação.

Tratando-se de matéria de direito ou se as provas requeridas forem irrelevantes ou se todas as provas já estiverem acostadas no processo, pode o juiz eleitoral sanear o processo e emitir sua decisão de forma

---

1.040.515 (Tema 979) acerca da matéria relativa à (i)licitude da gravação ambiental realizada por um dos interlocutores sem o conhecimento dos demais nesta seara eleitoral, as decisões deste Tribunal Superior sobre a temática não ficam obstadas, dada a celeridade cogente aos feitos eleitorais. 5. Admite-se, para os feitos referentes às eleições de 2016 e seguintes, que sejam examinadas as circunstâncias do caso concreto para haurir a licitude da gravação ambiental. Ou seja, a gravação ambiental realizada por um dos interlocutores sem o consentimento dos demais e sem autorização judicial, em ambiente público ou privado, é, em regra, lícita, ficando as excepcionalidades capazes de ensejar a invalidade do conteúdo gravado, submetidas à apreciação do julgador no caso concreto, de modo a ampliar os meios de apuração de ilícitos eleitorais que afetam a lisura e a legitimidade das eleições" (Respe n. 40898, Acórdão, Rel. Min. Edson Fachin, *DJe*, Tomo 150, 6-8-2019, p. 71-72).

[91] "A orientação jurisprudencial vigente neste Tribunal Superior é no sentido da ilicitude da gravação ambiental como meio de prova para fins de comprovação da prática de ilícito eleitoral, ainda que captado o áudio por um dos interlocutores, mas sem a aceitação ou ciência dos demais partícipes do diálogo (AgR–AI n. 0000293–64/PR, Rel. Min. Alexandre de Moraes, DJe, 9-11-2021, por maioria)." (Respe n. 060053094, Acórdão, Rel. Min. Sergio Silveira Banhos, Rel. designado(a) Min. Carlos Horbach, *DJe*, Tomo 59, 1º-4-2022)

imediata, com o julgamento conforme o estado do processo, prestigiando a celeridade processual, diante da constatação de todos os elementos necessários para formar sua convicção. É despicienda a realização de atos probatórios se houver clareza suficiente auferida pelos autos processuais. Ressalta-se, entretanto, uma vez apresentada documentação pelo impugnado, em sede de contestação, em atenção aos princípios do contraditório e da ampla defesa, deverá o Impugnante ser intimado para apresentar manifestação, sob pena de nulidade da decisão por cerceamento de defesa, desde que seja demonstrado o prejuízo da parte pela ausência de manifestação[92].

Contudo, não se tratando de matéria de direito e se as provas requeridas forem relevantes, nos quatro dias seguintes, serão designadas a inquirição de testemunhas do impugnante e do impugnado, que comparecerão por iniciativa das partes que as tiverem arrolado, com notificação judicial (art. 5º, *caput*, da LC n. 64/90). A inquirição de testemunhas apenas se justifica quando houver necessidade para a comprovação meritória, devendo ser rejeitada todas as vezes que seu objetivo for apenas de procrastinação. Ademais, as testemunhas serão ouvidas, individualmente, mas, em regra, durante a mesma audiência.

Pelo procedimento narrado, verifica-se que há dilação probatória em sede de ação de impugnação de registro de candidatura, sem obrigar que todas as provas tenham que ser pré-constituídas para a utilização da

---

[92] "(...). Se é certo que o impugnante, em regra, tem inequívoco direito de se manifestar sobre documentos apresentados pelo candidato com a contestação, a decretação da nulidade, no caso, esbarra no fato de a Corte de origem ter expressamente indicado que os documentos em questão nada agregariam ao deslinde da causa. A nulidade não deve ser declarada sem que haja demonstração de prejuízo, nos termos do art. 219, *caput*, do Código Eleitoral. Agravo regimental a que se nega provimento" (Respe n. 28623, Acórdão, Rel. Min. Henrique Neves da Silva, PSESS, 28-11-2016).

"Eleições 2004. Registro. Candidato. Cargo. Vice-prefeito. Defesa. Impugnação. Defesa. Apresentação. Documentos. Ausência. Vista. Impugnante. Cerceamento de defesa. Caracterização. Nulidade. Sentença.1. Tendo sido juntados documentos pelo impugnado na oportunidade da apresentação de sua defesa em ação de impugnação de registro de candidatura e não concedida vista ao impugnante, resta caracterizado o cerceamento de defesa. Precedente: Acórdão n. 21.988. Agravo regimental a que se nega provimento" (TSE – AResp e n. 22.545/SP – PSS 6-10-2004).

referida ação. Sentir de forma diferente seria restringir a amplitude do instituto e deixar determinadas inelegibilidades sem impugnação por sua preclusão, pois a AIRC se configura como o único meio cabível de impugnar inelegibilidades que tenham apenas natureza infraconstitucional. Nos cinco dias ulteriores à oitiva de testemunhas, o juiz ou o relator procederá a todas as diligências que determinar, de ofício ou a requerimento das partes, podendo ouvir terceiros que, conhecedores dos fatos e das circunstâncias, possam influir na decisão da causa.

Com o encerramento da dilação probatória e das diligências processuais, as partes e o Ministério Público podem apresentar alegações no prazo comum de cinco dias. Nesse ponto, diverge a jurisprudência no tocante a obrigatoriedade da apresentação das alegações finais, tendo em vista que o legislador optou pelo termo "poderão", o que remeteria a uma faculdade das partes[93]. Apresentadas as alegações finais, os autos serão conclusos para a prolação imediata da sentença.

Uma vez proferida sentença, no prazo de três dias, possui legitimidade para a interposição do recurso cabível contra decisões em sede de AIRC, o pré-candidato que teve seu registro indeferido, o partido político ao qual pertencer e sua coligação, desfalecendo competência aos outros candidatos em razão da inexistência de sucumbência.

Protocolizado o recurso, começa a contar o prazo de três dias para a apresentação das contrarrazões. Com isso, os autos são enviados ao Tribunal Regional Eleitoral. Nesse Egrégio Tribunal, eles são distribuídos a um relator, e abrem-se vistas ao Procurador Regional Eleitoral pelo prazo de dois dias. Após o término do prazo de dois dias para o membro do Ministério Público, com ou sem parecer, os autos são enviados ao relator, que os apresentará à mesa para julgamento no prazo de três dias, independente da pauta de votação (art. 10 e seu parágrafo único da LC n. 64/90).

Na sessão de julgamento, que pode se prolongar por duas reuniões seguidas, concluído o relatório, a palavra é facultada às partes e ao representante do Ministério Público, prosseguindo com o voto do relator e os votos dos demais juízes. Proclamado o resultado, o Tribunal

---

[93] Ac – TSE de 15-9- 2004 no Processo n. 22.785. Ac – TSE de 17-9-2002 no Processo n. 20.256.

se reunirá para a lavratura do respectivo acórdão. Terminada a sessão, far-se-ão a leitura e a publicação do acórdão, passando a correr o prazo de três dias para a interposição de recurso ao Tribunal Superior Eleitoral.

Na hipótese de recurso para o Tribunal Superior Eleitoral, inicia-se o prazo de três dias para a apresentação de contrarrazões contados da data em que for protocolizada a petição recursal. Posteriormente, os autos seguem imediatamente ao Tribunal Superior Eleitoral.

No Tribunal Superior Eleitoral, o procedimento é o mesmo desenvolvido no Tribunal Regional Eleitoral e descrito anteriormente, com a escolha de um relator, a abertura de vistas ao Procurador Regional Eleitoral, a leitura do relatório, a facultatividade da palavra às partes e ao representante do Ministério Público e, na sequência, da prolação da respectiva decisão. Transitada em julgado a decisão, é negado o registro de candidatura, ou cancelado, se já realizado, ou declarado nulo o diploma, se já expedido (art. 15 da LC n. 64/90).

Impede-se antecipação de tutela em virtude de que tanto a Lei Eleitoral quanto a Lei de Inelegibilidades não permitem que o registro ou o mandato possa ser cassado por meio de decisão monocrática, exigindo-se, no mínimo, decisão colegiada. Acontecendo de o pedido de registro de candidatura ser indeferido ou se o candidato desistir, é facultado ao partido político ou à coligação que a requerer dar-lhe substituto, mesmo que a decisão passada em julgado tenha sido proferida após o termo final do prazo de registro.

Oportuno esclarecer, de forma pormenorizada, que a sistemática recursal acima descrita é aplicável às eleições municipais. Em resumo: sendo assim, contra sentença é cabível recurso eleitoral para apreciação perante o Tribunal Regional Eleitoral, posteriormente contra o acórdão do TRE, é cabível a interposição do Recurso Especial para o Tribunal Superior Eleitoral. Por derradeiro, contra a decisão do TSE é aplicável o Recurso Extraordinário para o Supremo Tribunal Federal. De outra ponta, nas eleições estaduais e federais, de competência originária do Tribunal Regional Eleitoral, será cabível o recurso ordinário nos termos da Constituição Federal no art. 121, § 4º, III. Em sequência, contra a Decisão do Tribunal Superior Eleitoral, no RO, será aplicável o Recurso Extraordinário para o Supremo. No tocante às eleições para o cargo de Presidente da República, o recurso adequado é apenas o Extraordinário para o Supremo, consoante prevê o art. 121, § 3º da CF.

Outrossim, rememora-se que contra toda decisão que seja obscura, contraditória ou omissa será cabível os Embargos de Declaração, que serão aplicáveis, também, para promover o prequestionamento da matéria que será apreciada em instância extraordinária.

Não obstante vigorar o princípio da indivisibilidade de candidaturas, o postulante à vaga de vice não fica atingido pela decisão positiva de impugnação de registro de candidatura. Como os requisitos para a homologação da postulação pela Justiça Eleitoral são individuais e específicos, a contaminação não se realiza. Resta ao partido e ao candidato indeferido impugnar a decisão ou indicar outro postulante à vaga[94].

Passado o prazo recursal, pode-se falar em coisa julgada, mas apenas em seu caráter formal[95], pois as questões pertinentes ao registro de candidatura ainda podem ser rediscutidas em ação de investigação judicial eleitoral, recurso contra expedição de diploma e ação de impugnação de mandato eletivo. Destaque-se que, enquanto não houver trânsito em julgado, o magistrado pode se retratar em relação à sua decisão quanto à solicitação de registro eleitoral, mas uma vez transitada em julgado, a decisão não pode mais ser alterada pelo magistrado que a decidiu.

Portanto, a impugnação de registro de candidatura ainda pode ser realizada por intermédio de ação específica, por de ação de investigação judicial eleitoral, recurso contra expedição de diploma ou ação de impugnação de mandato eletivo. Na ação de impugnação de registro, o escopo é o de discutir os fatos que envolvam o candidato até a data do registro. Na ação de investigação judicial eleitoral podem ser investiga-

---

[94] GOMES, José Jairo. *Direito eleitoral*. Editora Atlas: São Paulo, 2016, p. 471.

[95] "(...) O reconhecimento ou não de determinada hipótese de inelegibilidade para uma eleição não configura coisa julgada para as próximas eleições. 2. Para efeito da aferição do término da inelegibilidade prevista na parte final da alínea *l* do inciso I do art. 1º da LC n. 64/90, o cumprimento da pena deve ser compreendido não apenas a partir do exaurimento da suspensão dos direitos políticos e do ressarcimento ao Erário, mas a partir do instante em que todas as cominações impostas no título condenatório tenham sido completamente adimplidas, inclusive no que tange à eventual perda de bens, perda da função pública, pagamento da multa civil ou suspensão do direito de contratar com o Poder Público ou receber benefícios ou incentivos fiscais ou creditícios, direta ou indiretamente" (Min. Rel. Luciana Christina Guimarães Lóssio. j. 3-11-2015, *DJe* 15-12-2015).

dos fatos outros que possibilitaram ao candidato ganhar a eleição ou burlar qualquer um dos requisitos de registrabilidade, por exemplo. O recurso contra expedição de diploma pode ser cabível quando houver uma inelegibilidade superveniente. Já a ação de impugnação de mandato eletivo pode ser o meio cabível quando houver fraude no aliciamento dos eleitores da convenção que homologou os candidatos.

A jurisprudência do Colendo TSE é uníssona no que urge ao conhecimento de ofício das causas de inelegibilidade ou das condições de elegibilidade, pois nesses casos não se pode descurar de sua magnitude para a higidez do processo eleitoral. Devendo-se, no entanto, ser garantido os direitos constitucionais do contraditório e da ampla defesa, portanto, o respaldo em tais garantias constitucionais vem a evitar a prolatação da "decisão surpresa"[96].

Conforme dicção do art. 15 da LC n. 64/90, transitada em julgado a decisão que declarar a inelegibilidade do candidato ou depois de

---

[96] "(...) A existência de causa de inelegibilidade ou ausência de condição de elegibilidade podem e devem ser examinadas de ofício pelo juiz eleitoral, razão pela qual não há falar em decisão *extra petita* ao argumento de que a impugnação ao registro não teria tratado da *aludida quaestio*, máxime porque restaram garantidos, *in casu*, os direitos constitucionais à ampla defesa e ao contraditório. Súmula 45 desta Corte Superior (...)" (Respe n. 9430, Acórdão, Rel. Min. Luiz Fux, *DJe*, Volume, Tomo 69, 6-4-2017, p. 92-93).

Ac. de 26-11-2008 no AgR-Resp n. 34.007, Rel. Min. Felix Fischer; no mesmo sentido o Ac. de 17-8-2004, Rel. Min. Peçanha Martins. "Recurso especial. Eleição 2004. Reconhecimento de inelegibilidade pelo magistrado. Indeferimento do registro. Art. 44 da Resolução-TSE n. 21.608. Possibilidade. Desincompatibilização. Reexame. Não conhecido. Tendo conhecimento de inelegibilidade, poderá o magistrado indeferir o pedido de registro, em observância ao art. 44 da Resolução-TSE n. 21.608 e à norma prevista no parágrafo único do art. 7º da Lei Complementar n. 64/90, que permite ao juiz formar 'sua convicção pela livre apreciação da prova, atendendo aos fatos e às circunstâncias constantes dos autos, ainda que não alegados pelas partes, mencionando, na decisão, os que motivaram seu convencimento'." (Ac. 23.070, de 16-9-2004, Rel. Min. Peçanha Martins). "(...) Recurso contra indeferimento de registro de candidato. (...) Art. 9º da Lei n. 9.504/97. Imprescindibilidade de candidato estar filiado há pelo menos um ano, contado da data da eleição, a partido político pelo qual pretende concorrer. (...) 3. Nos termos dos arts. 7º, parágrafo único, da LC n. 64/90 e 40 da Res.-TSE n. 22.156/2006, as cortes eleitorais podem conhecer, de ofício, vício que acarrete o indeferimento do pedido de registro de candidatura. (...)" (Ac. de 14-9-2006 no RO 932, Rel. Min. José Delgado).

decisão colegiada, o registro será negado ou cancelado, se já tiver sido feito, ou declarado nulo o diploma, se já expedido. No entanto, o candidato cujo registro ainda esteja *sub judice* pode efetuar todos os atos relativos à campanha eleitoral, inclusive o horário eleitoral gratuito no rádio e na televisão e ter seu nome mantido na urna eletrônica enquanto estiver sob essa condição, ficando a validade dos votos a ele atribuídos condicionada ao deferimento de seu registro por instância superior (art. 16-A, *caput*, da Lei n. 9.504/97)[97].

As benesses do horário eleitoral gratuito também abrangem os candidatos cujos pedidos de registro ainda não tenham sido apreciados pela Justiça Eleitoral, desde que protocolados no prazo legal (art. 16-B da Lei n. 9.504/97). Ampliada a possibilidade de participação nos certames, que antes era restrita ao candidato *sub judice*, permite-se maior justeza no procedimento, vez que não se pode direcionar uma sanção a quem não deu causa a tal morosidade. O ideal dos proclames legais é que todos os pedidos de registro sejam julgados no prazo legal. O cômputo para o respectivo partido ou a coligação dos votos atribuídos ao candidato cujo registro esteja sub judice no dia da eleição fica condicionado ao deferimento do registro do candidato. Ou seja, se determinado candidato que estava *sub judice* venha a ter seu registro indeferido após as eleições, os votos atribuídos a ele deverão ser cancelados e não podem ser aproveitados pelo partido ou pela coligação da qual ele fizer parte.

18.4.5. Ação de Investigação Judicial Eleitoral (AIJE)

Não foi feliz o legislador na terminologia utilizada, tendo em vista haver a impressão de que se trata de procedimento de investigação, com as peculiaridades de um procedimento inquisitorial. Parece tratar-se de um procedimento administrativo, tal qual estava regulamentado

---

[97] "A regra deste artigo tem sua aplicação voltada à ação de impugnação de registro de candidatura e às investigações judiciais eleitorais, sem aplicação aos recursos contra expedição de diplomas" (Ac. TSE, de 18-8-2015, no RCED n. 135156).

"Impossibilidade de cancelamento imediato da candidatura, com proibição de realização de atos de propaganda eleitoral, em virtude de decisão por órgão colegiado no processo de registro" (Ac. TSE, de 25-9-2012, no AgR-MS n. 88673).

no art. 237, § 2º, do Código Eleitoral. Mas sua taxonomia é de uma verdadeira ação, regulamentada com todos os apanágios exigidos pelo direito adjetivo. Sua fundamentação se encontra nos arts. 1º, I, *d*, e 22 da Lei de Inelegibilidades (LC n. 64/90).

Sendo assim, a ação de investigação judicial eleitoral tem por objetivo impedir e apurar a prática de atos que possam afetar a igualdade dos candidatos em uma eleição, nos casos de abuso do poder econômico, abuso do poder político ou de autoridade, utilização indevida dos meios de comunicação social, conduta vedada, utilização indevida de veículos, captação ilícita de sufrágio ou ilicitude de valores econômicos arrecadados, penalizando quantos hajam contribuído para a prática do ato com a denegação do registro ou a cassação do diploma e a imputação de inelegibilidade por oito anos contados da eleição em que se realizou os fatos tipificados[98].

A natureza jurídica da ação é de conhecimento, com a finalidade de solicitar ao órgão jurisdicional competente uma sentença constitutiva negativa e de efeito sancionatório. Outrossim, Anselmo Cerello pontua que a ação de investigação judicial eleitoral é um procedimento administrativo eleitoral que tem curso perante a Corregedoria Geral, nas eleições presidenciais; as Corregedorias Regionais, nas eleições estaduais; e os Juízes Eleitorais, nas eleições municipais. Não obstante isso, tem esse tipo de ação natureza investigatória, uma vez que atua como instrumento para a apuração de infrações e crimes eleitorais. Em outra perspectiva, apresenta ainda natureza jurisdicional de caráter constitutivo, quando impõe a candidato a cassação do registro ou do diploma eleitoral, e declaratório, quando declara a inelegibilidade dos candidatos[99].

O objeto da ação de investigação judicial eleitoral é a exclusão da disputa eleitoral, por meio da sanção da inelegibilidade, de candidatos e de pessoas que tenham contribuído ou beneficiado aqueles na prática de atos potencialmente lesivos à normalidade e igualdade de um pleito eleitoral[100], consubstanciados em práticas de abuso, desvio ou uso

---

[98] Extraído do glossário eleitoral do TSE: www.tse.gov.br.

[99] CERELLO, Anselmo. Ação de Investigação Judicial Eleitoral. *Resenha Eleitoral* – Nova série, v. 9, n. 2 (jul./dez. 2002). Disponível em: www.tre-sc.gov.br.

[100] SILVA, Geilton Costa da. A Ação de Investigação Judicial Eleitoral e o termo inicial para a sua propositura. *Paraná Eleitoral* n. 46, out./2002. Disponível em:

indevido de poder econômico e político; irregularidades na arrecadação de recursos econômicos; utilização indevida dos meios de comunicação e apuração da existência ou não da captação ilícita de votos.

Ressalte-se que, em sede de ação de investigação judicial eleitoral, não é necessário atribuir ao réu a prática direta de uma conduta ilegal, sendo suficiente à procedência da ação o benefício eleitoral angariado com o ato abusivo, com o seu conhecimento explícito ou tácito.

Diante do cometimento de um ilícito descrito em lei, há a denegação do registro da candidatura ou a perda do mandato político de candidato eleito e a decretação de sua inelegibilidade pelo prazo de oito anos, contados da eleição em que recebeu a sanção. Se o candidato já tiver recebido o diploma, será cassado; se ainda não tiver recebido, sua entrega estará obstaculizada.

18.4.5.1. *Causas*

A ação de investigação judicial eleitoral presta-se a evitar algumas condutas consideradas como perniciosas ao Direito Eleitoral, assim, configura-se cabível nos casos de[101]:

a) **Abuso de poder econômico e abuso de poder político**[102]

Os abusos dos poderes econômico e político são institutos de conceituação difícil, sendo ainda mais complexa sua transplantação para a realidade fática. O primeiro é a exacerbação de recursos financeiros para cooptar votos para determinado(s) candidato(s), relegando a importância da mensagem política. Há uma exacerbação de meios materiais que apresentem conteúdo econômico para captar o voto de forma

---

http://www.paranaeleitoral.gov.br/artigo_impresso.php?cod_texto=156.

[101] "Legislação infraconstitucional-eleitoral dispõe que a apuração de suposto 'uso indevido, desvio ou abuso de poder econômico ou poder de autoridade, ou utilização indevida de veículos ou meios de comunicação social, em benefício de candidato ou partido pode ser realizada por meio de ação de investigação judicial eleitoral' (art. 22 da LC n. 64/90)" (RCED-671/MA, Rel. Min. Carlos Augusto Ayres de Freitas Britto).

[102] "Ação de Investigação Judicial Eleitoral. Preliminares rejeitadas. Abuso de poder e uso indevido dos meios de comunicação. Configuração. Ação julgada após as eleições. Cassação de registro e inelegibilidade. Possibilidade. Recurso desprovido" (TSE, RO 1362, PR, Rel. Min. José Gerardo Grossi).

ilícita, relegando a importância da mensagem política. O segundo, configura-se na utilização das prerrogativas auferidas pelo exercício de uma função pública para a obtenção de votos, esquecendo-se do tratamento isonômico a que todos os cidadãos têm direito, geralmente com o emprego de desvio de finalidade[103]. Ou seja, dá-se mediante a utilização abusiva do *munus* público, influenciando o eleitorado com o intuito de obter votos para determinado candidato.

A título exemplificativo, pode-se citar a hipótese de abuso de poder econômico quando há a compra de apoio político ou os gastos excessivos em militância ou em transporte. De outra ponta, seria situação de abuso de poder político quanto determinado prefeito, valendo-se da sua posição na administração pública, convoca reuniões de caráter meramente administrativo, porém com a finalidade de convencer os servidores públicos a votarem em parente ou cônjuge[104].

Assim como também, na situação em que determinado pré-candidato a pleito eleitoral vindouro, valendo-se do seu cargo de secretário de comunicação municipal, beneficia-se com a publicação de matérias a seu respeito em jornais e revistas[105]. Ou quando, por exemplo, determinado agente público ou agentes privados utilizam-se de frota estatal, seja ela própria ou terceirizada, em período eleitoral, na locomoção de eleitores carentes que residem na zona rural para se consultarem com um médico na cidade, em troca de votos.

b) Abuso de poder por utilização indevida dos veículos e dos meios de comunicação[106]

---

[103] "Conforme consignado no acórdão regional, os representados 'teriam abusado do poder político ao fazer propaganda institucional no *Diário Oficial*, ao se utilizarem de *e-mail* do Poder Público para fazer propaganda eleitoral, ao organizarem evento eleitoral em repartição pública e, finalmente, ao empregarem bem público de uso especial na campanha política que então se desenvolvia'" (Respe n. 25.906/SP, Rel. Min. José Gerardo Grossi).

[104] TSE, Recurso Ordinário 1.526, 9-6-2009, Rel. Min. Marcelo Henriques.

[105] TSE, Recurso Ordinário 1.460, 22-9-2009, Rel. Min. Marcelo Henriques.

[106] "Recurso ordinário. Eleição 2002. Ação de investigação judicial eleitoral. Art. 22 da *LC* n. 64/90. Propaganda. Uso indevido dos meios de comunicação. Fato ocorrido antes do registro. Irrelevância. Recursos improvidos" (TSE, RO 722, Ac. 722, de 15-6-2004, Rel. Min. Peçanha Martins). "Jornal de tiragem expressiva, distribuído gratuitamente, que em suas edições enaltece apenas um candida-

Todos sabem que vivemos em um mundo midiático, em que a imagem vale mais do que seu conteúdo. Dentro dessa realidade, a importância dos veículos e meios de comunicação se mostra determinante, podendo direcionar os pleitos em prol dos candidatos que possam manipulá-los. Por essa razão, impede-se que os mandatários públicos possam se utilizar desse instrumento para assegurar a adesão da opinião pública a seus interesses, como, por exemplo, com a utilização de campanhas publicitárias vedadas pela legislação eleitoral, uso de gráficas, rádios, televisões e jornais públicos.

Joel J. Cândido estabelece que esta causa ensejadora da AIJE configura-se quando há o uso de qualquer veículo de comunicação, cujo conteúdo não fora previamente autorizado por lei ou por resolução da Justiça Eleitoral, em todo o período de campanha, favorecendo partido político, coligação ou candidato[107]. Com efeito, o TSE consagrou entendimento de que para se reconhecer o uso indevido de meios de comunicação social é necessário verificar sua gravidade para prejudicar a lisura das eleições e o equilíbrio da disputa eleitoral[108]. Sendo assim, a

---

to, dá-lhe oportunidade para divulgar suas ideias e, principalmente, para exibir o apoio político que detém de outras lideranças estaduais e nacionais, mostra potencial para desequilibrar a disputa eleitoral, caracterizando uso indevido dos meios de comunicação e abuso do poder econômico, nos termos do art. 22 da Lei Complementar n. 64/90 (RO 688/SC, Rel. Min. Fernando Neves, *DJ* 21-6-2004)" (RO-1530/SC, Rel. Min. José Augusto Delgado).

[107] CÂNDIDO, Joel José. *Direito eleitoral brasileiro*. 14. ed. rev. atual. e ampl. Bauru: Edipro, 2010, p. 142.

[108] "(...) Esta Corte Superior permite que haja intervenção judicial na imprensa escrita tão somente quando evidenciado nefasto abuso ou excesso nesse específico meio de comunicação social, de forma que se afigura desarrazoado considerar que os referidos jornais do interior tenham tido força suficiente para desequilibrar as eleições majoritárias ocorridas em 2012 no Município de Fazenda Rio Grande/PR. Principalmente por não ser mais possível mensurar o alcance das reportagens tidas como abusivas, após o decote, pelo TRE do Paraná, de informação por ele mesmo considerada decisiva para condenar o agravado: a tiragem dos jornais. 6. Ausência de provas robustas de que a divulgação de matérias jornalísticas a favor do agravado, Francisco Luís dos Santos, tenha ferido a isonomia entre os candidatos, de forma a comprometer, com gravidade suficiente, a normalidade e a legitimidade do pleito". (Respe n. 1567, Acórdão, Rel. Min. Napoleão Nunes Maia Filho, *DJe*, Tomo 31, 9-2-2018, p. 127-128.)

gravidade somente se revela quando demonstrado que as dimensões das práticas abusivas são suficientes à quebra do princípio da isonomia, em desfavor dos candidatos que não se utilizam dos mesmos recursos.

Encaixa-se nessa causa a maciça divulgação de matérias elogiosas a pré-candidato em diversos jornais e revistas de órgãos públicos, sem proporcionar aos concorrentes idêntico espaço, bem como a utilização de periódico de grande circulação na circunscrição, com expressiva tiragem, que, ao longo de vários meses, desgasta a imagem do adversário, inclusive falseando a verdade[109]. Assim, preconiza-se que a caracterização da espécie decorre da exposição massiva de candidato nos meios de comunicação em detrimento de outros, afetando a legitimidade e normalidade do pleito[110].

c) Captação ilícita de sufrágio (art. 41-A da Lei n. 9.504/97)[111]

A captação ilícita de sufrágio consiste na prática de candidato que, utilizando-se de qualquer estratagema, tenta obter o voto através de doação, entrega, oferta ou promessa material, brinde ou qualquer bem a

---

RO 763, Rel. Min. Carlos Madeira, DJ 3-5-2005; RO 781, Rel. Min. Peçanha Martins, DJ 24-9-2004; RO 692, Rel. Min. Carlos Madeira, DJ 4-3-2005.

[109] Ac. de 3-2-2015 no Respe n. 93389, Rel. Min. Luciana Lóssio.

[110] Ac. de 11-3-2014 no AgR-Respe n. 34915, Rel. Min. Dias Toffoli.

[111] "RECURSO. INVESTIGAÇÃO JUDICIAL ELEITORAL. ABUSO DE PODER. CAPTAÇÃO ILÍCITA DE SUFRÁGIO. PROCEDIMENTO DO ART. 22 DA LC N. 64/90. RECURSO. INTEMPESTIVIDADE. NÃO ACOLHIMENTO. ARTS. 73 E 41-A DA LEI N. 9.504/97. PRAZO DE 5 (CINCO) DIAS. NÃO ATENDIMENTO. IMPUGNAÇÃO AOS FUNDAMENTOS DA DECISÃO RECORRIDA. EXISTÊNCIA. PRECLUSÃO DOS DEMAIS FATOS. INOCORRÊNCIA. COISA JULGADA. NÃO CARACTERIZAÇÃO. ABUSO DE PODER DE AUTORIDADE. NÃO COMPROVAÇÃO. AUSÊNCIA DE PROVAS ROBUSTAS. RECURSO IMPROVIDO. 1 – O recurso eleitoral cabível em sede de Investigação Judicial Eleitoral, disposta no art. 22 da Lei das Inelegibilidades, deve ser apresentado em 3 (três) dias, conforme prescreve a regra geral do art. 258 do Código Eleitoral, haja vista a ausência de previsão específica nos arts. 22 e seguintes da Lei Complementar n. 64/90, quanto ao prazo para interposição de recurso. Fatos passíveis de apuração sob a ótica do abuso de poder de autoridade podem ser apreciados em Ação de Investigação Judicial Eleitoral ajuizada até a diplomação dos eleitos" (TRE-CE, RRCIS 11.013, Ac. 11.013, de 16-5-2006, Rel. Juiz José Filomeno De Moraes Filho). A captação ilícita de sufrágio é tratada de forma específica no Capítulo 19.

eleitores, no prazo que começa com o pedido de registro de candidatura e posterga-se até o dia da eleição (art. 41-A da Lei n. 9.504/97).

A hipótese pressupõe o contato direto do candidato ou terceiro, comprovadamente a ele vinculado, com o eleitor a fim de obter-lhe o voto, oferecendo bens ou promessas de emprego, por exemplo, sendo indispensável a apresentação de prova robusta do ocorrido, não sendo suficiente meras presunções[112]. No entanto, é importante ressaltar que somente é tipificada a captação ilícita de sufrágio quando há o contato entre candidato e eleitor, não a tipificando quando a vantagem prometida não tem a intenção de angariar voto[113].

Importante destacar que nessa causa da AIJE basta somente a conduta abusiva para configurar ofensa ao bem jurídico tutelado, que é a livre vontade do eleitor. Ou seja, é desnecessário o pedido explícito de votos, bastando à evidência do dolo, consistente no especial fim de agir (art. 41-A, § 1º, da Lei n. 9.504/97). Como exemplo, menciona-se a distribuição de dentaduras à população carente; material de construção; cestas básicas ou, ainda, a doação indiscriminada de combustível[114]. Saliente-se que, na hipótese em comento, não há obrigatoriedade de formação de litisconsórcio entre o candidato e todos aqueles que teriam contribuído para o ilícito[115].

Do ponto de vista processual, aspecto que deve ser levado em consideração na ação que intente a configuração da captação ilícita de sufrágio é a formação de litisconsórcio passivo necessário entre os integrantes de chapas majoritárias, como, por exemplo, candidatos a pre-

---

[112] "Para caracterização da captação ilícita, exige-se prova robusta dos atos que a configuraram, não bastando meras presunções" (Ac. TSE, de 1º-7-2016, no AgR-Respe n. 38578 e, de 1º-4-2010, no Respe n. 34.610).

[113] "Possibilidade de utilização de indícios para a comprovação da participação, direta ou indireta, do candidato ou do seu consentimento ou, ao menos, conhecimento da infração eleitoral, vedada apenas a condenação baseada em presunções sem nenhum liame com os fatos narrados nos autos" (Ac. TSE, de 4-5-2017, no RO n. 224661).

[114] "A doação indiscriminada de combustível a eleitores caracteriza captação ilícita de sufrágio" (Ac. TSE, de 6-9-2016, no Respe n. 35.573).

[115] Respe n. 958, Acórdão, Rel. Min. Luciana Christina Guimarães Lóssio, *DJe*, Tomo 229, 2-12-2016, p. 45-46. Ação Cautelar n. 1762-57/RS. Rel. Min. Henrique Neves.

feito e a vice-prefeito. Nesse caso, mesmo se a conduta ilícita tiver partido apenas do candidato a prefeito, logicamente a decisão que lhe aplicar a cassação do registro ou do diploma produzirá efeitos também na esfera jurídica do candidato a vice, pois assim é determinado pela própria natureza da pretensão deduzida em juízo.

Nesse sentido, em diversas ocasiões, posicionou-se a jurisprudência do Tribunal Superior Eleitoral de que o vice deve figurar no polo passivo da demanda em que se postula a denegação de registro, cassação diploma ou a perda mandato, uma vez que há litisconsórcio necessário entre os integrantes da chapa majoritária, considerada a possibilidade de o vice ser afetado pela eficácia da decisão.

d) Ilicitude de gastos e arrecadação de recursos

Um dos graves problemas no Direito Eleitoral diz respeito ao financiamento das campanhas. Sabe-se que o custo dos pleitos é assombroso, o que impede a ampla parcela da população de disputar as eleições, privilegiando os detentores do poder econômico. Essa matéria foi regulamentada pela Lei Eleitoral (Lei n. 9.504/97), dispondo sobre as modalidades de financiamento eleitoral.

Observe-se que, na tentativa de evitar a dependência dos partidos políticos aos meios de financiamento privado de campanha, grande responsável por macular a representação política no nosso país, a figura do Fundo Partidário ganha destaque na luta pela mitigação da corrupção, haja vista constituir-se um meio de controle público a essa atividade de concessão de recursos financeiros aos partidos políticos. Com essa mesma finalidade foi criado o fundo de financiamento especial de campanha, com um orçamento em torno de R$ 1,7 bilhões, para tentar suprir a ausência de financiamento por parte de pessoas jurídicas.

A Lei n. 9.504/97, ao elencar as possíveis fontes lícitas de financiamento de campanha eleitoral, é muito clara no que tange às regras a serem observadas quanto à arrecadação e aos gastos de campanha (arts. 17 e s.), tendo o escopo de garantir a transparência das eleições e a isonomia dos candidatos a determinado pleito.

Ademais, o TSE, por meio da Resolução, estabeleceu que os recursos destinados às campanhas eleitorais são os recursos próprios dos candidatos; das doações financeiras ou estimáveis em dinheiro de pessoas físicas; das doações de outros partidos políticos e de outros candidatos; da comercialização de bens e/ou serviços ou promoção de eventos de arrecadação realizados diretamente pelo candidato ou pelo partido político; decorrentes da aplicação financeira dos recursos de campanha ; de recursos próprios dos partidos políticos, desde que identificada a origem e que sejam provenientes do fundo partidário, do fundo especial de financiamento de campanha (FEFC). Veja-se que, após o julgamento da ADI n. 4650 pelo STF, o partido político não poderá transferir para o candidato ou utilizar, direta ou indiretamente, nas campanhas eleitorais, recursos que tenham sido doados por pessoas jurídicas, ainda que em exercícios anteriores (art. 31 da Resolução TSE n. 23.607/2021).

Com efeito, numerário provindo de fontes proibidas configura-se como ilícito, ensejando a ocorrência de captação ilícita de gastos e de arrecadação, podendo ser impugnado através de AIJE. Exemplo que pode ser mencionado é o financiamento de determinada candidatura por uma fundação de natureza pública ou por pessoa jurídica. No mesmo sentido, o TSE, em julgamento de recurso ordinário interposto em processo que discutia a arrecadação e o gasto ilícito de campanha cuja fonte era vedada, assinalou que evento de inauguração patrocinado por sindicato, com distribuição gratuita de bebidas, comidas, sorteio de brindes, *shows* artísticos e aposição de propaganda eleitoral no local, tem finalidade desvirtuada de clara promoção de candidato, além de provir de fonte vedada[116].

Um dos principais exemplos da mencionada ilicitude é a arrecadação por intermédio do denominado caixa dois, que é aquele numerário não contabilizado oficialmente, que, infelizmente, corresponde a uma parte ponderável dos recursos e dos gastos que não são contabilizados, obviamente ou porque afrontam a legislação eleitoral ou porque são provenientes de caixa dois.

Quaisquer fatos que contrariem o que foi pela legislação estipulado, ferindo seus estatutos e evidenciando uma ilicitude quanto à arrecadação financeira, podem ser impugnados por meio da AIJE. Enquadram-se nessa tipificação todos os recursos advindos de forma ilícita, sejam os oriundos de atividades criminosas, sejam os decorrentes de doações não escrituradas.

---

[116] RO n. 18740-28/SP, Rel. Min. Nancy Andrighi, em 3-5-2012.

e) Conduta vedada (LE, arts. 73 e s.)

A conduta vedada, por sua vez, na lição de Djalma Pinto, é toda aquela que, descrita em lei, é praticada por agente público, servidor ou não da administração pública direta, indireta ou fundacional, que utiliza a máquina administrativa a serviço de candidatura, comprometendo a normalidade do processo eleitoral[117]. Ademais, encontram-se dispostas na Lei 9.504/97 (Lei das Eleições), elencadas nos arts. 73 e s. Para se comprovar a prática de conduta vedada prescrita na lei supracitada, faz-se necessário que as provas sejam robustas e incontestes.

Como exemplo dessa prática, caracteriza-se hipótese de conduta vedada do art. 73, IV, da Lei n. 9.504/97, quando há uso promocional, em favor de candidato, partido político ou coligação, de distribuição gratuita de bens e serviços de caráter social custeados ou subvencionados pelo Poder Público, situação em que determinado prefeito participe de eventos para a entrega de material de construção com o escopo de promover a candidatura de parente ou cônjuge[118]. Por outro lado, também, tipifica-se na espécie aventada, situação em que prefeito candidato a reeleição, por meio da utilização da máquina administrativa, promova a distribuição de cartas pedindo votos a alunos de determinado estabelecimento de ensino, incidindo assim nos casos ventilados pelo art. 73, I e II, da Lei n. 9.504/97[119].

18.4.5.2. Procedimento

Para a apuração das condutas de abuso de poder e, por conseguinte, para a aplicação das devidas sanções, o legislador asseverou que o meio judicial adequado é a ação de investigação judicial eleitoral. Como contorno geral, a ação estaria resumida nos seguintes passos:

1. Petição inicial ao Corregedor, com documentos, rol de testemunhas (no máximo seis) e pedido de diligências. Havendo

---

[117] PINTO, Djalma. *Direito eleitoral*. 5. ed. São Paulo: Atlas, 2010, p. 244-245.

[118] AgR em RO 596.141, Ac. de 1º-7-2011, Rel. Min. Fátima Nancy Andrighi, *DJe* 8-8-2011, p. 69.

[119] RO 481.883, Ac. de 1º-9-2011, Rel. Min. Fátima Nancy Andrighi, *DJe*, Tomo 195, 11-10-2011, p. 42.

necessidade imperiosa, podem ser ouvidas mais testemunhas;

2. Indeferimento da inicial. Possibilidade de renovação: art. 22, II. Em decorrência do princípio da celeridade processual, melhor outorgar prazo para a convalidação do vício;

3. Deferimento com ou sem suspensão do ato. Notificação ao requerido. Intimação do Ministério Público;

4. Defesa em cinco dias com documentos, perícias, pedido de diligências e testemunhas;

5. Despacho. Julgamento antecipado presentes os requisitos exigidos. Abertura de instrução. Apreciação das provas pedidas. Essa apreciação não pode ser arbitrária, devendo ser adstrita às provas acarreadas;

6. Realização da instrução, em cinco dias;

7. Realização de diligências determinadas ou deferidas, em três dias. Ouvida de terceiros, caso haja necessidade cabal;

8. Alegações Finais, no prazo comum de dois dias para as partes e o Ministério Público;

9. Conclusão, no prazo de um dia;

10. Relatório conclusivo, em três dias;

11. Remessa ao Tribunal, no dia seguinte;

12. Vistas ao Ministério Público no Tribunal, por 48 horas;

13. Julgamento pelo colegiado;

14. Recurso, em três dias.

Conforme o art. 22, *caput*, da Lei Complementar n. 64/90, qualquer partido político, coligação, candidato ou Ministério Público Eleitoral poderá representar à Justiça Eleitoral, diretamente ao Corregedor-Geral ou Regional, relatando fatos e indicando provas, indícios e circunstâncias e pedir abertura de investigação judicial para apurar uso indevido, desvio ou abuso do poder econômico ou do poder de autoridade, ou utilização indevida de veículos ou meios de comunicação social, em benefício de candidato ou de partido político.

No tocante à competência da ação, quem ocupa as mesmas atribuições de relator na AIJE é o corregedor eleitoral, velando para que o processo tenha o rito adequado para seu deslinde. Em âmbito municipal, o juiz eleitoral competente exerce todas as funções atribuídas ao corregedor, cabendo ao representante do Ministério Público Eleitoral as atribuições deferidas ao procurador-geral e ao regional eleitoral (art. 24 da LC n. 64/90). Na esfera estadual, tal função é exercida pelo corregedor regional e, em âmbito federal, pelo corregedor-geral.

Nesse diapasão, em muitas decisões o Superior Tribunal de Justiça asseverou que a AIJE é instrumento idôneo para investigar fatos ocorridos antes do pedido de registro, desde que tenha influência no pleito. Nessa linha agasalhou-se o princípio da gravidade como vetor se o fato anterior ao pedido de registro pode ser investigado pela AIJE[120].

Com relação aos *dies ad quem* para a interposição da ação de investigação judicial eleitoral, o prazo para o ajuizamento da referida ação dependerá da hipótese de incidência, a qual se vincula, de modo que: i) se for decorrente de conduta vedada, o termo final para a interposição será a data da diplomação, tendo o campo temporal de incidência a depender de cada conduta vedada – cabendo, inclusive, antes do registro de candidatura, se tiver nítida relação com a eleição; ii) se for decorrente de abuso de poder econômico, político ou por uso indevido dos veículos e meios de comunicação, o termo final será a data da diplomação, o campo temporal de incidência a depender do momento de concretização de cada conduta abusiva, podendo, também, ocorrer antes do registro, desde que tenha o ato impugnado repercussão no período eleitora; iii) se for decorrente de captação ilícita de sufrágio, a jurisprudência e a doutrina não eram pacíficas no que concerne à determinação desse prazo, ora pendendo para o lapso temporal da diplomação, ora para o prazo diferente. Contudo, com a intenção de dirimir dúvidas quanto ao prazo para sua impetração, impôs-se prazo decadencial da diplomação para sua interposição (art. 41-A, § 3º, da Lei n. 9.504/97). Portanto, o termo final será a data da diplomação, tendo como campo de incidência o período do registro da candidatura, até o dia das eleições e, por fim; iv) se for decorrente de captação ilícita de recursos e gastos eleitorais, o termo final será 15 (quinze) dias após a

---

[120] "Ação de investigação judicial eleitoral. Preliminares rejeitadas. Abuso de poder e uso indevido dos meios de comunicação. Configuração. Ação julgada após as eleições. Cassação de registro e inelegibilidade. Possibilidade. (...) 4. A *ação de investigação judicial eleitoral constitui instrumento idôneo à apuração de atos abusivos, ainda que anteriores ao registro de candidatura*" (RO 1362, Rel. Min. Gerardo Grossi).

diplomação, o campo temporal de incidência alcança fatos que possam afetar a eleição, caso ocorram antes do registro, até a data das eleições.

No que diz respeito à legitimidade ativa, quem pode dar ensejo à ação de investigação judicial é qualquer partido político, coligação, candidato ou membro do Ministério Público Eleitoral, apresentando-a diretamente ao corregedor-geral ou regional, delineando os fatos e indicando as provas, indícios e circunstâncias. Essa legitimidade ativa é concorrente, podendo cada um dos elencados propô-la de forma individual ou em litisconsórcio ativo facultativo. A matéria encontra-se regulada no art. 22 da LC n. 64/90.

Necessita-se da formação de litisconsórcio passivo em toda a ação de investigação judicial eleitoral em que o partido político, também, seja responsabilizado pela conduta, tendo em vista o gravame que o ameaça. Entretanto, o TSE não admite a necessidade de citação obrigatória para que o partido político ao qual o impugnado pertencer faça parte da lide no caso de AIJE se não houve esse nexo causal[121].

No polo passivo da AIJE deve constar qualquer pessoa, candidato ou não candidato, que pratique as condutas mencionadas. Igualmente é preciso indicar o candidato ou mandatário que, mesmo não se envolvendo de forma direta com as práticas descritas em seu permissivo legal, auferiu algum benefício dessas condutas, comprovando-se seu conhecimento em relação às condutas delituosas praticadas. Realizando-se essa hipótese, há a formação de litisconsórcio passivo necessário, entre o candidato e os cidadãos que realizaram a conduta descrita como ilícita para beneficiá-lo[122]. Portanto, permite-se a formação de litisconsórcio passivo quando houver candidatos ou cidadãos que se

---

[121] "AGRAVO REGIMENTAL. AGRAVO DE INSTRUMENTO. AIJE. PARTIDO POLÍTICO. BENEFICIÁRIO DA CONDUTA ABUSIVA. LITISCONSÓRCIO PASSIVO NECESSÁRIO. INEXISTÊNCIA. SÚMULA N. 182/STJ. INOVAÇÃO DE TESE RECURSAL. INADMISSIBILIDADE. PRECLUSÃO CONSUMATIVA. DESPROVIMENTO. *1. É pacífico o entendimento jurisprudencial desta Corte no sentido de que o partido político não detém a condição de litisconsorte passivo necessário nos processos nos quais esteja em jogo a perda de diploma ou de mandato pela prática de ilícito eleitoral*" (AgRg no AI 1307-34/MG, Rel. Min. Marcelo Ribeiro).

[122] Respe n. 843-56, Jampruca/MG, Rel. Min. João Otávio de Noronha, j. 21-6-2016.

encontrem nas mesmas hipóteses de cabimento dessa ação, em virtude de condutas conexas, ensejando economia processual e celeridade no desenrolar da lide.

Quando a AIJE for ajuizada contra candidato ao Executivo, caso não tenha requerido o autor a citação do vice na inicial, poderá fazê-lo até a data da diplomação, prazo-limite para a sua propositura. Caso a citação do vice não seja realizada, o processo deve ser anulado por mácula ao devido processo legal. Portanto, houve a consolidação de que quando a AIJE se direcionar contra conduta do Chefe do Executivo, torna-se obrigatório que seu vice seja chamado a participar e a se defender de todos os atos processuais[123].

Pois bem, uma vez ajuizada a ação, o relator ou o juiz de direito, ao despachar a inicial, notificará o representando do conteúdo da petição, entregando-lhe segunda via, para que ofereça defesa no prazo devido, com a juntada de documentos e rol de testemunhas. Contudo, a petição inicial será indeferida quando não houver tipificação de conduta ilícita ou quando lhe faltar algum requisito considerado essencial pelos art. 319 e seguintes do NCPC. Exige-se que ela seja subscrita por advogado devidamente habilitado.

A oportunidade para o requerimento de produção probatória para o impetrante se concentra na petição inicial; não sendo ela requerida nesse momento processual, não pode, posteriormente, ser deferida. Correlatamente, a oportunidade para o réu requerer sua produção probatória se concentra na contestação à petição inicial, não podendo ser deferido posteriormente. Nos dois casos, o instituto da preclusão impede a apresentação de provas em outra oportunidade.

Permite-se a concessão de liminar para a suspensão do ato que deu motivo à representação quando for relevante o fundamento, e do ato impugnado puder resultar a ineficiência da medida, caso seja julgado

---

[123] "A existência de litisconsórcio necessário – quando, por disposição de lei ou pela natureza da relação jurídica, o juiz tiver de decidir a lide de modo uniforme para todas as partes – conduz à citação dos que possam ser alcançados pelo pronunciamento judicial. Ocorrência, na impugnação a expedição de diploma, se o vício alegado abrange a situação do titular e do vice" (RCED-703/SC, Rel. Min. José Augusto Delgado).

procedente. Convém ao magistrado eleitoral verificar atentamente os dados circundantes do processo, para apenas conceder a liminar se se convencer da verossimilhança das alegações, constatar o relevante fundamento alegado e atestar a possibilidade de dano irreparável. Exemplo claro é o juiz eleitoral conceder liminar para sustar distribuição de material de construção por parte de candidato em época eleitoral. Esse pedido de liminar não se destina a antecipar o mérito, ele apresenta natureza acauteladora, na medida em que se destina a impedir a consecução de determinadas práticas que maculem a liberdade de escolha do cidadão. De forma alguma se antecipam os efeitos da sentença, como o cancelamento do registro de candidatura e a decretação da inelegibilidade.

Indeferindo o relator a inicial ou retardando-lhe a solução, o interessado pode renová-la perante o Tribunal, que decide no prazo de 24 horas. Persistindo ainda a situação de irregularidade, pode-se levar a demanda ao conhecimento do Tribunal Superior Eleitoral para que as medidas necessárias sejam tomadas. Atente-se que inexiste recurso se a petição inicial for indeferida, podendo o requerente impetrá-la novamente perante a instância superior.

O prazo para a apresentação da contestação é de cinco dias. Toda a matéria pertinente à defesa deve ser apresentada nesse momento processual, inclusive o rol de testemunhas, sob pena de preclusão, não podendo ser posteriormente requerida. A apresentação do rol de testemunhas deve ocorrer no momento da inicial ajuizada pelo representante e da defesa protocolada pelo representado[124].

A inquirição, por sua vez, é realizada no prazo de cinco dias, com até no máximo seis testemunhas para cada um, as quais devem comparecer independentemente de intimação. Primeiro, serão ouvidas as testemunhas de acusação, e posteriormente as de defesa. Sempre que possível, devem ser ouvidas em uma única assentada, evitando-se delongas desnecessárias. O número de testemunhas pode ser extrapolado em virtude da diversidade de fatos aduzidos numa mesma relação processual, afinal, do contrário, estar-se-ia construindo cenário ao ajuizamento de demandas distintas, desconsiderando o princípio da economia processual[125].

---

[124] Ac. de 18-5-2006 no Respe n. 26.148, Rel. Min. José Delgado.
[125] AGR em Resp n. 36.151, Rel. Min. Arnaldo Versiani, 4-5-2010.

Após a oitiva das testemunhas, no prazo de três dias, o corregedor pode proceder a todas as diligências que determinar, *ex officio* ou a requerimento das partes. Dentro dessas diligências, inclui-se a possibilidade de ouvir terceiros referidos pelas partes ou testemunhas que conheçam os fatos e as circunstâncias que possam influir na decisão do feito. A lei lhe possibilita, ainda, a requisição de documentos em poder de terceiros.

Realizando-se as diligências, as partes e o Ministério Público podem apresentar as alegações finais no prazo comum de dois dias. Terminada essa etapa, os autos seguem conclusos para o relator apresentar seu relatório sobre os dados apurados. O relatório deve ser apresentado em três dias e encaminhado para o órgão judicial competente para julgamento. Chegando ao Tribunal, o procurador-geral ou regional eleitoral terá vista dos autos por 48 horas para se pronunciar sobre as imputações e conclusões do relatório.

Se a ação de investigação judicial eleitoral for julgada procedente, o órgão competente da Justiça Eleitoral declarará a inelegibilidade do representado e de quantos hajam contribuído para a prática do ato, aplicando-lhes as seguintes sanções:

a) decretação da inelegibilidade, por oito anos, do requerido e de quem tenha contribuído para a prática do ato contado da eleição;

b) perda do registro do candidato diretamente beneficiado por uma das condutas que propiciam a impetração da ação de investigação judicial eleitoral;

c) perda do diploma do beneficiado de forma direta pelo ato, se a decisão ocorrer posteriormente à eleição, ou impedimento à sua concessão, se a decisão for proferida depois da eleição, mas antes de sua expedição;

d) multa, cabível em algumas tipificações, a exemplo de conduta vedada e captação ilícita de sufrágio.

A inelegibilidade especificada pela AIJE é a cominada, advinda de uma sanção estipulada pela legislação eleitoral. Ela declara a inelegibilidade presente e promana seu efeito no elastério de oito anos contados da eleição. Esse efeito consta de todas as decisões judiciais nesse tipo de ação, seja antes da diplomação, seja após esse pronunciamento judicial. A decretação da inelegibilidade é consequência direta da sentença da AIJE, de forma imediata, sem a necessidade de nenhum outro processo judicial[126]. Esse efeito foi um dos fins almejados pela referida ação, e se não pudesse ser uma decorrência de seus efeitos, ela perderia o sentido.

Mesmo antes da LC n. 135/2010, que alterou os incisos XIV e XV do art. 22 da LC n. 64/90, não havia mais celeuma de que a decisão julgando procedente a AIJE provocava a perda de registro ou o diploma do(s) réu(s) e sua(s) respectiva(s) inelegibilidade(s). Fora totalmente ultrapassada a discussão de posterior ajuizamento de AIME ou outro recurso após o deferimento da AIJE por afronta ao princípio da celeridade e da economia processual.

A ação de impugnação de mandato eletivo não se confunde com a ação de investigação judicial eleitoral. Elas apresentam algumas diferenças no procedimento, como finalidades diversas, e encontram-se regulamentadas por instrumentos jurídicos diferentes. Como similaridade, apresentam o mesmo resultado, qual seja a perda de registro ou de diploma e a cominação de inelegibilidade de oito anos a contar da eleição em que os fatos ocorreram.

Atente-se que para o deferimento da AIJE não se exige mais potencialidade, mas apenas a gravidade, sendo este termo indeterminado auferido diante de cada caso concreto, devendo o Tribunal Superior Eleitoral determinar precisamente os seus contornos para evitar insegurança jurídica.

Se o resultado do julgamento da ação de investigação judicial eleitoral ocorrer antes da eleição, com seu deferimento, o registro de candidatura será denegado com a declaração de inelegibilidade do candidato pelos próximos oito anos da eleição em que for atestado o ilícito. Se o pronunciamento judicial ocorrer após a eleição, mas antes da diplomação, será decretada a inelegibilidade por oito anos e declarada a impossibilidade de recebimento do diploma. Se a decisão ocorrer após a eleição e sendo o candidato vitorioso, ela provocará a cassação do referido diploma, perdendo o representando o cargo que ocupava, com a declaração de sua inelegibilidade por oito anos.

---

[126] "Para que se produzam os efeitos da Ação de Investigação Judicial Eleitoral, exige-se trânsito em julgado" (Respe n. 25.765/ES, Rel. Min. Carlos Augusto Ayres de Freitas Britto).

Do indeferimento da AIJE, pode-se interpor recurso contra expedição de diploma? A essa indagação, a resposta é apenas positiva se for em decorrência de novos fatos ou novos argumentos jurídicos ainda não analisados, mas, tomando-se como parâmetro os mesmos fatos e os mesmos argumentos jurídicos, o princípio da coisa julgada impede qualquer alteração na relação processual.

Com a intenção de impedir representações eminentemente políticas, a Lei Eleitoral tipificou como crime a arguição de inelegibilidade, ou a impugnação de registro de candidato feita por interferência de poder econômico, desvio ou abuso de poder de autoridade, deduzida de forma temerária ou por meio de notória má-fé (art. 25 da LI). A pena é de detenção de seis meses a dois anos, e multa de vinte a cinquenta vezes o valor do Bônus do Tesouro Nacional (BTN) e, no caso de sua extinção, de título público que o substitua. Essa medida extrema, de tipificação de conduta penal, pretende impedir que a ação de investigação judicial eleitoral se transforme em uma arma de conotação política, deixando seu caráter jurídico e sua finalidade de propiciar que o pleito eleitoral transcorra dentro dos moldes legais balizados.

Da decisão da ação de investigação judicial eleitoral, em primeiro grau, cabe, no prazo de 3 dias, recurso inominado para a instância devida. Por sua vez, cabe recurso ordinário das decisões emanadas pelos Tribunais Regionais Eleitorais nos pleitos estaduais e cabe recurso extraordinário, desde que configurados seus requisitos, das decisões do Tribunal Superior Eleitoral.

A maior parte da doutrina e o posicionamento esmagador da jurisprudência planteia que na AIJE as decisões interlocutórias são irrecorríveis, podendo ser impugnado o seu conteúdo no recurso a ser interposto para o Tribunal *ad quem*[127]. Todavia, se a decisão interlocutória for teratológica, provocando dano grave e de difícil reparação, pode ser impugnado por intermédio de mandado de segurança[128].

---

[127] AgR-Respe n. 25.386, Ac. de 31-3-2011, Rel. Min. Aldir Guimarães Passarinho Junior, *DJe* 19-4-2011, p. 52.

[128] "(...) Na linha da jurisprudência desta Corte Superior, o mandado de segurança não é sucedâneo recursal, de modo que a impugnação de ato judicial por essa via tem caráter excepcional, cabível somente diante de situação que revele tera-

Nesse ponto, a doutrina e a jurisprudência majoritárias admitem o manejo do *mandamus* contra ato judicial, pelo menos em relação às seguintes hipóteses excepcionais: "a) decisão judicial manifestamente ilegal ou teratológica; b) decisão judicial contra a qual não caiba recurso; c) para imprimir efeito suspensivo a recurso desprovido de tal atributo; e d) quando impetrado por terceiro prejudicado por decisão judicial"[129].

18.4.6. Ação de Impugnação de Mandato Eletivo (AIME)

A ação de impugnação de mandato eletivo ostenta textura constitucional, pois uma das preocupações prementes do legislador constituinte de 1988 foi o de tentar zelar pela lisura das eleições, preservando a soberania popular de máculas que a impeçam de se manifestar livremente. Agasalhada como fora pela Carta Magna (art. 14, § 10 e § 11, da CF/88)[130], possui suas mesmas prerrogativas – supremacia, supralegalidade e imutabilidade relativa – no sentido de densificar sua força normativa para que possa alcançar os objetivos almejados[131].

Como ação constitucional que é, constituindo o que os constitucionalistas pátrios denominam de Direito Processual Constitucional, sua interpretação não pode ser realizada a partir dos cânones do processo civil. A moderna hermenêutica postula a realização de sentido contrário, ou seja, os dispositivos processuais precisam ser analisados

---

tologia" (ED-AgR-RMS 28343, Rel. Min. Caputo Bastos, j. 4-3-2008, *DJ* 1-4-2004, p. 16).

[129] RMS 43.459/SP, Rel. Min. Raul Araújo, 4ª Turma, j. 10-12-2013, *DJe* 3-2-2014, sem grifos no original.

[130] CF, art. 14: "§ 10. O mandato eletivo poderá ser impugnado ante a Justiça Eleitoral no prazo de quinze dias contados da diplomação, instruída a ação com provas de abuso do poder econômico, corrupção ou fraude. § 11. A ação de impugnação de mandato tramitará em segredo de justiça, respondendo o autor, na forma da lei, se temerária ou de manifesta má-fé".

[131] O sentido aqui utilizado de força normativa é adequado ao que fora empregado por Konrad Hesse, que defende que as normas constitucionais apresentam efeitos materiais, não ficando reduzidos a efeitos teóricos, sem sincronia entre a normalidade e a normaticidade (HESSE, Konrad. *A força normativa da Constituição*. Trad. Gilmar Ferreira Mendes. Porto Alegre: Fabris, 1991, p. 14).

para garantir que a ação citada cumpra sua *mens legis*, prevista no momento constituinte[132].

Preleciona Joel J. Cândido que, mesmo estando agasalhada pela Constituição Federal, a ação de impugnação de mandato eletivo não foi inovação dos constituintes. Ela foi criação da Lei n. 7.493/86 e da Lei n. 7.664/88 que repetiu, de modo mais claro, a possibilidade de uso dessa ação[133]. Ao ser posta na Constituição de 1988, adquiriu o *status* constitucional, auferindo outro patamar, sobrepairando normativamente no ordenamento jurídico eleitoral.

Seu objetivo específico se destina a desconstituir a diplomação, ato jurídico de jurisdição voluntária, que tem a função de declarar a validade de todo o procedimento havido no período eleitoral. Óbvio

---

[132] "(...) 1. A ação de impugnação de mandato eletivo (AIME) ocupa uma *preferred position* em relação às demais ações eleitorais, ante a jus fundamentalidade formal e material gravada pelo constituinte de 1988. a) A ação de impugnação de mandato eletivo, sob o prisma formal, encontra-se positivada no Título II, dedicado aos Direitos e Garantias Fundamentais, *ex vi* do art. 14, §§ 10 e 11, da CRFB, à semelhança dos demais remédios constitucionais (e.g., *habeas corpus*, *habeas data*, mandado de segurança, mandado de injunção e ação popular), desenho institucional que atrai todo o regime jurídico das garantias constitucionais. b) A importância da AIME, examinada pelo viés material, salta aos olhos por ser a única ação eleitoral que conta com lastro constitucional para retirar um agente político investido no mandato pelo batismo das urnas, de ordem a mitigar, em consequência, o cânone da soberania popular. 2. O regime jurídico-constitucional da AIME encerra critério substantivo de racionalização dos feitos eleitorais, *i.e.*, trata-se do vetor hermenêutico apto a elidir a ausência de sistematicidade do processo eleitoral e evitar o descrédito da Justiça Eleitoral em razão do atual estado de risco potencial de decisões antagônicas em processos em que há identidade quanto às premissas fáticas, seja porque possuem eficácia interpretativa, ao servir de filtro hermenêutico a guiar a atuação do magistrado, seja porque possuem eficácia negativa, ao obstar qualquer atuação do legislador no sentido de subtrair sua máxima efetividade (FUX, Luiz; FRAZÃO, Carlos Eduardo. *Reunião de processos no Direito Eleitoral quando veiculem os mesmos fatos*: a proeminência constitucional da Ação de Impugnação de Mandato Eletivo (AIME). In: Novos paradigmas do Direito Eleitoral. Belo Horizonte, 2016, p. 299-312) (...)" (Respe n. 1175, Acórdão, Rel. Min. Luiz Fux, *DJe*, Tomo 126, 30-6-2017, p. 99-102).

[133] CÂNDIDO, Joel José. *Direito eleitoral brasileiro*. 14. ed. rev. atual. e ampl. Bauru: Edipro, 2010, p. 264.

que ele atesta fatos que são decorridos antes de sua concretização, mas que se aperfeiçoam apenas quando de sua homologação. Como ato complexo que é, sua perfeição somente ocorre com a realização do último ato, mormente quando é esse ato que garante sua validade ao ordenamento jurídico.

A principal finalidade da AIME reside na defesa da transparência e licitude das eleições, fazendo com que o voto seja proferido de forma soberana, em defesa dos interesses do eleitor, sem sofrer a interferência de condutas que possam despi-los de sua magnanimidade. Não obstante, por ostentar tessitura constitucional, possui suas mesmas prerrogativas – supremacia, supralegalidade e imutabilidade relativa –, o que lhe garante maior densidade normativa e possibilidade de concretização, ao menos em nível teórico, aplicando-se o rito processual descrito no art. 3º da Lei Complementar n. 64/90, que é o mesmo para a ação de impugnação de registro de candidatura[134].

Frise-se que não se está falando de um pronunciamento destituído de facticidade, um hiato entre o ser e o dever–ser, uma filigrana jurídica. Antes da realização da sessão de diplomação, deve o magistrado verificar se todos os procedimentos se encontram dentro dos parâmetros da legalidade. A diplomação configura-se na homologação do resultado da eleição, garantindo-lhe segurança jurídica, permitindo-se seu desfazimento apenas por intermédio de recurso ou através de ação específica.

18.4.6.1. *Causas*

Os motivos para sua confecção são individualmente especificados no mandamento constitucional, sendo, aliás, os únicos que podem amparar esse tipo de ação: a) abuso de poder econômico; b) corrupção; c) fraude.

Desse modo, a teor do que dispõe o art. 14, § 10, da CF, a AIME se prestará a analisar tão somente as alegações de abuso de poder econômico, corrupção e fraude contra determinado candidato diploma-

---

[134] Com referência à supralegalidade de tratados internacionais, referência obrigatória é o livro do Professor Marcelo Peregrino. FERREIRA PEREGRINO, Marcelo Ramos. *O controle de convencionalidade da Lei da Ficha Limpa*: direitos políticos e inelegibilidades. Lumen Juris: Rio de Janeiro, 2016, p. 256 e s.

do, não se estendendo seu cabimento à apuração de abuso de poder político ou de autoridade *strictu sensu*[135]. Todavia, tem entendido o Tribunal Superior Eleitoral que cabe ação de impugnação de mandato eletivo por abuso de poder político quando ele materializa igualmente um excesso de poder econômico[136]. Ou seja, o abuso do poder político, segundo jurisprudência dominante, apenas pode ser sancionado em AIME se for materializado pelo abuso do poder econômico. Pune-se a utilização exacerbada do poder político somente se ele provocar o uso desmesurado do poder econômico[137]. Ademais, a mesma

---

[135] "RECURSO ESPECIAL. DESCABIMENTO. AÇÃO DE IMPUGNAÇÃO DE MANDATO ELETIVO. ABUSO DO PODER POLÍTICO. ABUSO DE AUTORIDADE. Nos termos do art. 14, § 10, da CF, na ação de impugnação de mandato eletivo serão apreciadas apenas alegações de abuso de poder econômico, corrupção ou fraude, não sendo possível estender o seu cabimento para a apuração de abuso de poder político ou de autoridade *stricto sensu*, ou seja, que não possa ser entendido como abuso do poder econômico. Na hipótese sob exame, o Tribunal Regional Eleitoral justificou a procedência da AIME apenas em razão da prática de abuso de autoridade de delegado de polícia, que fazia abordagens e prisões contra possíveis opositores. Recurso a que se dá provimento para afastar a cassação do mandato do primeiro recorrente. Prejudicialidade dos apelos interpostos pelo vice-prefeito e pelo segundo colocado" (TSE, Respe n. 28.208, de 25-3-2008, Rel. Min. Marcelo Ribeiro).

[136] "(...) Segundo a jurisprudência desta Corte, "o abuso de poder econômico entrelaçado com o abuso de poder político pode ser objeto de Ação de Impugnação de Mandato Eletivo (AIME), porquanto abusa do poder econômico o candidato que despende recursos patrimoniais, públicos ou privados, dos quais detém o controle ou a gestão em contexto revelador de desbordamento ou excesso no emprego desses recursos em seu favorecimento eleitoral" (AgR-AI n. 11.708/MG, Rel. Min. Felix Fischer, *DJe* 15-4-2010)" (Respe n. 138, Acórdão, Rel. Min. Maria Thereza Rocha de Assis Moura, *DJe*, Tomo 56, 23-3-2015, p. 33-34).
Agravo Regimental em Ação Cautelar 3.568, Ac. de 24-3-2011, Rel. Min. Marcelo Henriques, *DJe*, Tomo 100, 27-5-2011, p. 26.

[137] "RECURSO ESPECIAL ELEITORAL. AÇÃO DE IMPUGNAÇÃO DE MANDATO ELETIVO. § 10 DO ART. 14 DA CONSTITUIÇÃO FEDERAL: CAUSAS ENSEJADORAS. 1. O abuso de poder exclusivamente político não dá ensejo ao ajuizamento da ação de impugnação de mandato eletivo (§ 10 do art. 14 da CF). 2. Se o abuso de poder político consistir em conduta configuradora de abuso de poder econômico ou corrupção (entendida essa no sentido coloquial e não tecnicamente penal), é possível o manejo da ação de impug-

compreensão não foi deferida à apuração de prática de conduta vedada a agente público, *stricto sensu*, prevista no art. 73 da Lei n. 9.504/97, aduzindo-se que a AIME não é sucedânea de ação contra conduta vedada ou[138], ainda, nos casos de ação por captação ilícita de sufrágio, inclusive, esse temário foi objeto da discussão da ação direta de inconstitucionalidade n. 3.592[139].

---

nação de mandato eletivo. 3. Há abuso de poder econômico ou corrupção na utilização de empresa concessionária de serviço público para o transporte de eleitores, a título gratuito, em benefício de determinada campanha eleitoral. Recurso desprovido" (TSE, Respe n. 28.040–BA, de 28-4-2008, Rel. Min. Carlos Augusto Ayres de Freitas Britto). ("Esta c. Corte, por mais de uma vez, sufragou a tese segundo a qual o abuso de poder político entrelaçado com o abuso de poder econômico, como é o caso dos autos, de acordo com os trechos destacados, pode constituir objeto da ação de impugnação de mandato eletivo. (...) Na espécie, abusa do poder econômico o candidato que despende recursos patrimoniais, públicos ou privados, dos quais detém o controle ou a gestão em contexto revelador de desbordamento ou excesso no emprego desses recursos em seu favorecimento eleitoral. Nesse contexto, o subsídio de contas de água pelo prefeito-candidato, consignado no venerando acórdão regional, o qual se consumou com o favorecimento de 472 famílias do município nos 2 (dois) meses anteriores às eleições, e a suspensão do benefício logo após o pleito configura-se abuso de poder econômico com recursos públicos. 6. Uma vez constatado o abuso do poder econômico mediante o entrelaçamento com o abuso de poder político (*v.g.*, conduta vedada), descabe alegar preclusão das alegações aduzidas na AIME. Decorrência da tese inaugurada no Respe n. 28.040-BA, Rel. Min. Carlos Britto, *DJ* 1º-7-2008.") (TSE, AI 11.708-MG, de 16-12-2009, Rel. Min. Felix Fischer).

[138] AgRg no AI n. 104-66/BA. Rel. Min. Arnaldo Versiani. 18-9-2012.

[139] "Ação direta de inconstitucionalidade. Art. 41-A da Lei n. 9.504/97. Captação de sufrágio. As sanções de cassação do registro ou do diploma previstas pelo art. 41-A da Lei n. 9.504/97 não constituem novas hipóteses de inelegibilidade. A captação ilícita de sufrágio é apurada por meio de representação processada de acordo com o art. 22, I a XIII, da LC n. 64/90, que não se confunde com a ação de investigação judicial eleitoral, nem com a ação de impugnação de mandato eletivo, pois não implica a declaração de inelegibilidade, mas apenas a cassação do registro ou do diploma. A representação para apurar a conduta prevista no art. 41-A da Lei n. 9.504/97 tem o objetivo de resguardar um bem jurídico específico: a vontade do eleitor". (ADI 3.592, Rel. Min. Gilmar Mendes, j. 26-10-2006, P, *DJ* 2-2-2007.) AI 660.024 AgR, Rel. Min. Joaquim Barbosa, j. 25-9-2012, 2ª T., *DJe* 7-12-2012.

Outrossim, esses fatos que a AIME se destina a combater podem ser verificados em qualquer fase do processo eleitoral, na convenção e mesmo quando não forem alegados no prazo legal da impugnação de registro de candidatura. Nesse caso não se pode falar em preclusão porque se está diante de matéria agasalhada pela Constituição, evidenciando-se a supremacia constitucional. Contudo, por expressa disposição constitucional, o termo extintivo para se impetrar a referida ação são os quinze dias posteriores à diplomação, configurando-se como um prazo decadencial.

O abuso de poder econômico para sua configuração necessita ser metrificado, ou seja, para sua tipificação, urge precisar bem seu conceito, para que ele não seja tão leniente a ponto de permitir a prática de abusos, nem tão fluido a ponto de provocar arbitrariedades judiciais. Faz-se premente que a Justiça Eleitoral, de forma tópica, especifique esses casos de modo bastante enérgico, oferecendo parâmetros claros na determinação das condutas individuais, de forma que a letra da lei possa transbordar o fosso entre a subsunção teórica e a facticidade[140].

Abuso é algo que exorbita sua esfera de atuação, indo além do que permite o padrão comum. São os fatos que provocam uma dessimetria no processo eleitoral, privilegiando os detentores do poder econômico, o que leva muitos candidatos a serem eleitos alicerçados em seu poderio financeiro e não em suas propostas.

A extrapolação de poder econômico, na seara eleitoral, consiste em toda ação de abuso de recursos financeiros destinada à captação do

---

[140] "AGRAVO REGIMENTAL. RECURSO ORDINÁRIO. AÇÃO DE IMPUGNAÇÃO DE MANDATO ELETIVO (AIME). CAPTAÇÃO ILÍCITA DE SUFRÁGIO. ABUSO DE PODER ECONÔMICO. CORRUPÇÃO ELEITORAL. NÃO DEMONSTRAÇÃO. NÃO PROVIMENTO. 1. Apesar de incontroverso o fato de que foram realizados eventos com atrações artísticas, inclusive no período vedado a que alude o art. 39, § 7º, da Lei n. 9.504/97, a prova dos autos não revela, com clareza, que a razão que motivou tal atuação foi a captação ilícita de sufrágio. Afinal, foram franqueadas ao público em geral, independentemente de qualquer condição eventualmente imposta. 2. Para a configuração da captação ilícita de sufrágio, a jurisprudência do egrégio TSE tem exigido prova do mínimo liame entre a benesse, o candidato e o eleitor (RCED 665, Rel. Min. Marcelo Ribeiro, *DJe* 1º-4-2009), situação que não ocorre no caso *sub examine*" (TSE, AgR-RO 2355/MG, Rel. Min. Felix Fischer, *DJe* 15-3-2010).

voto de eleitor, mormente através do oferecimento de bem, serviço ou vantagem de valoração econômica, isto é, consubstancia-se na concessão de vantagens e benefícios a eleitores com nítido objetivo de vencer determinado pleito[141]. Todavia, pode-se configurar o abuso de poder econômico com gastos exacerbados em propaganda eleitoral, ultrapassando demasiadamente o limite monetário imposto.

Exemplifique-se com o fornecimento de material de construção, a oferta de tratamento de saúde, o uso indevido dos meios de comunicação social, a distribuição de cestas básicas, maciça contratação de cabos eleitorais[142], a distribuição de benefícios à população carente por meio de programa social de responsabilidade do candidato, acompanhados de pedidos de votos[143]. Em sentido contrário, não configura abuso de poder econômico ou corrupção eleitoral a manutenção e ampliação de programa social criado por lei e em execução orçamentária no exercício anterior, nos termos do § 10 do art. 73 da Lei n. 9.504/97[144].

Fraude é o engano provocado por dolo, com a intenção deliberada de burlar permissivo legal. Significa simulação, dar ao falso aparência de verdadeiro. Mostra-se difícil, mas não impossível, pensar em uma fraude no processo eletrônico de votação, como a alimentação do sistema de totalização a partir de dados fraudulentos que não refletem a realidade auferida das urnas[145]. Em sede de Direito Eleitoral, a fraude é o dolo e a astúcia empregados para frustrar a liberdade de escolha dos cidadãos[146]. Configura-se como qualquer ato ardiloso, enganoso, de má-fé, com o intuito de ludibriar a vontade de livre escolha dos eleitores. São todos e quaisquer atos que empregam malícia ou ardil para

---

[141] RO n. 2346/SC, Rel. Min. Felix Fischer, *DJe* 18-9-2009.

[142] Ac. de 13-9-2012 no Respe n. 8.139, Rel. Min. Arnaldo Versiani.

[143] Ac. de 25-5-2010 no RO n. 2.369, Rel. Min. Arnaldo Versiani.

[144] RO n. 6.213-34, Campo Grande/MS, Rel. Min. Dias Toffoli, em 27-2-2014.

[145] "Pedido. Providências. Investigação. Ocorrência. Fraude. Sistema eletrônico de votação. Cargos proporcionais. Eleições de 2002. Existência. Esquema. Favorecimento. Apuração de votos. Competência do Tribunal Regional Eleitoral para apuração, já providenciada. Não conhecimento. Arquivamento" (Pet. 1258/PE, Rel. Min. Humberto Gomes De Barros).

[146] SILVA, De Plácido. *Vocabulário Jurídico*. Rio de Janeiro: Forense, 1978, p. 718, volume II – D-I.

enganar a vontade do eleitorado[147]. Suscite-se que as fraudes nas eleições diminuíram substancialmente com a instituição das urnas eletrônicas, todavia, elas ainda pululam na realidade brasileira, como as tentativas de apreensão de títulos eleitorais ou o ensinamento de voto através de urnas eletrônicas adulteradas.

O Plenário do Tribunal Superior Eleitoral, por unanimidade, assentou que se enquadra no conceito de fraude, para fins de cabimento da ação de impugnação de mandato eletivo (art. 14, § 10, da Constituição Federal), a violação do percentual de candidaturas exigido no § 3º, art. 10, da Lei n. 9.504/97, do mínimo de 30% (trinta por cento) e o máximo de 70% (setenta por cento) para as candidaturas de cada gênero, consistindo na falsificação de assinaturas para o preenchimento do percentual mínimo de candidaturas previsto em lei. Dessa forma, tem-se modificado o entendimento do Tribunal Superior Eleitoral, que antes definia fraude apenas no que diz respeito ao processo de votação, passando a englobar todo o processo eleitoral – inclusive a de fraude à lei – que possam afetar a normalidade das eleições e a legitimidade do mandato obtido[148].

O étimo "corrupção" provém do latim *corruptione*, traduzindo-se como o ato que não cumpre com os parâmetros traçados, desviando-se daquilo que fora previsto por dispositivo legal. Corrupção, na expressão de Othon Sidou, é devassidão, depravação, em suas diversas modalidades. Improbidade no trato de coisas públicas, na condição ativa ou passiva[149]. O Professor Manoel Gonçalves Ferreira a conceitua como decomposição, putrefação, depravação, desmoralização, devassidão, suborno ou peita, chegando até a afirmar que suas raízes se insinuam no cerne da alma humana, eis que os atos que a caracterizam encontram-se ligados a uma fraqueza moral[150].

---

[147] "(...) O TSE, ao julgar o Respe n. 1-49/PI, Rel. Min. Henrique Neves, em 4-8-2015, assentou que "o conceito da fraude, para fins de cabimento da ação de impugnação de mandato eletivo (art. 14, § 10, da Constituição Federal), é aberto e pode englobar todas as situações em que a normalidade das eleições e a legitimidade do mandato eletivo são afetadas por ações fraudulentas, inclusive nos casos de fraude à lei" (Respe n. 169, Acórdão, Rel. Min. Gilmar Ferreira Mendes, *DJe*, Tomo 76, 20-4-2016, p. 33-34).

[148] Respe n. 149, José Freitas/PI, Rel. Min. Henrique Neves, em 4-8-2015.

[149] SIDOU, José Maria Othon. *Dicionário Jurídico da Academia Brasileira de Letras Jurídicas*. 9. ed. Rio de Janeiro: Forense Universitária, 2009, p. 232.

[150] FERREIRA FILHO, Manoel Gonçalves. Corrupção e Democracia. In: ZIL-

No orbe eleitoralista, significa condutas tendentes a viciar a liberdade de sufrágio através de atos que afrontam padrões morais estabelecidos. Assim, resta caracterizada corrupção a promessa de, caso os candidatos se elejam, assegurar a permanência de pessoas em cargos comissionados, certamente em troca de votos ou de apoio político-eleitoral[151]. Cristaliza-se, portanto, quando o candidato tenta obter o voto do eleitor através do oferecimento de vantagem, presente ou valor pecuniário, estorvando-o de livremente exercer seu direito ao voto[152]. Seja qual for a conduta praticada pelo agente, o resultado vai ser o mesmo, que é a violação à proteção da legitimidade da representação e à normalidade do pleito. Pode-se até mesmo incidir contra a vontade do eleitor, obrigando-o a se abster de votar, em vez de sufragar um candidato de sua preferência.

18.4.6.2. Procedimento

A Ação de Impugnação de Mandato Eletivo deve ser proposta perante a Justiça Eleitoral. Não se poderia pensar diferente, uma vez que a diplomação se consubstancia na última etapa do processo macroeleitoral. Tratando-se da impugnação de prefeito ou vereador, o órgão competente é o juiz da zona eleitoral que tem competência para a diplomação – nos municípios formados por mais de uma zona eleitoral, a competência é do juiz mais antigo. Se a impugnação for contra mandato eletivo de governador, vice-governador, senador, deputado federal, estadual e distrital, a competência é do Tribunal Regional Eleitoral. Se a impugnação for contra mandato de Presidente e de Vice-Presidente, a competência passa a ser do Tribunal Superior Eleitoral (art. 2º, § único, I a III, da LC n. 64/90; arts. 40, IV, e 215 do Código Eleitoral).

O rito de tramitação da AIME é o descrito no art. 3º da Lei de

---

VETI, Fernando Aurelio; LOPES, Sílvia. *O Regime Democrático e a Questão da Corrupção Política*. São Paulo: Atlas, 2004, p. 18.

[151] Ac. de 18-12-2007 no Respe n. 28.396, Rel. Min. Arnaldo Versiani.

[152] "Caracteriza corrupção a promessa de, caso os candidatos se elejam, assegurar a permanência de pessoas em cargos na Prefeitura Municipal, certamente em troca de votos ou de apoio político-eleitoral" (Respe n. 28.396/PR, Rel. Min. Arnaldo Versiani).

Inelegibilidades (LC n. 64/90). Em síntese, a referida ação estaria dividida nas seguintes fases:

1. petição inicial munida de provas hábeis a ensejar a AIME, no prazo de 15 dias a contar da diplomação, arrolando no máximo seis testemunhas;

2. recurso no prazo de três dias nos casos de indeferimento da inicial;

3. notificação do impugnado e intimação do Ministério Público para o acompanhamento da ação;

4. contestação do réu, em sete dias, munida das devidas provas e arroladas até no máximo as seis testemunhas;

5. requerimento para as outras provas que estiverem em poder de terceiro, salvo se houver segredo de justiça. O magistrado pode ainda requerer a produção de outras provas que entender necessárias;

6. prazo de cinco dias para o juiz determinar a realização das diligências cabíveis;

7. abertura do prazo comum de cinco dias para as alegações finais do Ministério Público;

8. passado o prazo comum de cinco dias, deverá ser feita conclusão ao juiz para sentença;

9. prazo de três dias para ser prolatada a decisão;

10. publicada a sentença, começando a fluir o prazo de três dias para a interposição do recurso.

O prazo para sua impetração é de quinze dias contados da diplomação, em virtude de abuso do poder econômico, corrupção ou fraude (art. 14, § 10, da CF). Esse prazo se configura como decadencial, pois não se interrompe nem se suspende, inclusive durante o período de recesso forense[153], podendo ser declarado *ex officio* pela autoridade judicial quando de sua interposição de forma intempestiva.

---

[153] "AÇÃO DE IMPUGNAÇÃO DE MANDATO ELETIVO. CONTAGEM. PRAZO. RECESSO. 1. É certo que o prazo para ajuizamento de ação de impugnação de mandato eletivo é de natureza decadencial, razão pela qual não se interrompe nem se suspende durante o período de recesso forense" (TSE, Respe n. 35893/PB, Rel. Min. Arnaldo Versiani).

O termo inicial para a propositura da AIME deve se dar no dia seguinte à diplomação, ainda que esse dia seja recesso forense ou feriado, uma vez que se trata de prazo decadencial. Todavia, se o termo final cair em feriado ou em dia que não haja expediente normal no Tribunal, como exceção aos efeitos decadenciais ordinários, prorroga-se o mesmo para o primeiro dia subsequente. Este é o entendimento compartilhado pela jurisprudência dominante do TSE[154], apesar de existirem precedentes que não excepcionam a incidência de nenhum efeito dos prazos decadenciais[155].

Devido à natureza constitucional da AIME, não pode haver desistência depois de sua impetração. Por não ser um interesse disponível, impede-se a desistência ou qualquer tipo de transação. Uma vez interposta, a ação segue seu ritmo normal, a não ser que haja seu indeferimento por ausência de requisitos processuais ou factuais.

São sujeitos ativos para ajuizar a ação de impugnação de mandato eletivo os candidatos, os partidos políticos, as coligações e o membro do Ministério Público. Discorda-se da possibilidade de o cidadão co-

---

[154] "O termo inicial do prazo para a propositura da ação de impugnação de mandato eletivo deve ser o dia seguinte à diplomação, ainda que esse dia seja recesso forense ou feriado, uma vez que se trata de prazo decadencial. 2. Contudo, esta colenda Corte já assentou que esse prazo, apesar de decadencial, prorroga-se para o primeiro dia útil seguinte se o termo final cair em feriado ou dia em que não haja expediente normal no tribunal. Aplica-se essa regra ainda que o tribunal tenha disponibilizado plantão para casos urgentes, uma vez que plantão não pode ser considerado expediente normal. Precedentes: STJ: EResp n. 667.672/SP, Rel. Min. José Delgado, Corte Especial, j. 2-5-2008, *DJe* 26-6-2008; AgRg no RO 1.459/PA, de minha relatoria, *DJ* 6-8-2008; AgRg no RO 1.438/MT, Rel. Min. Joaquim Barbosa, *DJ* 31-8-2009 (TSE, Respe n. 36.006-AM, Rel. Min. Felix Fischer). À luz desse entendimento, fixou-se no colendo Tribunal Superior Eleitoral que, sendo decadencial o prazo para a propositura da Ação de Impugnação de Mandato Eletivo (Resp n. 25.482/DF, Rel. Min. Cesar Rocha, *DJ* 11-4-2007, Resp n. 15.248, Rel. Min. Eduardo Alckmin, *DJ* 18-12-1998), este não se interrompe nem se suspende durante o recesso forense, entretanto, o seu termo final é prorrogado para o primeiro dia útil subsequente (art. 184, § 1º, do CPC), não havendo expediente normal no Tribunal" (TSE, RO 1459-PA, Rel. Min. Felix Fischer).

[155] Ac. de 30-3-2010 no ED-Respe n. 37.005, Rel. Min. Felix Fischer; no mesmo sentido, o ED-Respe n. 37.002, de 30-3-2010, Rel. Min. Felix Fischer.

mum dispor de competência para ajuizá-la, baseando-se no argumento de ausência de previsão legal e na possibilidade de levar as informações ao Ministério Público para tomar as medidas cabíveis.

A despeito da importância de se assegurar a transparência do direito ao sufrágio livre, a legitimação das ações constitucionais não pode ser interpretada de forma extensiva. Sendo assim, o rol é taxativo: os legitimados a impetrá-las são aqueles expressamente previstos em lei, sem que haja possibilidade de sua ampliação. Pensar de forma diferente seria acrescentar uma prerrogativa que não fora prevista, em uma seara nitidamente adjetiva, onde a regulamentação se configura de natureza estritamente positivista[156].

Os legitimados passivos são apenas os diplomados que cometeram abuso de poder econômico ou que praticaram fraude ou corrupção no decorrer do processo eleitoral. Há necessidade de se direcionar a ação de impugnação de mandato eleitoral também contra os suplentes porque eles carregam a expectativa de assumir o mandato. Se dessa forma não for feita, o suplente pode assumir a representação popular mesmo tendo cometido os gravames descritos.

No caso de candidaturas ao Executivo, em que o vice pode assumir o lugar do titular, há a necessidade da formação de litisconsórcio passivo necessário entre candidatos e seus respectivos vices, pois receberam os mesmos votos e a lide deverá ser decidida de maneira uniforme, tendo em vista a indivisibilidade e unidade do mandato eletivo na AIME[157]. A exigência de litisconsórcio passivo não decorre de lei, mas de natureza jurídica de direito material. Caso os respectivos vices não sejam intimados, o processo será nulo em razão da ausência de sua defesa e atuação na relação processual. Configurando-se os vices como litisconsortes passivos necessários, não há como se entender que a ação possa ser considerada apenas contra o titular. Neste caso, para Pedro Henrique Távoras

---

[156] Com esse posicionamento, não há filiação a posicionamento positivista em sentido restritivo ou a negação ao papel desempenhado pelo bloco de constitucionalidade. Nesse sentido ver: DIMOULIS, Dimitri. *Positivismo jurídico*: introdução a uma teoria do direito e defesa do pragmatismo jurídico-político. São Paulo: Método, 2006, p. 81; FAVOREAU, Louis; LLORENTE, Francisco Rubio. *El bloque de laconstitucionalidad*. Madrid: Civitas, 1991, p. 19.

[157] AgR em AI n. 254.928. Ac. de 17-5-2011. Min. Rel. Arnaldo Versiani Leite Soares. *DJe* 12-8-2011.

Niess, a propositura da AIME dar-se-ia incompleta, pois um processo com parcela de partes não se instaura validamente se a relação jurídica processual exige mais de um réu em seu polo passivo[158].

Defende-se a tese de que a AIME obriga a formação de litisconsórcio necessário passivo entre o representante e o partido político do qual faça parte. Mesmo supondo que não houve prejuízo na representação do sistema proporcional, inconteste resta a perda de mandato de seu correligionário, o que prejudica os interesses partidários[159]. Contudo, essa não é a proposição agasalha pelo Tribunal Superior Eleitoral[160].

Se o mandatário popular não realizou a conduta tipificada como ilícita, mas foi beneficiado pela conduta de outros que agiam com seu beneplácito, da mesma forma, configura-se cabível a AIME[161]. Pensar de forma contrária seria tornar inócuo o dispositivo comentado, pois o abuso de poder econômico, a fraude ou a corrupção, na maioria dos casos, é praticado por terceiras pessoas para o benefício do impugnado, com seu conhecimento.

A petição inicial será recebida desde que municiada com as devidas provas, para não ser tipificada como litigância temerária ou de má-fé. No entanto, não se exige prova pré-constituída, apenas elementos

---

[158] NIESS, Pedro Henrique Távora. *Ação de Impugnação de mandato Eletivo*. Rio Grande do Sul: Edipro, 1996, p. 60.

[159] Art. 175, § 4º, do Código Eleitoral: "O disposto no parágrafo anterior não se aplica quando a decisão de inelegibilidade ou de cancelamento de registro for proferida após a realização da eleição a que concorreu o candidato alcançado pela sentença, caso em que os votos serão contados para o partido pelo qual tiver sido feito o seu registro".

[160] "Recurso ordinário. Ação de impugnação de mandato eletivo. Abuso do poder econômico. 1. O partido político não detém a condição de litisconsorte passivo necessário nos processos que resultem na perda de diploma ou de mandato pela prática de ilícito eleitoral. (...)." (Ac. de 25-5-2010 no RO n. 2.369, Rel. Min. Arnaldo Versiani.)

[161] "Decisão regional revela-se em consonância com a jurisprudência do TSE, segundo a qual, para a configuração do abuso de poder econômico, é relativizada a ilicitude da conduta imputada, sendo suficiente a existência de benefício eleitoral e de potencialidade da conduta para influenciar o resultado do pleito. Nesse sentido: RO n. 1.350, Rel. Min. Francisco César Asfor Rocha, *DJ* 20-4-2007" (Respe n. 28.395/PE, Rel. Min. José Augusto Delgado).

probatórios que possam manifestar o *fumus boni juris*; caso contrário, a instauração da ação deve ser indeferida. De seu indeferimento cabe recurso, com o prazo de três dias para sua interposição.

Assim a exordial deve comportar, por exemplo, indícios consistentes, podem ser mencionadas prova testemunhal ou documental, fitas de vídeo e gravações que possam configurar abuso do poder econômico, corrupção ou fraude. Saliente-se que a prova testemunhal singular, quando exclusiva, não será aceita nos processos que possam levar à perda do mandato, conforme art. 368-A do CE, incluído pela Lei n. 13.165/2015. Na inicial o impugnante deve arrolar até o máximo de seis testemunhas.

Da data da impugnação, começa a correr o prazo de sete dias para a contestação, que deve ser munida das provas desejadas, indicando o rol de testemunhas e requerimento para a produção de outras provas, inclusive se se encontrarem em poder de terceiros, salvo tramitação em segredo de justiça (art. 4º da LI).

Tratando-se de matéria de direito e se as provas requeridas forem irrelevantes, pode o juiz eleitoral decidir conforme o estado do processo, emitindo sua decisão de forma imediata.

Tem o juiz eleitoral o prazo de cinco dias para determinar a realização das diligências que julgar necessárias. Com o encerramento da dilação probatória, as partes e o Ministério Público podem apresentar alegação no prazo comum de cinco dias. Apresentadas as alegações finais, os autos são conclusos para a prolação imediata da sentença.

O recurso da sentença da ação de impugnação de mandato eletivo, em primeiro grau, é o recurso inominado, no prazo de três dias, havendo legitimidade para o mandatário que teve seu mandato cassado, o partido político ao qual ele pertencer e sua coligação, desfalecendo competência aos outros candidatos em razão da inexistência de sucumbência. Das decisões em sede de Tribunal Regional Estadual, o recurso cabível é o ordinário; das decisões do Tribunal Superior Eleitoral, o meio de impugnação adequado se configura no recurso extraordinário.

A jurisprudência do Tribunal Superior Eleitoral vem decidindo que os efeitos da AIME são imediatos[162], sem necessitar de seu trânsito

---

[162] TSE. Roteiro de Direito Eleitoral. Disponível em: www.tse.jus.br/arquivos/.

em julgado, em obediência ao art. 257, § 1º do Código Eleitoral. A *contrario sensu*, o § 2º do mesmo artigo determina que o recurso ordinário, quando provocar a perda de mandato, será recebido com efeito suspensivo. E, mesmo não sendo o caso de recurso ordinário, a jurisprudência vem concedendo efeito suspensivo ao recurso interposto por intermédio de medida cautelar, contrariando o § 1º do art. 257[163].

Entretanto, com relação à imposição da sanção de inelegibilidade, esse cenário sofreu alteração com o advento da LC n. 135/2010 que conferiu nova redação ao art. 15 da LC n. 64/90, que determina: "Transitada em julgado ou publicada a decisão proferida por órgão colegiado, que declarar a inelegibilidade do candidato, ser-lhe-á negado registro, ou cancelado, se já tiver sido feito, ou declarado nulo o diploma, já expedido". Ou seja, com relação à inelegibilidade, esta sanção apenas começa a produzir efeitos depois de decisão colegiada.

Diferem a ação de investigação judicial eleitoral (AIJE) e a ação de impugnação de mandato eletivo (AIME), não havendo entre elas litispendência, mesmo que tenham em comum os mesmos fatos e os mesmos agentes[164]. Elas possuem objetivos distintos, pois esta tem o objetivo

---

Acesso em: 3 fev. 2016. No mesmo sentido, "As decisões proferidas em sede de AIME têm efeito imediato..." (Ac. de 2-6-2011 no AgR-MS 60202, Rel. Min. Aldir Passarinho Junior).

[163] "AGRAVO REGIMENTAL. MEDIDA CAUTELAR. CONCESSÃO DE EFEITO SUSPENSIVO A RECURSO ESPECIAL. IMPOSSIBILIDADE. AÇÃO DE IMPUGNAÇÃO DE MANDATO ELETIVO. CAPTAÇÃO ILÍCITA DE SUFRÁGIO. EXECUÇÃO IMEDIATA. 1. Este Superior Eleitoral – para os processos atinentes ao pleito municipal – tem sido firme no entendimento de que são imediatos os efeitos das decisões proferidas pelos Regionais em sede de ação de impugnação de mandato eletivo; especialmente quando fundada no art. 41-A da Lei n. 9.504/97. Precedentes. 2. É de todo inconveniente a sucessividade de alterações na superior direção do Poder Executivo, pelo seu indiscutível efeito instabilizador na condução da máquina administrativa e no próprio quadro psicológico dos munícipes, tudo a acarretar descrédito para o Direito e a Justiça Eleitoral. 3. Não se aplica a norma do art. 224 do Código Eleitoral nos casos de ação de impugnação de mandato eletivo. Diplomação daquele que obteve o segundo lugar no pleito eleitoral. Precedentes" (TSE, AMC 2.241, de 20-11-2007, Rel. Min. Carlos Ayres Britto).

[164] "Não há litispendência entre ação de impugnação de mandato eletivo e investigação judicial eleitoral, uma vez que tais ações têm fundamentos próprios,

de cassação de mandato eletivo, em decorrência de abuso de poder econômico, corrupção ou fraude; enquanto aquela tem o objetivo de perda do registro ou do diploma, arrimada na existência de uso indevido, desvio, ou abuso do poder econômico ou do poder de autoridade, ou utilização indevida de veículos ou meios de comunicação social. Constatando-se a distinção entre a ação de impugnação de mandato eletivo e a ação de investigação judicial eleitoral, não há necessidade de se esperar o resultado da AIJE para a impetração da AIME. Podem muito bem as duas ações ser implementadas concomitantemente.

Mesmo com a redação do art. 96-B, que comina que serão reunidas para julgamento comum as ações eleitorais propostas por partes diversas sobre o mesmo fato, mantém-se o posicionamento delineado acima porque essas ações, ainda que relativas ao mesmo fato, possuem causas de pedir diversas. Para garantir a celeridade necessária, o que se pode fazer é utilizar as provas produzidas em um processo no outro, no que se denomina utilização de provas emprestadas.

Por último, é importante salientar que corre a impugnação a mandato eletivo em segredo de justiça, o que se configura exceção ao princípio da publicidade (art. 14, § 11, da CF/88). O objetivo foi preservar o mandatário de fatos que ainda não foram confirmados, garantindo a presunção de inocência. Todavia, esse segredo de justiça pode ser mais pernicioso ainda aos impugnados, dando azo aos mais variados comentários e convertendo-se em arma de manejo político.

Na tentativa de impedir que a AIME se transforme em instrumento eleitoral, o legislador sancionou seu autor quando ela for temerária ou de manifesta má-fé. Sendo ela destituída de razoabilidade jurídica, implementada apenas para chamuscar a honra alheia, deve ser imediatamente indeferida, condenando-se seu autor pela perfídia de seu ato[165].

---

bem como possuem objetivos diversos: enquanto a AIME visa à cassação do mandato eletivo, a AIJE busca a declaração de inelegibilidade dos investigados e/ou a cassação do registro do candidato beneficiado" (Respe n. 26.314/CE, Rel. Min. Caputo Bastos).

[165] "Ação de Impugnação de Mandato Eletivo. Improcedência. Litigância temerária e de má-fé reconhecida pelo acórdão. Circunstância em que se legitima a condenação do autor em perdas e danos, na forma prevista no art. 14, § 11, da Constituição, c/c art. 16 do CPC, apurado o valor da indenização por meio de

Por se tratar de uma ação constitucional, visando coibir os abusos decorrentes da deturpação do processo eleitoral e em exercício da defesa dos ideais democráticos, a ação de impugnação de mandato eleitoral, salvo no caso comprovado de litigância de má-fé, está livre de custas processuais e honorários advocatícios.

Por último, o deferimento da AIME, com a consequente desconstituição da diplomação do candidato, deve provocar uma nova eleição, sendo efeito da procedência da ação referida a anulação dos votos conferidos ao candidato cassado, uma vez indissolúvel o liame entre o mandato eletivo e o voto[166].

Cristalizou-se que a decisão da Justiça Eleitoral que importe no indeferimento do registro, na cassação do diploma ou na perda do mandato de candidato eleito em pleito majoritário acarreta, após o trânsito em julgado, a realização de novas eleições, independentemente do número de votos anulados. Esse novo pleito será realizado a expensas da Justiça Eleitoral. A única possibilidade de eleição indireta acontece quando a vacância do cargo ocorrer a menos de seis meses do final do mandato. No restante das hipóteses, ela será direta, independentemente da quantidade de votos anulados.

18.4.7. Ação de perda do cargo eletivo por desfiliação ou infidelidade partidária

O partido político prejudicado possui legitimidade ativa para ajuizar ação com objetivo de decretar a perda de mandato eletivo em decorrência de desfiliação sem justa causa (*caput* do art. 1º da Resolução n. 22.610/2007). A desfiliação pode ter sido para filiar-se a um novo partido político ou permanecer, provisoriamente, sem agremiação, não existindo diferenciação de motivo.

Ao longo dos anos, o TSE densificou entendimento sobre as hipóteses nas quais não cabe a propositura de ação de decretação de perda de mandato eletivo por infidelidade partidária, a saber: quando o man-

---

arbitramento, na forma prevista no art. 18, § 2º, do referido diploma legal. Recurso conhecido e provido" (TSE, Resp n. 12.708/BA. Rel. Min. Ilmar Nascimento Galvão).

[166] MS 3.649, Ac. de 18-12-2007, Rel. Min. Antonio Cezar Peluso, *DJe* 10-3-2008.

datário é expulso dos quadros da legenda[167]; quando não houver suplentes em condições de assumir o cargo deixado pelo parlamentar migrante[168]; e reintegração do detentor de cargo eletivo ao partido político[169].

A única possibilidade de o representante se desfiliar sem arcar com a perda de mandato é atestar a existência de justa causa. Como esse conceito se configura amplo e aberto, a Lei n. 13.165/2015, mediante a inclusão do art. 22-A na Lei n. 9.096/95, especificou os seguintes casos: a) mudança substancial ou desvio reiterado do programa partidário; b) grave discriminação política pessoal; c) mudança de partido efetuada durante o período de trinta dias que antecede o prazo de filiação exigido em lei para concorrer à eleição, seja majoritária ou proporcional, ao término do mandato vigente.

No texto da Resolução n. 22.610/2007 havia a possibilidade de justa causa quando houvesse a criação, fusão ou incorporação de partido político, possibilidade essa suprimida pela mencionada reforma legislativa. Diante desse fato, ajuizou-se uma ação declaratória de inconstitucionalidade, a ADI 5398, pretendendo-se a declaração de parcial inconstitucionalidade da norma referida, sem redução de texto, que com seu rol taxativo passa a proibir a desfiliação em razão da criação, fusão ou incorporação de um novo partido. Em liminar, O Ministro Luís Roberto Barroso asseverou a constitucionalidade da restrição, mas restabeleceu o prazo integral de 30 dias para que detentores de mandatos eletivos se filiem aos novos partidos registrados no Tribunal Superior Eleitoral, imediatamente, antes da entrada em vigor da Lei n. 13.165/2015. A liminar foi submetida a referendo do Plenário[170].

Ademais, é de bom alvitre salientar a chamada "janela de transferências" ou "janela da infidelidade", que traz a possibilidade de os de-

---

[167] "É incabível a propositura de ação de decretação de perda de mandato eletivo por ato de infidelidade partidária (Res.-TSE 22.610/2007 e Lei n. 9.096/95) na hipótese em que o mandatário é expulso dos quadros da legenda" (AgR-Respe n. 0600467-53, Rel. Min. Jorge Mussi, *DJe*, 27-8-2019).

[168] QO–Pet n. 518–59/DF, Rel. Min. Luciana Lóssio, *DJe*, 21-9-2016; Pet n. 757–34/RN, Rel. Min. João Otávio de Noronha, *DJe*, 23-9-2014 e AgR–AC 456–24/RS, Rel. Min. Henrique Neves, *DJe*, 21-8-2012.

[169] Ac. TSE, de 23-4-2009, no AgR-Pet n. 2778.

[170] Informação disponível em: http://www.stf.jus.br/. Acessado em: 24-2-2016.

tentores de mandatos eleitos poderem, de forma excepcional, modificar de agremiação, sem comprometer o fim do mandato que conquistaram na eleição anterior, permitindo-se a desfiliação nos trinta dias que antecedem o fim do prazo de filiação para as candidaturas. Trata-se de instituto aplicável apenas àqueles que estão no final do mandato eletivo. Outrossim, antes de se desfiliar, para evitar a perda do mandato, ou após sua realização, o representante pode pedir à Justiça Eleitoral a declaração da existência de justa causa, com a devida citação do partido político respectivo.

O prazo para que o partido político possa formular o pedido é de trinta dias da notificação da desfiliação. Se não o fizer nesse prazo, nos próximos trinta dias pode fazê-lo quem tenha interesse jurídico, como o suplente que possa ocupar a vaga, ou o Ministério Público Eleitoral (art. 1º, § 2º, da Resolução n. 22.610/2007, com redação dada pelo art. 2º da Res.-TSE n. 23.668/2021).

Ressalte-se, no ponto, que o segundo suplente do partido político titulariza interesse em promover ação para o reconhecimento de desfiliação partidária do primeiro suplente, mas igual situação não se reflete sobre o terceiro suplente. Outrossim, tem-se que o suplente da coligação – que não seja do partido do trânsfuga – não tem legitimidade para o ajuizamento de ação de perda de cargo eletivo por desfiliação partidária sem justa causa[171].

Conforme jurisprudência pacífica do TSE, a data a ser considerada como termo inicial do prazo para a propositura de ação de perda de cargo eletivo em decorrência de desfiliação partidária sem justa causa é a da primeira comunicação feita pelo detentor do mandato eletivo ao partido político[172]. Também entende o TSE que, no caso de ausência de comunicação da desfiliação ao partido diretamente pelo trânsfuga, o termo inicial para a contagem do prazo da ação é a data do cancelamento da filiação pela Justiça Eleitoral[173].

---

[171] Petição n. 56618, Acórdão, Rel. Min. Luciana Lóssio, *DJe*, Tomo 182, 21-9-2016, p. 32-33.

[172] TSE, AI: 06001934020186140000 Santarém-PA, Rel. Min. Alexandre de Moraes, j. 20-8-2020, *DJe*, Tomo 186, 17-9-2020, p. 0.

[173] "O substrato da exegese conferida por esta Corte Superior ao dispositivo é, portanto, a ciência do partido acerca da desfiliação. Justamente por isso, entende-se

Não se vislumbra óbice ao protocolo da demanda antes de iniciar o prazo, a teor do que prevê o art. 218, § 4º, do Código de Processo Civil e da compreensão de que a cessação do prazo decadencial disposto no art. 1º, § 2º, da Resolução TSE n. 22.610/20017 ocorre por meio de ato de natureza processual[174].

A competência para o processamento e julgamento da perda do cargo relativo a mandato federal, como de deputado federal, é do Tribunal Superior Eleitoral. Nos demais cargos, como vereador ou deputado estadual, a competência é do Tribunal Regional Eleitoral (art. 2º da Resolução n. 22.610/2007).

Na inicial do pedido para a decretação da perda do mandato, o partido político, Ministério Público Eleitoral ou eventual interessado deve juntar prova documental da desfiliação, podendo arrolar testemunhas, até o máximo de três, requerendo de forma justificada a produção de outras provas, inclusive a requisição de documentos em poder de terceiros ou de repartições públicas (art. 3º da Resolução n. 22.610/2007).

O mandatário que se desfiliou e o eventual partido em que esteja inscrito são citados para responder no prazo de cinco dias, contados do ato de citação (art. 4º da Resolução n. 22.610/2007). Do referido mandado, consta advertência expressa de que, em caso de revelia, os fatos afirmados na inicial se presumirão como verdadeiros (parágrafo único do referido artigo).

Acerca da possibilidade de concessão de tutela antecipada nas ações que observam o procedimento previsto na Resolução n. 22.610/2007, o TSE já se posicionou no sentido de ser inviável, especificamente no tocante às ações de perda de mandato. Ou seja, busca-se evitar o afastamento provisório do eleito, com a convocação do suplen-

---

que, no caso de ausência de comunicação da desfiliação ao partido diretamente pelo trânsfuga, configurando-se a hipótese do art. 22, V, da Lei n. 9.096/95, o termo inicial para contagem do prazo da ação é a data do cancelamento da filiação pela Justiça Eleitoral, pois constitui o momento em que a agremiação partidária toma conhecimento oficial da desfiliação do trânsfuga dos seus quadros, ressalvada a situação em que as circunstâncias do caso concreto evidenciarem a ciência em ocasião anterior" (AgIn n. 060057160, Acórdão, Rel. Min. Edson Fachin, *DJe*, Tomo 156, 6-8-2020).

[174] Petição n. 060048226, Acórdão, Rel. Min. Edson Fachin, *DJe*, Tomo 235, 17-12-2021.

te para ocupar o cargo sem que haja decisão definitiva de mérito[175]. Nesses casos, a reversibilidade, requisito ínsito para o deferimento das medidas processuais de urgência, não se mostra presente.

Diversa é a situação em que a ação é ajuizada pelo mandatário eleito, para ver reconhecida a justa causa para desfiliação. Nessa hipótese, conforme alinhavou o Ministro Luís Roberto Barroso, a concessão da tutela antecipada apenas permite que o eleito possa exercer o mandato, caso se desfilie durante o trâmite da ação, no que, ainda assim, a antecipação da tutela continuará a ser medida excepcional[176].

Na resposta, o representante requerido pode juntar prova documental, arrolar prova testemunhal, até o máximo de três, requerer outras provas de forma justificada, inclusive requisição de documentos em poder de terceiros ou de repartição pública (art. 5º da Resolução n. 22.610/2007).

Decorrido o prazo da resposta, o Tribunal ouve, em quarenta e oito horas, o Ministério Público Eleitoral, desde que não tenha sido requerente. Em seguida, não havendo necessidade de dilação probatória, há o julgamento do pedido (art. 6º da Resolução n. 22.610/2007).

Se na instrução probatória houver a necessidade de novas provas, o relator poderá deferi-las, designando o quinto dia útil subsequente para tomar depoimentos pessoais e inquirir testemunhas, trazidas pela parte que as arrolou (art. 7º da Resolução n. 22.610/2007).

Encerrada a instrução, o relator intimará as partes e o representante do Ministério Público Eleitoral para apresentarem alegações finais por escrito no prazo comum de 48 horas (parágrafo único do retro artigo). Incumbe às partes a comprovação de alegações extintivas, impeditivas e modificativas do pedido (art. 8º da Resolução n. 22.610/2007).

Estando perfeito o processo, o relator prepara o voto e pede sua inclusão na pauta da sessão seguinte, observando a antecedência mínima de 48 horas. Faculta-se sustentação oral por 15 minutos (art. 9º da Resolução n. 22.610/2007).

---

[175] MS n. 3.671, Rel. Min. Ayres Britto, j. 27-11-2007.

[176] Ação de Justificação de Desfiliação Partidária n. 0600766-63.2021.6.00.0000, Rel. Min. Alexandre de Moraes. Decisão proferida no plantão judiciário pelo Ministro Presidente, Luís Roberto Barroso.

Julgando procedente o pedido, o Tribunal Superior Eleitoral ou o Tribunal Regional Eleitoral decreta a perda do cargo, comunicando a decisão ao presidente do órgão legislativo competente para que emposse, conforme o caso, o suplente ou o vice no prazo de dez dias (art. 10 da Resolução n. 22.610/2007).

As decisões interlocutórias do relator são irrecorríveis, apenas podem ser revistas no julgamento final. Da decisão definitiva da ação de perda de mandato, cabe recurso ordinário contra decisão do Tribunal Regional Eleitoral. Contudo, sendo o processo de competência originária do Tribunal Superior Eleitoral, caberá tão somente recurso extraordinário, desde que atendidos os requisitos constitucionais para o referido recurso.

O rito de tramitação de perda de mandato deve ter preferência na Justiça Eleitoral, com prazo de encerramento previsto para sessenta dias. Infelizmente esse prazo é indicativo, inexistindo sanções para seu não cumprimento (art. 12 da Resolução n. 22.610/2007).

A perda do cargo não atinge todos os mandatários que se desfiliaram de seus partidos políticos. Em regra, abrange apenas os parlamentares, mas não atinge os senadores e os detentores de mandatos no Poder Executivo, não sendo aplicável aos candidatos eleitos pelo sistema majoritário em zelo à soberania popular. Afinal, o sistema majoritário permite a eleição daqueles que tiverem mais votos, possibilitando que o eleitor identifique claramente sua escolha, impondo a rejeição da tese de que o mandato é do partido.

A mesma *ratio* fora desenvolvida em 2015 pelo Plenário do Supremo Tribunal Federal em sede da ADI n. 5081, sob relatoria do Min. Luís Roberto Barroso. Após essa decisão da Suprema Corte, o TSE editou a Súmula 67, asseverando que a perda de cargo em razão da desfiliação partidária não se aplica aos mandatários de cargos majoritários[177]. Com isso, findou-se o entendimento do Tribunal Superior Eleitoral, evidenciado na resposta à consulta n. 1407 – formulado por Nilson Mourão (PT-AC), na época deputado federal – de que o titular do mandato majoritário poderia perder o seu cargo em virtude de prática de infidelidade partidária.

---

[177] Súmula 67 do TSE: "A perda do mandato em razão da desfiliação partidária não se aplica aos candidatos eleitos pelo sistema majoritário".

Por fim, ressalta-se que com a Emenda Constitucional n. 97/2017 se permitiu que se um candidato for eleito por um partido que não preencher os requisitos para obter o fundo partidário e o tempo de rádio e TV, é assegurado o mandato e facultada a filiação, sem perda do mandato, a outro partido que os tenha atingido, não sendo essa filiação considerada para fins de distribuição dos recursos do fundo partidário e de acesso gratuito ao tempo de rádio e de televisão, consoante dispõe o § 5º do art. 17 da CF/88.

18.4.8. Ação rescisória

É de sabença trivial que, em nosso ordenamento jurídico, os atos judiciais são combatidos por meio de dois caminhos: o primeiro deles é o recurso, cabível contra decisões judiciais definitivas e terminativas que ainda não adquiriram autoridade de coisa julgada (arts. 994 e s. do CPC); enquanto o segundo caminho são as ações autônomas impugnativas, dentre as quais se enquadra a ação rescisória.

De acordo com Humberto Theodoro Júnior, a ação rescisória é tecnicamente ação, com a finalidade de rescindir, romper, cindir a sentença como ato jurídico viciado[178]. José Edvaldo Albuquerque de Lima conceitua ação rescisória como autônoma impugnativa, cujo objetivo se configura em desconstituir uma sentença já com trânsito em julgado, e que não tenha ocorrido a decadência do prazo bienal, disposto em lei[179]. Já Barbosa Moreira acredita ser a rescisória a ação por meio da qual se pede a desconstituição de sentença transitada em julgado, com eventual rejulgamento, a seguir, da matéria nela julgada[180].

Chama-se, portanto, rescisória a ação de natureza desconstitutiva, ou constitutiva negativa, da decisão transitada em julgado, considerada como decisão de mérito, que visa à anulação da *res judicata*, e, em alguns casos, a promoção de novo julgamento a respeito do caso. Nesse sentido, a sentença meramente homologatória e a sentença terminativa não po-

---

[178] THEODORO JÚNIOR, Humberto. *Curso de direito processual civil*. Rio de Janeiro: Forense, 2000, v. 1, p. 573.

[179] LIMA, José Edvaldo Albuquerque de. *Ação rescisória nos tribunais*. Rio de Janeiro: América Jurídica, 2002, p. 3.

[180] MOREIRA, José Carlos Barbosa. *Comentários ao Código de Processo Civil*. 1. ed., v. V, n. 54, p. 95.

dem ser impugnadas pela via da ação rescisória, devendo ser atacadas tão somente pela via recursal. Conforme a sistemática processual civil, os casos que ensejam a propositura da Ação Rescisória encontram-se elencados nos incisos do *caput* e no § 2º do art. 966 do NCPC, cujo rol é taxativo[181]. Nas hostes eleitoralistas, apenas se pode impetrar a mencionada ação quando houver a declaração de uma causa de inelegibilidade.

Possui legitimidade ativa para impetrar ação rescisória o cidadão que teve sua inelegibilidade declarada, seu partido político ou a coligação pela qual fora eleito. O Ministério Público tem legitimidade para ajuizar a ação quando advier, da decisão que declarou a inelegibilidade, grave lesão ao ordenamento jurídico, ao interesse coletivo e ao regime democrático. Já a legitimidade passiva pertence a quem ajuizou a ação que colmatou o reconhecimento da inelegibilidade que se objetiva rescindir, bem como ao órgão que prolatou a decisão cujo pedido era a declaração de inelegibilidade[182].

Crível salientar que já era ponto pacífico na doutrina e jurisprudência que o cabimento de rescisória se estende às decisões monocráticas proferidas por desembargadores/ministros relatores e acórdãos proferidos pelos tribunais. Dirimindo qualquer dúvida, o legislador pátrio alterou a redação da capitulação que inaugura o cabimento de rescisória,

---

[181] "Art. 485. A sentença de mérito, transitada em julgado, pode ser rescindida quando: I – se verificar que foi dada por prevaricação, concussão ou corrupção do juiz; II – proferida por juiz impedido ou absolutamente incompetente; III – resultar de dolo da parte vencedora em detrimento da parte vencida, ou de colusão entre as partes, a fim de fraudar a lei; IV – ofender a coisa julgada; V – violar literal disposição de lei; VI – se fundar em prova, cuja falsidade tenha sido apurada em processo criminal ou seja provada na própria ação rescisória; VII – depois da sentença, o autor obtiver documento novo, cuja existência ignorava, ou de que não pôde fazer uso, capaz, por si só, de lhe assegurar pronunciamento favorável; VIII – houver fundamento para invalidar confissão, desistência ou transação, em que se baseou a sentença; IX – fundada em erro de fato, resultante de atos ou de documentos da causa."

[182] Caso a causa de inelegibilidade ou a condição de legibilidade tenha sido reconhecida de ofício pelo órgão jurisdicional por ocasião do requerimento do registro, não há como individualizar o polo passivo, haja vista que a decisão rescindenda provém da relação linear estabelecida entre o pretendente ao registro e o órgão jurisdicional. No mesmo sentido: ZÍLIO. Rodrigo López. *Direito Eleitoral*. São Paulo: Verbo Jurídico, 2008, p. 252.

retirando a expressão "sentença de mérito" e apondo "decisão de mérito", logo, restou consagrado o cabimento de ação rescisória contra as decisões que enfrentarem definitivamente o mérito. Portanto, no âmbito eleitoralista, a decisão do TSE pode ser colegiada ou monocrática[183].

Inicialmente, a jurisprudência e a maior parte da doutrina não admitiam a utilização da ação rescisória em sede de Direito Eleitoral, seja devido à ausência de presunção legal, seja em decorrência da segurança e da celeridade do processo eleitoral. Nesse sentido, até o início do ano de 1996, o posicionamento de nossa doutrina e jurisprudência era no sentido de que o efeito da coisa julgada era absoluto, inexistindo qualquer possibilidade de se ingressar com a ação rescisória no processo eleitoral, contrariando a sistemática encontrada em outros ramos do Direito[184].

A Lei Complementar n. 86/96, entretanto, acrescentou no Código Eleitoral a alínea *j* do inciso I do art. 22, atribuindo ao Tribunal Superior Eleitoral a competência para processar e julgar a ação rescisória, nos casos de inelegibilidade, desde que intentada dentro de cento e vinte dias de decisão irrecorrível de mérito, possibilitando-se o exercício do man-

---

[183] Constitui entendimento consagrado neste Tribunal apenas ser cabível Ação Rescisória de decisões proferidas no âmbito desta Corte e que tenham, efetivamente, analisado o mérito de questões atinentes à inelegibilidade. Precedente: AgR-AR 72-22/MG, Rel. Min. Luiz Fux, *DJe* 26-8-2016.

[184] "No processo eleitoral não se tem admitido a rescisória. (...) essa ação, em princípio, é incompatível com o processo eleitoral, onde deve prevalecer, além da celeridade dos julgamentos, a estabilidade de suas decisões. Não há, em nosso Código Eleitoral, nem em leis eleitorais esparsas, qualquer referência à rescisória de julgados na área eleitoral. No entanto, após a criação, pela Constituição de 1988, art. 14, §§ 10 e 11, da ação de impugnação de mandato eletivo, entendemos que, pelo menos nesses casos, caberá o remédio processual da rescisória. Em estudo sobre o tema, Pedro Henrique Távora Niess, que exerceu com brilhantismo as funções de procurador regional eleitoral junto ao TRE de São Paulo, enfatiza opinião sobre o não cabimento da rescisória no processo eleitoral. Lembra ele opinião de Torquato Jardim (*Ação Rescisória no Processo Eleitoral*, Ed. Del Rey, BH, 1997, p. 15), advogado e ex-Ministro do TSE, segundo a qual a rescisória é aparentemente incompatível com a celeridade que se deve imprimir ao processo eleitoral, citando a Resolução n. 11.742 do TSE, assim como os acórdãos ns. 6.409, 8.350 e 12.054 desse tribunal" (COSTA, Tito. *Ação rescisória no Direito Eleitoral. Paraná Eleitoral*, n. 30, out./98. Disponível em: http://www.paranaeleitoral.gov.br/artigo_impresso.php?cod_texto=57).

dato eletivo até o seu trânsito em julgado[185]. Atenção que o prazo de cento e vinte dias tem início da decisão que apreciou o mérito, não ser contado, por exemplo, dos embargos declaratórios impetrados[186].

Ela apenas se configura como remédio cabível nos casos de declaração de inelegibilidade, por sua vez, consubstanciados na LC n. 64/90 (Lei das Inelegibilidades). Não obstante, defende-se que ela é igualmente cabível no caso de sentença transitada em julgado devido à ausência de condição de elegibilidade, em razão de sua natureza constitucional e do fato de representar uma diminuição nas prerrogativas de cidadania do eleitor. Tanto as inelegibilidades quanto a ausência das condições de elegibilidade cerceiam a elegibilidade do cidadão. Se a ação rescisória é pertinente com relação às inelegibilidades, em que algumas ostentam *status* infraconstitucional, não há motivação para que ela também não seja pertinente para as condições de elegibilidade, que ostenta *status* constitucional.

Diante disso, tem-se que, além do gargalo trazido pela lei processual civil, inscrito nos arts. 966 e seguintes, que já restringe a possibilidade de rescisão da coisa julgada nos casos ali elencados, a propositura da ação junto à Justiça Eleitoral, ou melhor, perante o Tribunal Superior Eleitoral, deve estar fulcrada exclusivamente em casos de inelegibilidade ou na ausência das condições de elegibilidade[187].

A competência para julgar Ação Rescisória pertence ao Tribunal Superior Eleitoral, sem possibilidade de sua impetração perante outra instância judicial (art. 22, I, *j*, do CE c/c os arts. 102, I, *j*, e 105, I, *e*, da

---

[185] CÂNDIDO, Joel José. *Direito eleitoral brasileiro*. 12. ed. São Paulo: Edipro, 2006, p. 258.

[186] "(...) O prazo decadencial começa a fluir no dia seguinte ao trânsito em julgado da última decisão proferida nos autos, pouco importando se se trata de decisão de mérito ou não, na linha da jurisprudência do STJ (Resp n. 765.823/PR, Rel. Min. Herman Benjamin, 2ª T., j. 27-3-2007). Excepcionalmente, essa regra não se aplica quando há evidente erro grosseiro na interposição do recurso ou má-fé do recorrente em interpor recurso intempestivo simplesmente para reabrir o prazo para eventual manejo de ação rescisória (Resp n. 841.592/DF, Rel. Min. Luiz Fux, 1ª T., j. 7-5-2009). (Ação Rescisória n. 95571, Acórdão, Rel. Min. Gilmar Ferreira Mendes, *DJe*, 8-8-2016, p. 5).

[187] MOFATTO, Kauita Ribeiro. *Novidades em matéria de ação rescisória eleitoral*. Disponível em: http://www.uj.com.br/publicacoes/doutrinas/5902.

CF). Pondera-se que o Tribunal Superior Eleitoral firmou o entendimento de que compete a esse Tribunal, tão somente, processar e julgar originariamente a ação rescisória de seus próprios julgados, e não das decisões proferidas pelas Cortes Regionais ou, eventualmente, de sentenças de primeiro grau[188]. Nessa esteira, é admissível a propositura de ação rescisória contra decisão monocrática proferida por juiz do Tribunal Superior Eleitoral[189].

Realizando-se a *res judicata* na esfera monocrática ou concernente a decisões dos Tribunais Regionais Eleitorais, tem-se como impossível a impetração de ação rescisória. Com isso, não se pretende afirmar que as decisões de primeira e segunda instâncias tenham mais força normativa que as decisões do Tribunal Superior Eleitoral. Apenas deixou-se essa competência somente com o Tribunal Superior Eleitoral para que ele pudesse balizar os casos para garantir uma maior segurança jurídica.

Outrossim, importante ressaltar que a ação rescisória, no Direito Eleitoral, segue o enunciado contido na Súmula 514 do STF[190], no qual não se confere a ela o poder de combater as decisões que ainda não tenham transitado em julgado. Pontua-se, no entanto, que havendo o trânsito em julgado de parcela da decisão, caberá ação rescisória da matéria que tenha efetivamente feito coisa julgada, ainda que se processem recursos sobre a matéria não transitada[191].

---

[188] TSE, AR 106-SE. Rel. Min. Fernando Neves da Silva. No mesmo sentido: "AÇÃO RESCISÓRIA. SENTENÇA DE PRIMEIRO GRAU. INDEFERIMENTO DE REGISTRO DE CANDIDATURA. TRÂNSITO EM JULGADO. Não cabe ao TSE julgar ação rescisória de sentença de primeiro grau, mas apenas de seus julgados. A remessa dos autos ao Tribunal Regional não se justifica, pois esse órgão não é competente para o julgamento desse tipo de ação, ainda menos de sentença de primeiro grau. A Lei Complementar n. 86/96, ao introduzir a ação rescisória no âmbito da Justiça Eleitoral, incumbiu somente a esta Corte Superior o processo e julgamento" (TSE, AR 89/2001-MG, Rel. Min. Jacy Garcia Vieira).

[189] TSE, AR 124/2001-MG, Rel. Min. Fernando Neves da Silva.

[190] STF, Súmula 514: "Admite-se ação rescisória contra sentença transitada em julgado, ainda que contra ela não se tenham esgotado todos os recursos".

[191] "QUESTÃO DE ORDEM. AÇÃO RESCISÓRIA. PROPOSITURA DA AÇÃO SEM O TRÂNSITO EM JULGADO DA DECISÃO RESCINDENDA. INAPLICABILIDADE DA SÚMULA N. 514 DO STF. PROCESSO EXTINTO SEM JULGAMENTO DO MÉRITO. A Súmula 514 do STF não

O rito adotado para o procedimento da ação rescisória é o ordinário, obedecendo aos mandamentos específicos contidos na legislação processual cível. A ação deve ser proposta mediante petição inicial, com o devido preenchimento dos requisitos previstos nos arts. 319 do CPC e art. 968 do mesmo diploma legal e, em caso de indeferimento, caberá agravo. Da denegação do pleito requerido nas ações rescisórias cabe, dependendo da matéria impugnada, recurso extraordinário ao Supremo Tribunal Federal no prazo de três dias.

No tocante à tutela antecipada, o Tribunal Superior Eleitoral pacificou o entendimento pela inadmissibilidade da antecipação dos efeitos em sede de ação rescisória na seara eleitoral, salvo em situações teratológicas que causam dano grave e evidente, de impossível reparação, ou nos casos em que pode ser comprometido o processo eleitoral como um todo[192].

18.4.9. Tutelas provisórias no direito eleitoral

A tutela jurisdicional poderá ser segmentada em definitiva ou provisória. A primeira é alcançada, diante do juízo exauriente, após toda a fase cognitiva do processo; enquanto a segunda é concedida prematuramente, em sede de cognição sumária, ou seja, antes de encerrada todas as discussões acerca do objeto da ação. No que importa ao presente estudo, dar-se-á ênfase às tutelas provisórias (de urgência), sejam elas satisfativas (antecipatória) ou cautelares.

Aprofundando o tema, tem-se que a tutela de urgência de natureza satisfativa (antecipatória), difere da cautelar, que tem o fito de evitar a ineficácia do sistema processual. Para tanto, o ordenamento jurídico trouxe instrumento processual cuja finalidade é antecipar a satisfação

---

permite a propositura de ação rescisória de decisão que ainda não tenha transitado em julgado" (TSE, AR 152/2002-MS, Rel. Min. Fernando Neves da Silva).

[192] "AÇÃO RESCISÓRIA. QUESTÃO DE ORDEM. TUTELA ANTECIPADA. CONCESSÃO. IMPOSSIBILIDADE, RESSALVADOS CASOS EXCEPCIONAIS. Não é admissível a concessão de tutela antecipada em ação rescisória na Justiça Eleitoral, salvo em situações teratológicas que causam dano grave e evidente, de impossível reparação, ou nos casos em que pode ser comprometido o processo eleitoral como um todo" (TSE, AR 60/2000-PE, Rel. Min. Fernando Neves da Silva).

de um direito, diante de requisitos precisos de concessão: probabilidade do direito e o perigo de dano ou o risco ao resultado útil do processo. O objetivo da antecipação do mérito é, reflexamente, eliminar o risco ou perigo da demora natural do processo. Ressalta-se que sendo a tutela de urgência de caráter antecipatório, a tutela não será concedida quando houver perigo de irreversibilidade dos efeitos da decisão (§ 3º do art. 300 do CPC).

Já a tutela de urgência de natureza cautelar se constitui como um instrumento para a obtenção de medidas urgentes, necessárias ao bom desenvolvimento do processo, seja de conhecimento ou de execução, com o escopo de assegurar-lhe resultado útil[193]. Sua finalidade é proteger uma tutela judicial, antes da completa cognição meritória, para que o provimento judicial possa se mostrar eficiente, garantindo a integridade do bem jurídico. Elas asseguram a prestação jurisdicional das ações de conhecimento e execução, evitando que o direito pleiteado na ação não seja prejudicado. O referido instituto tem a finalidade de preservar o *status quo*, portanto, não tem o objetivo de discutir em plenitude o mérito da causa, mas apenas se o risco do prejuízo merece ou não ser evitado[194].

O ajuizamento do pedido cautelar, como espécie de tutela de urgência, assim como a manifestação do poder geral de tutela do órgão jurisdicional, tem como requisitos insofismáveis a presença, também, da probabilidade de direito, consubstanciado na plausibilidade do pleito invocado, e do *periculum in mora*, perigo de dano ou o risco ao resultado útil do processo, o qual se traduz na ineficácia da decisão se concedida somente no julgamento definitivo da ação[195]. Sendo assim,

---

[193] SADER, Christian de Santana. *Aplicabilidade de medidas cautelares no juízo arbitral*. Disponível em: http://www.direitonet.com.br/textos. Acesso em: 10 mar. 2016.

[194] "A decisão que examina pedido de concessão de liminar não comporta extensa apreciação do mérito da causa, necessária tão somente a aferição dos requisitos legais" (Agravo Regimental em Ação Cautelar 2.429, Ac. de 9-9-2008, Rel. Min. Eros Roberto Grau, *DJe* 6-10-2008, p. 16-17).

[195] Agravo Regimental em Ação Cautelar 91.072, Ac. de 27-5-2010, Rel. Min. Aldir Guimarães Passarinho Junior, *DJe* 5-8-2010, p. 81. "Para a concessão da tutela cautelar, o *fumus boni juris* e o *periculum in mora* têm de ser perceptíveis de plano" (Agravo Regimental em Ação Cautelar 2.681, Ac. de 16-9-2008, Rel. Min. Felix Fischer, *DJe* 8-10-2008, p. 17).

elas são deferidas em situações excepcionais e urgentes, de forma a acautelar o processo, cujo possível dano seria de difícil reparação[196].

No que se refere a tutela cautelar, José Roberto dos Santos Bedaque, metaforicamente, ensina que o juiz em face de pedido cautelar atua como verdadeiro artesão, colocando a matéria-prima e as ferramentas em modo mais favorável, impedindo que o tempo comprometa a qualidade do resultado da atividade. Sob tal funcionalismo, é cabível que o juiz impeça a mudança de uma situação, elimine alteração já realizada e antecipe uma transformação.

Assegura-se que, diversamente do que ocorre com os processos cognitivo e executivo, a tutela de natureza cautelar não satisfaz o direito substancial, de maneira sólida, tão somente garante que este seja realizado em momento futuro, tratando-se de uma forma de tutela jurisdicional mediata[197]. Nos dizeres da ilustre doutrina de Pontes de Miranda seria "segurança para execução", pretensão distinta da tutela satisfativa antecipatória, que visa, em verdade, à "execução para segurança"[198].

Assim, medidas cautelares têm fundamento no princípio da inafastabilidade da jurisdição consagrado no inciso XXXV do art. 5º da CF/88, o que conduz que a garantia de acesso à justiça não se resume à possibilidade do uso do processo de conhecimento. Tem-se que, como forma de eliminação efetiva do conflito, os mecanismos devem ser capazes de efetivar a tutela pretendida pelo autor do pedido. Nesse sentido, o magistrado deve estar plenamente consciente de que deve conciliar e ponderar o binômio da urgência/necessidade como requisito à validade da providência concedida.

Nesse diapasão, o cenário que faz premente e justifica a prestação da tutela cautelar se caracteriza pela necessidade de uma prestação jurisdicional efetiva em virtude de uma situação concreta que se encontra ameaçada pela ocorrência iminente de situações de cerceamento.

---

[196] Agravo Regimental em Ação Cautelar 3.324, Ac. de 1º-12-2009, Rel. Min. Enrique Ricardo Lewandowski, *DJe* 1º-2-2010, p. 420.

[197] CÂMARA, Alexandre Freitas. *Lições de direito processual civil*. 11. ed. Rio de Janeiro: Lúmen Juris, 2006, v. III, p. 4.

[198] PONTES DE MIRANDA, Francisco Cavalcanti. *Comentários ao Código de Processo Civil*. Rio de Janeiro: Forense, 1976, T. 12, p. 14.

Alexandre Freitas Câmara sintetiza que as características da tutela cautelar são a instrumentalidade hipotética, haja vista que a medida cautelar é utensílio de concretização do processo principal, afiançando-lhe sua eficácia prática mediante a antecipação de alguns de seus efeitos: a temporariedade, posto que a medida cautelar apresenta duração limitada; a revogabilidade, considerando-se que pode ser transformada e revogada a qualquer tempo; e a fungibilidade, podendo ser conferida medida cautelar diversa da requerida.

Na seara eleitoral é uma medida judicial que pode ser interposta por partido político, candidato, coligação ou Ministério Público, desde que esteja na iminência de sofrer prejuízo irremediável em uma de suas prerrogativas. São muitas as possibilidades de cautelares no Direito Eleitoral, como a imposição da cominação de não realizar determinada propaganda eleitoral ilícita. Uma das mais utilizadas são aquelas com a finalidade de obter eficácia suspensiva a recurso, a fim de impedir a execução de acórdão[199]. No entanto, insta salientar que a tutela de urgência não pode ser utilizada como recurso eleitoral[200].

Desta feita, uma vez consolidados os requisitos da probabilidade do direito e perigo de dano, que correspondem à existência da aparência de bom direito e ao fundado receio de que, enquanto se aguarda a tutela definitiva, venham a ocorrer fatos que inviabilizem o resultado útil do processo, mostra-se viável a possibilidade de requerimento, perante ente do Judiciário, da denominada tutela de urgência. Ademais, vale salientar que se deve ter cuidado apenas para que as medidas cautelares não se constituam em ferramenta procrastinatória, atrapalhando a celeridade, que é apanágio intrínseco e imprescindível do Direito Eleitoral.

Encontra-se, portanto, albergada no Código de Processo Civil (arts. 300 e s.) com algumas alterações. Na sistemática do CPC/73, o escopo basilar da cautelar constituía-se como um processo acessório, que servia de instrumento à obtenção de medidas urgentes, necessárias

---

[199] Agravo Regimental em Ação Cautelar 41.795, Ac. de 27-4-2010, Rel. Min. Arnaldo Versiani Leite Soares, *DJe* 25-5-2010, p. 62.

[200] Agravo Regimental em Ação Cautelar 3.285, Ac. de 22-9-2009, Rel. Min. Marcelo Henriques, *DJe* 189/2009, 5-10-2009, p. 49.

ao bom desenvolvimento de outro processo, seja de conhecimento ou de execução. Com o CPC, não há que se falar em processo materialmente acessório, haja vista que, inclusive quando antecedente, os pedidos cautelar e principal serão postos no mesmo processo, concedendo-se o prazo de 30 dias da efetivação da tutela cautelar à formulação do pedido principal, desmerecendo o pagamento de novas custas, conforme art. 308 do CPC.

Ademais, em face da ausência de disposição específica no Direito Processual Eleitoral, o Código de Processo Civil constitui-se como fonte subsidiária deste, uma vez que não há contradição nos procedimentos das medidas cautelares às finalidades da regulamentação dos pleitos eleitorais, razão pela qual essas normas são adotadas nesta seara. Nesse sentido, o CPC expressou explicitamente, em seu art. 15, que ele ostenta a função subsidiária e suplementar a legislação eleitoralista.

No tocante à extensão do momento processual, a tutela de urgência, pode ser concedida em caráter antecedente ou incidental. A tutela provisória será requerida incidentalmente nos autos ao juízo da causa e, quando antecedente, ao juízo competente para conhecer do pedido principal (art. 299 do CPC). Contudo, quando intentada antes do curso da ação principal (tutela *antecedente*), o autor indicará a lide e seu fundamento, a exposição sumária do direito que se objetiva assegurar e o perigo de dano ou o risco ao resultado útil do processo (art. 305 do CPC). Cabe salientar que, em sede de via incidental não cabe a defesa de teses ou fatos novos que não tenham sido objeto do recurso ou da ação ao qual se pretende a obtenção do efeito suspensivo[201].

O réu será citado para, no prazo de cinco dias, contestar o pedido e indicar as provas que pretende produzir. Não sendo contestado o pedido, os fatos alegados pelo autor presumir-se-ão aceitos pelo réu como ocorridos, caso em que o juiz decidirá dentro de cinco dias. Ademais, contestado o pedido no prazo legal, observar-se-á o procedimento comum (arts. 306 e 307 do CPC). Atente-se que devido à indisponibilidade do bem jurídico *sub judice* no Direito Eleitoral, a revelia não provoca a presunção de veracidade dos fatos. Podendo o magistrado, alicerçado em elementos factuais, decidir contrário a essa presunção.

---

[201] Agravo Regimental em Ação Cautelar 3.568, Ac. de 24-3-2011, Rel. Min. Marcelo Henriques, *DJe* 100, 27-5-2011, p. 26.

Uma vez efetivada a tutela, o pedido principal terá de ser formulado pelo autor no prazo de trinta dias, caso em que será apresentado nos mesmos autos em que deduzido o pedido de tutela cautelar, não dependendo do adiantamento de novas custas processuais (art. 308 do CPC).

Apresentado o pedido principal, as partes serão intimadas para a audiência de conciliação ou de mediação, por seus advogados ou pessoalmente, sem necessidade de nova citação do réu. Não havendo autocomposição, o prazo para contestação (§§ 3º e 4º do art. 308 do CPC). A possibilidade de conciliação ou composição nas hostes eleitoralistas revela-se bastante escassa.

Compete ao relator do feito decidir monocraticamente pedido de liminar em ação cautelar[202], assim como também compete ao mesmo negar seguimento à tutela de urgência manifestamente improcedente, em razão da ausência de *fumus boni iuris* ou do *periculum in mora*[203]. No entanto, demonstrados os *fumus boni iuris* e o *periculum in mora*, ao relator não é dada a discricionariedade de conceder ou não a cautelar, tecendo-se imperiosa a concessão.

A tutela de urgência poderá, a qualquer momento, ser revogada ou modificada pelo magistrado, conservando sua eficácia até que isso aconteça (art. 296 do CPC). Desse modo, é mister elencar as hipóteses de extinção datal tutela, quais sejam:

a) através do esgotamento do objeto pretendido com a sua propositura;

b) quando, proposta a ação cautelar preparatória, o requerente não intentar a ação principal no prazo de trinta dias, contados da data da efetivação da medida cautelar (art. 309, I, do CPC);

c) se a medida cautelar não for executada no prazo de trinta dias (art. 309, II, do CPC);

d) se o juiz declarar extinto o processo principal, com ou sem julgamento do mérito (art. 309, III, do CPC);

e) se houver desistência da ação cautelar (art. 485, VIII, do CPC).

---

[202] Questão de Ordem em Ação Cautelar 142.085, Ac. de 22-6-2010, Rel. Min. Marcelo Henriques, *DJe* 28-6-2010, p. 61-62.

[203] Agravo Regimental em Ação Cautelar 3290, Ac. de 15-9-2009, Rel. Min. Marcelo Henriques, *DJe* 189/2009, 5-10-2009, p. 49-50.

Se por qualquer motivo cessar a eficácia da tutela cautelar, é vedado a parte renovar o pedido, salvo sob novo fundamento. O seu indeferimento, por sua vez, não obsta a que a parte formule o pedido principal, nem influi no julgamento desse, salvo se o motivo do indeferimento for o reconhecimento de decadência ou de prescrição (parágrafo único do art. 309 e art. 310 do CPC).

Como é cediço, o art. 257 do CE, em seu *caput*, consagra a regra de que os recursos eleitorais não possuem efeito suspensivo, sendo recebidos tão somente no seu efeito devolutivo, excepcionando-se por várias hipóteses que provocam uma flexibilização forte nessa regra. No entanto, na vivência da regra, admite-se o recebimento do recurso no duplo efeito apenas excepcionalmente, desde que pleiteado mediante ação cautelar na qual fique evidenciada a presença de *fumus boni juris* e *periculum in mora*, além da exata tipificação da grave lesão de difícil reparação[204].

Os pretórios eleitorais admitem a utilização de medida cautelar para que agentes públicos permaneçam no exercício de seus mandatos, até decisão transitada em julgado, quando por qualquer motivo venham a perder seu cargo[205]. Os entraves entre as searas eleitoral e processual também imprimem a fungibilidade entre a reclamação no processo de registro dos candidatos e a ação cautelar, maximizando a celeridade do processo eleitoral[206].

---

[204] Ac. de 16-8-2012 no AgR-AC n. 41727, Rel. Min. Gilson Dipp.

[205] "Medida cautelar. Pedido liminar. Antecipação dos efeitos do provimento do recurso especial, para assegurar aos requerentes o regular exercício de seus mandatos. Indeferimento. Agravo regimental. Prevenção" (MC 1850/BH, Rel. Min. José Gerardo Grossi).
"RECURSO. ESPECIAL. NÃO ADMITIDO. INTERPOSIÇÃO DE AGRAVO. EFEITO SUSPENSIVO. ADMISSIBILIDADE. MANUTENÇÃO DOS TITULARES DO PODER EXECUTIVO EM SEUS CARGOS. SEGURANÇA JURÍDICA. MEDIDA CAUTELAR. LIMINAR DEFERIDA. PRECEDENTES. Concede-se, em caráter excepcional, efeito suspensivo a agravo de instrumento, para manter a segurança jurídica do Município, evitando-se sucessivas mudanças nos cargos da administração local" (TSE, MC 1834-PB, 23-5-2006, Rel. Min. Antonio Cezar Peluso).

[206] Ac. de 4-10-2012 no AgR-Rcl n. 87629, Rel. Min. Arnaldo Versiani.

Saliente-se que com a unificação dos requisitos ensejadores à tutela provisória de urgência no novo Código de Processo Civil, tem-se clara a fungibilidade entre a antecipação de tutela e o pedido cautelar. Tratou-se de mecanismo de densificação da instrumentalidade em detrimento do formalismo. Afinal, desde a vigência do CPC/73, importantes doutrinadores defendiam a fungibilidade entre as duas tutelas, o que alavancou a unificação das teorias das medidas de urgência que por ora vige[207], modificação que produz espectros em qualquer seara que utiliza o CPC, seja diretamente, de modo subsidiário ou suplementar.

18.4.10. Mandado de segurança, *Habeas data* e Mandado de injunção

O mandado de segurança é um dos remédios mais importantes de nosso ordenamento jurídico, tendo em vista tratar-se de uma verdadeira garantia fundamental, que se destina à proteção do direito líquido e certo[208] de pessoa física ou jurídica, ameaçado ou lesado por ato de autoridade pública ou de um particular que exerça função pública delegada (concessão, permissão ou autorização), com o escopo de retificar ato ou omissão ilegal, em decorrência do abuso de poder ou ilegalidade. Para Maria Sylvia Di Pietro, o mandado de segurança é a ação civil de rito sumaríssimo pela qual a pessoa pode provocar o controle jurisdicional quando sofrer lesão ou ameaça de lesão a direito líquido e certo, em decorrência de ato de autoridade, praticado com ilegalidade ou abuso de poder, não amparado por *habeas corpus* nem *habeas data*, em decorrência de ato de autoridade, praticado com ilegalidade ou abuso de poder[209].

Sob uma perspectiva mais completa, o mandado de segurança se apresenta como o remédio constitucional cabível para proteger direito

---

[207] DINAMARCO, Cândido Rangel. A *instrumentalidade do processo*. 10. ed. São Paulo: Malheiros, 2002, p. 91-92; ASSIS, Araken de. Fungibilidade das medidas inominadas cautelares e satisfativas. In: *Revista de Processo*. São Paulo, v. 100, out./dez., 2000, p. 36-37.

[208] "O mandado de segurança exige que o seu curso só seja permitido em situação de atentado ao direito líquido e certo do impetrante, demonstrado, de modo inequívoco, na petição inicial" (RMS 535/SP, Rel. Min. José Augusto Delgado).

[209] DI PIETRO, Maria Sylvia Zanella. *Direito administrativo*, 1999, p. 612.

líquido e certo ameaçado ou violado de interessado (pessoa física ou jurídica), por ato ou omissão ilegal ou inconstitucional, inclusive se praticado por autoridade ou agente público. O mandado de segurança surge da necessidade de se proteger o direito do indivíduo contra atos ilegais ou inconstitucionais do Poder Público. Requer dois pressupostos: a) a aplicação indevida da lei ou da Constituição ou sua não aplicação pela autoridade pública; b) a comprovação, de plano, do fato relacionado com o direito. Quem conta com um direito líquido e certo deve guardá-lo, juridicamente, contra toda e qualquer ameaça fundada, em virtude da garantia insculpida na Constituição Federal. Ao Judiciário compete restaurar a ordem, restabelecendo o direito violado, e evitar que se desorganize o Estado de Direito, garantindo os cidadãos contra aqueles que lhes querem violar as prerrogativas[210].

Trata-se, portanto, de uma ação constitucional civil, cujo objeto é a proteção de direito líquido e certo, lesado ou ameaçado de lesão, por ato ou omissão de autoridade pública ou agente de pessoa jurídica no exercício de atribuições do Poder Público[211]. Encontra previsão legal no art. 5º, LXIX, da Carta Política de 1988, sendo elevado ainda à condição de cláusula pétrea, insuscetível de ser abolido por Emenda Constitucional (art. 60, § 4º, IV, da CF). Ele é regulado segundo os ditames da Lei n. 12.016/2009, que constitui regramento para o referido remédio constitucional.

Destarte, não se destina a combater ilegalidades perpetradas por entidades privadas, sem que haja liame com o Estado. É o remédio típico contra abusos estatais, haja vista necessitar de uma ilegalidade ou abuso de poder cometido por uma autoridade. Por sua vez, sua abrangência é residual, ou seja, é passível contra qualquer ilegalidade ou abuso de poder praticado por agente público que não esteja amparado por *habeas corpus* ou *habeas data*.

O impetrante se apresenta na figura do titular do direito líquido e certo, que se encontra lesado ou ameaçado de lesão, em virtude de uma ilegalidade ou abuso de poder. Por outro lado, o impetrado é aquela autoridade coatora que praticou um ato investido de ilegalidade ou abuso de poder, contra o direito de outrem.

---

[210] *Dicionário jurídico.* 2. ed. São Paulo: Saraiva, 2005, v. 3, p. 219.

[211] MORAES, Alexandre. *Direito Constitucional*, 2002, p. 164.

O prazo para sua impetração é de cento e vinte dias contados da data em que o cidadão que teve seu direito líquido e certo cerceado tiver conhecimento oficial do ato a ser impugnado. Em virtude da inexistência de instrução probatória, as provas devem ser pré-constituídas para delinear o direito litigado, ou seja, deverão ser apresentadas junto com a impetração da exordial, uma vez que se trata de ação civil de rito sumário.

Na seara eleitoral, o mandado de segurança encontra amplo campo de atuação, sem apresentar limitação, em ano macroeleitoral ou microeleitoral, desde que haja a configuração de direito líquido e certo. Ele tem cabimento em qualquer fase do processo, seja preparatória, votação, apuração e diplomação. É cabível, portanto, somente contra ato judicial, desde que evidenciada situação teratológica, não se prestando o *mandamus* como sucedâneo recursal[212].

No tangente ao polo ativo eleitoral, os candidatos, os eleitores, bem como os representantes dos partidos serão sempre parte interessada para a impetração do *writ*, desde que seu direito líquido (nítido em sua existência) e certo (delimitado em sua extensão) esteja lesado ou ameaçado por autoridade pública ou agente de pessoa jurídica no exercício de atribuições públicas. Entretanto, os representantes dos órgãos partidários também poderão figurar no polo passivo (autoridade coatora) quando houver expulsão ou desfiliação partidária.

No polo passivo, segundo Durval Aires Filho, figuram, como impetrados na lide mandamental, os juízes eleitorais, os presidentes dos tribunais e os próprios tribunais, devido à posição centralizada de comando que assumem em todo processo regular de escolha democrática, tanto no plano administrativo como no jurisdicional, devendo, sempre, se separar atos provenientes da presidência e atos decorrentes do colegiado, sendo que os atos da presidência devem ser julgados pela própria corte[213]. Não se pode esquecer que também são passíveis de sofrer mandado de segurança o Tribunal Superior Eleitoral e os seus ministros.

Portanto, sujeito passivo é a autoridade que ameaçou ou praticou a lesão, seja de que categoria for e sejam quais forem as funções que

---

[212] TSE, RMS 526/2007-AM, Rel. Min. Caputo Bastos.
[213] AIRES FILHO, Durval. *Mandado de segurança em matéria eleitoral*. 1. ed. Brasília: Brasília Jurídica, 2002, p. 94.

exerça (art. 1º, *caput*, da Lei n. 12.016, de 7 de agosto de 2009). A lei anterior que regulamentava o mandado de segurança falava que autoridade coatora era o agente público que tivesse poder de decisão, aquele que tinha a prerrogativa de desfazer o ato que acarretou a lesão. Agora, não é mais apenas considerada autoridade coatora o agente público que tenha poder de decisão, mas qualquer agente público, sejam quais forem suas funções ou a categoria a que pertença. Assim, autoridade coatora pode ser aquela que tenha praticado o ato impugnado ou aquela da qual emane a ordem para a sua prática (art. 6º, § 3º, da Lei n. 12.016, de 7 de agosto de 2009).

Castro Nunes define precisamente o sentido de autoridade pública: "A Constituição, ao instituir o mandado de segurança, escrevi então, usa da palavra autoridade no sentido de funcionário público, alcançando até o Presidente da República, como chefe supremo na hierarquia administrativa"[214]. Assim, qualquer pessoa que exerça funções públicas, por meio de concessão, permissão ou autorização, é equiparada à figura do funcionário público. O particular pode ser agente passivo de mandado de segurança quando exercer função pública a ele delegada (concessão, permissão e autorização). Qualquer um que exerça uma função pública pode ser passível desta garantia, independente da qualidade que exerça esse *munus* público. Por esta razão, cabe contra atos de empresas públicas ou sociedade de economia mista, que não obstante serem regidas pelo Direito Privado, foram criadas por lei específica para atender uma função pública.

A nova lei do mandado de segurança visou acabar com eventuais dúvidas em se determinar os sujeitos que se consideram autoridade pública para fins de especificação, determinando que se equiparem às autoridades, para os efeitos desta Lei, os representantes ou órgãos de partidos políticos e os administradores de entidades autárquicas, bem como os dirigentes de pessoas jurídicas ou as pessoas naturais no exercício de atribuições do poder público, somente no que disser respeito a essas atribuições (art. 1º, § 1º, da Lei n. 12.016, de 7 de agosto de 2009).

Foi importante a afirmação expressa de que os representantes e os órgãos de partidos políticos são considerados autoridades públicas, ape-

---

[214] NUNES, Castro. *Do mandado de segurança*. 8. ed. Rio de Janeiro: Forense, 1980, p. 72.

sar de serem entidades de direito privado. O que já vinha sendo entendido pela jurisprudência de forma majoritária. Ressalva pertinente é que os administradores de entidades autárquicas, bem como os dirigentes de pessoas jurídicas no exercício de atribuições do poder público, apenas têm seus atos passíveis de mandado de segurança quando tiverem exercendo prerrogativas públicas. Os atos de cunho eminentemente privados, fora das emanações públicas, não podem ser impugnados por *mandamus*.

Desse modo, compete ao juiz eleitoral (CE, art. 35, III), ao Tribunal Regional Eleitoral (CE, art. 29, I, e) e ao Tribunal Superior Eleitoral (CE, art. 22, I, e), dentro de suas respectivas esferas de competência, a apreciação do writ analisado. As Juntas Eleitorais, apesar de serem órgãos típicos do Poder Judiciário, gozando de todas as prerrogativas específicas, não podem apreciar o mandado de segurança porque sua competência se restringe apenas à fase de apuração do processo eleitoral, incidindo somente nos atos inerentes ao processo de escrutínio.

No que tange à competência originária do Tribunal Superior Eleitoral para processar e julgar o mandado de segurança, em matéria eleitoral, relativos a atos do Presidente da República, dos Ministros de Estado e dos Tribunais Regionais (Código Eleitoral, art. 22, I, *e*), restou suspensa a execução parcial desse comando legal, por inconstitucionalidade, nos termos da decisão definitiva proferida pelo Supremo Tribunal Federal, em sessão plenária realizada em 31 de agosto de 1983, no julgamento do MS 20.409[215], posteriormente corroborada pela Resolu-

---

[215] "MANDADO DE SEGURANÇA. COMPETÊNCIA. COMPETÊNCIA ORIGINÁRIA DO SUPREMO TRIBUNAL PARA PROCESSAR E JULGAR MANDADO DE SEGURANÇA CONTRA ATOS DO PRESIDENTE DA REPÚBLICA. INTELIGÊNCIA DO ART. 119, I, DA CONSTITUIÇÃO DA REPÚBLICA. O art. 137 da Carta Política, ao dispor que cabe à lei estabelecer a competência dos órgãos da Justiça Eleitoral, pressupõe que não haja invasão da competência privativa maior, atribuída ao Supremo Tribunal Federal pelo art. 119, I, *j*, do mencionado diploma. Inconstitucionalidade da locução 'ou mandado de segurança', constante da letra *e*, do inc. I do art. 22 do Código Eleitoral, que confere competência ao Tribunal Superior Eleitoral para processar e julgar originariamente mandado de segurança contra ato do Presidente da República. Mandado de segurança que se julga prejudicado" (STF, MS 20490-DF, Rel. Min. Djaci Falcão).

ção n. 132, de 1984, do Senado Federal[216]. Isto porque a Suprema Corte entendeu ser de sua competência originária o processamento e julgamento de mandado de segurança contra atos do Presidente da República, à luz do que dispõe o art. 119, I, *i*, da CF. Entretanto, ressalte-se que restou mantida a competência do Tribunal Superior Eleitoral para as demais impetrações previstas no art. 22, I, *e*, do Código Eleitoral, quais sejam, concernentes a atos, em matéria eleitoral dos Ministros de Estado[217].

---

[216] SENADO FEDERAL. Resolução n. 132, de 1984: "Artigo único. Suspende, por inconstitucionalidade, nos termos da decisão definitiva proferida pelo Supremo Tribunal Federal, em sessão plenária realizada em 31 de agosto de 1983, a execução da locução 'ou mandado de segurança', constante da letra *e* do inciso I do art. 22 do Código Eleitoral, instituído pela Lei n. 4.737, de 15 de julho de 1965".

[217] "ELEITORAL. PLEBISCITO CONVOCADO COM VISTAS À EMANCIPAÇÃO CONJUNTA DOS DISTRITOS DE ARMAÇÃO DE BÚZIOS E TAMOIOS, DO MUNICÍPIO DE CABO FRIO. CONSULTA RESPONDIDA AFIRMATIVAMENTE EM AMBOS OS DISTRITOS. AUSÊNCIA, TODAVIA, DE *QUORUM* DE COMPARECIMENTO NO SEGUNDO. RESULTADO CONSIDERADO ENGLOBADAMENTE PELO TRIBUNAL REGIONAL ELEITORAL, PARA FIM DE HOMOLOGAÇÃO. ACÓRDÃO DO TRIBUNAL SUPERIOR ELEITORAL QUE, DECIDINDO MANDADO DE SEGURANÇA IMPETRADO PELO MUNICÍPIO-MÃE, CONCLUIU EM SENTIDO CONTRÁRIO. ALEGADA INCOMPETÊNCIA DA REFERIDA CORTE PARA JULGAMENTO DE MANDADO DE SEGURANÇA CONTRA AS CORTES ELEITORAIS REGIONAIS, FACE À RESOLUÇÃO N. 132/84, DO SENADO FEDERAL, SUSPENSIVA DA EXECUÇÃO DA EXPRESSÃO "OU MANDADO DE SEGURANÇA", QUE SE CONTINHA NO ART. 22, I, *E*, DO CÓDIGO ELEITORAL. ALEGADA OFENSA À NORMA DO ART. 52, X, DA CF, BEM COMO AOS PRINCÍPIOS DA INDEPENDÊNCIA DOS PODERES E DA COISA JULGADA. IRROGADA INCOMPATIBILIDADE DO ART. 3º, § 4º, DA LEI COMPLEMENTAR ESTADUAL N. 59/90 COM O ART. 14 E INCISO I DA CF/88. Competência reconhecida ao TSE, para o feito, decorrente da interpretação acertadamente atribuída à Resolução n. 132/84, do Senado Federal, para restringir o seu alcance à verdadeira dimensão da declaração de inconstitucionalidade do STF, no MS 20.409, que lhe deu causa, vale dizer, à hipótese de mandado de segurança contra ato, de natureza eleitoral, do Presidente da República, **mantida a competência do TSE para as demais impetrações previstas no art. 22, I, *e*, do Código Eleitoral.** Norma concebida com o propósito de dar maior

A Corte Superior Eleitoral tem se mostrado cambiante, no que diz respeito à competência do Tribunal Superior Eleitoral para julgar mandado de segurança impetrado em face dos atos emanados pelos Tribunais Regionais Eleitorais, havendo precedente recente, em divergência com posição anteriormente adotada[218], assinalando a incompetência do TSE para tal feito[219]. É *mister* destacar que o reconhecimento

---

eficácia e celeridade ao controle jurisdicional da atividade-fim, de cunho administrativo-eleitoral, das Cortes regionais, havendo subsistido, como lei especial, à lei geral do superveniente art. 21, VI, da LOMAN, considerada esta, no ponto, não como de caráter complementar, mas como norma ordinária, como preconizado no art. 137 da EC n. 69. Competência das Cortes eleitorais regionais tão somente para os mandados de segurança contra atos inerentes à sua atividade-meio" (STF, RE 163.727-7/RJ, Rel. Min. Ilmar Galvão, não conhecido pela Suprema Corte em 7-4-1994, *DJ* 20-4-2001, p. 137).

[218] "É competente o TSE para o processamento e julgamento do mandado de segurança no caso, a teor do art. 22, I, *e*, do Código Eleitoral, recepcionado pela Constituição Federal de 1988 (STF: RE 163.727-7/RJ, Rel. Min. Ilmar Galvão, *DJ* 20-4-2001; TSE: MS 3.413, Rel. Min. Marco Aurélio, *DJ* 19-6-2006)" (TSE, MS 3617-SP, Rel. Min. Ari Pargendler). No mesmo sentido: "O TSE é competente para processar e julgar, originariamente, mandados de segurança contra ato dos regionais, em matéria eleitoral. Como tal se entende aquela que se inclua em sua atividade-fim" (TSE, MS 2483/99-RS, Rel. Min. Eduardo Andrade Ribeiro de Oliveira).

[219] "Agravo regimental. Mandado de segurança. Ato de juiz de Tribunal Regional Eleitoral. Incompetência do Tribunal Superior Eleitoral. Desprovimento. 1. Consoante o art. 22, VI, da LC n. 35/78 e a jurisprudência do Tribunal Superior Eleitoral, não compete a esta Corte processar e julgar, originariamente, mandado de segurança impetrado contra ato de membro de Tribunal Regional Eleitoral. 2. Agravo regimental a que se nega provimento, prejudicado o pedido de reconsideração." (Ac. de 25-3-2014 no AgR-MS n. 85094, Rel. Min. João Otávio de Noronha.)

"(...) 1. Não compete ao Tribunal Superior Eleitoral processar e julgar mandado de segurança para dar efeito suspensivo a embargos de declaração opostos perante Tribunal Regional, ainda pendentes de julgamento. Precedentes. 2. Não cabe ao e. TSE julgar, originariamente, mandado de segurança interposto contra ato de Tribunal Regional (Súmulas 624 do STF e 41 do STJ). 3. As decisões proferidas em sede de AIME têm efeito imediato, razão pela qual não há teratologia no acórdão regional de modo a se contornar o impedimento de intervenção do TSE em processo *sub judice* na 2ª instância. 4. Agravo regimental não provido" (Ac. de 2-6-2011 no AgR-MS n. 60202, Rel. Min. Aldir Passarinho Junior).

da incompetência do TSE tem sido a tese mais frequente no que tange à apreciação de recurso contra decisão judicial de Tribunal Regional acerca de matéria administrativa não eleitoral[220].

Ademais, prevalece no Direito Eleitoral o conteúdo da Súmula 267 do Supremo Tribunal Federal, que assevera que não cabe mandado de segurança contra ato judicial passível de recurso ou correição[221]. Todavia, a própria jurisprudência tem cuidado de atenuar esse impedimento, assegurando sua impetração para garantir efeito suspensivo que o recurso normalmente não ostenta, exigindo-se, contudo, a demonstração cabal de *fumus boni juris* e de dano irreparável ou de difícil reparação[222].

Por apresentarem várias analogias com o mandado de segurança e por suas finalidades serem compatíveis com a seara eleitoral, permite-se a utilização de *habeas data* e mandado de injunção. O surgimento desses dois institutos no Direito Eleitoral se deu com a Constituição de 1988, que passou a agasalhá-los.

O *habeas data*, conforme mandamento constitucional, é o remédio que tem por objeto proteger a esfera íntima dos indivíduos contra usos abusivos de registros de dados pessoais coletados por meios frau-

---

[220] "(...). 1. Contra ato administrativo de TRE cabe mandado de segurança dirigido ao próprio Tribunal cujo ato administrativo se impugna. Interpretação sistemática da Constituição Federal (arts. 102, I, *d* e 105, I, *a*). A esse respeito, o STJ e o STF editaram o enunciado das Súmulas 41 e 624. 2. '(...) O tema deve ser jurisdicionalizado por meio de mandado de segurança a ser impetrado perante o TRE/PA, sendo da competência do TSE analisar a matéria, se for o caso, apenas em sede recursal.' 3. Mandado de segurança não conhecido. Remessa dos autos ao TRE/PA para apreciação e julgamento." (Ac. de 3-4-2008 no MS n. 3.601, Rel. Min. José Delgado.)

[221] "A doutrina e a jurisprudência estão acordes no entendimento de que 'não cabe mandado de segurança contra ato judicial passível de recurso ou correição'" (RMS 529/SE, Rel. Min. José Augusto Delgado).

[222] "O mandado de segurança contra ato judicial somente é admitido em hipótese excepcional, em que esteja evidenciada situação teratológica e possibilidade de dano irreparável ou de difícil reparação" (Respe n. 28.343/SE, Rel. Min. Caputo Bastos).

"Admissível contra decisão judicial, ainda que atacada por recurso, quando evidente que não será esse apto a impedir a consumação do ato impugnado, sendo inviável reparação do dano daí resultante" (MS 2683/DF, Rel. Min. Eduardo Andrade Ribeiro de Oliveira).

dulentos, desleais e ilícitos, introdução nesses registros de dados sensíveis (origem racial, opinião política etc.) e conservação de dados falsos ou com fins diversos dos autorizados em lei (art. 5º, LXXII, da CF).

Para José da Silva Pacheco, o *habeas data* visa à obtenção de informações, constantes de registros ou banco de dados de entidades governamentais ou de caráter público, assim como a retificação desses dados, se conhecidos, caso não se prefira processo sigiloso, judicial ou administrativo[223]. Portanto, um *habeas data*, que tem como objetivo imediato a defesa da liberdade de informação, pode passar a ter como objetivo mediato a retificação dessas mesmas informações. A retificação atinge somente aqueles dados considerados inexatos, seja realizando correção, seja atualizando seu conteúdo, seja suprimindo o dado inverídico ou que verse sobre objeto sensível, como a preferência sexual.

René Ariel Dotti pontua que o *habeas data* é um remédio constitucional para a proteção de alguns direitos da personalidade declarados invioláveis, como a intimidade, a vida privada, a honra e a imagem, e de outros que o regime e os princípios adotados pela Constituição não excluem, como o nome, os escritos pessoais e o direito de autor. Esses bens jurídicos podem ser referidos a fatos do tempo presente ou pretérito. Daí por que, por meio do mesmo remédio, é possível combater as agressões aos direitos da personalidade praticadas por meio de qualquer meio ou instrumento que se remeta ao passado, como a publicação de fotografia, a divulgação de um documento ou a exploração de um fato comprometedor da honra e da boa fama[224].

No tocante à sua natureza jurídica, Hely Lopes Meirelles assevera que o *habeas data* é uma ação constitucional, de caráter civil, conteúdo e rito sumário, que tem por objeto a proteção do direito líquido e certo do impetrante em conhecer todas as informações e os registros relativos à sua pessoa e constantes de repartições públicas ou particulares acessíveis ao público, para eventual retificação de seus dados pessoais. Nesse

---

[223] PACHECO, José da Silva. *O mandado de segurança e outras sanções constitucionais típicas*. 4. ed. São Paulo: Revista dos Tribunais, 2002, p. 359.

[224] DOTTI, René Ariel. *O direito ao esquecimento e a proteção do habeas data*. *Habeas Data*, coordenação Tereza Arruda Alvim Wambier. São Paulo: Revista dos Tribunais, 1998, p. 305.

sentido, trata-se de uma ação que deverá desenvolver-se em duas fases, a menos que o impetrante já conheça o teor dos registros a serem retificados ou complementados, quando, e então, pedirá à Justiça que os retifique, mediante as provas que exibir ou vier a produzir[225].

Frise-se, o *habeas data* nada mais é que um remédio constitucional, que tem por finalidade proteger a esfera íntima dos indivíduos, possibilitando-lhes a obtenção e a retificação de dados e informações constantes de entidades governamentais ou de caráter público, com o escopo de assegurar o direito de acesso e conhecimento de informações relativas à pessoa do impetrante e o direito à retificação desses dados. Ele pode ser utilizado para a obtenção de informação constante no processamento de dados, quanto ao cadastro de eleitores ou qualquer outro dado de posse da Justiça Eleitoral, a não ser que seja imprescindível à segurança do Estado e da sociedade[226].

A título de exemplo, cabe mencionar o *habeas data* quanto manejado pelo impetrante que pretenda obter certidão do Tribunal Regional, no tocante ao número total de votos a ele atribuído, computados em determinado pleito. Pondera-se que não só importa ao impetrante assentar o remédio constitucional na obtenção de informações que estejam em poder de terceiro e que possam ser de conhecimento público, como deve ser demonstrado o efetivo interesse de agir para impetração do *writ*[227]. Registra-se, por oportuno, que o *habeas data* não se dirigirá a prestar informações de terceiros, devendo centrar seu objeto apenas nos dados relativos à parte impetrante[228].

No tocante ao mandado de injunção, constitui-se um remédio posto à disposição do titular de qualquer direito, liberdade ou prerrogativa constitucional tornado inviável por falta de norma regulamentado-

---

[225] MEIRELLES, Hely Lopes. *Mandado de segurança*. 27. ed. São Paulo: Malheiros, 2004.

[226] "Cabível, portanto, o recurso ordinário para o TSE quando o Tribunal *a quo* julgar caso de inelegibilidade ou expedição de diploma nas eleições estaduais ou federais; quando anular diploma ou decretar perda de mandato eletivo estadual ou federal; quando denegar *habeas corpus*, mandado de segurança, *habeas data* ou mandado de injunção" (RO 790/RC, Rel. Min. José Augusto Delgado).

[227] TSE, HD 18189020146000000 São Paulo / SP 328202014, Rel. Min. Luiz Fux, *DJe* 19-11-2014.

[228] HR n. 1/SP, Rel. Min Roberto Ferreira Rosas, *DJ* 5-6-1990.

ra exigida (art. 5º, LXXI, da CF). Ele tem por finalidade conferir imediata aplicabilidade à norma constitucional portadora desses direitos e prerrogativas, inertes em virtude de ausência de regulamentação.

Marcelo Duarte o define como sendo uma medida processual especial, ação constitucional que suscita o controle sobre atuação omissiva de órgãos de quaisquer Poderes, inclusive do próprio Judiciário, assegurando eficácia a direito público subjetivo emanado da Constituição, desde que a "falta de norma regulamentadora", conforme se encontra no texto constitucional, "torne inviável o exercício dos direitos e liberdades constitucionais e das prerrogativas inerentes à nacionalidade, à soberania e à cidadania"[229].

Em outras palavras, o mandado de injunção é o remédio constitucional cabível contra a ausência de eficácia dos postulados constitucionais, normas de eficácia limitada, isto é, contra preceitos constitucionais que ainda não têm eficácia positiva, capacidade para produzir efeitos, porque não foram complementados pelo Poder Legislativo ou pelo órgão administrativo competente[230].

Difere da ação de inconstitucionalidade por omissão (CF, art. 103, § 2º), principalmente no que tange à competência para apreciação do feito (na ADIn por omissão, a competência é exclusivamente do STF; enquanto no MI, a competência irá depender de qual for a autoridade ou o órgão encarregado de legislar acerca do caso concreto); à legitimidade ativa (a ADIn por omissão só pode ser proposta pelos entes arrolados no art. 103 da CF; o MI pode ser impetrado por qualquer cidadão que se sinta impedido de exercer um direito constitucionalmente albergado pela ausência de norma regulamentadora que viabilize o exercício desse direito)[231]; e aos efeitos da sentença (na ADIn por omissão, os efeitos são *erga omnes*; e no MI, os efeitos são *inter partes*).

Os dois principais requisitos para a efetivação do mandado de injunção são a falta de norma regulamentadora de direito fundamental e que esta ausência possa causar danos aos cidadãos. Se o direito não se

---

[229] DUARTE, Marcelo. Mandado de Injunção. *Revista de Informação Legislativa*, n. 110, 1991, p. 131.

[230] AGRA, Walber de Moura. *Curso de direito constitucional*. 1. ed. Rio de Janeiro: Forense, 2006, p. 174.

[231] BASTOS, Celso Ribeiro. *Curso de direito constitucional*. 19. ed. São Paulo: Saraiva, 1998, p. 245.

realizar por outros motivos, como a impossibilidade de sua concretização, descabe falar em mandado de injunção, podendo outros remédios judiciais ser utilizados.

Outro requisito para a concretização desse instituto é a necessidade de que haja mora por parte do órgão legislativo, que deve ser reconhecida em cada caso particular, a partir da promulgação da norma constitucional invocada. Existirá lesão se for superado o prazo razoável para a edição do ato legislativo, necessário à concretude normativa da Lei Fundamental.

A norma passível de regulamentação tem de ter caráter genérico, abstrato e impessoal; caso contrário, o meio cabível de proteção será o mandado de segurança. Esclarece Carlos Augusto Alcântara Machado: "Exige-se que a norma reclamada tenha caráter de norma geral (Kelsen) e que encontre seu fundamento de validade material direta ou indireta na Constituição Federal, mas sempre com caráter de abstração e generalidade".

A ausência de regulamentação pode ser total ou parcial. Será necessária uma regulamentação total quando o instituto jurídico não tiver nenhuma eficácia e será parcial quando o instituto apresentar alguma eficácia, mas a complementação aumentará o seu grau de produção de efeitos. Na impetração do mandado de injunção deve ser deixada clara a individualização da lesão ocorrida pela falta de regulamentação.

Por derradeiro, em ocorrendo qualquer lesão quanto a direito fundamental do cidadão, em virtude da ausência de regulamentação de legislação eleitoral, torna-se plenamente cabível a possibilidade de se impetrar mandado de injunção para ver suprida essa omissão. Mormente porque o Supremo Tribunal Federal passou a entender que essa garantia também possui eficácia mandamental e não apenas declaratória quando o Texto Constitucional deixar clara a obrigatoriedade imediata de seu conteúdo. Na seara eleitoral, o remédio constitucional fora manejado com o intuito de ver regulamentado o "voto em trânsito", contudo, os contornos constitucionais de cabimento do *writ* são precisos, de modo que a Corte não reconheceu a omissão quanto à regulamentação desta disposição constitucional, ao passo que a norma citada não previa a necessidade de sua regulamentação[232].

---

[232] Mandado de Injunção n. 4, Acórdão, Rel. Min. Marcelo Henriques Ribeiro Oliveira, *DJ*, Volume 1, 4-10-2006, p. 157.

18.4.11. *Habeas corpus*

O *habeas corpus* é um remédio constitucional que se propõe a garantir o direito de ir e vir do cidadão, sempre que o mesmo sofrer ou se achar ameaçado de sofrer violência ou coação que impeça essa liberdade de locomoção, desde que essa restrição se dê em função de ilegalidade ou abuso de poder perpetrados por determinada autoridade. Ele é uma garantia individual ao direito de locomoção, consubstanciada em uma ordem dada pelo juiz ou tribunal ao coator, fazendo cessar a ameaça ou coação à liberdade de locomoção em sentido amplo – o direito do indivíduo de ir, vir e ficar.

O *habeas corpus* é uma ação constitucional de caráter penal e de procedimento especial, isenta de custas e que visa evitar ou cessar violência ou ameaça na liberdade de locomoção, por ilegalidade ou abuso de poder. Não se trata, portanto, de uma espécie de recurso, apesar de regulamentado no capítulo a eles destinados no Código de Processo Penal (arts. 647 e s.). Logo, esse remédio constitucional pode ser classificado como uma garantia de caráter formal, podendo ser impetrado diante da prática de comportamentos arbitrários por parte do ente governamental ou do particular, de forma comissiva ou omissiva.

A Carta Política de 1988 o eleva ao status de garantia fundamental, assim como o fez com todos os outros remédios constitucionais, outrora analisados. Para tanto, encontra-se previsto no art. 5º, LXVII. Ele diferencia-se do mandado de segurança, uma vez que o primeiro assegura a liberdade de locomoção do indivíduo que já se encontra preso ou está na iminência de sê-lo, enquanto o segundo visa reparar direito líquido e certo que não se encontre amparado pelo *habeas corpus* ou *habeas data*.

O indivíduo que requer *habeas corpus* é denominado impetrante, assim como aquele que está sofrendo a violência ou coação ilegal em sua liberdade de locomoção é chamado de paciente. O agente da coação ilegal ou violência é denominado coator ou autoridade coatora. Quanto à legitimidade para sua propositura, qualquer indivíduo pode impetrá-lo, inclusive o próprio paciente e o Ministério Público, porquanto não se exige a figura do *jus postulandi* para sua postulação em juízo[233]. Qual-

---

[233] "Qualquer cidadão, independentemente da profissão, poderá requerê-lo em nome próprio. O motivo de se possibilitar a livre impetração do mencionado

quer cidadão, independentemente da profissão, poderá requerê-lo em nome próprio. O motivo de se possibilitar a livre impetração do mencionado remédio heroico está no objeto que ele busca tutelar, a liberdade, e, como consequência, reforçar o princípio da legalidade.

Quanto à forma, o *habeas corpus* pode ser: liberatório ou repressivo, quando já estiver a existir, de fato, a violência ou coação ilegal por parte da autoridade coatora que impossibilite a liberdade de locomoção do paciente; e preventivo, quando a violência ou coação ilegal ainda não ocorreu, mas se encontra na iminência de consumar-se.

Se for preventivo, haverá a produção de um salvo-conduto, que impedirá o cerceamento da liberdade do cidadão. O seu objetivo não é sanar uma lesão, pois ainda não ocorreu a ilegalidade ou o abuso de poder, mas sim proteger o direito de locomoção contra futuras lesões. Como requisito para a modalidade preventiva é necessário que a ameaça seja exequível, sem espaço para configurações imaginárias. O *habeas corpus* preventivo tem uma finalidade cautelar, defendendo antecipadamente o cidadão. Para a sua concessão têm de estar presentes o *fumus bonis juris* e o *periculum in mora*.

Na sua forma liberatória, estando o cidadão preso, haverá a produção de um alvará de soltura para que ele possa desfrutar de sua liberdade. Se a prisão foi efetuada em flagrante delito, a autoridade para a impetração é o juiz de direito competente; se a ordem de prisão partiu de um juiz de direito, a competência se desloca para o Tribunal de Justiça.

Em relação ao seu cabimento, o art. 648 do CPP elenca, de maneira exemplificativa, as hipóteses em que se faz mister impetrar o concernente remédio heroico: a) quando não houver justa causa; b) quando alguém estiver preso por mais tempo do que determina a lei; c) quando quem ordenar a coação não tiver competência para fazê-lo; d) quando houver cessado o motivo que autorizou a coação; e) quando não for alguém admitido a prestar fiança, nos casos em que a lei a autoriza; f) quando o processo for manifestamente nulo; g) quando extinta a punibilidade. Registra-se, contudo, que os *habeas corpus* não devem ser usados como sucedâneo da revisão criminal, devendo ser

---

remédio heroico está no objeto que ele busca tutelar, a liberdade, e, como consequência, reforçar o princípio da legalidade" (AGRA, Walber de Moura. *Curso de direito constitucional*. 5. ed. Rio de Janeiro: Forense, 2009, p. 219).

impetrado apenas em caráter excepcional em casos de flagrante ilegalidade ou nulidade[234].

Em menção ao prazo, não há tempo definido para a impetração do *habeas corpus*. Assim, enquanto estiver havendo ilegalidade ou abuso de poder relativo à restrição ou ameaça à liberdade de locomoção do indivíduo, o remédio pode vir a ser impetrado[235].

No que se refere à sua inserção no Direito Eleitoral, o *habeas corpus* terá aplicação semelhante ao processo comum, uma vez que inexiste rito processual próprio naquela seara. Na seara eleitoral, Antônio Tito Costa assevera que qualquer ato, que se constitua em coação ou ameaça de coação, praticado por autoridade no âmbito desta jurisdição, poderá ser por este apreciado em sede de *habeas corpus*, respeitada, sempre, a competência originária dos Tribunais Eleitorais.

Desse modo, em matéria eleitoral, não são incomuns, por exemplo, atos de autoridades policiais que possam consubstanciar violação à liberdade de locomoção de eleitor, de candidato, de membro de partido político, de dirigente partidário, ou mesmo de ameaça de violação, ensejando a medida heroica, cujo conhecimento caberá ao Juiz Eleitoral[236].

Não resta dúvidas, portanto, que a Justiça Eleitoral é competente para conhecer de *habeas corpus*, em sede de matéria eleitoral[237], ainda

---

[234] STF, HC 136233/RS, Rel. Min. Ricardo Lewandowski, 2ª T., *DJe* 28-11-2016; TSE, HC 690-40/RS, Rel. Min. Nancy Andrighi, *DJe* 26-8-2011.

[235] ALMEIDA, Roberto Moreira de. *Direito eleitoral*. 2. ed. Bahia: Podivm, 2009, p. 385.

[236] COSTA, Antônio Tito. *Recursos em matéria eleitoral*: aspectos de direito eleitoral. 6. ed. São Paulo: Revista dos Tribunais, p. 174-175.

[237] "*HABEAS CORPUS*. COMPETÊNCIA. CRIME ELEITORAL. CONDENAÇÃO POR JUIZ ELEITORAL, CONFIRMADA POR TRIBUNAL REGIONAL ELEITORAL. HIPÓTESE EM QUE O TRIBUNAL SUPERIOR ELEITORAL NEGOU SEGUIMENTO, POR DESPACHO DO RELATOR, AO RECURSO ESPECIAL, INVOCANDO REGRA TÉCNICA DE ADMISSIBILIDADE. (...) 3. *Habeas Corpus* que ataca a decisão do Tribunal Superior Eleitoral, sustentando nulidade do processo, tendo em conta a inépcia da denúncia, atipicidade do fato descrito na denúncia, e falta de fundamentação da sentença. 4. Os fundamentos do pedido de *Habeas Corpus* concernem às decisões das instâncias ordinárias eleitorais e não a decisão do Tribunal Superior Eleitoral, ao negar seguimento ao recurso especial por despacho do relator, com base na regra

que haja conexão entre o crime desta seara com o delito comum[238]. Prova maior disso é a possibilidade de o Tribunal conceder o *writ ex officio*, diante de eventuais irregularidades processuais, em homenagem ao consagrado princípio da ampla defesa[239].

Quanto à competência, pode-se dizer que o *habeas corpus* encontra previsão legal semelhante ao do mandado de segurança: são competentes para processar e julgar o presente *writ*, dentro de suas respectivas jurisdições, o Juiz Eleitoral (CE, art. 35, III), o Tribunal Regional Eleitoral (CE, art. 29, I, *e*) e o Tribunal Superior Eleitoral (CE, art. 22, I, *e*).

---

técnica, eis que se cuidava de rediscutir fatos e provas. 5. Não havendo o TSE examinado o mérito das alegações ora postas em *Habeas Corpus*, ao decidir o recurso especial, não pode ser considerado autoridade coatora. 6. Competência do Tribunal Superior Eleitoral para processar e julgar *Habeas Corpus*, em matéria eleitoral, aí incluídos crimes eleitorais, contra atos do Tribunal Regional Eleitoral, de acordo com o art. 22, inciso I, letra *e*, do Código Eleitoral. 7. Competência do TSE, no caso, para conhecer do *Habeas Corpus* e julgá-lo. 8. *Habeas Corpus* não conhecido pelo STF, determinando-se a remessa dos autos ao Tribunal Superior Eleitoral" (STF, HC 72336/95-MG, Rel. Min. Néri da Silveira).

[238] "*HABEAS CORPUS*. ARTS. 5º, LXVIII, DA CF E 648, III, DO CPP. PEDIDO DE LIMINAR. DEFERIDO. SUSPENSÃO. AUDIÊNCIA ADMONITÓRIA. CRIMES CONEXOS. ALEGAÇÃO DE INCOMPETÊNCIA DA JUSTIÇA ELEITORAL, NULIDADE POR NÃO OBSERVÂNCIA DE RITO ESPECIAL (ART. 513 DO CPP) E ILEGALIDADE DA PRISÃO. NÃO CARACTERIZAÇÃO. ORDEM DENEGADA. LIMINAR CASSADA. Verificada a conexão entre crime eleitoral e comum, a competência para processar e julgar ambos os delitos é da Justiça Eleitoral (CF, art. 109, inciso IV, e CPP, art. 78, inciso IV)" (TSE, HC 567-SE, Rel. Min. Marcelo Henriques).

[239] "O recurso ordinário em *habeas corpus* interposto após o tríduo legal previsto no art. 276, II, *b* e § 1º, do Código Eleitoral é intempestivo. Em homenagem ao princípio da ampla defesa e precedentes jurisprudenciais, examina-se a possibilidade de concessão de *writ* de ofício" (TSE, RHC 59/2003-PR, Rel. Min. Luiz Carlos Lopes Madeira).

No mesmo sentido: "É nula a decisão regional que condenou corréus absolvidos em uma primeira decisão daquele Tribunal e que, posteriormente, restou anulada, porquanto, naquele primeiro julgamento, o Ministério Público não interpôs recurso contra a decisão absolutória desses corréus. Concessão de *habeas corpus* de ofício, porque ausente no apelo a indicação de lei violada e divergência jurisprudencial" (Resp n. 19.479/2002/BA, Rel. Min. Fernando Neves da Silva).

No tocante ao polo ativo eleitoral, este pode ser ocupado por candidatos, eleitores, representantes dos partidos, enfim, todos aqueles que sofrerem ou se acharem ameaçados de sofrer violência ou coação que impossibilite a sua liberdade de locomoção, por ilegalidade ou abuso de poder perpetrados em virtude de crimes eleitorais supostamente cometidos.

De outra banda, no polo passivo, além de figurarem os Juízes Eleitorais, os Presidentes dos Tribunais e os próprios tribunais, há a possibilidade de se impetrar *habeas corpus* contra atos de delegados de polícia, como, por exemplo, no caso deste vir a emitir ordem de prisão preventiva infundada contra possíveis candidatos, eleitores ou representantes partidários[240].

A propósito, vale salientar que o Código Eleitoral estabelece que nenhuma autoridade poderá, desde cinco dias antes e até 48 horas depois do encerramento da eleição, prender ou deter qualquer eleitor, salvo em flagrante delito ou em virtude de sentença criminal condenatória por crime inafiançável, ou, ainda, por desrespeito a salvo-conduto (art. 236 do Código Eleitoral). Assim, os membros das mesas receptoras e os fiscais de partido, durante o exercício de suas funções, não poderão ser detidos ou presos, salvo o caso de flagrante delito; da mesma garantia gozarão os candidatos desde quinze dias antes da eleição (art. 236, § 1º, do Código Eleitoral). Ocorrendo qualquer prisão, o preso será imediatamente conduzido à presença do juiz competente que, se verificar

---

[240] "PROCESSO PENAL. *HABEAS CORPUS*. PRISÃO. DIA DAS ELEIÇÕES. USO DE VIOLÊNCIA NO CUMPRIMENTO DA ORDEM DE PRISÃO. CONTROVÉRSIA. EXAME DE PROVAS. IMPOSSIBILIDADE. AUSÊNCIA DE MANDADO. ORDEM CONCEDIDA. I – A via do *habeas corpus* não enseja o exame aprofundado das provas, notadamente se há controvérsia nas informações, entre a versão dos fatos narrada pelo impetrante e a apresentada pela autoridade apontada coatora. II – Não demonstrada qualquer atitude do paciente a impedir ou viciar a instrução criminal, na espécie, concede-se a ordem para afastar a prisão, confirmando a liminar, sem prejuízo da ação penal cabível. III – A prisão preventiva, em um Estado Democrático de Direito, evidencia-se como medida extrema, sacrificadora da liberdade individual, razão pela qual o cerceamento desta deverá ser fundado em razões objetivas, com a demonstração da existência de motivos concretos, suficientes para autorizar sua imposição" (TSE, HC 416/2001-AP, Rel. Min. Sálvio de Figueiredo Teixeira).

a ilegalidade da detenção, a relaxará e promoverá a responsabilidade do coator (art. 236, § 2º, do Código Eleitoral).

Desta feita, caso a autoridade responsável prenda ou detenha eleitor, membro de mesa receptora, fiscal, delegado·de partido ou candidato, desde cinco dias antes até 48 horas depois do encerramento da eleição, será ela punida com pena de reclusão até quatro anos (art. 298, do Código Eleitoral).

Ademais, impende afirmar que é cabível a impetração de *habeas corpus* para o trancamento de inquérito policial, excepcionalmente, somente quando, sem a necessidade de exame valorativo do conjunto fático-probatório, houver justa causa, evidenciada pela atipicidade do fato, ausência de indícios para fundamentar a acusação, ou ainda a extinção da punibilidade[241]. Assim, há a possibilidade de se impetrar *habeas corpus*, excepcionalmente, com o escopo de se trancar eventual ação penal, desde que restem evidenciados os seguintes requisitos: a) a conduta não se constituir de crime em tese; ou b) quando já estiver extinta a punibilidade; ou c) se inocorrentes indícios mínimos de autoria[242]. Sob outra perspectiva, é possível também, por meio de *habeas corpus*, o trancamento de ação penal por falta de justa causa, quando não restarem configurados, de imediato, a materialidade do delito ou os indícios de sua autoria[243].

Restará, por outro lado, descaracterizada a tipicidade material do delito eleitoral, sob o influxo da aplicação do princípio da insignificân-

---

[241] TSE, RHC 133-SC, Rel. Min. Enrique Ricardo Lewandowski. A decisão em apreço segue o entendimento consagrado pelo Superior Tribunal Federal, no julgamento do HC 80.772/2001-PR, de relatoria do Ministro Sepúlveda Pertence: "*Habeas corpus* para trancamento de inquérito policial: cabimento, embora como solução excepcional, reservada a hipóteses em que a atipicidade do fato ou sua errônea classificação, de modo a impedir o reconhecimento da extinção da punibilidade, se possam evidenciar, acima de toda dúvida razoável, no procedimento sumário e documental da natureza do *habeas corpus*; para tanto, não basta, porém, tomar, como premissa irremovível e inalterável dos fatos, a versão aventada na portaria de instauração do inquérito ou em elementos documentais que a tenham provocado".

[242] STF, HC 98.631/BA, 2ª T., Rel. Min. Carlos Ayres Britto, *DJe* 30-6-2009.

[243] TSE. HC 464/2003-SP, Rel. Min. Ellen Gracie Northfleet.

cia nesta seara, desde que preenchidos os seguintes requisitos: a) mínima ofensividade da conduta do agente; (b) nenhuma periculosidade social da ação; (c) reduzidíssimo grau de reprovabilidade do comportamento; e (d) inexpressividade da lesão jurídica provocada[244].

---

[244] "O sistema jurídico há de considerar a relevantíssima circunstância de que a privação da liberdade e a restrição de direitos do indivíduo somente se justificam quando estritamente necessárias à própria proteção das pessoas, da sociedade e de outros bens jurídicos que lhes sejam essenciais, notadamente naqueles casos em que os valores penalmente tutelados se exponham a dano, efetivo ou potencial, impregnado de significativa lesividade. O Direito Penal não se deve ocupar de condutas que produzam resultado, cujo desvalor – por não importar em lesão significativa a bens jurídicos relevantes – não represente, por isso mesmo, prejuízo importante, seja ao titular do bem jurídico tutelado, seja à integridade da própria ordem social" (STF, HC 84.412, 2ª T., Rel. Min. Celso de Mello, *DJ* 19-11-2004).

19 RECURSOS ELEITORAIS

19.1. TEORIA GERAL DOS RECURSOS

19.1.1. Conceito

A palavra recurso se origina do verbo latino *recursare*, que significa "correr para trás ou correr para o lugar de onde se veio" (*re + cursus*)[1]. O conceito justifica o fato de que, uma vez interposto o recurso, ocorrerá renovação do processo perante o juízo *ad quem*, percorrendo novamente o caminho já trilhado até o provimento judicial recorrido, com o simples objetivo de verificar se ele padece de algum vício. Conclui-se, assim, que com o recurso não se está iniciando um processo novo, mas continuando o mesmo processo perante órgão *ad quem*, tendo como finalidade dar maior segurança para o acerto da prestação jurisdicional.

Segundo Moacyr Amaral Santos, recurso é a prerrogativa de provocar o reexame de uma decisão, pela mesma autoridade judiciária ou por outra hierarquicamente superior, almejando sua modificação[2]. Nas palavras de José Carlos Barbosa Moreira, é o remédio voluntário idôneo a ensejar a reforma e a invalidação, o esclarecimento ou a integração da decisão impugnada[3]. Na mesma linha de pensamento, Marcus Vinicius Furtado Coêlho afirma ser o recurso o meio apto a ensejar o reexame da decisão dentro do mesmo processo em que foi proferida, antes da formação da coisa julgada, que visa reformar, invalidar ou esclarecer (integrar) decisão judicial. É, portanto, uma natural reação humana e possibilidade de melhor interpretação das normas[4].

---

[1] SILVA, Ovídio Baptista da. *Curso de processo civil.* 4. ed. São Paulo: Revista dos Tribunais, 1998, v. 1, p. 409.

[2] SANTOS, Moacyr Amaral. *Primeiras linhas de direito processual civil.* 11. ed. São Paulo: Saraiva, 1990, v. 3, p. 82.

[3] MOREIRA, José Carlos Barbosa. *O novo processo civil brasileiro.* 22. ed. Rio de Janeiro: Forense, 2002, p. 178.

[4] COÊLHO, Marcus Vinicius Furtado. *Direito eleitoral e processo eleitoral:* direito penal eleitoral e direito político. Renovar: Rio de Janeiro, 2008, p. 406.

Observe-se que o recurso é o poder do vencido em provocar o reexame de uma decisão, pela mesma autoridade judiciária ou outra hierarquicamente superior, objetivando a reforma ou a modificação ou apenas sua invalidação. De maneira sucinta, Fernando da Costa Tourinho advoga que ele nada mais é que uma nova decisão[5]. Portanto, é uma fase do mesmo processo, um desdobramento da mesma ação[6].

O órgão competente para julgar os recursos pode ser tanto aquele que proferiu a primeira decisão, denominado de juízo *a quo*, como é o caso dos embargos de declaração; como também o órgão de instância superior, então denominado de juízo *ad quem*, responsável por julgar a maioria dos recursos, como, por exemplo, o recurso contra expedição de diploma, o recurso inominado, o recurso especial, o recurso extraordinário e o recurso ordinário. Via de regra, o recurso é reapreciado por órgão hierarquicamente superior, porquanto se encontre intrinsecamente ligado ao princípio do duplo grau de jurisdição[7].

A propósito, é importante ressaltar que os recursos se submetem a vários princípios, que norteiam não só a aplicação das regras específicas concernentes àquela matéria, como também orientam a interpretação do sistema como um todo[8]. Dentre os princípios que regulam as espécies recursais, destacam-se os seguintes:

Princípio do duplo grau de jurisdição. Previsto implicitamente no art. 5º, LV, da CF. Pode ser definido como sendo o "sistema jurídico em que, para cada demanda, existe a possibilidade de duas decisões válidas e completas no mesmo processo, emanadas por juízes diferentes, prevalecendo sempre a segunda em relação à primeira"[9]. Carnelut-

---

[5] TOURINHO FILHO, Fernando da Costa. *Manual de processo penal*. 6. ed. São Paulo: Saraiva, 2004, p. 534.

[6] GRECO FILHO, Vicente. *Manual de processo penal*. 3. ed. atual. São Paulo: Saraiva, 1995, p. 308.

[7] COSTA JÚNIOR, Dijosete Veríssimo da. A apelação no processo penal. Disponível em: http://jus2.uol.com.br/doutrina/texto.asp?id=1079. Acesso em: 6 abr. 2010.

[8] MARINONI, Luiz Guilherme; ARENHART, Sérgio Cruz. *Processo de conhecimento*. 6. ed. São Paulo. Revista dos Tribunais, 2007, v. 2, p. 499-500.

[9] LASPRO, Oreste Nestor de Souza. *Duplo grau de jurisdição no direito processual civil*. São Paulo: Revista dos Tribunais, 1995, p. 27.

ti, por sua vez, afirma que sua função está em submeter a lide ou o negócio a um segundo exame que ofereça maiores garantias do que o primeiro, já que se serve da experiência deste e o realiza um ofício superior[10]. É importante destacar que a construção terminológica desse princípio é alvo de críticas por parte da doutrina, em especial por duas razões: não há falar em duplo grau de jurisdição, pois não existe dupla jurisdição, sendo ela una; e grau dá a ideia de hierarquia, e não é isso que ocorre, mas sim a necessidade de reexame, já que o duplo grau de jurisdição pode ocorrer na mesma instância, como é o caso de alguns recursos interpostos perante os tribunais dos juizados especiais[11].

Princípio da unirrecorribilidade. Também chamado de princípio da unicidade ou singularidade, esse princípio indica que, para cada espécie de ato judicial a ser recorrido, deve ser cabível um único recurso[12]. Tal princípio não é absoluto, ao passo que apresenta algumas exceções, então previstas legalmente, como é a hipótese de, em um determinado caso, se interpor conjuntamente os embargos de declaração e outro recurso; como é o caso de se interpor, concomitantemente, contra uma mesma decisão, o Recurso Especial e o Recurso Extraordinário (arts. 1.029 e s. do CPC)[13].

Princípio da fungibilidade. Constitui uma derivação da instrumentalidade das formas, na qual há a possibilidade de, excepcionalmente, os tribunais aproveitarem um recurso interposto, por engano, quando houver dúvida objetiva sobre qual a espécie recursal a ser utilizada, e não tenha havido erro grosseiro ou má-fé por parte do recorren-

---

[10] O essencial, completa Carnelutti, é que se trata de um exame reiterado, isto é, de uma revisão de tudo quanto se fez na primeira vez, e essa reiteração permite evitar erros e suprir lacunas em que eventualmente se incorreu no exame anterior. Dessa função provém que o objeto do segundo procedimento tem que ser a mesma lide ou aquele mesmo negócio que foi objeto do primeiro, pois, do contrário, não se trataria de novo exame (CARNELUTTI, Francesco. *Instituições de processo civil*. Trad. Adrian Sotero De Witt Batista, São Paulo: Classic Book, 2000, v. II).

[11] AGRA, Walber de Moura. *Curso de direito constitucional*. 5. ed. Rio de Janeiro: Forense, 2009, p. 198-199.

[12] MARINONI, Luiz Guilherme; ARENHART, Sérgio Cruz. *Processo de conhecimento*. 6. ed. São Paulo: Revista dos Tribunais, 2007, v. 2, p. 502.

[13] PORTANOVA, Rui. *Princípios do processo civil*. Porto Alegre: Livr. do Advogado, 1995, p. 272.

te e observância do prazo adequado[14]. Foi inicialmente previsto no Código de Processo Civil de 1939, em seu art. 810, no qual estabelecia que, "salvo hipótese de má-fé ou erro grosseiro, a parte não será prejudicada pela interposição de um recurso por outro (...)". Tal regra não encontrava dispositivo correspondente no Código de Processo Civil de 1973, situação que se repete na vigente legislação processual.

Ademais, não havendo proibição de aplicação e existindo dispositivos que, conjugados, conduzem ao cabimento do princípio, tem-se por aplicável no sistema processual pátrio, conforme corrobora a nossa doutrina e jurisprudência vigentes[15]. Não bastasse isso, o Código de Processo Penal, em seu art. 579, consagra a aplicação do referido dispositivo[16].

Princípio da taxatividade. Tratando-se de matéria processual, somente por meio de lei federal é que se pode criar recursos, ficando vedada a qualquer outra instância legislativa conceber espécies recursais (CF, art. 22, I)[17]. Portanto, além daqueles previstos no art. 994 do CPC, têm natureza recursal: o recurso inominado (arts. 41 a 43 da Lei n. 9.099/95); o recurso contra expedição de diploma (art. 262 do CE) e o recurso ordinário eleitoral (§ 4º do art. 121 da CF/88, e nas alíneas *a* e *b* do inc. II do art. 276 do Código Eleitoral).

Princípio da proibição da *reformatio in pejus*. O recurso não pode acarretar uma decisão mais gravosa ao recorrente. Portanto, mostra-se vedada "a reforma para pior", salvo se houver sucumbência recíproca (na qual se terá recursos de ambas as partes) ou quando houver matéria de ordem pública (que deverá ser conhecida de ofício pelo órgão julga-

---

[14] ALVES, Pollyanna Kelly Maciel Medeiros Martins. *O Superior Tribunal de Justiça e a guarda do Direito Federal Infraconstitucional*: o recurso especial. Disponível em: http://jus2.uol.com.br/DOUTRINA/texto.asp?id=2299. Acesso em: 7 abr. 2010.

[15] "Continua vigorante em nosso Direito Processual Civil o princípio da fungibilidade dos recursos" (SOUZA, Bernardo Pimentel. *Introdução aos recursos cíveis e à ação rescisória*, Brasília: Brasília Jurídica, 2000, p. 115).

[16] "Art. 579. Salvo a hipótese de má-fé, a parte não será prejudicada pela interposição de um recurso por outro. Parágrafo único. Se o juiz, desde logo, reconhecer a impropriedade do recurso interposto pela parte, mandará processá-lo de acordo com o rito do recurso cabível."

[17] MARINONI, Luiz Guilherme; ARENHART, Sérgio Cruz. *Processo de conhecimento*. 6. ed. São Paulo: Revista dos Tribunais, 2007, v. 2, p. 502.

dor). Havendo matéria de ordem pública, o órgão *ad quem* poderá conhecer e provir independente de devolução pelo impugnante, em decorrência do efeito translativo.

19.1.2. Natureza jurídica

Alguns doutrinadores defendem a ideia de que a natureza jurídica do recurso seria uma ação constitutiva autônoma fundamentada na sentença, classificando-se como ato processual específico. Para os que defendem essa corrente, o recurso se diferencia da ação porque apresentam pretensões diversas, a primeira se fundamenta em uma sentença que se ataca e a segunda se arrima com base num fato[18].

O entendimento adotado majoritariamente pela doutrina é, todavia, o de que o recurso é um prolongamento do direito de ação, de sorte que já existe processo, passando-se apenas à fase recursal, caracterizado como garantia para que o direito subjetivo dos cidadãos não seja lesionado por decisões teratológicas ou simplesmente por decisões que não atendam às suas pretensões primordiais. Grinover já afirmara que a natureza jurídica do recurso é aspecto, elemento ou modalidade do próprio direito de ação e de defesa, não se constituindo como uma nova ação, distinta e autônoma[19]. Portanto, os recursos são considerados uma extensão do direito de ação ou de defesa. Difere de outros meios de impugnação às decisões judiciais proferidas em processos findos, como a ação rescisória, a ação anulatória e o mandado de segurança (em caso excepcional), pois esses, quando utilizados, instauram uma nova relação processual e têm, portanto, como objetivo, a impugnação de decisão proferida em outro processo.

Nesse sentido, o panorama das impugnações estaria segmentado em: ações autônomas – responsáveis por inaugurar uma relação jurídica nova, como nos casos da ação rescisória, do mandado de segurança, da *querela nullitatis*; os recursos – como amplamente conceituado acima, são os meios processuais voluntários, com previsão em lei, que

---

[18] RANGEL, Paulo. *Direito processual penal.* 9. ed. São Paulo: Lumen Juris, 2005, p. 658.

[19] GOMES FILHO, Antônio Magalhães; GRINOVER, Ada Pellegrini; FERNANDES, Antônio Scarance. *Recurso no processo penal.* São Paulo: Revista dos Tribunais, 1996, p. 32.

podem ser utilizados, dentro de um prazo peremptório, pelas partes, pelo Ministério Público (como fiscal da lei ou parte) e pelo terceiro prejudicado, dentro de uma mesma relação processual, com o intuito de ensejar a reforma, a anulação ou o esclarecimento de determinada decisão judicial; por fim, os sucedâneos recursais – os meios de impugnação que não são recursos nem ação autônoma, mas visam de alguma forma promover a modificação ou a reavaliação de um ato judicial, anteriormente, constituído, como é a hipótese do pedido de reconsideração e da correição parcial.

19.1.3. Espécies

A respeito das espécies dos recursos, busca-se amparo no Código de Processo Civil, em seu art. 994, que elenca em seus incisos os principais recursos ordinários existentes no sistema processual[20]. Além desses, existem alguns outros instrumentos contidos em leis infraconstitucionais. Na seara eleitoral, há recursos que não guardam similaridade com o processo civil comum, como o recurso contra expedição de diploma e o recurso em sentido estrito, que estão previstos na legislação eleitoralista.

Os recursos ordinários são os que existem apenas para permitir o exercício do direito ao duplo grau de jurisdição, o exercício da faculdade da parte de se inconformar com uma decisão interpondo apelação, agravo, recurso ordinário. Refere-se, portanto, ao direito subjetivo de reexame da matéria por outros juízes, através da qual houve violação do direito da parte contra eventual vício ou injustiça da decisão judicial.

O recurso especial e o recurso extraordinário são os instituídos com a finalidade de assegurar a autoridade, a supremacia e a uniformidade da lei federal e da Constituição Federal, a fim de que sejam corretamente aplicadas e interpretadas por todos os tribunais e juízes do país. Apresentam outra natureza em virtude de sua regulamentação ser feita por intermédio de mandamento constitucional, exigindo requisitos outros não constantes em recursos infraconstitucionais.

---

[20] "Art. 994. São cabíveis os seguintes recursos: I – apelação; II – agravo de instrumento; III – agravo interno; IV – embargos de declaração; V – recurso ordinário; VI – recurso especial; VII – recurso extraordinário; VIII – agravo em recurso especial ou extraordinário; IX – embargos de divergência."

19.1.4. Pressupostos de admissibilidade dos recursos

Os recursos em geral têm como objeto as decisões judiciais, de qualquer natureza e conteúdo, proferidas em qualquer espécie de processo e tipo de procedimento, em todas as fases processuais e grau de jurisdição, salvo restrições legais que eventualmente limitem a recorribilidade.

Para que haja recorribilidade das decisões judiciais, é necessário que estas apresentem a característica da "decisoriedade". Ou seja, que exista um posicionamento judicial que acarrete prejuízo pelo acolhimento ou rejeição de uma pretensão deduzida pela parte, de natureza material ou processual, sempre em benefício de uma e em detrimento de outra parte.

Os pronunciamentos do juiz no processo classificam-se em despachos, decisões interlocutórias e sentenças. O primeiro ato mencionado é de mera impulsão processual, sendo, portanto, desprovido de conteúdo decisório, logo, irrecorrível (art. 1.001 do CPC). Entretanto, excepcionalmente, alguns autores admitem recurso contra despacho proferido no processo de forma errônea ou extemporânea, por ser "teratológico" e vir a causar gravame processual a uma ou a ambas as partes. Isso acontecendo, o despacho apresentará decisoriedade, assim, em decorrência de atecnia na nomenclatura do ato, fora nomeado de despacho, quando deveria ser designado de decisão, motivo pelo qual será recorrível pelo regime jurídico da decisão interlocutória, através do recurso de agravo, que permite a imediata revisão pelo juiz do "despacho" incorreto (art. 1.018, § 1º, do CPC). Outrossim, em regra, contra tais despachos teratológicos cabe mandado de segurança.

Desse modo, os recursos não são cabíveis em todos os atos processuais, apenas os interpostos contra a sentença, os acórdãos e as decisões interlocutórias, quer monocráticas ou colegiadas, pois não podem ser interpostos recursos contra despachos de mero expediente, principalmente por sua irrelevância na solução do conflito exposto na ação, salvo exceção retromencionada, que é o despacho teratológico, e para fim de recurso recebe tratamento de decisão interlocutória.

A parte ao ingressar com recurso tem por finalidade reformar, esclarecer, integrar ou invalidar a decisão. Quando a inconformidade com a decisão decorrer do julgamento injusto, utilizando-se da má apreciação da prova e da aplicação errônea do direito, tem-se o denominado *error in judicando* (erro ao julgar ou erro na interpretação da lei), situação na qual se objetiva a reforma do julgado. Quando ocorre o *error in procedendo* (erro ao proceder), ou seja, vício na forma do julgado, busca-se a anulação a partir do erro que causou a nulidade. Já em casos de obscuridade, omissão ou contradição, e correção de erro material o pedido é de esclarecimento ou integração da decisão, sendo instrumentalizado através de embargos de declaração.

Para que o recurso seja admitido e processado normalmente, deverá preencher requisitos legais, propiciando ao tribunal o reexame da matéria impugnada com base na presença de certos pressupostos, chamados pressupostos de admissibilidade. O juízo de admissibilidade consiste, portanto, na verificação, pelo juízo competente, dos requisitos de admissibilidade da espécie recursal de que se tenha servido a parte para impugnar a decisão que lhe foi desfavorável. Após análise minuciosa de cada pressuposto de admissibilidade recursal, conclui-se que a ausência de um deles acarretará sua inadmissibilidade.

Havendo preenchimento de todos os requisitos legais, podemos afirmar que o juízo de primeira instância conheceu do recurso, ou seja, declarou que o mesmo pode ser reexaminado pelo órgão colegiado. Em suma, a admissibilidade do recurso, como preliminar ao julgamento de seu mérito, diz respeito à possibilidade ou não do conhecimento do recurso pelo órgão competente, isto é, se o recurso terá ou não o seu mérito julgado. Enquanto o juízo de mérito consiste no provimento ou não do recurso, ou seja, na anulação, na reforma, no esclarecimento ou na integração da decisão judicial impugnada.

Dependendo do tipo de recurso, haverá duplo juízo de admissibilidade, que será feito tanto pelo juízo *a quo*, quanto pelo juízo *ad quem*, pois, geralmente, o recurso é interposto na primeira instância, na qual se fará um exame prévio de admissibilidade. Caso admitido no órgão originário, o processo seguirá para segunda instância, que, por sua vez, antes de apreciar o mérito, fará novo exame da admissão podendo concluir, por "dar conhecimento" ou "negar conhecimento" ao recurso. O tribunal competente para julgar o recurso de mérito é quem faz o juízo de admissibilidade definitivo. Se no juízo *a quo* o referido exame for negativo, cabe à parte ingressar com recurso, a fim de que ele seja revisto pelo órgão superior.

Existem, entretanto, recursos que são interpostos diretamente no Tribunal *ad quem*, e, sendo assim, não há possibilidade do exame dos pressupostos de admissibilidade pelo magistrado de instância hierarquicamente inferior, como, por exemplo, o agravo de instrumento.

Com todo o exposto, passa-se a analisar os pressupostos de admissibilidade comuns a todos os recursos que se assemelham às condições da ação e aos pressupostos processuais, uma vez que alguns recursos possuem tais pressupostos específicos. Segundo Vicente Greco Filho, os pressupostos dos recursos não são mais do que as condições da ação e os pressupostos processuais reexaminados em fase recursal de acordo com a tipicidade de cada fase processual[21].

Os pressupostos de admissibilidade recursal – extrínsecos e intrínsecos – são considerados pela doutrina como pressupostos genéricos, uma vez que são exigidos para todos os recursos. É importante ressaltar, inclusive, que, além desses requisitos genéricos, cada espécie recursal se submete ainda a outras exigências especiais de admissibilidade que apenas a eles digam respeito. Ainda assim, deve-se observar que mesmo os requisitos genéricos, às vezes, não são exigidos como condição de admissibilidade para certos recursos, como, por exemplo, a desnecessidade de preparo dos embargos de declaração (art. 1.023 do CPC)[22].

Os pressupostos subjetivos ou intrínsecos são os que dizem respeito à pessoa do recorrente. Podem ser classificados em cabimento, legitimidade e interesse. Já os pressupostos objetivos ou extrínsecos são os que dizem respeito às exigências legais externas para o conhecimento do recurso. Podem ser elencados em tempestividade, preparo e regularidade formal.

a) Cabimento

Cabimento é quando o recurso preenche todos os requisitos presentes nos respectivos instrumentos legais. Urge observar que ele precisa estar previsto em lei processual contra determinada decisão judicial e, ainda, que seja adequado àquela espécie. Esses dois fatores, a recorribilidade, de um lado, e a adequação, de outro, compõem o requisito do cabimento para a admissibilidade do recurso.

---

[21] GRECO FILHO, Vicente. *Direito processual civil brasileiro*. 16. ed. São Paulo: Saraiva, 2003, v. II, p. 272.

[22] PARIZ, Ângelo Aurélio Gonçalves. *Pressupostos de admissibilidade recursal e princípios recursais*. Disponível em: http://jus2.uol.com.br/doutrina/texto.asp?id=11402. Acesso em: 7 abr. 2010.

Observa Marinoni que um recurso só é cabível quando a lei processual indicar-lhe – diante de determinada finalidade específica e certo ato judicial – como o pertinente para extravasar a insurgência[23]. Exemplo disto é o fato de o Código de Processo Civil indicar, taxativamente, que o recurso cabível contra sentenças é a apelação (art. 1.009), e que, nos casos expressamente referidos em lei, o recurso cabível contra decisões interlocutórias é o agravo de instrumento (art. 1015)[24].

A adequação do recurso diz respeito ao tipo de recurso que a parte deverá interpor para cada decisão. O recorrente deverá observar as espécies de recursos previstos nos permissivos legais, a fim de que possa impugnar a decisão com o meio recursal indicado em lei para cada caso. Por fim, em virtude do princípio da singularidade, da mesma decisão judicial não se admite a interposição simultânea de recursos, isto é, não existe a possibilidade de mais de um recurso ser interposto contra uma só decisão. No direito eleitoral, pela premência da celeridade, este princípio tende a ter maior valor cogente.

b) Legitimidade

A legitimidade é analisada de forma abstrata, uma vez que o recorrente só precisa alegar prejuízo em decorrência da decisão prolatada. Como o recurso é o meio que tem por escopo restaurar o interesse da parte lesada, é evidente que, ao menos em princípio, só quem sofreu algum tipo de prejuízo pode lançar mão dele.

O recurso pode ser manejado pelo Ministério Público, pela parte vencida ou por terceiro prejudicado (art. 996, *caput*, do CPC). Essa legitimação surge do interesse em provocar o órgão jurisdicional objetivando o reexame da decisão prejudicada. Esse interesse é caracterizado em razão do prejuízo, da sucumbência, sofridos pela parte vencida,

---

[23] MARINONI, Luiz Guilherme; ARENHART, Sérgio Cruz. *Processo de conhecimento*. 6. ed. São Paulo: Revista dos Tribunais, 2007, v. 2, p. 507.

[24] Todavia, para definir qual o recurso se deve usar contra determinado ato judicial, há de se ter o cuidado para não olvidar às regras específicas que regem cada espécie processual. A título de exemplo, os embargos de declaração devem combater omissão, obscuridade ou contradição dos atos judiciais, sob pena de obstar o seu cabimento; da mesma forma que a apelação não será recebida pelo magistrado, ainda que cabível, quando a sentença estiver em conformidade com súmula do Superior Tribunal de Justiça ou do Supremo Tribunal Federal (art. 518, § 1º, do CPC).

pois não basta ter interesse na relação processual como também ter sofrido danos com o julgado.

Com relação ao terceiro prejudicado, tem que demonstrar interesse na modificação da decisão impugnada, bem como o nexo de interdependência entre seu interesse de intervir (como assistente simples ou litisconsorcial) e a relação jurídica submetida à apreciação judicial (art. 996, parágrafo único, do CPC). É preciso que tenha interesse jurídico na vitória de qualquer parte, não bastando o mero interesse de fato[25]. Por força do dispositivo supramencionado, o Ministério Público tem legitimidade para recorrer, sendo parte ou atuando como fiscal da lei (*custos legis*)[26]. Tal legitimidade perdura enquanto existirem motivos para a intervenção desse órgão.

A lei processual não inclui o juiz no rol dos legitimados a recorrer, porque o magistrado não pode, em nenhuma hipótese, interpor recurso. O impropriamente denominado "recurso *ex officio*" não é, em verdade, um recurso, trata-se de uma condição de eficácia da sentença

---

[25] A respeito da legitimidade recursal de terceiros prejudicados, segue jurisprudência do STJ: "RECURSO EM MANDADO DE SEGURANÇA. ADMINISTRATIVO E PROCESSUAL CIVIL. IMPETRAÇÃO MOVIDA CONTRA DECISÃO JUDICIAL. TERCEIROS INTERESSADOS. CONCURSO PÚBLICO. ANULAÇÃO. NECESSIDADE DE CITAÇÃO DOS LITISCONSORTES. SERVIDORES JÁ NO EXERCÍCIO DAS FUNÇÕES. Cabimento da presente ação mandamental, impetrada por candidatos que já teriam sido devidamente nomeados no concurso público objeto da ação anulatória movida pela Associação, cuja decisão julgou procedente o pedido. Terceiros interessados. Necessidade de citação dos litisconsortes. Recurso parcialmente provido" (ROMS 200401215747 – 18858/2005, 5ª T., Rel. Min. José Arnaldo da Fonseca).

[26] "RECURSO. Extraordinário. Legitimidade recursal. Caracterização. Ministério Público. Impugnação de decisão proferida em mandado de segurança. Recurso provido. Incidência dos arts. 499, § 2º, do Código de Processo Civil, e 10 da Lei n. 1.533/51. Precedentes. Embargos recebidos como agravo, a que se negou provimento. O Ministério Público tem legitimidade para recorrer em processo de mandado de segurança, onde oficie na condição de fiscal da lei" (STJ, REED 541338, 2ª T., 12-8-2008).

Outrossim, segue o entendimento da Súmula 99 do STJ: "O Ministério Público tem legitimidade para recorrer no processo em que oficiou como fiscal da lei, ainda que não haja recurso da parte".

(art. 496 do CPC), além disso, é um instituto obrigatório (razão pela qual é chamado de reexame/remessa necessário/a), diferente do recurso que tem caráter voluntário[27].

No Direito Eleitoral, como o objeto litigioso é essencialmente público, de natureza metaindividual, a legitimidade para recorrer poder ter uma das incidências mais amplas de todos os microssistemas jurídicos, desde que qualquer um dos partícipes do processo eleitoral tenha participado da referida ação, o que é plenamente admitido, como litisconsorte ou assistente, haja vista que todos têm o objetivo que o pleito ocorra na mais plena normalidade possível.

c) Interesse de recursal

A existência de uma decisão é um pressuposto lógico, porém, o exercício do direito de recorrer está subordinado à existência de interesse direto na alteração ou na reforma do julgado, que emana a partir do momento em que se configura o prejuízo, a lesão do direito pleiteado pela parte[28]. A partir desse interesse que urge a sucumbência, nela se traduz a lesividade de interesse, gravame, prejuízo; vale dizer que a sucumbência nada mais é do que a desconformidade entre o que foi pedido e o que foi concedido. O prejuízo em tela deve ser resultante da parte dispositiva da decisão, da conclusão da sentença impugnada e não de seus motivos ou fundamentos. Mesmo se for errônea a motivação e se a parte dispositiva não causou danos à parte, não há interesse em recorrer. Também não se concretiza o interesse quando o recorrente alega razões que só dizem respeito à outra parte, como, por exemplo, a agravação da pena do acusado.

---

[27] O recurso *ex officio*, ou a remessa necessária, "tem a virtude de suspender os efeitos da sentença até que sobre ela se pronuncie a instância superior. O que ela exprime, portanto, em sua configuração mais simples, é a devolução da causa ao Tribunal, a cujo conhecimento toca a obrigação de manter ou modificar a sentença apelada, independentemente de recurso interposto pelas partes interessadas" (BUZAID, Alfredo. *Da apelação "ex officio"*. São Paulo: Saraiva, 1951).

[28] "(...) O interesse em recorrer é instituto ontologicamente semelhante ao interesse de agir como condição da ação, e é mensurado à luz do benefício prático que o recurso pode proporcionar ao recorrente. Amaral Santos, in *Primeiras Linhas de Direito Processual Civil*, 4. ed., v. IV, n. 697, *verbis*: 'O que justifica o recurso é o prejuízo, ou gravame, que a parte sofreu com a sentença'" (AgRg no Resp n. 1.150.146/MG, Rel. Min. Luiz Fux, 1ª T., j. 14-12-2010, *DJe* 17-12-2010).

Destarte, é necessário que o interessado possa vislumbrar alguma "utilidade" na veiculação do recurso, utilidade esta que somente pode ser obtida pela via recursal. Para tanto, é mister que a parte, o Ministério Público[29] ou terceiro interessado em recorrer tenha sofrido algum prejuízo jurídico em decorrência da decisão judicial, ainda que parcialmente (satisfação incompleta da pretensão deduzida em juízo)[30]. Nesse sentido, o TSE no julgamento dos embargos de declaração, no recurso ordinário n. 2246-61, de relatoria do Ministro Luís Roberto Barroso, entendeu pela inexistência de interesse jurídico que autorizasse, isoladamente, os deputados estaduais de ingressarem em ação que determinou a cassação do mandato do governador e do seu vice. Contudo, entendeu a Corte Eleitoral pela existência de interesse por parte da Assembleia Legislativa, por considerar a incidência do § 4º do art. 224 do Código Eleitoral.

Ora, indubitavelmente, o interesse em interpor recurso só cabe à parte inconformada e lesionada com a decisão. É por esse motivo que, via de regra, o réu não tem interesse recursal algum quando a decisão lhe for favorável. Todavia, a jurisprudência do Superior Tribunal de Justiça entende que há interesse recursal, excepcionalmente, quando o magistrado julgar extinto o processo sem a análise de mérito, e o réu puder alcançar sentença meritória com força de coisa julgada ou pretender ver apreciada a questão de fundo[31].

---

[29] No caso do *Parquet*, seja na condição de parte, seja na condição de fiscal da lei, basta a simples ofensa ao direito perseguido ou ao interesse público *lato sensu* para que fique caracterizado o interesse recursal do mesmo.

[30] MARINONI, Luiz Guilherme; ARENHART, Sérgio Cruz. *Processo de conhecimento.* 6. ed. São Paulo: Revista dos Tribunais, 2007, v. 2, p. 508.

[31] "RECURSO ESPECIAL. DIREITO PROCESSUAL CIVIL. SENTENÇA DE MÉRITO DE IMPROCEDÊNCIA MANTIDA PELO TRIBUNAL A QUO. REJEIÇÃO DA PRELIMINAR DE COISA JULGADA ARGUIDA EM AGRAVO RETIDO. INTERESSE RECURSAL AUSENTE. RECURSO ESPECIAL NÃO CONHECIDO. 1. Não possui interesse recursal o réu que busca a acolhida de sua tese meramente processual – coisa julgada, no caso –, quando já obtida sentença de mérito a ele totalmente favorável, pois o pedido de cobrança inicial foi julgado improcedente. 2. Na verdade, só se há falar em interesse recursal quando, acolhida a defesa processual do réu (art. 301, *caput*, do CPC), deixar o magistrado de examinar o mérito da causa, porquanto o demandado poderia alcançar sentença meritória com autoridade de coisa julgada,

d) Tempestividade

O recurso, para ser admissível, deverá ser interposto dentro do prazo fixado em lei, isto é, no tempo hábil, ou seja, ele tem que ser tempestivo. O prazo para interposição é peremptório, próprio, improrrogável e, após o decurso de prazo para sua formulação e sua apresentação, ocorrerá a preclusão temporal ao direito de recorrer.

De acordo com o Código de Processo Civil, a contagem dos prazos processuais ocorrerá em dias úteis, desconsiderando, portanto, fins de semana e feriados, além das peculiaridades na aferição dos prazos nos casos de suspensão em razão de férias e por obstáculo criado pela parte (arts. 214, 220 e 221 do CPC), pela morte ou pela perda da capacidade processual de qualquer das partes, de seu representante legal ou de seu procurador, e ainda quando for oposta exceção de incompetência do juízo, da câmara ou do tribunal, bem como de suspeição ou impedimento do juiz (art. 313, I e III, do CPC), circunstâncias que prolongariam o termo *ad quem* do prazo recursal, funcionando, de certa forma, como uma exceção ao caráter peremptório da tempestividade.

O início do prazo (*dies a quo*) começa a partir da data em que os advogados são intimados da decisão, sentença ou acórdão, excluindo-se o dia do começo e incluindo o do vencimento (art. 224, *caput*, e art. 230 do CPC). Computar-se-ão somente os dias úteis (art. 219 do CPC). Outrossim, reputam-se intimados em audiência, caso seja publicada a

---

posição mais vantajosa se comparada com a decorrente de sentença terminativa. 3. No caso em exame, a insurgência carece de utilidade, uma vez que o recorrente alcançou, como demandado, o resultado processual máximo esperado, que é a improcedência do pedido do autor. 4. Recurso especial não conhecido" (STJ, Resp 200100291562 – 309639/2009 – 4ª T., Rel. Min. Luis Felipe Salomão).

No mesmo sentido: "PROCESSUAL CIVIL. RECURSO ESPECIAL. AÇÃO ORDINÁRIA OBJETIVANDO A QUEBRA DE SIGILO BANCÁRIO. EXTINÇÃO SEM JULGAMENTO DO MÉRITO (ART. 267, VI). COISA JULGADA. INTERESSE RECURSAL. APELAÇÃO. 1. A extinção do processo sem resolução do mérito não faz desaparecer o interesse processual do réu apelante, quando o mesmo pretende ver apreciada a questão de fundo, que em sua ótica, por via reflexa, foi conhecida pelo juiz *a quo*. 2. Diversamente, o *nomen juris* é indiferente à caracterização da sentença sobre ser terminativa ou definitiva, porquanto o que interessa é o seu conteúdo" (STJ, Resp n. 200600798150 – 836392/2006 – 1ª T., Rel. Min. Luiz Fux).

sentença ou sua decisão, mediante publicação em órgão oficial, por correio, oficial de justiça, ou outro meio admitido em direito.

Importante ressaltar que, quando o recorrente for a Fazenda Pública ou o Ministério Público (arts. 180 e 183 do CPC), defensor público (art. 44, I, da Lei Complementar n. 80/94) e, ainda, quando os litisconsortes tiverem procuradores distintos (art. 229 do CPC), o prazo para recorrer será em dobro. Não obstante ser vedado às partes reduzi-los ou prorrogá-los, os prazos recursais poderão ser prorrogados, excepcionalmente, em caso de calamidade pública (art. 222, § 2º, do CPC) ou de alguma justa causa que impossibilite a prática do ato processual no tempo oportuno (art. 223, § 2º, do CPC).

No Direito Eleitoral, os prazos são improrrogáveis, contínuos e peremptórios, não podendo se suspender ou se interromper. O Plenário do Tribunal Superior Eleitoral, no julgamento do Recurso Especial Eleitoral n. 533-80, assentou a inaplicação das previsões do art. 219 do CPC aos processos eleitorais, por considerar uma incompatibilidade dessa metodologia de contagem com os princípios da celeridade e da razoabilidade duração do processo, exigidas na seara eleitoral[32].

e) Preparo

O procedimento recursal exige, tanto como qualquer outro ato processual, certos gastos do Estado que devem, em princípio, ser suportados pelo interessado. Assim, a interposição do recurso pressupõe o depósito, por parte do interessado, dos valores necessários à sua tramitação, aí incluída a importância destinada a promover a remessa e o posterior retorno do recurso ao tribunal.

Nesse sentido, o preparo consiste na comprovação do pagamento prévio das despesas com o processamento do recurso. E o não pagamento ou sua insuficiência acarretará a deserção do recurso (art. 1.007 do CPC), excluindo-se desse rol os embargos de declaração (art. 1.023 do CPC), os interpostos pela Fazenda Pública e respectivas autarquias, pelo Ministério Público, e todos os que gozam de isenção legal, como os que litigam sob o amparo da assistência judiciária (§ 1º do art. 1.007 do CPC). Também é dispensado o recolhimento do porte de remessa e de retorno no processo em autos eletrônicos (§ 3º do art. 1.007 do CPC).

---

[32] Respe n. 533-80, Belo Horizonte/MG, Rel. Min. Maria Thereza de Assis Moura, j. 2-6-2016.

O recorrente que não comprovar, no ato de interposição do recurso, o recolhimento do preparo, inclusive porte de remessa e de retorno, ou seja, ausência total de preparo, será intimado, na pessoa de seu advogado, para realizar o recolhimento em dobro, sob pena de deserção. Outra situação ocorre quando o recolhimento for feito a menor, caso no qual o recorrente será intimado para complementá-lo no prazo de cinco dias, e somente em não o fazendo é que será trancado o recurso, uma vez que a lei presume que o mesmo desistiu do respectivo julgamento (§§§ 2º, 4º e 5º do art. 1.007 do CPC).

Saliente-se que o equívoco no preenchimento da guia de custas não implicará a aplicação da pena de deserção, cabendo ao relator, na hipótese de dúvida quanto ao recolhimento, intimar o recorrente para sanar o vício no prazo de cinco dias. Ademais, declarado o recurso deserto, provando o recorrente justo impedimento, o relator relevará a pena de deserção, por decisão irrecorrível, fixando-lhe prazo de cinco dias para efetuar o preparo (§§ 6º e 7º do art. 1.007 do NCPC).

Todavia, frise-se que na seara eleitoralista não há necessidade de preparo recursal em decorrência da premência do interesse público tutelado que é a soberania popular. Não existe nenhum recurso no direito eleitoral que exija preparo.

19.1.5. Motivação e forma dos recursos

O recurso, como ato processual que é, tem que obedecer a uma forma e, principalmente, deve existir a motivação, caso contrário, torna-se um pedido inepto[33].

Mister se faz, portanto, a apresentação na peça processual das razões que embasaram o inconformismo da parte, fazendo com que ela buscasse as vias recursais para a impugnação de uma decisão. Quanto à forma, o recurso deverá seguir os ditames legais e, via de regra, deverá ser

---

[33] "PROCESSUAL CIVIL. AGRAVO INTERNO. JUROS DE MORA. REDISCUSSÃO. A via recursal eleita não se presta a rejulgar questões já decididas monocraticamente apenas com o pretexto de ver a lide julgada pela turma especializada. Ausência de comprovação de ofensa ao art. 557 do CPC. Ausência de pressuposto objetivo do recurso, qual seja, a motivação suficiente. Recurso não conhecido" (TRF, 2ª Região. 200250010037437, AC 389862/2008, 6ª T. Especializada, Rel. Des. Fed. José Antônio Lisboa Neiva).

interposto através de petição escrita, excetuando-se alguns casos específicos. Não basta, portanto, que o interessado tenha o direito de recorrer. É necessário, para que seja admitido, que o recurso utilizado obedeça aos parâmetros descritos na lei. Assim é o caso, por exemplo, do agravo de instrumento, que exige a instrução de sua peça processual com determinados documentos exigidos legalmente (art. 1.017 do CPC).

19.1.6. Efeitos dos recursos

O efeito devolutivo dos recursos consiste em transferir a matéria decidida pelo juiz da instância inferior a um órgão de jurisdição superior, reabrindo-se a oportunidade de reapreciar e novamente julgar questão já decidida. Ricardo Aprigliano assevera que o efeito devolutivo, em geral, ocorre sempre que se verificar a transferência para o órgão *ad quem* do conhecimento da matéria julgada em grau inferior de jurisdição, nos limites da impugnação[34].

Via de regra, esse efeito está presente na maioria dos recursos, o *tantum devolutum quantum appelatum* (a matéria impugnada será reavaliada por órgão hierarquicamente superior), não sendo apanágio exclusivo do recurso de apelação (art. 1.013 do CPC).

Como exceção, contudo, podem-se mencionar os embargos de declaração, visto que não se aplica o efeito devolutivo. Sua interposição é para apenas esclarecer omissão, contradição ou obscuridade surgida defronte à matéria decidida (art. 1.022 do NCPC), não obstante o posicionamento contrário de Luiz Rodrigues Wambier, para quem há devolutividade, ainda que seja para o mesmo órgão[35].

Em decorrência do efeito devolutivo, é importante observar que o tribunal ficará vinculado ao pedido de nova decisão formulado pelo recorrente, permitindo-lhe apreciar tão somente aquilo que lhe fora proposto no recurso. Pelas suas peculiaridades, o direito eleitoral apresenta algumas exceções quanto à vinculação restrita da magistratura ao pedido, contudo, por hipótese alguma, não pode conhecer fatos não

---

[34] APRIGLIANO, Ricardo de Carvalho. *A apelação e seus efeitos*. São Paulo: Atlas, 2003, p. 96.

[35] WAMBIER. Luiz Rodrigues; ALMEIDA, Flávio Renato Correia de; TALAMINI, Eduardo. *Curso avançado de direito processual civil*. 5. ed. São Paulo: Revista dos Tribunais, 2002, p. 639.

presentes na inicial ou acolher outra fundamentação sem que as partes possam se pronunciar. No entanto, quanto aos fundamentos recursais, o tribunal será livre para examinar a todos, ainda que não tenham sido expressamente referidos nas razões do recurso interposto, o que se denomina de efeito devolutivo em profundidade. Isso é possível graças ao princípio da fungibilidade da forma do fundamento, por meio do qual é lícito ao tribunal conhecer dos fundamentos, ainda que o recorrente não os tenha alegado por completo em suas razões recursais e ainda que a sentença não tenha julgado por inteiro todas as questões suscitadas e discutidas no processo (art. 1.013, §§ 1º e 2º, do CPC).

Ademais, se a maior finalidade do recurso é possibilitar o duplo grau de jurisdição à parte, atribuindo competência e confiança ao órgão ou tribunal diferente daquele que proferiu a decisão impugnada, torna-se o efeito devolutivo consequência das vias recursais. É através dele que a parte terá maior segurança e garantia de que seu direito não fora julgado de forma injusta, pois como a Ciência Jurídica é principiológica e subjetiva, é importante uma revisão do que foi decidido.

O efeito suspensivo tem o poder de impedir a imediata execução da sentença. Na verdade, o termo "suspensivo" não é utilizado adequadamente como define seu significado, uma vez que não faz suspender, mas sim elastecer os efeitos da sentença existente antes da interposição do recurso.

Nesse sentido, esclarece Ovídio A. Baptista da Silva que a denominação mesma de efeito suspensivo, para caracterizar o fenômeno que se examina, é equívoca em razão de prolongar apenas o estado de ineficácia a que a sentença sujeita a recurso já estava submetida antes que ele fosse interposto[36].

Misael Montenegro Filho observa que o efeito suspensivo não diz respeito ao recurso em si, da sua efetiva utilização, mas ao efeito da decisão, que só pode ser executada na hipótese de não ser atacada por recurso próprio, até lá permanecendo em condição suspensiva. Assim é que todas as decisões admitem a sua suspensão, pelo só fato de existir recurso apropriado para combatê-las[37]. Portanto, o efeito suspensivo

---

[36] SILVA, Ovídio Baptista da. *Curso de processo civil.* 5. ed. São Paulo: Revista dos Tribunais, 2001, v. 1, p. 464.

[37] MONTENEGRO FILHO, Misael. *Curso de direito processual civil.* 4. ed. São Paulo: Atlas, 2007, v. 2, p. 90.

tem o condão de conciliar dois polos: o da segurança, evitando, assim, que a decisão impugnada produza efeitos na pendência de recurso que poderá revertê-la; e o da tempestividade, que objetiva impedir que o tempo do processo prejudique a parte que tem razão e, desse modo, estimule a interposição de recursos sem qualquer fundamento[38].

Ademais, promana ressaltar que os recursos extraordinário e especial não poderão ser recebidos no efeito suspensivo, mas tão somente no efeito devolutivo (art. 1.030, do CPC). A exceção poderá ser vivenciada mediante pedido de concessão de efeito suspensivo, conforme § 5º do art. 1.029 do CPC.

Os recursos da seara eleitoral, via de regra, não possuem efeito suspensivo (art. 257, *caput*, CE). Todavia, como há várias exceções que autorizam o efeito suspensivo, como o art. 15 da Lei Complementar n. 64/90; o disposto no art. 16-A da Lei Eleitoral; o art. 216 do Código Eleitoral; ou ainda o § 2º do art. 257 do CE; pode-se dizer que as exceções são tão substanciosas que a mencionada regra foi totalmente flexibilizada.

Além dos efeitos suspensivo e devolutivo, que são de interposição do recurso, há o efeito de julgamento do próprio recurso, que é o substitutivo (art. 1.008 do NCPC). A decisão do tribunal, dando ou não provimento ao recurso, não importa, substituirá a sentença ou a decisão recorrida. Alertando que tal substituição só será feita na parte impugnada, isto é, se a sentença for impugnada parcialmente, da mesma forma, será feita a substituição. Desse modo, ainda que a decisão do tribunal reitere todos os termos da sentença recorrida, esta não mais se fará presente, mas tão somente aquela proferida pelo Tribunal.

O efeito translativo, inerente a qualquer espécie recursal, opera sobre as matérias que competem ao Judiciário conhecer a qualquer tempo ou grau de jurisdição, ainda que não tenham sido expressamente requeridas pela parte interessada. Assim, o tribunal é autorizado a conhecer essas matérias de ordem pública, ainda que não tenham sido ventiladas no juízo *a quo* ou nas razões recursais[39], podendo, assim, conhecê-los *ex officio*. Ressalte-se, outrossim, que contra tais questões de ordem pública

---

[38] MARINONI, Luiz Guilherme; ARENHART, Sérgio Cruz. *Processo de conhecimento*. 6. ed. São Paulo: Revista dos Tribunais, 2007, v. 2, p. 516.

[39] MARINONI, Luiz Guilherme; ARENHART, Sérgio Cruz. *Processo de conhecimento*. 6. ed. São Paulo: Revista dos Tribunais, 2007, v. 2, p. 517.

não se opera a preclusão. É o caso, por exemplo, das hipóteses previstas no art. 337 do NCPC, com exceção dos seus incisos II e X[40].

Destarte, ainda que a sentença não tenha apreciado todas as questões suscitadas e discutidas pelas partes, interessados e Ministério Público no processo, o recurso de apelação transfere o exame dessas questões ao tribunal. Não por força do efeito devolutivo, que exige comportamento ativo do recorrente (princípio dispositivo), mas em virtude do efeito translativo do recurso[41].

Importante citar, no momento, outros efeitos do recurso trazidos pela doutrina, tais como: efeito expansivo – quando o recurso surtirá efeitos para várias partes, a exemplo do recurso de um dos litisconsortes aproveitados por todos ou, ainda, da interrupção dos prazos recursais, após oposição dos embargos de declaração, circunstância que causa a recontagem do prazo recursal para todos integrantes do processo; efeito obstativo da coisa julgada – capacidade do recurso de prolongar o estado de litigância, evitando que a decisão transite em julgado –; e efeito retratativo, trata-se da possibilidade do órgão originário realizar um juízo de retratação sobre a decisão que proferiu.

19.1.7. Desistência e renúncia dos recursos eleitorais

A desistência do recurso é a exteriorização formal de vontade pela qual o recorrente põe fim ao processamento recursal que antes havia interposto, sendo essa vontade manifestada por meio de petição. Assim, interposto o recurso, mas não tendo o recorrente mais interesse em prosseguir com ele, poderá o mesmo desistir de sua apreciação, a

---

[40] CPC. "Art. 337. Incumbe ao réu, antes de discutir o mérito, alegar: I – inexistência ou nulidade da citação; II – incompetência absoluta e relativa; III – incorreção do valor da causa; IV – inépcia da petição inicial; V – perempção; VI – litispendência; VII – coisa julgada; VIII – conexão; IX – incapacidade da parte, defeito de representação ou falta de autorização; X – convenção de arbitragem; XI – ausência de legitimidade ou de interesse processual; XII – falta de caução ou de outra prestação que a lei exige como preliminar; XIII – indevida concessão do benefício de gratuidade de justiça. (...) § 5º Excetuadas a convenção de arbitragem e a incompetência relativa, o juiz conhecerá de ofício das matérias enumeradas neste artigo."

[41] NERY JÚNIOR, Nelson; NERY, Rosa Maria Andrade. *Código de Processo Civil comentado*. 4. ed. São Paulo: Revista dos Tribunais, 2001, p. 1003.

qualquer tempo, independentemente de anuência da parte contrária ou de seus litisconsortes (art. 998 do NCPC). Como há interesse público na maior parte das lides eleitorais, mesmo havendo desistência de uma das partes, pode o Ministério Público assumir a lide e continuá-la.

Contrariamente, a renúncia ao direito de recorrer ocorre antes mesmo de sua interposição, quando a parte vencida abre mão desse direito subjetivo processual, seja ela tácita (decadência do prazo recursal) ou expressa (manifestação de vontade da parte), de forma oral, ou mesmo, por petição, e independe da anuência do recorrido ou dos litisconsortes (arts. 999 e 1.000 do CPC). Humberto Theodoro Júnior afirma que a renúncia pode se expressar em petição, ou mesmo oralmente, na audiência, diante da inexistência de forma especial[42]. O direito de renúncia pode ser plenamente exercido na esfera eleitoralista.

A renúncia difere da desistência porque esta pressupõe recurso interposto, enquanto aquela pressupõe inexistência de recurso; uma vez que a parte abre mão da própria faculdade de interpô-lo, independe da aceitação da outra parte (arts. 998 e 999 do NCPC). Diante disso, podemos concluir que a desistência é posterior à interposição do recurso, enquanto a renúncia é prévia.

Adiante-se, desde já, que, no âmbito eleitoral, a atual jurisprudência da Corte Superior tem se posicionado no sentido de não ser admissível a desistência de recurso que verse sobre matéria de ordem pública, tanto no primeiro, quanto no segundo grau[43]. Nesse caso, inexiste

---

[42] THEODORO JÚNIOR, Humberto. *Curso de direito processual civil*. 37. ed. Rio de Janeiro: Forense, 2001, v. I, p. 500.

[43] "2. A atual jurisprudência desta Corte Superior tem se posicionado no sentido de não ser admissível desistência de recurso que versa sobre matéria de ordem pública. Precedentes. 3. Manifestado o inconformismo do candidato representado no que se refere à decisão de primeira instância, que o condenou por captação ilícita de sufrágio, não se pode aceitar que, no Tribunal Regional Eleitoral, venha ele pretender a desistência desse recurso, em face do interesse público existente na demanda e do nítido interesse de sua agremiação quanto ao julgamento do apelo, em que eventual provimento poderia resultar na alteração do quociente eleitoral e favorecer candidato da mesma legenda. 4. O bem maior a ser tutelado pela Justiça Eleitoral é a vontade popular, e não a de um único cidadão. Não pode a eleição para vereador ser decidida em função de uma questão processual, não sendo tal circunstância condizente com o autêntico regime democrático" (TSE, Respe n. 25.094/2005-GO, Rel. Min. Caputo Bastos).

obstáculo processual para que o *parquet* continue a ação, inclusive deixa de ser uma possibilidade para ser uma obrigação em virtude da tutela da ordem pública quando houver a discussão de qualquer uma das modalidades de abuso de poder. Não obstante, torna-se admissível a desistência recursal quanto se tratar de multas referentes à propaganda eleitoral que não tenham repercussão em qualquer tipo de acinte a normalidade do pleito.

19.2. ESPECIFICIDADES DOS RECURSOS ELEITORAIS

19.2.1. Considerações gerais

Os recursos eleitorais encontram-se disciplinados em diversos diplomas legais, tais como na Constituição Federal (art. 121), no Código Eleitoral (arts. 257 a 282), em leis esparsas (Lei n. 9.504/97 e LC n. 64/90, por exemplo), aplicando-se, subsidiariamente, o Código de Processo Civil e o Código de Processo Penal de forma suplementar e subsidiária.

No entanto, os referidos dispositivos legais não esgotam o tema recursal, porque nada impede que leis eleitorais regulamentem institutos ou efeitos recursais, como a Lei Complementar n. 135 que, por exemplo, atribuiu inelegibilidade a candidatos condenados em decisões colegiadas.

Quanto ao cabimento dos recursos eleitorais, eles se encontram condicionados à satisfação de um conjunto de pressupostos objetivos, assim considerados porque dizem respeito aos recursos em si, independentemente, portanto, da posição ocupada pelo seu interpoente na demanda. Os requisitos necessários são os que já foram expostos neste capítulo, atendendo apenas a algumas peculiaridades desta seara do Direito.

19.2.2. Da restrição da possibilidade recursal

Com o objetivo de garantir celeridade ao processo eleitoral, o legislador mitigou as possibilidades recursais das decisões do Tribunal Superior Eleitoral e dos Tribunais Regionais Eleitorais. Uma amplitude recursal exacerbada poderia ensejar uma avalanche de demandas, contribuindo para a mitigação da segurança jurídica.

Em regra, das decisões do Tribunal Superior Eleitoral não cabe nenhum tipo de recurso, a não ser que contrariem a Constituição e as denegatórias de *habeas corpus* ou mandado de segurança (art. 121, § 3º, da CF). Das decisões dos Tribunais Regionais Eleitorais somente caberá recurso quando: a) forem proferidas contra disposição expressa da Constituição ou de lei; b) ocorrer divergência na interpretação de lei entre dois ou mais tribunais eleitorais; c) versarem sobre inelegibilidade ou expedição de diplomas nas eleições federais ou estaduais; anularem diplomas ou decretarem a perda de mandatos eletivos federais ou estaduais; denegarem *habeas corpus*, mandado de segurança, *habeas data* ou mandado de injunção (art. 121, § 4º, incisos I ao V, da CF).

No mesmo sentido de evitar discussões despiciendas, pondo em risco a legitimidade do resultado das eleições, no Direito Eleitoral prepondera o princípio da legalidade, verificando se o mandamento legal foi cumprido em sua inteireza, desprezando filigranas jurídicas para se chegar ao resultado. As nulidades apenas podem ser declaradas se houver a constatação de nítido prejuízo, prevalecendo a parêmia *pas de nullité sans grief*. As formas processuais são importantes para garantir a segurança dos atos jurídicos, mas sem se constituir em a priori absoluto ou requisito de validade desses atos.

19.2.3. Da ausência de juízo de admissibilidade

Pela magnitude de o objeto tutelado garantir a transparência da vontade dos cidadãos, inexiste no Direito Eleitoral a prerrogativa de o juiz singular verificar a admissibilidade recursal. Não lhe cabe verificar se o recurso apresenta os requisitos necessários para enviá-lo ao Tribunal, sua obrigação se configura na remessa imediata (prazo de 48 horas), com a sua resposta e os documentos em que se fundar, sob pena, se não o fizer, de sujeitar-se ao pagamento de multa de 10% do salário mínimo regional por dia de retardamento.

Oportuno esclarecer que mesmo diante da desnecessidade de juízo de admissibilidade pelo juiz singular, caso tal órgão o faça inadmitindo o recurso, o impugnante poderá utilizar do mandado de segurança, como meio de combater a decisão de inadmissão, tendo em vista a inexistência de recurso específico para a mencionada hipótese. Outrossim, nos dizeres de Jairo Gomes, poderá o recorrente, também, fazer uso de reclamação perante o Tribunal Regional Eleitoral, com fundamento no art. 988, inciso I do CPC, para consolidar a competência do Tribunal *ad quem*, como responsável pela apreciação da admissibilidade[44].

Excepciona essa regra se o magistrado reformar sua decisão, exercendo o juízo de retratação (art. 267, § 6º, do CE). Outra exceção ocorre, exigindo-se a feitura do juízo de admissibilidade, nos recursos especial e extraordinário. No recurso especial, tem o presidente do Tribunal Regional Eleitoral o prazo de 48 horas do recebimento dos autos conclusos para admiti-lo ou não, mediante despacho fundamentado[45] (art. 278, § 1º, do CE). No recurso extraordinário, tem o presidente do Tribunal Superior Eleitoral a prerrogativa de exercer igual função[46].

19.2.4. Juízo de retratação

Juízo de retratação é a possibilidade que os magistrados ostentam de poder modificar seus posicionamentos quando receberem o recurso de suas decisões, despachos, atos ou resolução. Configura-se na hipótese de o magistrado poder reapreciar suas sentenças, com a opção de modificá-las ou não, de acordo com a prerrogativa de livre apreciação do material probatório.

O momento de o magistrado exercer essa prerrogativa é o do recebimento das contrarrazões do recorrido, quando, munido dos subsídios fornecidos pela dialética, pode, através de processo inte-

---

[44] GOMES, José Jairo. *Direito Eleitoral*. Editora Atlas: São Paulo, 2016, p. 86.

[45] "É firme o entendimento desta Corte de que cabe ao presidente do Tribunal Regional o exame da existência ou não da infração à norma legal, sem que isso implique usurpação da competência deste Tribunal (precedentes). O prequestionamento constitui requisito específico de admissibilidade do recurso especial e pressupõe que a matéria veiculada nas razões recursais tenha sido objeto de debate e decisão prévios pelo órgão colegiado" (AG-6254/MT, Rel. Min. José Gerardo Grossi).

"Conforme já reiteradamente decidido nesta Casa, a fundamentação do juízo de admissibilidade do recurso especial não implica invasão de competência da Corte *ad quem*" (AG-6341/CE, Rel. Min. Caputo Bastos).

[46] "Conforme já reiteradamente decidido, o exame pelo Presidente de Tribunal Regional Eleitoral de questões afetas ao mérito do recurso especial, por ocasião do juízo de admissibilidade, não implica invasão de competência do Tribunal Superior Eleitoral" (AG-8905/MG, Rel. Min. Arnaldo Versiani).

lectivo mais profundo, aprimorar seu posicionamento para manter ou revogar sua decisão. Revogando-a, o recorrido tem a facultatividade de requerer que o recurso suba, no prazo de três dias (art. 267, § 7º, do CE).

O juízo de retratação é possível em todos os recursos existentes das decisões, dos atos, dos despachos ou das resoluções do magistrado ou da Junta Eleitoral[47] (art. 267, § 7º, do CE).

Nesse sentido, interposto um recurso, e sendo ele remetido diretamente para a apreciação do Tribunal competente, sem que antes se proceda ao juízo de retratação para permitir ao magistrado uma análise mais detalhada do processo, com o escopo de manter ou reformar a decisão guerreada, importará, de imediato, na supressão da instância[48].

19.2.5. Efeito recursal

Em regra, os recursos eleitorais não apresentam efeito suspensivo, o que significa que não suspendem a eficácia dos atos contra os quais

---

[47] "Agravo regimental. Juízo de retratação. Representação. Lei n. 9.504/97. Incapacidade postulatória. Vício sanado em grau de recurso no TRE. Possibilidade. Incidência do art. 13 do CPC. Precedentes. Recurso. Inobservância do prazo do art. 96, § 8º. Intempestividade. Na linha de precedentes desta Corte, é cabível a regularização postulatória em sede recursal" (AG-5130/SP, Rel. Min. Gilmar Ferreira Mendes).

[48] "TRANSFERÊNCIA DE TÍTULO ELEITORAL. INSURGÊNCIA. INSUBSISTÊNCIA DO PROCEDIMENTO ESTABELECIDO NO ART. 57 DO CÓDIGO ELEITORAL. ALTERAÇÃO LEGÍTIMA PELA RESOLUÇÃO N. 15.374, EM FACE DAS DISPOSIÇÕES DA LEI N. 7.444/86. FALTA DE EXERCÍCIO DO JUÍZO DE RETRATAÇÃO PELO JUIZ ELEITORAL. APRECIAÇÃO DO INCONFORMISMO DIRETAMENTE PELO TRE. SUPRESSÃO DE INSTÂNCIA. DESCUMPRIMENTO DA RESOLUÇÃO TSE N. 15.374. VIOLAÇÃO DO ART. 267, §§ 6º e 7º, DO CÓDIGO ELEITORAL. Nos termos do art. 25, parágrafo único, da Resolução n. 15.374, que legitimamente alterou o procedimento estabelecido no art. 57 do Código Eleitoral, o juiz eleitoral deve exercer o juízo de retratação (art. 267, §§ 6º e 7º, do CE), em face de recurso manifestado, mantendo ou reformando a decisão que deferiu a transferência. A simples remessa dos autos para o TRE importa supressão de instância" (TSE, AG 351/96 – BA, Rel. Min. José Eduardo Alckmin).

são impetrados[49]. O ato guerreado permanece produzindo todos os seus efeitos, até que se opere decisão transitada em julgado cerceando sua validade (art. 257 do CE).

Essa se configura como a regra geral, que comporta algumas exceções, como, a título exemplificativo, o art. 15 da Lei das Inelegibilidades, que dispõe que apenas com a decisão transitada em julgado ou proferida por órgão colegiado que declarar a inelegibilidade do candidato será negado registro ao candidato ou declarado nulo o diploma se já expedido. Cite-se, ainda, o que consta no art. 216 do CE, que garante que o eleito possa exercer o seu mandato até que o TSE não decida quanto ao recurso interposto contra a expedição de diploma; bem como a possibilidade de impetrar medida cautelar, pedindo o efeito suspensivo para proteção de bem jurídico tutelado; o disposto no art. 16-A da Lei Eleitoral, que se dirige ao candidato cujo registro esteja *sub judice*, autorizando que mesmo nessa condição efetue todos os atos relativos à campanha eleitoral.

A respeito da aplicação do efeito suspensivo, tem-se que o art. 257, § 2º, do Código Eleitoral determina que "o recurso ordinário interposto contra decisão proferida por juiz eleitoral ou por Tribunal Eleitoral que resulte em cassação de registro, afastamento do titular ou perda de mandato eletivo será recebido pelo Tribunal competente com efeito suspensivo". O dispositivo legal mencionado prevê a incidência de efeito suspensivo *ope legis* ao recurso eleitoral interposto em face de sentença proferida por juiz eleitoral que resulte em perda de mandato eletivo. Nessa hipótese, que está escrita em claro e bom vernáculo, deve-se emprestar efeito suspensivo ao recurso até o pronunciamento da Corte Regional a respeito das matérias veiculadas em sede recursal.

Suscite-se que o Tribunal Superior Eleitoral tem decidido que o § 2º do art. 257 do Código Eleitoral veicula efeito suspensivo recursal que decorre automaticamente da previsão normativa, no que não há, bem por isso, discricionariedade por parte do julgador ou qualquer

---

[49] "Em regra, aos recursos eleitorais atribui-se o efeito meramente devolutivo (art. 257 do CE), admitindo-se, excepcionalmente, o ajuizamento de medida cautelar para a concessão de efeito suspensivo, desde que se evidenciem os pressupostos de plausibilidade do direito e de perigo de atraso na prestação jurisdicional, o que não foi demonstrado no caso *sub examine*" (MC-2263/AM, Rel. Min. José Augusto Delgado).

pressuposto para a concessão do referido efeito. Para tanto, o TSE também entende que a expressão "Recurso Ordinário" foi empregada pelo legislador em acepção genérica e compreende todos os meios aptos a prestigiar o princípio do duplo grau de jurisdição[50].

Outrossim, partindo-se da premissa exposta na regra geral, tem-se adotado que a captação ilícita de sufrágio (art. 41-A da Lei n. 9.504/97) apresenta eficácia imediata, em virtude do princípio de que os recursos eleitorais não possuem efeito suspensivo. Todavia, a jurisprudência e a doutrina têm atenuado esse postulado, ao permitir, no caso de *fumus boni juris* e *periculum in mora*, a possibilidade de se impetrar cautelar inominada para garantir efeitos suspensivos ao recurso[51].

---

[50] "MANDADO DE SEGURANÇA. ELEIÇÕES 2012. PREFEITO. AÇÃO DE INVESTIGAÇÃO JUDICIAL ELEITORAL (AIJE). ABUSO DO PODER ECONÔMICO. USO INDEVIDO DE MEIOS DE COMUNICAÇÃO SOCIAL. ART. 22 DA LC 64/90. EMBARGOS DECLARATÓRIOS. EFEITO SUSPENSIVO. ART. 257, § 2º, DO CÓDIGO ELEITORAL. PRECEDENTES. FUMUS BONI IURIS. PERICULUM IN MORA. PRESENÇA. LIMINAR DEFERIDA. (...) 7. A teor do art. 257, § 2º do Código Eleitoral, com texto dado pela Lei 13.165/2015, o Recurso Ordinário interposto contra decisão proferida por Juiz Eleitoral ou por Tribunal Regional Eleitoral que resulte em cassação de registro, afastamento do titular ou perda de mandato eletivo será recebido pelo Tribunal competente com efeito suspensivo. 8. A expressão Recurso Ordinário foi empregada pelo Legislador em acepção genérica e compreende hipótese de Embargos Declaratórios, conforme voto da e. Ministra LUCIANA LÓSSIO, no Respe 241-96/PR, em 18-10-2016. 9. As sanções de inelegibilidade e de perda de diplomas impostas ou mantidas por Tribunal Regional Eleitoral produzem seus efeitos a partir da publicação do aresto proferido em Embargos (...)" (MS n. 0602320-09/RJ, Rel. Min. Herman Benjamin, decisão monocrática, *DJe*, 10-11-2016).

[51] "MEDIDA CAUTELAR PARA DAR EFEITO SUSPENSIVO A RECURSO ESPECIAL ELEITORAL. CABIMENTO. AÇÃO DE IMPUGNAÇÃO DE MANDATO ELETIVO. AÇÃO JULGADA PROCEDENTE PELAS INSTÂNCIAS ORDINÁRIAS. RECURSO ESPECIAL RECEBIDO. NÃO INCIDÊNCIA DOS ARTS. 224 E 216 DO CÓDIGO ELEITORAL. PRECEDENTES. É cabível a medida cautelar para dar efeito suspensivo a recurso especial eleitoral, já recebido no Tribunal Regional. Precedentes: Ac. 1.235/PR, Rel. Min. Sepúlveda Pertence, publicado em sessão de 23-10-2002; Ac. 1.059/DF, Rel. Min. Barros Monteiro, *DJ* 25-4-2003; Ac. 1.052/DF, Rel. Min. Ellen Gracie, *DJ* 23-8-2002; Ac. 987/PB, Rel. Min. Costa Porto, *DJ* 20-4-2001; MC 966-MG, Rel. Min. Waldemar Zveiter, *DJ* 1º-2-2001; Ac. 469/PA, Rel. Min. Eduardo Alckmin, publicado

Quando os recursos eleitorais não apresentarem efeito suspensivo, sua execução é feita imediatamente, através de comunicação por ofício, telegrama, ou, em casos especiais, a critério do presidente do Tribunal, através de cópia do acórdão (art. 257, § 1º, do CE).

19.2.6. Prazos

Como corolário do princípio da celeridade, os prazos dos recursos eleitorais são, via de regra, de três dias (art. 258 do Código Eleitoral), sendo que, durante o período eleitoral, não se suspendem aos sábados, domingos e feriados (art. 16 da LC n. 64/90). Os prazos eleitorais, portanto, são contínuos e peremptórios, não se suspendem nem se interrompem. Uma vez perdidos, não podem mais ser restabelecidos. Se não fosse dessa forma, o princípio da celeridade não poderia ser agasalhado.

Os prazos recursais do Direito Eleitoral são preclusivos, salvo quando se discutir matéria constitucional (art. 259 do CE). A preclusão se configura na perda de um direito por não ter sido exercido no prazo fixado, impedindo que qualquer outra impugnação possa ser interposta[52]. Somente as matérias constitucionais podem ser alegadas sem se importar com a preclusão, desde que exista possibilidade de serem ventiladas em outra fase (art. 259, parágrafo único, do CE). Essa impermeabilização ao instituto da preclusão deriva da supremacia das normas constitucionais e de sua relevância axiológica.

Outra regra à preclusão é quando se trata de fato superveniente, ou seja, que surgiu após o prazo estabelecido. Não se configurando desídia da parte, o prazo começa a contar da ocorrência do fato superveniente, com a necessidade de ser alegado na primeira oportunidade processual.

---

em sessão de 2-10-1998; MC 959/AL, Rel. Min. Costa Porto, *DJ* 10-11-2000, despacho do Min. Fernando Neves concedendo a liminar; Ac. 320/BA, Rel. Min. Maurício Corrêa, *DJ* 12-2-1999; Ac. 420/MA, Rel. Min. Edson Vidigal, *DJ* 18-12-1998; MC 1.005/MS, Rel. Min. Sepúlveda Pertence, *DJ* 9-8-2001 (despacho monocrático); Ac. 1.182-MG, Rel. Min. Ellen Gracie, publicado em sessão de 1º-10-2002; Ac. 1.273/GO, Rel. Min. Luiz Carlos Madeira, *DJ* 1º-8-2003" (TSE, MC 1320/2004 – MG, Rel. Min. Francisco Peçanha Martins).

[52] "Ante a interposição do agravo regimental pela parte, opera-se a preclusão consumativa, não sendo admitida a reiteração do recurso" (Respe n. 25.743/AM, Rel. Min. Caputo Bastos).

19.3. TIPOS DE RECURSOS PREVISTOS NO DIREITO ELEITORAL

São recursos previstos no Direito Eleitoral e serão oportunamente especificados: o recurso inominado, o recurso contra expedição de diploma, o recurso ordinário, o agravo de instrumento, o agravo interno, os embargos declaratórios, o recurso extraordinário e o recurso especial.

19.3.1. Recurso inominado

O recurso inominado apresenta a natureza de um pedido para reexame pela instância superior de uma decisão judicial, com todos os seus apanágios intrínsecos e extrínsecos. Ele é cabível contra qualquer ato que tenha conteúdo decisório ou cominatório do juiz ou da Junta Eleitoral, sendo um recurso de grande utilização nesses órgãos. (art. 265, *caput* do CE)[53]. Para que se impetre esse recurso, urge a demonstração de que houve sucumbência, gravame ao interesse da parte, provocado por ato, despacho ou resolução do juiz ou da Junta Eleitoral, independentemente da gradação do dano provocado.

Atendendo a um dos princípios basilares do Direito Eleitoral, que é o da celeridade, o prazo para a sua impetração é de três dias, contados da data da publicação do *decisum*. Ainda impende explicitar que, nas representações fundadas na Lei n. 9.504/97 (Lei das Eleições), cabe recurso inominado que deverá ser apresentado no prazo de 1 dia da publicação da decisão[54]. Ademais, a jurisprudência da Colenda Corte Eleitoral é assente quanto ao início do prazo para interposição de recursos a partir das intimações, que podem ser realizadas de forma eletrônica[55].

---

[53] A redação do art. 265 do Código Eleitoral precisa ser dotada de melhor técnica porque atos e despachos, que não tenham caráter decisório e não sejam teratológicos, não são passíveis de recursos. Por outro lado, as resoluções apenas são passíveis de impugnação, seja por ação ou recurso, quando afrontarem o parâmetro da legalidade.

[54] O art. 96, § 8º, da Lei das Eleições determina o prazo de 24 horas para interposição do recurso. Contudo, o art. 22, *caput* da Resolução n. 23.608/2019, ditou que o referido prazo seria computado em dias, logo, a tempestividade do recurso se daria em 1 dia.

[55] Respe n. 67742, Acórdão, Rel. Min. Luiz Fux, *DJe*, Tomo 192, 5-10-2016, p. 67-68.

Na hipótese do art. 9º da LC n. 64/90, o prazo para interposição do recurso inominado contar-se-á da publicação da sentença em cartório. No entanto, se houver algum equívoco no procedimento do ato de intimação que se realizou mediante publicação em cartório e, posteriormente, por mandado, não poderá responder a parte por tal erro. Sendo assim, neste caso deve-se considerar a intimação pessoal[56].

Importante salientar que, passado esse prazo, configura-se a preclusão temporal, podendo ser impugnado por outra espécie recursal ou ação específica, se houver. Em decorrência da literalidade do art. 265, chegou-se a defender a possibilidade de recurso contra decisões interlocutórias na seara do Direito Eleitoral. Todavia, para a consecução de seu desiderato de celeridade, torna-se inviável oportunizar a via recursal contra esse tipo de decisão.

A doutrina diverge quanto à nomenclatura do recurso inominado, sendo por vezes confundido com outras espécies recursais[57]. Denomina-se de inominado porque não há um *nomen juris* para a sua nomeação. Discorda-se de sua denominação como recurso eleitoral porque esse é o gênero do qual o inominado é uma espécie.

De bom alvitre ressaltar que os recursos disciplinados pelo art. 265 do CE são aqueles pertinentes às matérias de natureza civil, pois, para as de cunho penal, todos os recursos são nominados, salvo o recurso contra a decisão condenatória ou absolutória.

José Joel Cândido apresenta um interessante elenco das medidas que podem ser modificadas por intermédio do Recurso Inominado. Segundo o ínclito professor, sua principal área de atuação incide nos casos de:

---

[56] Respe n. 34.970, Acórdão de 27-11-2008, Rel. Min. Marcelo Henriques, PSESS, 27-11-2008.

[57] Alguns autores, inclusive, o confundem com o Recurso Ordinário, tese pela qual não nos filiamos. Já Fávila Ribeiro entende que o mesmo tem natureza de Agravo, tese compartilhada por José Joel Cândido. Além disso, alguns doutrinadores assemelham ainda o Recurso Inominado com a figura do Agravo Regimental, quando cabível das decisões proferidas pelo Presidente dos Tribunais Regionais. A respeito disso, Thales de Pádua Cerqueira inclina-se pela terminologia do Agravo Regimental, ficando os Recursos Inominados restritos às decisões de primeira instância.

a) decisão que julgar impugnação à designação de escrutinadores e apuradores (art. 39 do CE);

b) decisão que julgar pedido de inscrição eleitoral (art. 45, § 7º, do CE);

c) decisão que julgar pedido de transferência eleitoral (art. 57, § 2º, do CE);

d) decisão que apreciar o direito de resposta e julgar as representações feitas com base no poder de polícia eleitoral, salvo se houver disposição específica (arts. 243, § 3º, e 249 do CE);

e) decisão que julgar pedido de cancelamento de inscrição e/ou cancelamento de eleitor (art. 80 do CE);

f) decisão que julgar alegação de impedimento de mesário para serviço eleitoral (art. 120, § 4º do CE);

g) decisão que julgar reclamação à designação de indicação de mesário (art. 121, § 1º do CE);

h) decisão que julgar reclamação à designação de seções eleitorais (art. 135, § 8º, do CE);

i) decisão que julgar pedido de inscrição eleitoral derivado da Lei n. 6996/82 (art. 7º, § 1º);

j) contra sentenças proferidas em ação de investigação judicial eleitoral (art. 258 do Código Eleitoral, e art. 22, XIV, da LC n. 64/90), ação de impugnação de mandato eletivo (art. 14, § 10, da CF)[58].

Defende-se que o recurso inominado não é mais o adequado para impugnar decisão em sede de ação de impugnação de pedido de restrito de candidatura, seja perante juiz eleitoral, seja perante o Tribunal Regional Eleitoral. Da sentença que denegar o registro de candidatura em razão de inelegibilidade, por imperativo do art. 257, § 2º, o recurso cabível passa a ser o ordinário, permitindo-se a reanálise das questões fáticas e o efeito suspensivo do julgado[59]. Diante da reformulação legis-

---

[58] CÂNDIDO, Joel José. *Direito eleitoral brasileiro*. 12. ed. São Paulo: Edipro, 2006, p. 240-241.

[59] Leia-se precedente recente, no qual é possível notar que contra sentença, em AIRC, proferida pelo juízo de primeiro grau, fora interposto recurso ordinário para o Tribunal Regional Eleitoral: "(...) 5. No caso dos autos: a. O Juiz Eleitoral, no processo de registro de candidatura, analisou a sentença por ele mesmo

lativa, o recurso ordinário passou a ser o pertinente para os casos em que haja denegação do registro, cassação do diploma e perda de mandato, apresentando em todas essas hipóteses efeito suspensivo.

No caso de decisões proferidas por juiz auxiliar de Tribunal *ad quem*, estas devem ser atacadas por via de recurso inominado, desde que não se trate de denegação de registro. Não se confundindo assim com as decisões proferidas pelo relator do recurso, que devem ser atacadas pelo recurso específico ou por mandado de segurança se houver teratologia. Na hipótese em que o juiz eleitoral não receber tempestivamente representação agasalhada pelo art. 96 da Lei n. 9.504/97, cabe à interposição do respectivo recurso inominado, previsto no art. 265 do Código Eleitoral.

Esse recurso permite a realização de uma ampla revisão da decisão de 1º grau, permitindo ampla análise probatória, no que se denominado de efeito devolutivo em profundidade. Até mesmo questões de fato podem ser suscitadas no tribunal *ad quem*, desde que haja comprovação que não foi suscitado na primeira instância por motivo de forma maior. Nesse ponto há uma simetria com o recurso ordinário, pois permite a oportunidade de reapreciação de questões fáticas.

---

prolatada no processo de improbidade administrativa e deferiu o registro de candidatura em razão da ausência do requisito relativo ao enriquecimento ilícito. b. No julgamento do recurso ordinário, o Tribunal Regional Eleitoral entendeu presente o enriquecimento ilícito, em razão da 'malversação do dinheiro público e vários aspectos questionáveis sob a ótica da legalidade e da moralidade, como despesas realizadas apenas ao final do prazo dos convênios, como forma de justificar todo o dinheiro que foi repassado'. 6. A presença do enriquecimento ilícito como elemento essencial à caracterização da inelegibilidade por condenação por improbidade administrativa pressupõe ser possível perceber, na decisão proferida pela Justiça Comum, à primeira vista, a existência e a individualização de acréscimo patrimonial indevido, ainda que em favor de terceiro. Para esse fim, não basta indicar a existência de malversação de dinheiro público ou a gravidade das irregularidades que causaram dano ao erário. 7. Conforme reiterados pronunciamentos deste Tribunal, as regras de inelegibilidade são de interpretação estrita, revelando-se inadmissível o uso de presunções ou de termos genéricos para fins de atrair o óbice à candidatura. (Recurso especial a que se dá provimento para restabelecer a sentença e deferir o registro de candidatura" (Respe n. 13493, Acórdão, Rel. Min. Henrique Neves da Silva, *DJe*, Tomo 61, 28-3-2017, p. 59).

Cabe mencionar que a peça recursal deverá indicar, como preliminar, as impugnações que pretenda fazer sobre as decisões interlocutórias proferidas na fase de conhecimento, sob pena de preclusão. Nesse ponto, importa registrar que não cabe agravo de instrumento contra decisão interlocutória, na seara eleitoral, razão pela qual tal *decisum* deverá ser discutido como preliminar do recurso inominado. A exceção é quando a decisão interlocutória apresentar natureza teratológica, sendo cabível, então, mandado de segurança.

O recurso inominado apenas pode ser interposto contra decisões de juízes singulares ou de juntas eleitorais, não se admitindo sua interposição contra decisões do Tribunal Regional Federal ou contra o Superior Tribunal Eleitoral. Por essa peculiaridade, é um dos principais recursos a ser utilizado nos pleitos municipais, sendo o mecanismo de impugnação preponderante e recorrente em relação às decisões do primeiro grau.

19.3.1.1. *Procedimento do recurso inominado*

O Código Eleitoral permitiu a interposição do recurso inominado por parte de partido político, coligação ou candidato, quando houver prejuízo para qualquer um desses legitimados (art. 96 da LE). O Ministério Público pode interpor esse recurso quando a matéria versar sobre um daqueles permissivos em que a *Lex Mater* lhe outorgou prerrogativa para agir, ressaltando seu interesse público ou a defesa da ordem jurídica e do regime democrático.

Os partidos políticos que optaram por disputar o pleito eleitoral em coligação não podem interpor recurso inominado, de forma isolada, necessitando postular em nome da coligação e nunca em nome próprio. A única exceção a essa regra é a que outorga a partido político prerrogativa de agir isoladamente apenas nas hipóteses de dissidência interna ou quando questionada a validade da própria coligação[60].

---

[60] "(...) A teor do disposto no art. 6º, § 4º, da Lei n. 9.504/97, o partido político coligado não tem legitimidade para atuar isoladamente no processo eleitoral, salvo se para questionar a validade da própria coligação" (Respe n. 3059, Acórdão, Rel. Min. Rosa Maria Weber Candiota da Rosa, PSESS, 23-11-2016).

A petição recursal, apresentada em duas vias, deve conter todos os pontos contra os quais pretendem se insurgir, com precisão nos relatos dos fatos, as especificações das provas necessárias para a constatação do alegado e as circunstâncias inerentes.

Pela exiguidade do procedimento analisado, em regra geral, não há espaço para dilação probatória, exigindo-se que as provas estejam juntadas quando da apresentação da inicial, sob pena de indeferimento do pedido. A dilação probatória apenas se verifica em casos excepcionais, quando for imprescindível para o julgamento da ação e apresentar grande relevância jurídica.

Na exegese do art. 266 do Código Eleitoral, o recurso poderá ser instruído com novos documentos. Ademais, se o recorrido juntar novos documentos, terá o recorrente vista dos autos por 48 horas para falar sobre eles (art. 267, § 5º, do CE). Essa exigência é salutar para propiciar a ampla defesa, o contraditório e o princípio da paridade processual, permitindo que o impetrante possa argumentar acerca dos novos documentos juntados aos autos.

Recebidas as razões, o recorrido será intimado para a ciência do recurso, abrindo-lhes vista dos autos a fim de, no prazo de três dias, oferecer suas impugnações, acompanhadas ou não de novos documentos (art. 267 do CE). Impende explicitar que a intimação recursal é feita pela publicação no *Diário Oficial* ou por sua fixação no cartório judicial. Durante o período eleitoral, o prazo não se interrompe aos sábados, domingos ou feriados.

O Ministério Público, em seu papel de guardião da ordem jurídica, deve se posicionar após manifestação das partes e antes de o juiz exercer ou não seu juízo de retratação, a não ser que seja o autor do recurso. O prazo para seu posicionamento é de 48 horas.

O juiz eleitoral fará, dentro de 48 horas, subir os autos para o respectivo Tribunal Regional Eleitoral com a sua resposta e os documentos em que se alicerçar, sujeito à multa de dez por cento do salário-mínimo por dia de retardamento, salvo se entender de reformar a sua decisão (art. 267, § 6º, do CE).

Uma vez interposto recurso, abre-se oportunidade para que o juiz possa exercer seu juízo de retratação, fundamentando os motivos que o levaram a tal ato (art. 267, § 7º, do CE). Se houver retratação total, o recorrido pode requerer que o recurso interposto tenha seu seguimento, no prazo de três dias. Não sendo o caso de modificação completa, havendo sucumbência para ambas as partes, o recurso tem seu seguimento normal.

Com a conclusão desse procedimento, o juiz eleitoral fará subir os autos ao Tribunal Regional Eleitoral e, no caso de recurso contra esse Pretório, ele fará subir os autos ao Tribunal Superior Eleitoral, com todos os seus documentos específicos.

Chegando os autos à instância superior, é designado um relator, no prazo de 24 horas, que, antes de analisar o mérito, tem a missão de verificar se o recurso cumpre os requisitos exigidos, como o interesse processual, a legitimidade, a tempestividade etc. O relator tem o prazo de oito dias para prolatar seu parecer fundamentado.

Sequencialmente, os autos vão à Procuradoria Regional Eleitoral para que ela emita seu parecer no prazo de cinco dias. Se a Procuradoria não emitir parecer no prazo fixado, poderá a parte interessada requerer a inclusão do processo na pauta, devendo o procurador proferir parecer oral na assentada do julgamento (art. 269 do CE).

Na sessão de julgamento, depois da leitura do parecer do relator, cada uma das partes pode sustentar oralmente suas conclusões pelo prazo de 10 minutos. No entanto, quando se tratar de julgamento de recursos contra a expedição de diploma, cada parte terá 20 minutos para a sustentação oral (art. 272 do CE). Por fim, realizado o julgamento, o relator, se vitorioso, será designado para redigir o acórdão, apresentará a redação desse, o mais tardar, dentro de cinco dias (art. 273 do CE).

De outra ponta, no tocante aos recursos eleitorais derivados das representações fundadas na Lei n. 9.504/97 (Lei das Eleições), o prazo para interposição será de 1 (um) dia, devendo ser julgado pelo Plenário do Tribunal. O prazo recursal contará da publicação da decisão, em mural eletrônico ou sessão, garantindo-se ao recorrido o oferecimento de contrarrazões no mesmo elastério, a contar de sua notificação[61].

---

[61] O art. 96, § 8º, da Lei das Eleições determina o prazo de 24 horas para interposição do recurso. Contudo, o art. 22, *caput* da Resolução n. 23.608/2019, ditou que o referido prazo seria computado em dias, logo, a tempestividade do recurso se daria em 1 dia.

Em seguida, o *parquet* deverá, no prazo de 1 dia, confeccionar parecer, em ato contínuo, o processo será encaminhado para julgamento, tendo os tribunais o prazo de 2 dias para apresentar o recurso em mesa, independente de publicação de pauta. Mesmo se não oferecidas as contrarrazões ou o parecer do MP ou se decorrido o respectivo prazo de oferta, o recurso deverá ser levado para julgamento em sessão, pelo próprio juiz auxiliar. Se, mesmo assim, o tribunal não se reunir no prazo de 2 dias, o recurso deverá ser julgado na primeira sessão subsequente.

Há limitação para a apreciação desses recursos. Somente poderão ser apreciados aqueles relacionados até o início de cada sessão plenária. A regra geral é a de que os acórdãos serão publicados na sessão em que os recursos forem julgados, salvo por determinação do Plenário ou determinação diversa estabelecida em Resolução do TSE.

19.3.2. Recurso contra a expedição de diploma (RCED)

A diplomação se constitui como a última fase do processo eleitoral, representando, pois, a certificação ou declaração oficial da Justiça Eleitoral, por meio da qual se confere aos candidatos eleitos o respectivo documento formal, em cerimônia solene, que atesta o resultado das eleições e a consequente proclamação dos eleitos. O recurso contra a expedição de diploma se apresenta como a forma jurídica destinada à anulação do resultado das eleições, em razão de rol taxativo de hipóteses, são elas: inelegibilidade constitucional, inelegibilidade superveniente e falta de condições de elegibilidade.

A finalidade do recurso contra a expedição de diploma é a desconstituição do pronunciamento judicial que deferiu a homologação do resultado das eleições, por ele afrontar determinados mandamentos constantes em lei. Tenciona tornar sem eficácia as prerrogativas pertinentes à diplomação, cerceando seus efeitos de forma *ex nunc* após seu trânsito em julgado.

Como já fora exposto anteriormente, o diploma eleitoral é um documento que atesta o resultado eleitoral, concedendo ao candidato eleito o direito subjetivo de assumir seu mandato. O RCED é um instrumento processual cabível para impugnar esse diploma quando houver afronta a determinados parâmetros legais.

19.3.2.1. *Natureza do recurso contra expedição de diploma*

O posicionamento adotado é que o mencionado instituto se configura como um recurso, em decorrência de ser a diplomação um pronunciamento judicial, desaguadouro de todo um processo, importando na última fase do Direito Eleitoral. Assim, como consentâneo lógico, o tratamento dispensado a este instituto pelo Código Eleitoral (art. 262) foi dotado de natureza recursal, apesar de, registre-se, haver divergência doutrinária, já que alguns sustentam que o mencionado recurso tem o status de autêntica ação eleitoral.

A diplomação foge do enquadramento de ser classificada como um simples ato administrativo, pois provoca consequências jurídicas que outros atos não judiciais não teriam condições de produzir, como a coisa julgada formal. Inexistem diferenças ontológicas entre os atos judiciais e os administrativos; quem realiza essa diferenciação de forma discricionária é o legislador, de acordo com a carga axiológica imperante em dado momento na sociedade. A diferenciação maior está em sua formação e em seus efeitos, já que os atos jurídicos necessitam de procedimentos rígidos para sua feitura e fazem coisa julgada.

Para a homologação do resultado eleitoral, exige-se o acatamento do devido processo legal, maculando-o de forma irremediável se as exigências processuais não forem cumpridas. Uma vez realizada essa decisão, ela adquire pertinência ao mundo jurídico, subsistindo como qualquer dos outros atos jurídicos. A diferença é que a natureza da diplomação pertence à jurisdição voluntária, cuja função é garantir a validade de atos considerados essenciais pelo conjunto normativo.

O fato de ser ato de jurisdição voluntária não quer dizer que o remédio específico para sua impugnação não sejam as vias recursais[62]. Todavia, o legislador eleitoral outorgou a possibilidade, haja vista a especificidade da jurisdição não contenciosa, de interposição de algumas ações para suprir sua validade, como, por exemplo, a ação de impugnação de mandado eletivo.

---

[62] Segundo Arruda Alvim, o recurso pertinente das decisões provenientes de processo de jurisdição voluntária é o recurso de apelação (ALVIM, Arruda. *Manual de direito processual civil*. 9. ed. São Paulo: Revista dos Tribunais, 2005, v. 1, p. 205-206).

De forma alguma se quer dizer que os procedimentos pertinentes à diplomação tenham caráter litigioso, não os têm como todos os outros típicos de jurisdição voluntária. Mesmo com essa taxonomia, exigiu o legislador que esses atos fossem validados com a homologação por meio de pronunciamento da Justiça Eleitoral.

Cristalinamente, afirma o Professor Arruda Alvim que a jurisdição voluntária se configura como o instrumento utilizado pelo Estado para resguardar, por ato do juiz, bens reputados pelo legislador como de alta relevância social. Não é um processo cautelar ou preventivo, mas simplesmente um procedimento destinado a integrar atos jurídicos para que tenham validade. Continua o professor a explanar que a jurisdição voluntária é uma anomalia das funções judiciais porque não se enquadra como uma função típica, caracterizando-se como secundária, realizada em virtude do interesse público determinante[63].

Verdade que o pronunciamento judicial não substitui a vontade das partes; a relação sinalagmática entre a vontade popular e a escolha de seus mandatários permanece intacta. Ele nada julga, nada modifica ao conteúdo de normalidade que lhe é posta. O pronunciamento da instância eleitoral almeja garantir a segurança do ato jurídico, atestando sua validade jurídica e assegurando a produção de seus efeitos.

Adriano Soares da Costa preleciona que a natureza do referido recurso é, no fundo, uma verdadeira ação de cunho impugnativo. Enquanto o recurso volta-se contra decisão judicial, prolongando o estado de litispendência de um processo já existente, o RCED ataca diretamente a diplomação, a qual possui natureza administrativa[64].

Pede-se vênia para discordar, reafirmando seu caráter recursal. Alegam-se os seguintes argumentos: a) existe a presença da coisa julgada, em seu sentido formal; b) o pedido é para a análise de uma relação jurídica anteriormente formada, nítida, entre o diplomado e aquele que teve seu direito preterido em razão de um dos motivos ensejadores do RCED; c) as provas devem ser pré-constituídas, podendo reanalisar questões fáticas, como no recurso ordinário; d) rediscute questões sim

---

[63] ALVIM, Arruda. *Manual de direito processual civil*. 9. ed. São Paulo: Revista dos Tribunais, 2005, v. 1, p. 204.

[64] COSTA, Adriano Soares. *Instituições de Direito Eleitoral*. 6. ed. Belo Horizonte: Del Rey, 2006, p. 416.

que já foram ventiladas, ao menos no pedido, durante a fase de registro de candidatura.

Quem recorre da diplomação atua contra o ato da diplomação em si, mas igualmente impugna fatos anteriores que trazem mácula a licitude de sua feitura. Concebido como ato complexo que é, ele se perfez em integralidade do pronunciamento judicial, não se podendo vislumbrá-lo em partes estanques. A diplomação opera, sim, coisa julgada formal, tanto que uma vez realizada de forma integral, não pode ser desfeita pelo próprio magistrado que a deferiu em sede de retratação. Necessita-se interpor recurso ou ação específica.

Em sede de recurso contra expedição de diploma, há uma mitigação na produção probatória, como falou-se antes. Isso acontece porque a matéria cabível a ser apreciada nesse recurso – inelegibilidade constitucional, inelegibilidade superveniente e condições de elegibilidade – podem ser majoritariamente comprovadas através documentos acostados aos autos, em razão de que são fatos jurídicos atestados por registros materiais. Muito difícil a necessidade de realização de depoimento de testemunha ou de perícia técnica, contudo, havendo essa necessidade insofismável, com a fundamentação necessária, não há impedimento legal para que ela se realize.

Portanto, seguindo o RCED, todos os procedimentos inerentes aos recursos, obedecendo a suas peculiaridades, não se poderia designá-lo como de outra natureza, em razão de que a taxonomia da diplomação é a de um pronunciamento judicial declaratório, atestando que o candidato ganhou o pleito eleitoral e preenche as condições de exercer o mandato que lhe é conferido pelos cidadãos. Somente não produz coisa julgada material, podendo a decisão ser modificada em sede recursal ou por meio de outra ação prevista na normatização eleitoral.

Importante consignar que o Tribunal Superior Eleitoral, por maioria, no dia 17 de setembro de 2012, sob relatoria do Min. Dias Toffoli, decidiu que o recurso contra expedição de diploma (RCED), como estava regulamentado, não era compatível com a Constituição Federal de 1988. O fulcro teleológico da respectiva decisão encontra-se embasado no entendimento de que o inciso IV do art. 262 do Código Eleitoral – que trata de uma das hipóteses para o ajuizamento do RCED – afronta o § 10 do art. 14 da Constituição Federal, uma vez que a própria Carta Magna prevê mecanismo processual específico, a

AIME (ação de impugnação de mandato eletivo), para a cassação de mandatos nos casos de abuso de poder econômico, corrupção ou fraude. Ademais, no que se refere as situações de abuso de poder, ainda, há que se mencionar o cabimento da AIJE (ação de investigação judicial eleitoral), o que tornou evidente a desnecessidade da aplicação do RCED para os casos de abuso de poder. Portanto, a reestruturação das hipóteses de cabimento da RCED foi benfazeja.

19.3.2.2. *Causas*

Como decisão judicial que é, o recurso contra esse ato foi disciplinado em *numerus clausus*, ou seja, apenas as hipóteses previstas no Código Eleitoral possibilitam a discussão sobre sua validade[65]. A redação originária do Código Eleitoral detinha as hipóteses que ensejam o cabimento do recurso contra expedição de diploma (art. 262 do CE):

a) inelegibilidade ou incompatibilidade de candidato;

b) errônea interpretação da lei quanto à aplicação do sistema de representação proporcional;

c) erro de direito ou de fato na apuração final, quanto à determinação do quociente eleitoral ou partidário, contagem de votos e classificação de candidato, ou sua contemplação sob determinada legenda;

d) concessão ou denegação do diploma em manifesta contradição com a prova dos autos, quando houver votação viciada por falsidade, fraude, coação ou captação ilícita de sufrágio.

Contudo, de acordo com a decisão citada do Tribunal Superior Eleitoral, a reforma eleitoral realizada no ano de 2013 revogou todos os incisos do art. 262 do Código Eleitoral, modificando o seu alcance para três únicas hipóteses de cabimento previstas na capitulação do dispositivo, a saber: a) inelegibilidade superveniente, b) inelegibilidade constitucional e c) falta de condição de elegibilidade. Ressalte-se que a respectiva mudança legislativa – que acarreta diversas consequências práticas – é muito bem-vista pela prática forense e pela doutrina eleitoralista.

---

[65] "O cabimento do recurso contra expedição de diploma está restrito às hipóteses elencadas no art. 262 do Código Eleitoral" (AG-6945/MA, Rel. Min. Marcelo Henriques).

Justifica-se o exposto porque tal mudança objetiva conceder melhor sistematização aos recursos eleitorais, impedindo que vários deles tenham por objeto uma mesma hipótese de incidência. Outrossim, não tem sentido a existência de um remédio para causas que não têm mais valia na atualidade, tendo sido ultrapassado pela roda do tempo. Como as hipóteses de cabimento do recurso contra expedição de diploma se mostram como gravames muito sérios ao processo eleitoral, a possibilidade de análise mais profunda, por uma instância *ad quem*, mostra-se alvissareira para densificar a legitimidade do processo eleitoral, não havendo outro recurso ou ação para reapreciar essa matéria.

Como fora exposto anteriormente, as hipóteses de cabimento do recurso contra expedição de diploma sofreram redução, limitando-se à inelegibilidade constitucional, inelegibilidade superveniente e à falta das condições de elegibilidade. As causas de inelegibilidade a que se refere o respectivo dispositivo circunscrevem-se àquelas previstas diretamente pelo Texto Constitucional, não se podendo estender o mesmo raciocínio para aquelas contidas na Lei Complementar n. 64/90 e na de n. 135/2010, ou seja, da natureza infraconstitucional, a não ser que sejam supervenientes. O mesmo raciocínio deve ser desenvolvido para as condições de elegibilidade, devendo ser consideradas aquelas topografadas pelo Texto Constitucional, não se confundindo com os requisitos de registrabilidade, contidos na Lei Eleitoral.

A inelegibilidade superveniente, que dantes era uma criação jurisprudencial, foi criada legalmente indiretamente pela Lei n. 12.034/2009, com a inclusão do art.11, § 10 na Lei Eleitoral, e, posteriormente, pela Lei n. 12.891/2013, de forma direta, como umas das hipóteses de cabimento do RCED, no art. 262 do CE. São aqueles óbices ao *jus honorum* dos candidatos que aparecem após o registro. Se elas forem anteriores ao registro de candidatura, não podem ser tipificadas como inelegibilidade superveniente, em razão de que se opera a preclusão, a menos que ostentem status constitucional. O marco temporal para que elas ocorram é até a data das eleições, termo legal escolhido porque possibilita aos eleitores saberem se há alguma mácula pairando sobre seus candidatos. Exemplo típico de uma inelegibilidade superveniente ocorre quando o registro de um candidato estava amparado em uma liminar que suspendia os efeitos de uma decisão do Tribunal de Contas e, posteriormente, até a data das eleições, essa liminar vem a ser revogada.

Nesse sentido, cabe trazer à baila o julgamento do Recurso Especial Eleitoral n. 550-80, de relatoria do Ministro Tarcisio Vieira de Carvalho Neto, no qual restou asseverado o cabimento do RCED para a inelegibilidade superveniente de índole constitucional ou, se infraconstitucional, superveniente ao registro de candidatura, que tenha surgido até a data do pleito[66]. Assinala o TSE que, para fins de cabimento do RCED, equipara-se à inelegibilidade superveniente a causa supridora de inelegibilidade, ocorrida entre a data do registro e a das eleições, como é o caso de decisão judicial que suspendia os efeitos de causa de inelegibilidade preexistente, mas que, posteriormente, foi revogada[67].

Do primeiro mencionado julgado é possível extrair que, se a causa de inelegibilidade tiver ocorrido antes do registro de candidatura, não sendo impugnada pelo AIRC, não caberá levantar tal situação, em sede de RCED, em decorrência da preclusão sobre tal situação. De outra ponta, as inelegibilidades de natureza constitucional, poderão ser arguidas a qualquer tempo, ainda que conhecidas na fase de impugnação de registro de candidatura, tendo em vista que tais matérias não serão sujeitas à preclusão e decadência.

Mencione-se, nesse passo, que o TSE adotava posicionamento de impossibilidade de RCED para casos de ausência de condições de elegibilidade. Contudo, tal tese não coadunava com a previsão legal, tendo em vista que as condições de elegibilidade são de conteúdo constitucional, não se submetem à preclusão ou à decadência, razão pela qual poderão ser arguidas em fase posterior ao registro de candidatura[68]. Assim, importa destacar o julgamento do RCED n. 801368, de

---

[66] Respe n. 550-80, Guaxupé/MG, Rel. Min. Tarcisio Vieira de Carvalho Neto, j. 17-10-2017.

Súmula 47: "A inelegibilidade superveniente que autoriza a interposição de recurso contra expedição de diploma, fundado no art. 262 do Código Eleitoral, é aquela de índole constitucional ou, se infraconstitucional, superveniente ao registro de candidatura, e que surge até a data do pleito".

[67] "A inelegibilidade apta a embasar o Recurso Contra Expedição de Diploma (RCED), art. 262, I, do Código Eleitoral, é, tão somente, aquela de índole constitucional ou, se infraconstitucional, superveniente ao registro de candidatura" (Respe n. 0601160-04.2020.6.05.0150, Ac. de 27-9-2021, Rel. Mario Alberto Simoes Hirs, *DJe*, 6-10-2021).

[68] JORGE, Flávio Cheim; RODRIGUES, Marcelo Abelha. *Curso de Direito Eleitoral*. Salvador: Ed. JusPodivm, 2016, p. 583.

relatoria da Ministra Maria Thereza Assis, no qual a condenação criminal que veio a transitar em julgado entre a data do registro e a data das eleições, levando à suspensão dos direitos políticos, no que caracterizou a falta de condição de elegibilidade, portanto, passível de impugnação por meio de recurso contra expedição de diploma[69].

19.3.2.3. *Procedimento do recurso contra expedição de diploma*

O prazo para interposição do recurso é de três dias após o último dia limite fixado para a diplomação, e será suspenso no período compreendido entre os dias 20 de dezembro e 20 de janeiro, a partir do qual retomará seu cômputo (art. 262, § 3º, do Código Eleitoral, incluído pela Lei n. 13.877/2019)[70]. Esse recurso é impetrado sempre na instância superior àquela que diplomou o então candidato[71]. Se a diplomação tiver ocorrido pelo Juízo Eleitoral (eleições municipais), a competência é dos Tribunais Regionais Eleitorais; se a diplomação tiver ocorrido pelos Tribunais Regionais Eleitorais (eleições federais e estaduais), a competência é do Tribunal Superior Eleitoral[72].

---

[69] "(...) Condenação criminal transitada em julgado entre a data do registro e a data das eleições leva à suspensão dos direitos políticos por força do disposto nos arts. 14, § 3º, II, e 15, III, da CF, pois afasta uma das condições de elegibilidade, caracterizando incompatibilidade arguível por meio do RCED fundado no inciso I do art. 262 do CE. 6. O sursis não afasta a suspensão dos direitos políticos. Precedente. Diploma cassado. Agravo regimental desprovido" (Recurso contra Expedição Diploma n. 801368, Acórdão, Rel. Min. Maria Thereza de Assis Moura, *DJe*, Tomo 63, 5-4-2016, p. 95-96).

[70] "É inadmissível a dilação do marco inicial para a apresentação do RCED – o qual se dá com a diplomação –, ante a natureza decadencial do prazo para a sua propositura e a ausência de previsão legal" (Recurso contra Expedição de Diploma n. 060077048, Acórdão, Rel. Min. Luís Roberto Barroso, *DJe*, Tomo 104, 9-6-2021).

[71] TORQUATO, Jardim. *Direito eleitoral positivo*. 2. ed. Brasília: Brasília Jurídica, p. 167.

[72] Súmula 37 do TSE: "Compete originariamente ao Tribunal Superior Eleitoral processar e julgar recurso contra expedição de diploma envolvendo eleições federais ou estaduais". Ac. TSE, de 10-5-2016, no PA n. 32345. Min. Dias Toffoli, presidente e Rel. Min. Gilmar Mendes – Min. Luiz Fux – Min. Herman Benjamin – Min. Napoleão Nunes Maia Filho – Min. Henrique Neves – Min. Luciana Lóssio.

Para Jairo Gomes e Flávio Cheim, o RCED, em casos de eleições para Presidente e Vice-Presidente da República, deverá ser interposto perante o próprio órgão prolator da diplomação, ou seja, perante o Tribunal Superior Eleitoral[73]. Nesse caso, excepcionalmente, por uma questão estrutural da Justiça Eleitoral, a competência será do próprio Tribunal Superior Eleitoral, em razão de que não se poderia deixar sem apreciação e determinação da competência específica assuntos tão relevantes, como a inelegibilidade superveniente e as condições de elegibilidade. Discorda-se que essa competência possa ser afeita ao Supremo Tribunal Federal, haja vista não haver tal previsão delineada no art. 102 da Constituição, sendo impossível sua outorga por intermédio de legislação infraconstitucional.

Possui legitimidade para impetrar o recurso contra expedição de diplomação partido político, coligação, qualquer candidato ou membro do Ministério Público[74]. Desfalece de legitimidade o partido pertencente à coligação que venceu as eleições impetrá-lo, pois não há interesse de agir e configura-se contrassenso, mesmo havendo contenda após o resultado do pleito. O eleitor não pode manejá-lo porque não há previsão legal nem ele possui legitimidade direta para se insurgir, muito embora tenha direito subjetivo a que o pleito eleitoral transcorra em absoluta lisura[75].

No polo passivo, o RCED deve ser proposto em face de candidato diplomado cuja conduta tenha sido tipificada no art. 262 do Código Eleitoral. Nesse caso, cumpre ressaltar que, atualmente, a jurisprudência do TSE é uníssona no que urge à possibilidade da formação de litisconsórcio passivo necessário entre o Prefeito e seu Vice nos processos que poderão acarretar a perda do mandato eletivo, como é o caso do recurso contra expedição de diploma[76]. Configura-se imprescindível

---

[73] JORGE, Flávio Cheim; RODRIGUES, Marcelo Abelha. *Curso de Direito Eleitoral*. Salvador: Ed. JusPodivm, 2016, p. 584.

GOMES, José Jairo. *Direito Eleitoral*. Editora Atlas: São Paulo, 2016, p. 973.

[74] RCED 674, Rel. Min. José Delgado, 24-4-2009.

[75] BE- TSE, n. 433/470.

[76] "Verifica-se que o entendimento declarado no acórdão regional está em consonância com a jurisprudência desta Casa no sentido de que, 'nas ações eleitorais em que se cogita de cassação de registro, de diploma ou de mandato, há litis-

o litisconsórcio necessário passivo entre o candidato a cargo ao Poder Executivo e o seu vice, haja vista que ambos sofrerão devido a incidência da decisão judicial[77]. Sendo assim, a ausência de citação do respectivo vice em sede de RCED impõe o reconhecimento da anulação do processo e, possivelmente, na impossibilidade de se impetrar novamente a ação pela perda de seu prazo. Como dito, o prazo para se interpor o recurso em comento é de três dias contados da sessão de diplomação, sem possibilidade de interrupção ou suspensão.

O rito procedimental para a interposição do recurso contra a expedição de diploma é o previsto no art. 267, do Código Eleitoral. Ele deve ser interposto, através de advogado, mediante petição escrita e fundamentada, acompanhada dos documentos e do conteúdo probatório necessário[78]. Para que a petição seja apta e, consequentemente de-

---

consórcio passivo necessário entre os integrantes da chapa majoritária, considerada a possibilidade de o vice ser afetado pela eficácia da decisão' (AgR-Respe n. 357–62/SP, Rel. Min. Arnaldo Versiani, *DJe*, 25-5-2010); 'o atual entendimento do TSE determina o litisconsórcio passivo necessário entre o prefeito e seu vice nos processos que poderão acarretar a perda do mandato eletivo, como é o caso do recurso contra expedição de diploma' (AgR–AI n. 119–63/ MG, Rel. Min. Ricardo Lewandowski, *DJe*, 11-5-2010 – grifei); e 'o vice deve figurar no polo passivo das demandas em que se postula a cassação de registro, diploma ou mandato, uma vez que há litisconsórcio necessário entre os integrantes da chapa majoritária, considerada a possibilidade de o vice ser afetado pela eficácia da decisão' (AgR-Respe n. 359-42/SP, Rel. Min. Arnaldo Versiani, *DJe*, 10-3-2010). Incide, portanto, no caso o Enunciado Sumular n. 30/TSE" (Respe n. 060052529, Acórdão, Rel. Min. Tarcisio Vieira de Carvalho Neto, *DJe*, Tomo 24, 4-2-2020).

[77] "RECURSO CONTRA EXPEDIÇÃO DE DIPLOMA. VICE. POLO PASSIVO. DECADÊNCIA. 1. Está pacificada a jurisprudência do Tribunal Superior Eleitoral no sentido de que o vice deve figurar no polo passivo das demandas em que se postula a cassação de registro, diploma ou mandato, uma vez que há litisconsórcio necessário entre os integrantes da chapa majoritária, considerada a possibilidade de o vice ser afetado pela eficácia da decisão. 2. Consolidada essa orientação jurisprudencial, exige-se que o vice seja indicado, na inicial, para figurar no polo passivo da relação processual ou que a eventual providência de emenda da exordial ocorra no prazo para ajuizamento da respectiva ação eleitoral, sob pena de decadência" (TSE, AgR-Respe n. 35.942/ SP, Rel. Min. Arnaldo Soares, *DJe* 10-3-2010).

[78] "Cabível a ampla dilação probatória nos recursos contra expedição de diploma,

ferida, é suficiente que descreva os fatos que, em tese, configuram os ilícitos imputados[79]. Recebida a petição, intima-se o recorrido para ciência do recurso, abrindo-se vista dos autos a fim de oferecer sua contrarrazão no prazo de três dias. Ademais, indeferido o recurso monocraticamente, dessa cabe agravo interno.

O recurso deverá ser interposto acompanhado de provas préconstituídas, sendo essa uma condição de procedibilidade. Contudo, nada impede que as partes solicitem produção de provas[80]. Realizadas as provas requeridas, abrir-se-á vista dos autos, por 24 horas, seguidamente, ao recorrente e ao recorrido para se pronunciarem a respeito, em sede de alegações finais. Ainda cumpre salientar que apesar de existir a possibilidade de dilação probatória no RCED, como admite o TSE, não se afasta possibilidade de o relator indeferir provas que não sejam relevantes ao deslinde da controvérsia[81].

Concluída a fase probatória, devem os Tribunais Regionais Eleitorais ou o Tribunal Superior Eleitoral proferirem acórdãos devidamente fundamentados. Tramitando o processo em tais instâncias, o relator deve devolver os autos oito dias depois de finalizada a dilação probatória, para nas 24 horas seguintes, ser o caso incluído na pauta de julgamento do Tribunal (art. 271 do CE). Nos tribunais, cada parte dispõe de 20 minutos para sustentação oral, diversamente dos demais prazos de sustentação oral nos Tribunais que é de 10 minutos (art. 269, §§ 1º e 2º, do CE).

Obtendo o relator o acatamento de seu voto, ele é designado para redigir o acórdão, que contém uma síntese das questões debatidas e decididas. De acordo com as alterações promovidas pela Lei n. 13.877/2019, especificamente no tocante às do Código Eleitoral, caso a inelegibilidade superveniente que atrai restrição à candidatura hou-

---

desde que o autor indique, na petição inicial, as provas que pretende produzir. Precedentes" (AgR em AgIn 11.734, Ac. de 28-10-2009, Rel. Min. Marcelo Henriques, *DJe* 10-12-2009, p. 11).

[79] TSE, RCED 767, de 4-2-2010, Rel. Min. Marcelo Henriques.

[80] COSTA Adriano Soares da. *Instituições de direito eleitoral.* Belo Horizonte: Fórum, 2016, p. 372.

[81] Recurso contra Expedição de Diploma n. 1343, Acórdão, Rel. Des. Orlando Rocha Filho, *DEJEAL – Diário Eletrônico da Justiça Eleitoral de Alagoas,* Tomo 90, 22-5-2017, p. 4-5.

ver sido formulada no âmbito do processo de registro, não poderá ser deduzida em sede de recurso contra expedição de diploma (art. 262, §1º, do Código Eleitoral).

O art. 216 do Código Eleitoral determina que, enquanto o Tribunal Superior não decidir o recurso interposto contra a expedição do diploma, poderá o diplomado exercer o mandato em toda a sua plenitude, assegurando ao candidato diplomado, de forma clara, a permanência no respectivo mandato eletivo até o resultado final do RCED. Assim, esse recurso, por expressa disposição legal, contrasta com a regra, bastante excepcionalizada, de que não há recurso com efeito suspensivo, o que obriga que o recorrente aguarde o desfecho final da decisão, com trânsito em julgado, para, sendo favorável o resultado, poder ser diplomado e exercer o mandato por seu tempo restante[82].

O mandatário, sob o qual paire contestação contra sua diplomação por intermédio de recurso contra a expedição de diploma, exerce suas funções públicas na plenitude de suas prerrogativas, sem nenhuma *diminutio* em sua abrangência.

19.3.3. Recurso ordinário

Anteriormente, podia-se interpor o recurso ordinário apenas ao Tribunal Superior Eleitoral contra decisões terminativas dos Tribunais Regionais Eleitorais que versarem sobre expedição de diplomas nas eleições federais e estaduais e quando denegarem *habeas corpus* e mandado de segurança (art. 276, II, *a* e *b* do CE)[83]. A Lei n. 13.165/2015 trouxe nova hipótese de cabimento do recurso, ora vergastado, criando o § 2º no art. 257 do Código Eleitoral, de modo que poderá ser inter-

---

[82] Ac. TSE, de 28-10-2021, nos ED-RCED n. 060406339 e, de 9-9-2021, no AgR-AREspe n. 060040185: os arestos do TSE que impliquem perda de diploma possuem execução imediata, não estando condicionados seus efeitos à sua publicação.

[83] "Cabível, portanto, o recurso ordinário para o TSE quando o Tribunal *a quo* julgar caso de inelegibilidade ou expedição de diploma nas eleições estaduais ou federais; quando anular diploma ou decretar perda de mandato eletivo estadual ou federal; quando denegar *habeas corpus*, mandado de segurança, *habeas data* ou mandado de injunção" (RO-790/AC, Rel. Min. José Augusto Delgado).

posto contra decisão proferida por juiz eleitoral ou por Tribunal Regional Eleitoral que resulte em cassação de registro, afastamento do titular ou perda de mandato eletivo, hipóteses em que será recebido pelo órgão competente com efeito suspensivo.

Joel Cândido elenca os casos em que o recurso ordinário se configura cabível:

a) o *habeas corpus*, o mandado de segurança, o *habeas data* e o mandado de injunção decididos em única instância pelos Tribunais Regionais Eleitorais e pelos Tribunais Superiores, se denegatória a decisão;

b) decisão que julgar ação de impugnação de mandato eletivo em segundo grau;

c) decisão que julgar ação de investigação judicial eleitoral eletivo em segundo grau;[84]

d) decisão que julgar ação de impugnação de pedido de registro de candidatura, eletivo em segundo grau[85].

Importante frisar que o fato de se atestar a existência de uma causa de inelegibilidade deságua na conclusão de que o cidadão não possa obter o seu registro, atraindo o disposto no art. 121, § 4º, inciso III, da Constituição Federal e, portanto, a adequação do recurso ordinário quando a decisão for proferida por juiz eleitoral ou por Tribunal Regional Eleitoral[86].

Ainda é cabível a interposição do recurso ordinário quando determinado feito versar sobre matéria que possa ensejar perda de registro ou de diploma federal ou estadual[87]. Por outro lado, não será admissível contra acórdão regional que denega pedido de registro de candidatura nas eleições municipais, haja vista que o recurso adequado é o especial,

---

[84] Recurso Ordinário Eleitoral n. 318562, Acórdão, Rel. Min. Luis Felipe Salomão, *DJe*, Tomo 231, 15-12-2021.

[85] CÂNDIDO, Joel José. *Direito eleitoral brasileiro*. 12. ed. São Paulo: Edipro, 2006, p. 251.

[86] Respe n. 336.584, Ac. de 16-12-2010, Rel. Min. Marco Aurélio Mendes de Farias Mello, PSESS, 16-12-2010.

[87] Recurso Ordinário Eleitoral n. 060007693, Acórdão, Rel. Min. Sergio Silveira Banhos, PSESS, 11-12-2020.

respeitando-se o princípio da singularidade[88]. No que urge às eleições municipais, o recurso ordinário, consonante a modificação implementada pela Lei n. 13.165/2016, passa a ser o remédio adequado a todas as decisões proferidas a respeito de inelegibilidade, sejam elas constitucionais, infraconstitucionais ou supervenientes. Ainda nessa toada, deve-se precisar que o recurso ordinário passa a ser o recurso cabível, ainda, quando houver a discussão de condições de elegibilidade e requisitos de registrabilidade. Dessa forma, todas as questões envolvidas em registro de candidatura podem ser reanalisadas por intermédio do mencionado recurso.

Igualmente, passa a ser cabível recurso ordinário das decisões proferidas por juiz eleitoral que indeferir *habeas corpus*, *habeas data*, mandado de segurança e mandado de injunção. Nesse ponto, importa ressaltar o cabimento do recurso ordinário para o TSE quando a denegação ocorrer por decisão, em única instância, proferida pelo Tribunal Regional Eleitoral.

O texto constitucional determina de forma precisa que caberá recurso ordinário para o Supremo Tribunal Federal quando a mencionada denegação ocorrer por decisão dos Tribunais Superiores (art. 102, II, *a* da CF) ou nos casos relativos à crimes políticos (art. 102, II, *a*, da CF). Em composição com a previsão eleitoral, das decisões do Tribunal Superior Eleitoral que denegarem *habeas corpus*, *habeas data*, *mandado de injunção* ou mandado de segurança caberá, excepcionalmente, recurso ordinário para o Supremo Tribunal Federal, a ser interposto no prazo de três dias (art. 281 do CE). Juntado o presente recurso, nas 48 horas seguintes, os autos serão conclusos ao presidente do tribunal, que, no mesmo prazo, proferirá despacho fundamentado, admitindo ou não o recurso ordinário (art. 281, § 1º, do CE). Uma vez admitido o recurso, será aberta vista dos autos ao recorrido para que, dentro do prazo de três dias, apresente as suas razões (art. 281, § 2º, do CE). Findo esse prazo, os autos finalmente serão remetidos ao Supremo Tribunal Federal para conhecimento e apreciação (art. 281, § 3º, do CE).

---

[88] "O caso versa sobre a expedição de diploma nas eleições estaduais, razão pela qual é cabível a interposição de recurso ordinário. O princípio da fungibilidade recursal autoriza, na espécie, o recebimento do recurso especial como ordinário" (RO n. 763425, Acórdão, Rel. Min. João Otávio De Noronha, Rel. designado(a) Min. Tarcisio Vieira de Carvalho Neto, *DJe*, Tomo 92, 17-5-2019, p. 16-17).

Também se configura como pacífico no Tribunal Superior Eleitoral, a admissibilidade de recurso ordinário para atacar decisões em sede de ação de captação ilícita de sufrágio, fundadas no art. 41-A da Lei n. 9.504/97, proferidas em segunda instância, desde que a decisão guerreada possa atingir o diploma, incidindo, assim, na hipótese prevista no inciso IV, do § 4º, do art. 121 da CF/88[89].

Configura-se cabível o recurso ordinário quando interposto para discutir o fato de o candidato tentar registrar sua candidatura individualmente, sem ser escolhido em convenção pelo seu respectivo partido, resultando na denegação de seu registro. Tem-se entendimento consolidado pela Colenda Corte Eleitoral de que não existe candidatura avulsa, ou seja, o mandato eletivo é da titularidade do partido e esse disputa a eleição por meio de seu candidato[90].

Em se tratando de matéria relativa à prestação de contas por via de acórdão de Tribunal Regional Eleitoral, a Colenda Corte Eleitoral assentou o entendimento no qual o recurso a ser utilizado neste caso é o especial, ou seja, não prevê o cabimento de recurso ordinário em processo de prestação de contas de partido político apreciado originariamente por Tribunal Regional Eleitoral[91].

O prazo para a impetração do recurso ordinário é de três dias contados da decisão do juiz eleitoral ou do Tribunal Regional Eleitoral que resulte em cassação do registro, afastamento do titular, perda de mandato ou da decisão que denegar *habeas corpus*, mandado de segurança, *habeas data* ou mandado de injunção (art. 276, § 1º, do CE). O prazo para a apresentação das contrarrazões também é de três dias. Possuem legitimidade para interpô-lo o candidato, o partido político, a coligação e o Ministério Público, exercendo seu papel constitucional de protetor do regime democrático.

---

[89] Recurso Ordinário Eleitoral n. 060186731, Acórdão, Rel. Min. Luis Felipe Salomão, *DJe*, Tomo 230, 14-12-2021.

[90] Resolução TSE n. 23.609/2019. Art. 9º, § 3º: "É vedado o registro de candidatura avulsa, ainda que o requerente tenha filiação partidária" (Lei n. 9.504/97, art. 11, § 14).

[91] AgRl em Recurso Ordinário 2834855, Ac. de 6-3-2012, Rel. Min. Fátima Nancy Andrighi, *DJe* 63, 24-2012, p. 68.

Como mencionado anteriormente, afora o recurso extraordinário e o especial, não há juízo de admissibilidade *a quo* para os recursos eleitorais, bem como para o ordinário, em decorrência da necessidade de celeridade que é premente para esses instrumentos processuais.

O recurso ordinário tem efeito devolutivo e translativo, transferindo a matéria decidida pelo juiz de instância inferior a um órgão de jurisdição superior, dando nova oportunidade de apreciação e julgamento à questão já decidida, podendo a instância *ad quem* analisar questões que não foram apreciadas na instância *a quo*. Sendo assim, insta salientar que, em se tratando de recurso ordinário, é possível a reavaliação do acervo fático-probatório pela Corte *ad quem*, haja vista que sua devolutividade é ampla bem como a exigência de demonstração de divergência jurisprudencial, visto que tal impedimento recai somente em sede de recurso especial[92].

Como mencionado adredemente anteriormente, os recursos eleitorais não possuem efeito suspensivo, havendo mais uma exceção quanto ao recurso ordinário interposto contra decisão proferida por juiz eleitoral ou por Tribunal Regional Eleitoral que resulte em: a) cassação de registro; b) afastamento do titular; ou c) perda de mandato eletivo. Nesses casos, o recurso ordinário será recebido pelo Tribunal competente automaticamente com efeito suspensivo. O recurso em espécie terá preferência sobre quaisquer outros processos, salvo o *habeas corpus* e o mandado de segurança (art. 257, §§ 2º e 3º, do Código Eleitoral).

Interposto recurso ordinário contra decisão do Tribunal Regional Eleitoral, o presidente pode, na própria petição, mandar abrir vistas ao

---

[92] "Em sede de contrarrazões, o recorrido pugna pelo não conhecimento do recurso, sob o argumento de que houve deficiência de fundamentação, ausência de indicação dos dispositivos legais violados, falta de prequestionamento e não demonstração da divergência jurisprudencial. (...) Tais requisitos devem ser observados no âmbito dos recursos de natureza extraordinária e, portanto, de cognição restrita, e não no caso dos autos, que trata de recurso ordinário, cuja devolutividade é ampla, viabilizando a apreciação pelo Tribunal *ad quem* de todas as questões suscitadas e discutidas no processo, ainda que não tenham sido solucionadas, desde que relativas ao capítulo impugnado da decisão objeto do recurso, por força do efeito devolutivo insculpido no art. 1.013, § 1º, do CPC" (Recurso Ordinário Eleitoral n. 060387989, Acórdão, Rel. Min. Sergio Silveira Banhos, *DJe*, Tomo 143, 4-8-2021).

recorrido para que, no mesmo prazo, ofereça suas razões. Transcorrido esse prazo, com a devida juntada das razões do recorrido, os autos são remetidos ao Tribunal Superior Eleitoral para julgamento (art. 277 e seu parágrafo único, do CE). Não há juízo de admissibilidade nesse tipo de recurso, a não ser para verificar a existência dos requisitos básicos dessa modalidade recursal[93].

Parte da doutrina preleciona que o juízo de admissibilidade é privativo do Presidente do TRE e do TSE, sendo exercido, exclusivamente, nas hipóteses de recurso especial e extraordinário[94]. Sendo assim, a atuação do presidente do TRE se limitaria somente a determinar a subida do recurso ordinário, configurando-se em um óbice intransponível a análise de qualquer questão meritória desses recursos. Os requisitos devem ser analisados pela instância *ad quem*.

Insta ressaltar a possibilidade da aplicação do princípio da fungibilidade nesta seara recursal, pois, para Araken de Assis, o manuseio do recurso ordinário acarreta frequentes equívocos acerca da sua especificidade[95]. Nesse sentido, é bem verdade que, por via do princípio da singularidade dos recursos, toda impugnação de ato judicial deve ser realizada por meio da sua respectiva via recursal, sob pena da inadmissibilidade do mesmo. Porém, há certas situações em que há dúvida objetiva acerca do recurso cabível para atacar determinada decisão judicial, admitindo-se o recurso inadequado para não decorrer em prejuízo para a parte recorrente[96]. Não pode ser utilizado o princípio da fungibilidade se houver erro crasso na interposição recursal ou se não houver adequação no procedimento desses recursos.

Exemplo de aceitação do princípio da fungibilidade, acontece quando o recurso especial é impetrado, em uma questão que versa sobre expedição de diploma de uma eleição federal, quando o recurso

---

[93] AGRA, Walber de Moura; VELLOSO, Carlos Mário da Silva. *Elementos de Direito Eleitoral*. 2. ed. São Paulo: Saraiva, 2010, p. 465.

[94] PINTO, Djalma. *Direito Eleitoral*: improbidade administrativa e responsabilidade fiscal. 5. ed. São Paulo: Atlas, 2010, p. 327.

[95] DE ASSIS, Araken. *Manual dos Recursos*. 2. ed. São Paulo: Revista dos Tribunais, 2008, p. 672.

[96] DONIZETTI, Elpídio. *Curso Didático de Direito Processual Civil*. 7. ed. Rio de Janeiro: Lumen Juris, 2007, p. 394.

cabível era o ordinário[97]. Nesse caso, o Tribunal Superior Eleitoral reconheceu ser admissível o recebimento de recurso especial como ordinário. Do outro lado, não se aceitou o princípio da fungibilidade quando, em vez de se entrar com um especial, impetrou-se um ordinário, já que aquele exige como requisitos a necessidade de prequestionamento e da repercussão geral[98]. Uma das principais dificuldades para se aceitar a fungibilidade entre o ordinário e o especial é que aquele permite uma reanálise do conteúdo probatório, enquanto este veda essa possibilidade em decorrência da Súmula 279 do Superior Tribunal de Justiça.

19.3.4. Agravos

a) Agravo de instrumento

O agravo de instrumento é o recurso destinado à impugnação das decisões interlocutórias proferidas no curso do processo de conhecimento, com previsão estampada, em rol taxativo, no art. 1.015 do CPC[99]. Todavia, para garantir a celeridade almejada na seara elei-

---

[97] "Recurso cabível: No caso vertente, o acórdão objurgado desafia a interposição de recurso especial, pois não se amolda às hipóteses estritas de cabimento do recurso ordinário elencadas no art. 121, § 4º, III e IV, da CF, quais sejam: inelegibilidade, expedição ou anulação de diploma ou perda de mandato eletivo nas eleições federais ou estaduais. Aplicáveis, na espécie, as orientações consolidadas nas Súmulas n. 36 e 64 do TSE. (...) Na linha da iterativa jurisprudência deste Tribunal, o princípio da fungibilidade recursal não pode ser aplicado quando não atendidos os pressupostos específicos de admissibilidade do apelo nobre, quais sejam: ofensa a dispositivos legais ou constitucionais ou divergência jurisprudencial" (RO n. 060008718, Acórdão, Rel. Min. Tarcisio Vieira de Carvalho Neto, PSESS, 29-5-2018).

[98] "Inaplicável, na espécie, o princípio da fungibilidade. Não se converte o recurso ordinário em apelo especial quando o deslinde da controvérsia demandar reexame do acervo fático-probatório, obstado pelas Súmulas 7/STJ e 279/STF. O princípio da fungibilidade recursal somente deve se aplicar quando ultrapassados todos os óbices à admissibilidade do recurso especial, o que não ocorre no caso em análise". Processo RO 1517 TO. Rel. José Augusto Delgado.

[99] "Art. 1.015. Cabe agravo de instrumento contra as decisões interlocutórias que versarem sobre: I – tutelas provisórias; II – mérito do processo; III – rejeição da alegação de convenção de arbitragem; IV – incidente de desconsideração da personalidade jurídica; V – rejeição do pedido de gratuidade da justiça ou acolhimento do pedido de sua revogação; VI – exibição ou posse de documen-

toral, a doutrina e a jurisprudência não permitem a interposição do agravo de instrumento contra decisões interlocutórias. Excepcionalmente, contra decisões interlocutórias, se forem teratológicas, cabe mandado de segurança ou a possibilidade de impugnação dessas decisões, em preliminar, quando for protocolado recurso cabível da decisão definitiva[100].

b) Agravo contra denegação de Resp e RE ou agravo

O Código Eleitoral tinha a previsão de que o recurso de agravo de instrumento era o recurso cabível contra decisão que denegava recurso especial eleitoral, com a finalidade de que este recurso pudesse ser apreciado pela instância *ad quem*. O Tribunal Superior Eleitoral, no processo administrativo n. 144683/DF, aproximou o processo eleitoral das previsões estabelecidas no Processo civil[101], determinando que da decisão que denega a subida de Recurso Especial ou Extraordinário, caberia a interposição, do denominado agravo nos próprios autos[102]. Diante do atual Código de Processo Civil houve uma maior acuidade técnica, estabelecendo que cabe agravo contra decisão do presidente

---

to ou coisa; VII – exclusão de litisconsorte; VIII – rejeição do pedido de limitação do litisconsórcio; IX – admissão ou inadmissão de intervenção de terceiros; X – concessão, modificação ou revogação do efeito suspensivo aos embargos à execução; XI – redistribuição do ônus da prova nos termos do art. 373, § 1º; XII – (VETADO); XIII – outros casos expressamente referidos em lei. Parágrafo único. Também caberá agravo de instrumento contra decisões interlocutórias proferidas na fase de liquidação de sentença ou de cumprimento de sentença, no processo de execução e no processo de inventário."

[100] "A jurisprudência do TSE é iterativa no sentido de que as decisões interlocutórias ou sem caráter definitivo proferidas em ações eleitorais são irrecorríveis de imediato por não estarem sujeitas a preclusão, de modo que eventuais inconformismos poderão ser suscitados por ocasião do recurso interposto contra a decisão final. Precedentes" (AgIn n. 060183748, Acórdão, Rel. Min. Tarcisio Vieira de Carvalho Neto, *DJe*, Tomo 120, 19-6-2020).

[101] Lei n. 12.322/2010, alteradora do art. 544 do CPC (Lei n. 5.869/73): transforma o agravo de instrumento interposto contra decisão que não admite recurso extraordinário ou especial em agravo nos próprios autos; Ac. TSE, de 20-10-2011, no PA n. 144683: incidência da Lei n. 12.322/2010 no processo eleitoral.

[102] "Art. 544. Não admitido o recurso extraordinário ou o recurso especial, caberá agravo nos próprios autos, no prazo de dez dias."

ou do vice-presidente do tribunal recorrido que inadmitir recurso extraordinário ou recurso especial[103].

Ressalta-se que malgrado haja uma simbiose entre as previsões do código de processo civil e as regras do processo eleitoral, o prazo para interposição do mencionado recurso, na seara eleitoral, será de três dias da denegação do recurso especial eleitoral. O recorrido será intimado, no prazo de três dias, para apresentar as suas razões.

Tem legitimidade para interpor o agravo, o recorrente inconformado com a decisão que negou seu recurso especial, podendo ser candidato, partido político ou coligação ou o Ministério Público eleitoral. Já no tocante à regularidade formal do recurso, será interposto mediante petição com exposição dos fatos e do direito, acompanhando da fundamentação jurídica e do pedido; não se exigindo a instrumentalização do recurso (art. 279, § 1º, do CE).

O Presidente do Tribunal Regional não pode negar seguimento ao agravo, ainda, que interposto fora do prazo legal (art. 279, § 5º, do CE). No entanto, se o agravo não for conhecido, motivado por ser extemporâneo, o Tribunal Superior Eleitoral imporá ao recorrente multa correspondente a um salário mínimo vigente no país, multa essa que será inscrita e devidamente cobrada (art. 279, § 6º, do CE).

Não obstante, para que o agravo obtenha êxito, é necessário que os fundamentos da decisão agravada sejam especificamente infirmados[104]. Nas razões do agravo não cabe inovação de teses recursais ante

---

[103] "Art. 1.042. Cabe agravo contra decisão do presidente ou do vice-presidente do tribunal recorrido que inadmitir recurso extraordinário ou recurso especial, salvo quando fundada na aplicação de entendimento firmado em regime de repercussão geral ou em julgamento de recursos repetitivos."

[104] "O agravante não infirmou especificamente os fundamentos da decisão agravada, limitando-se a reiterar as razões recursais, ao insistir na tese de violação aos princípios da razoabilidade e da proporcionalidade e a sustentar a desnecessidade de reexame fático-probatório, circunstância que atrai a incidência do verbete sumular 26 do TSE. (...) Segundo a jurisprudência consolidada desta Corte Superior, 'o art. 1.021 do CPC prescreve que o agravante impugnará especificadamente os fundamentos da decisão agravada, e o princípio da dialeticidade recursal impõe a ele o ônus de evidenciar os motivos de fato e de direito capazes de infirmar todos os fundamentos da decisão que se pretende modificar, sob pena de vê-la mantida por seus próprios fundamentos' (AgR–AI 0602333–85,

a preclusão consumativa, devendo a matéria impugnada constar, anteriormente, do recurso especial[105]. O objetivo do mencionado agravo não é rediscutir a questão processual, mas tão somente propiciar a subida dos autos ao Tribunal Superior Eleitoral.

c) Agravo interno

Da decisão proferida pelo relator cabe agravo interno para o respectivo órgão colegiado, observadas, quanto ao processamento, as regras do regimento interno do próprio tribunal (art. 1.021 do CPC). Tal recurso visa à reforma das decisões monocráticas do relator que causarem dano a uma das partes litigantes, sendo encartado nos próprios autos em que proferida a decisão agravada. Com efeito, não há formação de instrumento, ficando o agravo no interior dos próprios autos originais[106]. Nesse sentido, afasta-se o cabimento do citado recurso em sede de primeira instância.

Considerando que o recurso tem previsão legal, o regimento interno do tribunal não pode descaracterizá-lo, de modo que a legitimidade do referido recurso seguirá as regras da legislação processual cível (art. 966). Ademais, quem não recorreu de acórdão regional que lhe foi desfavorável não tem legitimidade para interpor agravo interno contra decisão que nega seguimento a recurso especial interposto por outra parte[107].

O prazo para a interposição do recurso é de *três dias* (§ 8º do art. 36 RITSE). Na petição de agravo interno, o recorrente impugnará especificadamente os fundamentos da decisão agravada, dirigindo-se o agravo ao relator, que intimará o agravado para manifestar-se sobre o recurso, ao final do qual, não havendo retratação, o relator levá-lo-á a julgamento pelo órgão colegiado, com inclusão em pauta (§§ 1º e 2º do art. 1.021 do CPC).

Rel. Min. Edson Fachin, *DJe*, 30.6-2020)" (Ag em Respe n. 060081067, Acórdão, Rel. Min. Sergio Silveira Banhos, *DJe*, Tomo 216, 23-11-2021).

[105] AgR em AgIn n. 872.204.298, Ac. de 25-8-2011, Rel. Min. Marcelo Henriques Ribeiro de Oliveira, *DJe* 13-9-2011, p. 93.

[106] SOUZA, Bernardo Pimentel. *Introdução aos recursos cíveis e à ação rescisória*. São Paulo: Saraiva, 1999, p. 215.

[107] Ac. de 27-6-2013 no Respe n. 43.886, Rel. Min. Laurita Vaz; Ac. de 17-2-2011 no AgR-AI 226605, Rel. Min. Arnaldo Versiani.

Conforme o disposto no § 9º do art. 36 do RITSE, é prerrogativa do relator, ao analisar o agravo interno, reconsiderar a decisão anteriormente tomada ou submeter o feito à apreciação do colegiado, não havendo preceito legal determinando estabelecer o contraditório nessa seara processual[108]. Suscite-se que é vedado ao relator limitar-se à reprodução dos fundamentos da decisão agravada para julgar improcedente o agravo interno (§ 3º do art. 1.021 do CPC).

Inexiste previsão legal para a apresentação de contrarrazões ao agravo interno pela parte contrária, motivo pelo qual não há falar em afronta ao princípio do contraditório[109]. No mesmo sentido, tem-se por inviável a sustentação oral em sede de agravo interno[110].

O Supremo Tribunal Federal enunciou mediante a Súmula 622 que não cabe agravo interno contra decisão do relator que concede ou indefere liminar em mandado de segurança. No mesmo sentido, é incabível agravo interno contra decisão que dá provimento ao agravo para melhor exame do recurso especial, salvo se o agravante apontar eventual não atendimento dos pressupostos de admissibilidade do agravo provido[111]. O respectivo recurso também não é cabível em face de decisão sem conteúdo jurisdicional, situação que autoriza o recebimento do recurso como pedido de reconsideração[112]. O princípio da fungibilidade, preenchidos os requisitos do erro objetivo e da tempestividade, no mesmo sentido permite que os embargos de declaração opostos em face de decisão monocrática sejam recebidos como agravo interno[113].

---

[108] Ac. de 27-3-2014 no AgR-Respe n. 77.6374, Rel. Min. Laurita Vaz.

[109] Respe n. 060029211, Acórdão, Rel. Min. Edson Fachin, *DJe*, Tomo 113, 21-06-2021, p. 0.

[110] Ac. de 19-8-2014 no AgR-Respe n. 49.912, Rel. Min. João Otávio de Noronha.

[111] Ac. de 10-3-2015 no Respe n. 23.830, Rel. Min. Admar Gonzaga e no mesmo sentido o Ac. de 25-6-2013 no AgR-AI no Respe n. 13.068, Rel. Min. Henrique Neves e o Ac. de 1º-9-2011 no AgR-AI n. 3921624, Rel. Min. Nancy Andrighi.

[112] Ac. de 24-10-2013 no AgR-CTA n. 103.285, Rel. Min. Laurita Vaz.

[113] Ac. de 16-5-2013 no ED-AC n. 19.610, Rel. Min. Luciana Lóssio; no mesmo sentido o Ac. de 29-11-2011 no ED-AI n. 187.028, Rel. Min. Arnaldo Versiani; o Ac. de 3-8-2009 no AgR-AI n. 10703, Rel. Min. Joaquim Barbosa; o Ac. de 25-9-2008 no AgR-Respe n. 29.822, Rel. Min. Caputo Bastos; e o Ac. de 29-8-2006 no ARO n. 911, Rel. Min. Marcelo Ribeiro.

19.3.5. Embargos de declaração

São permitidos embargos declaratórios em duas hipóteses: a) quando há no acórdão obscuridade ou contradição; b) quando for omitido ponto sobre o qual deveria se pronunciar o Tribunal (art. 275, *caput*, do CE)[114]. Na seara do processo civil, esse tipo de embargo é cabível de sentença ou acórdão quando o pronunciamento judicial não se encontrar revestido das informações necessárias, havendo algum tipo de incompletude, conclusões antípodas ou utilização de argumentos inexatos[115].

A jurisprudência pátria também vinha admitindo o referido recurso para sanar erro material[116], defesa que foi albergada pelo legislador no Código de Processo Civil, no art. 1.022, prevendo que cabem embargos de declaração contra qualquer decisão judicial para corrigir erro material. No mesmo sentido, o Tribunal Superior Eleitoral já afirmou que a existência de erro material no julgado pode ser reconhecida de ofício pelo relator por ocasião do julgamento dos declaratórios, situação em que foram rejeitados os embargos, mas corrigido o erro material[117].

---

[114] "Eventual discordância da parte com o julgado não caracteriza omissão, contradição ou obscuridade ou erro material ensejadores de embargos de declaração, consoante estabelece o art. 275, da Lei Federal n. 4.737/65 (Código Eleitoral), mas, sim, mera irresignação com a decisão impugnada" (Respe n. 773. Rel. Min. João Otávio De Noronha. *DJe*, 2-2-2015, p. 62-64).

[115] "Na linha da jurisprudência desta Corte Superior, examina-se como agravo regimental os embargos de declaração, com pretensão infringente, opostos contra decisão monocrática" (AG-8192/BA, Rel. Min. Caputo Bastos).

[116] "Os aclaratórios constituem modalidade recursal de integração e têm por objetivo esclarecer obscuridade, eliminar contradição, suprir omissão ou corrigir erro material, consoante estabelece o art. 275 do CE, com redação dada pelo art. 1.067 do CPC" (Embargos de Declaração em Prestação de Contas n. 060185041, Acórdão, Rel. Min. Mauro Campbell Marques, *DJe*, Tomo 13, 3-2-2022).

[117] "Os embargos de declaração são admitidos para esclarecer obscuridade ou eliminar contradição, corrigir erro material e suprir omissão de ponto ou questão sobre os quais o juiz deveria se pronunciar de ofício ou a requerimento, nos termos do art. 275 do Código Eleitoral, não se prestando a novo julgamento da causa, em razão de decisão contrária aos interesses da parte" (Embargos de Declaração no Agravo Regimental no Respe n. 060043919, Acórdão, Rel. Min. Sergio Silveira Banhos, *DJe*, Tomo 97, 28-5-2021).

Saliente-se que a contradição que autoriza a oposição dos embargos de declaração é unicamente aquela existente entre os fundamentos do acórdão embargado e a sua conclusão, e não entre julgados distintos ou entre o voto condutor e o vencido. Ademais, se o acórdão embargado se omitir sobre ponto acerca do qual deveria ter se manifestado, é de se acolher os aclaratórios para sanar o referido vício[118].

Trata-se, portanto, de espécie recursal intermediária, situando-se entre a sentença judicial e a apelação ou entre o acórdão do tribunal e o recurso especial e/ou extraordinário, configurando-se como um instrumento preparatório da interposição do recurso principal, sem afastar a possibilidade de ser interposto, também, contra decisões de natureza interlocutória[119].

No Direito Eleitoral, muitos defendiam que a interposição de embargos de declaração seria possível apenas de decisões dos Tribunais Regionais Eleitorais e do Tribunal Superior Eleitoral. Entretanto, tal restrição não se justifica, desde que as decisões de primeiro grau apresentem omissão, obscuridade ou contradição. Assim, não se comunga do entendimento de que os embargos declaratórios não podem ser impetrados em face de decisões de primeiro grau, com fulcro no princípio da celeridade. Muito pelo contrário, para evitar uma multiplicidade de recursos, defende-se sua utilização como forma de aclarar os posicionamentos judiciais. Portanto, depreende-se que tal espécie impugnatória pode ser impetrada em face de decisões de primeiro e segundo grau, além das instâncias extraordinárias, sendo oposto e julgado na própria instância que proferiu o que se busca aclarar, robustecer ou tornar linear.

Excepcionalmente, os embargos de declaração podem ser conhecidos e recebidos pelo Tribunal Superior Eleitoral na condição de agravo regimental, dado o caráter infringente com que se insurgira contra decisão monocrática proferida pela Relatoria[120].

---

[118] Ac. de 20-3-2013 no ED-Respe n. 9.664, Rel. Min. Luciana Lóssio.

[119] MONTENEGRO FILHO, Misael. *Curso de direito processual civil*. 4. ed. São Paulo: Atlas, 2007, v. 2, p. 160.

[120] "Mandado de segurança. Res.-TSE n. 21.803/2004. Número de vereadores. 1. Dado o caráter infringente dos embargos de declaração opostos contra decisão monocrática, devem ser eles recebidos como agravo regimental, na linha da jurisprudência consolidada neste Tribunal. 2. Não procede a alegação de ilegalidade da decisão regional que, examinando pedido formulado pelo impetrante,

Seu prazo é de três dias da data de publicação do acórdão, em petição dirigida ao relator, na qual o ponto obscuro, contraditório ou omisso precisa ser indicado (art. 275, § 1º, do CE).

Ao receber os embargos, o relator os porá na pauta para julgamento, na primeira sessão seguinte, no que proferirá o seu voto (art. 275, § 2º, do CE). Vencido o voto do relator, outro será designado para lavrar o acórdão (art. 275, § 3º, do CE).

Desprovido de efeito devolutivo, efeito que transfere a reanálise a uma instância *ad quem*, a apreciação do recurso cabe ao mesmo órgão que proferiu a decisão. No que tange aos efeitos infringentes, tem-se que somente são cabíveis se houver alteração quanto à conclusão do julgado, provocado por omissões[121].

Ressalte-se que, a fim de evitar a utilização dos embargos declaratórios para fins meramente procrastinatórios, desencadeando o desvirtuamento da utilização do recurso, o art. 1.026, §§ 2º ao 4º, do CPC estabelece sanção à reiteração de embargos declaratórios de cunho eminentemente protelatórios, sendo autorizada a fixação de multa não excedente a dois por cento sobre o valor atualizado da causa, valor elevado a até dez por cento em caso de repetição. Como no Direito Eleitoral não há valor da causa, cabe ao magistrado arbitrar um montante razoável, que não seja ínfimo para estimular novos acintes nem exorbitante para não se caracterizar um abuso de poder.[122]

---

manteve o número de vereadores fixado pela Res.-TSE n. 21.803/2004 para determinada localidade. Agravo regimental não provido" (TSE, MS 3669/2007, CE, Rel. Min. Arnaldo Versiani Leite Soares).

[121] "Conquanto os embargos consubstanciem instrumento vocacionado, precipuamente, ao aperfeiçoamento da prestação jurisdicional, a atribuição de efeitos infringentes é admitida, excepcionalmente, em nosso sistema processual, pois decorre da própria dicção do arts. 1.023, § 2º, e 1.024, § 4º, do Código de Processo Civil. Mesmo antes do advento do CPC/2015, já se entendia que 'os embargos de declaração não têm caráter infringente' e 'só excepcionalmente se lhes pode dar efeito modificativo, quando houver erro material, nulidade manifesta do acórdão ou omissão cuja correção obrigue à alteração do julgado' (Respe n. 247-39/SP, Rel. Min. Peçanha Martins, *DJ* 4-2-2005)" (RO n. 060019521, Acórdão, Rel. Min. Tarcisio Vieira de Carvalho Neto, *DJe*, Tomo 130, 1-7-2020).

[122] "EMBARGOS DE DECLARAÇÃO EM EMBARGOS DE DECLARAÇÃO EM AGRAVO INTERNO EM AGRAVO. IMPUGNAÇÃO AO CUMPRI-

A interposição de qualquer recurso ficará condicionada ao depósito prévio do valor da multa, à exceção da Fazenda Pública e do beneficiário de gratuidade da justiça, que a recolherão ao final. Ademais, enquanto o embargante não quitar a respectiva multa que lhe foi aplicada, ficará impedido de interpor novos recursos no processo, bem como não serão admitidos novos embargos de declaração se os 2 (dois) anteriores houverem sido considerados protelatórios.

Os embargos de declaração interrompem o prazo para a interposição de outros recursos. À exceção se forem declarados manifestamente protelatórios, servindo apenas como mero instrumento de procrastinação (art. 275, § 4º, do CE)[123].

19.3.6. Recurso extraordinário

A Constituição de 1891, que criou o Supremo Tribunal Federal, em nenhum momento fez menção ao recurso extraordinário. Ele so-

---

MENTO DE SENTENÇA, DECORRENTE DA DESAPROVAÇÃO DAS CONTAS DO DIRETÓRIO ESTADUAL DE PARTIDO POLÍTICO, REFERENTE AO EXERCÍCIO FINANCEIRO DE 2016. INEXISTÊNCIA DE VÍCIOS NO JULGADO. INTENÇÃO MERAMENTE PROTELATÓRIA. EMBARGOS NÃO CONHECIDOS. MULTA. ART. 275, § 6º, DO CE. 1. A intenção meramente protelatória do embargante, ao apontar, em segundos aclaratórios, omissão inexistente, autoriza a aplicação da multa prevista no art. 275, § 6º, do CE. Precedentes. 2. Embargos não conhecidos e declarados protelatórios, com a fixação de multa no valor de um salário-mínimo, nos termos da nova redação do § 6º do art. 275 do CE" (AgIn n. 060070283, Acórdão, Rel. Min. Mauro Campbell Marques, *DJe*, Tomo 98, 31-5-2021).

[123] "AGRAVO REGIMENTAL. AGRAVO DE INSTRUMENTO. ELEIÇÕES 2010. DOAÇÃO ACIMA DO LIMITE LEGAL. EMBARGOS DE DECLARAÇÃO PROTELATÓRIOS. FUNDAMENTO NÃO INFIRMADO. SÚMULA 284/STF. 1. Na espécie, o Tribunal a quo considerou protelatórios os terceiros embargos de declaração com fundamento no art. 275, § 4º, do Código Eleitoral e não houve irresignação específica quanto a esse ponto nas razões recursais. Assim, prevalece o disposto no aludido dispositivo legal, que assevera não haver interrupção do prazo para interposição do recurso especial, o qual deve ser considerado intempestivo no caso em exame. Precedentes. 2. Agravo regimental não provido" (AgIn n. 51103, Acórdão, Rel. Min. João Otávio de Noronha, *DJe*, Tomo 29, 11-2-2015, p. 65).

mente foi criado em 1894, pela Lei n. 221, portanto sem fazer parte de mandamento constitucional. Com a reforma de 1926, o art. 59, em seu § 1º, regulamentou o instituto em sede constitucional e ainda ampliou a admissibilidade do recurso[124].

Ele é denominado extraordinário não apenas porque está disciplinado na Constituição Federal, enquanto os demais têm sua normatização contida em lei infraconstitucional, mas porque necessita de mais alguns elementos para sua aplicação, como o prequestionamento e a repercussão geral, por exemplo[125]. Desse modo, o recurso extraordinário apresenta âmbito de interposição limitado, prestando-se à uniformização da matéria constitucional, atuando o Supremo Tribunal Federal como guardião da Constituição Federal, num sistema de *contrafreios* da atuação da instância ordinária na aplicação do Texto Constitucional[126].

O recurso extraordinário em matéria eleitoral é cabível nas hipóteses de: a) contrariar dispositivo da Constituição Federal; b) declarar a inconstitucionalidade de tratado ou lei federal; c) julgar válida lei ou ato de governo local contestado em face da Constituição; d) julgar válida lei local contestada em face de lei federal (art. 102, III, da CF). Na seara eleitoral, ele se mostra cabível quando decisão do Superior Tribunal Eleitoral contrariar a Constituição Federal.

O prazo para sua impetração é de três dias da decisão que ocasionou gravame ao recorrente[127]. É o que dispõe a Súmula 728 do

---

[124] MÓSCA, Hugo. *O Supremo Tribunal ontem e hoje.* Brasília: Gutemberg, 1986, p. 23.

[125] "É firme o entendimento desta Corte de que cabe ao presidente do Tribunal Regional o exame da existência ou não da infração à norma legal, sem que isso implique usurpação da competência deste Tribunal (precedentes). O prequestionamento constitui requisito específico de admissibilidade do recurso especial e pressupõe que a matéria veiculada nas razões recursais tenha sido objeto de debate e decisão prévios pelo órgão colegiado" (AG-6254/MT, Rel. Min. José Gerardo Grossi).

[126] MONTENEGRO FILHO, Misael. *Curso de direito processual Civil.* 4. ed. São Paulo: Atlas, 2007, v. 2, p. 192.

[127] COSTA, Tito. *Recursos em matéria eleitoral:* temas de direito eleitoral. 6. ed. São Paulo: Revista dos Tribunais, 1996, p. 149.

STF[128], em razão do princípio da celeridade, regente do Processo Eleitoral pátrio. São legítimos à interposição o candidato, o partido político, a coligação e também o Ministério Público Eleitoral.

Necessita-se explicitar que o recurso extraordinário somente será interposto ao Supremo Tribunal Federal quando não houver mais possibilidades recursais e vencidas todas as instâncias na esfera da Justiça Eleitoral[129]. Nesse sentido, o Pretório Excelso editou a Súmula 281, que preleciona que é inadmissível recurso extraordinário quando couber recurso ordinário da decisão impugnada.

Uma vez tempestivo, deve o recurso ser endereçado ao Presidente do Tribunal Superior Eleitoral, dirigindo-se as razões ao Supremo Tribunal Federal. Estas devem indicar o dispositivo que faz cabível o recurso, ou seja, tem a obrigação de indicar a violação expressa ao dispositivo da Constituição[130].

O rito é o mesmo previsto para a hipótese de cabimento do recurso ordinário para o Supremo Tribunal Federal: juntado o presente recurso, nas 48 horas seguintes, os autos serão conclusos ao presidente do Tribunal, que, no mesmo prazo, proferirá despacho fundamentado, admitindo ou não o recurso extraordinário (art. 281, § 1º, do CE). Uma vez admitido o recurso, será aberta vista dos autos ao recorrido para que, dentro do prazo de três dias, apresente as suas razões (art. 281, § 2º, do CE). Findo esse prazo, os autos finalmente serão remetidos ao Supremo Tribunal Federal para conhecimento e apreciação (art. 281, § 3º, do CE). Não sendo admitido, o recorrente poderá impetrar agravo de instrumento, no mesmo prazo de três dias, para processamento do recurso extraordinário, não podendo o presidente do Tribunal negar seguimento ao respectivo agravo, ainda que impetrado fora do prazo legal.

---

[128] STF, Súmula 728: "É de três dias o prazo para a interposição de recurso extraordinário contra decisão do Tribunal Superior Eleitoral, contado, quando for o caso, a partir da publicação do acórdão, na própria sessão de julgamento, nos termos do art. 12 da Lei n. 6.055/74, que não foi revogado pela Lei n. 8.950/94".

[129] AgIn n. 40091, Acórdão, Rel. Min. Napoleão Nunes Maia Filho, *DJe*, 14-9-2018.

[130] "É inadmissível o recurso extraordinário, quando a deficiência na sua fundamentação não permitir a exata compreensão da controvérsia" (AgR em Respe n. 315.618, Acórdão de 3-11-2010, Rel. Min. Hamilton Carvalhido, PSESS, 3-11-2010).

Constitui requisito inafastável, tanto para a impetração do Recurso Extraordinário quanto para a interposição do Recurso Especial, que seu autor, anteriormente, tenha prequestionado a matéria a ser impugnada. Prequestionamento é a exigência de a matéria já ter sido guerreada, pressupondo um julgado contra o qual já foram esgotadas todas as possibilidades de impugnação, sem deixar ao largo nenhuma possibilidade de impugnação[131].

Essa discussão fora pacificada pelo Supremo Tribunal Federal, com as Súmulas 282 e 356, que dispõem que é inadmissível recurso extraordinário quando não ventilada, na decisão recorrida, questão constitucional; e que planteia que o ponto omisso da decisão, sobre o qual não foram opostos embargos declaratórios, não pode ser objeto de recurso extraordinário, por falta de prequestionamento[132]. Esse conteúdo sumulado vale igualmente para o Recurso Especial.

Outrossim, mesmo tratando-se de recurso extraordinário contra decisão eleitoral, precisa-se comprovar a repercussão geral das questões constitucionais discutidas, verificando se há relevante ponto de vista econômico, político, social ou jurídico, que ultrapasse os interesses subjetivos da causa[133]. Configura-se como vetor para aferir a transcendência da matéria e, assim, reduzir a demanda processual deste órgão, já que não tem mais sentido deixar a cúpula do Poder Judiciário apreciar questões particulares, que deveriam ter sido debatidas nas instâncias inferiores. A inspiração pátria para o mencionado requisito de ad-

---

[131] MANCUSO, Rodolfo de Camargo. *Recurso extraordinário e recurso especial*. 4. ed. São Paulo: Revista dos Tribunais, 1996, p. 69.

[132] "O art. 5º, LIV, da Constituição Federal, não foi objeto de discussão na instância *a quo*, aplicando-se-lhe o enunciado n. 282 da Súmula do STF: 'É inadmissível o recurso extraordinário, quando não ventilada, na decisão recorrida, a questão federal suscitada'" (Respe n. 27.887/SP, Rel. Min. José Augusto Delgado).

"Incidência, no caso, do Enunciado n. 356 da Súmula do Supremo Tribunal Federal: 'O ponto omisso da decisão, sobre o qual não foram opostos embargos declaratórios, não pode ser objeto de recurso extraordinário, por faltar o requisito do prequestionamento'" (Respe n. 28.158/BA, Rel. Min. José Augusto Delgado).

[133] "Nos termos dos arts. 543-B do CPC e 328-A, § 1º, do RISTF, diante do não reconhecimento da repercussão geral, o recurso deve ser julgado prejudicado pelo Tribunal de origem" (AgIn n. 9064, Acórdão, Rel. Min. Laurita Vaz, *DJe*, Tomo 23, p. 304).

missibilidade recursal, apesar das diferenças procedimentais, veio da Emenda n. 7 à Carta de 1967-69, que criou a "arguição de relevância da questão federal" como condição para apreciação do recurso extraordinário. A expressão repercussão geral foi conceituada pela Lei n. 11.418/2006, como fora expressamente previsto no dispositivo realizado pelo Poder Reformador[134]. Ela configura-se como a existência de relevantes pontos de vista econômico, político, social ou jurídico, que ultrapassem os interesses subjetivos da causa.

Suscite-se que, em face de normas específicas que regem a presente Justiça Especializada, não se aplica a regra de interposição simultânea de recurso especial e extraordinário, como ocorre na Justiça Comum, não sendo aplicável o princípio da fungibilidade recursal quando, por engano, houver a impetração de recurso especial[135].

19.3.7. Recurso especial

O recurso especial foi criado pela Constituição de 1988. Sua inspiração foi o *writ of error*, do direito norte-americano, criado pelo *Judiciary Act*, de 1795. Na seara eleitoral, ele pode ser impetrado de causas decididas em única ou última instância pelos Tribunais Regionais Eleitorais de determinadas matérias especificadas no Código Eleitoral. Sua denominação de Especial advém do fato de que ele não é o instrumento jurídico apto a combater qualquer tipo de gravame havido na relação processual; sua função é densificar a normatividade de disposições infraconstitucionais e garantir o conteúdo sistêmico do ordenamento jurídico.

O recurso especial está previsto nas alíneas *a* e *b* do inciso I do art. 276 do CE e nos incisos I e II do § 4º do art. 121 da CF/88. Tem-se que

---

[134] "Parece que foi intenção da Reforma não deixar com o próprio STF a definição e esclarecimento do que se deva entender por 'repercussão geral', retirando-lhe essa competência para abrigá-la na liberdade de conformação do legislador. Caso contrário, a expressão 'nos termos da lei' seria despicienda" (TAVARES, André Ramos. A Repercussão Geral no Recurso Extraordinário. In: *Reforma do Judiciário. Analisada e Comentada*. São Paulo: Editora Método, 2005, p. 217). A Lei n. 11.418/2006 regulamentou a exigência de repercussão geral nos recursos extraordinários.

[135] Ac. n. 5.117, de 23-6-2005, Rel. Min. Caputo Bastos.

as decisões dos Tribunais Regionais Eleitorais são terminativas, sendo, por força do princípio da irrecorribilidade, definitivos os acórdãos dos respectivos TREs, ressalvados os casos em que cabe recurso para o Tribunal Superior Eleitoral. Recorríveis os seus posicionamentos, será manuseado o recurso especial quando forem proferidas decisões contra expressa disposição de lei e quando ocorrer divergência na interpretação de lei entre dois ou mais tribunais eleitorais[136].

O recurso eleitoral também tutela as resoluções eleitorais, resguardando sua força normativa, quando forem violadas em decisões dos Tribunais Regionais Eleitorais. Ademais, não cabe recurso especial com fundamento em violação a dispositivo de regimento interno de Tribunal Regional Eleitoral[137].

Contudo, é incabível a interposição de recurso especial contra decisão monocrática de juiz membro do TRE[138], sendo indispensável o esgotamento das instâncias ordinárias, a fim de que seja possível a interposição de recurso dirigido a Tribunal Superior[139]. Assim, é inadmissível a interposição de recurso especial eleitoral contra acórdão do TSE que julga agravo regimental[140]. No mesmo sentido, o acórdão que confirma o deferimento de liminar em ação cautelar não autoriza a interposição de recurso especial, por faltar-lhe a qualidade de definitividade[141].

Sendo o motivo propulsor do Recurso Especial decisão contrária a expressa disposição de lei, urge apontar a norma violada e determinar a seara em que ela foi afrontada de forma tópica. Motivado o mencionado recurso por divergência na interpretação de lei ou entre dois ou mais tribunais eleitorais, é preciso selecionar os acórdãos em confronto e realizar analogia entre eles para esclarecer o confronto, especificando os

---

[136] "É pacífico o entendimento no âmbito do Tribunal Superior Eleitoral no sentido do não cabimento de recurso especial contra decisão em processo de prestação de contas, dado o seu caráter administrativo" (AG-8982/SP, Rel. Min. Caputo Bastos).

[137] AgR-Resp n. 36.151/MG, Rel. Min. Arnaldo Versiani.

[138] ARE n. 1000322 AgR/SP, Rel. Min. Edson Fachin, 2ª T., *DJe*, 23-5-2017.

[139] AgIn n. 3014, Decisão monocrática de 10-3-2020, Rel. Min. Geraldo Og Nicéas Marques Fernandes, *DJe*, 13-3-2020 - p. 30-32.

[140] Ac. de 19-5-2011 no AgR-AR n. 34.222, Rel. Min. Nancy Andrighi.

[141] Ac. de 19-8-2010 no AgR-Respe n. 399.346.555, Rel. Min. Cármen Lúcia.

pontos antagônicos nessas decisões. Neste viés, é importante destacar que, pela inteligência da Súmula 83 do Superior Tribunal de Justiça, não se conhece do recurso especial pela divergência, quando a orientação do Tribunal se firmou no mesmo sentido da decisão recorrida[142].

Possuem legitimidade para interpô-lo, candidato, partido político ou coligação e o Ministério Público, exercendo as suas funções garantidoras de defensor do regime democrático. De efeito devolutivo, não há empecilho ao ajuizamento da ação cautelar para obtenção de efeito suspensivo, desde que atestados cabalmente os requisitos do *fumus bonis juris* e o *periculum in mora*.

O prazo recursal é de três dias contados da data da publicação da decisão (art. 276, § 1º, do CE)[143]. Idêntico prazo é o das contrarrazões, com a preservação dos princípios constitucionais da igualdade de da ampla defesa. Interposto o Recurso Especial, a petição será juntada nas 48 horas seguintes, e os autos são conclusos ao presidente dentro de 24 horas (art. 278, *caput*, do CE).

O prequestionamento é requisito tanto do recurso extraordinário como do recurso especial. Significa a obrigatoriedade de que a matéria objeto desses dois recursos constitucionais já tenha sido discutida, anteriormente, pela instância *a quo*. A exigência de prequestionamento ficou clara com as Súmulas n.os 282 e 356 do STF[144].

Exige-se como requisito insofismável para sua impetração o prequestionamento, consistindo na necessidade de discussão anterior da matéria objeto do pedido. Ou seja, o prequestionamento é requisito de

---

[142] "Não se conhece de recurso especial por dissídio jurisprudencial quando a decisão recorrida estiver em consonância com a jurisprudência desta Corte Superior, nos termos da Súmula n. 30/TSE, igualmente aplicável aos recursos manejados por afronta a lei (AgR-Respe n. 448–31/PI, Rel. Min. Tarcisio Vieira de Carvalho Neto, *DJe*, 10.8-2018)" (AgR-REspEl 0602608-98, Rel. Min. Tarcisio Vieira de Carvalho Neto, *DJe*, 19-3-2021).

[143] "É intempestivo recurso especial apresentado após o tríduo legal" (AG-8192/BA, Rel. Min. Carlos Eduardo Caputo Bastos).

[144] Súmula 282: "É inadmissível o recurso extraordinário, quando não ventilada, na decisão recorrida, a questão federal suscitada".

Súmula 356: "O ponto omisso da decisão, sobre o qual não foram opostos embargos declaratórios, não pode ser objeto de recurso extraordinário, por faltar o requisito do prequestionamento".

admissibilidade do recurso, pois sua ausência significa um impedimento à impetração do mesmo. Anteriormente, o TSE ostentava o entendimento de que a oposição de embargos de declaração supria a ausência de discussão anterior da matéria. No entanto, o atual posicionamento da Corte é no sentido de que a mera oposição de embargos não é suficiente para configuração do prequestionamento, pois a modalidade ficta do prequestionamento demanda que a parte tenha, nas razões do recurso especial, apontado violação ao art. 275 do Código Eleitoral ou ao art. 1.022 do CPC[145].

Outrossim, acaso o Tribunal *a quo* não trate de tema constante no recurso especial, não se pode falar em prequestionamento[146]. Ainda é interessante ressaltar que o prequestionamento em sede de recurso especial é pressuposto de admissibilidade indispensável, mesmo quando se tratar de questões de ordem pública[147].

A petição do recurso especial deve ser apresentada ao presidente do respectivo Tribunal Regional, acompanhada das devidas razões recursais, o qual fará a apreciação sobre os pressupostos de admissibilidade recursal. Sendo assim, interposto o recurso especial contra a decisão do Tribunal Regional, a petição será juntada nas 48 horas seguintes e os autos conclusos ao presidente dentro de 24 horas (art. 278, *caput*, do CE).

Interposto o recurso especial via *fac-símile*, a responsabilidade pela interposição do mesmo recai exclusivamente sobre o remetente que optou por esse meio[148]. Por força da Súmula 115 do STJ, o recurso

---

[145] Respe n. 060111210, Acórdão, Rel. Min. Mauro Campbell Marques, *DJe*, Tomo 13, 3-2-2022.

[146] "O prequestionamento não resulta da circunstância de a matéria haver sido arguida pela parte recorrente. A configuração do instituto pressupõe debate e decisão prévios pelo Colegiado, ou seja, emissão de entendimento sobre o tema. O procedimento tem como objetivo o cotejo indispensável a que se diga do enquadramento do recurso especial no permissivo constitucional. Se o Tribunal de origem não adotou entendimento explícito a respeito do fato jurídico veiculado nas razões recursais, inviabilizada fica a conclusão sobre a violência ao preceito evocado pelo recorrente" (Respe n. 060068797, Acórdão, Rel. Min. Sergio Silveira Banhos, *DJe*, Tomo 107, 14-6-2021, p. 0).

[147] Respe n. 97229, Acórdão, Rel. Min. Luís Roberto Barroso, *DJe*, 26-8-2019.

[148] Agravo Regimental em Respe n. 34.886, Ac. de 31-5-2011, Rel. Min. Gilson Lagaro Dipp, *DJe* 25-8-2011, p. 16.

especial interposto sem procuração outorgada ao seu subscritor ou certidão que comprove o arquivamento do instrumento do mandato em secretaria torna-se inexistente[149]. Importa esclarecer que o Conselho Federal da OAB apresentou pedido perante o Superior Tribunal de Justiça, para que a mencionada súmula seja cancelada, um vez que a legislação processual n. 13.105/2015, nomeadamente, no art. 76 determina que verificada a incapacidade processual ou irregularidade da representação o processo deverá ser suspenso, cabendo ao julgado intimar os envolvidos para regularizar a situação, dentro de prazo razoável. Registra-se que o pleito da OAB ainda não fora analisado.

O presidente do Tribunal Regional Eleitoral tem o prazo de quarenta e oito horas do recebimento dos autos conclusos para proferir despacho fundamentado, admitindo ou não o prosseguimento recursal (art. 278, § 1º, do CE).[150] Admitido o recurso, será permitido ao recorrido, no prazo de três dias – o mesmo do recorrente em função do princípio da igualdade –, apresentar suas razões (art. 278, § 2º, do CE). Em seguida, os autos são remetidos ao Tribunal Superior Eleitoral (art. 278, § 3º, do CE).

Em sede de recurso especial, impede-se reexame de matéria de fato, em razão de já ter sido essa matéria exaustivamente analisada nas instâncias anteriores[151]. Ele é um remédio específico para a apreciação de *quaestio juris*, nunca de *quaestio facti*, até porque o Tribunal Superior Eleitoral não dispõe de estrutura para comprovação de questões fáticas. Esse é o entendimento consubstanciado na Súmula 7 do STJ e na 279 do STF[152]. Ocorrendo premência de produção probatória, essa

---

[149] AgIn n. 060042567, Acórdão, Rel. Min. Luis Felipe Salomão, *DJe*, Tomo 199, 5-10-2020, p. 0.

[150] "Conforme já reiteradamente decidido, o exame pelo Presidente de Tribunal Regional Eleitoral de questões afetas ao mérito do recurso especial, por ocasião do juízo de admissibilidade, não implica invasão de competência do Tribunal Superior Eleitoral" (AG-8905/MG, Rel. Min. Arnaldo Versiani).

[151] "Recurso especial. Reexame de provas. Inviabilidade. Súmula 279 do STF. Se o Tribunal Regional concluiu pela inexistência de provas da autoria e inocorrência de propaganda institucional, seria indispensável reapreciar a matéria fático-probatória para se concluir de modo diverso, coisa inviável em recurso especial" (Respe n. 25.075/PI, Rel. Min. Antonio Cezar Peluso).

[152] STF, Súmula 27: "Para simples reexame de prova não cabe recurso extraordinário".

via recursal se mostra inadequada, a não ser em casos excepcionalíssimos, como quando houver erro na valoração do conteúdo probante.

Dessa forma, para que o Tribunal Superior Eleitoral possa analisar fatos urge demonstrar, de forma cabal, que não se trata de uma reapreciação de provas, mas que houve um erro no enquadramento normativo, isto é, que a norma não foi bem aplicada ao fato concreto. Exemplo que pode ser mencionado é quando há fotos evidentes de inúmeras feiras alimentícias, apreendidas na casa de candidato, para serem distribuídas aos eleitores, com vários testemunhos de sua intenção de captação ilícita de votos, mas mesmo depois da condenação em primeiro grau, o Tribunal Regional Eleitoral respectivo decide que não existiu a tipificação no art. 41-A da Lei Eleitoral.

Por fim, insta salientar que o Recurso Especial será recebido tão somente no seu efeito devolutivo, haja vista o tratamento dispensado pelo Código Eleitoral às modalidades recursais, na seara eleitoral, excluindo-se, portanto, a possibilidade de conferir-lhe efeito suspensivo, por entender que se está diante de decisões terminativas proferidas pelos Tribunais Regionais Eleitorais[153].

Contudo, o Supremo Tribunal Federal aceita a interposição de medida cautelar para garantir efeito suspensivo a recurso extraordinário. Ressalve-se que há o impedimento de interposição de medida cautelar com efeito suspensivo quando o recurso extraordinário ainda não fora objeto de juízo de admissibilidade ou quando ainda está pendente o seu julgamento pelo Presidente do Tribunal de origem (Súmulas 634 e 635 do STF).

Mesmo com esse posicionamento bastante consolidado, o Min. Gilmar Ferreira Mendes considera que, a despeito do recurso extraordi-

---

[153] "O Código Eleitoral é cristalino em seu art. 276, ao decretar que as decisões dos Tribunais Regionais são terminativas, salvo os casos previstos nos incisos I e II do citado artigo. O Código de Processo Civil, no § 2º do art. 542, estabelece: 'Os recursos extraordinário e especial serão recebidos no efeito devolutivo'. O art. 257 do Código Eleitoral prescreve: 'Os recursos eleitorais não terão efeito suspensivo'. O recurso especial será recebido no efeito devolutivo, consoante determina peremptoriamente a lei processual, e não é possível decidir *contra legem*, para atribuir efeito suspensivo a recurso a que a lei não permite conferir. Esse é o entendimento que adoto aqui e no STJ" (TSE, MC 1638/2005, AP, Rel. Min. Peçanha Martins).

nário não ter sido admitido pelo tribunal de origem, estando pendente agravo, pode ser concedida medida cautelar em situações excepcionais, em que estão patentes a plausibilidade jurídica do pedido, pelo fato de a decisão recorrida contrariar jurisprudência ou súmula do STF, e o perigo de dano irreparável ou de difícil reparação for facilmente constatado[154].

---

[154] AC 1.550 MC/RO, Rel. Min. Gilmar Mendes.

20 CRIMES ELEITORAIS

20.1. CONCEITO

O escorço histórico evidencia que a acepção de "crime" comporta várias teorias e embates doutrinários em consonância com a respectiva quadra da história que se situam. Durante o século XX, tempo do causalismo, a teoria do crime, desenvolvida por Von Liszt e Beling, foi alicerçada em estruturas naturalistas. Assim, o tipo penal era neutro e definido por meio do pressuposto lógico de nexo de causalidade entre a conduta e o resultado, ou seja, a aplicação da lei penal se resumia ao mero exercício de subsunção normativa entre a conduta e a norma penal em abstrato[1].

O advento do neokantismo encampou certa conotação axiológica ao tipo penal, deixando este de ser um aparato normativo neutro, passando a incorporar determinados valores socialmente relevantes. Nesse sentido, a tipicidade penal deixou de ser exclusivamente objetiva, passando a ostentar uma carga axiológica imperiosa.

O surgimento do finalismo formulado por Welzel, na década de 1960, fez com que o tipo penal passasse a ser composto por duas vertentes lógicas: objetiva e subjetiva. A vertente subjetiva era composta pelo elemento subjetivo, isto é, o dolo ou a culpa, que foram deslocados da culpabilidade para a conduta, ou seja, para a própria tipicidade. Assim, a conduta passou a ter grande relevância para caracterização do tipo penal, uma vez que não era mais preciso chegar-se à culpabilidade para se caracterizar a responsabilidade penal[2].

Doravante, com a chegada do funcionalismo proposto por Roxin e Jakobs, o tipo penal passou a ostentar três dimensões lógicas: a) obje-

---

[1] ROXIN, Claus. *Derecho penal – Parte Geral*. Madrid: Civitas, 1997, t. I, p. 236.

[2] WELZEL, Hans. *Derecho penal alemán*. 11. ed., 4. ed. castellana. Trad. del. alemán por los profesores Juan Bastos Ramírez y Sergio Yañez Pérez. Ed. Jurídica de Chile, 1997, p. 20.

tiva; b) normativa; e c) subjetiva. A imputação objetiva passou a ser condição de existência do próprio tipo penal, isto é, a dimensão normativa do tipo, que se traduz em duas premissas básicas: a existência de uma conduta que cria um risco juridicamente reprovável e a imputação penal exclusiva daquelas condutas que colocam ou possibilitam um risco proibido[3].

Hodiernamente se defende uma teoria do delito lastreada por meio de uma conotação constitucional, resultante lógica da supremacia constitucional e da constitucionalização do Direito Penal. A teoria constitucionalista do crime consubstancia o crime como ofensa (concreta) ao bem jurídico protegido (lesão ou perigo concreto de lesão ao bem jurídico). Nesse passo, exige que o crime tenha como pressuposto básico a lesão ou o perigo concreto de lesão ao bem jurídico, passando o aspecto material do crime a ter relevância dentro da própria tipicidade.

Por consecução lógica do exposto, podemos definir os crimes eleitorais como ilícitos penais (descritos em lei) cujo tipo pode ser próprio ou impróprio, atingindo candidatos e eleitores, maculando o processo de alternância do poder, a democracia e a cidadania. Os bens jurídicos tutelados por tais tipos penais ostentam uma carga axiológica de extrema intensidade, que, em razão de sua gravidade, necessitam de uma classificação como tipificações penais.

Ensina René Ariel Dotti que crime eleitoral é todo ilícito que ataca a liberdade do voto direto e secreto como o exercício da soberania popular[4]. Para Pinto Ferreira, crime eleitoral é uma conduta antissocial, eticamente reprovável, punível por lei, abrangendo-o como fato positivo e fato jurídico, como fenômeno real e ente normativo[5]. Sob a perspectiva de Suzana de Camargo Gomes, os crimes eleitorais, no aspecto formal, são aquelas condutas consideradas típicas pela legislação eleitoral, sejam aquelas descritas no Código Eleitoral, sejam

---

[3] ROXIN, Claus. *Derecho penal – Parte Geral*. Madrid: Civitas, 1997, t. I, p. 217.

[4] DOTTI, René Ariel. *Reforma eleitoral. Delitos eleitorais e prestação de contas. Propostas do TSE*. Secretaria de Documentação e Informação: Brasília, 2005, p. 32.

[5] PINTO FERREIRA. *Código Eleitoral comentado*. São Paulo: Saraiva, 1997, p. 414.

as descritas em leis eleitorais extravagantes e sancionadas com a aplicação de penas[6].

Desse modo, para a caracterização do crime eleitoral, não basta só o resultado naturalístico decorrente da conduta ilícita (ação ou omissão do agente), mas também dela deve provir um dano ou, no mínimo, um perigo (direto, concreto e iminente) lesivo à ordem jurídica eleitoral. Da mesma forma, é mister que haja um nexo causal entre a conduta e o resultado lesivo, desde que essa conduta ilícita se amolde a uma descrição legal previamente existente[7].

No que tange à sua natureza jurídica, Fávila Ribeiro defende que os crimes eleitorais são uma subespécie dos crimes políticos, que se subdividiria ainda em crimes militares. Ou seja, juntamente com os crimes militares, os crimes eleitorais seriam espécies dos crimes políticos[8].

Crime político é o que é cometido por motivações políticas, atentando contra cidadãos ou contra instituições governamentais, diferenciando-se dos crimes normais pelo elemento subjetivo – o motivo que levou à sua concretização – e pelo bem atingido. A competência para o julgamento do crime político pertence à Justiça Federal. Por sua vez, crime militar se configura na tipificação penal em que a imputação penal se reporta a fatos de natureza militar, que o ato ou omissão esteja previsto na lei penal militar e que tenha sido praticado em razão do serviço[9].

Diante das modificações introduzidas pelo sistema eletrônico de votação e mesmo pelas reformulações ocorridas no Direito Eleitoral e

---

[6] GOMES, Suzana de Camargo. *Crimes eleitorais*. 2. ed. São Paulo: Revista dos Tribunais, 2006, p. 27.

[7] CÂNDIDO, Joel José. *Direito penal eleitoral & processo penal eleitoral*. 1. ed. Bauru: Edipro, 2006, p. 47.

[8] RIBEIRO, Fávila. *Direito eleitoral positivo*. 4. ed. Rio de Janeiro: Forense, 1996, p. 554.

[9] O Professor Pinto Ferreira define o que vem a ser crime militar: "Crime militar é assim toda ação ou omissão especificamente militar, imputável ao militar ou à pessoa que por lei lhe é assemelhada, praticado ou cometido contra a hierarquia, a ordem jurídica, o dever, a segurança, a subordinação ou a disciplina militar, sendo punível pela lei militar como uma infração funcional, específica e própria do militar" (PINTO FERREIRA, Luiz. *Código Eleitoral comentado*. 4. ed. São Paulo: Saraiva, 1997, p. 529).

na Ciência do Direito, sustenta-se que é alvissareira uma reestruturação na tipificação dos crimes eleitorais, sistematizando-os de forma unitária, incorporando as novas teorias e estudos criminais. Se não há divergência para a responsabilização daqueles que atentam contra bens jurídicos protegidos na Lei Eleitoral[10], essa tipificação deve ser feita da forma mais eficiente possível, em sintonia com os dispositivos constitucionais, tentando encontrar um meio-termo entre uma tipificação excessiva, que criminalize em demasia o Direito Eleitoral, e uma segunda opção, igualmente perversa, que não reprima a conduta daqueles que atentam contra a normalidade e a transparência das eleições.

20.2. CLASSIFICAÇÃO DOS CRIMES ELEITORAIS

Porquanto se configure difícil a formulação de uma classificação que abranja todas as tipificações penais – ainda mais quando compete à Justiça Eleitoral julgar os crimes conexos, que não estão incluídos na legislação eleitoral, mas passam a ser por ela julgados em razão da existência de nexo causal com um elemento da seara eleitoral – é mister trazermos à baila os principais entendimentos acerca da classificação dos crimes eleitorais.

Fávila Ribeiro adota, levando em consideração os valores ou interesses predominantemente atingidos pela conduta delitiva, a seguinte classificação: a) lesivos à autenticidade do processo eleitoral; b) lesivos ao funcionamento do serviço eleitoral; c) lesivos à liberdade eleitoral; d) lesivos aos padrões éticos ou igualitários nas atividades eleitorais[11].

Nélson Hungria divide os crimes eleitorais em: a) abusiva propaganda eleitoral; b) corrupção eleitoral; c) fraude eleitoral; d) coação eleitoral; e) aproveitamento econômico da ocasião eleitoral; f) irregularidades no ou contra o serviço público eleitoral[12]. Antônio Roque Citadini, por sua vez, os classifica sistematicamente, a partir das etapas do processo eleitoral: a) crimes eleitorais no alistamento eleitoral; b) cri-

---

[10] GOMES, Suzana de Camargo. *Crimes eleitorais*. São Paulo: Revista dos Tribunais, 2006, p. 301-302.

[11] RIBEIRO, Fávila. *Direito eleitoral positivo*. 4. ed. Rio de Janeiro: Forense, 1996, p. 554.

[12] HUNGRIA, Nélson. *Crimes eleitorais, Revista Eleitoral da Guanabara*, do Tribunal Regional Eleitoral, ano I, n. 1, p. 134-135, 1968.

mes eleitorais no alistamento partidário; c) crimes eleitorais na propaganda eleitoral; d) crimes eleitorais na votação; e) crimes eleitorais na apuração; f) crimes eleitorais no funcionamento do serviço eleitoral[13].

Quanto a Joel José Cândido, este os divide sob a ótica da objetividade jurídica das normas legais, senão vejamos: a) crimes contra a organização administrativa da Justiça Eleitoral; b) crimes contra os serviços da Justiça Eleitoral; c) crimes contra a fé pública eleitoral; d) crimes contra a propaganda eleitoral; e) crimes contra o sigilo e o exercício do voto; f) crimes contra os partidos políticos[14].

Para Suzana de Camargo a categorização dos crimes eleitorais é segmentada em: a) crimes eleitorais concernentes à formação do corpo eleitoral; b) crimes eleitorais relativos à formação e ao funcionamento dos partidos políticos; c) crimes em matéria de inelegibilidades; d) crimes eleitorais concernentes à propaganda eleitoral; e) crimes eleitorais relativos à votação; f) crimes eleitorais pertinentes à garantia do resultado legítimo das eleições; g) crimes eleitorais relativos à organização e ao funcionamento dos serviços eleitorais; h) crimes contra a fé pública eleitoral[15].

Por oportuno, apenas para efeitos didáticos, mas cientes de que essa opção não se configura a teoricamente mais plausível, apresentar-se-á a classificação de acordo com a ordem posta no Código Eleitoral, dissecando, posteriormente, os crimes eleitorais constantes na Lei Eleitoral n. 9.504/97.

20.3. DISPOSIÇÕES GERAIS

Para efeito de tipificação penal, são considerados membros e funcionários da Justiça Eleitoral: a) os magistrados que, mesmo não exercendo suas funções eleitorais, estejam exercendo funções por designação do Tribunal Eleitoral; b) os cidadãos que temporariamente integram órgãos da Justiça Eleitoral; c) os cidadãos que hajam sido

---

[13] CITADINI, Antônio Roque. *Código Eleitoral anotado e comentado*. São Paulo: Max Limonad, 1985, p. 291.

[14] CÂNDIDO, Joel José. *Direito penal eleitoral & processo penal eleitoral*. 1. ed. Bauru: Edipro: 2006, p. 83.

[15] GOMES, Suzana de Camargo. *Crimes eleitorais*. 4. ed. São Paulo: Editora dos Tribunais, 2010, p. 64.

nomeados para as mesas receptoras ou juntas apuradoras; d) os funcionários requisitados pela Justiça Eleitoral; e) quem transitoriamente ou sem remuneração exerce cargo, emprego ou função pública; f) quem exerce cargo, emprego ou função em entidade paraestatal ou em sociedade de economia mista (art. 283 do CE).

A propósito disto, perceba-se que as pessoas mencionadas nos três primeiros incisos do art. 283 do Código Eleitoral se referem aos "membros" da Justiça Eleitoral, para efeitos penais (magistrados com qualquer designação eleitoral, independente, de ser titular ou não da Zona Eleitoral; advogados nomeados juízes dos Tribunais Eleitorais; e os cidadãos e mesários, desde que não sejam Juízes de Direito, integrantes das Juntas Eleitorais), enquanto que as pessoas mencionadas no inciso IV (funcionários requisitados pela Justiça Eleitoral) do mesmo artigo se referem aos "funcionários da Justiça Eleitoral"[16].

Além disso, essa definição bastante extensa de membro ou funcionário da Justiça Eleitoral decorre de que esse ramo judicial possui funcionários que são de outros órgãos e até mesmo de outros poderes, sendo necessária uma definição elástica para abranger a todos que exerçam cargo ou função, remunerada ou gratuita, nos pleitos eleitorais[17]. Os cidadãos que trabalham nos pleitos eleitorais para a Justiça Eleitoral de forma gratuita são considerados executores de funções públicas, respondendo como se servidores públicos efetivos fossem.

Se não houver indicação de pena mínima, ela deve ser de quinze dias de detenção e de um ano de reclusão (art. 284 do CE). Por outro lado, se na tipificação penal não houver menção do *quantum* de majoração ou atenuação da pena, deve o juiz fixá-lo entre um quinto e um terço, guardados os limites da pena cominada ao crime (art. 285 do CE). Essa possibilidade somente ocorre quando o legislador não defi-

---

[16] *Idem*, p. 43.

[17] "Essa conceituação se faz necessária, em primeiro lugar, pelo fato dessa justiça especializada não possuir quadro próprio, sendo integrada por funcionários de seu quadro, que aliás, tem aumentado, bem como de servidores de outros órgãos ou autarquias – alguns, por um ou dois pleitos, mas outros por muitos anos. É chamado por outros de Justiça 'emprestada', pelo fato dos próprios magistrados e de vários servidores servirem-na temporariamente" (CORDEIRO, Vinícius; SILVA, Anderson Claudino da. *Crimes eleitorais e seu processo*. Rio de Janeiro: Forense, 2006, p. 105).

niu a pena mínima ou seu *quantum* de majoração ou atenuação. Como se exige sistematização uniforme dos crimes eleitorais, o Código Eleitoral achou por bem definir seus parâmetros em termos gerais.

A pena de multa consiste no pagamento ao Tesouro Nacional de uma soma de dinheiro que é fixada em dias-multa. Seu montante é de, no mínimo, um dia-multa e, no máximo, trezentos dias-multa. Quando de sua aplicação, deve o juiz fixá-la de forma prudente, levando em conta as condições pessoais e econômicas do condenado (art. 286, *caput* e seu § 1º, do CE).

Aos crimes eleitorais aplicam-se, de forma subsidiária, as regras gerais existentes no Código Penal, ou seja, havendo lacuna na legislação eleitoralista, essa aparente anomia pode ser suprida com a utilização das normas existentes no Código Penal (art. 287 do CE). Nos crimes eleitorais cometidos por meio da imprensa, do rádio ou da televisão, aplicam-se exclusivamente as normas pertinentes ao Código Eleitoral, sem necessitar realizar outras remissões (art. 288 do CE).

Em determinados delitos penais[18], deve o juiz verificar, baseando-se no livre convencimento racional das provas, se o diretório local do partido, por qualquer de seus membros, concorreu para a prática de delito ou dela se beneficiou conscientemente. Nessa hipótese, a pena ao diretório responsável é a de suspensão de sua atividade eleitoral pelo prazo de seis a doze meses, agravada até o dobro em caso de reincidência (art. 336, *caput* e parágrafo único, do CE).

Nos delitos de calúnia, injúria ou difamação eleitoral, aumenta-se a pena de um terço se qualquer dos crimes é cometido: a) contra o Presidente da República ou Chefe de Governo Estrangeiro; b) contra funcionário público, em razão de suas funções; c) na presença de várias pessoas ou por meio que facilite a divulgação da ofensa (art. 327, *caput* e parágrafo único, do CE).

Para os efeitos penais previstos, equipara-se a documento a fotografia, o filme cinematográfico, o disco fonográfico ou qualquer outro meio idôneo a que se incorpore declaração ou imagem destinada à prova de fato juridicamente relevante (art. 351 do CE).

---

[18] São os delitos tipificados nos seguintes artigos do Código Eleitoral: 323, 324, 325, 326, 331, 332, 334 e 335.

A Resolução n. 23.396/2013 do Tribunal Superior Eleitoral, em regulamentação da apuração de crimes eleitorais, verbera que a Polícia Federal estará à disposição da Justiça Eleitoral sempre que houver eleições, sejam gerais ou parciais, em qualquer parte do Território Nacional, exercendo a função de polícia judiciária em matéria eleitoral com prioridade sobre suas atribuições regulares, estando limitada às instruções e requisições dos Tribunais e Juízes Eleitorais, ajustando-se a atuação da Polícia estatal de forma subsidiária (arts. 1º e 2º da Resolução n. 23.396/2013).

Apesar de ecoar as disposições dos Códigos Eleitoral e Processual Penal, no que tange à notícia-crime eleitoral e ao inquérito policial eleitoral, a reverenciada resolução inovou em restrição da legitimidade para abertura de inquérito, dispondo que somente seria instaurado mediante determinação da Justiça Eleitoral, termos modificados pela Resolução n. 23.424/2014, que passou a verberar a legitimidade do Ministério Público, mantida a ressalva da hipótese de prisão em flagrante (art. 8º da Resolução n. 23.396/2013).

A referida modificação foi realizada em sessão administrativa do Tribunal Superior Eleitoral, após pedido de reconsideração da resolução formulado pelo Ministério Público Eleitoral. O pedido estava embasado em decisão do Supremo Tribunal Federal que, por maioria dos votos, assinalou que o Ministério Público pode solicitar a abertura de inquérito para apurar crime eleitoral. Tal discussão fora travada, em sede de pleito cautelar, na ADI n. 5104, ajuizada contra a resolução, acarretando na suspensão imediata da redação originária do art. 8º. A ação ainda não fora julgada definitivamente, estando conclusa desde 2015.

Contextualiza-se que a ADI n. 5104 foi proposta pelo Procurador Geral da República, impugnando 11 dos 14 artigos previstos na resolução do TSE sobre crimes eleitorais. De modo geral, a ação propõe usurpação da competência legislativa da União Federal para disciplinar sobre o processo penal; mitigação injustificada da atuação do Ministério Público (art. 8 da resolução supramencionada); violação dos princípios da inércia da jurisdição, do juiz natural e da celeridade; além de instaurar fase judicial para apreciação da notícia-crime, o que não é apresentado para as demais infrações penais, podendo ocasionar grave risco de prescrição e ineficiência do processo eleitoral. Assim, esclareceu o causídico subscritor da ação: "Imagine-se o enorme risco

704

de prescrição e de ineficiência do processo eleitoral no caso em que, no simples início da investigação, o juiz discorde da instauração de inquérito requisitada pelo Ministério Público e seja, por isso, necessário interpor recurso"[19].

Desta feita, advirta-se que a incidência da respectiva resolução ainda deve ser vista com cautela no contexto do Processo Penal Eleitoral, uma vez que macula diretamente o sistema acusatório garantido pelo Texto Constitucional, colocando em dúvida a imparcialidade garantida pelo princípio do juiz natural na condução dos feitos criminais eleitorais, consoante explicitado na ADI n. 5104.

20.4. DOS CRIMES ELEITORAIS PREVISTOS NO CÓDIGO ELEITORAL

i) Inscrição fraudulenta de eleitor

Trata-se de realizar a inscrição sem possuir os requisitos necessários para tanto, emitindo informações que não condizem com a realidade (art. 289 do CE)[20]. O bem jurídico protegido é a higidez e veracidade dos dados relativos ao alistamento eleitoral.

Seu sujeito ativo é o eleitor que pratica tal conduta, tendo como sujeito passivo a sociedade. A prestação de auxílio material à inscrição fraudulenta do eleitor configura participação no tipo em questão[21]. Parte da doutrina leciona que, no tocante ao reconhecimento de coautoria, em razão do verbo nuclear "inscrever-se", o crime apenas pode ser praticado de forma exclusiva, pelo próprio agente, sem a ajuda de outrem. A "coautoria" transitaria entre o tipo do art. 289 e do art. 290 do CE (induzimento). Ademais, quando o agente ativo promover a inscrição fraudulenta de terceiro, sem a sua ciência, configuraria fato atípico[22]. Como há uma tipificação específica para o fato de induzir

---

[19] ADI n. 5104 subscrita por Rodrigo Janot.

[20] Art. 289. Inscrever-se fraudulentamente eleitor: Pena – reclusão até 5 anos e pagamento de 5 a 15 dias-multa.

[21] "(...) A prestação de auxílio material à inscrição fraudulenta de eleitor caracteriza participação no crime previsto neste artigo (Ac. TSE, de 3-3-2015, no Respe n. 571.991).

[22] GOMES, José Jairo. *Crimes e processo penal eleitorais*. São Paulo: Atlas, 2015, p. 37.

705

eleitor para se escrever fraudulentamente, sustenta-se que não há possibilidade de participação de terceiros neste delito.

Cumpre ressaltar que como o conceito de domicílio possui ampla abrangência no Direito Eleitoral, o fato de o eleitor possuir vários domicílios não caracteriza essa tipificação. Para que o vínculo do domicílio reste configurado, necessita-se apenas demonstrar a existência de vínculo familiar, de atividade comercial ou o interesse em participar da vida política da localidade da inscrição ou da transferência[23].

Exige-se, para a configuração do tipo penal, a comprovação do dolo, de que o cidadão realizou sua inscrição sabendo que não dispunha dos requisitos exigidos e forneceu elementos para induzir em erro o funcionário da Justiça Eleitoral. Esse crime pode ocorrer no momento do alistamento ou quando há o requerimento de transferência[24]. Assim, o momento de sua consumação ocorre quando se solicita o alistamento ou a transferência, utilizando dados falsos, já que se trata de crime formal[25].

A pena é de reclusão de até cinco anos e pagamento de cinco a quinze dias-multa.

ii) Indução de inscrição fraudulenta de eleitor

Consiste na indução, na incitação, no estímulo para que o cidadão realize sua inscrição ou transferência sem possuir os requisitos

---

[23] AAg n. 4.788/MG – TSE, Publicado no Diário de Justiça 15-10-2004.

"(...) I – O conceito de domicílio eleitoral não se confunde com o de domicílio do direito comum, regido pelo Direito Civil. Mais flexível e elástico, identifica-se com a residência e o lugar onde o interessado tem vínculos políticos e sociais. II – Não se pode negar tais vínculos políticos, sociais e afetivos do candidato com o município no qual, nas eleições imediatamente anteriores, teve ele mais da metade dos votos para o posto pelo qual disputava. III – O conceito de domicílio eleitoral, quando incontroversos os fatos, importa em matéria de direito, não de fato. (...)" [Ac. 16.397, de 29-8-2000, Rel. Min. Garcia Vieira, red. designado Min. Sálvio de Figueiredo].

[24] "O cancelamento de transferência supostamente fraudulenta somente pode ocorrer em processo específico, nos termos dos arts. 71 e seguintes do Código Eleitoral, em que sejam obedecidos o contraditório e a ampla defesa" (RCED-646/SP, Rel. Min. Fernando Neves da Silva).

[25] "(...) A higidez do cadastro eleitoral é violada com a transferência fraudulenta de eleitores prevista neste artigo" (Ac. TSE, de 9-2-2017, no AgR-AI n. 1392).

exigidos, fornecendo aos servidores cartorários informações falsas (art. 290 do CE)[26]. O legislador não precisou as condutas possíveis de que a persuasão pode se revestir, o que traz como ilação que suas formas podem ser as mais variadas[27]. Apesar de haver diferenças entre induzir, incitar e instigar, existem julgados que consideram que o núcleo verbal do tipo abrange estas três hipóteses, havendo a configuração do delito se houver incitação ou instigação[28]. Todavia, como há menção apenas a indução, se o eleitor já alimentava a ideia, não há a configuração do tipo, havendo precedentes que afastam a conduta do art. 290 do CE, em caso de concurso de vontade para prática do art. 289 do CE[29]. O princípio da legalidade não admite interpretações extensivas em tipos penais, lição esta que é um dos alicerces da construção do Estado de Direito.

O crime é comum, logo, o agente é qualquer cidadão que induz, fornecendo argumentos para a realização da inscrição fraudulenta. O sujeito passivo é a sociedade ou até mesmo a pessoa induzida a realizar a inscrição. Trata-se de tipo que não comporta participação, na medida em que o ato de impulsionar moralmente pressente conduta pessoal.

É crime unissubsistente, não admitindo tentativa, e formal, restando concretizado no momento do sugestionamento ao eleitor, independente de a inscrição ter sido ou não realizada[30]. Contudo, Fávila Ribeiro entende que ele somente se concretiza com a inscrição ou transferência

---

[26] "Art. 290. Induzir alguém a se inscrever eleitor com infração de qualquer dispositivo deste código: Pena – reclusão até 2 anos e pagamento de 15 a 30 dias-multa."

[27] "Recurso em *habeas corpus*. Instauração de inquérito policial. Determinação. Juiz eleitoral. Art. 260 do Código Eleitoral. Apreensão de declarações. Finalidade eleitoral. Alistamento. Transferência de eleitores. Configuração. Crime eleitoral em tese. (...) O art. 290 do Código Eleitoral refere-se a induzir alguém, abrangendo a conduta de instigar, incitar ou auxiliar terceiro a alistar-se fraudulentamente, aproveitando-se de sua ingenuidade ou de sua ignorância" (Ac. 68/SP, Rel. Min. Luiz Carlos Madeira).

[28] "(...) induzir alguém abrange as condutas de instigar, incitar ou auxiliar terceiro a alistar-se fraudulentamente, aproveitando-se de sua ingenuidade ou de sua ignorância" (Ac. TSE, de 19-4-2005, no RHC n. 68).

[29] "(...) O tipo descrito neste artigo deve ser afastado quando houver o concurso de vontades entre o eleitor e o suposto autor da conduta" (Ac. TSE, de 26-2-2013, no Respe n. 198).

[30] TSE, Respe n. 12.485/SC, *DJ* 17-10-1997.

fraudulenta[31]. Frise-se, a tipificação penal estará consumada a partir do momento da configuração do induzimento, com o intuito posterior de efetivar a sua inscrição infringindo a legislação eleitoral.

A pena é de até dois anos, e o pagamento, de quinze a trinta dias-multa.

iii) Inscrição fraudulenta por parte do juiz

Pratica esse crime o magistrado que realiza a inscrição de um eleitor quando esse não possui os requisitos necessários (art. 291 do CE)[32]. Exige-se dolo para sua tipificação, dolo genérico, não importando o resultado da ação para a caracterização do crime.

Seu agente apenas pode ser o juiz, em virtude de ser crime próprio. Enquanto no polo passivo figura o Estado, e o alistando, tão somente, quando estiver de boa-fé.

Configura-se como delito formal, efetivando-se no momento do deferimento da inscrição de alistamento ou transferência quando faltam os requisitos legais exigidos, independentemente, portanto, da expedição, da entrega, bem como da utilização do título eleitoral. Para Barros, por ser crime plurissubsistente, é articulado em conduta fracionável, sendo possível na modalidade tentada[33].

A pena é de reclusão de até cinco anos e pagamento de cinco a quinze dias-multa.

iv) Negar ou retardar inscrição

O tipo é disjuntivo, podendo ser a recusa ou a postergação de inscrição eleitoral (art. 292 do CE)[34]. Em ambos os casos, necessita-se que os requisitos formulados estejam presentes e, por algum motivo, seja negada ou retardada a inscrição. Na primeira hipótese, há a recusa injustificada, pois se ela for justificada não se configura o delito men-

---

[31] RIBEIRO, Fávila. *Direito eleitoral positivo*, 4. ed. Rio de Janeiro: Forense, 1996, p. 561.

[32] "Art. 291. Efetuar o juiz, fraudulentamente, a inscrição de alistando: Pena – reclusão até 5 anos e pagamento de 5 a 15 dias-multa."

[33] BARROS, Francisco Dirceu. PAES, Janiere Portela Leite. *Direito eleitoral criminal*: direito material. Curitiba: Juruá, 2016, p. 292.

[34] "Art. 292. Negar ou retardar a autoridade judiciária, sem fundamento legal, a inscrição requerida: Pena – pagamento de 30 a 60 dias-multa."

cionado. Na segunda, o retardamento tem que ser propositado, e não em decorrência de excesso de trabalho.

O agente ativo dessa modalidade delitiva é o magistrado eleitoral, motivo pelo qual é crime próprio. O sujeito passivo é o Estado e o alistando de boa-fé. O delito resta consumado a partir do momento em que a autoridade judiciária nega ou retarda a inscrição eleitoral sem respaldo legal e de má-fé, sendo um crime formal. Ademais, por ser crime de mera conduta, não se apresenta na modalidade tentada.

Além disso, mister se faz a comprovação do dolo. Por ser um crime de menor potencial ofensivo, admite a transação penal.

A pena é de pagamento de trinta a sessenta dias-multa.

v) Perturbar ou impedir o alistamento

Esse ato ocorre quando há perturbação ou impedimento ao alistamento, podendo revestir qualquer forma que o obstaculize (art. 293 do CE)[35]. O ato consiste em dificultar, atrapalhar, seja ou não com a utilização de meios violentos. Como crime material exige, por conseguinte, a efetiva materialização da conduta, com consequente prejuízo para que haja a configuração do tipo.

É crime de dolo genérico, sem necessidade de demonstração de finalidade alguma. A ação tem o escopo apenas de tumultuar o alistamento. Por se tratar de crime comum, seu agente pode ser qualquer pessoa, pertencente ou não à Justiça Eleitoral[36].

A pena é de detenção de quinze dias a seis meses, ou pagamento de trinta a sessenta dias-multa.

---

[35] "Art. 293. Perturbar ou impedir de qualquer forma o alistamento: Pena – detenção de 15 dias a 6 meses ou pagamento de 30 a 60 dias-multa."

[36] "Mandado de segurança. Seu cabimento contra acórdão proferido em virtude de reclamação. Alistamento. Fotografia. Não constitui obstáculo à inscrição do eleitor o fato deste apresentar fotografia em que aparece usando óculos. Não existe dispositivo legal que obrigue a pessoa que habitualmente usa óculos a retirá-los para os retratos destinados ao alistamento" (MS-114/MA, Rel. Min. Haroldo Teixeira Valladão).

"Reclamação. Finalidade correcional. Alegações de turbação da normalidade, legalidade, ordem e regularidade dos serviços eleitorais. Não caracterização. Função correcional. Limites. Observância. Improcedência" (RCL-340/TO, Rel. Min. Peçanha Martins).

vi) Retenção de título

Concretiza-se quando a posse do título sai da esfera de disponibilidade do eleitor, contra sua vontade, como forma de coagi-lo na hora do voto (art. 295 do CE)[37]. Era uma prática corrente do coronelismo nos rincões brasileiros, em que essas lideranças políticas guardavam o título eleitoral de seus correligionários para só os devolver na véspera da eleição, com a indicação dos candidatos que deveriam ser votados[38]. Para que o delito seja configurado, mister se faz que a ação do agente tenha finalidade eleitoral, caso contrário, haverá apenas contravenção penal.

Ele se consubstancia com a retenção do título, em consonância com sua natureza formal, sendo de duração continuada até que cesse a posse indevida do documento eleitoral. Contrariamente, Joel Cândido entende que embora o título esteja retido, se o eleitor conseguir votar, não restará configurado o delito[39].

Urge ressaltar que o Supremo Tribunal Federal no julgamento da Ação Direta de Constitucionalidade n. 4467, por maioria dos votos, decidiu que o eleitor só será impedido de votar, quando não vier a apresentar documento de identificação oficial, com foto. Dessa forma, o tipo em epígrafe teve elidida a sua relevância, ao passo que, na maioria das vezes, a retenção do título, por si só, não acarretará prejuízo real ao eleitor. Contudo, é obvio que somente a retenção já se configura como um ato de coerção a vontade livre do eleitor, independentemente se ele conseguiu ou não votar.

A pena é de detenção de até dois meses, ou pagamento de trinta a sessenta dias-multa.

vii) Promover desordem

Essa tipificação abrange todas as atividades que podem causar dano ao processo eleitoral, excetuando-se o crime de impedir ou emba-

---

[37] "Art. 295. Reter título eleitoral contra a vontade do eleitor: Pena – detenção até dois meses ou pagamento de 30 a 60 dias-multa."

[38] "Reconhecimento. Extinção da punibilidade. Candidato. Condenação. Crime. Retenção. Título de eleitor. Sentença. Trânsito em julgado. Decurso de prazo. Superioridade. Biênio. Ocorrência. Fato. Recebimento. Denúncia. Prescrição" (HC-408/MS, Rel. Min. Fernando Neves da Silva).

[39] CÂNDIDO, Joel J. *Direito eleitoral brasileiro*. 10. ed. Bauru: Edipro, 2002, p. 302.

raçar sufrágio e perturbar ou impedir o alistamento. Isto é, essa descrição penal é pertinente às outras matérias, excluindo interferências ao sufrágio e ao alistamento. Sua realização pode ser qualquer atividade que macule a tranquilidade eleitoral, excluindo as mencionadas matérias (art. 296 do CE)[40]. A sua materialização depende da ocorrência de prejuízo por ser um crime material. Ademais, por ser crime plurissubsistente, resta possível na modalidade tentada.

Seu agente pode ser qualquer cidadão que pratique atos que venham a burlar a ordem das atividades eleitorais, acarretando transtorno e intranquilidade no decorrer do processo eleitoral. O polo passivo é a sociedade. O dolo deverá ser específico, ou seja, a pretensão determinada de comprometer os trabalhos eleitorais.

A pena é de detenção de até dois meses e pagamento de sessenta a noventa dias-multa.

viii) Impedir ou embaraçar sufrágio

Essa tipificação abrange todas as atividades que possam causar dano ao processo de escolha eleitoral, excetuando-se o crime de perturbar ou impedir o alistamento e outras atividades que não sejam atinentes ao sufrágio, que se subsume ao crime de promover desordem (art. 297 do CE)[41]. Impedir significa não permitir a concretização do direito ao sufrágio, e embaraçar significa esbulhar, dificultar seu exercício. Contudo, não poderá haver grave ameaça ou violência, hipótese em que incidirá o art. 301 do CE.

Destarte, embora o eleitor consiga votar, o delito estará configurado desde que reste provado que o agente dificultou o ato. O dolo exigido para enquadramento no crime é o genérico. O agente pode ser qualquer pessoa que realize o tipo disjuntivo de sua tipificação. O sujeito passivo será eleitor prejudicado pela conduta e, ainda, a Justiça Eleitoral, na figura da União[42].

---

[40] "Art. 296. Promover desordem que prejudique os trabalhos eleitorais: Pena – detenção até dois meses e pagamento de 60 a 90 dias-multa."

[41] "Art. 297. Impedir ou embaraçar o exercício do sufrágio: Pena – detenção até seis meses e pagamento de 60 a 100 dias-multa."

[42] BARROS, Francisco Dirceu. PAES, Janiere Portela Leite. *Direito eleitoral criminal*: direito material. Curitiba: Juruá, 2016, p. 300.

A pena é de detenção de até seis meses e pagamento de sessenta a cem dias-multa.

ix) Prender ou deter eleitor

O crime resta configurado quando a autoridade policial realiza de forma ilegal a detenção de eleitor, membro de mesa receptora, fiscal, delegado de partido ou candidato (art. 298 do CE)[43]. Se a prisão foi praticada fundamentando-se em algum embasamento legal, não resta configurada a tipificação penal, isto é, caso a prisão seja realizada em conformidade com a Carta Magna, ela poderá ser efetuada, arredando o ilícito criminal eleitoral. A sua finalidade é prender ou deter o eleitor para que ele não possa exercer seus direitos de cidadania. Como apenas pode ser exercido por autoridade policial e seus agentes, configura-se uma infração penal própria[44].

O texto do art. 298 faz remissão à previsão do art. 236 do CE, no qual não poderá, no prazo de 5 dias antes e 48 horas depois de encerrada as eleições, haver a prisão ou detenção do eleitor, salvo nos casos de flagrante delito ou em virtude de sentença criminal condenatória por crime inafiançável, ou, ainda, por desrespeito a salvo-conduto. O mandado de prisão não elimina a configuração do tipo, pois as únicas situações que autorizam a prisão são as ditadas no bojo do art. 236 do CE.

Registre-se que os membros da mesa receptora e dos fiscais de partido também são abrangidos pelo impedimento de prisão, no prazo

---

[43] "Art. 298. Prender ou deter eleitor, membro de mesa receptora, fiscal, delegado de partido ou candidato, com violação do disposto no art. 236: Pena – reclusão até quatro anos."

[44] "Processo de consulta. Prática de infrações penais definidas no Código Eleitoral (L. 4.737/65). Inquérito policial de ofício. Descabimento. O processo das infrações penais definidas no Código Eleitoral (L. 4.737/65) obedece ao disposto nos seus arts. 355 e seguintes, mas não refoge às normas do processo comum, pela aplicação subsidiária e complementar do Código de Processo Penal. Assim ocorre, por exemplo, com os arts. 4º, 5º e 6º, quando houver necessidade de inquérito policial, exce018ada, porém, a sua instauração de ofício (art. 5º, inciso I). Nos casos em que couber, a Polícia Federal (Res. TSE n. 8.906, art. 3º, e DL 1.064/79, art. 2º) poderá prender em flagrante o infrator, comunicando o fato à autoridade judicial em 24 horas e prosseguindo-se, a partir daí, de acordo com o processo previsto no Código Eleitoral" (CTA n. 6.426/DF, Rel. Min. Evandro Gueiros Leite).

acima assinalado, tendo como ressalva a essa prisão os casos de flagrante delito. Por fim, o candidato também é protegido por essa previsão, sendo impedimento de prisão no período de 15 dias antes e 48 horas depois de encerradas as eleições, excepcionado, os casos de flagrante.

O crime é de mão própria, uma vez que apenas pode ser praticando por quem detenha competência de efetuar detenções. O polo passivo será a pessoa com a liberdade restrita e a sociedade. O crime é material, sendo necessária a efetiva detenção para consumação. E, por ser plurissubsistente, poderá ocorrer na forma tentada.

A pena é de reclusão até quatro anos.

x) Ilicitude na obtenção de voto ou corrupção eleitoral

Esse crime se perfaz com a ação de dar, oferecer, prometer, solicitar ou receber, para si ou para outrem, dinheiro, dádiva ou qualquer outra vantagem, para obter ou dar voto e para conseguir ou prometer abstenção, ainda que não seja aceita (art. 299 do CE)[45].

O legislador ordinário redigiu a previsão do art. 299 do Código Eleitoral fazendo uma fusão dos verbos apresentados na legislação penal – nomeadamente, nos arts. 317 e 333 do Código Penal, que tratam de corrupção passiva e ativa –[46], garantindo um amplo campo de incidência para sua tipificação eleitoral.

Tomando como referência a categorização penal, nota-se que a previsão eleitoral poderá ocorrer por conduta ativa (dar, oferecer, solicitar ou prometer) ou por conduta passiva (receber). Conforme indica a jurisprudência do Tribunal Superior Eleitoral, trata-se de crime comum, em que qualquer pessoa pode cometê-lo[47]. Inclusive, sendo cabível em concurso de pessoas e coautoria. Contudo, na articulação passiva, parte da doutrina registra que o receptor do benefício deverá ser eleitor, salvo contrário o crime seria impossível[48]. Ocorre que tal posi-

---

[45] "Art. 299. Dar, oferecer, prometer, solicitar ou receber, para si ou para outrem, dinheiro, dádiva, ou qualquer outra vantagem, para obter ou dar voto e para conseguir ou prometer abstenção, ainda que a oferta não seja aceita: Pena – reclusão até quatro anos e pagamento de 5 a 15 dias-multa."

[46] GOMES, José Jairo. *Crimes e processo penal eleitorais*. São Paulo: Atlas, 2015, p. 52-53.

[47] RHC-106/SP, Rel. Min. Caputo Bastos.

[48] BARREIRO NETO, Jairo. *Direito eleitoral*. Salvador: Juspodivm, 2011, p. 389.

cionamento não fez análise ampla do texto do artigo, na medida em que é possível solicitar benefício para "si ou outrem". Logo, um não eleitor poderá tomar a posição passiva, indicando a vantagem para um terceiro.

Apresenta natureza formal, independe de sua realização, bastando a implementação dos atos contidos no tipo penal, independentemente se o eleitor a aceitou ou não[49]. As condutas descritas somente se configuram crime quando são utilizadas para a obtenção de voto ou sua abstenção; sem esse escopo não se configura o crime[50].

Descura-se que do exame do conceito de corrupção, chegar-se-á à conclusão de que se trata da afronta a parâmetros legais, diante da sobreposição do interesse privado em detrimento do interesse público. De modo que a corrupção expressa um desvalor da ética dos negócios públicos e o sentimento de não corrupção se liga à excelência das atuações governamentais[51].

A pena é de reclusão até quatro anos e pagamento de cinco a quinze dias-multa.

xi) Coação de servidor público

Tem como descrição tipológica aproveitar-se o servidor de sua autoridade para coagir alguém a votar ou a não votar em determinado candidato ou partido (art. 300 do CE)[52]. Esse tipo abrange qualquer

---

[49] "Trata-se de recurso especial eleitoral interposto pelo Ministério Público Eleitoral contra acórdão do Tribunal Regional Eleitoral do Rio de Janeiro (TER/RJ) que rejeitou denúncia pela prática do crime previsto no art. 299 do Código Eleitoral e declinou da competência para a Justiça Comum em relação ao crime de peculato do art. 312 do Código Penal. (...) Quanto à atipicidade da conduta, esclareço que o fim especial de agir exigido pelo tipo penal do art. 299 do Código Eleitoral consiste na intenção de obter ou dar voto ou de conseguir ou prometer abstenção, que não precisa ser necessariamente demonstrada pelo pedido expresso de voto" (TSE, Resp n. 36.432/RJ, Rel. Min. Ricardo Lewandowski, *DJe* 8-3-2010).

[50] "(...) crime previsto neste artigo tutela o livre exercício do voto ou a abstenção do eleitor". (Ac. TSE, de 5-2-2015, no AgR-AI n. 20903).

[51] FILGUEIRAS, Fernando de Barros. *Notas Críticas sobre o Conceito de Corrupção. Um debate com Juristas, Sociólogos e Economistas*. Revista de Informação Legislativa. Brasília: a. 41, n. 164 out/dez. 2004, p. 129.

[52] "Art. 300. Valer-se o servidor público da sua autoridade para coagir alguém a votar ou não votar em determinado candidato ou partido: Pena – detenção até 6 meses e pagamento de 60 a 100 dias-multa."

espécie de pressão exercida por servidor público para induzir o voto, o que fere a liberdade de escolha dos cidadãos. O crime é doloso, não cabendo na modalidade culposa. É formal, pois uma vez praticada a coação a elementar do tipo será concretizada.

Seu agente passivo pode ser qualquer cidadão ou servidores subordinados ao servidor que realiza a coação. Sendo um evidente crime próprio, seu agente ativo apenas pode ser o servidor público. Se o agente é membro ou funcionário da Justiça Eleitoral e comete o crime prevalecendo-se do cargo, a pena é agravada[53].

A pena é de detenção até seis meses e pagamento de sessenta a cem dias-multa.

xii) Violência como coação eleitoral

Coação eleitoral é a utilização de violência ou grave ameaça para coagir alguém a votar, ou a não votar, em determinado candidato ou partido, ainda que os fins visados não sejam conseguidos (art. 301 do CE)[54]. A ameaça, segunda hipótese do tipo, deve ser factível, concreta, não sendo restrita a uma coação genérica e abstrata. Não se preocupa a legislação legal em metrificar a intensidade da violência ou ameaça, apenas importa se ela foi empregada no intuito de coação ao voto.

Seu sujeito ativo pode ser qualquer pessoa que realize seu núcleo normativo. Por sua vez o sujeito passivo será sempre o eleitor. O crime é formal não sendo necessário a concretização do voto ou não voto conforme ordenado pelo coator ou por quem proferiu a ameaça.

A pena é de reclusão até quatro anos e pagamento de cinco a quinze dias-multa.

xiii) Concentração de eleitores

Veda-se a conduta de promover, no dia da eleição, com o fim de impedir, embaraçar ou fraudar o exercício de voto, a concentração de

---

[53] "Art. 300, Parágrafo único. Se o agente é membro ou funcionário da Justiça Eleitoral e comete o crime prevalecendo-se do cargo a pena é agravada."

[54] "Art. 301. Usar de violência ou grave ameaça para coagir alguém a votar, ou não votar, em determinado candidato ou partido, ainda que os fins visados não sejam conseguidos: – reclusão até quatro anos e pagamento de 5 a 15 dias-multa."

eleitores, incluindo o fornecimento gratuito de alimento e transporte coletivo (art. 302 do CE)[55].

Essa concentração, por sua quantidade ou pelo comportamento de seus membros, realizada no dia da eleição, tem que ser de tal monta, que possa acarretar impedimento, embaraço ou fraude ao exercício do voto. Se for realizada em dia diverso da eleição, sem prejudicar o sufrágio dos cidadãos, exclui-se a tipificação penal. Compõem ainda o tipo o fornecimento gratuito de alimento e o transporte coletivo[56].

O dolo nesse caso é o específico, que deflui da intenção de obter vantagem no processo eleitoral. O agente pode ser qualquer pessoa que pratique a conduta ilícita, sendo um crime comum.

A pena é de reclusão de quatro a seis anos e pagamento de duzentos a trezentos dias-multa.

xiv) Majoração de preços

Impede-se a majoração de preços de utilidades e serviços necessários à realização do pleito eleitoral, como transporte e alimentação de eleitores, impressão, publicidade e divulgação de matéria eleitoral (art. 303 do CE)[57]. A presente descrição penal foi implementada em época de larga inflação e quando o Estado podia controlar preços. Sendo a norma mencionada acima um tipo penal em branco, fica difícil quantificar o que venha a ser uma majoração de preços ou um realinhamento em virtude de condições normais de mercado. As principais críticas a essa previsão argumentam que ela viola a livre concorrência que determina autonomamente os valores dos produtos e dos serviços, em decorrência das regras do mercado, em especial, da oferta e da procura.

---

[55] "Art. 302. Promover, no dia da eleição, com o fim de impedir, embaraçar ou fraudar o exercício do voto a concentração de eleitores, sob qualquer forma, inclusive o fornecimento gratuito de alimento e transporte coletivo: Pena – reclusão de quatro (4) a seis (6) anos e pagamento de 200 a 300 dias-multa."

[56] "Para a caracterização do tipo penal previsto no art. 302 do Código Eleitoral, não é necessário que os eleitores cheguem ao local de votação em meio de transporte fornecido pelo réu" (Respe n. 21.237/MG, Rel. Min. Fernando Neves da Silva).

[57] "Art. 303. Majorar os preços de utilidades e serviços necessários à realização de eleições, tais como transporte e alimentação de eleitores, impressão, publicidade e divulgação de matéria eleitoral: Pena – pagamento de 250 a 300 dias-multa."

Se o aumento de preços acontecer em virtude de condições que fogem ao controle dos proprietários de estabelecimentos que realizaram a majoração, exclui-se a imputação penal, haja vista ela precisar aferir o dolo em aumentar os preços de forma especulativa, para a obtenção de maior nível de mais-valia.

Como crime de natureza formal, a majoração de preços, sem a constatação de que causou efetivamente dano a eleitor, é suficiente para a configuração do delito. Seu agente pode ser todo cidadão que realizou a conduta descrita.

A pena é de pagamento de duzentos e cinquenta a trezentos dias-multa.

xv) Prejuízo ao fornecimento

Proíbe-se ocultação, sonegação, açambarcamento ou recusa, no dia da eleição, do fornecimento normal a todos de utilidades, alimentação e meios de transporte, ou conceder sua exclusividade a determinado partido ou candidato (art. 304 do CE)[58].

De tipificação válida apenas em dia eleitoral, abrange entidades públicas e privadas, que utilizem os comportamentos descritos para prejudicar o exercício de voto. Não precisa restar comprovado que o agente auferiu vantagem na realização dessas atividades, o crime é de caráter formal. O sujeito ativo pode ser qualquer cidadão que realize a tipificação penal.

A pena é de pagamento de duzentos e cinquenta a trezentos dias-multa. O crime é de baixo potencial ofensivo, motivo pelo qual sua punição é apenas de multa, não gera inelegibilidade e podendo haver transação penal.

xvi) Intervenção de autoridade estranha

A tipificação consiste em intervir autoridade estranha à mesa receptora, interferindo em seu funcionamento, excetuando-se juiz elei-

---

[58] "Art. 304. Ocultar, sonegar, açambarcar ou recusar no dia da eleição o fornecimento, normalmente a todos, de utilidades, alimentação e meios de transporte, ou conceder exclusividade dos mesmos a determinado partido ou candidato: Pena – pagamento de 250 a 300 dias-multa."

toral (art. 305 do CE)[59]. Pela imprescindibilidade do trabalho realizado pela mesa receptora, apenas seus membros, devidamente escolhidos, podem executar suas funções, impedindo que outras pessoas interfiram em seu normal funcionamento.

O juiz eleitoral resta como exceção porque ostenta entre suas funções a de velar pelo bom andamento do pleito e corrigir as distorções que porventura existam no funcionamento da mesa receptora. O agente ativo apenas pode ser autoridade de qualquer esfera governamental, logo é um crime próprio. Ressalta-se que a autoridade não deve atuar na mesa receptora, na qual houver a interferência. Assim, o juiz eleitoral – desde que de outra sessão – poderá cometer a conduta típica.

O crime é doloso, sendo consumado com o ato de ingerir, representa crime de mera conduta. A pena é de detenção de até seis meses e pagamento de sessenta a noventa dias-multa.

xvii) Fura-fila de votação

Fura-fila de votação ocorre quando não há a observação na ordem em que os eleitores devem ser chamados a votar (art. 306 do CE)[60]. Afora o caso de mulheres grávidas, enfermos e pessoas idosas, a ordem da fila de votação tem que ser mantida para permitir que os eleitores possam votar sem sobressaltos e tumultos, esperando cada um a sua vez, de acordo com a ordem de chegada na seção de votação. Trata-se de crime próprio porque apenas os componentes da mesa apuradora podem praticá-lo pelo exercício de suas funções.

A pena é de pagamento de quinze a trinta dias-multa.

Pela insignificância da conduta, de melhor alvitre seria sua ab-rogação, não fazendo sentido a punição dessa conduta de potencial ofensivo mínimo. A lógica do direito penal é que as condutas típicas têm a finalidade de proteger valores considerados essenciais para a sociedade, de modo que criminalizar o ato de "furar a fila" é violar substancialmente a ideia de *ultima ratio*.

---

[59] "Art. 305. Intervir autoridade estranha à mesa receptora, salvo o juiz eleitoral, no seu funcionamento sob qualquer pretexto: Pena – detenção até seis meses e pagamento de 60 a 90 dias-multa."

[60] "Art. 306. Não observar a ordem em que os eleitores devem ser chamados a votar: Pena – pagamento de 15 a 30 dias-multa."

xviii) Fornecimento de cédula marcada

A conduta delituosa se configura em fornecer ao eleitor cédula oficial já assinada ou de qualquer forma marcada (art. 307 do CE)[61]. Significa exercer influência no eleitor, induzindo-o a votar em determinado candidato. Seu agente pode ser qualquer componente da mesa ou pessoa estranha que realize a conduta. A marcação pode assumir variadas formas, desde que indique número de candidato ou partido.

Com a introdução do sistema eletrônico de votação e biometria, apuração e totalização, tal conduta criminosa assumiu valor quase insignificante, sendo pertinente apenas no caso de votação manual, pois no sistema eletrônico não existe a utilização de cédulas.

A pena é de reclusão de até cinco anos e pagamento de cinco a quinze dias-multa.

xix) Fornecimento antecipado de cédula

Constitui crime rubricar e fornecer cédula oficial em outra oportunidade que não seja a de sua entrega ao eleitor (art. 308 do CE)[62]. O dolo é o específico, no sentido de fraudar o processo eleitoral. A consumação acontece no momento do fornecimento da cédula já assinada, sem a necessidade de se verificar se o eleitor a utilizou ou não.

O agente apenas pode ser um dos componentes da mesa receptora que exerce as funções eleitorais. Classifica-se como crime próprio.

A pena é de reclusão de até cinco anos e pagamento de sessenta a noventa dias-multa.

xx) Votar mais de uma vez

Pune-se a conduta de votar ou de tentar votar mais de uma vez, ou em lugar de outrem (art. 309 do CE)[63]. Apresenta uma conduta disjuntiva, que abrange o ato de votar ou sua tentativa, a consumação e a ten-

---

[61] "Art. 307. Fornecer ao eleitor cédula oficial já assinalada ou por qualquer forma marcada: Pena – reclusão até cinco anos e pagamento de 5 a 15 dias-multa."

[62] "Art. 308. Rubricar e fornecer a cédula oficial em outra oportunidade que não a de entrega da mesma ao eleitor: Pena – reclusão até cinco anos e pagamento de 60 a 90 dias-multa."

[63] "Art. 309. Votar ou tentar votar mais de uma vez, ou em lugar de outrem: Pena – reclusão até três anos."

tativa, seja em nome próprio, seja tentando se passar por outra pessoa. O sujeito ativo pode ser qualquer pessoa que realize a conduta descrita[64].

O voto tem caráter personalíssimo, assim, tentar votar por terceiro seria uma desconstituição da ideia de igualdade do voto. Na literatura de Jairo Gomes são exemplos de sufrágio desigual: o voto familiar, o voto plural e voto múltiplo, contudo, o desequilíbrio no sufrágio é situação proibida no ordenamento jurídico brasileiro, não sendo esse instituto compatível com a nossa democracia[65].

Essa tipificação permanece mesmo com a instituição do sistema eletrônico de votação, que não exclui totalmente a possibilidade de um eleitor tentar se passar por outra pessoa. Contudo, com a biometria, essa possibilidade se reduz quase a zero.

A pena é de reclusão de até três anos.

xxi) Prática de irregularidade

Trata-se de punir a ação ou a omissão de membro da mesa receptora que pratique qualquer irregularidade que possa determinar a anulação da votação (art. 310 do CE)[66]. Para que ocorra a anulação, a ação ou a omissão, precisa ser muito relevante para prejudicar a apuração do processo eleitoral. Por ser crime material, exige o resultado para consumação. O agente ativo pode ser qualquer pessoa, mormente os componentes da mesa receptora. O crime poderá ser, inclusive, realizado em coautoria entre os membros da mesa com terceiro.

A pena é de detenção de até seis meses, ou pagamento de noventa a cento e vinte dias-multa.

xxii) Votação em seção eleitoral distinta

Consubstancia-se quando o eleitor vota em seção eleitoral em que não está inscrito e quando o presidente da mesa receptora aceita

---

[64] "Ao contrário, se não se perfaz os atos preparatórios, mas logra apossar-se da cédula rubricada e a deposita na urna, terá votado; e, nessa hipótese, se votar mais de uma vez ou em lugar de outrem, realiza o tipo penal questionado" (HC-182/RJ, Rel. Min. Sepúlveda Pertence).

[65] GOMES, José Jairo. *Crimes e processo penal eleitorais*. São Paulo: Atlas, 2015, p. 76.

[66] "Art. 310. Praticar, ou permitir o membro da mesa receptora que seja praticada qualquer irregularidade que determine a anulação de votação, salvo no caso do art. 311: Pena – detenção até seis meses ou pagamento de 90 a 120 dias-multa."

que o voto seja admitido (art. 311 do CE)[67]. A tipificação do delito foi repartida em duas partes: quando o eleitor vota em seção em que não está inscrito; e quando o presidente da mesa receptora, seja por dolo ou por negligência, permite que o voto seja admitido. Essa sanção se diferencia da descrita no art. 309 do Código Eleitoral – quando o eleitor vota mais de uma vez – porque, nesse caso, ele vota em seção diversa.

Com o sistema eletrônico de votação, não mais existe a possibilidade de voto em separado, que era permitido para políticos ou autoridades, assim os eleitores somente são autorizados a votar em sua seção específica. Dessa forma, não faz mais sentido essa tipificação por impossibilidade absoluta do objeto.

A pena é de detenção de até um mês, ou pagamento de cinco a quinze dias-multa para o eleitor e de vinte a trinta dias-multa para o presidente da mesa.

xxiii) Violação ou tentativa de violação de sigilo de voto

A conduta descrita é violar ou tentar violar sigilo de voto (art. 312 do CE)[68]. O sigilo do voto, configurando-se como uma garantia constitucional, protege a escolha de cada cidadão, impedindo que venha a sofrer pressão ou reprimenda em razão do posicionamento adotado[69].

Verdade que, com a votação eletrônica, a consumação ou tentativa de violação se mostra mais difícil, mas não de todo impossível, podendo acontecer a quebra da inviolabilidade da cabine de votação. Por articulação apresentada no art. 220, IV do CE, a votação padecerá de nulidade, caso ocorra com violação do sigilo dos votos. Ressalta-se que representa figura atípica, caso o cidadão, espontaneamente, exponha o conteúdo do seu voto.

---

[67] "Art. 311. Votar em seção eleitoral em que não está inscrito, salvo nos casos expressamente previstos, e permitir, o presidente da mesa receptora, que o voto seja admitido: Pena – detenção até um mês ou pagamento de 5 a 15 dias-multa para o eleitor e de 20 a 30 dias-multa para o presidente da mesa."

[68] "Art. 312. Violar ou tentar violar o sigilo do voto: Pena – detenção até dois anos."

[69] "Exige-se o cumprimento da regra do § 1º do art. 165 do Código Eleitoral somente na hipótese em que haja comprovada suspeita de violação da urna, circunstância que impõe a nomeação de perito para que afirme a existência do fato. 2. Encontrando-se a urna, contudo, visivelmente aberta, vulnerado o lacre que assegura a sua inviolabilidade, dispensa-se a constatação da ocorrência por perito" (AG-1844/BA, Rel. Min. Maurício Corrêa).

O agente ativo pode ser qualquer cidadão, sendo punida a infração em sua consumação ou tentativa, além disso, configura-se como crime formal.

Pena de detenção de até dois anos.

xxiv) Deixar de expedir boletim de urna

Incrimina-se a conduta do juiz e dos membros da Junta de deixar de expedir o boletim de apuração imediatamente após a apuração de cada urna, mesmo que essa exigência seja dispensada pelos fiscais, delegados ou candidatos presentes. A mesma tipificação penal abrange o presidente e os mesários que não expedirem imediatamente o respectivo boletim (art. 313, *caput* e seu parágrafo único, do CE)[70].

Com a utilização da urna eletrônica, o boletim de urna é expedido imediatamente após o encerramento da votação, em cinco vias, sendo todo o procedimento feito pelos integrantes da mesa receptora, o que exclui a possibilidade de participação dos membros das Juntas Eleitorais. Em caso de apuração manual, o inciso ganha atualidade.

Seus agentes ativos apenas podem ser os agentes eleitorais descritos acima, sendo o crime de mão própria. O crime se concretiza quando não se expedem os boletins necessários; por essa razão não existe possibilidade de tentativa.

A pena é de pagamento de noventa a cento e vinte dias-multa.

xxv) Deixar de fechar ou lacrar a urna

Penalizam-se o juiz e os membros da Junta quando deixam de recolher as cédulas apuradas na respectiva urna, de fechá-la ou de lacrá-la, assim que terminar a apuração de cada seção, ainda que dispensada a providência pelos fiscais, delegados ou candidatos presentes. Tipifica-se de igual forma, punindo-se o presidente e os mesários,

---

[70] "Art. 313. Deixar o juiz e os membros da junta de expedir o boletim de apuração imediatamente após a apuração de cada urna e antes de passar à subsequente, sob qualquer pretexto e ainda que dispensada a expedição pelos fiscais, delegados ou candidatos presentes: Pena – pagamento de 90 a 120 dias-multa.

Parágrafo único. Nas seções eleitorais em que a contagem for procedida pela mesa receptora incorrerão na mesma pena o presidente e os mesários que não expedirem imediatamente o respectivo boletim."

quando as mesas apuradoras não fecharem e lacrarem a urna após a contagem (art. 314, *caput* e seu parágrafo único, do CE)[71].

A importância desse procedimento reside em haver necessidade de recontagem de votos, necessitando para isso que os votos estejam intactos para serem auferidos novamente.

Por ser crime próprio, seus agentes ativos podem ser os membros da Junta Eleitoral ou os membros da mesa receptora. Como se perfaz com uma conduta omissiva, não admite tentativa.

Com a introdução do sistema eletrônico de votos, esse processo de igual forma se tornou anacrônico, subsistindo para os votos apurados de forma manual.

A pena é de detenção de até dois meses, ou pagamento de noventa a cento e vinte dias-multa.

xxvi) Crime de mapismo

Consiste em alterar nos mapas ou boletins de apuração a votação obtida por qualquer candidato ou lançar nesses documentos votação que não corresponda às cédulas apuradas (art. 315 do CE)[72].

Esse crime era comum nas eleições manuais, em que se adulteravam os boletins de apuração para que não refletissem o resultado das urnas, fazendo com que candidatos ganhassem eleições apenas na fase da apuração. A votação eletrônica reduziu sua possibilidade de ocorrência[73].

---

[71] "Art. 314. Deixar o juiz e os membros da junta de recolher as cédulas apuradas na respectiva urna, fechá-la e lacrá-la, assim que terminar a apuração de cada seção e antes de passar à subsequente, sob qualquer pretexto e ainda que dispensada a providência pelos fiscais, delegados ou candidatos presentes: Pena – detenção até dois meses ou pagamento de 90 a 120 dias-multa.

Parágrafo único. Nas seções eleitorais em que a contagem dos votos for procedida pela mesa receptora incorrerão na mesma pena o presidente e os mesários que não fecharem e lacrarem a urna após a contagem."

[72] "Art. 315. Alterar nos mapas ou nos boletins de apuração a votação obtida por qualquer candidato ou lançar nesses documentos votação que não corresponda às cédulas apuradas: Pena – reclusão até cinco anos e pagamento de 5 a 15 dias-multa."

[73] "Eleitoral. Criminal. Fraude: alteração de boletins de apuração. Presidente e secretário de Junta apuradora. Juiz de direito: perda do cargo. Recurso especial: ausência de pressupostos" (Respe n. 11.430/MG, Rel. Min. Carlos Mário da Silva Velloso).

Ele exige dolo específico, em que há a adulteração de votos para prejudicar ou favorecer determinados candidatos. Seu agente pode ser qualquer cidadão que trabalhe no processo eleitoral, como mesários ou membros da Junta Eleitoral. Trata-se de crime formal, não se exigindo o resultado para a consumação.

A pena é de reclusão de até cinco anos e pagamento de cinco a quinze dias-multa.

xxvii) Omissão de protestos

Sanciona-se a conduta de não receber ou de não mencionar nas atas da eleição ou da apuração os protestos devidamente formulados ou deixar de remetê-los à instância superior (art. 316 do CE)[74].

Têm os membros da mesa receptora e os da mesa apuradora a obrigação de registrar todas as impugnações recebidas, protestos, colocando-as em ata e, posteriormente, de remetê-las a instância superior. Caso não realizem essa conduta, enquadram-se na tipificação penal.

Seus agentes ativos apenas podem ser os membros da Junta Eleitoral e da mesa receptora de votos. O dolo é genérico, constatando-se diante da omissão da obrigação imposta por lei. Não há possibilidade de tentativa.

A pena é de reclusão de até cinco anos e pagamento de cinco a quinze dias-multa.

xxviii) Violação ou tentativa de violação de urna

O crime se configura em violar ou tentar violar o sigilo da urna ou de seus invólucros (art. 317 do CE)[75]. Resta a tipificação subsumida quando há a violação ou a tentativa, sem importar seus motivos, defluindo como ilação a presença do dolo genérico.

Seu sujeito ativo pode ser qualquer eleitor, seja membro de partido político ou participante dos quadros da Justiça Eleitoral. Essa infração comporta a classificação de delito consumado ou tentado, podendo ocorrer quando as células são guardadas e lacradas até sua destruição.

---

[74] "Art. 316. Não receber ou não mencionar nas atas da eleição ou da apuração os protestos devidamente formulados ou deixar de remetê-los à instância superior: Pena – reclusão até cinco anos e pagamento de 5 a 15 dias-multa."

[75] "Art. 317. Violar ou tentar violar o sigilo da urna ou dos invólucros: Pena – reclusão de três a cinco anos."

Pena de reclusão de três a cinco anos.

xxix) Contagem de voto impugnado

Sanciona a conduta de efetuar a mesa receptora a contagem de votos da urna quando qualquer eleitor houver votado sob impugnação (art. 318 do CE)[76]. Esse caso ocorria, na votação manual, quando a mesa receptora se transformava em mesa apuradora e, por qualquer motivo, realizava a contagem do voto sob impugnação. Se a contagem do voto se realiza em separado, elide-se a tipificação penal.

O dolo é genérico, consumando-se com a intenção de contagem do voto em separado. Ele resta consumado no instante da contagem do voto impugnado, desde que não seja feito em separado. Perfila-se como um crime próprio dos integrantes da mesa apuradora.

A pena é de detenção de até um mês, ou pagamento de trinta a sessenta dias-multa.

xxx) Subscrição de registro de mais de um partido

Trata-se de crime de subscrição de eleitor em mais de uma ficha de registro partidário (art. 319 do CE)[77]. Diferencia-se da dupla filiação em partido político porque, nessa hipótese, envolve a inscrição de apoio à criação de mais de uma agremiação partidária, tentando assegurar a veracidade do processo de criação de novas legendas. Se o eleitor é partidário de uma agremiação, não tem sentido ele assinar a ficha para o registro de mais de uma organização política.

Essa descrição penal tem como agente qualquer eleitor que subscreve a ficha de inscrição de mais de um partido. Configura-se como delito formal, não precisando a constatação de dano. Não admite tentativa em virtude de sua concretização exigir a feitura da inscrição.

A pena é de detenção de até um mês, ou pagamento de dez a trinta dias-multa.

---

[76] "Art. 318. Efetuar a mesa receptora a contagem dos votos da urna quando qualquer eleitor houver votado sob impugnação (art. 190): Pena – detenção até 1 mês ou pagamento de 30 a 60 dias-multa."

[77] "Art. 319. Subscrever o eleitor mais de uma ficha de registro de um ou mais partidos: Pena – detenção até 1 mês ou pagamento de 10 a 30 dias-multa."

xxxi) Inscrição simultânea em mais de um partido

Tipifica esse delito a conduta do eleitor que se inscreve simultaneamente em dois ou mais partidos (art. 320 do CE)[78]. Impede-se a dupla filiação, pois o eleitor não pode compartilhar duas ideologias ao mesmo tempo, em alguns casos imbuídos de interesses distintos[79]. Se o eleitor quiser se filiar a outro partido, deve comunicar seu desligamento ao juiz eleitoral respectivo e ao partido político ao qual pertencia[80].

Não é crime próprio porque o sujeito ativo pode ser qualquer eleitor, sem a necessidade de outros requisitos. O dolo é genérico sem outra intenção que não a realização da conduta descrita.

A pena é de pagamento de dez a vinte dias-multa. Além dessa pena, as duas inscrições que não atenderam ao procedimento exigido para o desligamento são canceladas.

Essa tipificação penal eleitoral encontra-se revogada porque a inscrição em um segundo partido, obrigatoriamente, anula a filiação anterior (art. 22, parágrafo único da LPP, com redação conferido pela Lei n. 12.891/2013), não sendo mais vislumbrável a existência de dupla filiação[81].

xxxii) Coletar assinatura de eleitor

Consiste na coleta de assinatura de eleitor em mais de uma ficha de registro de partido (art. 321 do CE)[82]. Esse delito se diferencia do cri-

---

[78] "Art. 320. Inscrever-se o eleitor, simultaneamente, em dois ou mais partidos: Pena – pagamento de 10 a 20 dias-multa."

[79] "A comunicação de desfiliação partidária à Justiça Eleitoral e à agremiação partidária deve ser feita antes do envio das listas de que trata o art. 19 da Lei n. 9.096/95, sob pena de se caracterizar a dupla filiação partidária" (RO-1195/MA, Rel. Min. Caputo Bastos).

[80] "Da exegese do artigo retrocitado, verifica-se que é possível que haja dupla filiação, sem, contudo, restar configurada dupla militância. Assim, é caso de indeferimento de registro de candidatura a simples ocorrência de dupla filiação, nos moldes conferidos pelo dispositivo legal mencionado" (Respe n. 26.433/DF, Rel. Min. José Augusto Delgado).

[81] "Art. 22, Parágrafo único. Havendo coexistência de filiações partidárias, prevalecerá a mais recente, devendo a Justiça Eleitoral determinar o cancelamento das demais" (Redação dada pela Lei n. 12.891, de 2013).

[82] "Art. 321. Colher assinatura do eleitor em mais de uma ficha de registro de partido: Pena – detenção até dois meses ou pagamento de 20 a 40 dias-multa."

me de subscrição de registro de mais de um partido (art. 319 do CE) porque neste o eleitor apoia a criação de mais de um partido por sua vontade, com o dolo de fraudar o processo eleitoral, e na infração ora descrita há a coleta de assinatura obtida por terceira pessoa, sem dolo do eleitor. Nessa indicação criminal, a finalidade é punir os agenciadores que procuram eleitores incautos para aferir o apoio ao registro partidário.

Seu sujeito ativo é um terceiro que procura o eleitor para realizar a tipificação descrita. É um crime de natureza formal, não necessitando demonstrar se houve ou não prejuízo ao pleito eleitoral.

A pena é de detenção de até dois meses, ou pagamento de vinte a quarenta dias-multa.

xxxiii) Divulgação de propaganda eleitoral inverídica

Configura-se na divulgação de propaganda de fatos que se sabem inverídicos em relação a partidos ou candidatos, capazes de exercer influência no eleitorado (art. 323 do CE)[83]. Exige-se para sua subsunção que os fatos sejam inverídicos e capazes de exercer influência no eleitorado, isto é, provocar modificação no sentir do corpo eleitoral.

Abrange propaganda eleitoral e partidária, que é divulgada antes da fase eleitoral, mas que pode influenciar seriamente o eleitorado[84]. Portanto, o tipo em questão não exige que os fatos inveridicamente imputados tenham potencial para definir a eleição, bastando a sua capacidade de influenciar o eleitorado[85].

---

[83] "Art. 323. Divulgar, na propaganda, fatos que sabe inverídicos, em relação a partidos ou candidatos e capazes de exercerem influência perante o eleitorado: Pena – detenção de dois meses a um ano ou pagamento de 120 a 150 dias-multa."

[84] "Pertinente é o deferimento do direito de resposta diante de clara mensagem com afirmação sabidamente inverídica e insinuação maliciosa que alcança a imagem do candidato da coligação representante" (RP-1279/DF, Rel. Min. Carlos Alberto Menezes Direito).

"Delito de falso previsto no art. 353 do Código Eleitoral. Panfletos anonimamente impressos. Não caracterização. Desclassificação para o tipo do art. 323 do Código Eleitoral: divulgação de fatos que o agente sabe inverídicos, em relação a partidos ou candidatos, capazes de exercer influência perante o eleitorado" (HC-369/MG, Rel. Min. Maurício Corrêa).

[85] Ac. TSE, de 25-6-2015, no AgR-RMS n. 10404.

É crime comum e de natureza formal, sem a necessidade de ocorrência de prejuízo. O dolo é específico, consiste na divulgação de fatos inverídicos que possam causar danos a partidos ou candidatos, que são seus sujeitos passivos.

A forma de divulgação não foi prevista, podendo se revestir das mais variadas maneiras, em recintos públicos ou privados, aumentando-se a pena se cometidos pela imprensa, pelo rádio ou pela televisão. Nesse ponto importa ressaltar que a propaganda deve se revestir de parâmetros de regularidades, devendo respeitar a legalidade; veracidade; liberdade de expressão e responsabilidade – ao passo que não pode causar prejuízo aos bens jurídicos de outrem.

A pena é de detenção de dois meses a um ano, ou pagamento de cento e vinte a cento e cinquenta dias-multa. É agravada se o crime é cometido pela imprensa, pelo rádio ou pela televisão.

xxxiv) Caluniar na propaganda eleitoral

Pune-se o ato de caluniar alguém na propaganda eleitoral, ou visando a fins de propaganda, imputando-lhe falsamente fato definido como crime (art. 324 do CE)[86]. Na mesma pena incorre quem propala ou divulga a informação, sabendo de sua falsidade (art. 324, § 1º, do CE). Pode ser veiculado por qualquer meio que divulgue a falsa imputação[87].

Resta configurado o delito mesmo quando a imputação é de crimes não eleitorais, envolvendo práticas realizadas antes do pleito, contudo, necessita que a falsa imputação criminal ocorra no período da campanha. Se foi proferida anteriormente, não se perfaz esse crime eleitoral, ficando na esfera da legislação penal comum.

---

[86] "Art. 324. Caluniar alguém, na propaganda eleitoral, ou visando a fins de propaganda, imputando-lhe falsamente fato definido como crime: Pena – detenção de seis meses a dois anos e pagamento de 10 a 40 dias-multa."

[87] Art. 324, § 1º "Nas mesmas penas incorre quem, sabendo falsa a imputação, a propala ou divulga. § 2º A prova da verdade do fato imputado exclui o crime, mas não é admitida: I – se, constituindo o fato imputado crime de ação privada, o ofendido, não foi condenado por sentença irrecorrível; II – se o fato é imputado ao presidente da República ou chefe de governo estrangeiro; III – se do crime imputado, embora de ação pública, o ofendido foi absolvido por sentença irrecorrível".

Calúnia é a imputação de crime a outrem que se sabe que inexiste, não correspondendo à verdade. É sancionado da mesma maneira quem cria a falsa imputação e aquele que a divulga. Seu sujeito ativo, mesmo que na maioria dos casos sejam candidatos ou membros de partidos políticos, pode ser qualquer eleitor. O sujeito passivo pode ser qualquer cidadão, mesmos aqueles que não estão ligados diretamente ao processo eleitoral.

A prova da verdade do fato imputado exclui o crime, mas não é admitida nos casos: a) se, constituindo-se o fato imputado crime de ação privada, o ofendido não foi condenado por sentença irrecorrível; b) se o fato é imputado ao Presidente da República ou ao Chefe de Governo estrangeiro; c) se do crime imputado, embora de ação pública, o ofendido foi absolvido por sentença irrecorrível (art. 324, § 2º, do CE).

Prova de verdade consiste na verificação se a imputação formulada é verdadeira. Com relação às pessoas mencionadas *supra*, essa exceção não é permitida em razão do princípio da presunção de inocência, da magnitude da função exercida e da segurança das decisões judiciais.

A pena é de detenção de seis meses a dois anos e pagamento de dez a quarenta dias-multa. De acordo com as alterações introduzidas pela Lei n. 14.192/2021, aumentam-se 1/3 (um terço) até a metade, se o crime é cometido com menosprezo ou discriminação à condição de mulher ou à sua cor, raça ou etnia; ou por meio da internet ou de rede social com transmissão em tempo real (art. 327, incisos IV e IV, do CE).

xxxv) Difamação na propaganda eleitoral

Impede-se a difamação de alguém na propaganda eleitoral, ou visando a fins de propaganda, imputando-lhe fato ofensivo à sua reputação (art. 325, *caput*, do CE)[88]. A difamação é o direcionamento de fato ofensivo à honra do cidadão, narrando as circunstâncias desse fato. Pode ser implementado por qualquer meio que divulgue os fatos imputados[89].

---

[88] "Art. 325. Difamar alguém, na propaganda eleitoral, ou visando a fins de propaganda, imputando-lhe fato ofensivo à sua reputação: Pena – detenção de três meses a um ano e pagamento de 5 a 30 dias-multa."

[89] "Para a concessão de direito de resposta é necessário que se tenha presente a calúnia, a difamação ou a injúria, ainda que de forma indireta, por conceito, imagem ou afirmação" (Respe n. 26.730/DF, Rel. Min. Francisco César Asfor Rocha).

Seu sujeito ativo pode ser qualquer cidadão, seja candidato ou simples cidadão comum. Classificando-se como crime formal, independe da demonstração de prejuízo.

Resta da mesma forma configurado o delito quando a imputação é de crimes não eleitorais, envolvendo práticas realizadas antes do pleito, contudo necessita que a falsa imputação criminal ocorra no período da campanha. Se ela foi proferida anteriormente, não se perfaz esse crime eleitoral, ficando na esfera da legislação penal comum[90]. Para que ocorra a tipificação basta que a conduta difamatória seja praticada no âmbito típico das propagandas eleitorais[91].

Como o fato atinge a honra das pessoas, admite-se a exceção da verdade somente se o ofendido é funcionário público e a ofensa é relativa ao exercício de suas funções, porque a proteção de *res pública* os obriga a uma conduta ilibada (art. 325, parágrafo único, do CE)[92].

A pena é de detenção de três meses a um ano e pagamento de cinco a trinta dias-multa. De acordo com as alterações introduzidas pela Lei n. 14.192/2021, aumentam-se 1/3 (um terço) até a metade, se o crime é cometido com menosprezo ou discriminação à condição de mulher ou à sua cor, raça ou etnia; ou por meio da internet ou de rede social com transmissão em tempo real (art. 327, incisos IV e IV, do CE).

xxxvi) Injúria na propaganda eleitoral

Proíbe-se a injúria de alguém na propaganda eleitoral, ou visando a fins de propaganda, ofendendo-lhe a dignidade ou o decoro (art. 326 do CE). É a ofensa à honorabilidade do cidadão, aviltando sua dignidade e sua honra[93].

---

[90] "Representação. Propaganda eleitoral. Direito de resposta. No âmbito eleitoral, as afirmações caluniosas, difamatórias e injuriosas não são reconhecidas como tais à luz dos conceitos de direito penal; aquilo que aparenta ofender já é proibido, porque o respeito entre os candidatos é indispensável ao processo eleitoral" (RP-1194/DF, Rel. Min. Ari Pargendler).

[91] Ac. TSE, de 6-10-2015, no Respe n. 186.819 e, de 13-10-2011, no HC n. 114.080.

[92] Art. 325, parágrafo único. A exceção da verdade somente se admite se o ofendido é funcionário público e a ofensa é relativa ao exercício de suas funções.

[93] "Desde que destituída de injúria, calúnia ou difamação e que não desborde do

Seu sujeito ativo pode ser qualquer candidato, membro de partido ou eleitor. Sujeito passivo pode ser qualquer eleitor, mesmo distante do pleito eleitoral, haja vista tratar-se de crime impróprio. Os meios utilizados para a realização desse delito podem ser os mais diversos, como panfletos, propaganda gratuita, comícios etc.

Igualmente, como nos crimes de calúnia e difamação eleitoral, resta configurado o delito quando a imputação é de crimes não eleitorais, envolvendo práticas realizadas antes do pleito, contudo necessita que a falsa imputação criminal ocorra no período da campanha. Se foi proferida anteriormente, não se perfaz esse crime eleitoral, ficando na esfera da legislação penal comum.

O juiz pode deixar de aplicar a pena em dois casos: a) se o ofendido, de forma reprovável, provocou diretamente a injúria; b) no caso de retorção imediata, que consiste em outra injúria (art. 326, § 1º, do CE). No primeiro caso, o ofendido provocou o réu, perfazendo a tipificação em uma reação ao gravame sofrido. No segundo, ele a executa diante de uma agressão direta à sua honra.

A pena é de detenção de até seis meses, ou pagamento de trinta a sessenta dias-multa.

Se a injúria consiste em violência ou vias de fato que, por sua natureza ou meio empregado, se considerem aviltantes, a pena é de detenção de três meses a um ano e pagamento de cinco a vinte dias-multa, além das penas correspondentes à violência prevista no Código Penal (art. 326, § 2º, do CE). Havendo o emprego de violência ou vias de fato, a injúria, denominada real, é agravada, pois se utiliza de meios mais reprováveis para realizar a conduta.

De acordo com as alterações introduzidas pela Lei n. 14.192/2021, aumentam-se 1/3 (um terço) até a metade, se o crime é cometido com menosprezo ou discriminação à condição de mulher ou à sua cor, raça ou etnia; ou por meio da internet ou de rede social com transmissão em tempo real (art. 327, incisos IV e IV, do CE).

---

limite da crítica política, lícita é a utilização de imagem de antigo candidato, na propaganda eleitoral, com o fim de demonstrar a incoerência da manifestação de apoio a candidato adversário" (RP-589/SP, Rel. Min. Peçanha Martins).

xxxvii) Denunciação caluniosa com finalidade eleitoral

Diante da proliferação de práticas espúrias destinadas a manipular a vontade popular, com a veiculação deliberada de narrativas aptas a estorvar os caminhos para que as eleições ocorram sem grandes desassossegos, a Lei n. 13.384 acrescentou o art. 326-A ao Código Eleitoral, para tipificar o crime de denunciação caluniosa com finalidade eleitoral.

Consiste o delito em dar causa à instauração de investigação policial, de processo judicial, de investigação administrativa, de inquérito civil ou ação de improbidade administrativa, atribuindo a alguém a prática de crime ou ato infracional de que o sabe inocente, com finalidade eleitoral.

O bem jurídico tutelado pela norma incriminadora é a Administração da Justiça. Para além disso, o tipo penal em apreço busca resguardar a lisura e a legitimidade do pleito, bem como a honra objetiva da pessoa a quem se atribui o crime ou o ato infracional.

Trata-se de crime comum, no que pode ser praticado por qualquer pessoa. O sujeito passivo é a coletividade. Em caráter secundário, figura na condição de vítima a pessoa objeto da imputação falsa.

O elemento subjetivo do tipo é o dolo direto, qual seja, a intenção de imputar a alguém crime de que o sabe inocente. Exige-se o dolo específico consubstanciado, na espécie, na finalidade eleitoral. Vale dizer, o *animus* do agente deve estar umbilicalmente interligado aos efeitos que o resultado da conduta pode causar no contexto da disputa eleitoral.

O crime se consuma quando a autoridade competente dá início à investigação, ao processo judicial, à investigação administrativa, ao inquérito civil e à ação de improbidade administrativa. Muito embora de difícil configuração, admite-se tentativa[94].

Antes da introdução do art. 326-A pela Lei n. 13.384, caso o agente tivesse praticado essa conduta, ainda que com finalidade eleitoral, a subsunção correspondia ao tipo penal descrito no art. 339 do Código Penal, sendo julgado pela Justiça Federal[95].

---

[94] NUCCI, Guilherme de Souza. *Código penal comentado*. 6. ed. São Paulo: Revista dos Tribunais, 2006, p. 1094.

[95] "Ação penal. Justiça Eleitoral. Incompetência. Denunciação caluniosa. 1. Considerando que o art. 339 do Código Penal não tem equivalente na legislação

Se o agente se serve do anonimato ou de nome suposto, haverá uma causa de aumento de pena de um sexto. Por outro lado, se o agente dá causa à imputação de prática de contravenção, haverá uma causa de diminuição de ½ (metade).

A pena é de reclusão de dois a oito anos, e multa.

xxxviii) Violência política contra a mulher

Infelizmente, a práxis tem demonstrado que, conquanto a miríade de diplomas legislativos e entendimentos jurisprudenciais tenham consagrado ações afirmativas para garantir a participação efetiva das mulheres na política, os recônditos das esferas de poder e das decisões políticas ainda insistem em manter as mulheres em espaços áridos, de paulatina desidratação política, apenas para dar cumprimento formal às disposições legais.

Diante disso, editou-se a Lei n. 14.192/2021, que estabelece normas para prevenir, reprimir e combater a violência política contra a mulher, nos espaços e atividades relacionados ao exercício de seus direitos políticos. O art. 3º do referido diploma legal apresenta conceito sobre violência política contra a mulher, considerando-se toda a ação ou omissão com a finalidade de impedir, obstaculizar ou restringir os direitos políticos da mulher.

Para além disso, determina que constituem atos de violência contra a mulher qualquer distinção, exclusão ou restrição no conhecimento, gozo ou exercício de seus direitos e de suas liberdades políticas fundamentais, em virtude do sexo (art. 3º, parágrafo único, da Lei n. 14.192/2021).

---

eleitoral, a Corte de origem assentou a incompetência da Justiça Eleitoral para exame do fato narrado na denúncia – levando-se em conta que a hipótese dos autos caracteriza, em tese, ofensa à administração desta Justiça Especializada –, anulou a sentença e determinou a remessa dos autos à Justiça Federal. 2. É de se manter o entendimento do Tribunal *a quo*, visto que a denunciação caluniosa decorrente de imputação de crime eleitoral atrai a competência da Justiça Federal, visto que tal delito é praticado contra a administração da Justiça Eleitoral, órgão jurisdicional que integra a esfera federal, o que evidencia o interesse da União, nos termos do art. 109, inciso IV, da Constituição Federal. Agravo regimental não provido" (AgIn n. 26717, Acórdão, Rel. Min. Arnaldo Versiani, *DJe* 7-4-2011, p. 42).

Criou-se, na oportunidade, um novo tipo penal a fim de tutelar o livre exercício dos direitos políticos das candidatas e mandatárias de cargo eletivo, agora previsto no art. 326-B do Código Eleitoral.

A tipificação penal é de assediar, constranger, humilhar ou ameaçar, por qualquer meio, candidata a cargo eletivo ou detentora de mandato eletivo, utilizando-se de menosprezo ou discriminação à condição de mulher ou à sua cor, raça ou etnia, com a finalidade de impedir ou de dificultar a sua campanha eleitoral ou o desempenho do seu mandato eletivo.

O preceito secundário deste tipo penal estabelece pena de reclusão de 1 (um) a 4 (quatro) anos, e multa. Aumenta-se a pena em um 1/3 (um terço), se o crime é cometido contra mulher gestante, maior de 60 (sessenta) anos ou com deficiência.

A Lei n. 14.192/2021 deixou assente que as autoridades competentes priorização o imediato exercício do direito violado, conferindo especial importância às declarações da vítima e aos elementos indiciários (art. 2º, parágrafo único).

xxxix) Inutilização, alteração ou perturbação de propaganda eleitoral

O crime se configura em inutilizar, alterar ou perturbar meio de propaganda devidamente empregado (art. 331 do CE)[96]. Tem o escopo de proteger a propaganda eleitoral que se enquadra nos limites legais, excluindo a propaganda ilícita e a irregular. Sua descrição abrange as condutas de inutilizar, alterar ou perturbar, podendo o crime se concretizar por qualquer uma dessas ações.

Seu sujeito ativo pode ser qualquer cidadão, envolvido ou não no processo eleitoral. O bem protegido é a propaganda eleitoral, sem alcançar demais materiais de publicidade. O dolo consiste na vontade deliberada de causar dano à propaganda eleitoral de outros candidatos, tentando desequilibrar o processo eleitoral.

A pena é de detenção de até seis meses, ou pagamento de noventa a cento e vinte dias-multa.

---

[96] "Art. 331. Inutilizar, alterar ou perturbar meio de propaganda devidamente empregado: Pena – detenção até seis meses ou pagamento de 90 a 120 dias-multa."

xl) Impedimento ao exercício de propaganda eleitoral

O objetivo desse delito é evitar impedimento ao exercício de propaganda (art. 332 do CE)[97]. Tem a finalidade de proteger a normalidade do processo eleitoral, garantindo a eficácia do ordenamento jurídico eleitoral[98].

No tipo anterior, inutiliza-se, altera-se ou se perturba a propaganda já realizada, mormente com a fixação de faixas e cartazes. Nessa oportunidade obstaculiza-se uma publicidade que está acontecendo, impedindo seu exercício, como forçar a interrupção de um comício ou impedir o deslocamento de um carro de som.

Se houver o impedimento ao exercício de uma propaganda eleitoral irregular ou ilícita, não se perfaz a descrição mencionada. Seu sujeito ativo pode ser qualquer cidadão.

A pena é de detenção de até seis meses e pagamento de trinta a sessenta dias-multa.

xli) Utilização de organização comercial em propaganda eleitoral

Tipifica-se em utilizar organização comercial de vendas, distribuição de mercadorias, prêmios e sorteios para propaganda ou aliciamento de eleitores (art. 334 do CE)[99]. O financiamento privado de campanha se encontra regulamentado em lei para justamente não permitir que entidades dessa natureza possam abusar do poder econômico. A conduta descrita se trata de uma forma de aliciar eleitores por intermédio da distribuição de mercadorias, prêmios e sorteios para propaganda de candidato, partido político ou coligação.

---

[97] "Art. 332. Impedir o exercício de propaganda: Pena – detenção até seis meses e pagamento de 30 a 60 dias-multa."

[98] "Impedimento ao exercício de propaganda assegurada por lei. O órgão competente da Justiça Eleitoral deve decidir imediatamente, a fim de que, no prazo máximo de 24 horas da data da reclamação ou representação, seja assegurado ao candidato acesso ao rádio ou à televisão para prosseguir na propaganda" (RP-5736/PR, Rel. Min. Pedro Augusto de Freitas Gordilho).

[99] "Art. 334. Utilizar organização comercial de vendas, distribuição de mercadorias, prêmios e sorteios para propaganda ou aliciamento de eleitores: Pena – detenção de seis meses a um ano e cassação do registro se o responsável for candidato."

O sujeito ativo pode ser qualquer cidadão, mesmo sem conexão direta com a disputa partidária. O dolo é o específico, traduzido na vontade de realizar os tipos descritos para influir no pleito eleitoral.

A pena é de detenção de seis meses a um ano e cassação do registro se o responsável for candidato.

xlii) Fazer propaganda em língua estrangeira

A tipificação penal se resume a fazer propaganda em língua estrangeira, seja ela qual for (art. 335 do CE)[100]. Trata-se de um dispositivo anacrônico, que visa proteger a língua nacional, mas que perdeu seu sentido diante do processo de globalização, que propicia a aculturação de muitas expressões estrangeiras. Utilizava-se línguas estrangeiras, no começo do século XX, para fazer o proselitismo de várias comunidades de descendentes de imigrantes, principalmente no Sul e em São Paulo. Com o processo de aculturação, esse tipo de propaganda se mostra despicienda.

A pena é de detenção de três a seis meses e pagamento de trinta a sessenta dias-multa. Além da pena cominada, essa infração importa na apreensão e na perda do material utilizado na propaganda (art. 335, parágrafo único, do CE)[101].

xliii) Participação eleitoral de quem não está no gozo de seus direitos políticos

Veda-se a participação, de estrangeiro ou brasileiro, que não esteja no gozo de seus direitos políticos, de atividades partidárias, inclusive comícios e atos de propaganda em recintos fechados ou abertos (art. 337, *caput*, do CE)[102].

Estando o brasileiro com os seus direitos políticos perdidos ou suspensos, não pode exercer atividades eleitorais porque a sanção sofri-

---

[100] "Art. 335. Fazer propaganda, qualquer que seja a sua forma, em língua estrangeira: Pena – detenção de três a seis meses e pagamento de 30 a 60 dias-multa."

[101] "Art. 335, Parágrafo único. Além da pena cominada, a infração ao presente artigo importa na apreensão e perda do material utilizado na propaganda."

[102] "Art. 337. Participar, o estrangeiro ou brasileiro que não estiver no gozo dos seus direitos políticos, de atividades partidárias, inclusive comícios e atos de propaganda em recintos fechados ou abertos: Pena – detenção até seis meses e pagamento de 90 a 120 dias-multa."

da é justamente não participar dessas atividades. Ele é considerado como inelegível e não pode participar mesmo de eventos em recintos fechados. O impedimento ao estrangeiro decorre de que ele não tem a cidadania brasileira, e, por essa razão, não possui condições de elegibilidade nem pode participar de atividades eleitorais.

Os agentes ativos apenas podem ser o brasileiro que tenha seus direitos políticos perdidos ou suspensos e os estrangeiros.

Na mesma pena incorre o responsável pelas emissoras de rádio, televisão ou diretor de jornal que autorize transmissões de que participem o brasileiro ou o estrangeiro que estão no gozo de seus direitos políticos (art. 337, parágrafo único, do CE)[103].

A pena é de detenção de até seis meses e pagamento de noventa a cento e vinte dias-multa.

Não obstante, observe-se, em sede de recurso especial eleitoral, o Min. Toffoli decidiu pela revogação desse dispositivo em razão de que ele não guarda sintonia com os arts. 5º, IV, VI e VIII, e 220 da Carta da República, que garantem ao indivíduo a livre expressão do pensamento e a liberdade de consciência, ainda que o exercício de tais garantias sofra limitações em razão de outras, também resguardadas pela Constituição Federal[104].

xliv) Ausência de prioridade postal

Trata-se de o funcionário postal não assegurar prioridade aos partidos políticos durante os sessenta dias anteriores à realização das eleições, para remessa de material de propaganda de seus candidatos registrados (art. 338 do CE)[105].

Em decorrência da relevância do regime democrático para a organização política estabelecida, a legislação previu alguns privilégios para que o processo eleitoral pudesse ocorrer dentro dos parâmetros

---

[103] "Art. 337, parágrafo único. Na mesma pena incorrerá o responsável pelas emissoras de rádio ou televisão que autorizar transmissões de que participem os mencionados neste artigo, bem como o diretor de jornal que lhes divulgar os pronunciamentos."

[104] Respe n. 7735688-67/GO. Rel. Min. Dias Toffoli.

[105] "Art. 338. Não assegurar o funcionário postal a prioridade prevista no art. 239: Pena – pagamento de 30 a 60 dias-multa."

estabelecidos. Uma dessas prerrogativas é que os partidos políticos têm prioridade no despacho de seus materiais nos sessenta dias antecedentes à eleição, sob pena de o funcionário postal que a descumpriu incorrer nessa descrição penal.

O funcionário tipificado apenas pode ser o que trabalhe nas agências dos correios ou em alguma de suas concessionárias. O dolo exigido é a intenção deliberada de não proceder com prioridade no despacho do material partidário. Se o período da conduta for anterior aos sessenta dias, exclui-se a configuração penal.

A pena é de pagamento de trinta a sessenta dias-multa.

xlv) Destruição, supressão ou ocultação de urna

Consiste o crime em destruir, suprimir ou ocultar urna contendo votos ou documentos relativos à eleição (art. 339, *caput*, do CE)[106]. Há três tipos existentes, referindo-se à ação de destruir, suprimir ou ocultar urna.

Clara relevância esse delito assume quando a votação é manual, em que se necessita guardar o conteúdo das urnas para o caso de recontagem. Na votação eletrônica, esse permissivo é despiciendo em face de que os dados utilizados são guardados de forma magnética.

Seu sujeito ativo pode ser qualquer cidadão, caracterizando-se como crime comum. Exige-se para a tipificação penal que a urna contenha votos ou material relativo à eleição, caso contrário, ausente estará a tipicidade.

A pena é de reclusão de dois a seis anos e pagamento de cinco a quinze dias-multa. Se o agente é membro ou funcionário da Justiça Eleitoral e comete o crime prevalecendo-se do cargo, a pena é agravada (art. 339, parágrafo único, do CE).

xlvi) Manuseio de material exclusivo da Justiça Eleitoral

A tipificação penal é fabricar, mandar fabricar, adquirir, fornecer, ainda que gratuitamente, subtrair ou guardar urnas, objetos, ma-

---

[106] "Art. 339. Destruir, suprimir ou ocultar urna contendo votos, ou documentos relativos à eleição: Pena – reclusão de dois a seis anos e pagamento de 5 a 15 dias-multa.

Parágrafo único. Se o agente é membro ou funcionário da Justiça Eleitoral e comete o crime prevalecendo-se do cargo, a pena é agravada."

pas, cédulas ou papéis de uso exclusivo da Justiça Eleitoral (art. 340, *caput*, do CE)[107]. Possui vários tipos, como fabricar, mandar fabricar, adquirir, fornecer, subtrair ou guardar material de uso exclusivo da Justiça Eleitoral.

Refere-se a crime comum, podendo ser realizado por qualquer cidadão. Classifica-se como crime de mera conduta, não se exigindo dano ou qualquer outra conduta para sua tipificação. Se o material não for exclusivo da Justiça Eleitoral, exclui-se o crime.

A pena é de reclusão de até três anos e pagamento de três a quinze dias-multa. Se o agente é membro ou funcionário da Justiça Eleitoral e comete o crime prevalecendo-se do cargo, a pena é agravada (art. 340, parágrafo único, do CE)[108].

xlvii) Retardar ou não publicar notificações da Justiça Eleitoral

Trata-se de retardar a publicação ou de não publicar, o diretor ou qualquer outro funcionário de órgão oficial federal, estadual ou municipal, as decisões, citações ou intimações da Justiça Eleitoral (art. 341 do CE)[109]. O tipo pode ser retardá-la ou não a publicar.

Classifica-se como sujeito ativo específico, pois apenas pode ser seu agente diretor ou qualquer outro funcionário de órgão federal, estadual ou municipal que tenha como função dar publicidade aos pronunciamentos do pleito eleitoral. O dolo é genérico, significando a vontade expressa de retardar ou não publicar posicionamento da Justiça Eleitoral. Pode abranger diversos posicionamentos da Justiça que necessitem de publicidade, como decisões, citações, intimações etc.

A detenção é de até um mês, ou pagamento de trinta a sessenta dias-multa.

---

[107] "Art. 340. Fabricar, mandar fabricar, adquirir, fornecer, ainda que gratuitamente, subtrair ou guardar urnas, objetos, mapas, cédulas ou papéis de uso exclusivo da Justiça Eleitoral: Pena – reclusão até três anos e pagamento de 3 a 15 dias-multa."

[108] "Parágrafo único. Se o agente é membro ou funcionário da Justiça Eleitoral e comete o crime prevalecendo-se do cargo, a pena é agravada."

[109] "Art. 341. Retardar a publicação ou não publicar, o diretor ou qualquer outro funcionário de órgão oficial federal, estadual, ou municipal, as decisões, citações ou intimações da Justiça Eleitoral: Pena – detenção até um mês ou pagamento de 30 a 60 dias-multa."

xlviii) Inércia do Ministério Público

Sanciona-se como crime o membro do Ministério Público quando ele, no prazo legal, não apresentar denúncia ou deixar de promover a execução de sentença condenatória (art. 342 do CE)[110]. Para que esses crimes ora estudados possam ter real eficácia, urge que o *Parquet* deixe de exercer o seu múnus público, sem um motivo que o possa justificar, descumprindo os parâmetros legais, principalmente porque todas as ações penais eleitorais são públicas. O tipo prevê duas condutas: não apresentar denúncia no prazo legal ou deixar de promover a execução de sentença condenatória.

Como apenas o membro do Ministério Público pode ser seu agente ativo, subsume-se como crime próprio. O dolo é o genérico, sem haver outra intenção que não seja a de se omitir de realizar uma conduta devida. O crime se consuma quando o prazo para o oferecimento da denúncia ou para a promoção de execução de sentença condenatória se esvai sem a ação exigida do Ministério Público.

A pena é de detenção de até dois meses ou pagamento de sessenta a noventa dias-multa.

xlix) Descumprimento de obrigação legal por juiz eleitoral

Comina-se o juiz eleitoral que não faz a remessa da comunicação ao procurador regional eleitoral quando o promotor requerer o arquivamento da denúncia ou quando o membro do *Parquet* não oferecer a denúncia no prazo legal (art. 343 do CE)[111].

O tipo consta de duas ações diversas que são: não remeter comunicação ao procurador regional eleitoral quando o promotor requerer o arquivamento da denúncia para apreciação da instância superior desse órgão, ou quando ele não remete comunicação quando o *Parquet* não ofereceu denúncia no prazo legal. Resta afastada essa subsunção quando a omissão ocorreu por motivo de força maior.

---

[110] "Art. 342. Não apresentar o órgão do Ministério Público, no prazo legal, denúncia ou deixar de promover a execução de sentença condenatória: Pena – detenção até dois meses ou pagamento de 60 a 90 dias-multa."

[111] "Art. 343. Não cumprir o juiz o disposto no § 3º do art. 357: Pena – detenção até dois meses ou pagamento de 60 a 90 dias-multa."

Outro caso de crime próprio, sendo seu agente ativo apenas o magistrado eleitoral; consuma-se quando há o término do prazo sem a realização da conduta obrigada. Como crime omissivo, não se admite tentativa.

A pena é de detenção de até dois meses, ou pagamento de sessenta a noventa dias-multa.

l) Recusa ou abandono do serviço eleitoral

Caracteriza-se essa infração quando há recusa ou abandono de serviço eleitoral sem justa causa (art. 344 do CE)[112]. O tipo é formado por duas condutas, a recusa ou o abandono. Todavia, existindo justa causa para esses comportamentos, formulada com comprovação, exclui-se o crime.

O agente é qualquer funcionário que exerça as funções eleitorais, não importando se de forma efetiva ou temporária. Sua consumação ocorre com a recusa ou o abandono do serviço, sem a necessidade de se comprovar a ocorrência de dano, enquadrando-se como crime de natureza formal. O dolo é genérico, tencionando-se a recusa ou o abandono sem a pretensão de causar outro efeito específico.

A pena é de detenção de até dois meses, ou pagamento de noventa a cento e vinte dias-multa.

li) Não cumprimento dos prazos legais

Perfaz-se esse delito quando a autoridade judiciária ou qualquer funcionário da Justiça Eleitoral não cumpre, nos prazos legais, os mandamentos impostos pela legislação eleitoral, a não ser que essa infração esteja sujeita a outra penalidade (art. 345 do CE). A tipificação descrita no tipo é o não cumprimento nos prazos legais das obrigações cominadas em lei. Ausente o parâmetro legal, impede-se a subsunção desse delito.

Sendo a celeridade um dos traços marcantes do Direito Eleitoral, o rigor no cumprimento de seus prazos deve ser um mandamento impreterível, tão essencial que se tipificou como crime a desobediência aos prazos. Claro que se afasta essa incidência penal quando o não cumprimento se deu por motivo de força maior.

---

[112] "Art. 344. Recusar ou abandonar o serviço eleitoral sem justa causa: Pena – detenção até dois meses ou pagamento de 90 a 120 dias-multa."

Seu agente ativo é o magistrado ou qualquer outro funcionário da Justiça Eleitoral, consonante sua natureza de crime próprio. Como apresenta natureza omissiva, não admite tentativa.

A pena é de pagamento de trinta a noventa dias-multa.

lii) Utilização de instalações públicas

Tenta-se impedir com o enquadramento penal a utilização para beneficiar partido ou organização de caráter político do serviço de qualquer repartição, federal, estadual, municipal, autarquia, fundação do Estado, sociedade de economia mista, entidade mantida ou subvencionada pelo Poder Público, ou que com este realizar contrato (art. 346, *caput*, do CE)[113].

Essa restrição se refere apenas ao período eleitoral; em momentos não eleitorais, pode haver a cessão dessas instalações para estimular as atividades partidárias, dada a imprescindibilidade dos partidos políticos para o aperfeiçoamento do regime democrático. Igualmente se pode ceder instalações públicas para a realização de convenções.

Para a ocorrência do delito não precisa haver dano, apenas a cessão indevida de instalação pública para partido ou organização de caráter político. O dolo é específico, mostrando-se que houve intenção expressa de privilegiar partidos ou organizações políticas.

Incorrem na pena, além da autoridade responsável, os servidores que prestarem serviços, e os candidatos, membros ou diretores de partido que derem causa à infração (art. 346, parágrafo único, do CE)[114].

A pena é de detenção de até seis meses e pagamento de trinta a sessenta dias-multa.

liii) Desobediência à Justiça Eleitoral

Proíbe-se a recusa ao cumprimento ou obediência a diligências, ordens ou instruções da Justiça Eleitoral ou o embaraço à sua execução

---

[113] "Art. 346. Violar o disposto no art. 377: Pena – detenção até seis meses e pagamento de 30 a 60 dias-multa."

[114] "Art. 346, Parágrafo único. Incorrerão na pena, além da autoridade responsável, os servidores que prestarem serviços e os candidatos, membros ou diretores de partido que derem causa à infração."

(art. 347 do CE)[115]. O tipo é formado das condutas de desobedecer ou causar embaraço a determinações da Justiça Eleitoral. Esse afrontamento pode ser oriundo de decisões judiciais, diligências ou instruções. Se essas determinações forem genéricas e abstratas, a tipificação não resta completa, precisando haver todas as especificações e a designação de uma pessoa determinada. Nesse sentido, o TSE no julgamento RHC n. 154711 e RHC n. 12861 decidiu que para a configuração do crime em epígrafe é necessário o descumprimento de ordem direta e individualizada[116].

Seu agente ativo pode ser qualquer cidadão que descumpra as determinações judiciais. Consuma-se a infração no momento da recusa ou da ação de embaraço, sem necessitar demonstrar que ocorreu dano. O dolo é o genérico, auferido da vontade de não realizar a conduta demandada.

A pena é de detenção de três meses a um ano e pagamento de dez a vinte dias-multa.

liv) Falsificação ou alteração de documento público

Consiste na prática delituosa de falsificar, no todo ou em parte, documento público, ou alterar documento público verdadeiro para fins eleitorais (art. 348, *caput*, do CE)[117]. O objeto jurídico protegido configura-se na fé pública, na premência de certeza da autenticidade dos documentos estatais. O tipo descrito compreende as ações de falsificar ou alterar documento público verdadeiro. Pouco importa a intensidade da alteração, se sua extensão é parcial ou total. O documento pode ser expedido por qualquer esfera federativa, seja Município, Estado ou Governo Federal.

Seu agente pode ser qualquer cidadão. Se o agente é funcionário público e comete o crime prevalecendo-se do cargo, a pena é agravada

---

[115] "Art. 347. Recusar alguém cumprimento ou obediência a diligências, ordens ou instruções da Justiça Eleitoral ou opor embaraços à sua execução: Pena – detenção de três meses a um ano e pagamento de 10 a 20 dias-multa."

[116] Ac. TSE, de 1º-12-2015, no RHC n. 12861 e, de 3-9-2013, no RHC n. 154711.

[117] "Art. 348. Falsificar, no todo ou em parte, documento público, ou alterar documento público verdadeiro, para fins eleitorais: Pena – reclusão de dois a seis anos e pagamento de 15 a 30 dias-multa."

(art. 348, § 1º, do CE). Para efeitos penais, equipara-se a documento público o emanado de entidade paraestatal, inclusive fundação do Estado (art. 348, § 2º, do CE)[118]. Para sua concretização, a falsificação ou alteração tem que ser para fins eleitorais. Caso não o seja, a competência passa a ser da Justiça Comum.

A pena é de reclusão de dois a seis anos e pagamento de quinze a trinta dias-multa.

lv) Falsificação ou alteração de documento particular

Configura-se em falsificar, no todo ou em parte, documento particular ou alterar documento particular verdadeiro para fins eleitorais (art. 349 do CE)[119]. O tipo descrito compreende as ações de falsificar ou alterar documento particular verdadeiro, pouco importando a intensidade da alteração, se sua extensão é parcial ou total. A fraude ou alteração também pode ser material ou ideológica.

Seu agente ativo pode ser qualquer cidadão, em razão de não se configurar como crime próprio. Para sua concretização, a falsificação ou alteração tem que ser para fins eleitorais. Caso não seja, a competência passa a ser da Justiça Comum.

A pena é de reclusão de até cinco anos e pagamento de três a dez dias-multa.

lvi) Omissão de declaração e caixa dois

Pune-se omissão, em documento público ou particular, de declaração que dele deveria constar, ou nele inserir ou fazer inserir declaração falsa ou diversa da que deveria ser escrita para fins eleitorais (art. 350, *caput*, do CE)[120]. O tipo reside na conduta de omitir declaração

---

[118] "Art. 348. (...) § 1º Se o agente é funcionário público e comete o crime prevalecendo-se do cargo, a pena é agravada. § 2º Para os efeitos penais, equipara-se a documento público o emanado de entidade paraestatal, inclusive fundação do Estado."

[119] "Art. 349. Falsificar, no todo ou em parte, documento particular ou alterar documento particular verdadeiro, para fins eleitorais: Pena – reclusão até cinco anos e pagamento de 3 a 10 dias-multa."

[120] "Art. 350. Omitir, em documento público ou particular, declaração que dele devia constar, ou nele inserir ou fazer inserir declaração falsa ou diversa da que devia ser escrita, para fins eleitorais: Pena – reclusão até cinco anos e pagamen-

que dele deveria constar ou inserir declaração falsa ou diversa da que deveria indicar. O crime de omissão de declaração abrange documentos públicos e privados.

Sobre o tema, importa registrar que o crime de caixa dois seria uma prática financeira contrária aos padrões legais, na qual o fluxo de entrada e saída de caixa não é registrado, com fim de burlar os parâmetros indicados para a arrecadação e os gastos de campanha, criando um caixa paralelo.

Atualmente, não há uma tipificação clara para criminalizar a prática de caixa dois e qualquer tipo de interpretação extensiva é terminantemente proibida, em razão do princípio da legalidade estrita que vigora no Direito Penal. Enfrentando a celeuma, o Supremo Tribunal Federal tem se utilizado do art. 350 do Código Eleitoral para punir as condutas que abstratamente se configuram como esse ilícito, definindo-o como a omissão em documento público ou particular de declaração que dele deveria constar.

O crime é formal, independente do resultado de acarretar ou não prejuízo aos trabalhos eleitorais[121]. O dolo é genérico, sem precisar demonstrar a existência de outra finalidade afora a omissão descrita.

O agente ativo pode ser qualquer cidadão. Contudo, se o agente da falsidade documental é funcionário público e comete o crime prevalecendo-se do cargo, ou se a falsificação ou alteração é de assentamento de registro civil, a pena é agravada (art. 350, parágrafo único, do CE). Para sua concretização, a falsificação ou alteração tem que ser para fins eleitorais, caso não seja, a competência passa a ser da Justiça Comum[122].

A pena é de reclusão de até cinco anos e pagamento de cinco a quinze dias-multa, se o documento é público; e reclusão de até três anos e pagamento de três a dez dias-multa, se o documento é particular.

---

to de 5 a 15 dias-multa, se o documento é público, e reclusão até três anos e pagamento de 3 a 10 dias-multa, se o documento é particular."

[121] Ac. TSE, de 7-12-2011, no HC n. 154094: o tipo previsto neste artigo é crime formal, sendo irrelevante a existência de resultado naturalístico, bastando que o documento falso tenha potencialidade lesiva.

[122] Art. 350, Parágrafo único. "Se o agente da falsidade documental é funcionário público e comete o crime prevalecendo-se do cargo ou se a falsificação ou alteração é de assentamentos de registro civil, a pena é agravada".

lvii) Reconhecimento falso

Condena-se penalmente quem reconhecer como verdadeira, para efeitos eleitorais, no exercício da função pública, firma ou letra que não o seja (art. 352 do CE)[123]. O tipo descrito é reconhecer como verdadeira firma ou letra que não o seja.

Trata-se de crime próprio, pois apenas quem possui fé pública para conhecer de firma ou letra pode ser seu agente ativo. O crime é formal, independente do resultado de acarretar ou não prejuízo aos trabalhos eleitorais. O dolo é genérico, sem precisar demonstrar a existência de outra finalidade afora o reconhecimento de firma ou letra falsa. Para sua concretização, a falsificação ou alteração tem que ser para fins eleitorais, caso não seja, a competência passa a ser da Justiça Comum.

A pena é de reclusão de até cinco anos e pagamento de cinco a quinze dias-multa, se o documento é público; e reclusão de até três anos e pagamento de três a dez dias-multa, se o documento é particular.

lviii) Utilização de documento falso ou alterado

Consiste essa conduta delituosa em fazer uso de qualquer dos documentos falsificados ou alterados referidos anteriormente, tipificados nos arts. 348 a 352 do Código Eleitoral (art. 353 do CE)[124]. O tipo descrito é a utilização de qualquer documento falsificado ou alterado previsto anteriormente, como os crimes de falso reconhecimento, omissão de declaração, alteração de documento público etc.[125].

O agente ativo pode ser qualquer cidadão, não precisando ser necessariamente quem realizou a falsidade ou a alteração. Configura-se como

---

[123] "Art. 352. Reconhecer, como verdadeira, no exercício da função pública, firma ou letra que o não seja, para fins eleitorais: Pena – reclusão até cinco anos e pagamento de 5 a 15 dias-multa se o documento é público, e reclusão até três anos e pagamento de 3 a 10 dias-multa se o documento é particular."

[124] "Art. 353. Fazer uso de qualquer dos documentos falsificados ou alterados, a que se referem os arts. 348 a 352: Pena – a cominada à falsificação ou à alteração."

[125] "Para a caracterização do crime de falso não se exige dano, por se tratar de crime formal, sendo suficiente que a conduta seja capaz de produzir prejuízo a terceiro. O bem jurídico protegido, em tal caso, é a fé pública" (Respe n. 9389/GO, Rel. Min. Antônio de Pádua Ribeiro).

crime formal, não precisando de dano para sua concretização[126]. A falsidade ou adulteração pode ser parcial ou total, material ou ideológica.

A pena é igual à cominada à falsificação ou à alteração.

lix) Utilização de documento material ou ideologicamente falso

Define-se esse enquadramento penal na conduta de obter, para uso próprio ou de outrem, documento público ou particular, material ou ideologicamente falso para fins eleitorais (art. 354 do CE)[127]. O tipo descrito é o de obtenção de material falso, público ou particular, para uso próprio ou de outrem. O objeto jurídico protegido também é a fé pública e a segurança dos atos jurídicos[128].

Seu agente ativo é qualquer cidadão, não podendo ser designado como delito próprio. Para sua concretização, a falsificação ou alteração tem que ser para fins eleitorais, caso não seja, a competência passa a ser da Justiça Comum.

A pena é igual à cominada à falsificação ou à alteração.

lx) Apropriar-se de recursos financeiros

A Lei n. 13.488/2017, nomeadamente pelo art. 3º, inseriu o art. 354-A no Código Eleitoral com fito de criminalizar a conduta de apropriação indevida dos recursos provenientes ao financiamento eleitoral de campanha[129]. Não há nenhuma diferença se esse numerário provém de fontes públicas ou privadas, a concretização do delito é o mesmo.

O crime poderá ser cometido pelo candidato, administrador da campanha ou qualquer um que exerça essa função, trata-se de crime

---

[126] Ac. TSE, de 14-4-2015, no Respe n. 36.837: para a configuração do delito previsto neste dispositivo, não se exige a ocorrência de dano efetivo à fé pública, sendo suficiente a potencialidade lesiva ao bem jurídico tutelado.

[127] "Art. 354. Obter, para uso próprio ou de outrem, documento público ou particular, material ou ideologicamente falso para fins eleitorais: Pena – a cominada à falsificação ou à alteração."

[128] "Para a tipificação do crime previsto no art. 354 do Código Eleitoral exige-se a participação dolosa do agente" (Respe n. 16.250/CE, Rel. Min. Maurício Corrêa).

[129] "Art. 354-A. Apropriar-se o candidato, o administrador financeiro da campanha, ou quem de fato exerça essa função, de bens, recursos ou valores destinados ao financiamento eleitoral, em proveito próprio ou alheio."

comum, contudo, exige-se uma condição especial, que seria a função de administração dessas verbas, ou seja, o poder de gestão.

A pena é de reclusão, de dois a seis anos, e multa.

20.5. DOS CRIMES ELEITORAIS PREVISTOS NA LEI ELEITORAL (LEI N. 9.504/97)

i) Divulgação de pesquisa fraudulenta

Trata-se da divulgação fraudulenta de pesquisa (art. 33, § 4º, da LE). O sujeito ativo são as entidades e empresas que realizarem pesquisas de opinião pública relativas às eleições ou a candidatos, publicando seu resultado para conhecimento externo.

O tipo descrito é a pesquisa fraudulenta, em que os dados coletados não condizem com a realidade, seja em alguns dos aspectos enfocados, seja na totalidade de seu conteúdo. O dolo é o genérico, representado pela vontade de dar publicidade à pesquisa que se sabe que é falsa. Admite-se a tentativa quando se tenta, mas não se consegue, sua divulgação.

A pena é de detenção de seis meses a um ano e multa no valor de cinquenta mil a cem mil UFIRs. Se os dados coletados forem verdadeiros, e não houver apenas o seu registro, trata-se de infração administrativa, punível com multa, no valor de cinquenta mil a cem mil UFIRs.

ii) Obstáculo à fiscalização de pesquisa eleitoral

Pune-se a conduta de se negar aos partidos políticos o sistema interno de controle, verificação e fiscalização da coleta de dados das entidades que divulgaram pesquisas de opinião relativas às eleições (art. 34, §§ 1º, 2º e 3º, da LE). Ainda, faz parte da conduta tipificada retardar, impedir ou dificultar a ação fiscalizadora dos partidos políticos.

O sujeito ativo são as entidades e empresas que realizarem pesquisas de opinião pública relativas às eleições ou aos candidatos, publicando seu resultado para conhecimento externo.

A comprovação da irregularidade sujeita os responsáveis, além da pena imposta, à obrigatoriedade de veicular os dados corretos no mesmo espaço, no local, no horário, na página, nos caracteres e em outros elementos, de acordo com o veículo anteriormente usado.

A pena é de detenção de seis meses a um ano, com a alternativa de prestação de serviços à comunidade pelo mesmo prazo, e multa no valor de dez mil a vinte mil UFIRs.

iii) Extensão da responsabilidade penal de divulgação de pesquisa fraudulenta

Pelos crimes de divulgação de pesquisa fraudulenta e obstáculo à fiscalização de pesquisa eleitoral, podem ser responsabilizados penalmente os representantes legais da empresa ou entidade de pesquisa e do órgão veiculador (art. 35 da LE).

Esse alargamento do tipo faz com que, além das entidades e empresas que realizaram a pesquisa eleitoral, sejam também responsabilizados penalmente os representantes legais dos veículos de comunicação que divulgaram as pesquisas, como os proprietários de jornais e revistas.

Somente podem ser enquadrados nessa tipificação os representantes legais que agiram com dolo, podendo acontecer quando eles publicam uma pesquisa que saibam que é fraudulenta ou quando negam aos partidos políticos acesso a dados de pesquisa de que disponham.

As penas são as mesmas definidas no delito de divulgação de pesquisa fraudulenta e obstáculo à fiscalização de pesquisa eleitoral.

iv) Boca de urna

Perfaz esse delito a realização de propaganda eleitoral no dia da eleição (art. 39, § 5º, da LE)[130]. O sujeito ativo pode ser qualquer cidadão que execute ou tente fazer propaganda eleitoral durante o período de votação. Como crime de mera conduta, a simples distribuição, independentemente de ter atingido ou não eleitores, já é suficiente para sua configuração[131]. Admite esse crime a modalidade de tentativa.

O dia da eleição se configura em um momento bastante propício para o ensejo de propaganda ilícita, pois se constitui no último momento que os candidatos têm para conquistar os eleitores. Tenta-se im-

---

[130] "É vedada expressamente a propaganda eleitoral chamada 'boca de urna' em qualquer local público, especialmente junto às seções eleitorais e vias públicas de acesso às mesmas" (PA-9706/DF, Rel. Min. Oscar Dias Corrêa).

[131] "Recurso ordinário em *habeas corpus*. Ordem denegada pela instância *a quo*. Crime de 'boca de urna'. Conduta prevista no art. 39, § 5º, II, da Lei n. 9.504/97.

1. O crime de distribuição de material de propaganda política, inclusive volantes e outros impressos, é de mera conduta, consumando-se com a simples distribuição da propaganda" (RHC-45/MG, Rel. Min. Carlos Mário da Silva Velloso).

pedir qualquer anomalia que possa acarretar tumultos e interferir na liberdade de escolha dos cidadãos. Por essa razão, a legislação eleitoral tipificou como crime a propaganda realizada no dia da eleição, punível com detenção, de seis meses a um ano, com a alternativa de prestação de serviços à comunidade pelo mesmo período, e multa no valor de cinco mil a quinze mil UFIRs, as condutas:

a) utilização de alto-falantes e amplificadores de som ou a promoção de comício ou carreata;

b) a arregimentação de eleitor ou a propaganda de boca de urna;

c) divulgação de qualquer espécie de propaganda de partidos políticos ou de seus candidatos, (art. 39, § 5º, da LE).

A boca de urna, como já observado, foi terminantemente proibida pela legislação eleitoral, configurando-se na tentativa de cooptar votos no dia da eleição através de persuasão da militância eleitoral. Sua tipificação abrange a distribuição de material de campanha política ou de alguma forma tentar influir na vontade do eleitor[132].

Já com relação à proibição da divulgação de qualquer espécie de propaganda de partidos políticos ou de seus candidatos, no dia da eleição, vale ressaltar que a Lei n. 12.034/2009 ampliou a redação de seu dispositivo correspondente, com o objetivo de tipificar não apenas as publicidades feitas mediante publicações, cartazes, bonés, broches ou dísticos em vestuários, passando a incidir sobre qualquer meio de propaganda política que venha a ser realizada em pleno dia de votação.

A pena é de detenção, de seis meses a um ano, com a alternativa de prestação de serviços à comunidade pelo mesmo período, e multa no valor de cinco mil a quinze mil UFIRs.

v) Crime de uso de símbolos governamentais

Sanciona-se criminalmente o uso, na propaganda eleitoral, de símbolos, frases ou imagens, associadas ou semelhantes às empregadas

---

[132] "Na Res.-TSE n. 21.235, este Tribunal Superior esclareceu que a proibição constante do art. 6º da Res.-TSE n. 21.224 não se aplica à entrega ou à distribuição, a quem o solicite, de material de propaganda eleitoral no interior das sedes dos partidos políticos e dos comitês eleitorais" (HC-474/SP, Rel. Min. Fernando Neves da Silva).

por órgão de governo, empresa pública ou sociedade de economia mista (art. 40 da LE)[133]. Símbolos são as marcas utilizadas pelos entes públicos, associando uma ideia a um órgão governamental[134]. Ainda compõe o crime a utilização de frases ou imagens, como, por exemplo, o uso de *slogan* que identifica determinada administração pública.

O bem jurídico protegido são a normalidade e a lisura do pleito eleitoral, impedindo que candidatos possam usar da máquina pública para obter vantagens em relação aos outros candidatos. Seu sujeito ativo pode ser todo cidadão que realize o tipo descrito *supra*. O dolo é o específico, necessitando demonstrar a intenção de auferir vantagem eleitoral.

As penas são de detenção de seis meses a um ano, com a alternativa de prestação de serviços à comunidade pelo mesmo período, e multa no valor de dez mil a vinte mil UFIRs.

vi) Contratação para produzir mensagem na internet

A internet é um veículo de comunicação de grande força, motivo pelo qual propicia ampla celeridade e sem maiores formalidades para a divulgação de informações. Assim, a legislação eleitoral se preocupou em aplicar as formas de controles desse instrumento, inclusive, no que se refere à sanção ao agente que veicular propaganda eleitoral, atribuindo sua autoria a terceiro, ou mesmo a candidato, partido político ou coligação.

Nesse compasso, os §§ 1º e 2º do art. 57 determinaram que configura crime o ato de contratar e o de ser contratado, com a finalidade de promover a emissão de mensagens ou comentários na internet, com o inteiro de ofender a honra ou de denegrir a imagem de candidato, ou partido, ou coligação.

Sujeito ativo da conduta poderá ser qualquer pessoa que realiza a conduta típica. O crime é de natureza formal, não sendo necessário o efetivo prejuízo do candidato que tenha a imagem atacada, ou seja, a

---

[133] "Não há vedação para o uso, na propaganda eleitoral, dos símbolos nacionais, estaduais e municipais, sendo punível a utilização indevida nos termos da legislação de regência" (CTA n. 1.271/DF, Rel. Min. Caputo Bastos).

[134] "A imagem do carteiro não está incluída entre os 'símbolos (de) órgãos do governo, empresa pública ou sociedade de economia mista', de que cogita o art. 40 da Lei n. 9.504/97" (RP-464/DF, Rel. Min. José Gerardo Grossi).

mera contratação já é suficiente para a configuração do tipo. Trata-se de crime que poderá ter concurso material, inclusive, com os tipos divulgação de informação falsa, calúnia, difamação e injúria.

A pena para que realiza a contratação, direta ou indireta, é de detenção de 2 (dois) a 4 (quatro) anos e multa de R$ 15.000,00 (quinze mil reais) a R$ 50.000,00 (cinquenta mil reais). De outra ponta, a pena para fora contratado é detenção de 6 (seis) meses a 1 (um) ano, com alternativa de prestação de serviços à comunidade pelo mesmo período, e multa de R$ 5.000,00 (cinco mil reais) a R$ 30.000,00 (trinta mil reais).

vii) Negativa de expedição de cópia do boletim de urna aos partidos e às coligações

Sanciona-se criminalmente a não entrega de cópia de boletim de urna aos partidos e às coligações concorrentes ao pleito, que tenham requerido até 1 hora antes após a expedição[135].

O bem jurídico protegido é lisura do pleito eleitoral materializada nos atos de fiscalização. Seu sujeito ativo será o presidente de mesa receptora, sendo um crime próprio. O dolo é o genérico consistente na vontade de não entregar a cópia do boletim aos requentes.

A pena será de detenção, de um a três meses, com a alternativa de prestação de serviço à comunidade pelo mesmo período, e multa no valor de mil a cinco mil UFIRs.

viii) Lesar equipamentos eleitorais

Configura crime eleitoral obter acesso aos dados registrados pelo serviço eleitoral, com o intuito de alterar o resultado ou a contagem dos votos (art. 72, I, da LE), ou desenvolver comando ou programa "capaz de destruir, apagar, eliminar, alterar, gravar ou transmitir dados, instrução ou programa, ou provocar qualquer outro resultado" do que

---

[135] "Art. 68. O boletim de urna, segundo modelo aprovado pelo Tribunal Superior Eleitoral, conterá os nomes e os números dos candidatos nela votados. § 1º O presidente da mesa receptora é obrigado a entregar cópia do boletim de urna aos partidos e coligações concorrentes ao pleito cujos representantes o requeiram até uma hora após a expedição. § 2º O descumprimento do disposto no parágrafo anterior constitui crime, punível com detenção, de um a três meses, com a alternativa de prestação de serviço à comunidade pelo mesmo período, e multa no valor de mil a cinco mil *Ufirs*."

aquele efetivamente registrado pelo serviço eleitoral (art. 72, II, da LE), ou causar dano ao equipamento usado para registrar a votação (art. 72, III, da LE).

O bem jurídico tutelado é a higidez da segurança sobre as informações e apurações eleitorais. O crime tem sujeito ativo comum, ou seja, poderá ser praticado por qualquer pessoa. Trata-se de crime formal, o simples fato de desenvolver meio a promoção da alteração dos dados eleitorais, já configura a conduta, por exemplo, articulada no inciso II da Lei das Eleições.

A pena de reclusão de 5 (cinco) a 10 (dez) anos.

ix) Impedir a fiscalização

Trata-se de crime eleitoral impedir os fiscais e os delegados dos partidos de observarem a abertura das urnas, a contagem das cédulas e o preenchimento do boletim. O tipo visa proteger o direito de fiscalização dos instrumentos de votação e apuração do pleito, a fim de garantir a segurança do resultado apurado nas eleições. O crime tem sujeito ativo próprio, será praticado pelo presidente da junta eleitoral.

A pena de detenção de um a três meses ou prestação de serviços à comunidade pelo mesmo período e multa de 5 a 10 mil UFIRs.

x) Reter título ou comprovante de alistamento

O ato de reter título ou comprovante de alistamento eleitoral configura crime. O bem jurídico protegido é a cidadania. O sujeito ativo é comum, podendo ser realizado por qualquer agente. A consumação estará materializada com a não entrega do documento.

A pena de detenção de um a três meses ou prestação de serviços à comunidade pelo mesmo período e multa de 5 a 10 mil UFIRs.

REFERÊNCIAS

Livros e revistas

AGRA, Walber de Moura. *Curso de direito constitucional*. 5. ed. Rio de Janeiro: Forense, 2009.

_____. Exemplo de judicialização na atuação do tribunal judicial eleitoral. In: *Primas do Direito Eleitoral*. *80 anos do Tribunal Eleitoral de Pernambuco*. Belo Horizonte: Fórum, 2012.

_____. *Fraudes à Constituição*: um atentado ao poder reformador. Porto Alegre: Fabris, 2000.

_____. *Republicanismo*. Porto Alegre: Livraria do Advogado, 2005.

_____. *Temas Polêmicos do Direito Eleitoral*. Belo Horizonte: Fórum, 2012.

_____; CAVALCANTI, Francisco Queiroz. *Comentários à nova Lei Eleitoral n. 12.034/09*. Rio de Janeiro: Forense, 2010.

AIRES FILHO, Durval. *Mandado de segurança em matéria eleitoral*. 1. ed. Brasília: Brasília Jurídica, 2002.

ALMEIDA, Roberto Moreira de. *Direito eleitoral*. 2. ed. Bahia: Podivm, 2009.

AMARAL, Roberto; CUNHA, Sérgio Sérvulo da. *Manual das eleições*. 3. ed. São Paulo: Saraiva, 2006.

APPLEBY, Joyce. *Liberalism and republicanism in the historical imagination*. Cambridge: Harvard University Press, 1992.

APRIGLIANO, Ricardo de Carvalho. *A apelação e seus efeitos*. São Paulo: Atlas, 2003.

ARIZA, Santiago Sastre. La ciencia jurídica ante el neoconstitucionalismo. In: *Neoconstitucionalismo(s)*. Madrid: Trotta, 2003.

ARRUDA ALVIM. *Manual de direito processual civil*. São Paulo: Revista dos Tribunais, 2005.

ASSIS, Araken de. *Fungibilidade das medidas inominadas cautelares e satisfativas*. Revista de Processo, São Paulo, v. 100, out./dez., 2000.

_____. *Manual dos Recursos*. 2. ed. São Paulo: Revista dos Tribunais, 2008.

AZAMBUJA, Darcy. *Teoria geral do Estado*. 4. ed. Porto Alegre: Globo 1963.

BANDENI, Gregório. *Tratado de derecho constitucional*. Buenos Aires: La Ley. t. I.

BARACHO, José Alfredo de Oliveira. Teoria geral dos conceitos legais indeterminados. In: *Arquivos de Direito Público*. São Paulo: Método, 2007.

BARBOSA, Rui. *Escritos e Discursos Seletos*. Rio de Janeiro: Casa Rui Barbosa, 1995.

BARRETTO, Lauro. *Representações*: questões processuais relevantes. Bauru: Edipro, 2006.

BASTOS, Celso Ribeiro. *Curso de direito constitucional*. 19. ed. São Paulo: Saraiva, 1998.

_____; MARTINS, Ives Gandra. *Comentários à Constituição do Brasil*. São Paulo: Saraiva, 1995. v. 4. t. I.

BENDA, Ernst et al. *Manual de derecho constitucional*. 2. ed. Madrid: Marcial Pons, 2001.

BENTO DE FARIA, Antônio. *Repertório da Constituição nacional*: Lei de Segurança Nacional. Rio de Janeiro: F. Briguiet, 1935.

BERMUDES, Sérgio. *A reforma do Judiciário pela Emenda Constitucional n. 45*. Rio de Janeiro. Forense, 2005.

BITENCOURT, Cezar Roberto. *Tratado de direito penal: parte especial*. 5. ed. São Paulo: Saraiva, 2006. v. 2.

BONAVIDES, Paulo. *Do Estado liberal ao Estado social*. 6. ed. São Paulo: Malheiros, 1996.

_____. *Teoria constitucional da democracia participativa*. São Paulo: Malheiros, 2001.

_____. A decadência dos partidos políticos e o caminho para a democracia direta. In: *Direito eleitoral*. Belo Horizonte: Del Rey, 1996.

BORJA, Rodrigo. *Derecho político y constitucional*. 2. ed. México: Fondo de Cultura Económica, 1991.

BUZAID, Alfredo. *Da apelação "ex officio"*. São Paulo: Saraiva, 1951.

CAETANO, Marcello. *Manual de ciência política e direito constitucional*. Coimbra: Almedina, 1996. t.I.

CÂNDIDO, Joel J. *Direito eleitoral brasileiro*. 11. ed. 3. tir., revista e atualizada. Bauru: Edipro, 2005.

_____. *Direito penal eleitoral & processo penal eleitoral*. Bauru: Edipro, 2006.

CANOTILHO, J. J. Gomes. *Direito constitucional e teoria da Constituição*. 6. ed. Coimbra: Almedina, 2002.

CARNEIRO, Athos Gusmão. *Jurisdição e competência*: exposição didática. São Paulo: Saraiva, 1999.

CARNELUTTI, Francesco. *Teoría general del derecho*. Madrid: Revista de Derecho Privado, 1941.

_____. *Instituições de processo civil*. Trad. Adrian Sotero de Witt Batista. São Paulo: Classic Book, 2000. v. II.

CARVALHO, José Murilo de. *D. Pedro II*. São Paulo: Companhia das Letras, 2007.

CAVALCANTI, Themístocles. *Reflexões sobre o problema ideológico*. Revista de Direito Público e Ciência Política n. 3, v. VIII, Rio de Janeiro, set./dez. 1965.

CERQUEIRA, Thales Tácito Pontes Luz de Pádua. *Direito eleitoral brasileiro*: o Ministério Público Eleitoral. As eleições em face da Lei 9.504/97. 2. ed. Belo Horizonte: Del Rey, 2002.

_____. *Preleções de direito eleitoral*: direito material. Rio de Janeiro: Lumen Juris, 2006. t. I.

CHACON, Vamireh. *História dos partidos brasileiros*: discurso e práxis dos seus programas. Brasília: Ed. Universidade de Brasília, 1981.

CHIOVENDA, Giuseppe. *Instituições de direito processual civil*. Trad. Paolo Capitanio. Campinas: Bookseller, 1998. v. II.

CINTRA, Antônio Carlos de Araújo; GRINOVER, Ada Pellegrini; DINAMARCO, Cândido Rangel. *Teoria geral do processo*. 12. ed. São Paulo: Malheiros, 1996.

CITADINI, Antônio Roque. *Código Eleitoral anotado e comentado*. São Paulo: Max Limonad, 1985.

CLÈVE, Clèmerson Merlin. *Fidelidade partidária*. Curitiba: Juruá, 1998.

COÊLHO, Marcus Vinicius Furtado. *Direito eleitoral e processo eleitoral*: direito penal eleitoral e direito político. Rio de Janeiro: Renovar, 2008.

CONDE, Enrique Alvarez. *Curso de derecho constitucional*. 2. ed. Madrid: Tecnos, 1993. v. II.

CONEGLIAN, Olivar. A Justiça Eleitoral: o Poder Executivo das eleições, uma justiça diferente. In: *Direito eleitoral contemporâneo*: doutrina e jurisprudência. Belo Horizonte: Del Rey, 2003.

_____. *Propaganda eleitoral*. 8. ed. Curitiba: Juruá, 2008.

COOLEY, Thomas M. *Princípios gerais do direito constitucional nos Estados Unidos da América*. Trad. Ricardo Rodrigues Gama. Campinas: Russel, 2002.

CORDEIRO, Vinícius; SILVA, Anderson Claudino da. *Crimes eleitorais e seu processo*. Rio de Janeiro: Forense, 2006.

COSTA, Adriano Soares da. *Instituições de direito eleitoral*. 6. ed. Belo Horizonte: Del Rey, 2006.

_____. *Instituições de direito eleitoral*. Belo Horizonte: Del Rey, 2000.

_____. *Da elegibilidade e suas condições*. 6. ed. Belo Horizonte: Del Rey, 2006.

COSTA, Tito. *Recursos em matéria eleitoral*: temas de direito eleitoral. 6. ed. São Paulo: Revista dos Tribunais, 1996.

_____. *Recursos em matéria eleitoral*: aspectos de direito eleitoral. 6. ed. São Paulo: Revista dos Tribunais.

COSTA, Wagner Veneziani; AQUAROLI, Marcelo; AUGUSTO, Valter Roberto. *Dicionário Jurídico*. 2. ed. São Paulo: Saraiva, 2005. v. 3.

COUTURE, Eduardo J. *Fundamentos del derecho procesal civil*. Buenos Aires: Depalma, 1958.

CUNHA, Sérgio Sérvulo da. A Lei dos Partidos Políticos (Lei 9.096, de 19 de setembro de 1995). In: *Direito eleitoral*. Belo Horizonte: Del Rey, 1996.

DIMOULIS, Dimitri. *Positivismo jurídico*: introdução a uma teoria do direito e defesa do pragmatismo jurídico-político. São Paulo: Método, 2006.

DINAMARCO, Cândido Rangel. *A instrumentalidade do processo*. 10. ed. São Paulo: Malheiros, 2002.

_____. *Instituições de direito processual civil*. São Paulo: Malheiros, 2002. v. II.

DINIZ, Maria Helena. *Dicionário jurídico*. 2. ed. São Paulo: Saraiva, 2005. v. 3.

DI PIETRO, Maria Sylvia Zanella. *Direito administrativo*. São Paulo: Atlas, 1999.

DONIZETTI, Elpídio. *Curso Didático de Direito Processual Civil*. 7. ed. Rio de Janeiro: Lumen Juris, 2007.

DOTTI, René Ariel. O direito ao esquecimento e a proteção do habeas data. In: *Habeas data*. Coordenação Tereza Arruda Alvim Wambier. São Paulo: Revista dos Tribunais, 1998.

DUARTE, Marcelo. *Mandado de injunção*. Revista de Informação Legislativa, n. 110, 1991.

DWORKIN, Ronald. *O império do direito*. São Paulo: Martins Fontes, 1999.

FAVOREAU, Louis; Llorente, Francisco Rubio. *El bloque de la constitucionalidad*. Madrid: Civitas, 1991.

FAYT, Carlos S. *Derecho político*. Buenos Aires: Depalma, 1988. t. I.

FERREIRA FILHO, Manoel Gonçalves. Corrupção e Democracia. In: ZILVETI, Fernando Aurelio; LOPES, Sílvia. *O Regime Democrático e a Questão da Corrupção Política*. São Paulo: Atlas, 2004.

FERREIRA, Manoel Rodrigues. *A evolução do sistema eleitoral brasileiro*. Brasília: Conselho Editorial do Senado Federal, 2001.

FERREIRA, Pinto. *Código Eleitoral Comentado*. 3. ed. ampliada e atualizada. São Paulo: Saraiva, 1991.

FRANCO, Afonso Arinos de Melo. *História e teoria dos partidos políticos no Brasil*. 3. ed. São Paulo: Alfa-Ômega, 1980.

FURKEL, Gerald. *Law and society*: critical approaches. Boston: Allyn & Bacon, 1996.

GOMES, Suzana de Camargo. *Crimes eleitorais*. São Paulo: Revista dos Tribunais, 2006.

GOMES FILHO, Antônio Magalhães; GRINOVER, Ada Pellegrini; FERNANDES, Antônio Scarance. *Recurso no processo penal*. São Paulo: Revista dos Tribunais, 1996.

GRECO FILHO, Vicente. *Direito processual civil brasileiro*. 16. ed. São Paulo: Saraiva, 2003. v. II.

_____. *Manual de processo penal*. 3. ed. atual. São Paulo: Saraiva, 1995.

HABERMAS, Jürgen. Mais!. *Folha de S.Paulo*, domingo, 5-1-2003, p. 10.

HESSE, Konrad. *A força normativa da Constituição*. Trad. Gilmar Ferreira Mendes. Porto Alegre: Fabris, 1991.

HORTA, Raul Machado. *Direito constitucional*. 2. ed. Belo Horizonte: Del Rey, 1999.

HUNGRIA, Nélson. *Crimes eleitorais*. Revista Eleitoral da Guanabara (do Tribunal Regional Eleitoral), ano I, n. 1, 1968.

JARDIM, Torquato. *Direito eleitoral positivo*. 2. ed. Brasília: Brasília Jurídica, 1998.

JORGE, Flávio Cheim. *Teoria Geral dos Recursos Cíveis*. 5. ed. São Paulo: Revista dos Tribunais, 2012.

KELSEN, Hans. *Teoria geral do direito e do Estado*. Trad. Luís Carlos Borges. 3. ed. São Paulo: Martins Fontes, 1998.

KRIELE, Martin. *Introducción a la teoría del Estado*: fundamentos históricos de la legitimidad del Estado Constitucional Democrático. Buenos Aires: Depalma, 1980.

LASPRO, Oreste Nestor de Souza. *Duplo grau de jurisdição no direito processual civil*. São Paulo: Revista dos Tribunais, 1995.

LENIN, V. I. A doença infantil do esquerdismo no comunismo. In: *Obras escolhidas*. Lisboa: Avante, 1986.

LIEBMAN, Enrico Tullio. *Manual de direito processual civil*. Tocantins: Intelectus, 2003. v. 1.

LIMA, José Edvaldo Albuquerque. *Ação rescisória nos tribunais*. Rio de Janeiro: América Jurídica, 2002.

LIMA, Martônio Mont'Alverne Barreto. *Justiça constitucional e democracia*: perspectivas para o papel do Poder Judiciário. Revista da Procuradoria Geral da República, São Paulo, Revista dos Tribunais, n. 8, jan./jun. 1996.

LINS, Newton. *Propaganda eleitoral*: comentários jurídicos. 2. ed. Brasília: Brasília Jurídica, 2006.

MAGALHÃES, Roberto Barcellos de. *A Constituição Federal de 1967*. Rio de Janeiro: José Konfino, 1967. t. II.

MANCUSO, Rodolfo de Camargo. *Recurso extraordinário e recurso especial*. 4. ed. São Paulo: Revista dos Tribunais, 1996.

MARINONI, Luiz Guilherme. *Teoria geral do processo*. São Paulo: Revista dos Tribunais, 2006. v. 1.

_____; ARENHART, Sérgio Cruz. *Curso de processo civil*: processo de conhecimento. 6. ed. São Paulo: Revista dos Tribunais, 2007. v. 2.

MARTINES, Temístocles. *Diritto costituzionale*. 10. ed. Milano: Giuffrè, 2000.

MAZZILLI, Hugo Nigro. *Manual do promotor de justiça*. 2. ed. São Paulo: Saraiva, 1991.

MEIRELLES, Hely Lopes. *Direito municipal brasileiro*. 10. ed. São Paulo: Malheiros, 1999.

_____. *Mandado de segurança*. 27. ed. São Paulo: Malheiros, 2004.

MELLO, Celso Antônio Bandeira de. *Curso de direito administrativo*. 22. ed. São Paulo: Malheiros, 2007.

_____. Representatividade e democracia. In: *Direito eleitoral*. Belo Horizonte: Del Rey, 1996.

MENDES, Gilmar Ferreira; COELHO, Inocêncio Mártires; BRANCO, Paulo Gonet. *Curso de direito constitucional*. 4. ed. São Paulo: Saraiva, 2009.

MILL, Stuart. *O governo representativo*. São Paulo: Escala, 2006.

MONTEIRO, Washington de Barros. *Curso de direito civil*. São Paulo: Saraiva, 1997. v. 1.

MONTENEGRO FILHO, Misael. *Curso de direito processual civil*: teoria geral do processo e processo de conhecimento. 4. ed. São Paulo: Atlas, 2008. v. 1.

_____. *Curso de direito processual civil*. 4. ed. Atlas: São Paulo, 2007. v. 2.

MORAES, Alexandre. *Direito constitucional*. São Paulo: Atlas, 2002.

MOREIRA, Eduardo Ribeiro. Democracia. In: *Dicionário brasileiro de direito constitucional*. São Paulo: Saraiva, 2007.

MOREIRA, José Carlos Barbosa. *O novo processo civil brasileiro*. 22. ed. Rio de Janeiro: Forense, 2002.

_____. *Comentários ao Código de Processo Civil.* v. V, n. 54.

MOREIRA REIS, Palhares. *Cinco estudos sobre partidos políticos.* Recife: UFPE, 1999.

_____. *O partido político e a Lei de 1995.* In: *Direito eleitoral.* Belo Horizonte: Del Rey, 1996.

MÓSCA, Hugo. *O Supremo Tribunal ontem e hoje.* Brasília: Gutemberg, 1986.

MÜLLER, Friedrich. *Quem é o povo:* a questão fundamental da democracia. São Paulo: Max Limonad, 1998.

NASCIMENTO, José Anderson. *Eleições 2000:* condições de elegibilidade e inelegibilidade. Rio de Janeiro: Forense, 2000.

NERY JUNIOR, Nelson; NERY, Rosa Maria Andrade. *Código de Processo Civil comentado.* 4. ed. São Paulo: Revista dos Tribunais, 2001.

NIESS, Pedro Henrique Távora. *Ação de impugnação de mandato eletivo.* Rio Grande do Sul: Edipro, 1996.

_____. *Direitos políticos:* condições de elegibilidade e inelegibilidade. São Paulo: Saraiva, 1994.

_____. *Direitos políticos.* 2. ed. Bauru: Edipro, 2000.

PACHECO, José da Silva. *O mandado de segurança e outras ações constitucionais típicas.* 4. ed. São Paulo: Revista dos Tribunais, 2002.

PACHECO, Marília. A Justiça Eleitoral brasileira: cronologia histórica. In: *Direito eleitoral contemporâneo:* doutrina e jurisprudência. Belo Horizonte: Del Rey, 2003.

PAULA SILVA, Otacílio. *Ministério Público.* São Paulo: Sugestões Literárias, 1981.

PEREIRA, Caio Mário da Silva. *Instituições de direito civil.* Rio de Janeiro: Forense, 2005. v. 1.

PERLINGIERI, Pietro. *Perfis do Direito Civil. Introdução ao Direto Civil Constitucional.* Trad. Maria Cristina de Cicco. 2. ed. Rio de Janeiro: Renovar, 2002.

PINTO, Djalma. *Direito eleitoral:* improbidade administrativa e responsabilidade fiscal. Noções gerais. 4. ed. São Paulo: Atlas, 2008.

PINTO FERREIRA, Luiz Alfredo Moraes. *Partidos políticos:* do Império a 1990. Recife: SOPECE, 1999.

_____. *Código Eleitoral comentado*. 4. ed. São Paulo: Saraiva, 1997.

PONTES DE MIRANDA, Francisco Cavalcanti. *Comentários ao Código de Processo Civil*. 5. ed. Atualização legislativa de Sérgio Bermudes. Rio de Janeiro: Forense, 1997. t. I.

_____. *Comentários à Constituição de 1967*. 2. ed. São Paulo: Revista dos Tribunais, 1970. t. IV.

PORTANOVA, Rui. *Princípios do processo civil*. Porto Alegre: Livr. do Advogado, 1995.

PORTO, Walter Costa. *Dicionário do voto*. São Paulo: Giordano, 1995.

PROCESSO eleitoral. In: BRASIL. Tribunal Superior Eleitoral. *Thesaurus*. 6. ed. rev. e ampl. Brasília: Secretaria de Documentação e Informação, 2006.

RAMAYANA, Marcos. *Direito eleitoral*. 4. ed. Niterói: Impetus, 2005.

RANGEL, Paulo. *Direito processual penal*. 9. ed. São Paulo: Lumen Juris, 2005.

RÁO, Vicente. *O direito e a vida dos direitos*. 3. ed. São Paulo: Revista dos Tribunais, 1991. v. 1.

REALE, Miguel. *Lições preliminares de direito*. 12. ed. Saraiva: São Paulo, 1985.

RIBEIRO, Fávila. *Direito eleitoral positivo*. 4. ed. Rio de Janeiro: Forense, 1996.

_____. *Pressupostos constitucionais do direito eleitoral*: no caminho da sociedade participativa. Porto Alegre: Sérgio Antônio Fabris Ed., 1990.

ROCHA, Cármen Lúcia Antunes. Justiça Eleitoral e representação democrática. In: *Direito eleitoral*. Belo Horizonte: Del Rey, 1996.

_____. Observações sobre o sistema eleitoral brasileiro. In: *Estudos Eleitorais*. Brasília: TSE, n. 3, set./dez. 1997.

ROCHA, José de Albuquerque. *Teoria geral do processo*. 5. ed. São Paulo: Malheiros, 2001.

ROLLO, Alberto; BRAGA, Enir. *Comentários à Lei Eleitoral n. 9.504/97*: atualizado à luz da recente jurisprudência. Estudo comparativo com as leis anteriores. São Paulo: Fiuza Eds., 1998.

ROUSSEAU, Jean-Jacques. *Du contrat social*. Paris: Gallimard, 1964.

SALDANHA, Nelson Nogueira. *História das ideias políticas no Brasil.* Brasília: Conselho Editorial do Senado Federal, 2001.

_____. *O jardim e a praça.* Rio de Janeiro: Atlântica Ed., 2005.

SANTANA, Jair Eduardo; GUIMARÃES, Fábio Luís. *Direito eleitoral:* para compreender a dinâmica do poder político. Belo Horizonte: Fórum, 2006.

SANTOS, Moacyr Amaral. *Primeiras linhas de direito processual civil.* 11. ed. São Paulo: Saraiva, 1990. v. 3.

SEREJO, Lourival. *Programa de direito eleitoral.* Belo Horizonte: Del Rey, 2006.

SHIMP, Terence A. *Propaganda e promoção:* aspectos complementares da comunicação integrada de marketing. Trad. Luciana de Oliveira da Rocha. 5. ed. Porto Alegre: Bookman, 2002.

SIDOU, José Maria Othon. *Dicionário Jurídico da Academia Brasileira de Letras Jurídicas.* 9. ed. Rio de Janeiro: Forense Universitária, 2009.

SILVA, De Plácido. *Vocabulário Jurídico.* Rio de Janeiro: Forense, 1978. v. II.

SILVA, Henrique Neves da. A propaganda eleitoral na imprensa escrita. In: TEIXEIRA, Sálvio de Figueiredo. *Direito eleitoral contemporâneo:* doutrina e jurisprudência. Belo Horizonte: Del Rey, 2003.

SILVA, José Afonso da. *Curso de direito constitucional positivo.* 16. ed. São Paulo: Malheiros, 1999.

_____. *Comentário contextual à Constituição.* São Paulo: Malheiros, 2005.

SILVA, Luís Virgílio Afonso da. *Sistemas eleitorais:* tipos, efeitos jurídico-políticos e aplicação ao caso brasileiro. São Paulo: Malheiros, 1999.

SILVA, Ovídio Baptista da. *Curso de processo civil.* 4. ed. São Paulo: Revista dos Tribunais, 1998. v. 1.

SILVA SOARES, Carlos Dalmiro da. *Evolução histórico-sociológica dos partidos políticos no Brasil imperial.* Disponível em: http://jus2. uol.com.br/doutrina/texto.asp?id=1503. Acesso em: 13 dez. 2007.

SOUZA, Bernardo Pimentel. *Introdução aos recursos cíveis e à ação rescisória*. Brasília: Brasília Jurídica, 2000.

TAVARES, André Ramos. *Curso de direito constitucional*. 5. ed. São Paulo: Saraiva, 2007.

TEIXEIRA, Sálvio de Figueiredo. Reflexões, em dois tempos, sobre a Justiça Eleitoral brasileira. In: *Direito eleitoral contemporâneo*: doutrina e jurisprudência. Belo Horizonte: Del Rey, 2003.

THEODORO JÚNIOR, Humberto. *Curso de direito processual civil*. Rio de Janeiro: Forense, 2000. v. 1.

TOCQUEVILLE, Alexis. *A democracia na América*: leis e costumes. Trad. Eduardo Brandão. São Paulo: Martins Fontes, 1998.

TOMÁS Y VALIENTE, Francisco. *Escritos sobre y desde el Tribunal Constitucional*. Madrid: Centro de Estudios Constitucionales, 1993.

TORQUATO, Jardim. *Direito eleitoral positivo*. 2. ed. Brasília: Brasília Jurídica, 1998.

TOURINHO FILHO, Fernando da Costa. *Manual de processo penal*. 6. ed. São Paulo: Saraiva, 2004.

TOZZI, Leonel. *Direito eleitoral*: aspectos práticos. Porto Alegre: Verbo Jurídico, 2006.

VELLOSO, Carlos Mário da Silva. A reforma eleitoral e os rumos da democracia no Brasil. In: *Direito eleitoral*. Belo Horizonte: Del Rey, 1996.

VERDÚ, Pablo Lucas. *Curso de derecho político*. Madrid: Tecnos, 1976. v. 1.

VERGOTTINI, Giuseppe de. *Diritto costituzionale comparato*. 5. ed. Padova: CEDAM, 1999.

VIANNA, Francisco José de Oliveira. *Instituições políticas brasileiras*. Brasília: Conselho Editorial do Senado Federal, 1999.

VIDIGAL, Edson de Carvalho. Quanto ao voto. In: *Direito eleitoral contemporâneo*: doutrina e jurisprudência. Belo Horizonte: Del Rey, 2003.

VIROLI, Maurizio. *Repubblicanesimo*. Bari: Laterza, 1999.

WAMBIER. Luiz Rodrigues; ALMEIDA, Flávio Renato Correia de; TALAMINI, Eduardo. *Curso avançado de direito processual civil*. 5. ed. São Paulo: Revista dos Tribunais, 2002.

ZAFFARONI, Eugenio Raúl. *Poder Judiciário*: crise, acertos e desacertos. Trad. Juarez Tavares. São Paulo: Revista dos Tribunais, 1955.

ZÍLIO, Rodrigo López. *Direito Eleitoral*. São Paulo: Verbo Jurídico, 2008.

Internet

ALVES, Pollyanna Kelly Maciel Medeiros Martins. *O Superior Tribunal de Justiça e a guarda do Direito Federal Infraconstitucional*: o recurso especial. Disponível em: http://jus2.uol.com.br/DOUTRINA/texto.asp?id=2299.

BARROS, Adriano Celestino Ribeiro. *Ação de Impugnação ao Pedido de Registro de Candidatura*. Disponível em: www.adrianoceles tinoribeirobarros.blogspot.com.

BRASIL. Justiça Federal. Disponível em: www.jf.jus.br.

BRASIL. Tribunal Superior Eleitoral. Disponível em: www.tse.jus.br.

BRASIL. SENADO FEDERAL. Disponível em: www.senado.gov.br.

CERELLO, Anselmo. *Ação de investigação judicial eleitoral*. Resenha Eleitoral – Nova série, v. 9, n. 2, (jul.-dez. 2002). Disponível em: www.tre-sc.gov.br.

COSTA, Tito. *Ação rescisória no direito eleitoral*. Paraná Eleitoral, n. 30, out. 1998. Disponível em: http://www.paranaeleitoral.gov.br/artigo_impresso.php?cod_texto=57.

COSTA JÚNIOR, Dijosete Veríssimo da. *A apelação no processo penal*. Disponível em: http://jus2.uol.com.br/doutrina/texto.asp?id=1079.

MOFATTO, Kauita Ribeiro. *Novidades em matéria de ação rescisória eleitoral*. Disponível em: http://www.uj.com.br/publicacoes/doutrinas/5902/Novidades_em_Materia_de_Acao_Rescisoria_Eleitoral.

PARIZ, Ângelo Aurélio Gonçalves. *Pressupostos de admissibilidade recursal e princípios recursais*. Disponível em: http://jus2.uol.com.br/doutrina/texto.asp?id=11402.

PORTUGAL. *Tribunal da Relação de Lisboa*. Disponível em: http://www.mj.gov.pt/sections/documentos-e-publicacoes/base-de-dados--juridica/acordaos-do-tribunal-da2578/.

SADER, Christian de Santana. *Aplicabilidade de medidas cautelares no juízo arbitral*. Disponível em: http://www.direitonet.com.br/textos. Acesso em: 19 abr. 2010.

SILVA, Geilton Costa da. *A ação de investigação judicial eleitoral e o termo inicial para a sua propositura.* Paraná Eleitoral, n. 46, out./2002. Disponível em: http://www.paranaeleitoral.gov.br/artigo_impresso.php?cod_texto=156.

SOBREIRA NETO, Armando Antônio. *Direito Eleitoral*: teoria e prática. 2. ed. Curitiba: Juruá, 2002. Disponível em http://www.tse.jus.br/. Acesso em: 26 fev. 2016.

TSE. *Glossário Eleitoral Brasileiro*. Disponível em: http://www.tse.jus.br/internet/institucional/glossario-eleitoral/index.html.